dante e.V.
lehmanns media

Markus Kohm

KOMA-Script

eine Sammlung von Klassen und Paketen für $\LaTeX\,2_\varepsilon$

Anleitung zu Version 3.13
April 2014

Bibliografische Information der Deutschen Bibliothek
Die Deutsche Bibliothek verzeichnet diese Publikation in der Deutschen Nationalbibliografie; detaillierte bibliografische Daten sind im Internet über `http://dnb.ddb.de` abrufbar.

Vertrieb für Mitglieder von DANTE e.V.
DANTE, Deutschsprachige Anwendervereinigung TeX e.V.
Postfach 10 18 40, 69008 Heidelberg
`http://www.dante.de`

Verlag und Vertrieb
Lehmanns Media GmbH, Berlin
`http://www.lehmanns.de`

5., überarbeitete Auflage 2014
ISBN 978-3-86541-613-1

An der Entstehung von KOMA-Script und diesem Buch waren unzählige Menschen auf unterschiedliche Art und Weise beteiligt. Der Autor bedankt sich bei ihnen allen.

Vorwort zur 5. Auflage

Als ich Anfang 1994 mit KOMA-Script begonnen habe, hätte ich mir nie träumen lassen, dass ich 20 Jahre später noch immer neue Versionen davon heraus bringe und kein Ende abzusehen ist. Ganz ähnlich erging es mir, als im Februar 2003 von DANTE die ersten einhundert Exemplare der Anleitung als Buch gedruckt wurden, um sie interessierten Mitgliedern anzubieten. Rückblickend darf ich feststellen, dass inzwischen mehrere Tausend Exemplare unterschiedlicher Auflagen und Nachdrucke einen Leser gefunden haben. Der Umfang des Buches hat sich in dieser Zeit mehr als verdreifacht.

Komplett neu sind in dieser Auflage die Kapitel über scrlayer, scrlayer-scrpage und scrlayer-notecolumn. Zwar kann insbesondere das letzte dieser Pakete nicht als endgültig fertig betrachtet werden, aber wie ich eingangs angedeutet habe, gilt das für das komplette KOMA-Script – für dieses Paket vielleicht nur ein wenig mehr.

Ich will diese Gelegenheit nutzen, Jens-Uwe-Morawski noch einmal zu danken, aus dessen Feder Teile des Kapitels über scrpage2 in früheren Auflagen stammten. Da scrlayer-scrpage als Ersatz für dieses Paket gedacht ist, musste das Kapitel über scrpage2 folgerichtig dem über scrlayer-scrpage weichen. Wer dennoch weiterhin scrpage2 verwenden möchte, statt den Umstieg auf das leistungsfähigere scrlayer-scrpage vorzunehmen, findet einige Hinweise zur Verwendung des veralteten Pakets im Kapitel über das neue.

Selten gab es von einer Version zur nächsten so viel Neues wie bei KOMA-Script 3.12. Die neue, erweiterte Auflage dieses Buches sollte daher rund zwei Jahre nach der letzten Auflage genau zur richtigen Zeit kommen. Stellvertretend für alle Helfer an diesem Buch sei Elke Schubert erwähnt, die unzählige Korrekturen und Verbesserungsvorschläge beigesteuert hat.

Zum Schluss geht mein besonderer Dank an all jene, die mich mit kleineren oder größeren Geschenken zur Weiterarbeit an KOMA-Script motivieren, ganz besonders an den Spender, der sich kurz vor Weihnachten mit dem vermutlich für alle Zeiten größten Einzelbetrag für meine bisherige Arbeit an KOMA-Script bedankt hat.

Markus Kohm, Neckarhausen im April 2014

Inhaltsverzeichnis

Abbildungsverzeichnis

Tabellenverzeichnis

1. Einleitung

Dieses Kapitel enthält wichtige Informationen über den Aufbau des Buches und die Geschichte von KOMA-Script, die Jahre vor der ersten Version beginnt. Darüber hinaus finden Sie Informationen für den Fall, dass Sie auf Fehler stoßen.

1.1. Dokumentaufbau

Diese Anleitung ist in mehrere Teile untergliedert. Es gibt einen Teil für Anwender, einen für fortgeschrittene Anwender und Experten und einen Anhang mit weiterführenden Informationen und Beispielen für diejenigen, die es ganz genau wissen wollen.

Teil I richtet sich dabei an alle KOMA-Script-Anwender. Das bedeutet, dass hier auch einige Informationen für LaTeX-Neulinge zu finden sind. Insbesondere ist dieser Teil mit vielen Beispielen angereichert, die dem reinen Anwender zur Verdeutlichung der Erklärungen dienen sollen. Scheuen Sie sich nicht, diese Beispiele selbst auszuprobieren und durch Abwandlung herauszufinden, wie KOMA-Script funktioniert. Trotz allem ist diese Anleitung jedoch keine Einführung in LaTeX. LaTeX-Neulingen seien daher Dokumente wie [DGS+12] nahe gelegt. Wiedereinsteiger aus der Zeit von LaTeX 2.09 sei zumindest [Tea05b] empfohlen. Auch das Studium des einen oder anderen Buches zu LaTeX wird empfohlen. Literaturempfehlungen finden sich beispielsweise in [Wik]. Der Umfang von [Wik] ist ebenfalls erheblich. Dennoch wird darum gebeten, das Dokument nicht nur irgendwo vorliegen zu haben, sondern es mindestens einmal zu lesen und bei Problemen zu konsultieren.

Teil II richtet sich an fortgeschrittene KOMA-Script-Anwender. Das sind all diejenigen, die sich bereits mit LaTeX auskennen oder schon einige Zeit mit KOMA-Script gearbeitet haben und jetzt etwas besser verstehen wollen, wie KOMA-Script funktioniert, wie es mit anderen Paketen interagiert und wie man speziellere Aufgaben mit KOMA-Script lösen kann. Dazu werden die Klassenbeschreibungen aus Teil I in einigen Aspekten nochmals aufgegriffen und näher erläutert. Dazu kommt die Dokumentation von Anweisungen, die speziell für fortgeschrittene Anwender und Experten vorgesehen sind. Ergänzt wird dies durch die Dokumentation von Paketen, die für den Anwender normalerweise insofern verborgen sind, als sie unter der Oberfläche der Klassen und Anwenderpakete ihre Arbeit verrichten. Diese Pakete sind ausdrücklich auch für die Verwendung durch andere Klassen- und Paketautoren vorgesehen.

Der Anhang richtet sich an diejenigen, denen all diese Informationen nicht genügen. Es gibt dort zum einen Hintergrundwissen zu Fragen der Typografie, mit denen dem fortgeschrittenen Anwender eine Grundlage für fundierte eigene Entscheidungen vermittelt werden soll. Darüber hinaus sind dort Beispiele für angehende Paketautoren zu finden. Diese Beispiele sind weniger dazu gedacht, einfach übernommen zu werden. Vielmehr sollen sie Wissen um Planung und Durchführung von LaTeX-Projekten sowie einiger grundlegender LaTeX-Anweisungen für Paketautoren vermitteln.

Die Kapitel-Einteilung der Anleitung soll ebenfalls dabei helfen, nur die Teile lesen zu müssen, die tatsächlich von Interesse sind. Um dies zu erreichen, sind die Informationen zu den einzelnen Klassen und Paketen nicht über das gesamte Dokument verteilt, sondern jeweils in einem Kapitel konzentriert. Querverweise in ein anderes Kapitel sind damit in der Regel auch Verweise auf einen anderen Teil des Gesamtpakets. Da die drei Hauptklassen in weiten Teilen übereinstimmen, sind sie in einem gemeinsamen Kapitel zusammengefasst. Die Unterschiede werden deutlich hervorgehoben, soweit sinnvoll auch durch eine entsprechende Randnotiz. Dies geschieht beispielsweise wie hier, wenn etwas nur die Klasse scrartcl betrifft. Nachteil dieses Vorgehens ist, dass diejenigen, die KOMA-Script insgesamt kennenlernen wollen, in einigen Kapiteln auf bereits Bekanntes stoßen werden. Vielleicht nutzen Sie die Gelegenheit, um Ihr Wissen zu vertiefen.

scrartcl

Unterschiedliche Schriftarten werden auch zur Hervorhebung unterschiedlicher Dinge verwendet. So werden die Namen von Paketen und Klassen anders angezeigt als `Dateinamen`. `Optionen`, `\Anweisungen`, `Umgebungen`, `Variablen` und `Pseudolängen` werden einheitlich hervorgehoben. Der *`Platzhalter`* für einen Parameter wird jedoch anders dargestellt als ein konkreter `Wert` eines Parameters. So zeigt etwa `\begin{`*`Umgebung`*`}`, wie eine Umgebung ganz allgemein eingeleitet wird, wohingegen `\begin{document}` angibt, wie die konkrete Umgebung `document` beginnt. Dabei ist dann `document` ein konkreter Wert für den Parameter *`Umgebung`* der Anweisung `\begin`.

1.2. Die Geschichte von KOMA-Script

Anfang der 90er Jahre wurde Frank Neukam damit beauftragt, ein Vorlesungsskript zu setzen. Damals war noch LaTeX 2.09 aktuell und es gab keine Unterscheidung nach Klassen und Paketen, sondern alles waren Stile (engl. *styles*). Die Standarddokumentstile erschienen ihm für ein Vorlesungsskript nicht optimal und boten auch nicht alle Befehle und Umgebungen, die er benötigte.

Zur selben Zeit beschäftigte sich Frank auch mit Fragen der Typografie, insbesondere mit [Tsc87]. Damit stand für ihn fest, nicht nur irgendeinen Dokumentstil für Skripten zu erstellen, sondern allgemein eine Stilfamilie, die den Regeln der europäischen Typografie folgt. Script war geboren.

Der KOMA-Script-Autor traf auf Script ungefähr zum Jahreswechsel 1992/1993. Im Gegensatz zu Frank Neukam hatte er häufig mit Dokumenten im A5-Format zu tun. Zu jenem Zeitpunkt wurde A5 weder von den Standardstilen noch von Script unterstützt. Daher dauerte es nicht lange, bis er erste Veränderungen an Script vornahm. Diese fanden sich auch in Script-2 wieder, das im Dezember 1993 von Frank veröffentlicht wurde.

Mitte 1994 erschien dann LaTeX 2_ε. Die damit einhergehenden Änderungen waren tiefgreifend. Daher blieb dem Anwender von Script-2 nur die Entscheidung, sich entweder auf den Kompatibilitätsmodus von LaTeX zu beschränken, oder auf Script zu verzichten. Wie viele andere wollte ich beides nicht. Also machte der KOMA-Script-Autor sich daran, einen Script-Nachfolger für LaTeX 2_ε zu entwickeln, der am 7. Juli 1994 unter dem Namen KOMA-Script erschienen ist. Ich will hier nicht näher auf die Wirren eingehen, die es um die offizielle Nachfolge von Script gab und warum dieser neue Name gewählt wurde. Tatsache ist, dass auch aus Franks Sicht KOMA-Script der Nachfolger von Script-2 ist. Zu erwähnen ist noch, dass KOMA-Script ursprünglich ohne Briefklasse erschienen war. Diese wurde im Dezember 1994 von Axel Kielhorn beigesteuert. Noch etwas später erstellte Axel Sommerfeldt den ersten richtigen scrguide zu KOMA-Script.

Seither ist einige Zeit vergangen. LaTeX hat sich kaum verändert, die LaTeX-Landschaft erheblich. KOMA-Script wurde weiterentwickelt. Es findet nicht mehr allein im deutschsprachigen Raum Anwender, sondern in ganz Europa, Nordamerika, Australien und Asien. Diese Anwender suchen bei KOMA-Script nicht allein nach einem typografisch ansprechenden Ergebnis. Zu beobachten ist vielmehr, dass bei KOMA-Script ein neuer Schwerpunkt entstanden ist: Flexibilisierung durch Variabilisierung. Unter diesem Schlagwort verstehe ich die Möglichkeit, in das Erscheinungsbild an vielen Stellen eingreifen zu können. Dies führte zu vielen neuen Makros, die mehr schlecht als recht in die existierende Dokumentation integriert wurden. Irgendwann wurde es damit auch Zeit für eine komplett überarbeitete Anleitung.

1.3. Installation

Die drei wichtigsten TEX-Distributionen, MacTEX, MiKTEX und TEX Live, stellen KOMA-Script über Ihre jeweiligen Paketverwaltungen bereit. Es wird empfohlen, die Installation und Aktualisierung von KOMA-Script darüber vorzunehmen. Die manuelle Installation von KOMA-Script ohne Verwendung der jeweiligen Paketverwaltung wird in der Datei `INSTALLD.txt`, die Bestandteil jeder KOMA-Script-Verteilung ist, beschrieben. Beachten Sie dazu auch die jeweilige Dokumentation zur installierten TEX-Distribution.

Daneben gibt es auf [KDP] seit einiger Zeit Installationspakete von Zwischenversionen von KOMA-Script für die wichtigsten Distributionen. Für deren Installation ist die dortige Anleitung zu beachten.

1.4. Fehlermeldungen, Fragen, Probleme

Der Autor hat sich große Mühe gegeben, Fehler in diesem Buch zu vermeiden. Die Beispiele, die in diesem Buch abgedruckt sind, wurden größtenteils während ihrer Entstehung getestet. Leider sind trotzdem weder orthografische noch inhaltliche Fehler komplett auszuschließen. Sollten Sie Fehler in diesem Buch finden, so melden Sie diese bitte über die KOMA-Script-Support-Adresse, komascript@gmx.info, oder über [KDP] an den Autor.

Bei Fehlern an KOMA-Script selbst beachten Sie bitte die Prozedur, die in der Einleitung der freien KOMA-Script-Anleitung erklärt ist. Nur so ist sichergestellt, dass das Problem auch reproduziert werden kann. Dies ist für die Beseitigung eventueller Fehler eine Grundvoraussetzung.

Bitte beachten Sie, dass typografisch nicht optimale Voreinstellungen keine Fehler darstellen. Aus Gründen der Kompatibilität werden Voreinstellungen nach Möglichkeit auch in neuen KOMA-Script-Versionen beibehalten. Darüber hinaus ist Typografie auch eine Frage der Sprache und Kultur. Die Voreinstellungen von KOMA-Script stellen daher zwangsläufig einen Kompromiss dar.

Teil I

KOMA-Script für Autoren

In diesem Teil sind die Informationen für die Autoren von Artikeln, Berichten, Büchern und Briefen zu finden. Dabei wird davon ausgegangen, dass der normale Anwender sich weniger dafür interessiert, wie in KOMA-Script die Dinge implementiert sind und wo die Schwierigkeiten dabei liegen. Auch ist es für den normalen Anwender wenig interessant, welche obsoleten Optionen und Anweisungen noch enthalten sind. Er will wissen, wie er aktuell etwas erreichen kann. Eventuell ist er noch an typografischen Hintergrundinformationen interessiert.

Die wenigen Passagen, die weiterführende Informationen und Begründungen enthalten und deshalb für ungeduldige Leser weniger von Interesse sind, wurden in diesem Teil in serifenloser Schrift gesetzt und können bei Bedarf übersprungen werden. Wer hingegen noch mehr Informationen zu Hintergründen der Implementierung, Nebenwirkungen bei Verwendung anderer Pakete und zu obsoleten Optionen oder Anweisungen sucht, sei auf Teil II ab Seite 361 verwiesen. Darüber hinaus beschäftigt sich jener Teil von KOMA-Script auch mit all den Möglichkeiten, die speziell für Autoren von Paketen und Klassen geschaffen wurden.

2. Satzspiegelberechnung mit typearea.sty

Viele LaTeX-Klassen bieten dem Anwender eine weitgehend feste Aufteilung von Rändern und Textbereich. Bei den Standardklassen ist die konkrete Aufteilung in engen Grenzen von der gewählten Schriftgröße abhängig. Darüber hinaus gibt es Pakete wie geometry (siehe [Ume10]), die dem Anwender die volle Kontrolle, aber auch die Verantwortung für die Einstellungen des Textbereichs und der Ränder überlassen.

KOMA-Script geht mit dem Paket typearea einen etwas anderen Weg. Hier werden basierend auf einer in der Typografie etablierten Konstruktion Einstellmöglichkeiten und Automatismen geboten, die es dem Anwender erleichtern, eine gute Wahl zu treffen.

2.1. Grundlagen der Satzspiegelkonstruktion

Betrachtet man eine einzelne Seite eines Buches oder eines anderen Druckwerkes, so besteht diese auf den ersten Blick aus den Rändern, einem Kopfbereich, einem Textkörper und einem Fußbereich. Genauer betrachtet kommt noch ein Abstand zwischen Kopfbereich und Textkörper sowie zwischen Textkörper und Fußbereich hinzu. Der Textkörper heißt in der Fachsprache der Typografen und Setzer *Satzspiegel*. Die Aufteilung dieser Bereiche, sowie ihre Anordnung zueinander und auf dem Papier nennen wir *Satzspiegeldefinition* oder *Satzspiegelkonstruktion*.

In der Literatur werden verschiedene Algorithmen und heuristische Verfahren zur Konstruktion eines guten Satzspiegels vorgeschlagen und diskutiert. Einen Überblick über einige Möglichkeiten und der dabei angenommenen Grundsätze gibt Anhang A. Häufig findet man dabei ein Verfahren, das mit verschiedenen Diagonalen und Schnittpunkten arbeitet. Das gewünschte Ergebnis dabei ist, dass das Seitenverhältnis des Satzspiegels dem Seitenverhältnis *der Seite* entspricht. Bei einem einseitigen Dokument sollen außerdem der linke und der rechte Rand gleich breit sein, während der obere zum unteren Rand im Verhältnis 1:2 stehen sollte. Bei einem doppelseitigen Dokument, beispielsweise einem Buch, ist hingegen zu beachten, dass der gesamte innere Rand genauso groß sein sollte wie jeder der beiden äußeren Ränder. Eine einzelne Seite steuert dabei jeweils nur die Hälfte des inneren Randes bei.

Im vorherigen Absatz wurde *die Seite* erwähnt und hervorgehoben. Irrtümlich wird oftmals angenommen, das Format der Seite wäre mit dem Format des Papiers gleichzusetzen. Betrachtet man jedoch ein gebundenes Druckerzeugnis, so ist zu erkennen, dass ein Teil des Papiers in der Bindung verschwindet und nicht mehr als Seite zu sehen ist. Für den Satzspiegel ist jedoch nicht entscheidend, welches Format das Papier hat, sondern, was der Leser für einen Eindruck vom Format der Seite bekommt. Damit ist klar, dass bei der Berechnung des Satzspiegels der Teil, der durch die Bindung versteckt wird, aus dem Papierformat herausgerechnet und dann zum inneren Rand hinzugefügt werden muss. Wir nennen diesen Teil *Bindekorrektur*. Die Bindekorrektur ist also rechnerischer Bestandteil des *Bundstegs*, nicht jedoch des sichtbaren inneren Randes.

Bindekorrektur

Die Bindekorrektur ist vom jeweiligen Produktionsvorgang abhängig und kann nicht allgemein festgelegt werden. Es handelt sich dabei also um einen Parameter, der für jeden Produktionsvorgang neu festzulegen ist. Im professionellen Bereich spielt dieser Wert nur eine geringe Rolle, da ohnehin auf größere Papierbögen gedruckt und entsprechend geschnitten wird. Beim Schneiden wird dann wiederum sichergestellt, dass obige Verhältnisse für die sichtbare Doppelseite eingehalten sind.

Wir wissen nun also, wie die einzelnen Teile zueinander stehen. Wir wissen aber noch nicht, wie breit und hoch der Satzspiegel ist. Kennen wir eines dieser beiden Maße, so ergeben sich zusammen mit dem Papierformat und dem Seitenformat oder der Bindekorrektur alle anderen Maße durch Lösung mehrerer mathematischer Gleichungen:

$$\begin{aligned}
\textit{Satzspiegelhöhe} : \textit{Satzspiegelbreite} &= \textit{Seitenhöhe} : \textit{Seitenbreite}\\
\textit{oberer Rand} : \textit{unterer Rand} &= 1 : 2\\
\textit{linker Rand} : \textit{rechter Rand} &= 1 : 1\\
\textit{innerer Randanteil} : \textit{äußerer Rand} &= 1 : 2\\
\textit{Seitenbreite} &= \textit{Papierbreite} - \textit{Bindekorrektur}\\
\textit{oberer Rand} + \textit{unterer Rand} &= \textit{Seitenhöhe} - \textit{Satzspiegelhöhe}\\
\textit{linker Rand} + \textit{rechter Rand} &= \textit{Seitenbreite} - \textit{Satzspiegelbreite}\\
\textit{innerer Randanteil} + \textit{äußerer Rand} &= \textit{Seitenbreite} - \textit{Satzspiegelbreite}\\
\textit{innerer Randanteil} + \textit{Bindekorrektur} &= \textit{Bundsteg}
\end{aligned}$$

Dabei gibt es *linker Rand* und *rechter Rand* nur im einseitigen Druck. Entsprechend gibt es *innerer Randanteil* und *äußerer Rand* nur im doppelseitigen Druck.

In den Gleichungen wird mit *innerer Randanteil* gearbeitet, weil der komplette innere Rand ein Element der vollständigen Doppelseite ist. Zu einer Seite gehört also nur die Hälfte des inneren Randes: *innerer Randanteil*.

Die Frage nach der Breite des Satzspiegels wird in der Literatur ebenfalls diskutiert. Die optimale Satzspiegelbreite ist von verschiedenen Faktoren abhängig:

- Größe, Laufweite und Art der verwendeten Schrift
- Verwendeter Durchschuss
- Länge der Worte
- Verfügbarer Platz

Der Einfluss der Schrift wird deutlich, wenn man sich bewusst macht, wozu Serifen dienen. Serifen sind kleine Striche an den Linienenden der Buchstaben. Buchstaben, die mit vertikalen Linien auf die Grundlinie der Textzeile treffen, lösen diese eher auf, als dass sie das Auge auf der Linie halten. Genau bei diesen Buchstaben liegen die Serifen horizontal auf der Grundlinie und verstärken damit die Zeilenwirkung der Schrift. Das Auge kann der Textzeile nicht nur beim Lesen der Worte, sondern insbesondere auch beim schnellen Zurückspringen an den Anfang der nächsten Zeile besser folgen. Damit darf die Zeile bei einer Schrift mit Serifen genau genommen länger sein als bei einer Schrift ohne Serifen.

Durchschuss

Unter dem Durchschuss versteht man den Abstand zwischen Textzeilen. Bei LaTeX ist ein Durchschuss von etwa 20 % der Schriftgröße voreingestellt. Mit Befehlen wie `\linespread` oder besser mit Hilfe von Paketen wie setspace (siehe [TF11]) kann der Durchschuss verändert werden. Ein großer Durchschuss erleichtert dem Auge die Verfolgung einer Zeile. Bei sehr großem Durchschuss wird das Lesen aber dadurch gestört, dass das Auge zwischen den Zeilen weite Wege zurücklegen muss. Daneben wird sich der Leser des entstehenden Streifeneffekts sehr deutlich und unangenehm bewusst. Der Graueindruck der Seite ist in diesem Fall gestört. Dennoch dürfen bei großem Durchschuss die Zeilen länger sein.

Auf der Suche nach konkreten Werten für gute Zeilenlängen findet man in der Literatur je nach Autor unterschiedliche Angaben. Teilweise ist dies auch in der Muttersprache des Autors begründet. Das Auge springt nämlich üblicherweise von Wort zu Wort, wobei kurze

Worte diese Aufgabe erleichtern. Über alle Sprachen und Schriftarten hinweg kann man sagen, dass eine Zeilenlänge von 60 bis 70 Zeichen, einschließlich Leer- und Satzzeichen, einen brauchbaren Kompromiss darstellen. Ein gut gewählter Durchschuss wird dabei vorausgesetzt. Bei den Voreinstellungen von LaTeX braucht man sich über Letzteres normalerweise keine Sorgen zu machen. Größere Zeilenlängen darf man nur Gewohnheitslesern zumuten, die täglich viele Stunden lesend zubringen. Aber auch dann sind Zeilenlängen jenseits von 80 Zeichen unzumutbar. In jedem Fall ist dann der Durchschuss anzupassen. 5 % bis 10 % zusätzlich sind dabei als Faustregel empfehlenswert. Bei Schriften wie Palatino, die bereits bei einer normalen Zeilenlänge nach 5 % mehr Durchschuss verlangt, können es auch mehr sein.

Bevor wir uns an die konkrete Konstruktion machen, fehlen jetzt nur noch Kleinigkeiten, die man wissen sollte. LaTeX beginnt die erste Zeile des Textbereichs einer Seite nicht am oberen Rand des Textbereichs, sondern setzt die Grundlinie der Zeile mit einem definierten Mindestabstand zum oberen Rand des Textbereichs. Des Weiteren verfügt LaTeX über die beiden Befehle `\raggedbottom` und `\flushbottom`. Der erste dieser Befehle legt fest, dass die letzte Zeile einer jeden Seite dort liegen soll, wo sie eben zu liegen kommt. Das kann dazu führen, dass sich die Position der letzten Zeile von Seite zu Seite vertikal um nahezu eine Zeile verändern kann – bei Zusammentreffen des Seitenendes mit Überschriften, Abbildungen, Tabellen oder Ähnlichem auch mehr. Im doppelseitigen Druck ist das in der Regel unerwünscht. Mit dem zweiten Befehl, `\flushbottom`, wird hingegen festgelegt, dass die letzte Zeile immer am unteren Rand des Textbereichs zu liegen kommt. Um diesen vertikalen Ausgleich zu erreichen, muss LaTeX gegebenenfalls dehnbare vertikale Abstände über das erlaubte Maß hinaus strecken. Ein solcher Abstand ist beispielsweise der Absatzabstand. Dies gilt in der Regel auch, wenn man gar keinen Absatzabstand verwendet. Um nicht bereits auf normalen Seiten, auf denen der Absatzabstand das einzige dehnbare vertikale Maß darstellt, eine Dehnung zu erzwingen, sollte die Höhe des Textbereichs ein Vielfaches der Textzeilenhöhe zuzüglich des Abstandes der ersten Zeile vom oberen Rand des Textbereichs sein.

Soweit die Grundlagen. Es folgen die beiden von KOMA-Script angebotenen Konstruktionen.

2.2. Satzspiegelkonstruktion durch Teilung

Der einfachste Weg, um zu erreichen, dass der Textbereich dasselbe Seitenverhältnis aufweist wie die Seite, ist folgender:

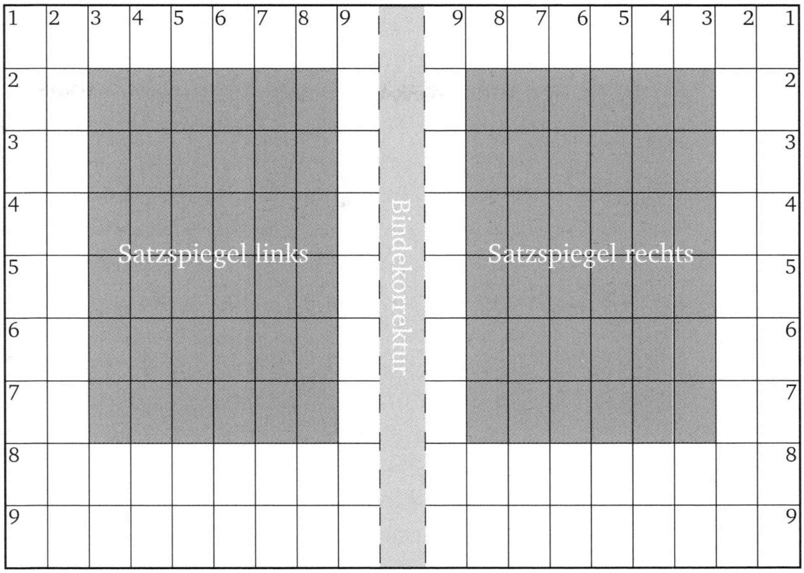

Abbildung 2.1.: Doppelseite mit der Rasterkonstruktion für die klassische Neunerteilung nach Abzug einer Bindekorrektur

- Zunächst zieht man an der Innenseite des Papiers den Teil *BCOR*, der für die Bindekorrektur benötigt wird, ab und teilt die restliche Seite vertikal in eine Anzahl *DIV* gleich hoher Streifen. *BCOR*

- Dann teilt man die Seite horizontal in die gleiche Anzahl *DIV* gleich breiter Streifen. *DIV*

- Nun verwendet man den obersten horizontalen Streifen als oberen und die beiden untersten horizontalen Streifen als unteren Rand. Im doppelseitigen Druck verwendet man außerdem den innersten vertikalen Streifen als inneren und die beiden äußersten vertikalen Streifen als äußeren Rand.

- Zum inneren Rand gibt man dann noch *BCOR* hinzu.

Was nun innerhalb der Seite noch übrig bleibt, ist der Textbereich. Die Breite bzw. Höhe der Ränder und des Textbereichs resultiert damit automatisch aus der Anzahl *DIV* der Streifen. Da für die Ränder insgesamt jeweils drei Streifen benötigt werden, muss *DIV* zwingend größer als drei sein. Damit der Satzspiegel horizontal und vertikal jeweils mindestens doppelt so viel Platz wie die Ränder einnimmt, sollte *DIV* sogar mindestens 9 betragen. Mit diesem Wert ist die Konstruktion auch als *klassische Neunerteilung* bekannt (siehe Abbildung 2.1).

Bei KOMA-Script ist diese Art der Konstruktion im Paket typearea realisiert, wobei der untere Rand weniger als eine Textzeile kleiner ausfallen kann, um die im vorherigen Abschnitt erwähnte Nebenbedingung für die Satzspiegelhöhe einzuhalten und damit die dort erwähnte Problematik in Bezug auf `\flushbottom` zu mindern. Dabei sind für A4-Papier je nach Schriftgröße unterschiedliche Werte für *DIV* voreingestellt, die Tabelle 2.2, Seite 41 zu entnehmen sind. Bei Verzicht auf Bindekorrektur, wenn also *BCOR* = 0 pt gilt, ergeben sich in etwa die Satzspiegelmaße aus Tabelle 2.1, Seite 40.

Neben den voreingestellten Werten kann man *BCOR* und *DIV* direkt beim Laden des Pakets als Option angeben (siehe Abschnitt 2.6 ab Seite 37). Zusätzlich existiert ein Befehl, mit dem man einen Satzspiegel explizit berechnen kann und dem man die beiden Werte als Parameter übergibt (siehe ebenfalls Abschnitt 2.6, Seite 45).

Das typearea-Paket bietet außerdem die Möglichkeit, den optimalen *DIV*-Wert automatisch zu bestimmen. Dieser ist von der Schrift und dem Durchschuss abhängig, der zum Zeitpunkt der Satzspiegelberechnung eingestellt ist. Siehe hierzu ebenfalls Abschnitt 2.6, Seite 41).

2.3. Satzspiegelkonstruktion durch Kreisschlagen

Neben der zuvor beschriebenen Satzspiegelkonstruktion gibt es in der Literatur noch eine eher klassische oder sogar mittelalterliche Methode. Bei diesem Verfahren will man die gleichen Werte nicht nur in Form des Seitenverhältnisses wiederfinden; man geht außerdem davon aus, dass das Optimum dann erreicht wird, wenn die Höhe des Textbereichs der Breite der Seite entspricht. Das genaue Verfahren ist beispielsweise in [Tsc87] nachzulesen.

Als Nachteil dieses spätmittelalterlichen Buchseitenkanons ergibt sich, dass die Breite des Textbereichs nicht mehr von der Schriftart abhängt. Es wird also nicht mehr der zur Schrift passende Textbereich gewählt, stattdessen muss der Autor oder Setzer unbedingt die zum Textbereich passende Schrift wählen. Dies ist als zwingend zu betrachten.

Im typearea-Paket wird diese Konstruktion dahingehend abgewandelt, dass durch Auswahl eines ausgezeichneten – normalerweise unsinnigen – *DIV*-Wertes oder eine spezielle Paket-Option derjenige *DIV*-Wert ermittelt wird, bei dem der resultierende Satzspiegel dem spätmittelalterlichen Buchseitenkanon am nächsten kommt. Es wird also wiederum auf die Satzspiegelkonstruktion durch Teilung zurückgegriffen.

2.4. Frühe oder späte Optionenwahl

In diesem Abschnitt wird eine Besonderheit von KOMA-Script vorgestellt, die neben typearea auch andere KOMA-Script-Pakete und -Klassen betrifft. Damit die Anwender alle Informationen zu einem Paket oder einer Klasse im jeweiligen Kapitel finden, ist dieser Abschnitt nahezu gleichlautend in mehreren Kapiteln zu finden. Anwender, die nicht nur an der Anleitung zu einem Paket oder einer Klasse interessiert sind, sondern sich einen Gesamtüberblick über KOMA-Script verschaffen wollen, brauchen diesen Abschnitt nur in einem der Kapitel zu lesen und können ihn beim weiteren Studium der Anleitung dann überspringen.

```
\documentclass[Optionenliste]{KOMA-Script-Klasse}
\usepackage[Optionenliste]{Paket-Liste}
```

Bei LaTeX ist vorgesehen, dass Anwender Klassenoptionen in Form einer durch Komma getrennten Liste einfacher Schlüsselwörter als optionales Argument von `\documentclass` angeben. Außer an die Klasse werden diese Optionen auch an alle Pakete weitergereicht, die diese Optionen verstehen. Ebenso ist vorgesehen, dass Anwender Paketoptionen in Form einer durch Komma getrennten Liste einfacher Schlüsselwörter als optionales Argument von `\usepackage` angeben. KOMA-Script erweitert den Mechanismus der Optionen für die KOMA-Script-Klassen und einige Pakete um weitere Möglichkeiten. So haben die meisten Optionen bei KOMA-Script zusätzlich einen Wert. Eine Option hat also nicht unbedingt nur die Form *Option*, sondern kann auch die Form *Option*=*Wert* haben. Bis auf diesen Unterschied arbeiten `\documentclass` und `\usepackage` bei KOMA-Script wie in [Tea05b] oder jeder LaTeX-Einführung, beispielsweise [DGS+12], beschrieben.

Bei Verwendung einer KOMA-Script-Klasse sollten im Übrigen beim Laden des Pakets typearea oder scrbase keine Optionen angegeben werden. Das ist darin begründet, dass die Klasse diese Pakete bereits ohne Optionen lädt und LaTeX das mehrmalige Laden eines Pakets mit unterschiedlicher Angabe von Optionen verweigert. *Achtung!*

Das Setzen der Optionen mit `\documentclass` oder `\usepackage` hat übrigens einen entscheidenden Nachteil: Anweisungen, Längen, Zähler und ähnliches können darin leicht zerbrechen. So führt die Verwendung einer LaTeX-Länge im Wert einer Option bei diesen Anweisungen zu einer Fehlermeldung, noch bevor der Wert an KOMA-Script übergeben wird, es also die Kontrolle darüber übernehmen könnte. Wertzuweisungen mit LaTeX-Längen oder LaTeX-Zählern sollten daher nie per `\documentclass` oder `\usepackage`, *Achtung!*

sondern immer mit den nachfolgend dokumentierten Anweisungen \KOMAoptions oder \KOMAoption vorgenommen werden.

```
\KOMAoptions{Optionenliste}
\KOMAoption{Option}{Werteliste}
```

KOMA-Script bietet bei den meisten Klassen- und Paketoptionen auch die Möglichkeit, den Wert der Optionen noch nach dem Laden der Klasse beziehungsweise des Pakets zu ändern. Man kann dann wahlweise mit der Anweisung \KOMAoptions die Werte einer Reihe von Optionen ändern. Jede Option der *Optionenliste* hat dabei die Form *Option*=*Wert*.

Einige Optionen besitzen auch einen Säumniswert (engl. *default value*). Versäumt man die Angabe eines Wertes, verwendet man die Option also einfach in der Form *Option*, so wird automatisch dieser Säumniswert angenommen.

Manche Optionen können gleichzeitig mehrere Werte besitzen. Für solche Optionen besteht die Möglichkeit, mit \KOMAoption der einen *Option* nacheinander eine Reihe von Werten zuzuweisen. Die einzelnen Werte sind dabei in der *Werteliste* durch Komma voneinander getrennt.

Achtung! Soll ein *Wert* ein Gleichheitszeichen oder ein Komma enthalten, so ist der *Wert* in geschweifte Klammern zu setzen.

KOMA-Script bedient sich für die Realisierung dieser Möglichkeit der Anweisungen \FamilyOptions und \FamilyOption mit der Familie »KOMA«. Siehe dazu Teil II, Abschnitt 12.2, Seite 367.

2.5. Kompatibilität zu früheren Versionen von KOMA-Script

Wer seine Dokumente im Quellcode archiviert, legt in der Regel allergrößten Wert darauf, dass bei zukünftigen LaTeX-Läufen immer wieder exakt dasselbe Ergebnis erzielt wird. In einigen Fällen führen aber Verbesserungen und Korrekturen am Paket zu Änderungen im Verhalten, inbesondere beim Umbruch. Dies ist jedoch manchmal eher unerwünscht.

```
version=Wert
version=first
version=last
```

Seit Version 3.01b besteht bei typearea die Wahl, ob eine Quelldatei soweit irgend möglich auch zukünftig bei einem LaTeX-Lauf zu exakt demselben Ergebnis führen soll oder ob jeweils entsprechend der Anpassungen der neusten Version zu setzen ist. Zu welcher Version Kompatibilität herzustellen ist, wird dabei über die Option version festgelegt. Kompatibilität zur ältesten unterstützten KOMA-Script-Version kann mit version=first oder version=2.9 oder version=2.9t erreicht werden. Bei Angabe einer unbekannten Version als *Wert* wird eine Warnung ausgegeben und sicherheitshalber version=first angenommen. version=first

Mit version=last kann die jeweils neuste Version ausgewählt werden. In diesem Fall wird also auf zukünftige Kompatibilität verzichtet. Wird die Option ohne Wertangabe verwendet, so wird ebenfalls last angenommen. Dies entspricht auch der Voreinstellung, solange keine obsolete Option verwendet wird.

Achtung! Bei der Verwendung einer obsoleten Option von KOMA-Script 2 setzt KOMA-Script 3 automatisch version=first. In der dabei ausgegebenen Warnung wird erklärt, wie man diese Kompatibilitätsumschaltung verhindern kann. Alternativ kann man auch nach der obsoleten Option selbst eine abweichende Einstellung für Option version wählen.

Die Frage der Kompatibilität betrifft in erster Linie Fragen des Umbruchs. Neue Möglichkeiten, die sich nicht auf den Umbruch auswirken, sind auch dann verfügbar, wenn man per Option die Kompatibilität zu einer älteren Version ausgewählt hat. Die Option hat keine Auswirkungen auf Umbruchänderungen, die bei Verwendung einer neueren Version durch Beseitigung eindeutiger Fehler entstehen. *Tipp!* Wer auch im Fehlerfall unbedingte Umbruchkompatibilität benötigt, sollte stattdessen mit dem Dokument auch die verwendete KOMA-Script-Version archivieren.

Achtung! Es ist zu beachten, dass die Option version nach dem Laden des Pakets typearea nicht mehr verändert werden kann. Das Setzen mit \KOMAoptions oder \KOMAoption ist daher nicht vorgesehen.

2.6. Einstellung des Satzspiegels und der Seitenaufteilung

Das Paket typearea bietet zwei unterschiedliche Benutzerschnittstellen, um auf die Satzspiegelkonstruktion Einfluss zu nehmen. Die wichtigste Möglichkeit ist die Angabe von Optionen. Wie im vorherigen Abschnitt erwähnt, können die Optionen dabei auf unterschiedlichen Wegen gesetzt werden.

In diesem Abschnitt wird die Klasse protokol verwendet werden. Es handelt sich dabei nicht um eine KOMA-Script-Klasse, sondern um eine hypothetische Klasse. Dieses Buch geht von dem Idealfall aus, dass für jede Aufgabe eine dafür passende Klasse zur Verfügung steht.

BCOR=*Korrektur*

Mit Hilfe der Option BCOR=*Korrektur* geben Sie den absoluten Wert der Bindekorrektur an, also die Breite des Bereichs, der durch die Bindung von der Papierbreite verloren geht. Dieser Wert wird in der Satzspiegelkonstruktion automatisch berücksichtigt und bei der Ausgabe wieder dem inneren beziehungsweise linken Rand zugeschlagen. Als *Korrektur* können Sie jede von TeX verstandene Maßeinheit angeben.

Beispiel: Angenommen, Sie erstellen einen Finanzbericht. Das Ganze soll einseitig in A4 gedruckt und anschließend in eine Klemmmappe geheftet werden. Die Klemme der Mappe verdeckt 7,5 mm. Der Papierstapel ist sehr dünn, deshalb gehen beim Knicken und Blättern durchschnittlich höchstens weitere 0,75 mm verloren. Sie schreiben dann also:

```
\documentclass[a4paper]{report}
\usepackage[BCOR=8.25mm]{typearea}
```

oder

```
\documentclass[a4paper,BCOR=8.25mm]{report}
\usepackage{typearea}
```

bei Angabe von BCOR als globale Option.

Bei Verwendung einer KOMA-Script-Klasse kann das explizite Laden von typearea entfallen:

```
\documentclass[BCOR=8.25mm]{scrreprt}
```

Die Option a4paper konnte bei scrreprt entfallen, da diese der Voreinstellung bei allen KOMA-Script-Klassen entspricht.

Setzt man die Option erst später auf einen neuen Wert, verwendet man also beispielsweise

```
\documentclass{scrreprt}
\KOMAoptions{BCOR=8.25mm}
```

so werden bereits beim Laden der Klasse scrreprt Standardeinstellungen vorgenommen. Beim Ändern der Einstellung mit Hilfe einer der Anweisung \KOMAoptions oder \KOMAoption wird dann automatisch ein neuer Satzspiegel mit neuen Randeinstellungen berechnet.

Bitte beachten Sie unbedingt, dass diese Option bei Verwendung einer der KOMA-Script-Klassen wie im Beispiel als Klassenoption oder per `\KOMAoptions` beziehungsweise `\KOMAoption` nach dem Laden der Klasse übergeben werden muss. Weder sollte das Paket typearea bei Verwendung einer KOMA-Script-Klasse explizit per `\usepackage` geladen, noch die Option dabei als optionales Argument angegeben werden. Wird die Option per `\KOMAoptions` oder `\KOMAoption` nach dem Laden des Pakets geändert, so werden Satzspiegel und Ränder automatisch neu berechnet.

Achtung!

automatische Neuberechnung

`DIV=`*`Faktor`*

Mit Hilfe der Option `DIV=`*`Faktor`* wird festgelegt, in wie viele Streifen die Seite horizontal und vertikal bei der Satzspiegelkonstruktion eingeteilt wird. Die genaue Konstruktion ist Abschnitt 2.2 zu entnehmen. Wichtig zu wissen ist, dass gilt: Je größer der *`Faktor`*, desto größer wird der Textbereich und desto kleiner die Ränder. Als *`Faktor`* kann jeder ganzzahlige Wert ab 4 verwendet werden. Bitte beachten Sie jedoch, dass sehr große Werte dazu führen können, dass Randbedingungen der Satzspiegelkonstruktion, je nach Wahl der weiteren Optionen, verletzt werden. So kann die Kopfzeile im Extremfall auch außerhalb der Seite liegen. Bei Verwendung der Option `DIV=`*`Faktor`* sind Sie für die Einhaltung der Randbedingungen sowie eine nach typografischen Gesichtspunkten günstige Zeilenlänge selbst verantwortlich.

In Tabelle 2.1 finden Sie für das Seitenformat A4 ohne Bindekorrektur die aus einigen *DIV*-Faktoren resultierenden Satzspiegelgrößen. Dabei werden die weiteren von der Schriftgröße abhängigen Nebenbedingungen nicht berücksichtigt.

Beispiel: Angenommen, Sie schreiben ein Sitzungsprotokoll. Sie verwenden dafür die Klasse protokol. Das Ganze soll doppelseitig werden. In Ihrer Firma wird die Schriftart Bookman in 12 pt verwendet. Diese Schriftart, die zu den Standard-PostScript-Schriften gehört, wird in LaTeX mit der Anweisung `\usepackage{bookman}` aktiviert. Die Schriftart Bookman läuft sehr weit, das heißt, die einzelnen Zeichen sind im Verhältnis zur Höhe relativ breit. Deshalb ist Ihnen die Voreinstellung für den *DIV*-Wert in typearea zu gering. Statt einem Wert von 12 sind Sie nach gründlichem Studium dieses Kapitels einschließlich der weiterführenden Abschnitte überzeugt, dass ein Wert 15 angebracht ist. Das Protokoll wird nicht gebunden, sondern gelocht

Tabelle 2.1.: Satzspiegelmaße in Abhängigkeit von *DIV* bei A4 ohne Berücksichtigung von `\topskip`

	Satzspiegel		Ränder	
DIV	Breite	Höhe	oben	innen
6	105,00	148,50	49,50	35,00
7	120,00	169,71	42,43	30,00
8	131,25	185,63	37,13	26,25
9	140,00	198,00	33,00	23,33
10	147,00	207,90	29,70	21,00
11	152,73	216,00	27,00	19,09
12	157,50	222,75	24,75	17,50
13	161,54	228,46	22,85	16,15
14	165,00	233,36	21,21	15,00
15	168,00	237,60	19,80	14,00

(alle Längen in mm)

und in einen Ordner abgeheftet. Eine Bindekorrektur ist deshalb nicht notwendig. Sie schreiben also:

```
\documentclass[a4paper,twoside]{protokol}
\usepackage{bookman}
\usepackage[DIV=15]{typearea}
```

Als Sie fertig sind, macht man Sie darauf aufmerksam, dass die Protokolle neuerdings gesammelt und am Quartalsende alle zusammen als Buch gebunden werden. Die Bindung erfolgt als einfache Leimbindung, weil den Band ohnehin nie wieder jemand anschaut und er nur wegen ISO 9000 angefertigt wird. Für die Bindung einschließlich Biegefalz werden durchschnittlich 12 mm benötigt. Sie ändern die Optionen von typearea also entsprechend ab und verwenden die Klasse für Protokolle nach ISO 9000:

```
\documentclass[a4paper,twoside]{iso9000p}
\usepackage{bookman}
\usepackage[DIV=15,BCOR=12mm]{typearea}
```

Natürlich können Sie auch hier wieder eine KOMA-Script-Klasse verwenden:

```
\documentclass[twoside,DIV=15,BCOR=12mm]{scrartcl}
\usepackage{bookman}
```

Option `a4paper` entspricht der Voreinstellung und konnte daher entfallen.

Achtung! Bitte beachten Sie unbedingt, dass die Option `DIV` bei Verwendung einer der KOMA-Script-Klassen wie im Beispiel als Klassenoption

Tabelle 2.2.: *DIV*-Voreinstellungen für A4 bei Verzicht auf *BCOR*

Grundschriftgröße:	10 pt	11 pt	12 pt
DIV:	8	10	12

oder per `\KOMAoptions` beziehungsweise `\KOMAoption` nach dem Laden der Klasse übergeben werden muss. Weder sollte das Paket typearea bei Verwendung einer KOMA-Script-Klasse explizit per `\usepackage` geladen, noch die Option dabei als optionales Argument angegeben werden. Wird die Option per `\KOMAoptions` oder `\KOMAoption` nach dem Laden des Pakets geändert, so werden Satzspiegel und Rändern automatisch neu berechnet.

automatische Neuberechnung

Wie bereits in Abschnitt 2.2 erwähnt, gibt es nur für das Papierformat A4 feste Voreinstellungen für den *DIV*-Wert. Diese sind Tabelle 2.2 zu entnehmen. Solche festen Werte haben allerdings den Nachteil, dass sie die Laufweite der verwendeten Schrift nicht berücksichtigen. Das kann bei A4 und recht schmalen Schriften sehr rasch zu unangenehm hoher Zeichenzahl je Zeile führen. Siehe hierzu die Überlegungen in Abschnitt 2.1. Wird ein anderes Papierformat gewählt, so berechnet typearea selbst einen guten *DIV*-Wert. Natürlich können Sie diese Berechnung auch für A4 wählen. Hierzu verwenden Sie `DIV=calc` an Stelle von `DIV=`*`Faktor`*. Selbstverständlich können Sie diese Option auch explizit bei allen anderen Papierformaten angeben. Wenn Sie die automatische Berechnung wünschen, ist diese Angabe sogar sinnvoll, da die Möglichkeit besteht, in einer Konfigurationsdatei andere Voreinstellungen zu setzen (siehe Abschnitt 20.2). Eine explizit angegebene Option `DIV=calc` überschreibt diese Vorkonfiguration aber.

Achtung!

`DIV=calc`

Die in Abschnitt 2.3 erwähnte klassische Konstruktion, der mittelalterliche Buchseitenkanon, ist ebenfalls auswählbar. Verwenden Sie in diesem Fall an Stelle von `DIV=`*`Faktor`* oder `DIV=calc` einfach `DIV=classic`. Es wird dann ein *DIV*-Wert ermittelt, der eine möglichst gute Näherung an den mittelalterlichen Buchseitenkanon darstellt.

`DIV=classic`

Beispiel: In dem bei der Option `DIV=`*`Faktor`* aufgeführten Beispiel mit der Schriftart Bookman gab es ja genau das Problem, dass man einen zur Schriftart besser passenden *DIV*-Wert haben wollte. Man könnte also in Abwandlung des ersten Beispiels auch einfach die Ermittlung dieses Wertes typearea überlassen:

```
\documentclass[a4paper,twoside]{protokol}
\usepackage{bookman}
\usepackage[DIV=calc]{typearea}
```

Wenn Sie bis hier die Beispiele aufmerksam verfolgt haben, wissen Sie eigentlich bereits, wie man die Berechnung eines *DIV*-Wertes in Abhängigkeit von der gewählten Schrift erreicht, wenn eine KOMA-Script-Klasse zusammen mit einem Schriftpaket verwendet wird.

Das Problem dabei ist, dass die KOMA-Script-Klasse das Paket typearea bereits selbst lädt. Die Übergabe der Optionen als optionale Argumente von `\usepackage` ist also nicht möglich. Es würde auch nichts nützen, die Option `DIV=calc` als optionales Argument von `\documentclass` anzugeben. Diese Option würde direkt beim Laden des Pakets typearea ausgewertet. Damit würden Satzspiegel und Ränder für die LaTeX-Standardschrift und nicht für die später geladene Schrift berechnet.

Selbstverständlich ist es möglich, mit `\KOMAoptions{DIV=calc}` oder `\KOMAoption{DIV}{calc}` nach dem Laden des Schriftpakets Satzspiegel und Ränder neu berechnen zu lassen. Dabei wird dann über den Wert `calc` direkt ein *DIV*-Wert für eine gute Zeilenlänge eingefordert.

Da es aber häufig praktischer ist, die Einstellung für die Option `DIV` nicht erst nach dem Laden der Schrift vorzunehmen, sondern an herausgehobener Stelle, beispielsweise beim Laden der Klasse, bietet typearea zwei weitere symbolische Werte für diese Option.

`DIV=current` Mit `DIV=current` wird eine Neuberechnung von Satzspiegel und Rändern angestoßen, wobei genau der *DIV*-Wert verwendet wird, der aktuell eingestellt ist. Dies ist weniger für die Neuberechnung des Satzspiegels nach Wahl einer anderen Grundschrift von Interesse. Vielmehr ist das dann nützlich, wenn man etwa nach Änderung des Durchschusses bei Beibehaltung des Teilers *DIV* die Randbedingung sicherstellen will, dass `\textheight` abzüglich `\topskip` ein Vielfaches von `\baselineskip` sein sollte.

`DIV=last` Mit `DIV=last` wird eine Neuberechnung von Satzspiegel und Rändern angestoßen, wobei genau dieselbe Einstellung wie bei der letzten Berechnung verwendet wird.

Beispiel: Gehen wir wieder davon aus, dass für die Schriftart Bookman ein Satzspiegel mit guter Zeilenlänge berechnet werden soll. Gleichzeitig wird eine KOMA-Script-Klasse verwendet. Dies ist mit dem symbolischen Wert `last` und der Anweisung `\KOMAoptions` sehr einfach möglich:

```
\documentclass[BCOR=12mm,DIV=calc,twoside]
              {scrartcl}
\usepackage{bookman}
\KOMAoptions{DIV=last}
```

Tabelle 2.3.: Mögliche symbolische Werte für die Option `DIV` oder das *`DIV`*-Argument der Anweisung `\typearea[`*`BCOR`*`]{`*`DIV`*`}`

`areaset`
: Satzspiegel neu anordnen.

`calc`
: Satzspiegelberechnung einschließlich Ermittlung eines guten *DIV*-Wertes erneut durchführen.

`classic`
: Satzspiegelberechnung nach dem mittelalterlichen Buchseitenkanon (Kreisberechnung) erneut durchführen.

`current`
: Satzspiegelberechnung mit dem aktuell gültigen *DIV*-Wert erneut durchführen.

`default`
: Satzspiegelberechnung mit dem Standardwert für das aktuelle Seitenformat und die aktuelle Schriftgröße erneut durchführen. Falls kein Standardwert existiert, `calc` anwenden.

`last`
: Satzspiegelberechnung mit demselben *`DIV`*-Argument, das beim letzten Aufruf angegeben wurde, erneut durchführen.

Wird später entschieden, dass ein anderer *DIV*-Wert verwendet werden soll, so muss nur die Einstellung im optionalen Argument von `\documentclass` geändert werden.

Eine Zusammenfassung aller möglichen symbolischen Werte für die Option `DIV` finden Sie in Tabelle 2.3. Es wird an dieser Stelle darauf hingewiesen, dass auch die Verwendung des Pakets fontenc dazu führen kann, dass LaTeX eine andere Schrift lädt.

Achtung!

Häufig wird die Satzspiegelneuberechnung im Zusammenhang mit der Veränderung des Zeilenabstandes (*Durchschuss*) benötigt. Da der Satzspiegel unbedingt so berechnet werden sollte, dass eine ganze Anzahl an Zeilen in den Textbereich passt, muss bei Verwendung eines anderen Durchschusses als des normalen der Satzspiegel für diesen Zeilenabstand neu berechnet werden.

Beispiel: Angenommen, für eine Diplomarbeit wird die Schriftgröße 10 pt bei eineinhalbzeiligem Satz zwingend gefordert. LaTeX setzt normalerweise bei 10 pt mit 2 pt Durchschuss, also 1,2-zeilig. Deshalb muss als zusätzlicher Dehnfaktor der Wert 1,25 verwendet werden. Gehen wir außerdem davon aus, dass eine Bindekorrektur von 12 mm benötigt wird. Dann könnte die Lösung dieses Problems wie folgt aussehen:

```
\documentclass[10pt,twoside,BCOR=12mm,DIV=calc]
              {scrreprt}
\linespread{1.25}
\KOMAoptions{DIV=last}
```

Da typearea selbst immer die Anweisung `\normalsize` bei Berechnung eines neuen Satzspiegels ausführt, ist es nicht zwingend notwendig, nach `\linespread` den gewählten Durchschuss mit `\selectfont` zu aktivieren, damit dieser für die Neuberechnung verwendet wird.

Das gleiche Beispiel sähe unter Verwendung des setspace-Pakets (siehe [TF11]) wie folgt aus:

```
\documentclass[10pt,twoside,BCOR=12mm,DIV=calc]
              {scrreprt}
\usepackage[onehalfspacing]{setspace}
\KOMAoptions{DIV=last}
```

Tipp! Wie man an dem Beispiel sieht, spart man sich mit dem setspace-Paket das Wissen um den korrekten Dehnungswert. Dies gilt allerdings nur für die Standardschriftgrößen 10 pt, 11 pt und 12 pt. Für alle anderen Schriftgrößen verwendet das Paket eine Näherung.

Achtung! An dieser Stelle erscheint es mir angebracht, darauf hinzuweisen, dass der Zeilenabstand für die Titelseite wieder auf den normalen Wert zurückgesetzt werden sollte und außerdem auch die Verzeichnisse mit dem normalen Zeilenabstand gesetzt werden sollten.

Beispiel: Ein vollständiges Beispiel wäre also:

```
\documentclass[10pt,twoside,BCOR=12mm,DIV=calc]
              {scrreprt}
\usepackage[onehalfspacing]{setspace}
\AfterTOCHead{\singlespacing}
\KOMAoptions{DIV=last}
\begin{document}
\title{Titel}
\author{Markus Kohm}
\begin{spacing}{1}
  \maketitle
\end{spacing}
\tableofcontents
\chapter{Ok}
\end{document}
```

Tabelle 2.4.: Mögliche symbolische *BCOR*-Argumente für `\typearea[BCOR]{DIV}`

`current`	Satzspiegelberechnung mit dem aktuell gültigen *BCOR*-Wert erneut durchführen.

Siehe hierzu auch die Anmerkungen in Abschnitt 2.8. Die Anweisung `\AfterTOCHead` wird in Teil II, Kapitel 15 auf Seite 418 vorgestellt.

Bitte beachten Sie unbedingt, dass diese Optionen auch zur Verwendung mit `\KOMAoptions` oder `\KOMAoption` nach dem Laden des Pakets vorgesehen sind und dann eine automatische Neuberechnung von Satzspiegel und Rändern auslösen.

Achtung!

automatische Neuberechnung

```
\typearea[BCOR]{DIV}
\recalctypearea
```

Wird die Option `DIV` oder die Option `BCOR` nach dem Laden des Pakets typearea gesetzt, so wird intern die Anweisung `\typearea` aufgerufen. Dabei wird beim Setzen der Option `DIV` für *BCOR* intern der symbolische Wert `current` verwendet, der aus Gründen der Vollständigkeit auch in Tabelle 2.4 zu finden ist. Beim Setzen der Option `BCOR` wird für *DIV* hingegen der symbolische Wert `last` verwendet. Wollen Sie, dass Satzspiegel und Rändern stattdessen mit dem symbolischen Wert `current` für *DIV* neu berechnet werden, so können Sie direkt `\typearea[current]{current}` verwenden.

Sollen die Werte sowohl von *BCOR* als auch *DIV* geändert werden, so ist die Verwendung von `\typearea` zu empfehlen, da hierbei die Ränder und der Satzspiegel nur einmal neu berechnet werden. Hingegen werden bei `\KOMAoptions{DIV=DIV,BCOR=BCOR}` Ränder und Satzspiegel zunächst bei der Änderung für *DIV* und dann zusätzlich bei der Änderung für *BCOR* neu berechnet.

Der Befehl `\typearea` ist derzeit so definiert, dass es auch möglich ist, mitten in einem Dokument den Satzspiegel zu wechseln. Dabei werden allerdings Annahmen über den Aufbau des LaTeX-Kerns gemacht und interne Definitionen und Größen des LaTeX-Kerns verändert. Da am LaTeX-Kern nur noch zur Beseitigung von Fehlern notwendige Änderungen vorgenommen werden, ist die Wahrscheinlichkeit hoch, dass dies in zukünftigen Versionen von LaTeX 2$_\varepsilon$ noch funktionieren wird. Eine Garantie dafür gibt es jedoch nicht. Die Verwendung innerhalb des Dokuments führt außerdem immer zu einem Seitenumbruch.

Da `\KOMAoption{DIV}{last}` oder `\KOMAoptions{DIV=last}` beziehungsweise `\typearea[current]{last}` für die Neuberechnung

`\recalctypearea`

Tabelle 2.5.: Standardwerte für alle einfachen Schalter in KOMA-Script

Wert	Bedeutung
`true`	aktiviert die Option
`on`	aktiviert die Option
`yes`	aktiviert die Option
`false`	deaktiviert die Option
`off`	deaktiviert die Option
`no`	deaktiviert die Option

des Satzspiegels und der Ränder recht häufig benötigt werden, gibt es dafür die abkürzende Anweisung `\recalctypearea`.

Beispiel: Wenn Ihnen die Schreibweisen

```
\KOMAoptions{DIV=last}
```

oder

```
\typearea[current]{last}
```

für die Neuberechnung von Satzspiegel und Rändern aufgrund der vielen Sonderzeichen zu umständlich ist, können Sie einfach

```
\recalctypearea
```

verwenden.

`twoside=`*`Wert`*

Wie in Abschnitt 2.1 erklärt, hängt die Randverteilung davon ab, ob ein Dokument ein- oder zweiseitig gesetzt werden soll. Bei einseitigem Satz sind der linke und rechte Rand gleich breit, während bei doppelseitigem Satz der innere Randanteil einer Seite nur halb so groß ist wie der jeweilige äußere Rand. Um diese Unterscheidung vornehmen zu können, muss typearea mit Option `twoside` mitgeteilt werden, ob das Dokument doppelseitig gesetzt wird. Als *`Wert`* kann dabei einer der Standardwerte für einfache Schalter aus Tabelle 2.5 verwendet werden. Wird die Option ohne Wert-Angabe verwendet, so wird der Wert `true` angenommen, also doppelseitiger Satz verwendet. Deaktivieren der Option führt zu einseitigem Satz.

`twoside=true`
`twoside=false`

Außer den Werten aus Tabelle 2.5 kann jedoch auch noch der Wert `semi` angegeben werden. Dieser Wert `semi` führt zu doppelseitigem Satz mit einseitigen Rändern und einseitigen, also nicht alternierenden Marginalien. Eine eventuelle Bindekorrektur (siehe Option `BCOR`, Seite 38) wird jedoch ab KOMA-Script Version 3.12 wie beim doppelseitigen Satz auf Seiten mit ungerader Nummer dem linken Rand und auf Seiten mit gerader Nummer dem rechten

`twoside=semi`

Rand zugeschlagen. Wird auf Kompatibilität zu einer Version früheren Version zurückgeschaltet (siehe Abschnitt 2.5, Seite 36), so ist die Bindekorrektur jedoch auch bei `twoside=semi` immer Teil des linken Randes.

Die Option kann als Klassenoption bei `\documentclass`, als Paketoption bei `\usepackage` oder auch nach dem Laden von typearea per `\KOMAoptions` oder `\KOMAoption` gesetzt werden. Eine Verwendung dieser Option nach dem Laden von typearea führt automatisch zur Neuberechnung des Satzspiegels mittels `\recalctypearea` (siehe Seite 45). War vor der Option doppelseitiger Satz aktiv, wird noch vor der Neuberechnung auf die nächste ungerade Seite umbrochen.

automatische Neuberechnung

`twocolumn=`*`Ein-Aus-Wert`*

Für die Berechnung eines guten Satzspiegels mit Hilfe von `DIV=calc` ist es erforderlich zu wissen, ob das Dokument ein- oder zweispaltig gesetzt wird. Da die Betrachtungen zur Zeilenlänge aus Abschnitt 2.1 dann für jede einzelne Spalte gelten, darf der Satzspiegel in doppelspaltigen Dokumenten bis zu doppelt so breit sein wie in einspaltigen Dokumenten.

Um diese Unterscheidung vornehmen zu können, muss typearea mit Option `twocolumn` mitgeteilt werden, ob das Dokument doppelspaltig gesetzt wird. Als *`Ein-Aus-Wert`* kann dabei einer der Standardwerte für einfache Schalter aus Tabelle 2.5 verwendet werden. Wird die Option ohne Wert-Angabe verwendet, so wird der Wert `true` angenommen, also doppelspaltiger Satz verwendet. Ein Deaktivieren der Option führt wieder zum voreingestellten, einspaltigen Satz.

`twocolumn=true`

Die Option kann als Klassenoption bei `\documentclass`, als Paketoption bei `\usepackage` oder auch nach dem Laden von typearea per `\KOMAoptions` oder `\KOMAoption` gesetzt werden. Eine Verwendung dieser Option nach dem Laden von typearea führt automatisch zur Neuberechnung des Satzspiegels mittels `\recalctypearea` (siehe Seite 45).

automatische Neuberechnung

`headinclude=`*`Ein-Aus-Wert`*
`footinclude=`*`Ein-Aus-Wert`*

Bisher wurde zwar erklärt, wie die Satzspiegelkonstruktion funktioniert und in welchem Verhältnis einerseits die Ränder zueinander stehen, andererseits der Textkörper zur Seite steht, aber eine entscheidende Frage blieb ausgeklammert: Was genau ist *der Rand*?

Auf den ersten Blick wirkt diese Frage trivial: Der Rand ist der Teil der Seite, der oben, unten, links und rechts frei bleibt. Doch das ist nur die halbe Wahrheit. Der äußere Rand ist keineswegs immer leer. Teilweise findet man darin noch gesetzte Randnotizen (siehe den Befehl `\marginpar` beispielsweise in [DGS+12] bzw. Abschnitt 3.21).

Beim oberen und unteren Rand stellt sich die Frage, wie Kopf- und Fußzeile zu behandeln sind. Gehören diese beiden zum Textkörper oder zum jeweiligen Rand? Die Frage ist nicht einfach zu beantworten. Eindeutig ist, dass ein leerer Fuß und ein leerer Kopf zum Rand zu rechnen sind. Schließlich können sie nicht vom restlichen Rand unterschieden werden. Ein Fuß, der nur die Paginierung enthält, wirkt optisch ebenfalls eher wie Rand und sollte deshalb zu diesem gerechnet werden. Für die optische Wirkung ist dabei unwesentlich, ob der Fuß beim Lesen oder Überfliegen leicht als Fuß erkannt werden kann oder nicht. Entscheidend ist, wie eine wohlgefüllte Seite bei *unscharfer Betrachtung* wirkt. Dazu bedient man sich beispielsweise seiner altersweitsichtigen Großeltern, denen man die Brille stibitzt und dann die Seite etwa einen halben Meter von der Nasenspitze entfernt hält. In Ermangelung erreichbarer Großeltern kann man sich auch damit behelfen, dass man die eigenen Augen auf Fernsicht stellt, die Seite aber nur mit ausgestreckten Armen hält. Brillenträger sind hier deutlich im Vorteil. Hat man eine Fußzeile, die neben der Paginierung weitere, weitschweifige Angaben enthält, beispielsweise einen Copyright-Hinweis, so wirkt die Fußzeile eher wie ein etwas abgesetzter Teil des Textkörpers. Bei der Berechnung des Satzspiegels sollte das berücksichtigt werden.

Paginierung

Bei der Kopfzeile sieht es noch schwieriger aus. In der Kopfzeile wird häufig der Kolumnentitel gesetzt. Arbeitet man mit einem lebenden Kolumnentitel, also der Wiederholung der ersten bzw. zweiten Gliederungsebene in der Kopfzeile, und hat gleichzeitig sehr lange Überschriften, so erhält man automatisch sehr lange Kopfzeilen. In diesem Fall wirkt der Kopf wiederum wie ein abgesetzter Teil des Textkörpers und weniger wie leerer Rand. Verstärkt wird dieser Effekt noch, wenn neben dem Kolumnentitel auch die Paginierung im Kopf erfolgt. Dadurch erhält man einen links und rechts abgeschlossenen Bereich, der kaum noch als leerer Rand wirkt. Schwieriger ist es bei Paginierung im Fuß und Überschriften, deren Länge sehr stark schwankt. Hier kann der Kopf der einen Seite wie Textkörper wirken, der Kopf der anderen Seite jedoch eher wie Rand. Keinesfalls sollte man die Seiten jedoch unterschiedlich behandeln. Das würde zu vertikal springenden Köpfen führen und ist nicht einmal für ein Daumenkino geeignet. Ich rate in diesem Fall dazu, den Kopf zum Textkörper zu rechnen.

Kolumnentitel

Ganz einfach fällt die Entscheidung, wenn Kopf oder Fuß durch eine Linie vom eigentlichen Textkörper abgetrennt sind. Dadurch erhält man eine geschlossene Wirkung und der Kopf bzw. Fuß sollte unbedingt zum Textkörper gerechnet werden. Wie gesagt: Die durch die Trennlinie verbesserte Erkennung des Kopfes oder Fußes ist hier unerheblich. Entscheidend ist die unscharfe Betrachtung.

Das typearea-Paket trifft die Entscheidung, ob ein Kopf oder Fuß zum Textkörper gehört oder davon getrennt zum Rand gerechnet werden muss, nicht selbst. Stattdessen kann mit den Optionen `headinclude` und `footinclude` eingestellt werden, ob der Kopf und der Fuß zum Textkörper gerechnet werden sollen. Die Optionen verstehen dabei als *`Ein-Aus-Wert`* die Standardwerte für einfache Schalter, die in Tabelle 2.5, Seite 46 angegeben sind. Man kann die Optionen auch ohne Wertzuweisung verwenden. In diesem Fall wird `true` als *`Ein-Aus-Wert`* verwendet, also der Kopf oder Fuß zum Satzspiegel gerechnet.

`headinclude=true`
`headinclude=false`
`footinclude=true`
`footinclude=false`

Wenn Sie unsicher sind, was die richtige Einstellung ist, lesen Sie bitte obige Erläuterungen. Voreingestellt sind normalerweise `headinclude=false` und `footinclude=false`. Dies kann sich jedoch bei den KOMA-Script-Klassen je nach Klassenoption oder bei Verwendung anderer KOMA-Script-Pakete generell ändern (siehe Abschnitt 3.1 und Kapitel 5).

Achtung!

Bitte beachten Sie unbedingt, dass diese Optionen bei Verwendung einer der KOMA-Script-Klassen als Klassenoptionen oder per `\KOMAoptions` beziehungsweise `\KOMAoption` nach dem Laden der Klasse übergeben werden müssen. Eine Änderung dieser Optionen nach dem Laden von typearea führt dabei nicht zu einer automatischen Neuberechnung des Satzspiegels. Vielmehr wirkt sich die Änderung erst bei der nächsten Neuberechnung des Satzspiegels aus. Zur Neuberechnung des Satzspiegels siehe Option `DIV` mit den Werten `last` oder `current` (siehe Seite 42) oder die Anweisung `\recalctypearea` (siehe Seite 45).

keine automatische Neuberechnung

`mpinclude=`*`Ein-Aus-Wert`*

Neben Dokumenten, bei denen der Kopf und der Fuß der Seite eher zum Textbereich als zum Rand gehört, gibt es auch Dokumente, bei denen dies für Randnotizen zutrifft. Mit der Option `mpinclude` kann genau dies erreicht werden. Die Option versteht dabei als *`Ein-Aus-Wert`* die Standardwerte für einfache Schalter, die in Tabelle 2.5, Seite 46 angegeben sind. Man kann die Option auch ohne Wertzuweisung verwenden. In diesem Fall wird `true` als *`Ein-Aus-Wert`* verwendet.

`mpinclude=true`

Der Effekt von `mpinclude=true` ist, dass eine Breiteneinheit vom Textbereich weggenommen und als Bereich für die Randnotizen verwendet wird. Mit `mpinclude=false`, was der Voreinstellung entspricht, wird hingegen ein Teil des Randes für Randnotizen verwendet. Dies ist, je nachdem ob einseitig oder doppelseitig gearbeitet wird, ebenfalls eine Breiteneinheit oder auch eineinhalb Breiteneinheiten. In der Regel ist die Verwendung von `mpinclude=true` nicht anzuraten und sollte Experten vorbehalten bleiben.

In den meisten Fällen, in denen die Option `mpinclude` sinnvoll ist, werden außerdem breitere Randnotizen benötigt. In sehr vielen Fällen sollte dabei aber nicht die gesamte Breite, sondern nur ein Teil davon dem Textbereich zugeordnet werden. Dies ist beispielsweise der Fall, wenn der Rand für Zitate verwendet wird. Solche Zitate werden üblicherweise im Flattersatz gesetzt, wobei die bündige Kante an den Textbereich anschließt. Da sich kein geschlossener optischer Eindruck ergibt, dürfen die flatternden Enden also durchaus teilweise in den Rand ragen. Man kann das einfach erreichen, indem man zum einen die Option `mpinclude` verwendet. Zum anderen vergrößert man die Länge `\marginparwidth` nach der Berechnung des Satzspiegels noch mit Hilfe der `\addtolength`-Anweisung. Um welchen Wert man vergrößern sollte, hängt vom Einzelfall ab und erfordert einiges Fingerspitzengefühl. Auch deshalb ist die Option `mpinclude` eher etwas für Experten. Natürlich kann man auch festlegen, dass die Randnotizen beispielsweise zu einem Drittel in den Rand hineinragen sollen, und das wie folgt erreichen:

```
\setlength{\marginparwidth}{1.5\marginparwidth}
```

Da es derzeit keine Option gibt, um mehr Platz für die Randnotizen innerhalb des Textbereichs vorzusehen, gibt es nur eine Möglichkeit, dies zu erreichen: Die Anpassung von `\textwidth` und `\marginparwidth` nach der Berechnung des Satzspiegels. Siehe dazu `\AfterCalculatingTypearea` in Abschnitt 20.1, Seite 507.

Achtung!

Bitte beachten Sie unbedingt, dass diese Option bei Verwendung einer der KOMA-Script-Klassen als Klassenoption oder per `\KOMAoptions` beziehungsweise oder `\KOMAoption` nach dem Laden der Klasse übergeben werden muss. Eine Änderung dieser Option nach dem Laden von typearea führt nicht zu einer automatischen Neuberechnung des Satzspiegels. Vielmehr wirkt sich die Änderung erst bei der nächsten Neuberechnung des Satzspiegels aus. Zur Neuberechnung des Satzspiegels siehe Option `DIV` mit den Werten `last` oder `current` (siehe Seite 42) oder die Anweisung `\recalctypearea` (siehe Seite 45).

keine automatische Neuberechnung

```
headlines=Zeilenanzahl
headheight=Höhe
```

Es ist nun also bekannt, wie man Satzspiegel mit dem typearea-Paket berechnet und wie man dabei angibt, ob der Kopf oder Fuß zum Textkörper oder zum Rand gehört. Insbesondere für den Kopf fehlt aber noch die Angabe, wie hoch er denn eigentlich sein soll. Hierzu dienen die Optionen `headlines` und `headheight`.

Die Option `headlines` setzt man dabei auf die Anzahl der Kopfzeilen. Normalerweise arbeitet das typearea-Paket mit 1,25 Kopfzeilen. Dieser Wert stellt einen Kompromiss dar. Zum einen ist er groß genug, um auch für eine unterstrichene Kopfzeile (siehe Abschnitt 3.1) Platz zu bieten, zum anderen ist er klein genug, um das Randgewicht nicht zu stark zu verändern, wenn mit einer einfachen, nicht unterstrichenen Kopfzeile gearbeitet wird. Damit ist der voreingestellte Wert in den meisten Standardfällen ein guter Wert. In einigen Fällen will oder muss man aber die Kopfhöhe genauer den tatsächlichen Erfordernissen anpassen. `headlines`

Beispiel: Angenommen, es soll ein Text mit einem zweizeiligen Kopf erstellt werden. Normalerweise würde dies dazu führen, dass auf jeder Seite eine Warnung »`overfull \vbox`« von LaTeX ausgegeben würde. Um dies zu verhindern, wird das typearea-Paket angewiesen, einen entsprechenden Satzspiegel zu berechnen:

```
\documentclass[a4paper]{article}
\usepackage[headlines=2.1]{typearea}
```

Es ist auch wieder möglich und bei Verwendung einer KOMA-Script-Klasse empfehlenswert, diese Option direkt an die Klasse zu übergeben:

```
\documentclass[headlines=2.1]{scrartcl}
```

Befehle, mit denen dann der Inhalt der zweizeiligen Kopfzeile definiert werden kann, sind in Kapitel 5 zu finden.

In einigen Fällen ist es nützlich, wenn man die Kopfhöhe nicht in Zeilen, sondern direkt als Längenwert angeben kann. Dies ist mit Hilfe der alternativ verwendbaren Option `headheight` möglich. Als *Höhe* sind alle Längen und Größen verwendbar, die LaTeX kennt. Es ist jedoch zu beachten, dass bei Verwendung einer LaTeX-Länge wie `\baselineskip` nicht deren Größe zum Zeitpunkt des Setzens der Option, sondern zum Zeitpunkt der Berechnung des Satzspiegels und der Ränder entscheidend ist. `headheight`

Achtung! Bitte beachten Sie unbedingt, dass diese Optionen bei Verwendung einer der KOMA-Script-Klassen als Klassenoptionen oder per `\KOMAoptions` beziehungsweise `\KOMAoption` nach dem Laden der Klasse übergeben werden müssen. Eine Änderung dieser Optionen nach dem Laden von typearea führt nicht zu einer automatischen Neuberechnung des Satzspiegels. Vielmehr wirkt sich die Änderung erst bei der nächsten Neuberechnung des Satzspiegels aus. Zur Neuberechnung des Satzspiegels siehe Option `DIV` mit den Werten `last` oder `current` (siehe Seite 42) oder die Anweisung `\recalctypearea` (siehe Seite 45).

keine automatische Neuberechnung

```
footlines=Zeilenanzahl
footheight=Höhe
```

Wie schon für den Kopf fehlt aber noch die Angabe, wie hoch der Fuß sein soll. Hierzu dienen die Optionen `footlines` und `footheight`. Allerdings ist die Höhe des Fußes im Gegensatz zur Höhe des Kopfes keine Länge des LaTeX-Kerns selbst. Daher definiert typearea zur Einführung eine neue Länge `\footheight`, falls diese noch nicht existiert. Ob diese dann auch beispielsweise von Klassen und Paketen für die Gestaltung von Kopf und Fuß verwendet wird, hängt von den verwendeten Klassen und Paketen ab. Das KOMA-Script-Paket scrlayer-scrpage berücksichtigt `\footheight` und arbeitet somit aktiv mit typearea zusammen. Die KOMA-Script-Klassen berücksichtigen `\footheight` hingegen nicht, da sie ohne Paketunterstützung nur Seitenstile mit einzeiligen Seitenfüßen anbieten.

`footlines` Die Option `footlines` setzt man vergleichbar zu `headlines` auf die Anzahl der Fußzeilen. Normalerweise arbeitet das typearea-Paket mit 1,25 Fußzeilen. Dieser Wert stellt einen Kompromiss dar. Zum einen ist er groß genug, um auch für eine über- und unterstrichene Fußzeile (siehe Abschnitt 3.1) Platz zu bieten, zum anderen ist er klein genug, um das Randgewicht nicht zu stark zu verändern, wenn mit einer einfachen Fußzeile ohne Trennlinien gearbeitet wird. Damit ist der voreingestellte Wert in den meisten Standardfällen ein guter Wert. In einigen Fällen will oder muss man aber die Fußhöhe genauer den tatsächlichen Erfordernissen anpassen.

Beispiel: Angenommen, im Fuß soll eine zweizeilige Copyright-Angabe gesetzt werden. Zwar gibt es in LaTeX selbst keinen Test, ob der für den Fuß vorgesehene Platz dafür genügend Raum bietet, die Überschreitung der vorgesehenen Höhe resultiert aber wahrscheinlich in einer unausgeglichenen Verteilung von Satzspiegeln und Rändern. Außerdem führt beispielsweise das Paket scrlayer-scrpage, mit dem ein solcher Fußinhalt gesetzt werden könnte, durchaus eine entsprechende Überprüfung durch und meldet gegebenenfalls auch Überschreitungen. Daher ist es sinnvoll, die benötigte größere Fußhöhe bereits bei der Berechnung des Satzspiegels anzugeben:

```
\documentclass[a4paper]{article}
\usepackage[footlines=2.1]{typearea}
```

Es ist auch wieder möglich und bei Verwendung einer KOMA-Script-Klasse empfehlenswert, diese Option direkt an die Klasse zu übergeben:

```
\documentclass[footlines=2.1]{scrartcl}
```

Befehle, mit denen dann der Inhalt der zweizeiligen Fußzeile definiert werden kann, sind in Kapitel 5 zu finden.

In einigen Fällen ist es nützlich, wenn man die Fußhöhe nicht in Zeilen, sondern direkt als Längenwert angeben kann. Dies ist mit Hilfe der alternativ verwendbaren Option `footheight` möglich. Als *Höhe* sind alle Längen und Größen verwendbar, die LaTeX kennt. Es ist jedoch zu beachten, dass bei Verwendung einer LaTeX-Länge wie `\baselineskip` nicht deren Größe zum Zeitpunkt des Setzens der Option, sondern zum Zeitpunkt der Berechnung des Satzspiegels und der Ränder entscheidend ist.

footheight

Bitte beachten Sie unbedingt, dass diese Optionen bei Verwendung einer der KOMA-Script-Klassen als Klassenoptionen oder per `\KOMAoptions` beziehungsweise `\KOMAoption` nach dem Laden der Klasse übergeben werden müssen. Eine Änderung dieser Optionen nach dem Laden von typearea führt nicht zu einer automatischen Neuberechnung des Satzspiegels. Vielmehr wirkt sich die Änderung erst bei der nächsten Neuberechnung des Satzspiegels aus. Zur Neuberechnung des Satzspiegels siehe Option `DIV` mit den Werten `last` oder `current` (siehe Seite 42) oder die Anweisung `\recalctypearea` (siehe Seite 45).

Achtung!

keine automatische Neuberechnung

`\areaset[BCOR]{Breite}{Höhe}`

Bis hier wurde nun eine Menge darüber erzählt, wie man einen guten Satzspiegel für Standardanwendungen erstellt und wie das typearea-Paket dem Anwender diese Arbeit erleichtert, ihm aber gleichzeitig Möglichkeiten der Einflussnahme bietet. Es gibt jedoch auch Fälle, in denen der Textkörper eine bestimmte Größe exakt einhalten soll, ohne dass dabei auf gute Satzspiegelkonstruktion oder auf weitere Nebenbedingungen zu achten ist. Trotzdem sollen die Ränder so gut wie möglich verteilt und dabei gegebenenfalls auch eine Bindekorrektur berücksichtigt werden. Das typearea-Paket bietet hierfür den Befehl \areaset, dem man neben der optionalen Bindekorrektur als Parameter die Breite und Höhe des Textbereichs übergibt. Die Ränder und deren Verteilung werden dann automatisch berechnet, wobei gegebenenfalls auch die Einstellungen der Paketoptionen headinclude und footinclude berücksichtigt werden. *Achtung!* Die Optionen headlines und headheight bleiben in diesem Fall jedoch unberücksichtigt!

Beispiel: Angenommen, ein Text auf A4-Papier soll genau die Breite von 60 Zeichen in der Typewriter-Schrift haben und exakt 30 Zeilen je Seite besitzen. Dann könnte mit folgender Präambel gearbeitet werden:

```
\documentclass[a4paper,11pt]{article}
\usepackage{typearea}
\newlength{\CharsLX}% Breite von 60 Zeichen
\newlength{\LinesXXX}% Hoehe von 30 Zeilen
\settowidth{\CharsLX}{\texttt{1234567890}}
\setlength{\CharsLX}{6\CharsLX}
\setlength{\LinesXXX}{\topskip}
\addtolength{\LinesXXX}{29\baselineskip}
\areaset{\CharsLX}{\LinesXXX}
```

Der Faktor von 29 statt 30 ist damit begründet, dass die Grundlinie der obersten Zeile bereits am obersten Rand des um \topskip verringerten Satzspiegels liegt, solange die Höhe der obersten Zeile kleiner als \topskip ist. Die oberste Zeile benötigt damit keine Höhe. Die Unterlängen der untersten Zeile ragen dafür unter den Satzspiegel.

Soll stattdessen ein Gedichtband mit quadratischem Textbereich der Seitenlänge 15 cm und einem Binderand von 1 cm gesetzt werden, so ist folgendes möglich:

```
\documentclass{gedichte}
\usepackage{typearea}
\areaset[1cm]{15cm}{15cm}
```

DIV=areaset

In seltenen Fällen ist es nützlich, wenn man den aktuell eingestellten Satzspiegel neu ausrichten lassen kann. Dies ist mit der Option DIV=areaset möglich, wobei \KOMAoptions{DIV=areaset} der Anweisung

DIV=areaset

```
\areaset[current]{\textwidth}{\textheight}
```

entspricht. Dasselbe Ergebnis erhält man auch, wenn `DIV=last` verwendet wird und der Satzspiegel zuletzt per `\areaset` eingestellt wurde.

Wenn Sie konkrete Vorgaben bezüglich der Ränder zu erfüllen haben, ist typearea nicht geeignet. In diesem Fall ist die Verwendung des Paketes geometry (siehe [Ume10]) empfehlenswert. geometry

2.7. Einstellung des Papierformats

Das Papierformat ist ein entscheidendes Grundmerkmal eines Dokuments. Wie bereits bei der Vorstellung der unterstützten Satzspiegelkonstruktionen (siehe Abschnitt 2.1 bis Abschnitt 2.3 ab Seite 29) aufgezeigt, steht und fällt die Aufteilung der Seite und damit das gesamte Dokumentlayout mit der Wahl des Papierformats. Während die LaTeX-Standardklassen auf einige wenige Formate festgelegt sind, unterstützt KOMA-Script mit dem Paket typearea selbst ausgefallene Seitengrößen.

`paper=`*`Format`*

Die Option `paper` ist das zentrale Element der Formatauswahl bei KOMA-Script. Als *`Format`* wird dabei zunächst das amerikanische `letter`, `legal` und `executive` unterstützt. Darüber hinaus sind die ISO-Formate der Reihen A, B, C und D möglich, also beispielsweise `A4` oder – klein geschrieben – `a4`.

paper=letter, legal, executive, A0, A1, A2 ... B0, B1, B2 ... C0, C1, C2 ... D0, D1, D2 ...

Querformate werden dadurch unterstützt, dass man die Option ein weiteres Mal mit dem Wert `landscape` oder `seascape` angibt. Dabei unterscheiden sich `landscape` und `seascape` nur darin, dass das Programm `dvips` bei `landscape` um -90° dreht, während bei `seascape` um +90° gedreht wird. Hilfreich ist `seascape` also vor allem dann, wenn ein PostScript-Anzeigeprogramm die Seiten im Querformat auf dem Kopf stellt. Damit der Unterschied eine Rolle spielt, muss auch die nachfolgend beschriebene Option `pagesize` verwendet werden.

paper=landscape, seascape

pagesize

Zusätzlich kann das *`Format`* auch in der Form *`Breite`*`:`*`Höhe`* angegeben werden. Es wird darauf hingewiesen, dass bis Version 3.01a *`Höhe`* und *`Breite`* vertauscht waren. Dies ist insbesondere dann zu beachten, wenn mit einer entsprechenden Kompatibilitätseinstellung (siehe Option `version`, Abschnitt 2.5, Seite 36) gearbeitet wird.

paper=*Breite*:*Höhe*
Achtung!
version

Beispiel: Angenommen, es soll eine Karteikarte im Format ISO-A8 quer bedruckt werden. Dabei sollen die Ränder sehr klein gewählt werden. Außerdem wird auf eine Kopf- und eine Fußzeile verzichtet.

```
\documentclass{article}
\usepackage[headinclude=false,footinclude=false,%
            paper=A8,paper=landscape]{typearea}
\areaset{7cm}{5cm}
\pagestyle{empty}
\begin{document}
\section*{Definierte Papierformate}
letter, legal, executive, a0, a1 \dots\ %
b0, b1 \dots\ c0, c1 \dots\ d0, d1 \dots
\end{document}
```

Haben die Karteikarten das Sonderformat (Breite:Höhe) 5 cm : 3 cm, so ist dies mit

```
\documentclass{article}
\usepackage[headinclude=false,footinclude=false,
            paper=5cm:3cm]{typearea}
\areaset{4cm}{2.4cm}
\pagestyle{empty}
\begin{document}
\section*{Definierte Papierformate}
letter, legal, executive, a0, a1 \dots\ %
b0, b1 \dots\ c0, c1 \dots\ d0, d1 \dots
\end{document}
```

möglich.

In der Voreinstellung wird bei KOMA-Script mit A4-Papier in der Ausrichtung portrait gearbeitet. Dies ist ein Unterschied zu den Standardklassen, bei denen in der Voreinstellung das amerikanische Format letter verwendet wird.

Achtung! Bitte beachten Sie unbedingt, dass diese Option bei Verwendung einer der KOMA-Script-Klassen als Klassenoption oder per `\KOMAoptions` beziehungsweise `\KOMAoption` nach dem Laden der Klasse übergeben werden muss. Eine Änderung des Papierformats oder der Papierausrichtung mit Hilfe der Anweisung `\KOMAoptions` oder `\KOMAoption` nach dem Laden von typearea führt nicht zu einer automatischen Neuberechnung des Satzspiegels. Vielmehr wirkt sich die Änderung erst bei der nächsten Neuberechnung des Satzspiegels aus. Zur Neuberechnung des Satzspiegels siehe Option `DIV` mit den Werten `last` oder `current` (siehe Seite 42) oder die Anweisung `\recalctypearea` (siehe Seite 45).

keine automatische Neuberechnung

`pagesize=`*`Ausgabetreiber`*

Die oben genannten Mechanismen zur Auswahl des Papierformats haben nur insofern einen Einfluss auf die Ausgabe, als interne LaTeX-Maße gesetzt werden. Das typearea verwendet diese dann bei der

Aufteilung der Seite in Ränder und Textbereich. Die Spezifikation des DVI-Formats sieht aber an keiner Stelle Angaben zum Papierformat vor. Wird direkt aus dem DVI-Format in eine Low-Level-Druckersprache wie PCL[1] oder ESC/P2[2] ausgegeben, spielt dies normalerweise keine Rolle, da auch bei diesen Ausgaben der 0-Bezugspunkt wie bei DVI links oben liegt. Wird aber in Sprachen wie PostScript oder PDF übersetzt, bei denen der 0-Bezugspunkt an anderer Stelle liegt und außerdem das Papierformat in der Ausgabedatei angegeben werden sollte, so fehlt diese Information. Als Lösung des Problems verwendet der entsprechende Treiber eine voreingestellte Papiergröße, die der Anwender entweder per Option oder durch entsprechende Angabe in der TEX-Quelldatei verändern kann. Bei Verwendung des DVI-Treibers `dvips` oder `dvipdfm` kann diese Angabe in Form einer `\special`-Anweisung erfolgen. Bei pdfTEX oder VTEX werden stattdessen zwei Längen entsprechend gesetzt.

Mit der Option `pagesize` kann eingestellt werden, für welchen Ausgabetreiber die Papiergröße in das Ausgabedokument geschrieben wird. Die unterstützten Ausgabetreiber sind Tabelle 2.6 zu entnehmen. Voreingestellt ist `pagesize=false`. Die Verwendung der Option in der Form `pagesize` ohne Angabe eines Wertes entspricht `pagesize=auto`.

Beispiel: Angenommen, es soll ein Dokument sowohl als DVI-Datei verwendet werden, als auch eine Online-Version im PDF-Format erstellt werden. Dann könnte die Präambel beispielsweise so beginnen:

```
\documentclass{article}
\usepackage[paper=A4,pagesize]{typearea}
```

Wird nun für die Bearbeitung pdfTEX verwendet *und* die PDF-Ausgabe aktiviert, so werden die beiden Spezialgrößen `\pdfpagewidth` und `\pdfpageheight` entsprechend gesetzt. Wird jedoch eine DVI-Datei erzeugt – egal ob mit LATEX oder pdfLATEX –, so wird ein `\special` an den Anfang dieser Datei geschrieben.

Achtung!

Es wird empfohlen, die Option `pagesize` immer anzugeben. In der Regel ist dabei die Methode ohne *`Ausgabetreiber`* oder mit `auto` oder `automedia` günstig.

---

[1] PCL ist die Druckersprache, die HP für seine Tinten- und Laserdrucker verwendet.

[2] ESC/P2 ist die Druckersprache, die EPSON für seine Nadel-, Tinten- und Laserdrucker benutzt.

Tabelle 2.6.: Ausgabetreiber für Option `pagesize=`*`Ausgabetreiber`*

`auto`
: Falls die pdfTeX-spezifischen Register `\pdfpagewidth` und `\pdfpageheight` vorhanden sind, wird der Ausgabetreiber `pdftex` aktiviert. Zusätzlich wird auch der Ausgabetreiber `dvips` verwendet.

`automedia`
: Dies entspricht dem Ausgabetreiber `auto`. Allerdings werden zusätzlich auch noch die VTeX-spezifischen Register `\mediawidth` und `\mediaheight` gesetzt, falls diese definiert sind.

`false`, `no`, `off`
: Die Papiergröße wird nicht an den Ausgabetreiber gemeldet.

`dvipdfmx`
: Die Papiergröße wird als `\special{pagesize=`*`Breite`*`,`*`Höhe`*`}` in die DVI-Datei geschrieben. Der Name des Ausgabetreibers kommt daher, dass das Programm dvipdfmx eine Papierformatumschaltung über diese Anweisung auch innerhalb des Dokuments erlaubt.

`dvips`
: Bei Verwendung innerhalb der Dokumentpräambel wird die Papiergröße über `\special{pagesize=`*`Breite`*`,`*`Höhe`*`}` in das Dokument geschrieben. Da das Programm dvips keine Papierformatumschaltung innerhalb des Dokuments unterstützt, wird bei Bedarf im Dokument ein recht unsauberer Hack verwendet, um die Umschaltung nach Möglichkeit dennoch zu erreichen. Papierformatumschaltung nach der Dokumentprämbel bei gleichzeitiger Verwendung des Ausgabetreibers `dvips` erfolgen daher auf eigene Gefahr!

`pdftex`
: Die Papiergröße wird über die pdfTeX-spezifischen Register `\pdfpagewidth` und `\pdfpageheight` gesetzt. Dies ist auch jederzeit innerhalb des Dokuments problemlos möglich.

2.8. Tipps

Insbesondere für die Erstellung von schriftlichen Arbeiten während des Studiums findet man häufig Vorschriften, die einer typografischen Begutachtung nicht nur in keiner Weise standhalten, sondern massiv gegen alle Regeln der Typografie verstoßen. Ursache für solche Regeln ist oft typografische Inkompetenz derjenigen, die sie herausgeben. Manchmal ist die Ursache auch im Ausgangspunkt begründet, nämlich der Schreibmaschine. Mit einer Schreibmaschine oder einer Textverarbeitung von 1980 ist es ohne erheblichen Aufwand kaum möglich, typografisch perfekte Ergebnisse zu erzielen. Also wurden einst Vorschriften erlassen, die leicht erfüllbar schienen und dem Korrektor trotzdem entgegenkommen. Dazu zählen dann Randeinstellungen, die für einseitigen Druck mit einer Schreibmaschine zu brauchbaren Zeilenlängen führen. Um nicht extrem kurze Zeilen zu erhalten, die durch Flattersatz zudem verschlimmert werden, werden die Ränder schmal gehalten und für Korrekturen stattdessen ein großer Durchschuss in Form von eineinhalbzeiligem Satz vorgeschrieben. Bevor moderne Textverarbeitungssysteme verfügbar wurden, wäre – außer mit TEX – einzeiliger Satz die einzige Alternative gewesen. Dabei wäre dann selbst das Anbringen von Korrekturzeichen schwierig geworden. Als die Verwendung von Computern für die Erstellung schriftlicher Arbeiten üblicher wurde, hat sich manches Mal auch der Spieltrieb des einen oder anderen Studenten gezeigt, der durch Verwendung einer Schmuckschrift seine Arbeit aufpeppen und so eine bessere Note mit weniger Einsatz herausschinden wollte. Nicht bedacht hat er dabei, dass solche Schriften schlechter zu lesen und deshalb für den Zweck ungeeignet sind. Damit hielten zwei Brotschriften Einzug in die Vorschriften, die weder zusammenpassen noch im Falle von Times wirklich gut geeignet sind. Times ist eine relativ enge Schrift, die Anfang des 20. Jahrhunderts speziell für schmale Spalten im englischen Zeitungssatz entworfen wurde. In modernen Schnitten ist dies etwas entschärft. Dennoch passt die häufig vorgeschriebene Times meist nicht zu den gleichzeitig gegebenen Randvorgaben.

LATEX setzt bereits von sich aus mit ausreichendem Durchschuss. Gleichzeitig sind die Ränder bei sinnvollen Zeilenlängen groß genug, um Platz für Korrekturen zu bieten. Dabei wirkt die Seite trotz einer Fülle von Text großzügig angelegt.

Oft sind die typografisch mehr als fragwürdigen Satzvorschriften mit LATEX auch außerordentlich schwierig umzusetzen. So kann eine feste Anzahl von »Anschlägen« nur dann eingehalten werden, wenn keine proportionale Schrift verwendet wird. Es gibt nur wenige gute nichtproportionale Schriften. Häufig wird versucht, durch ausladende Serifen beispielsweise beim kleinen »i« oder »l« die unterschiedliche Breite der Zeichen auszugleichen. Dies kann nicht funktionieren. Im Ergebnis wirkt der Text unruhig und zerrissen. Außerdem verträgt sich eine solche Schrift kaum mit dem im deutschen Sprachraum üblichen und allgemein vorzuziehenden Blocksatz. Gewisse Vorgaben können daher bei Verwendung von LATEX nur ignoriert oder großzügig ausgelegt werden, etwa indem man »60 Anschläge pro Zeile« nicht als feste, sondern als durchschnittliche oder maximale Angabe interpretiert.

Wie ausgeführt, sind Satzvorschriften meist dazu gedacht, ein brauchbares Ergebnis zu erhalten, auch wenn der Ausführende selbst nicht weiß, was dabei zu beachten ist. Brauchbar bedeutet häufig: lesbar und korrigierbar. Nach meiner Auffassung wird ein mit LaTeX und dem typearea-Paket gesetzter Text bezüglich des Satzspiegels diesen Anforderungen von vornherein gerecht. Wenn Sie also mit Vorschriften konfrontiert sind, die offensichtlich erheblich davon abweichen, so empfehle ich, dem Betreuer einen Textauszug vorzulegen und nachzufragen, ob es gestattet ist, die Arbeit trotz der Abweichungen in dieser Form zu liefern. Gegebenenfalls kann durch Veränderung der Option `DIV` der Satzspiegel moderat angepasst werden. Von der Verwendung von `\areaset` zu diesem Zweck rate ich jedoch ab. Schlimmstenfalls verwenden Sie das nicht zu KOMA-Script gehörende geometry-Paket (siehe [Ume10]) oder verändern Sie die Satzspiegelparameter von LaTeX selbst. Die von typearea ermittelten Werte finden Sie in der `log`-Datei Ihres Dokuments. Damit sollten moderate Anpassungen möglich sein. Achten Sie jedoch unbedingt darauf, dass die Proportionen des Textbereichs mit denen der Seite unter Berücksichtigung der Bindekorrektur annähernd übereinstimmen.

Sollte es unbedingt erforderlich sein, den Text eineinhalbzeilig zu setzen, so definieren Sie keinesfalls `\baselinestretch` um. Dieses Vorgehen wird zwar allzu häufig empfohlen, ist aber seit der Einführung von LaTeX 2_ε im Jahre 1994 obsolet. Verwenden Sie schlimmstenfalls den Befehl `\linespread`. Ich empfehle das Paket setspace, das nicht zu KOMA-Script gehört (siehe [TF11]). Auch sollten Sie typearea nach der Umstellung des Zeilenabstandes den Satzspiegel für diesen Abstand berechnen lassen, jedoch für den Titel, besser auch für die Verzeichnisse – sowie das Literaturverzeichnis und den Index – wieder auf normalen Satz umschalten. Das setspace-Paket bietet dafür eine spezielle Umgebung und eigene Befehle.

Das typearea-Paket berechnet auch bei der Option `DIV=calc` einen sehr großzügigen Textbereich. Viele konservative Typografen werden feststellen, dass die resultierende Zeilenlänge noch zu groß ist. Der berechnete *DIV*-Wert ist ebenfalls in der `log`-Datei zum jeweiligen Dokument zu finden. Sie können also leicht nach dem ersten LaTeX-Lauf einen kleineren Wert wählen.

Nicht selten wird mir die Frage gestellt, warum ich eigentlich kapitelweise auf einer Satzspiegelberechnung herumreite, während es sehr viel einfacher wäre, nur ein Paket zur Verfügung zu stellen, mit dem man die Ränder wie bei einer Textverarbeitung einstellen kann. Oft wird auch behauptet, ein solches Paket wäre ohnehin die bessere Lösung, da jeder selbst wisse, wie gute Ränder zu wählen seien, und die Ränder von KOMA-Script wären ohnehin nicht gut. Ich erlaube mir zum Abschluss dieses Kapitels ein passendes Zitat von Hans Peter Willberg und Friedrich Forssmann, zwei der angesehensten Typografen der Gegenwart (siehe [WF00]):

> *Das Selbermachen ist längst üblich, die Ergebnisse oft fragwürdig, weil Laien-Typografen nicht sehen, was nicht stimmt und nicht wissen können, worauf es ankommt. So gewöhnt man sich an falsche und schlechte Typografie.* [. . .] *Jetzt könnte der Einwand kommen, Typografie sei doch Geschmackssache. Wenn es um Dekoration ginge, könnte man das Argument vielleicht gelten lassen, da es aber bei Typografie in erster Linie um Information geht, können Fehler nicht nur stören, sondern sogar Schaden anrichten.*

Zitat!

3. Die Hauptklassen scrbook, scrreprt, scrartcl

Die Hauptklassen des KOMA-Script-Pakets sind als Äquivalent zu den LaTeX-Standardklassen angelegt. Das bedeutet, dass zu den drei Standardklassen book, report und article im KOMA-Script-Paket Entsprechungen zu finden sind. Daneben ist auch für die Standardklasse letter eine Entsprechung vorhanden. Der Briefklasse in KOMA-Script ist jedoch ein eigenes Kapitel gewidmet, da sie sich von den drei Hauptklassen grundsätzlich unterscheidet (siehe Kapitel 4).

Die einfachste Möglichkeit, an Stelle einer Standardklasse eine KOMA-Script-Klasse zu verwenden, ist das Ersetzen des Klassennamens in der Anweisung `\documentclass` entsprechend Tabelle 3.1. Man tauscht also beispielsweise `\documentclass{book}` gegen `\documentclass{scrbook}`. Der anschließende LaTeX-Lauf sollte lediglich einige Layoutänderungen mit sich bringen. Ein großer Teil der in den nachfolgenden Abschnitten beschriebenen vielfältigen Möglichkeiten und Optionen werden von den KOMA-Script-Klassen zusätzlich geboten.

Lassen Sie mich der Erläuterung der Klassen noch eine Bemerkung vorausschicken. Oft ist man sich am Anfang eines Dokuments unsicher, welche Einstellungen konkret zu wählen sind. Bei einigen Einstellungen, wie der Auswahl des Papierformats, mögen sie bereits vorab feststehen. Aber schon die Frage nach der Seitenaufteilung könnte im Voraus schwer zu beantworten sein. Andererseits sollten diese Angaben für die Haupttätigkeiten des Autors – Entwurf der

Tabelle 3.1.: Gegenüberstellung der Standardklassen und der KOMA-Script-Klassen

Standard-Klasse	KOMA-Script-Klasse
article	scrartcl
report	scrreprt
book	scrbook
letter	scrlttr2

Gliederung, Schreiben des Textes, Zusammenstellen von Abbildungen, Tabellen und Verzeichnissen – zunächst auch unerheblich sein. Konzentrieren Sie sich als Autor erst einmal auf den Inhalt. Wenn der dann steht, können Sie sich um die Feinheiten der Form kümmern. Neben der Auswahl der Optionen gehören dazu dann auch Dinge wie die Korrektur der Trennung und möglicherweise dezente Eingriffe in den Seitenumbruch oder die Verteilung von Abbildungen und Tabellen.

3.1. Frühe oder späte Optionenwahl

In diesem Abschnitt wird eine Besonderheit von KOMA-Script vorgestellt, die neben den Klassen scrbook, scrreprt und scrartcl auch andere KOMA-Script-Klassen und -Pakete betrifft. Damit die Anwender alle Informationen zu einem Paket oder einer Klasse im jeweiligen Kapitel finden, ist dieser Abschnitt nahezu gleichlautend in mehreren Kapiteln zu finden. Anwender, die nicht nur an der Anleitung zu einem Paket oder einer Klasse interessiert sind, sondern sich einen Gesamtüberblick über KOMA-Script verschaffen wollen, brauchen diesen Abschnitt nur in einem der Kapitel zu lesen und können ihn bei den weiteren Kapitel überspringen.

```
\documentclass[Optionenliste]{KOMA-Script-Klasse}
\usepackage[Optionenliste]{Paket-Liste}
```

Bei LaTeX ist vorgesehen, dass Anwender Klassenoptionen in Form einer durch Komma getrennten Liste einfacher Schlüsselwörter als optionales Argument von `\documentclass` angeben. Außer an die Klasse werden diese Optionen auch an alle Pakete weitergereicht, die diese Optionen verstehen. Ebenso ist vorgesehen, dass Anwender Paketoptionen in Form einer durch Komma getrennten Liste einfacher Schlüsselwörter als optionales Argument von `\usepackage` angeben. KOMA-Script erweitert den Mechanismus der Optionen für die KOMA-Script-Klassen und einige Pakete um weitere Möglichkeiten. So haben die meisten Optionen bei KOMA-Script zusätzlich einen Wert. Eine Option hat also nicht unbedingt nur die Form *Option*, sondern kann auch die Form *Option*=*Wert* haben. Bis auf diesen Unterschied arbeiten `\documentclass` und `\usepackage` bei KOMA-Script wie in [Tea05b] oder jeder LaTeX-Einführung, beispielsweise [DGS+12], beschrieben.

Achtung! Bei Verwendung einer KOMA-Script-Klasse sollten im Übrigen beim Laden des Pakets typearea oder scrbase keine Optionen angegeben werden. Das ist darin begründet, dass die Klasse diese Pakete bereits ohne Optionen lädt und LaTeX das mehrmalige Laden eines Pakets mit unterschiedlicher Angabe von Optionen verweigert.

Gegenüber der nachfolgend vorgestellten Schnittstelle zu Einstellungen von Optionen haben `\documentclass` und `\usepackage` einen Nachteil, der unbedingt zu beachten ist: Anweisungen, Längen, Zähler und ähnliches können darin leicht zerbrechen. So führt die Verwendung einer LaTeX-Länge im Wert einer Option bei diesen Anweisungen zu einer Fehlermeldung, noch bevor der Wert an KOMA-Script übergeben wird, es also die Kontrolle darüber übernehmen könnte. Wertzuweisungen mit LaTeX-Längen oder LaTeX-Zählern sollten daher nie per `\documentclass` oder `\usepackage`, sondern immer mit den nachfolgend dokumentierten Anweisungen `\KOMAoptions` oder `\KOMAoption` vorgenommen werden. *Achtung!*

```
\KOMAoptions{Optionenliste}
\KOMAoption{Option}{Werteliste}
```

KOMA-Script bietet bei den meisten Klassen- und Paketoptionen auch die Möglichkeit, den Wert der Optionen noch nach dem Laden der Klasse beziehungsweise des Pakets zu ändern. Man kann dann wahlweise mit der Anweisung `\KOMAoptions` die Werte einer Reihe von Optionen ändern. Jede Option der *`Optionenliste`* hat dabei die Form *`Option`*`=`*`Wert`*.

Einige Optionen besitzen auch einen Säumniswert (engl. *default value*). Versäumt man die Angabe eines Wertes, verwendet man die Option also einfach in der Form *`Option`*, so wird automatisch dieser Säumniswert angenommen.

Manche Optionen können gleichzeitig mehrere Werte besitzen. Für solche Optionen besteht die Möglichkeit, mit `\KOMAoption` der einen *`Option`* nacheinander eine Reihe von Werten zuzuweisen. Die einzelnen Werte sind dabei in der *`Werteliste`* durch Komma voneinander getrennt.

Soll ein *`Wert`* ein Gleichheitszeichen oder ein Komma enthalten, so ist der *`Wert`* in geschweifte Klammern zu setzen. *Achtung!*

KOMA-Script bedient sich für die Realisierung dieser Möglichkeit der Anweisungen `\FamilyOptions` und `\FamilyOption` mit der Familie »`KOMA`«. Siehe dazu Teil II, Abschnitt 12.2, Seite 367.

3.2. Kompatibilität zu früheren Versionen von KOMA-Script

Wer seine Dokumente im Quellcode archiviert, legt in der Regel allergrößten Wert darauf, dass bei zukünftigen LaTeX-Läufen immer wieder exakt dasselbe Ergebnis erzielt wird. In einigen Fällen führen aber Verbesserungen und Korrekturen am Paket zu unerwünschten Änderungen im Verhalten und insbesondere bezüglich des Umbruchs.

```
version=Wert
version=first
version=last
```

Seit Version 2.96a besteht bei KOMA-Script die Wahl, ob eine Quelldatei soweit irgend möglich auch zukünftig bei einem LaTeX-Lauf zu exakt demselben Ergebnis führen soll oder ob jeweils entsprechend der Anpassungen der neusten Version der Klasse zu setzen ist. Zu welcher Version Kompatibilität herzustellen ist, wird dabei über die Option `version` festgelegt. Kompatibilität zur ältesten unterstützten KOMA-Script-Version kann mit `version=first` oder `version=2.9` oder `version=2.9t` erreicht werden. Bei Angabe einer unbekannten Version als *Wert* wird eine Warnung ausgegeben und sicherheitshalber `version=first` angenommen.

`version=first`

Mit `version=last` kann die jeweils neuste Version ausgewählt werden. In diesem Fall wird also auf zukünftige Kompatibilität verzichtet. Wird die Option ohne Wertangabe verwendet, so wird ebenfalls `last` angenommen. Dies entspricht auch der Voreinstellung, solange keine obsolete Option verwendet wird.

Achtung! Bei der Verwendung einer obsoleten Option von KOMA-Script 2 setzt KOMA-Script 3 automatisch `version=first`. In der dabei ausgegebenen Warnung wird erklärt, wie man diese Kompatibilitätsumschaltung verhindern kann. Alternativ kann man auch nach der obsoleten Option selbst eine abweichende Einstellung für Option `version` wählen.

Die Frage der Kompatibilität betrifft in erster Linie Fragen des Umbruchs. Neue Möglichkeiten, die sich nicht auf den Umbruch auswirken, sind auch dann verfügbar, wenn man per Option die Kompatibilität zu einer älteren Version ausgewählt hat. Die Option hat keine Auswirkungen auf Umbruchänderungen, die bei Verwendung einer neueren Version durch Beseitigung eindeutiger Fehler entstehen. *Tipp!* Wer auch im Fehlerfall unbedingte Umbruchkompatibilität benötigt, sollte stattdessen mit dem Dokument auch die verwendete KOMA-Script-Version archivieren.

Achtung! Es ist zu beachten, dass die Option `version` nach dem Laden der Klasse nicht mehr verändert werden kann. Das Setzen mit `\KOMAoptions` oder `\KOMAoption` ist für diese Option daher nicht vorgesehen.

3.3. Entwurfsmodus

Viele Klassen und viele Pakete kennen neben dem normalen Satzmodus auch einen Entwurfsmodus. Die Unterschiede zwischen diesen beiden sind so vielfältig wie die Klassen und Pakete, die diese Unterscheidung anbieten.

`draft=`*`Ein-Aus-Wert`*

Mit dieser Option wird zwischen Dokumenten im Entwurfsstadium und fertigen Dokumenten unterschieden. Als *`Ein-Aus-Wert`* kann einer der Standardwerte für einfache Schalter aus Tabelle 2.5, Seite 46 verwendet werden. Bei Aktivierung der Option werden im Falle überlanger Zeilen am Zeilenende kleine, schwarze Kästchen ausgegeben. Diese Kästchen erleichtern dem ungeübten Auge, Absätze ausfindig zu machen, die manueller Nachbearbeitung bedürfen. Demgegenüber erscheinen in der Standardeinstellung `draft=false` keine solchen Kästchen. Solche Zeilen verschwinden übrigens häufig durch Verwendung des Pakets microtype [Sch13].

`draft=true`

microtype

3.4. Seitenaufteilung

Eine Dokumentseite besteht aus unterschiedlichen Teilen, wie den Rändern, dem Kopf, dem Fuß, dem Textbereich, einer Marginalienspalte und den Abständen zwischen diesen Elementen. KOMA-Script unterscheidet dabei auch noch zwischen der Gesamtseite oder dem Papier und der sichtbaren Seite. Ohne Zweifel gehört die Aufteilung der Seite in diese unterschiedlichen Teile zu den Grundfähigkeiten einer Klasse. Bei KOMA-Script wird diese Arbeit an das Paket typearea delegiert. Dieses Paket kann auch zusammen mit anderen Klassen verwendet werden. Die KOMA-Script-Klassen laden typearea jedoch selbständig. Es ist daher weder notwendig noch sinnvoll, das Paket bei Verwendung einer KOMA-Script-Klasse auch noch explizit per \usepackage zu laden. Siehe hierzu auch Abschnitt 3.1.

Einige Einstellungen der KOMA-Script-Klassen haben auch Auswirkungen auf die Seitenaufteilung und umgekehrt. Diese Auswirkungen werden bei den entsprechenden Einstellungen dokumentiert.

Für die weitere Erklärung zur Wahl des Papierformats, der Aufteilung der Seite in Ränder und Satzspiegel und die Wahl von einoder zweispaltigem Satz sei auf die Anleitung des Pakets typearea verwiesen. Diese ist in Kapitel 2 ab Seite 29 zu finden.

```
\flushbottom
\raggedbottom
```

Insbesondere bei doppelseitigen Dokumenten ist es wünschenswert, wenn nicht nur alle ersten Zeilen eines Satzspiegels mit ihrer Grundlinie auf der gleichen Höhe liegen, sondern auch die letzten Zeilen einer Doppelseite. Enthält eine Seite nur Text ohne Absätze und Überschriften, so hat man das automatisch, wenn bei der Konstruktion des Satzspiegels einige Grundregeln befolgt wurden. Aber bereits dann, wenn Absätze mit einem halben Grundlinienabstand markiert werden, genügt es, wenn die Anzahl der Absätze auf der einen Seite um eine ungerade Zahl von der auf der anderen Seite abweicht, damit dieses Ziel nicht mehr erreicht werden kann. Es ist dann notwendig, dass man zumindest einige der vertikalen Abstände etwas dehnt oder staucht, um das Ziel wieder zu erreichen. TeX kennt zu diesem Zweck dehn- und stauchbare Abstände und LaTeX bietet dann die Möglichkeit, diesen *vertikalen Ausgleich* automatisch durchzuführen.

Wird über die Option `twoside` (siehe Abschnitt 2.6, Seite 46) doppelseitiger Satz angefordert, so wird der vertikale Ausgleich ebenfalls eingeschaltet. Man kann ihn aber auch mit `\flushbottom` jederzeit ab der aktuellen Seite explizit fordern. Umgekehrt ist es möglich, mit `\raggedbottom` den vertikalen Ausgleich ab der aktuellen Seite explizit abzuschalten. Dies entspricht der Voreinstellung bei einseitigem Satz.

KOMA-Script verwendet übrigens einen leicht modifizierten Verzicht auf den vertikalen Ausgleich. Näheres dazu ist in Abschnitt 21.1, Seite 516 zu erfahren.

3.5. Wahl der Schriftgröße für das Dokument

Die Grundschrift und deren Größe sind zentrale Elemente der Gestaltung eines Dokuments. Wie in Kapitel 2 ausgeführt wurde, hängt die Aufteilung zwischen Satzspiegel und Rändern wesentlich davon ab. Die Grundschrift ist dabei die Schrift, die für die Masse des Textes eines Dokuments verwendet wird. Alle davon abweichenden Einstellungen, sei es in der Form, der Dicke, der Neigung oder der Größe, stehen in einer Beziehung zur Grundschrift.

```
fontsize=Größe
```

Während von den Standardklassen und den meisten anderen Klassen nur eine sehr beschränkte Anzahl an Schriftgrößen unterstützt wird, bietet KOMA-Script die Möglichkeit, jede beliebige *Größe* für die Grundschrift anzugeben. Dabei kann als Einheit für die *Größe* auch jede bekannte TEX-Einheit verwendet werden. Wird die *Größe* ohne Einheit angegeben, so wird pt als Einheit angenommen. Das genaue Verfahren, nach dem die Schriftgröße dann eingestellt wird, ist für Experten und interessierte Anwender in Abschnitt 21.1, Seite 514 dokumentiert.

Wird die Option innerhalb des Dokuments gesetzt, so werden ab diesem Punkt die Grundschriftgröße und alle davon abhängigen Größen geändert. Das kann beispielsweise dann nützlich sein, wenn der Anhang insgesamt in einer kleineren Schriftgröße gesetzt werden soll. Es wird darauf hingewiesen, dass bei Verwendung nach dem Laden der Klasse die Aufteilung zwischen Satzspiegel und Rändern nicht automatisch neu berechnet wird (siehe `\recalctypearea`, Abschnitt 2.6, Seite 45). Wird diese Neuberechnung jedoch vorgenommen, so erfolgt sie auf Basis der jeweils gültigen Grundschriftgröße. Die Auswirkungen des Wechsels der Grundschriftgröße auf zusätzlich geladene Pakete sind von diesen Paketen abhängig. Es können also Fehler auftreten, die nicht als Fehler von KOMA-Script angesehen werden.

Achtung!

Diese Option sollte keinesfalls als Ersatz für `\fontsize` (siehe [Tea05a]) missverstanden werden. Sie sollte auch nicht an Stelle einer der von der Grundschrift abhängigen Schriftgrößenanweisungen, `\tiny` bis `\Huge`, verwendet werden!

KOMA-Script vs. Standardklassen

Voreingestellt ist bei scrbook, scrreprt und scrartcl `fontsize=11pt`. Demgegenüber ist übrigens bei den Standardklassen `10pt` voreingestellt. Dies ist bei einem Wechsel von den Standardklassen zu den KOMA-Script-Klassen gegebenenfalls zu beachten.

3.6. Textauszeichnungen

LATEX verfügt über eine ganze Reihe von Anweisungen zur Textauszeichnung. Neben der Wahl der Schriftart gehören dazu auch Befehle zur Wahl einer Textgröße oder der Textausrichtung. Näheres zu den normalerweise definierten Möglichkeiten ist [DGS+12], [Tea05b] und [Tea05a] zu entnehmen.

```
\textsuperscript{Text}
\textsubscript{Text}
```

Im LATEX-Kern ist bereits die Anweisung `\textsuperscript` definiert, mit der *Text* höher gestellt werden kann. Leider bietet LATEX selbst keine entsprechende Anweisung, um Text tief statt hoch zu stellen. KOMA-Script definiert dafür `\textsubscript`.

Beispiel: Sie schreiben einen Text über den menschlichen Stoffwechsel. Darin kommen hin und wieder einfache chemische Summenformeln vor. Dabei sind einzelne Ziffern tief zu stellen. Im Sinne des logischen Markups definieren Sie zunächst in der Dokumentpräambel oder einem eigenen Paket:

```
\newcommand*{\Molek}[2]{#1\textsubscript{#2}}
```

Damit schreiben Sie dann:

```
Die Zelle bezieht ihre Energie unter anderem aus
der Reaktion von \Molek C6\Molek H{12}\Molek O6
und \Molek O2 zu \Molek H2\Molek O{} und
\Molek C{}\Molek O2. Arsen (\Molek{As}{}) wirkt
sich auf den Stoffwechsel sehr nachteilig aus.
```

Das Ergebnis sieht daraufhin so aus:

> Die Zelle bezieht ihre Energie unter anderem aus der Reaktion von $C_6H_{12}O_6$ und O_2 zu H_2O und CO_2. Arsen (As) wirkt sich auf den Stoffwechsel sehr nachteilig aus.

Etwas später entscheiden Sie, dass Summenformeln grundsätzlich serifenlos geschrieben werden sollen. Nun zeigt sich, wie gut die Entscheidung für konsequentes logisches Markup war. Sie müssen nur die `\Molek`-Anweisung umdefinieren:

```
\newcommand*{\Molek}[2]{%
  \textsf{#1\textsubscript{#2}}%
}
```

Schon ändert sich die Ausgabe im gesamten Dokument:

> Die Zelle bezieht ihr Energie unter anderem aus der Reaktion von $\mathsf{C_6H_{12}O_6}$ und $\mathsf{O_2}$ zu $\mathsf{H_2O}$ und $\mathsf{CO_2}$. Arsen (As) wirkt sich auf den Stoffwechsel sehr nachteilig aus.

```
\setkomafont{Element}{Befehle}
\addtokomafont{Element}{Befehle}
\usekomafont{Element}
```

Mit Hilfe der Anweisungen `\setkomafont` und `\addtokomafont` ist es möglich, die *`Befehle`* festzulegen, mit denen die Schrift eines bestimmten *`Element`*s umgeschaltet wird. Theoretisch könnten als *`Befehle`* alle möglichen Anweisungen einschließlich Text- *Achtung!* ausgaben verwendet werden. Sie sollten sich jedoch unbedingt auf solche Anweisungen beschränken, mit denen wirklich nur ein Schriftattribut umgeschaltet wird. In der Regel werden dies Befehle wie \normalfont, \rmfamily, \sffamily, \ttfamily, \mdseries, \bfseries, \upshape, \itshape, \slshape, \scshape oder einer der Befehle \Huge, \huge, \LARGE, \Large, \large, \normalsize, \small, \footnotesize, \scriptsize und \tiny sein. Die Erklärung zu diesen Befehlen entnehmen Sie bitte [DGS+12], [Tea05b] oder [Tea05a]. Auch Farbumschaltungen wie \normalcolor sind möglich (siehe [Car05] und [Ker07]). Die Verwendung anderer Anweisungen, inbesondere solcher, die Umdefinierungen vornehmen oder zu Ausgaben führen, ist nicht vorgesehen. Seltsames Verhalten ist in diesen Fällen möglich und stellt keinen Fehler dar.

Mit \setkomafont wird die Schriftumschaltung eines Elements mit einer völlig neuen Definition versehen. Demgegenüber wird mit \addtokomafont die existierende Definition lediglich erweitert. Es wird empfohlen, beide Anweisungen nicht innerhalb des Dokuments, sondern nur in der Dokumentpräambel zu verwenden. Beispiele für die Verwendung entnehmen Sie bitte den Abschnitten zu den jeweiligen Elementen. Namen und Bedeutung der einzelnen Elemente sind in Tabelle 3.2 aufgelistet. Die Voreinstellungen sind den jeweiligen Abschnitten zu entnehmen.

Mit der Anweisung \usekomafont kann die aktuelle Schriftart auf diejenige umgeschaltet werden, die für das angegebene *Element* definiert ist.

Beispiel: Angenommen, für das Element captionlabel soll dieselbe Schriftart wie für descriptionlabel verwenden. Das erreichen Sie einfach mit:

```
\setkomafont{captionlabel}{%
  \usekomafont{descriptionlabel}%
}
```

Weitere Beispiele finden Sie in den Abschnitten zu den jeweiligen Elementen.

Tabelle 3.2.: Elemente, deren Schrift bei scrbook, scrreprt oder scrartcl mit \setkomafont und \addtokomafont verändert werden kann

author	Autorangaben im Haupttitel des Dokuments mit \maketitle, also das Argument von \author (siehe Abschnitt 3.7, Seite 79)

...

Tabelle 3.2.: Elemente, deren Schrift verändert werden kann (*Fortsetzung*)

`caption`
: Text einer Abbildungs- oder Tabellenunter- oder -überschrift (siehe Abschnitt 3.20, Seite 149)

`captionlabel`
: Label einer Abbildungs- oder Tabellenunter- oder -überschrift; Anwendung erfolgt nach dem Element `caption` (siehe Abschnitt 3.20, Seite 149)

`chapter`
: Überschrift der Ebene `\chapter` (siehe Abschnitt 3.16, Seite 114)

`chapterentry`
: Inhaltsverzeichniseintrag der Ebene `\chapter` (siehe Abschnitt 3.9, Seite 88)

`chapterentrypagenumber`
: Seitenzahl des Inhaltsverzeichniseintrags der Ebene `\chapter` abweichend vom Element `chapterentry` (siehe Abschnitt 3.9, Seite 88)

`chapterprefix`
: Kapitelnummernzeile bei Einstellung `chapterprefix=true` oder `appendixprefix=true` (siehe Abschnitt 3.16, Seite 110)

`date`
: Datum im Haupttitel des Dokuments mit `\maketitle`, also das Argument von `\date` (siehe Abschnitt 3.7, Seite 79)

`dedication`
: Widmung nach dem Haupttitel des Dokuments mit `\maketitle`, also das Argument von `\dedication` (siehe Abschnitt 3.7, Seite 83)

`descriptionlabel`
: Label, also das optionale Argument der `\item`-Anweisung, in einer `description`-Umgebung (siehe Abschnitt 3.18, Seite 137)

`dictum`
: mit `\dictum` gesetzter schlauer Spruch (siehe Abschnitt 3.17, Seite 131)

`dictumauthor`
: Urheber eines schlauen Spruchs; Anwendung erfolgt nach dem Element `dictum` (siehe Abschnitt 3.17, Seite 131)

`dictumtext`
: alternative Bezeichnung für `dictum`

...

Tabelle 3.2.: Elemente, deren Schrift verändert werden kann (*Fortsetzung*)

`disposition`
: alle Gliederungsüberschriften, also die Argumente von `\part` bis `\subparagraph` und `\minisec` sowie die Überschrift der Zusammenfassung; die Anwendung erfolgt vor dem Element der jeweiligen Gliederungsebene (siehe Abschnitt 3.16 ab Seite 109)

`footnote`
: Marke und Text einer Fußnote (siehe Abschnitt 3.14, Seite 103)

`footnotelabel`
: Marke einer Fußnote; Anwendung erfolgt nach dem Element `footnote` (siehe Abschnitt 3.14, Seite 103)

`footnotereference`
: Referenzierung der Fußnotenmarke im Text (siehe Abschnitt 3.14, Seite 103)

`footnoterule`
: Linie über dem Fußnotenapparat (siehe Abschnitt 3.14, Seite 107)

`labelinglabel`
: Label, also das optionale Argument der `\item`-Anweisung, und Trennzeichen, also das optionale Argument der `labeling`-Umgebung, in einer `labeling`-Umgebung (siehe Abschnitt 3.18, Seite 138)

`labelingseparator`
: Trennzeichen, also das optionale Argument der `labeling`-Umgebung, in einer `labeling`-Umgebung; Anwendung erfolgt nach dem Element `labelinglabel` (siehe Abschnitt 3.18, Seite 138)

`minisec`
: mit `\minisec` gesetzte Überschrift (siehe Abschnitt 3.16 ab Seite 121)

`pagefoot`
: wird nur verwendet, wenn das Paket scrlayer-scrpage geladen ist (siehe Kapitel 5, Seite 272)

`pagehead`
: alternative Bezeichnung für `pageheadfoot`

`pageheadfoot`
: Seitenkopf und Seitenfuß bei allen von KOMA-Script definierten Seitenstilen (siehe Abschnitt 3.12 ab Seite 93)

...

Tabelle 3.2.: Elemente, deren Schrift verändert werden kann (*Fortsetzung*)

`pagenumber`
: Seitenzahl im Kopf oder Fuß der Seite (siehe Abschnitt 3.12)

`pagination`
: alternative Bezeichnung für `pagenumber`

`paragraph`
: Überschrift der Ebene `\paragraph` (siehe Abschnitt 3.16, Seite 114)

`part`
: Überschrift der Ebene `\part`, jedoch ohne die Zeile mit der Nummer des Teils (siehe Abschnitt 3.16, Seite 114)

`partentry`
: Inhaltsverzeichniseintrag der Ebene `\part` (siehe Abschnitt 3.9, Seite 88)

`partentrypagenumber`
: Seitenzahl des Inhaltsverzeichniseintrags der Ebene `\part` abweichend vom Element `partentry` (siehe Abschnitt 3.9, Seite 88)

`partnumber`
: Zeile mit der Nummer des Teils in Überschrift der Ebene `\part` (siehe Abschnitt 3.16, Seite 114)

`publishers`
: Verlagsangabe im Haupttitel des Dokuments mit `\maketitle`, also das Argument von `\publishers` (siehe Abschnitt 3.7, Seite 79)

`section`
: Überschrift der Ebene `\section` (siehe Abschnitt 3.16, Seite 114)

`sectionentry`
: Inhaltsverzeichniseintrag der Ebene `\section` (nur bei scrartcl verfügbar, siehe Abschnitt 3.9, Seite 88)

`sectionentrypagenumber`
: Seitenzahl des Inhaltsverzeichniseintrags der Ebene `\section` abweichend vom Element `sectionentry` (nur bei scrartcl verfügbar, siehe Abschnitt 3.9, Seite 88)

`sectioning`
: alternative Bezeichnung für `disposition`

`subject`
: Typisierung des Dokuments, also das Argument von `\subject` auf der Haupttitelseite mit `\maketitle` (siehe Abschnitt 3.7, Seite 79)

...

Tabelle 3.2.: Elemente, deren Schrift verändert werden kann (*Fortsetzung*)

`subparagraph`
: Überschrift der Ebene `\subparagraph` (siehe Abschnitt 3.16, Seite 114)

`subsection`
: Überschrift der Ebene `\subsection` (siehe Abschnitt 3.16, Seite 114)

`subsubsection`
: Überschrift der Ebene `\subsubsection` (siehe Abschnitt 3.16, Seite 114)

`subtitle`
: Untertitel des Dokuments, also das Argument von `\subtitle` auf der Haupttitelseite mit `\maketitle` (siehe Abschnitt 3.7, Seite 79)

`title`
: Haupttitel des Dokuments, also das Argument von `\title` bei Verwendung von `\maketitle` (bezüglich der Größe des Haupttitels siehe die ergänzenden Bemerkungen im Text von Abschnitt 3.7 ab Seite 79)

`titlehead`
: Kopf über dem Haupttitel des Dokuments, also das Argument von `\titlehead` mit `\maketitle` (siehe Abschnitt 3.7, Seite 79)

```
\usefontofkomafont{Element}
\useencodingofkomafont{Element}
\usesizeofkomafont{Element}
\usefamilyofkomafont{Element}
\useseriesofkomafont{Element}
\useshapeofkomafont{Element}
```

Manchmal werden in der Schrifteinstellung eines Elements auch Dinge vorgenommen, die mit der Schrift eigentlich gar nichts zu tun haben, obwohl dies ausdrücklich nicht empfohlen wird. Soll dann nur die Schrifteinstellung aber keine dieser zusätzlichen Einstellungen ausgeführt werden, so kann statt `\usekomafont` die Anweisung `\usefontofkomafont` verwendet werden. Diese Anweisung übernimmt nur die Schriftgröße und den Grundlinienabstand, die Codierung (engl. *encoding*), die Familie (engl. *family*), die Strichstärke oder Ausprägung (engl. *font series*) und die Form oder Ausrichtung (engl. *font shape*).

Mit den übrigen Anweisungen können auch einzelne Schriftattribute übernommen werden. Dabei übernimmt `\usesizeofkomafont` sowohl die Schriftgröße als auch den Grundlinienabstand.

3.7. Dokumenttitel

Bei Dokumenten wird zwischen zwei Arten von Titeln für das gesamte Dokument unterschieden. Zum einen gibt es die Titelseiten. Hierbei steht der Dokumenttitel zusammen mit einigen zusätzlichen Informationen wie dem Autor auf einer eigenen Seite. Neben der Haupttitelseite kann es dabei weitere Titelseiten, etwa Schmutztitel, Verlagsinformationen, Widmung oder ähnliche, geben. Zum anderen gibt es den Titelkopf. Dabei erscheint der Titel lediglich am Anfang einer neuen – in der Regel der ersten – Seite. Unterhalb dieser Titelzeilen wird das Dokument beispielsweise mit der Zusammenfassung, einem Vorwort oder dem Inhaltsverzeichnis fortgesetzt.

```
titlepage=Ein-Aus-Wert
titlepage=firstiscover
```

Mit dieser Option wird ausgewählt, ob für die mit `\maketitle` (siehe Seite 77) gesetzte Titelei eigene Seiten verwendet werden, oder stattdessen die Titelei von `\maketitle` als Titelkopf gesetzt wird. Als *`Ein-Aus-Wert`* kann einer der Standardwerte für einfache Schalter aus Tabelle 2.5, Seite 46 verwendet werden.

`titlepage=true`

Mit `titlepage=true` oder `titlepage` wird die Titelei in Form von Titelseiten ausgewählt. Die Anweisung `\maketitle` verwendet `titlepage`-Umgebungen zum Setzen dieser Seiten, die somit normalerweise weder Seitenkopf noch Seitenfuß erhalten. Bei KOMA-Script wurde die Titelei gegenüber den Standardklassen stark erweitert.

`titlepage=false`

Demgegenüber wird mit `titlepage=false` erreicht, dass ein Titelkopf (engl.: *in-page title*) gesetzt wird. Das heißt, die Titelei wird lediglich speziell hervorgehoben, auf der Seite mit dem Titel kann aber nachfolgend weiteres Material, beispielsweise eine Zusammenfassung oder ein Abschnitt gesetzt werden.

`titlepage=firstiscover`

Mit der dritten Möglichkeit, `titlepage=firstiscover`, werden nicht nur Titelseiten aktiviert. Es wird auch dafür gesorgt, dass die erste von `\maketitle` ausgegebene Titelseite, also entweder der Schmutztitel oder der Haupttitel, als Umschlagseite ausgegeben wird. Jede andere Einstellung für die Option `titlepage` hebt diese Einstellung wieder auf. Die Ränder dieser Umschlagseite werden über `\coverpagetopmargin` (oberer Rand), `\coverpageleftmargin` (linker Rand), `\coverpagerightmargin` (rechter Rand) und natürlich `\coverpagebottommargin` (unterer Rand) bestimmt. Die Voreinstellungen sind von den Längen `\topmargin` und `\evensidemargin` abhängig und können mit `\renewcommand` geändert werden.

`\coverpagetopmargin`
`\coverpageleftmargin`
`\coverpagerightmargin`
`\coverpagebottommargin`

Bei den Klassen scrbook und scrreprt sind Titelseiten voreingestellt. Demgegenüber verwendet scrartcl in der Voreinstellung einen Titelkopf.

```
\begin{titlepage}
  ...
\end{titlepage}
```

Grundsätzlich werden bei den Standardklassen und bei KOMA-Script alle Titelseiten in einer speziellen Umgebung, der `titlepage`-Umgebung, gesetzt. Diese Umgebung startet immer mit einer neuen Seite – im zweiseitigen Layout sogar mit einer neuen rechten Seite – im einspaltigen Modus. Für eine Seite wird der Seitenstil mit `\thispagestyle{empty}` geändert, so dass weder Seitenzahl noch Kolumnentitel ausgegeben werden. Am Ende der Umgebung wird die Seite automatisch beendet. Sollten Sie nicht das automatische Layout der Titelei, wie es das nachfolgend beschriebene `\maketitle` bietet, verwenden können, ist zu empfehlen, eine eigene Titelei mit Hilfe dieser Umgebung zu entwerfen.

Beispiel: Angenommen, Sie wollen eine Titelseite, auf der lediglich oben links möglichst groß und fett das Wort »Me« steht – kein Autor, kein Datum, nichts weiter. Folgendes Dokument ermöglicht das:

```
\documentclass{scrbook}
\begin{document}
  \begin{titlepage}
    \textbf{\Huge Me}
  \end{titlepage}
\end{document}
```

```
\maketitle[Seitenzahl]
```

Während bei den Standardklassen nur maximal eine Titelseite mit den drei Angaben Titel, Autor und Datum existiert, können bei KOMA-Script mit `\maketitle` bis zu sechs Titelseiten gesetzt werden. Im Gegensatz zu den Standardklassen kennt `\maketitle` bei KOMA-Script außerdem noch ein optionales nummerisches Argument. Findet es Verwendung, so wird die Nummer als Seitenzahl der ersten Titelseite benutzt. Diese Seitenzahl wird jedoch nicht ausgegeben, sondern beeinflusst lediglich die Zählung. Sie sollten hier unbedingt eine ungerade Zahl wählen, da sonst die gesamte Zählung durcheinander gerät. Meiner Auffassung nach gibt es nur zwei sinnvolle Anwendungen für das optionale Argument. Zum einen könnte man dem Schmutztitel die logische Seitenzahl −1 geben, um so die Seitenzählung erst ab der Haupttitelseite mit 1 zu beginnen. Zum anderen könnte man mit einer höheren Seitenzahl beginnen, beispielsweise 3, 5 oder 7, um so weitere Titelseiten zu berücksichtigen, die erst vom Verlag hinzugefügt werden. Wird ein Titelkopf verwendet, wird das optionale Argument ignoriert. Dafür kann der Seitenstil einer solchen Titelei durch Umdefinierung des Makros `\titlepagestyle` (siehe Abschnitt 3.12, Seite 97) verändert werden.

`\titlepagestyle`

Die folgenden Anweisungen führen nicht unmittelbar zum Setzen der Titelei. Das Setzen der Titelei erfolgt immer mit `\maketitle`. Es sei an dieser Stelle auch darauf hingewiesen, dass `\maketitle` nicht innerhalb einer `titlepage`-Umgebung zu verwenden ist. Wie in den Beispielen angegeben, sollte man nur entweder `\maketitle` oder `titlepage` verwenden.

Achtung!

Mit den nachfolgend erklärten Anweisungen werden lediglich die Inhalte der Titelei festgelegt. Sie müssen daher auch unbedingt vor `\maketitle` verwendet werden. Es ist jedoch nicht notwendig und bei Verwendung des babel-Pakets (siehe [BB13]) auch nicht empfehlenswert, diese Anweisungen in der Dokumentpräambel vor `\begin{document}` zu verwenden. Beispieldokumente finden Sie am Ende des Abschnitts.

`\extratitle{`*`Schmutztitel`*`}`

Früher war der Buchblock oftmals nicht durch einen Buchdeckel vor Verschmutzung geschützt. Diese Aufgabe übernahm dann die erste Seite des Buches, die meist einen Kurztitel, eben den *Schmutztitel* trug. Auch heute noch wird diese Extraseite vor dem eigentlichen Haupttitel gerne verwendet und enthält dann Verlagsangaben, Buchreihennummer und ähnliche Angaben.

Bei KOMA-Script ist es möglich, vor der eigentlichen Titelseite eine weitere Seite zu setzen. Als *`Schmutztitel`* kann dabei beliebiger Text – auch mehrere Absätze – gesetzt werden. Der Inhalt von *`Schmutztitel`* wird von KOMA-Script ohne zusätzliche Beeinflussung der Formatierung ausgegeben. Dadurch ist dessen Gestaltung völlig dem Anwender überlassen. Die Rückseite des Schmutztitels bleibt leer. Der Schmutztitel ergibt auch dann eine eigene Titelseite, wenn mit Titelköpfen gearbeitet wird. Die Ausgabe des mit `\extratitle` definierten Schmutztitels erfolgt als Bestandteil der Titelei mit `\maketitle`.

Beispiel: Kommen wir auf das Beispiel von oben zurück und gehen davon aus, dass das spartanische »Me« nur den Schmutztitel darstellt. Nach dem Schmutztitel soll noch der Haupttitel folgen. Dann kann wie folgt verfahren werden:

```
\documentclass{scrbook}
\begin{document}
  \extratitle{\textbf{\Huge Me}}
  \title{It's me}
  \maketitle
\end{document}
```

Sie können den Schmutztitel aber auch horizontal zentriert und etwas tiefer setzen:

```
\documentclass{scrbook}
\begin{document}
  \extratitle{\vspace*{4\baselineskip}
    \begin{center}\textbf{\Huge Me}\end{center}}
  \title{It's me}
  \maketitle
\end{document}
```

Die Anweisung `\title` ist beim Setzen der Titelei mit Hilfe von `\maketitle` grundsätzlich notwendig, damit die Beispiele fehlerfrei sind. Sie wird nachfolgend erklärt. *Achtung!*

```
\titlehead{Kopf}
\subject{Typisierung}
\title{Titel}
\subtitle{Untertitel}
\author{Autor}
\date{Datum}
\publishers{Verlag}
\and
\thanks{Fußnote}
```

Für den Inhalt der Haupttitelseite stehen sieben Elemente zur Verfügung. Die Ausgabe der Haupttitelseite erfolgt als Bestandteil der Titelei mit `\maketitle`, während die hier aufgeführten Anweisungen lediglich der Definition der entsprechenden Elemente dienen.

Der *Kopf* des Haupttitels wird mit der Anweisung `\titlehead` definiert. Er wird über die gesamte Textbreite in normalem Blocksatz am Anfang der Seite ausgegeben. Er kann vom Anwender frei gestaltet werden. Seine Schrift wird über das Element `titlehead` mit Hilfe der Anweisungen `\setkomafont` und `\addtokomafont` (siehe Abschnitt 3.6, Seite 70) gesteuert. Die Voreinstellung ist Tabelle 3.3 zu entnehmen. `\titlehead` `titlehead`

Die *Typisierung* wird unmittelbar über dem *Titel* ausgegeben. Dabei findet die Schriftumschaltung für das Element `subject` An- `\subject` `subject`

Tabelle 3.3.: Voreinstellungen der Schrift für die Elemente des Titels

Element-Name	Voreinstellung
author	\Large
date	\Large
dedication	\Large
publishers	\Large
subject	\normalfont\normalcolor\bfseries\Large
subtitle	\usekomafont{title}\large
title	\usekomafont{disposition}
titlehead	

wendung. Die Voreinstellung, die in Tabelle 3.3 zu finden ist, kann mit Hilfe der Anweisungen \setkomafont und \addtokomafont (siehe Abschnitt 3.6, Seite 70) verändert werden.

\title
title
Achtung!

Der *Titel* wird in einer sehr großen Schrift ausgegeben. Dabei findet abgesehen von der Größe auch die Schriftumschaltung für das Element title Anwendung. Voreingestellt ist die gleiche Schrift, die für das Element disposition verwendet wird (siehe Tabelle 3.2, Seite 71). Die Voreinstellungen können mit Hilfe der Anweisungen \setkomafont und \addtokomafont (siehe Abschnitt 3.6, Seite 70) verändert werden. Die Größe ist jedoch davon unabhängig (siehe Tabelle 3.4, Seite 81).

\subtitle
subtitle

Der *Untertitel* wird in der über das Element subtitle eingestellten Schrift knapp unter dem Titel ausgegeben. Die Voreinstellung, die Tabelle 3.3 zu entnehmen ist, kann mit Hilfe der Anweisungen \setkomafont und \addtokomafont (siehe Abschnitt 3.6, Seite 70) verändert werden.

\author
author

Unter dem *Untertitel* folgt der *Autor*. Es kann auch durchaus mehr als ein Autor innerhalb des Arguments von \author angegeben werden. Die Autoren sind dann mit \and voneinander zu trennen. Auch für die Autoren kann die Schrift über das gleichnamige Element author, dessen Voreinstellung Tabelle 3.3 zu entnehmen ist, mit Hilfe der Anweisungen \setkomafont und \addtokomafont (siehe Abschnitt 3.6, Seite 70) verändert werden.

\date
date

Unter dem Autor oder den Autoren folgt das Datum. Dabei ist das aktuelle Datum, \today, voreingestellt. Es kann jedoch mit \date eine beliebige Angabe – auch ein leere – erreicht werden. Die Schrift wird über das Element date mit Hilfe der Anweisungen \setkomafont und \addtokomafont (siehe Abschnitt 3.6, Seite 70) gesteuert. Die Voreinstellung ist Tabelle 3.3 zu entnehmen.

\publishers

Als Letztes folgt schließlich der *Verlag*. Selbstverständlich kann diese Anweisung auch für andere Angaben geringer Wichtigkeit

Tabelle 3.4.: Schriftgröße und Ausrichtung der Elemente der Haupttitelseite bei Verwendung von `\maketitle`

Element	Anweisung	Schrift	Satz
Seitenkopf	`\titlehead`	`\usekomafont{titlehead}`	Block-
Typisierung	`\subject`	`\usekomafont{subject}`	zentriert
Titel	`\title`	`\usekomafont{title}\huge`	zentriert
Untertitel	`\subtitle`	`\usekomafont{subtitle}`	zentriert
Autoren	`\author`	`\usekomafont{author}`	zentriert
Datum	`\date`	`\usekomafont{date}`	zentriert
Verlag	`\publishers`	`\usekomafont{publishers}`	zentriert

verwendet werden. Notfalls kann durch Verwendung einer `\parbox` über die gesamte Seitenbreite auch erreicht werden, dass diese Angabe nicht zentriert, sondern im Blocksatz gesetzt wird. Sie ist dann als Äquivalent zum Kopf zu betrachten. Dabei ist jedoch zu beachten, dass sie oberhalb von eventuell vorhandenen Fußnoten ausgegeben wird. Die Schrift der Verlagsangaben ist über das Element `publishers` mit Hilfe der Anweisungen `\setkomafont` und `\addtokomafont` (siehe Abschnitt 3.6, Seite 70) veränderbar. Die Voreinstellung ist wiederum in Tabelle 3.3 angegeben. `publishers`

Fußnoten werden auf der Titelseite nicht mit `\footnote`, sondern mit der Anweisung `\thanks` erzeugt. Sie dienen in der Regel für Anmerkungen bei den Autoren. Als Fußnotenzeichen werden dabei Symbole statt Zahlen verwendet. Es ist zu beachten, dass `\thanks` innerhalb des Arguments einer der übrigen Anweisungen, beispielsweise im Argument *`Autor`* der Anweisung `\author`, zu verwenden ist. Die Schrifteinstellung erfolgt dabei über das Element `footnote` (siehe Abschnitt 3.14, Seite 106). `\thanks` *Achtung!* `footnote`

Bis auf den *`Kopf`* und eventuelle Fußnoten werden alle Ausgaben horizontal zentriert. Diese Angaben sind noch einmal kurz zusammengefasst in Tabelle 3.4 zu finden.

Beispiel: Nehmen wir nun einmal an, Sie schreiben eine Diplomarbeit. Dabei sei vorgegeben, dass die Titelseite oben linksbündig das Institut einschließlich Adresse und rechtsbündig das Semester wiedergibt. Wie üblich ist ein Titel einschließlich Autor und Abgabedatum zu setzen. Außerdem soll der Betreuer angegeben und zu erkennen sein, dass es sich um eine Diplomarbeit handelt. Sie könnten das wie folgt erreichen:

```
\documentclass{scrbook}
\usepackage[ngerman]{babel}
\begin{document}
\titlehead{{\Large Universit"at Schlauenheim
```

```
    \hfill SS~2001\\}
  Institut f"ur Raumkr"ummung\\
  Hochschulstra"se~12\\
  34567 Schlauenheim}
\subject{Diplomarbeit}
\title{Digitale Raumsimulation mit dem
  DSP\,56004}
\subtitle{Klein aber fein?}
\author{cand. stup. Uli Ungenau}
\date{30. Februar 2001}
\publishers{Betreut durch
  Prof. Dr. rer. stup. Naseweis}
\maketitle
\end{document}
```

Ein häufiges Missverständnis betrifft die Bedeutung der Haupttitelseite. Irrtümlich wird oft angenommen, es handle sich dabei um den Buchumschlag oder Buchdeckel. Daher wird häufig erwartet, dass die Titelseite nicht den Randvorgaben für doppelseitige Satzspiegel gehorcht, sondern rechts und links gleich große Ränder besitzt. Nimmt man jedoch einmal ein Buch zur Hand und klappt es auf, trifft man sehr schnell auf mindestens eine Titelseite unter dem Buchdeckel innerhalb des so genannten Buchblocks. Genau diese Titelseiten werden mit `\maketitle` gesetzt.

Umschlag

Titelseiten

Wie beim Schmutztitel handelt es sich also auch bei der Haupttitelseite um eine Seite innerhalb des Buchblocks, die deshalb dem Satzspiegel des gesamten Dokuments gehorcht. Überhaupt ist ein Buchdeckel, das *Cover*, etwas, das man in einem getrennten Dokument erstellt. Schließlich hat er oft eine sehr individuelle Gestalt. Es spricht auch nichts dagegen, hierfür ein Grafik- oder DTP-Programm zu Hilfe zu nehmen. Ein getrenntes Dokument sollte auch deshalb verwendet werden, weil es später auf ein anderes Druckmedium, etwa Karton, und möglicherweise mit einem anderen Drucker ausgegeben werden soll.

Seit KOMA-Script 3.12 kann man die erste von `\maketitle` ausgegebene Titelseite alternativ aber auch als Umschlagseite formatieren lassen. Dabei ändern sich nur die für diese Seite verwendeten Ränder (siehe Option `titlepage=firstiscover` auf Seite 76).

```
\uppertitleback{Titelrückseitenkopf}
\lowertitleback{Titelrückseitenfuß}
```

Im doppelseitigen Druck bleibt bei den Standardklassen die Rückseite des Blatts mit der Titelseite leer. Bei KOMA-Script lässt sich die Rückseite der Haupttitelseite hingegen für weitere Angaben nutzen. Dabei wird zwischen genau zwei Elementen unterschieden, die der Anwender frei gestalten kann: dem *Titelrückseitenkopf* und dem *Titelrückseitenfuß*. Dabei kann der Kopf bis zum Fuß reichen und umgekehrt. Beispielsweise hätte man die Verlagsinformationen zu diesem Buch wahlweise mit \uppertitleback oder \lowertitleback setzen können.

\dedication{*Widmung*}

KOMA-Script bietet eine eigene Widmungsseite. Diese Widmung wird zentriert und in der Voreinstellung mit etwas größerer Schrift gesetzt. Die genaue Schrifteinstellung für das Element dedication, die Tabelle 3.3, Seite 80 zu entnehmen ist, kann über die Anweisungen \setkomafont und \addtokomafont (siehe Abschnitt 3.6, Seite 70) verändert werden. dedication

Die Rückseite ist wie bei der Seite mit dem Schmutztitel grundsätzlich leer. Die Widmungsseite wird zusammen mit der restlichen Titelei mit \maketitle ausgegeben und muss daher vor dieser Anweisung definiert sein.

Beispiel: Nehmen wir dieses Mal an, dass Sie einen Gedichtband schreiben, den Sie Ihrer Frau widmen wollen. Das könnte wie folgt aussehen:

```
\documentclass{scrbook}
\usepackage[ngerman]{babel}
\begin{document}
\extratitle{\textbf{\Huge In Liebe}}
\title{In Liebe}
\author{Prinz Eisenherz}
\date{1412}
\lowertitleback{%
  Dieser Gedichtband wurde mit Hilfe von
  {\KOMAScript} und {\LaTeX} gesetzt.}
\uppertitleback{%
  Selbstverlach\par
  Auf"|lage: 1 Exemplar}
\dedication{%
  Meinem Schnuckelchen\\
  in ewiger Liebe\\
  von Deinem Hasenboppelchen.}
\maketitle
\end{document}
```

Ich bitte, die Kosenamen nach eigenen Vorlieben zu ersetzen.

3.8. Zusammenfassung

Insbesondere bei Artikeln, seltener bei Berichten findet man unmittelbar unter der Titelei und noch vor dem Inhaltsverzeichnis eine Zusammenfassung. Bei Verwendung eines Titelkopfes ist die Zusammenfassung in der Regel ein rechts und links eingezogener Block. Im Vergleich dazu wird bei Verwendung von Titelseiten die Zusammenfassung eher als Kapitel oder Abschnitt gesetzt.

`abstract=`*`Ein-Aus-Wert`*

scrreprt, scrartcl

KOMA-Script vs. Standardklassen

Bei den Standardklassen setzt die `abstract`-Umgebung noch den zentrierten Titel »Zusammenfassung« vor die Zusammenfassung. Früher war dies durchaus üblich. Inzwischen sind wir durch das Zeitunglesen darin geübt, einen entsprechend hervorgehobenen Text am Anfang eines Artikels oder Berichts als Zusammenfassung zu erkennen. Dies gilt umso mehr, wenn dieser Text noch vor dem Inhaltsverzeichnis steht. Zudem verwundert es, wenn ausgerechnet diese Überschrift klein und zentriert ist. KOMA-Script bietet mit der Option `abstract` die Möglichkeit, die Überschrift über der Zusammenfassung ein- oder auszuschalten. Als *`Ein-Aus-Wert`* kann einer der Standardwerte für einfache Schalter aus Tabelle 2.5, Seite 46 verwendet werden. Voreingestellt ist bei KOMA-Script `false`.

Bei Büchern wird in der Regel eine andere Art der Zusammenfassung verwendet. Dort setzt man ein entsprechendes Kapitel an den Anfang oder Ende des Werks. Oft wird diese Zusammenfassung entweder mit der Einleitung oder einem weiteren Ausblick verknüpft.

Tipp!

Daher gibt es bei scrbook überhaupt keine `abstract`-Umgebung. Bei Berichten im weiteren Sinne, etwa einer Studien- oder Diplomarbeit, ist ebenfalls eine Zusammenfassung in dieser Form zu empfehlen.

```
\begin{abstract}
  ...
\end{abstract}
```

scrartcl, scrreprt

Einige LaTeX-Klassen bieten eine spezielle Umgebung für diese Zusammenfassung, die `abstract`-Umgebung. Diese wird unmittelbar ausgegeben, ist also nicht Bestandteil der mit `\maketitle` gesetzten Titelei.

Achtung!

Bitte beachten Sie unbedingt, dass es sich bei `abstract` um eine Umgebung und nicht um eine Anweisung handelt. Ob die Zusammenfassung mit einer Überschrift versehen wird oder nicht, wird über die Option `abstract` gesteuert (siehe oben).

Bei Büchern ist die Zusammenfassung häufig Bestandteil der Einleitung oder eines gesonderten Kapitels am Ende des Dokuments.

Daher gibt es bei scrbook keine abstract-Umgebung. Bei Verwendung der Klasse scrreprt ist es sicher eine Überlegung wert, ob man nicht genauso verfahren sollte. Siehe hierzu in Abschnitt 3.16 die Anweisungen \chapter* und \addchap oder \addchap* (Seite 121).

Wird ein Titelkopf (siehe Option titlepage, Abschnitt 3.7, Seite 76) verwendet, so wird die Zusammenfassung intern mit Hilfe einer quotation-Umgebung (siehe Abschnitt 3.18, Seite 141) gesetzt. Dabei werden Absatzanfänge normalerweise mit Einzug gesetzt. Soll der erste Absatz nicht eingezogen werden, so kann dieser Einzug mit \noindent am Anfang der Umgebung unterdrückt werden. \noindent

3.9. Inhaltsverzeichnis

Auf die Titelei und eine eventuell vorhandene Zusammenfassung folgt normalerweise das Inhaltsverzeichnis. Häufig findet man nach dem Inhaltsverzeichnis auch noch die Verzeichnisse der Gleitumgebungen, beispielsweise von Tabellen und Abbildungen (siehe Abschnitt 3.20).

toc=*Einstellung*

Neuerdings ist es fast schon üblich geworden Tabellen- und Abbildungsverzeichnis sowie das Literaturverzeichnis, seltener das Stichwortverzeichnis, ins Inhaltsverzeichnis aufzunehmen. Dies hat sicher auch mit der neuen Mode zu tun, Abbildungs- und Tabellenverzeichnis ans Buchende zu stellen. Beide Verzeichnisse haben von Aufbau und Intention eine deutliche Ähnlichkeit mit dem Inhaltsverzeichnis. Daher betrachte ich die Entwicklung skeptisch. Da es keinen Sinn hat, nur das Tabellen- oder nur das Abbildungsverzeichnis ohne das jeweils andere ins Inhaltsverzeichnis aufzunehmen, werden mit der *Einstellung* listof beide Verzeichnisse gemeinsam ins Inhaltsverzeichnis aufgenommen. Dabei werden auch Verzeichnisse berücksichtigt, die mit Hilfe des float-Pakets ab Version 1.2e (siehe [Lin01]) oder floatrow (siehe [Lap08]) erstellt werden. Als Verzeichnisse, die den Inhalt anderer Abschnitte des Werks aufführen, erhalten Tabellen-, Abbildungs- und die mit den genannten Paketen erzeugten Verzeichnisse grundsätzlich keine Kapitelnummer. Wer diesen Grundsatz ignorieren will, bedient sich der *Einstellung* listofnumbered. toc=listof toc=listofnumbered

Das Stichwortverzeichnis erhält mit toc=index einen Eintrag im Inhaltsverzeichnis. Da das Stichwortverzeichnis ebenfalls nur Verweise auf den Inhalt anderer Abschnitte enthält, wird auch dieser toc=index

Eintrag grundsätzlich nicht nummeriert. Eine Abweichung von diesem Grundsatz wird von KOMA-Script nicht unterstützt.

toc=bibliographynumbered

Das Literaturverzeichnis stellt eine etwas andere Art von Verzeichnis dar. Hier wird nicht der Inhalt des vorliegenden Werks aufgelistet, sondern auf externe Inhalte verwiesen. Mit dieser Begründung könnte man argumentieren, dass das Literaturverzeichnis ein eigenes Kapitel bzw. einen eigenen Abschnitt darstelle und somit eine Nummer verdiene. Die Option `toc=bibliographynumbered` führt genau dazu, einschließlich des dann fälligen Eintrags im Inhaltsverzeichnis. Ich selbst bin allerdings der Meinung, dass bei dieser Argumentation auch ein klassisches, kommentiertes Quellenverzeichnis ein eigenes Kapitel wäre. Außerdem ist das Literaturverzeichnis letztlich nichts, was man selbst geschrieben hat. Deshalb erscheint mir allenfalls ein nicht nummerierter Eintrag im Inhaltsverzeichnis angemessen, was mit der Einstellung `toc=bibliography` erreicht wird.

toc=bibliography

toc=graduated

Normalerweise wird das Inhaltsverzeichnis so formatiert, dass die Gliederungsebenen unterschiedlich weit eingezogen werden. Dabei wird für die Gliederungsnummer jeder Ebene ein Raum fester Breite vorgesehen, in dem die Nummer linksbündig gesetzt wird. Dies entspricht der Einstellung `toc=graduated`.

toc=flat

Werden sehr viele Gliederungspunkte verwendet, so werden die Gliederungsnummern sehr breit. Damit reicht der vorgesehene Platz nicht aus. In [Wik] wird für solche Fälle vorgeschlagen, die Erzeugung des Inhaltsverzeichnisses umzudefinieren. KOMA-Script bietet jedoch eine alternative Formatierung an, bei der das Problem nicht auftritt. Bei Verwendung der Option `toc=flat` werden die unterschiedlichen Gliederungsebenen nicht unterschiedlich weit eingezogen. Stattdessen wird eine tabellenartige Form gewählt, in der alle Gliederungsnummern und alle Gliederungstexte jeweils in einer Spalte linksbündig untereinander stehen. Der für die Gliederungsnummern benötigte Platz wird dabei automatisch ermittelt.

Einen Überblick über alle möglichen Werte für die *`Einstellung`* von `toc` ist in Tabelle 3.5 zu finden.

Tabelle 3.5.: Mögliche Werte für Option `toc` zur Einstellung von Form und Inhalt des Inhaltsverzeichnisses

`bibliography, bib`	Das Literaturverzeichnis erhält einen Eintrag im Inhaltsverzeichnis, ohne dass es nummeriert wird.

...

Tabelle 3.5.: Mögliche Werte für Option `toc` (*Fortsetzung*)

`bibliographynumbered, bibnumbered, numberedbibliography, numberedbib`
: Das Literaturverzeichnis erhält einen Eintrag im Inhaltsverzeichnis und wird nummeriert.

`flat, left`
: Das Inhaltsverzeichnis erhält eine tabellarische Form. Die Gliederungsnummern sind dabei die erste Spalte, die Überschriften die zweite Spalte, die Seitenzahlen die dritte Spalte. Der Platz, der für die Gliederungsnummern reserviert wird, richtet sich nach dem benötigten Platz des vorherigen LaTeX-Laufs.

`graduated, indent, indented`
: Das Inhaltsverzeichnis erhält eine hierarchische Form. Es steht nur ein begrenzter Platz für die Gliederungsnummern zur Verfügung.

`indenttextentries, indentunnumbered, numberline`
: Die Eigenschaft `numberline` (siehe Abschnitt 15.2, Seite 420) wird für das Inhaltsverzeichnis gesetzt. Dadurch werden nicht nummerierte Einträge linksbündig mit dem Text von nummerierten Einträgen gleicher Ebene gesetzt.

`index, idx`
: Das Stichwortverzeichnis erhält einen Eintrag im Inhaltsverzeichnis, ohne dass es nummeriert wird.

`leftaligntextentries, leftalignunnumbered, nonumberline`
: Die Eigenschaft `numberline` (siehe Abschnitt 15.2, Seite 420) wird für das Inhaltsverzeichnis gelöscht. Dadurch werden nicht nummerierte Einträge linksbündig mit den Nummer von nummerierten Einträgen gleicher Ebene gesetzt. Dies entspricht der Voreinstellung.

`listof`
: Die Verzeichnisse der Gleitumgebungen, beispielsweise das Abbildungs- und das Tabellenverzeichnis, erhalten einen Eintrag im Inhaltsverzeichnis, ohne dass sie nummeriert werden.

`listofnumbered, numberedlistof`
: Die Verzeichnisse der Gleitumgebungen, beispielsweise das Abbildungs- und das Tabellenverzeichnis, erhalten einen Eintrag im Inhaltsverzeichnis und werden nummeriert.

`nobibliography, nobib`
: Das Literaturverzeichnis erhält keinen Eintrag im Inhaltsverzeichnis.

...

Tabelle 3.5.: Mögliche Werte für Option toc (*Fortsetzung*)

noindex, noidx
: Das Stichwortverzeichnis erhält keinen Eintrag im Inhaltsverzeichnis.

nolistof
: Die Verzeichnisse der Gleitumgebungen, beispielsweise das Abbildungs- und das Tabellenverzeichnis, erhalten keinen Eintrag im Inhaltsverzeichnis.

`\tableofcontents`

Die Ausgabe des Inhaltsverzeichnisses wird mit \tableofcontents erreicht. Um ein korrektes Inhaltsverzeichnis zu erhalten, sind nach jeder Änderung mindestens zwei LaTeX-Läufe notwendig. Mit der oben erläuterten Option toc kann der Umfang und die Form des Inhaltsverzeichnisses beeinflusst werden. Nach einer Umschaltung der Option sind ebenfalls mindestens zwei weitere LaTeX-Läufe notwendig.

Der Eintrag für die oberste Gliederungsebene unter \part, also \chapter bei scrbook und scrreprt beziehungsweise \section bei scrartcl, sowie der Gliederungsebene \part selbst wird nicht eingerückt. Gleichzeitig befinden sich zwischen dem Text der Gliederungsebene und der Seitenzahl keine Pünktchen. Die typografischen Gründe dafür liegen in der normalerweise anderen Schriftart sowie der erwünschten Hervorhebung. Das Inhaltsverzeichnis dieser Anleitung ist mit den Voreinstellungen gesetzt und dient als Beispiel. Die Schrift dieser beiden oberen Inhaltsverzeichniseinträge ist außerdem über die Elemente partentry und für scrbook und scrreprt über chapterentry beziehungsweise sectionentry für scrartcl einstellbar. Die Schrift der Seitenzahlen kann jeweils davon abweichend über die Elemente partentrypagenumber und chapterentrypagenumber (scrbook und scrreprt) beziehungsweise sectionentrypagenumber (scrartcl) eingestellt werden (siehe auch Abschnitt 3.6, Seite 70, sowie Tabelle 3.2, Seite 71). Die Voreinstellungen der Elemente sind Tabelle 3.6 zu entnehmen.

partentry
chapterentry
sectionentry

partentrypagenumber

chapterentrypagenumber
sectionentrypagenumber

`tocdepth`

Normalerweise werden bei den Klassen scrbook und scrreprt die Gliederungsebenen \part bis \subsection und bei der Klasse scrartcl die Ebenen \part bis \subsubsection in das Inhaltsverzeichnis aufgenommen. Dies wid über den Zähler tocdepth gesteuert. Dabei steht der Wert -1 für \part, 0 für \chapter und so weiter. Durch Setzen oder Erhöhen oder Verringern des Zählers kann bestimmt

Tabelle 3.6.: Voreinstellungen der Schrift für die Elemente des Inhaltsverzeichnisses

Element	Voreinstellung
`partentry`	`\usekomafont{disposition}\large`
`partentrypagenumber`	
`chapterentry`	`\usekomafont{disposition}`
`chapterentrypagenumber`	
`sectionentry`	`\usekomafont{disposition}`
`sectionentrypagenumber`	

werden, bis zu welcher Gliederungsebene Einträge in das Inhaltsverzeichnis erfolgen sollen. Dies ist übrigens bei den Standardklassen ganz genauso.

Achtung!

Bitten beachten Sie, dass die Werte für `tocdepth` und `secnumdepth` (siehe Abschnitt 3.16, Seite 128) bei scrartcl für `\part` nicht übereinstimmen. Dies wurde aus Gründen der Kompatibilität von der Standardklasse article übernommen. Daher sollte die Anweisung `\partnumdepth` nicht zum Setzen von `tocdepth` verwendet werden.

Beispiel: Angenommen, Sie setzen einen Artikel, bei dem die Gliederungsebene `\subsubsection` verwendet wird. Gehen wir weiter davon aus, dass Sie diese Gliederungsebene aber nicht im Inhaltsverzeichnis haben wollen. Dann könnte die Präambel Ihres Dokuments wie folgt aussehen:

```
\documentclass{scrartcl}
\setcounter{tocdepth}{2}
```

Sie setzen den Zähler `tocdepth` also auf 2, weil Sie wissen, dass dies der Wert für `\subsection` ist. Wissen Sie stattdessen nur, dass normalerweise bei scrartcl Einträge in das Inhaltsverzeichnis bis zur Ebene `\subsubsection` erfolgen, können Sie auch einfach vom voreingestellten Wert des Zählers `tocdepth` eins abziehen:

```
\documentclass{scrartcl}
\addtocounter{tocdepth}{-1}
```

Tipp!

Den Wert, den Sie zu `tocdepth` addieren oder davon subtrahieren müssen, können Sie nach mindestens zwei LaTeX-Läufen einfach im Inhaltsverzeichnis abzählen.

3.10. Absatzauszeichnung

Absatzeinzug vs. Absatzabstand

Die Standardklassen setzen Absätze normalerweise mit Absatzeinzug und ohne Absatzabstand. Bei Verwendung eines normalen Satzspiegels, wie ihn typearea bietet, ist dies die vorteilhafteste Absatzauszeichnung. Würde man ohne Einzug und Abstand arbeiten, hätte der Leser als Anhaltspunkt nur die Länge der letzten Zeile. Im Extremfall kann es sehr schwer sein, zu erkennen, ob eine Zeile voll ist oder nicht. Des Weiteren stellt der Typograf fest, dass die Auszeichnung des Absatzendes am Anfang der nächsten Zeile leicht vergessen ist. Demgegenüber ist eine Auszeichnung am Absatzanfang einprägsamer. Der Absatzabstand hat den Nachteil, dass er in verschiedenem Zusammenhang leicht verloren geht. So wäre nach einer abgesetzten Formel nicht mehr festzustellen, ob der Absatz fortgesetzt wird oder ein neuer beginnt. Auch am Seitenanfang müsste zurückgeblättert werden, um feststellen zu können, ob mit der Seite auch ein neuer Absatz beginnt. All diese Probleme sind beim Absatzeinzug nicht gegeben. Eine Kombination von Absatzeinzug und Absatzabstand ist wegen der übertriebenen Redundanz abzulehnen. Der Einzug alleine ist deutlich genug. Der einzige Nachteil des Absatzeinzugs liegt in der Verkürzung der Zeile. Damit gewinnt der Absatzabstand bei ohnehin kurzen Zeilen, etwa im Zeitungssatz, seine Berechtigung.

`parskip=`*`Methode`*

Hin und wieder wird ein Layout mit Absatzabstand an Stelle des voreingestellten Absatzeinzugs gefordert. Die KOMA-Script-Klassen bieten mit der Option `parskip` eine Reihe von Möglichkeiten, um dies zu erreichen. Die *`Methode`* setzt sich dabei aus zwei Teilen zusammen. Der erste Teil ist entweder `full` oder `half`, wobei `full` für einen Absatzabstand von einer Zeile und `half` für einen Absatzabstand von einer halben Zeile steht. Der zweite Teil ist eines der Zeichen »*«, »+«, »-« und kann auch entfallen. Lässt man das Zeichen weg, so wird in der letzten Zeile des Absatzes am Ende mindestens ein Geviert, das ist 1 em, frei gelassen. Mit dem Pluszeichen wird am Zeilenende mindestens ein Drittel und mit dem Stern mindestens ein Viertel einer normalen Zeile frei gelassen. Mit der Minus-Variante werden keine Vorkehrungen für die letzte Zeile eines Absatzes getroffen.

Die Einstellung kann jederzeit geändert werden. Wird sie innerhalb des Dokuments geändert, so wird implizit die Anweisung `\selectfont` ausgeführt. Änderungen der Absatzauszeichnung innerhalb eines Absatzes werden erst beim nächsten Absatz sichtbar.

Neben den sich so ergebenden acht Kombinationen ist es noch möglich, als *`Methode`* die Werte für einfache Schalter aus Tabelle 2.5, Seite 46 zu verwenden. Das Einschalten der Option entspricht dabei `full` ohne angehängtes Zeichen für den Freiraum der letzten Absatzzeile, also mit mindestens einem Geviert Freiraum am Ende des Absatzes. Das Ausschalten der Option schaltet hingegen wieder auf Absatzeinzug von einem Geviert um. Dabei darf die letzte Zeile eines Absatzes auch bis zum rechten Rand reichen. Einen Überblick über alle möglichen Werte für `Methode` bietet Tabelle 3.7.

Tabelle 3.7.: Mögliche Werte für Option `parskip` zur Auswahl der Kennzeichnung von Absätzen

`false`, `off`, `no`
: Absätze werden durch einen Einzug der ersten Zeilen von einem Geviert (1 em) gekennzeichnet. Der erste Absatz eines Abschnitts wird nicht eingezogen.

`full`, `true`, `on`, `yes`
: Absätze werden durch einen vertikalen Abstand von einer Zeile gekennzeichnet, Absatzenden durch einen Leerraum von mind. einem Geviert (1 em) der Grundschrift am Ende der letzten Zeile.

`full-`
: Absätze werden durch einen vertikalen Abstand von einer Zeile gekennzeichnet. Absatzenden werden nicht gekennzeichnet.

`full+`
: Absätze werden durch einen vertikalen Abstand von einer Zeile gekennzeichnet. Absatzenden werden durch einen Leerraum von mind. einem Drittel einer normalen Zeile gekennzeichnet.

`full*`
: Absätze werden durch einen vertikalen Abstand von einer Zeile gekennzeichnet. Absatzenden werden durch einen Leerraum von mind. einem Viertel einer normalen Zeile gekennzeichnet.

`half`
: Absätze werden durch einen vertikalen Abstand von einer halben Zeile gekennzeichnet. Absatzenden durch einen Leerraum von mind. einem Geviert (1 em) der normalen Schrift am Ende gekennzeichnet.

`half-`
: Absätze werden durch einen vertikalen Abstand von einer halben Zeile gekennzeichnet. Absatzenden werden nicht gekennzeichnet.

`half+`
: Absätze werden durch einen vertikalen Abstand von einer halben Zeile gekennzeichnet. Absatzenden werden durch einen Leerraum von mind. einem Drittel einer normalen Zeile gekennzeichnet.

...

Tabelle 3.7.: Mögliche Werte für Option `parskip` (*Fortsetzung*)

`half*`

Absätze werden durch einen vertikalen Abstand von einer Zeile gekennzeichnet. Absatzenden werden durch einen Leerraum von mind. einem Viertel einer normalen Zeile gekennzeichnet.

`never`

Es wird auch dann kein Abstand zwischen Absätzen eingefügt, wenn für den vertikalen Ausgleich der Einstellung `\flushbottom` zusätzlicher vertikaler Abstand verteilt werden muss.

Achtung! Wird ein Absatzabstand verwendet, so verändert sich auch der Abstand vor, nach und innerhalb von Listenumgebungen. Dadurch wird verhindert, dass diese Umgebungen oder Absätze innerhalb dieser Umgebungen stärker vom Text abgesetzt werden als die Absätze des normalen Textes voneinander. Inhalts-, Abbildungs- und Tabellenverzeichnis werden immer ohne zusätzlichen Absatzabstand gesetzt.

Voreingestellt ist bei KOMA-Script `parskip=false`. Hierbei gibt es keinen Absatzabstand, sondern einen Absatzeinzug von 1 em.

3.11. Erkennung von rechten und linken Seiten

Bei doppelseitigen Dokumenten wird zwischen linken und rechten Seiten unterschieden. Dabei hat eine linke Seite immer eine gerade Nummer und eine rechte Seite immer eine ungerade Nummer. Die Erkennung von rechten und linken Seiten ist damit gleichbedeutend mit der Erkennung von Seiten mit gerader oder ungerader Nummer. In diesem Buch ist vereinfachend von ungeraden und geraden Seiten die Rede.

Bei einseitigen Dokumenten existiert die Unterscheidung zwischen linken und rechten Seiten nicht. Dennoch gibt es natürlich auch bei einseitigen Dokumenten sowohl Seiten mit gerader als auch Seiten mit ungerader Nummer.

`\ifthispageodd{`*`Dann-Teil`*`}{`*`Sonst-Teil`*`}`

Will man bei KOMA-Script feststellen, ob ein Text auf einer geraden oder einer ungeraden Seite ausgegeben wird, so verwendet man die Anweisung `\ifthispageodd`. Dabei wird das Argument *`Dann-Teil`* nur dann ausgeführt, wenn man sich gerade auf einer ungeraden

Seite befindet. Anderenfalls kommt das Argument *Sonst-Teil* zur Anwendung.

Beispiel: Angenommen, Sie wollen einfach nur ausgeben, ob ein Text auf einer geraden oder ungeraden Seite ausgegeben wird. Sie könnten dann beispielsweise mit der Eingabe

```
Dies ist eine Seite mit
\ifthispageodd{un}{}gerader Seitenzahl.
```

mit leerem *Sonst-Teil* die Ausgabe

Dies ist eine Seite mit ungerader Seitenzahl.

erhalten.

Da die Anweisung \ifthispageodd mit einem Mechanismus arbeitet, der einem Label und einer Referenz darauf sehr ähnlich ist, werden nach jeder Textänderung mindestens zwei LaTeX-Durchläufe benötigt. Erst dann ist die Entscheidung korrekt. Im ersten Durchlauf wird für die Entscheidung eine Heuristik verwendet.

Näheres zur Problematik der Erkennung von linken und rechten Seiten oder geraden und ungeraden Seitennummern ist für Experten in Abschnitt 21.1, Seite 517 zu finden.

3.12. Kopf und Fuß bei vordefinierten Seitenstilen

Eine der allgemeinen Eigenschaften eines Dokuments ist der Seitenstil. Bei LaTeX versteht man unter dem Seitenstil in erster Linie den Inhalt der Kopf- und Fußzeilen.

```
headsepline=Ein-Aus-Wert
footsepline=Ein-Aus-Wert
```

Mit diesen Optionen kann eingestellt werden, ob unter Kolumnentiteln oder über dem Fuß eine horizontale Linie gewünscht wird. Als *Ein-Aus-Wert* kann einer der Standardwerte für einfache Schalter aus Tabelle 2.5, Seite 46 verwendet werden. Ein Aktivieren der Option headsepline oder die Verwendung der Option ohne Wertübergabe schaltet die Linie unter den Kolumnentiteln ein. Ein Aktivieren der Option footsepline oder die Verwendung der Option ohne Wertübergabe schaltet die Linie über der Fußzeile ein. Die Deaktivierung der Optionen schaltet die jeweilige Linie aus.

Bei den weiter unten erklärten Seitenstilen empty und plain hat die Option headsepline selbstverständlich keine Auswirkung, da *Achtung!*

hier auf einen Seitenkopf ausdrücklich verzichtet werden soll. Typografisch betrachtet hat eine solche Linie immer die Auswirkung, dass der Kopf optisch näher an den Text heranrückt. Dies bedeutet nun nicht, dass der Kopf räumlich weiter vom Textkörper weggerückt werden müsste. Stattdessen sollte der Kopf dann bei der Berechnung des Satzspiegels als zum Textkörper gehörend betrachtet werden. Dies wird bei KOMA-Script dadurch erreicht, dass bei Verwendung der Klassenoption `headsepline` automatisch die Paketoption `headinclude` mit gleichem Wert an das typearea-Paket weitergereicht wird. Entsprechendes gilt bei `footsepline` für `footinclude`. Im Gegensatz zu `headsepline` wirkt sich die Option `footsepline` auch beim Seitenstil `plain` aus, da `plain` eine Seitenzahl im Fuß ausgibt. Das Paket scrlayer-scrpage (siehe Kapitel 5) bietet weitere Einflussmöglichkeiten für Linien im Kopf und Fuß.

headinclude
footinclude

```
\pagestyle{Seitenstil}
\thispagestyle{lokaler Seitenstil}
```

Üblicherweise wird zwischen vier verschiedenen Seitenstilen unterschieden:

empty ist der Seitenstil, bei dem Kopf- und Fußzeile vollständig leer bleiben. Dies ist bei KOMA-Script vollkommen identisch zu den Standardklassen.

headings ist der Seitenstil für lebende Kolumnentitel. Das sind Kolumnentitel, bei denen Überschriften automatisch in den Seitenkopf übernommen werden. Im Internet oder in Beschreibungen zu LaTeX-Paketen findet man auch häufig die englische Bezeichnung »*running headline*«. Bei den Klassen scrbook und scrreprt werden dabei im doppelseitigen Layout die Überschriften der Kapitel und der Abschnitte in der Kopfzeile wiederholt – bei KOMA-Script jeweils außen, bei den Standardklassen innen. Die Seitenzahl wird bei KOMA-Script im Fuß außen, bei den Standardklassen im Kopf außen gesetzt. Im einseitigen Layout werden nur die Überschriften der Kapitel verwendet und bei KOMA-Script zentriert im Kopf ausgegeben. Die Seitenzahlen werden bei KOMA-Script dann zentriert im Fuß gesetzt. Bei scrartcl wird entsprechend verfahren, jedoch eine Ebene tiefer bei Abschnitt und Unterabschnitt angesetzt, da die Gliederungsebene Kapitel hier nicht existiert.

scrbook, scrreprt

KOMA-Script vs. Standardklassen

scrartcl

KOMA-Script vs. Standardklassen

Während die Standardklassen automatische Kolumnentitel immer in Versalien – also Großbuchstaben – setzen, verwendet

KOMA-Script die Schreibweise, die in der Überschrift vorgefunden wurde. Dies hat verschiedene typografische Gründe. So sind Versalien als Auszeichnung eigentlich viel zu mächtig. Verwendet man sie trotzdem, sollten sie um einen Punkt kleiner gesetzt und leicht gesperrt werden (siehe hierzu beispielsweise [Tsc60]). All dies findet bei den Standardklassen keine Beachtung.

Darüber hinaus können bei den KOMA-Script-Klassen mit den Optionen `headsepline` und `footsepline` (siehe Seite 93) Linien unter dem Kopf und über dem Fuß gesetzt werden.

`myheadings` entspricht weitgehend dem Seitenstil headings, allerdings werden die Kolumnentitel nicht automatisch erzeugt, sondern liegen in der Verantwortung des Anwenders. Er verwendet dazu die Anweisungen `\markboth` und `\markright` (siehe Seite 97). `\markboth` `\markright`

`plain` ist der Seitenstil, bei dem keinerlei Kolumnentitel verwendet, sondern nur eine Seitenzahl ausgegeben wird. Bei den Standardklassen wird diese Seitenzahl immer mittig im Fuß ausgegeben. Bei KOMA-Script erfolgt die Ausgabe im doppelseitigen Layout stattdessen außen im Fuß. Der einseitige Seitenstil entspricht bei KOMA-Script dem der Standardklassen. *KOMA-Script vs. Standardklassen*

Der Seitenstil kann jederzeit mit Hilfe der `\pagestyle`-Anweisung gesetzt werden. Verwendet man `\pagestyle` vor Anweisungen, die einen Seitenumbruch mit Einfügen einer Vakatseite herbeiführen können, und soll die Änderung erst ab der neuen Seite gelten, so ist ein `\cleardoublepage` davor nützlich. `\pagestyle` *Tipp!* *Vakatseite*

Für eine Änderung des Seitenstils nur der aktuellen Seite verwendet man stattdessen die Anweisung `\thispagestyle`. Dies geschieht auch an einigen Stellen im Dokument automatisch. Beispielsweise wird bei allen Kapitelanfangsseiten implizit die Anweisung `\thispagestyle{\chapterpagestyle}` ausgeführt. `\thispagestyle`

Bitte beachten Sie, dass die Umschaltung zwischen automatischen und manuellen Kolumnentiteln bei Verwendung von scrlayer-scrpage nicht mehr über den Seitenstil, sondern mit speziellen Anweisungen erfolgt. Die beiden Seitenstile `headings` und `myheadings` sollten nicht zusammen mit diesem Paket verwendet werden. *Achtung!* scrlayer-scrpage

Um die Schriftarten von Kopf und Fuß der Seite oder der Seitenzahl zu ändern, verwenden Sie die Anweisungen `\setkomafont` und `\addtokomafont` (siehe Abschnitt 3.6, Seite 70). Für den Kopf und den Fuß ist dabei das gleiche Element `pageheadfoot` zuständig. Das Element für die Seitenzahl innerhalb des Kopfes oder Fußes heißt `pageheadfoot`

Tabelle 3.8.: Voreinstellungen der Schrift für die Elemente des Seitenstils

Element	Voreinstellung
pagefoot	
pageheadfoot	\normalfont\normalcolor\slshape
pagenumber	\normalfont\normalcolor

pagenumber pagefoot

pagenumber. Das ebenfalls in den KOMA-Script-Klassen bereitgestellte Element pagefoot wird nur verwendet, wenn man mit dem Paket scrlayer-scrpage (siehe Kapitel 5, Seite 272) einen Seitenstil definiert, bei dem auch der Fuß Text enthält.

Die Voreinstellungen sind in Tabelle 3.8 zu finden.

Beispiel: Angenommen, Sie wollen Kopf und Fuß einen Schriftgrad kleiner und kursiv setzen. Die Seitenzahl soll jedoch nicht kursiv, sondern fett gesetzt werden. Davon abgesehen, dass das Ergebnis grauenvoll aussehen wird, können Sie dies wie folgt erreichen:

```
\setkomafont{pageheadfoot}{%
  \normalfont\normalcolor\itshape\small}
\setkomafont{pagenumber}{\normalfont\bfseries}
```

Wollen Sie hingegen lediglich, dass zusätzlich zur bereits voreingestellten schrägen Variante ebenfalls eine kleinere Schrift verwendet wird, so genügt:

```
\addtokomafont{pagehead}{\small}
```

pagehead

Wie Sie sehen, wurde im letzten Beispiel das Element pagehead verwendet. Das gleiche Ergebnis erhalten Sie auch, wenn Sie stattdessen pageheadfoot verwenden (siehe Tabelle 3.2, Seite 71).

Es ist an dieser Stelle nicht möglich, Versalien für die automatischen Kolumnentitel zu erzwingen. Wenn Sie dies wünschen, müssen Sie entweder \MakeMarkcase entsprechend umdefinieren. Es wird jedoch empfohlen, in solchen Fällen das Paket scrlayer-scrpage zu verwenden (siehe Kapitel 5, Seite 282).

Tipp!

Werden eigene Seitenstile definiert, sind eventuell die Befehle \usekomafont{pageheadfoot}, \usekomafont{pagenumber} sowie \usekomafont{pagefoot} nützlich. Insbesondere falls Sie dafür nicht das KOMA-Script-Paket scrlayer-scrpage (siehe Kapitel 5), sondern beispielsweise das Paket fancyhdr (siehe [vO04]) einsetzen, können Sie diese Befehle in Ihren Definitionen verwenden. Dadurch bleiben Sie zu KOMA-Script möglichst kompatibel. Verwenden Sie diese Befehle in Ihren eigenen Definitionen nicht, so bleiben

fancyhdr

Tabelle 3.9.: Makros zur Festlegung des Seitenstils besonderer Seiten

`\titlepagestyle`	Seitenstil der Seite mit der Titelei bei Titelköpfen (siehe Abschnitt 3.7)
`\partpagestyle`	Seitenstil der Seiten mit `\part`-Titeln (siehe Abschnitt 3.16)
`\chapterpagestyle`	Seitenstil auf Kapitelanfangsseiten (siehe Abschnitt 3.16)
`\indexpagestyle`	Seitenstil der ersten Stichwortverzeichnisseite (siehe Abschnitt 3.24)

Schriftänderungen wie in den vorangehenden Beispielen unbeachtet. Das Paket scrlayer-scrpage sorgt selbst für maximale Kompatibilität.

```
\markboth{linke Marke}{rechte Marke}
\markright{rechte Marke}
```

Beim Seitenstil `myheadings` wird der Kolumnentitel nicht automatisch gesetzt. Stattdessen setzt man ihn mit Hilfe der Anweisungen `\markboth` und `\markright`. Dabei wird die *`linke Marke`* normalerweise im Kopf linker Seiten und die *`rechte Marke`* im Kopf rechter Seiten verwendet. Im einseitigen Satz existiert nur die rechte Marke. Bei Verwendung des Paketes scrlayer-scrpage steht außerdem die Anweisung `\markleft` zur Verfügung.

`myheadings`

scrlayer-scrpage

`\markleft`

Die Anweisungen können auch zusammen mit anderen Seitenstilen verwendet werden. Bei Kombination mit automatischen Kolumnentiteln, etwa dem Seitenstil `headings`, ist der Wirkungsbereich allerdings bis zum nächsten automatischen Setzen der entsprechenden Marke begrenzt.

```
\titlepagestyle
\partpagestyle
\chapterpagestyle
\indexpagestyle
```

Auf einigen Seiten wird mit Hilfe von `\thispagestyle` automatisch ein anderer Seitenstil gewählt. Welcher Seitenstil dies ist, wird diesen vier Makros entnommen, wobei `\partpagestyle` und `\chapterpagestyle` nur bei den Klassen scrbook und scrreprt nicht jedoch bei scrartcl existieren. In der Voreinstellung ist der Seitenstil in allen vier Fällen `plain`. Die Bedeutung der einzelnen Makros entnehmen Sie bitte Tabelle 3.9. Die Seitenstile können mit Hilfe von `\renewcommand` umdefiniert werden.

scrbook, scrreprt

Beispiel: Angenommen, Sie wollen nicht, dass die Seiten mit der \part-Überschrift mit einer Nummer versehen werden. Dann setzen Sie folgende Anweisung beispielsweise in der Präambel Ihres Dokuments:

```
\renewcommand*{\partpagestyle}{empty}
```

Wie Sie auf Seite 94 erfahren haben, ist der Seitenstil empty genau das, was in diesem Beispiel verlangt wird. Natürlich können Sie auch einen selbst definierten Seitenstil verwenden.

Kapitelanfangsseiten

Angenommen, Sie haben mit dem Paket scrlayer-scrpage (siehe Kapitel 5) einen eigenen Seitenstil für Kapitelanfangsseiten definiert. Diesem Seitenstil haben Sie den passenden Namen chapter gegeben. Um diesen auch tatsächlich zu verwenden, definieren Sie \chapterpagestyle entsprechend um:

```
\renewcommand*{\chapterpagestyle}{chapter}
```

Inhaltsverzeichnis

Angenommen, Sie wollen das Inhaltsverzeichnis eines Buches insgesamt nicht mit Seitenzahlen versehen. Danach soll aber wieder mit dem Seitenstil headings gearbeitet werden, sowie mit plain auf den Kapitelanfangsseiten. Dann verwenden Sie beispielsweise:

```
\clearpage
\pagestyle{empty}
\renewcommand*{\chapterpagestyle}{empty}
\tableofcontents
\clearpage
\pagestyle{headings}
\renewcommand*{\chapterpagestyle}{plain}
```

Sie können die Umdefinierung des Seitenstils für Kapitelanfangsseiten aber auch lokal halten. Das hat den Vorteil, dass Sie dann keine Annahmen über die vor der Änderung gültige Einstellung treffen müssen. Die Änderung des Seitenstils selbst können Sie gleichermaßen lokal halten:

```
\clearpage
\begingroup
  \pagestyle{empty}
  \renewcommand*{\chapterpagestyle}{empty}
  \tableofcontents
  \clearpage
\endgroup
```

Achtung!

Beachten Sie jedoch, dass Sie niemals eine nummerier-

Tabelle 3.10.: Verfügbare Nummerierungsstile für Seitenzahlen

Nummerierungsstil	Beispiel	Bedeutung
arabic	8	arabische Zahlen
roman	viii	kleine römische Zahlen
Roman	VIII	große römische Zahlen
alph	h	Kleinbuchstaben
Alph	H	Großbuchstaben

te Gliederungsüberschrift in eine Gruppe packen sollten. Anderenfalls können Anweisungen wie \label rasch zu unvorhergesehenen Ergebnissen führen.

Wer nun glaubt, er könne auf Kapitelanfangsseiten ebenfalls mit lebenden Kolumnentiteln arbeiten, indem er einfach

```
\renewcommand*{\chapterpagestyle}{headings}
```

verwendet, sollte in Abschnitt 21.1, Seite 519 Näheres über die Hintergründe zu \rightmark nachlesen.

`\pagenumbering{Nummerierungsstil}`

Diese Anweisung funktioniert bei KOMA-Script in der gleichen Weise wie bei den Standardklassen. Genau genommen handelt es sich dabei weder um eine Fähigkeit der Standardklassen noch der KOMA-Script-Klassen, sondern um eine Anweisung des LaTeX-Kerns. Sie wird verwendet, um den *Nummerierungsstil* für die Seitenzahlen umzuschalten.

Die Umschaltung gilt ab sofort, also ab der Seite, auf der diese Anweisung aufgerufen wird. Gegebenenfalls sollte also zuvor mit \clearpage oder \cleardoublepage diese Seite erst beendet werden. Mögliche Angaben für den *Nummerierungsstil* sind Tabelle 3.10 zu entnehmen.

Der Aufruf von \pagenumbering setzt immer die Seitenzahl zurück. Die aktuelle Seite bekommt also die Nummer 1 im gewählten *Nummerierungsstil*. *Achtung!*

3.13. Vakatseiten

Vakatseiten sind Seiten, die beim Satz eines Dokuments absichtlich leer bleiben. Bei LaTeX werden sie jedoch in der Voreinstellung mit dem aktuell gültigen Seitenstil gesetzt. KOMA-Script bietet hier diverse Erweiterungen.

Vakatseiten findet man hauptsächlich in Büchern. Da es bei Büchern üblich ist, dass Kapitel auf einer rechten Seite beginnen, muss in dem Fall, dass das vorherigen Kapitel ebenfalls auf einer rechten Seite endet, eine leere linke Seite eingefügt werden. Aus dieser Erklärung ergibt sich auch, dass Vakatseiten normalerweise nur im doppelseitigen Satz existieren.

```
cleardoublepage=Seitenstil
cleardoublepage=current
```

Mit Hilfe dieser Option kann man den *Seitenstil* der Vakatseite bestimmen, die bei Bedarf von der Anweisung `\cleardoublepage` eingefügt wird, um bis zur gewünschten Seite zu umbrechen. Als *Seitenstil* sind dabei alle bereits definierten Seitenstile (siehe Abschnitt 3.12 ab Seite 93 und Kapitel 5 ab Seite 261) verwendbar. Daneben ist auch `cleardoublepage=current` möglich. Dieser Fall entspricht der Voreinstellung von KOMA-Script bis Version 2.98c und führt dazu, dass die Vakatseite mit dem Seitenstil erzeugt wird, der beim Einfügen gerade aktuell ist. Ab Version 3.00 werden in der Voreinstellung entsprechend der typografischen Gepflogenheiten Vakatseiten mit dem Seitenstil `empty` erzeugt, wenn man nicht Kompatibilität zu früheren KOMA-Script-Versionen eingestellt hat (siehe Option `version`, Abschnitt 3.2, Seite 66).

Beispiel: Angenommen, Sie wollen, dass die Vakatseiten bis auf die Paginierung leer sind. Dies erreichen Sie mit:

```
\KOMAoptions{cleardoublepage=plain}
```

Näheres zum Seitenstil `plain` ist in Abschnitt 3.12, Seite 95 zu finden.

```
\clearpage
\cleardoublepage
\cleardoublepageusingstyle{Seitenstil}
\cleardoubleemptypage
\cleardoubleplainpage
\cleardoublestandardpage
\cleardoubleoddusingstyle{Seitenstil}
\cleardoubleoddemptypage
\cleardoubleoddplainpage
\cleardoubleoddstandardpage
\cleardoubleevenusingstyle{Seitenstil}
\cleardoubleevenemptypage
\cleardoubleevenplainpage
\cleardoubleevenstandardpage
```

Im LaTeX-Kern existiert die Anweisung `\clearpage`, die dafür sorgt, dass alle noch nicht ausgegebenen Gleitumgebungen ausgegeben werden und anschließend eine neue Seite begonnen wird. Außerdem existiert die Anweisung `\cleardoublepage`, die wie `\clearpage` arbeitet, durch die aber im doppelseitigen Layout (siehe Option `twoside` in Abschnitt 2.6, Seite 46) eine neue rechte Seite begonnen wird. Dazu wird gegebenenfalls eine linke Vakatseite im aktuellen Seitenstil ausgegeben.

Bei KOMA-Script arbeitet `\cleardoubleoddstandardpage` genau in der soeben für die Standardklassen beschriebenen Art und Weise. Die Anweisung `\cleardoubleoddplainpage` ändert demgegenüber den Seitenstil der leeren linken Seite zusätzlich auf `plain`, um den Kolumnentitel zu unterdrücken. Analog dazu wird bei der Anweisung `\cleardoubleoddemptypage` der Seitenstil `empty` verwendet, um sowohl Kolumnentitel als auch Seitenzahl auf der leeren linken Seite zu unterdrücken. Die Seite ist damit vollständig leer. Will man für die Vakatseite einen eigenen *`Seitenstil`* vorgeben, so ist dieser als Argument von `\cleardoubleoddusingstyle` anzugeben. Dabei kann jeder bereits definierte Seitenstil (siehe auch Kapitel 5) verwendet werden.

Manchmal möchte man nicht, dass Kapitel mit neuen rechten Seiten, sondern links auf einer Doppelseite beginnen. Dies widerspricht zwar dem klassischen Buchdruck, kann jedoch seine Berechtigung haben, wenn die Doppelseite am Kapitelanfang einen ganz speziellen Inhalt hat. Bei KOMA-Script ist deshalb die Anweisung `\cleardoubleevenstandardpage` als Äquivalent zur Anweisung `\cleardoubleoddstandardpage` definiert, jedoch mit dem Unterschied, dass die nächste Seite eine linke Seite ist. Entsprechendes gilt für die Anweisungen `\cleardoubleevenplainpage`, `\cleardoubleevenemptypage` und für die ein Argument erwartende Anweisung `\cleardoubleevenusingstyle`.

Die Arbeitsweise der Anweisungen `\cleardoublestandardpage`, `\cleardoubleemptypage`, `\cleardoubleplainpage` und der ein Argument erwartenden Anweisung `\cleardoublepageusingstyle` ist ebenso wie die Standard-Anweisung `\cleardoublepage` von der in Abschnitt 3.16, Seite 109 erklärten Option open abhängig und entspricht je nach Einstellung einer der in den vorherigen Absätzen erläuterten Anweisungen. open

Beispiel: Angenommen, Sie wollen innerhalb eines Dokuments als nächstes eine Doppelseite setzen, bei der auf der linken Seite eine Abbildung in Größe des Satzspiegels platziert wird und rechts ein neues Kapitel beginnt. Falls das vorherige Kapitel mit einer linken Seite endet, muss also eine Vakatseite eingefügt werden. Diese soll komplett leer sein.

Ebenso soll die linke Bildseite weder Kopf noch Fußzeile besitzen. Zunächst wird mit

```
\KOMAoptions{cleardoublepage=empty}
```

dafür gesorgt, dass Vakatseiten mit dem Seitenstil `empty`, also ohne Kopf- und Fußzeile gesetzt werden. Diese Einstellung können Sie bereits in der Dokumentpräambel vornehmen. Die Optionen können alternativ auch als optionale Argumente von `\documentclass` angegeben werden.

An der gewünschten Stelle im Dokument schreiben Sie nun:

```
\cleardoubleevenemptypage
\thispagestyle{empty}
\includegraphics[width=\textwidth,%
                 height=\textheight,%
                 keepaspectratio]%
                {bild}
\chapter{Kapitelüberschrift}
```

Die erste Zeile wechselt auf die nächste linke Seite und fügt zu diesem Zweck bei Bedarf eine komplett leere rechte Seite ein. Die zweite Zeile sorgt dafür, dass diese linke Seite ebenfalls mit dem Seitenstil `empty` gesetzt wird. Die dritte bis sechste Zeile lädt die Bilddatei mit dem Namen `bild` und bringt sie auf die gewünschte Größe, ohne sie dabei zu verzerren. Hierfür wird das Paket graphicx benötigt (siehe [Car05]). Die letzte Zeile beginnt auf der nächsten – dann rechten – Seite ein neues Kapitel.

3.14. Fußnoten

Im Unterschied zu den Standardklassen bietet KOMA-Script die Möglichkeit, die Form von Fußnoten zu konfigurieren.

`footnotes=`*`Einstellung`*

`footnotes=multiple`

Fußnoten werden im Text in der Voreinstellung mit kleinen, hochgestellten Ziffern markiert. Werden zu einer Textstelle mehrere Fußnoten hintereinander gesetzt, so entsteht der Eindruck, dass es sich nicht um zwei einzelne Fußnoten, sondern um eine einzige Fußnote mit hoher Nummer handelt. Mit `footnotes=multiple` werden Fußnoten, die unmittelbar aufeinander folgen, stattdessen mit

Tabelle 3.11.: Mögliche Werte für Option `footnotes` zur Einstellung der Fußnoten

`multiple`
: Unmittelbar aufeinander folgende Fußnotenmarkierungen werden durch `\multfootsep` voneinander getrennt ausgegeben.

`nomultiple`
: Unmittelbar aufeinander folgende Fußnotenmarkierungen werden auch unmittelbar aufeinander folgend ausgegeben.

Trennzeichen aneinander gereiht. Das in `\multfootsep` definierte Trennzeichen ist mit einem Komma vorbelegt. Der gesamte Mechanismus ist kompatibel zu footmisc, Version 5.3d (siehe [Fai11]) implementiert. Er wirkt sich sowohl auf Fußnotenmarkierungen aus, die mit `\footnote` gesetzt wurden, als auch auf solche, die direkt mit `\footnotemark` ausgegeben werden.

`\multfootsep`

footmisc

Es ist jederzeit möglich, mit `\KOMAoptions` oder `\KOMAoption` auf die Voreinstellung `footnotes=nomultiple` zurückzuschalten. Bei Problemen mit anderen Paketen, die Einfluss auf die Fußnoten nehmen, sollte die Option jedoch nicht verwendet und die Einstellung auch nicht innerhalb des Dokuments umgeschaltet werden.

Eine Zusammenfassung möglicher Werte für die *`Einstellung`* von `footnotes` bietet Tabelle 3.11.

```
\footnote[Nummer]{Text}
\footnotemark[Nummer]
\footnotetext[Nummer]{Text}
\multiplefootnoteseparator
\multfootsep
```

Fußnoten werden bei KOMA-Script genau wie bei den Standardklassen mit der Anweisung `\footnote` oder den paarweise zu verwendenden Anweisungen `\footnotemark` und `\footnotetext` erzeugt. Genau wie bei den Standardklassen ist es möglich, dass innerhalb einer Fußnote ein Seitenumbruch erfolgt. Dies geschieht in der Regel dann, wenn die zugehörige Fußnotenmarkierung so weit unten auf der Seite gesetzt wird, dass keine andere Wahl bleibt, als die Fußnote auf die nächste Seite zu umbrechen. Im Unterschied zu den Standardklassen bietet KOMA-Script aber zusätzlich die Möglichkeit, Fußnoten, die unmittelbar aufeinander folgen, automatisch zu erkennen und durch ein Trennzeichen auseinander zu rücken. Siehe hierzu die zuvor dokumentierte Option `footnotes`.

`footnote`

Will man dieses Trennzeichen stattdessen von Hand setzen, so erhält man es durch Aufruf von `\multiplefootnoteseparator`. Diese Anweisung sollten Anwender jedoch nicht umdefinieren, da sie neben dem Trennzeichen auch die Formatierung des Trennzeichen, beispielsweise die Wahl der Schriftgröße und das Hochstellen, enthält. Das Trennzeichen selbst ist in der Anweisung `\multfootsep` gespeichert. In der Voreinstellung ist dieses als

```
\newcommand*{\multfootsep}{,}
```

definiert. Dieses kann umdefiniert werden.

Beispiel: Angenommen, Sie wollen zu einem Wort zwei Fußnoten setzen. Im ersten Ansatz schreiben Sie dafür

```
Wort\footnote{Fußnote 1}\footnote{Fußnote 2}.
```

Nehmen wir weiter an, dass die Fußnoten mit 1 und 2 nummeriert werden. Da die beiden Fußnotennummern direkt aufeinander folgen, entsteht jedoch der Eindruck, dass das Wort nur eine Fußnote mit der Nummer 12 besitzt. Sie könnten dies nun dadurch ändern, dass Sie mit

```
\KOMAoptions{footnotes=multiple}
```

die automatische Erkennung von Fußnotenhäufungen aktivieren. Stattdessen können Sie aber auch

```
Wort\footnote{Fußnote 1}%
\multiplefootnoteseparator
\footnote{Fußnote 2}
```

verwenden. Das sollte auch dann noch funktionieren, wenn die automatische Erkennung aus irgendwelchen Gründen versagt oder nicht verwendet werden kann.

Nehmen wir nun an, dass Sie außerdem wollen, dass die Fußnotennummern nicht nur durch ein Komma, sondern durch ein Komma gefolgt von einem Leerzeichen getrennt werden sollen. In diesem Fall schreiben Sie

```
\renewcommand*{\multfootsep}{,\nobreakspace}
```

in Ihre Dokumentpräambel. `\nobreakspace` wurde hier an Stelle eines normalen Leerzeichens gewählt, damit innerhalb der Reihung der Fußnotenzeichen kein Absatz- oder Seitenumbruch erfolgen kann.

`\footref{`*Referenz*`}`

Manchmal hat man in einem Dokument eine Fußnote, zu der es im Text mehrere Verweise geben soll. Die ungünstige Lösung dafür wäre die Verwendung von `\footnotemark` unter Angabe der gewünschten Nummer. Ungünstig an dieser Lösung ist, dass man die Nummer kennen muss und sich diese jederzeit ändern kann. KOMA-Script bietet deshalb die Möglichkeit, den \label-Mechanismus auch für Verweise auf Fußnoten zu verwenden. Man setzt dabei in der entsprechenden Fußnote eine \label-Anweisung und kann dann mit \footref alle weiteren Fußnotenmarken für diese Fußnote im Text setzen. \label

Beispiel: Sie schreiben einen Text, in dem sie bei jedem Auftreten eines Markennamens eine Fußnote setzen müssen, die darauf hinweist, dass es sich um einen geschützten Markennamen handelt. Sie schreiben beispielsweise:

```
Die Firma SplischSplasch\footnote{Bei diesem
  Namen handelt es sich um eine registrierte
  Marke. Alle Rechte daran sind dem
  Markeninhaber vorbehalten.\label{refnote}}
stellt neben SplischPlumps\footref{refnote}
auch noch die verbesserte Version
SplischPlatsch\footref{refnote} her.
```

Es wird dann dreimal eine Marke auf dieselbe Fußnote gesetzt, einmal mit \footnote direkt und zweimal mit \footref.

Da die Fußnotenmarken mit Hilfe des \label-Mechanismus gesetzt werden, werden nach Änderungen, die sich auf die Fußnotennummerierung auswirken, gegebenenfalls zwei LaTeX-Durchläufe benötigt, bis die mit \footref gesetzten Marken korrekt sind.

```
\deffootnote[Markenbreite]{Einzug}{Absatzeinzug}
            {Markendefinition}
\deffootnotemark{Markendefinition}
\thefootnotemark
```

Die KOMA-Script-Klassen setzen Fußnoten etwas anders als die Standardklassen. Die Fußnotenmarkierung im Text, also die Referenzierung der Fußnote, erfolgt wie bei den Standardklassen durch kleine hochgestellte Zahlen. Genauso werden die Markierungen auch in der Fußnote selbst wiedergegeben. Sie werden dabei rechtsbündig in einem Feld der Breite *Markenbreite* gesetzt. Die erste Zeile der Fußnote schließt direkt an das Feld der Markierung an.

Alle weiteren Zeilen werden um den Betrag von *Einzug* eingezogen ausgegeben. Wird der optionale Parameter *Markenbreite* nicht angegeben, dann entspricht er dem Wert von *Einzug*. Sollte die Fußnote aus mehreren Absätzen bestehen, dann wird die erste Zeile eines Absatzes zusätzlich mit dem Einzug der Größe *Absatzeinzug* versehen.

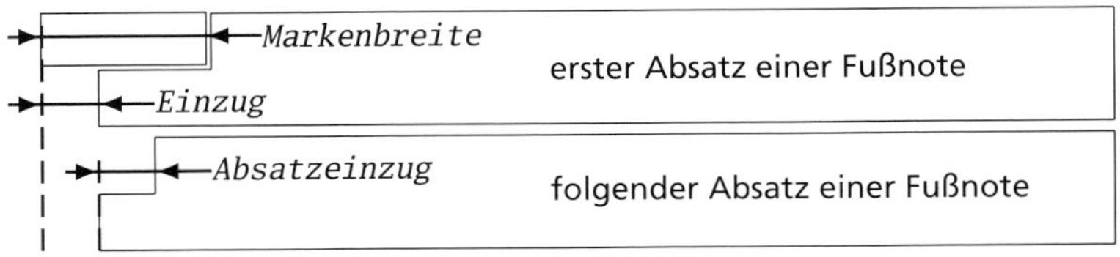

Abbildung 3.1.: Parameter für die Darstellung der Fußnoten

Abbildung 3.1 veranschaulicht die verschiedenen Parameter nochmals. Die Voreinstellung in den KOMA-Script-Klassen entspricht folgender Definition:

```
\deffootnote[1em]{1.5em}{1em}{%
  \textsuperscript{\thefootnotemark}%
}
```

Dabei wird mit Hilfe von `\textsuperscript` sowohl die Hochstellung als auch die Wahl einer kleineren Schrift erreicht. Die Anweisung `\thefootnotemark` liefert die aktuelle Fußnotenmarke ohne jegliche Formatierung.

Auf die Fußnote einschließlich der Markierung findet außerdem die für das Element `footnote` eingestellte Schriftart Anwendung. Die davon abweichende Schriftart der Markierung kann mit Hilfe der Anweisungen `\setkomafont` und `\addtokomafont` (siehe Abschnitt 3.6, Seite 70) für das Element `footnotelabel` davon abweichend eingestellt werden. Siehe hierzu auch Tabelle 3.2, Seite 71. Voreingestellt ist jeweils keine Umschaltung der Schrift.

`footnote` `footnotelabel`

Die Fußnotenmarkierung im Text wird getrennt von der Markierung vor der Fußnote definiert. Dies geschieht mit der Anweisung `\deffootnotemark`. Voreingestellt ist hier:

```
\deffootnotemark{\textsuperscript{\thefootnotemark}}
```

`footnotereference` Dabei findet die Schriftart für das Element `footnotereference` Anwendung (siehe Tabelle 3.2, Seite 71). Die Markierungen im Text und in der Fußnote selbst sind also identisch. Die Schriftart kann mit den Anweisungen `\setkomafont` und `\addtokomafont` (siehe Abschnitt 3.6, Seite 70) jedoch geändert werden.

Tipp! **Beispiel:** Relativ häufig wird gewünscht, dass die Markierung in der Fußnote selbst weder hochgestellt noch kleiner gesetzt wird. Dabei soll sie aber nicht direkt am Text kleben, sondern geringfügig davor stehen. Dies kann zum einen wie folgt erreicht werden:

```
\deffootnote{1em}{1em}{\thefootnotemark\ }
```

Die Fußnotenmarkierung und das folgende Leerzeichen wird also rechtsbündig in eine Box der Breite 1 em gesetzt.

Die folgenden Zeilen der Fußnote werden gegenüber dem linken Rand ebenfalls um 1 em eingezogen.

Eine weitere, oft gefragte Formatierung sind linksbündige Fußnotenmarkierungen in der Fußnote. Diese können mit folgender Definition erhalten werden: *Tipp!*

```
\deffootnote{1.5em}{1em}{%
  \makebox[1.5em][l]{\thefootnotemark}%
}
```

Sollen jedoch die Fußnoten insgesamt lediglich in einer anderen Schriftart, beispielsweise serifenlos gesetzt werden, so ist dies ganz einfach mit Hilfe der Anweisungen \setkomafont und \addtokomafont (siehe Abschnitt 3.6, Seite 70) zu lösen:

```
\setkomafont{footnote}{\sffamily}
```

Wie die Beispiele zeigen, ermöglicht KOMA-Script mit dieser einfachen Benutzerschnittstelle eine große Vielfalt unterschiedlicher Fußnotenformatierungen.

\setfootnoterule[*Höhe*]{*Länge*}

Üblicherweise wird zwischen dem Textbereich und dem Fußnotenapparat eine Trennlinie gesetzt, die jedoch normalerweise nicht über die gesamte Breite des Satzspiegels geht. Mit Hilfe dieser Anweisung kann die genaue Länge und die Höhe oder Dicke der Linie bestimmt werden. Dabei werden *Höhe* und *Länge* erst beim Setzen der Linie selbst abhängig von \normalsize ausgewertet. Der optionale Parameter *Höhe* kann komplett entfallen und wird dann nicht geändert. Ist das Argument *Höhe* oder *Länge* leer, so wird die jeweilige Größe ebenfalls nicht geändert. Es gibt sowohl beim Setzen als auch bei Verwendung der Größen für unplausible Werte eine Warnung.

Die Farbe der Linie kann über das Element footnoterule mit Hilfe der Anweisungen \setkomafont und \addtokomafont (siehe Abschnitt 3.6, Seite 70) eingestellt werden. Voreingestellt ist hierbei keinerlei Änderung von Schrift oder Farbe. Um die Farbe ändern zu können, muss außerdem ein Farbpaket wie xcolor geladen sein. footnoterule xcolor

3.15. Abgrenzung

scrbook

Bei Büchern gibt es teilweise die Grobaufteilung in *Vorspann*, *Hauptteil* und *Nachspann*. Auch KOMA-Script bietet für scrbook diese Möglichkeit.

```
\frontmatter
\mainmatter
\backmatter
```

\frontmatter Mit \frontmatter wird der Vorspann eingeleitet. Im Vorspann werden die nummerierten Seiten mit römischen Seitenzahlen versehen. Kapitelüberschriften sind im Vorspann nicht nummeriert. Abschnittsüberschriften wären jedoch nummeriert, gingen von Kapitelnummer 0 aus und wären außerdem über Kapitelgrenzen hinweg durchgehend nummeriert. Dies spielt jedoch keine Rolle, da der Vorspann allenfalls für die Titelei, das Inhalts-, Abbildungs- und Tabellenverzeichnis und ein Vorwort verwendet wird. Das Vorwort kann also als normales Kapitel gesetzt werden. Ein Vorwort sollte niemals in Abschnitte unterteilt, sondern möglichst kurz gefasst werden. Im Vorwort wird also keine tiefere Gliederungsebene als Kapitel benötigt.

Für den Fall, dass der Anwender dies anders sieht und nummerierte Abschnitte in den Kapiteln des Vorspanns haben will, enthält ab Version 2.97e die Nummerierung der Abschnitte keine Kapitelnummer. Diese Änderung gibt es nur, wenn eine Kompatibilität ab Version 2.97e eingestellt ist (siehe Option version, Abschnitt 3.2, Seite 66). Es wird ausdrücklich darauf hingewiesen, dass dadurch bezüglich der Nummern eine Verwechslung mit Kapitelnummern gegeben ist! Die Verwendung von \addsec und \section* (siehe Abschnitt 3.16, Seite 120 und Seite 121) sind aus Sicht des Autors im Vorspann deshalb unbedingt vorzuziehen!

version=2.97e

version=2.07e Ab Version 2.97e enthalten auch die Nummern für Gleitumgebungen wie Tabellen und Abbildungen und die Gleichungsnummern im Vorspann keinen Kapitelanteil. Auch dies erfordert eine entsprechende Kompatibilitätseinstellung (siehe Option version, Abschnitt 3.2, Seite 66).

\mainmatter Mit \mainmatter wird der Hauptteil eingeleitet. Existiert kein Vorspann, so kann diese Anweisung auch entfallen. Im Hauptteil sind arabische Seitenzahlen voreingestellt. Die Seitenzählung beginnt im Hauptteil neu mit der 1.

\backmatter Mit \backmatter wird der Nachspann eingeleitet. Was zum Nachspann gehört, ist unterschiedlich. Manchmal wird im Nachspann nur das Literaturverzeichnis, manchmal nur das Stichwortverzeichnis gesetzt. Manchmal erscheint der gesamte Anhang im Nachspann. Der Nachspann gleicht bezüglich der Gliederungsüberschriften dem Vorspann. Eine getrennte Seitennummerierung ist jedoch nicht vorgesehen. Falls Sie dies ebenfalls benötigen, bedienen Sie sich bitte der Anweisung \pagenumbering aus Abschnitt 3.12, Seite 99.

Tabelle 3.12.: Mögliche Werte für Option open zur Auswahl von Umbrüchen mit Vakatseiten

`any`	Die Anweisungen `\cleardoublepageusingstyle`, `\cleardoublestandardpage`, `\cleardoubleplainpage`, `\cleardoubleemptypage` und `\cleardoublepage` erzeugen einen Seitenumbruch und entsprechen damit `\clearpage`.
`left`	Die Anweisungen `\cleardoublepageusingstyle`, `\cleardoublestandardpage`, `\cleardoubleplainpage`, `\cleardoubleemptypage` und `\cleardoublepage` erzeugen einen Seitenumbruch und fügen ggf. eine Vakatseite ein, um im doppelseitigen Satz auf die nächste linke Seite zu gelangen.
`right`	Die Anweisungen `\cleardoublepageusingstyle`, `\cleardoublestandardpage`, `\cleardoubleplainpage`, `\cleardoubleemptypage` und `\cleardoublepage` erzeugen einen Seitenumbruch und fügen ggf. eine Vakatseite ein, um im doppelseitigen Satz auf die nächste rechte Seite zu gelangen.

3.16. Gliederung

Unter der Gliederung versteht man die Einteilung eines Dokuments in Teile, Kapitel, Abschnitte und weitere Gliederungsebenen.

open=*Methode*

scrbook, scrreprt

Bei den KOMA-Script-Klassen scrbook und scrreprt kann gewählt werden, wo im doppelseitigen Satz neue Kapitel beginnen. In der Voreinstellung beginnen bei scrreprt neue Kapitel auf der nächsten neuen Seite. Dies entspricht der *Methode* any. Demgegenüber beginnen bei scrbook neue Kapitel auf der nächsten rechten Seite. Dies entspricht der *Methode* `right` und ist bei den meisten Büchern üblich. In einigen Fällen sollen neue Kapitel jedoch auf der linken Seite einer kompletten Doppelseite beginnen. Dies entspricht der *Methode* `left`. Eine Zusammenfassung der möglichen Werte findet sich noch einmal in Tabelle 3.12.

Neben den Kapitelanfängen wirkt sich die Option auch auf die explizite Verwendung der Anweisung `\cleardoublepage` ebenso wie auf `\cleardoublepageusingstyle`, `\cleardoublestandardpage`, `\cleardoubleplainpage` und `\cleardoubleemptypage` aus. Siehe dazu Abschnitt 3.13, Seite 100. Da im einseitigen Satz nicht zwischen linken und rechten Seiten unterschieden wird, hat die Option dort keine Wirkung.

Bei der Klasse scrartcl ist die oberste Gliederungsebene unter dem Teil der Abschnitt. Daher unterstützt scrartcl diese Option nicht.

```
chapterprefix=Ein-Aus-Wert
appendixprefix=Ein-Aus-Wert
```

scrbook, scrreprt

Bei den Standardklassen book und report werden Kapitelüberschriften in der Form ausgegeben, dass zunächst in einer Zeile »Kapitel«[1] gefolgt von der Kapitelnummer steht. Erst ab der nächsten Zeile wird dann die Überschrift in linksbündigem Flattersatz ausgegeben. Bei KOMA-Script kann dieses Verhalten mit der Klassenoption chapterprefix ebenfalls erreicht werden. Als *Ein-Aus-Wert* kann einer der Standardwerte für einfache Schalter aus Tabelle 2.5, Seite 46 verwendet werden. Voreingestellt ist chapterprefix=false, während das Verhalten der Standardklassen chapterprefix=true entspricht. Die Optionen wirken sich außerdem auf das Aussehen der automatischen Kolumnentitel für Kapitel aus (siehe Abschnitt 3.12, Seite 94).

chapterprefix

Zuweilen kommt es vor, dass man die Kapitelüberschriften im Hauptteil durchaus in der einfachen Form von chapterprefix=false setzen möchte. Gleichzeitig sollen die Überschriften im Anhang jedoch davon abweichend mit einer Präfixzeile, »Anhang« gefolgt vom Buchstaben des Anhangs, versehen werden. Dies ist mit der Einstellung appendixprefix=true möglich. Da sich jedoch dadurch ein inkonsistentes Layout ergibt, rate ich von der Verwendung ab.

appendixprefix

Die Schriftart der Kapitelnummernzeile bei chapterprefix=true oder appendixprefix=true kann mit den beiden Anweisungen \setkomafont und \addtokomafont (siehe Abschnitt 3.6, Seite 70) für das Element chapterprefix geändert werden. Voreingestellt ist die Verwendung des Elements chapter (siehe Seite 114, sowie Tabelle 3.15, Seite 118).

```
headings=Einstellung
```

Die Überschriften werden sowohl bei den Standardklassen als auch bei KOMA-Script normalerweise recht groß gesetzt. Dies gefällt nicht jedem und wirkt insbesondere bei kleinen Papiergrößen oft störend. Daher stehen bei KOMA-Script neben den mit der Option headings=big sehr groß voreingestellten Überschriften die beiden Möglichkeiten headings=normal und headings=small zur Verfügung, mit denen man insgesamt kleinere Überschriften erhält. Die aus den Optionen resultierenden Schriftgrößen sind für die Überschriften der Klassen scrbook und scrreprt Tabelle 3.15, Seite 118 zu

headings=big
headings=normal
headings=small

[1] Die Ausgabe erfolgt tatsächlich in der aktuell aktiven Sprache.

entnehmen. Bei scrartcl werden generell etwas kleinere Überschriften verwendet. Die Abstände vor und nach Kapitelüberschriften werden von diesen Optionen ebenfalls beeinflusst.

scrbook, scrreprt

Auf Kapitelüberschriften wirken sich außerdem die Optionen headings=twolinechapter und headings=onelinechapter, was chapterprefix=true und chapterprefix=false entspricht (siehe oben) aus. Für den Anhang stehen headings=twolineappendix und headings=onelineappendix zur Verfügung, die den Optionen appendixprefix=true und appendixprefix=false entspricht (siehe ebenfalls oben).

headings=twolinechapter
headings=onelinechapter
headings=twolineappendix
headings=onelineappendix

Für Kapitel kann mit headings=openany, headings=openright und headings=openleft die Methode für Kapitelanfänge alternativ zur Verwendung der Option open mit den Werten any, right und left (siehe oben) gesetzt werden.

scrbook, scrreprt
headings=openany
headings=openright
headings=openleft

Eine weitere Besonderheit von KOMA-Script betrifft die Behandlung des optionalen Arguments der Gliederungsbefehle. Sowohl dessen Funktion als auch dessen Bedeutung kann durch die Einstellungen headings=optiontohead, headings=optiontotoc und headings=optiontoheadandtoc beeinflusst werden.

headings=optiontohead
headings=optiontotoc
headings=optiontoheadandtoc

Eine Zusammenfassung der möglichen Einstellungen für Option headings finden Sie in Tabelle 3.13. Beispiele zur Verwendung einiger der möglichen Einstellungen sind in den nachfolgenden Beschreibungen der Gliederungsbefehle enthalten.

Tabelle 3.13.: Mögliche Werte für Option headings zur Einstellung der Überschriften

`big`
: Verwende große Überschriften mit großen Abständen darüber und darunter.

`normal`
: Verwende mittelgroße Überschriften mit mittelgroßen Abständen darüber und darunter.

`onelineappendix, noappendixprefix, appendixwithoutprefix, appendixwithoutprefixline`
: Kapitelüberschriften im Anhang werden wie andere Überschriften auch gesetzt.

`onelinechapter, nochapterprefix, chapterwithoutprefix, chapterwithoutprefixline`
: Kapitelüberschriften werden wie andere Überschriften auch gesetzt.

...

Tabelle 3.13.: Mögliche Werte für Option headings (*Fortsetzung*)

openany
: Teile, Kapitel, Index und Nachspann verwenden \clearpage, aber nicht \cleardoublepage.

openleft
: Die Anweisungen \cleardoublepageusingstyle, \cleardoublestandardpage, \cleardoubleplainpage, \cleardoubleemptypage und \cleardoublepage erzeugen einen Seitenumbruch und fügen ggf. eine Vakatseite ein, um im doppelseitigen Satz auf die nächste linke Seite zu gelangen. Teile, Kapitel, Index und Nachspann verwenden \cleardoublepage.

openright
: Die Anweisungen \cleardoublepageusingstyle, \cleardoublestandardpage, \cleardoubleplainpage, \cleardoubleemptypage und \cleardoublepage erzeugen einen Seitenumbruch und fügen ggf. eine Vakatseite ein, um im doppelseitigen Satz auf die nächste rechte Seite zu gelangen. Teile, Kapitel, Index und Nachspann verwenden \cleardoublepage.

optiontohead
: Die erweiterte Funktion des optionalen Arguments der Gliederungsbefehle wird aktiviert. In der Voreinstellung wird das optionale Argument ausschließlich für den Kolumnentitel verwendet.

optiontoheadandtoc, optiontotocandhead
: Die erweiterte Funktion des optionalen Arguments der Gliederungsbefehle wird aktiviert. In der Voreinstellung wird das optionale Argument sowohl für den Kolumnentitel als auch den Eintrag ins Inhaltsverzeichnis verwendet.

optiontotoc
: Die erweiterte Funktion des optionalen Arguments der Gliederungsbefehle wird aktiviert. In der Voreinstellung wird das optionale Argument ausschließlich für den Eintrag ins Inhaltsverzeichnis verwendet.

small
: Verwende kleine Überschriften mit kleinen Abständen darüber und darunter.

twolineappendix, appendixprefix, appendixwithprefix, appendixwithprefixline
: Kapitelüberschriften im Anhang werden mit einer Vorsatzzeile gesetzt, deren Inhalt von \chapterformat bestimmt wird.

twolinechapter, chapterprefix, chapterwithprefix, chapterwithprefixline
: Kapitelüberschriften werden mit einer Vorsatzzeile gesetzt, deren Inhalt von \chapterformat bestimmt wird.

`numbers=Einstellung`

Nach DUDEN steht in Gliederungen, in denen ausschließlich arabische Ziffern für die Nummerierung verwendet werden, am Ende der Gliederungsnummern kein abschließender Punkt (siehe [DUD96, R 3]). Wird hingegen innerhalb der Gliederung auch mit römischen Zahlen oder Groß- oder Kleinbuchstaben gearbeitet, so steht am Ende aller Gliederungsnummern ein abschließender Punkt (siehe [DUD96, R 4]). In KOMA-Script ist ein Automatismus eingebaut, der diese etwas komplexe Regel zu erfüllen versucht. Der Automatismus wirkt sich so aus, dass normalerweise bei Verwendung des Gliederungsbefehls `\part` oder eines Anhangs (`\appendix`) auf Gliederungsnummer mit abschließendem Punkt umgeschaltet wird. Diese Information wird in der aux-Datei gespeichert und wirkt sich dann beim nächsten LaTeX-Lauf auf das gesamte Dokument aus.

Manchmal versagt der mit `numbers=autoendperiod` voreingestellte Automatismus zum Setzen oder Weglassen des abschließenden Punktes in der Gliederungsnummer. Teilweise sehen andere Sprachen auch andere Regeln vor. Deshalb ist es beispielsweise mit der Einstellung `numbers=endperiod` möglich, den Punkt manuell vorzuschreiben oder mit `numbers=noendperiod` zu verbieten.

`numbers=endperiod`
`numbers=noendperiod`

Achtung!

Es ist zu beachten, dass der Automatismus immer erst für den nächsten LaTeX-Lauf die Verwendung des abschließenden Punktes ein- oder ausschaltet. Bevor also versucht wird, die korrekte Darstellung über Verwendung einer der Optionen zu erzwingen, sollte grundsätzlich ein weiterer LaTeX-Lauf ohne Dokumentänderung durchgeführt werden.

Ein Zusammenfassung der möglichen Werte für die *Einstellung* von *numbers* bietet Tabelle 3.14. Im Unterschied zu den meisten anderen Einstellungen, kann diese Option nur in der Dokumentpräambel, also vor `\begin{document}` vorgenommen werden.

`chapteratlists`
`chapteratlists=Wert`

scrbook, scrreprt

Wie auch bei der Option `listof` in Abschnitt 3.20, Seite 161 erwähnt wird, fügt normalerweise jeder mit `\chapter` erzeugte Kapiteleintrag einen vertikalen Abstand in die Verzeichnisse der Gleitumgebungen ein. Seit Version 2.96a gilt dies auch für die Anweisung `\addchap`, wenn nicht eine Kompatibilitätseinstellung zu einer früheren Version gewählt wurde (siehe Option `version` in Abschnitt 3.2, Seite 66).

Außerdem kann mit der Option `chapteratlists` der Abstand verändert werden. Dazu gibt man als *Wert* den gewünschten Abstand an. Bei der Voreinstellung `listof=chaptergapsmall` sind dies 10 pt.

Tabelle 3.14.: Mögliche Werte für Option `numbers` zur Konfigurierung des Abschlusspunktes in Gliederungsnummern

`autoendperiod`, `autoenddot`, `auto`
: KOMA-Script trifft die Entscheidung, ob am Ende von Gliederungsnummern und allen von Gliederungsnummern abhängigen Nummern ein Punkt gesetzt wird, selbst. Kommen in sämtlichen Gliederungsnummern nur arabische Ziffern vor, so wird kein Punkt gesetzt. Wird in einer Gliederungsnummer ein Buchstabe oder eine römische Zahl entdeckt, so wird der Punkt bei allen Nummern gesetzt. Referenzen auf diese Nummern werden jedoch ohne abschließenden Punkt gesetzt.

`endperiod`, `withendperiod`, `periodatend`, `enddot`, `withenddot`, `dotatend`
: Bei sämtlichen Gliederungsnummern und davon abhängigen Nummern wird am Ende ein Punkt gesetzt, der bei der Referenzierung entfällt.

`noendperiod`, `noperiodatend`, `noenddot`, `nodotatend`
: Gliederungsnummern und davon abhängige Nummern werden ohne abschließenden Punkt gesetzt.

`chapteratlists=entry` Mit der Einstellung `chapteratlists=entry` oder bei Verwendung der Form `chapteratlists` ohne Angabe eines Wertes wird statt des Abstandes der Kapiteleintrag selbst in die Verzeichnisse eingetragen. Es wird darauf hingewiesen, dass ein solcher Eintrag auch dann erfolgt, wenn das Kapitel keine Gleitumgebung enthält.

Achtung! Es ist zu beachten, dass sich eine Änderung der Einstellung je nach Art der Änderung erst nach zwei weiteren LaTeX-Läufen im Verzeichnis auswirkt.

```
\part[Kurzform]{Überschrift}
\chapter[Kurzform]{Überschrift}
\section[Kurzform]{Überschrift}
\subsection[Kurzform]{Überschrift}
\subsubsection[Kurzform]{Überschrift}
\paragraph[Kurzform]{Überschrift}
\subparagraph[Kurzform]{Überschrift}
```

Die Standardgliederungsbefehle funktionieren bei KOMA-Script im Grundsatz wie bei den Standardklassen. So kann in der Voreinstellung ganz normal über ein optionales Argument ein abweichender Text für den Kolumnentitel und das Inhaltsverzeichnis vorgegeben werden.

KOMA-Script vs. Standardklassen `headings` Mit der Einstellung `headings=optiontohead` wird das optionale Argument bei KOMA-Script hingegen nur noch für den Kolumnentitel verwendet. Ein konkreter Eintrag in den Kolumnentitel erfolgt natürlich nur, wenn ein Seitenstil gewählt wird, bei dem die entsprechende Gliederungsebene überhaupt für den Kolumnentitel verwendet wird. Siehe hierzu Abschnitt 3.12 sowie Kapitel 5. Mit der Einstellung `headings=optiontotoc` wird das optionale Argument hingegen ausschließlich für den Eintrag ins Inhaltsverzeichnis verwendet. Auch dies selbstverständlich nur, wenn die Einstellung für den Zähler `tocdepth` (siehe Abschnitt 3.9, Seite 88) einen Eintrag der entsprechenden Ebene überhaupt vorsieht. Mit der Einstellung `headings=optiontoheadandtoc` findet schließlich das optionale Argument wieder sowohl für den Kolumnentitel als auch den Eintrag ins Inhaltsverzeichnis Verwendung. Allen drei Einstellungen ist gemeinsam, dass sie im Gegensatz zur Voreinstellung die erweiterte Interpretation des optionalen Arguments aktivieren.

Bei der erweiterten Interpretation des optionalen Arguments wird geprüft, ob sich ein Gleichheitszeichen in *Kurzform* befindet. Ist dies der Fall, so wird das optionale Argument der Gliederungsbefehle selbst statt als *Kurzform* als *Optionenliste* interpretiert. Dabei werden die beiden Optionen `head=`*Kolumnentitel* und `tocentry=`*Inhaltsverzeichniseintrag* akzeptiert. Um ein Gleichheitszeichen oder ein Komma in einem der beiden Werte dieser Optionen unter zu bringen, muss dieses in zusätzliche geschweifte Klammern gesetzt werden. `head` `tocentry`

Bitte beachten Sie, dass dieser Mechanismus nur funktioniert, solange KOMA-Script die Kontrolle über die Gliederungsbefehle besitzt. Wird hingegen ein Paket verwendet, dass die Gliederungsbefehle oder die internen LaTeX-Kern-Anweisungen für Gliederungsbefehle umdefiniert, so kann KOMA-Script diese erweiterte Funktionalität nicht mehr zur Verfügung stellen. Dies gilt auch für die immer aktive Erweiterung, dass leere Inhaltsverzeichniseinträge nicht zu einem Eintrag ohne Text führen, sondern gänzlich unterbleiben. Soll tatsächlich einmal ein leerer Eintrag ins Inhaltsverzeichnis erfolgen, so kann dies mit einem unsichtbaren Eintrag wie `\mbox{}` erreicht werden. *Achtung!*

Beispiel: Angenommen, Sie haben ein Dokument mit teilweise sehr langen Kapitelüberschriften. Diese langen Kapitelüberschriften sollen auch im Inhaltsverzeichnis ausgegeben werden. Die Kolumnentitel wollen Sie jedoch auf einzeilige Kurztexte beschränken. Dazu stellen Sie mit

```
\documentclass[headings=optiontohead]{scrbook}
```

bereits beim Laden der Klasse ein, dass das optionale Argument der Gliederungsbefehle nur für die Kolumnentitel verwendet werden soll. Im Dokument nehmen Sie dann einen entsprechenden Eintrag über das optionale Argument von \chapter vor.

```
\chapter[Kurzformen für Kapitel]
        {Der Gliederungsbefehl für
          Kapitelüberschriften erlaubt neben dem
          Text für die eigentliche
          Kapitelüberschrift auch eine Kurzform
          mit steuerbarer Verwendung}
```

Etwas später wird Ihnen bewusst, dass diese lange Überschrift sehr ungünstig umbrochen wird. Sie wollen deshalb die Umbrüche für diese Überschrift selbst bestimmen. Im Inhaltsverzeichnis soll allerdings weiterhin automatisch umbrochen werden. Mit

```
\chapter[head={Kurzformen für Kapitel},
         tocentry={Der Gliederungsbefehl für
           Kapitelüberschriften erlaubt neben
           dem Text für die eigentliche
           Kapitelüberschrift auch eine Kurzform
           mit steuerbarer Verwendung}]
        {Der Gliederungsbefehl für
          Kapitelüberschriften\\
          erlaubt neben dem\\
          Text für die eigentliche
          Kapitelüberschrift\\
          auch eine Kurzform\\
          mit steuerbarer Verwendung}
```

setzen Sie daher die Einträge für den Kolumnentitel und das Inhaltsverzeichnis unabhängig voneinander und von der Überschrift selbst. Die Argumente der beiden Optionen head und tocentry wurden dabei in geschweifte Klammern gesetzt, damit der Inhalt der Argumente beliebig sein kann.

Die Notwendigkeit der geschweiften Klammern im vorherigen Beispiel lässt sich am besten an einem weiteren Beispiel verdeutlichen. Angenommen, sie haben als Option headings=optiontotoc gewählt und setzen nun die Überschrift:

```
\section[head=\emph{Wert}]
        {Die Option head=\emph{Wert}}
```

Dies führt dazu, dass im Inhaltsverzeichnis der Eintrag »Die Option head=*Wert*« und im Kolumnentitel der Eintrag »*Wert*« verwendet wird. In Wirklichkeit wollten Sie aber, dass im Inhaltsverzeichnis der Eintrag »head=*Wert*« lautet und im Kolumnentitel der Text der Überschrift übernommen wird. Dies ist dadurch zu erreichen, dass das Gleichheitszeichen in geschweifte Klammern gesetzt wird:

```
\section[head{=}\emph{Wert}]
        {Die Option head=\emph{Wert}}
```

Ein ähnlicher Fall betrifft das Komma. Bei gleicher Voreinstellung der Optionen würde

```
\section[head=0, 1, 2, 3, \dots]
        {Die natürlichen Zahlen mit der Null}
```

zu einer Fehlermeldung führen, weil die Kommata als Trennzeichen zwischen den einzelnen Optionen der Optionenliste »head=0, 1, 2, 3, \dots« interpretiert würden. Schreibt man hingegen

```
\section[head={0, 1, 2, 3, \dots}]
        {Die natürlichen Zahlen mit der Null}
```

So ist »0, 1, 2, 3, \dots« das Argument der Option head.

Die Überschrift der Teile-Ebene (\part) unterscheidet sich von den anderen Gliederungsebenen dadurch, dass sie unabhängig von den übrigen Ebenen nummeriert wird. Das bedeutet, dass die Kapitel-Ebene (bei scrbook oder scrreprt) bzw. die Abschnitt-Ebene (bei scrartcl) über alle Teile hinweg durchgehend nummeriert wird. Darüber hinaus steht bei den Klassen scrbook und scrreprt die Überschrift dieser Ebene zusammen mit ihrer Präambel (siehe Anweisung \setpartpreamble, Seite 130) alleine auf einer Seite. \part scrbook, scrreprt

\chapter existiert nur bei Buch- und Berichtklassen, also bei book, scrbook, report und scrreprt, nicht jedoch bei den Artikelklassen article und scrartcl. \chapter unterscheidet sich bei KOMA-Script außerdem gravierend von der Version der Standardklassen. Bei den Standardklassen wird die Kapitelnummer mit dem Präfix »Kapitel« beziehungsweise dem Kapitelnamen in der gewählten Sprache in einer Zeile vor dem eigentlichen Text der Überschrift ausgegeben. Diese sehr mächtige Form wird bei KOMA-Script durch eine einfache Nummer vor dem Text abgelöst, lässt sich aber durch die Optionen chapterprefix und appendixprefix einstellen (siehe Seite 110). \chapter scrbook, scrreprt *KOMA-Script vs. Standardklassen* chapterprefix appendixprefix

Bitte beachten Sie, dass \part und \chapter bei scrbook und scrreprt den Seitenstil für eine Seite umschaltet. Der jeweilige Seitenstil ist bei KOMA-Script in den Makros \partpagestyle und \chapterpagestyle abgelegt (siehe Abschnitt 3.12, Seite 97). *Achtung!* scrbook, scrreprt

Tabelle 3.15.: Voreinstellungen der Schrift für die Elemente der Gliederung bei scrbook und scrreprt

Klassenoption	Element	Voreinstellung
headings=big	part	\Huge
	partnumber	\huge
	chapter	\huge
	section	\Large
	subsection	\large
	subsubsection	\normalsize
	paragraph	\normalsize
	subparagraph	\normalsize
headings=normal	part	\huge
	partnumber	\huge
	chapter	\LARGE
	section	\Large
	subsection	\large
	subsubsection	\normalsize
	paragraph	\normalsize
	subparagraph	\normalsize
headings=small	part	\LARGE
	partnumber	\LARGE
	chapter	\Large
	section	\large
	subsection	\normalsize
	subsubsection	\normalsize
	paragraph	\normalsize
	subparagraph	\normalsize

disposition
part
chapter
section
subsection
paragraph
subparagraph

Die Schriftart aller sieben Gliederungsebenen kann mit den Anweisungen \setkomafont und \addtokomafont (siehe Abschnitt 3.6, Seite 70) bestimmt werden. Dabei wird zunächst generell das Element disposition und anschließend zusätzlich je Gliederungsebene ein spezifisches Element verwendet (siehe Tabelle 3.2, Seite 71). Die Schriftart für das Element disposition ist als \normalcolor \sffamily\bfseries vordefiniert. Die Voreinstellungen für die spezifischen Elemente sind mit einer Schriftgröße vorbelegt und daher von den Einstellungen big, normal und small für die Option headings abhängig (siehe Seite 110). Sie finden die Voreinstellungen in Tabelle 3.15.

Beispiel: Angenommen, Sie stellen bei Verwendung der Klassenoption headings=big fest, dass die sehr großen Überschriften von Teildokumenten (\part oder \addpart) zu fett wirken. Nun könnten Sie natürlich wie folgt verfahren:

```
\setkomafont{disposition}{\normalcolor\sffamily}
\part{\appendixname}
\addtokomafont{disposition}{\bfseries}
```

Auf diese Weise würden Sie nur für die eine Überschrift »Anhang« das Schriftattribut **Fett** abschalten. Sehr viel komfortabler und eleganter ist es aber, stattdessen generell für `\part`-Überschriften eine entsprechende Änderung vorzunehmen. Das ist wahlweise mit:

```
\addtokomafont{part}{\normalfont\sffamily}
\addtokomafont{partnumber}{\normalfont\sffamily}
```

oder einfach mit:

```
\addtokomafont{part}{\mdseries}
\addtokomafont{partnumber}{\mdseries}
```

möglich. Die Verwendung von `\setkomafont` wäre zwar grundsätzlich möglich, müsste aber auch die Auswahl der Schriftgröße enthalten und würde damit die Größenänderung über die Option `headings` verhindern.

Die zweite Version mit `\mdseries` ist vorzuziehen, da diese auch dann noch zum gewünschten Ergebnis führt, wenn Sie später das Element `disposition` wie folgt ändern:

```
\setkomafont{disposition}{\normalcolor\bfseries}
```

Mit dieser Änderung verzichten Sie darauf, für alle Gliederungsebenen serifenlose Schrift voreinzustellen.

Ich möchte eindringlich davon abraten, die Möglichkeit zur Schriftumschaltung zu missbrauchen, um wild Schriften, Schriftgrößen und Schriftattribute miteinander zu mischen. Die Auswahl der richtigen Schrift für die richtige Aufgabe ist eine Sache für Experten und hat sehr, sehr wenig mit dem persönlichem Geschmack eines Laien zu tun. Siehe hierzu auch das Zitat am Ende von Abschnitt 2.8, Seite 61 und die folgende Erklärung.

Unterschiedliche Schriften für unterschiedliche Gliederungsebenen sind mit KOMA-Script-Mitteln möglich. Der Laie sollte sie aber meiden wie der Teufel das Weihwasser. Dies hat typografische Gründe.

Eine Regel der Typografie besagt, dass man möglichst wenig Schriften miteinander mischen soll. Serifenlose für die Überschriften scheinen bereits ein Verstoß gegen diese Regel zu sein. Allerdings muss man wissen, dass fette, große, serifenbehaftete Buchstaben oft viel zu mächtig für eine Überschrift sind. Man müsste dann strenggenommen zumindest auf eine normale statt eine fette oder halbfette

Schrift ausweichen. In tiefen Gliederungsebenen kann das aber wieder zu schwach sein. Andererseits haben Serifenlose in Überschriften eine sehr angenehme Wirkung und fast nur für Überschriften eine Berechtigung. Daher wurde diese Voreinstellung für KOMA-Script mit gutem Grund gewählt.

Größere Vielfalt sollte aber vermieden werden. Schriftenmischung ist etwas für Profis. Aus den genannten Gründen sollten Sie bei Verwendung anderer als der Standard-TEX-Fonts – egal ob CM-, EC- oder LM-Fonts – bezüglich der Verträglichkeit der serifenlosen und serifenbehafteten Schrift einen Experten zu Rate ziehen oder die Schrift für das Element `disposition` vorsichtshalber wie in obigem Beispiel umdefinieren. Die häufig anzutreffenden Kombinationen Times mit Helvetica oder Palatino mit Helvetica werden vom Autor als ungünstig betrachtet.

```
\part*{Überschrift}
\chapter*{Überschrift}
\section*{Überschrift}
\subsection*{Überschrift}
\subsubsection*{Überschrift}
\paragraph*{Überschrift}
\subparagraph*{Überschrift}
```

Bei den Sternvarianten der Gliederungsbefehle erfolgt keine Nummerierung, wird kein Kolumnentitel gesetzt und kein Eintrag im Inhaltsverzeichnis vorgenommen. Der Verzicht auf den Kolumnentitel hat übrigens einen oftmals unerwünschten Effekt. Geht beispielsweise ein mit `\chapter*` gesetztes Kapitel über mehrere Seiten, so taucht plötzlich der Kolumnentitel des letzten Kapitels wieder auf. KOMA-Script bietet dafür aber eine Lösung, die im Anschluss beschrieben wird. `\chapter*` existiert selbstverständlich nur bei Buch- und Berichtklassen, also bei book, scrbook, report und scrreprt, nicht jedoch bei den Artikelklassen article und scrartcl.

scrbook, scrreprt

Achtung!

KOMA-Script vs. Standardklassen

Bitte beachten Sie, dass `\part*` und `\chapter*` den Seitenstil für eine Seite umschalten. Während die Standardklassen dabei den Seitenstil `plain` verwenden, ist bei KOMA-Script der zu verwendende Seitenstil in den Makros `\partpagestyle` und `\chapterpagestyle` abgelegt (siehe Abschnitt 3.12, Seite 97).

Bezüglich der Möglichkeiten der Schriftumschaltung gilt das Gleiche wie zuvor in der Erklärung zu den sternlosen Varianten geschrieben. Die Elemente tragen die gleichen Namen, da sie nicht Varianten, sondern Gliederungsebenen bezeichnen.

KOMA-Script vs. Standardklassen

Bei den Standardklassen gibt es keine weiteren Gliederungsbefehle. Es existieren also insbesondere keine Anweisungen, mit denen man nicht nummerierte Kapitel oder nicht nummerierte Abschnitte erzeugen kann, die ins Inhaltsverzeichnis aufgenommen werden und bei denen ein automatischer Kolumnentitel erzeugt wird.

```
\addpart[Kurzform]{Überschrift}
\addpart*{Überschrift}
\addchap[Kurzform]{Überschrift}
\addchap*{Überschrift}
\addsec[Kurzform]{Überschrift}
\addsec*{Überschrift}
```

KOMA-Script vs. Standardklassen

KOMA-Script bietet über die Gliederungsbefehle der Standardklassen hinaus die Anweisungen `\addpart`, `\addchap` und `\addsec`. Diese ähneln bis auf die fehlende Nummerierung sehr den Standardanweisungen `\part`, `\chapter` und `\section`. Sie erzeugen also sowohl einen automatischen Kolumnentitel als auch einen Eintrag im Inhaltsverzeichnis, wobei auch die Einstellungen von Option `headings` beachtet werden.

`headings`

Die Sternvarianten `\addchap*` und `\addsec*` gleichen hingegen den Standardanweisungen `\chapter*` und `\section*` mit einem winzigen, aber wichtigen Unterschied: Die Kolumnentitel werden gelöscht. Dadurch wird der oben erwähnte Effekt veralteter Kolumnentitel ausgeschlossen. Stattdessen bleibt der Kolumnentitel auf Folgeseiten leer. `\addchap` und `\addchap*` existieren selbstverständlich nur bei Buch- und Berichtklassen, also bei scrbook und scrreprt, nicht jedoch bei der Artikelklasse scrartcl.

scrbook, scrreprt

Die Anweisung `\addpart` erstellt entsprechend einen nicht nummerierten Dokumentteil mit einem Eintrag im Inhaltsverzeichnis. Da bereits `\part` und `\part*` den Kolumnentitel löschen, ergibt sich hier nicht das oben genannte Problem mit veralteten Kolumnentiteln. Die Sternvariante `\addpart*` ist daher identisch mit der Sternvariante `\part*` und wurde nur aus Konsistenzgründen definiert.

Achtung!

Bitte beachten Sie, dass `\addpart` und `\addchap` und deren Sternvarianten den Seitenstil für eine Seite umschalten. Der jeweilige Seitenstil ist in den Makros `\partpagestyle` und `\chapterpagestyle` abgelegt (siehe Abschnitt 3.12, Seite 97).

Bezüglich der Möglichkeiten der Schriftumschaltung gilt das gleiche wie zuvor in der Erklärung zu `\part*`, `\chapter*` und `\section*` geschrieben. Die Elemente tragen die gleichen Namen, da sie nicht Varianten, sondern Gliederungsebenen bezeichnen.

```
\minisec{Überschrift}
```

Manchmal ist eine Art Überschrift wünschenswert, die zwar hervorgehoben wird, ansonsten aber eng mit dem nachfolgenden Text zusammenhängt. Eine solche Überschrift soll dann ohne große Abstände gesetzt werden.

Der Befehl \minisec bewirkt genau eine derartige Überschrift. Diese Überschrift ist keiner Gliederungsebene zugeordnet. Eine solche *Mini-Section* wird nicht in das Inhaltsverzeichnis aufgenommen und erhält auch keine Nummerierung.

disposition
minisec

Die Schriftart des Gliederungsbefehls \minisec kann über die Elemente disposition und minisec beeinflusst werden (siehe Tabelle 3.2, Seite 71). Die Voreinstellung für das Element minisec ist leer, so dass in der Voreinstellung nur das Element disposition wirkt.

Beispiel: Sie haben einen Bausatz für eine Mausefalle entwickelt und wollen diesen getrennt nach den benötigten Materialien und der Anleitung für die Montage beschreiben. Das könnte so gemacht werden:

```
\documentclass{scrartcl}
\usepackage[ngerman]{babel}
\usepackage{selinput}
\SelectInputMappings{
  adieresis={ä},
  germandbls={ß}
}

\begin{document}

\title{Selbstbauprojekte}
\author{Zwei Linke Daumen}
\date{\today}
\maketitle

\section{Mausefalle}
Das erste Projekt ist auch für Anfänger geeignet
und benötigt lediglich einige wenige Bauteile,
die in jedem Haushalt zu finden sein sollten.

\minisec{Bauteile}

\begin{flushleft}
  1 Brett ($100\times 50 \times 12$)\\
  1 Bierflaschenschnappverschluss\\
  1 Kugelschreiberfeder\\
  1 Reißzwecke\\
  2 Schrauben\\
  1 Hammer\\
```

```
  1 Messer
\end{flushleft}

\minisec{Montage}

Zunächst suche man das Mauseloch. Dann lege man die
Reißzwecke innen unmittelbar hinter das Loch, damit
bei den folgenden Aktionen die Maus nicht
entschlüpfen kann.
Anschließend klopfe man mit dem Hammer den
Bierflaschenschnappverschluss in das Mauseloch.
Sollte der Verschluss nicht groß genug sein, um das
Loch vollständig und dauerhaft zu verschließen,
nehme man stattdessen das Brett und schraube es
unter Zuhilfenahme der beiden Schrauben und des
Messers vor das Loch. Statt des Messers kann
selbstverständlich auch ein Schraubendreher
verwendet werden.
Die Kugelschreiberfeder ist dem Tierschutz zum
Opfer gefallen.
\end{document}
```

Der wesentliche Teil ab der Überschrift »Bauteile« sieht anschließend wie folgt aus:

Bauteile

1 Brett (100 × 50 × 12)
1 Bierflaschenschnappverschluss
1 Kugelschreiberfeder
1 Reißzwecke
2 Schrauben
1 Hammer
1 Messer

Montage

Zunächst suche man das Mauseloch. Dann lege man die Reißzwecke innen unmittelbar hinter das Loch, damit bei den folgenden Aktionen die Maus nicht entschlüpfen kann. Anschließend klopfe man mit dem Hammer den Bierflaschenschnappverschluss in das Mauseloch. Sollte der Verschluss nicht groß genug sein, um das Loch vollständig und dauerhaft zu verschließen, nehme man stattdessen das Brett und schraube es unter Zuhilfenahme der beiden Schrauben und des Messers vor das Loch. Statt des Messers kann selbstverständlich auch ein Schraubendreher verwendet werden. Die Kugelschreiberfeder ist dem Tierschutz zum Opfer gefallen.

Zum Verständnis der Verwendung des Pakets selinput und von `\SelectInputMappings` sei auf [Obe07] verwiesen. selinput

```
\raggedsection
\raggedpart
```

KOMA-Script vs. Standardklassen

Bei den Standardklassen werden die Überschriften ganz normal im Blocksatz ausgegeben. Dadurch können in den Überschriften Trennungen auftreten und mehrzeilige Überschriften werden auf Textbreite gedehnt. Dieses Vorgehen ist in der Typografie eher unüblich. KOMA-Script setzt Überschriften von `\chapter` bis `\subparagraph` daher in linksbündigem Flattersatz mit hängendem Einzug. Verantwortlich ist dafür die Anweisung `\raggedsection`, die vordefiniert ist als:

```
\let\raggedsection\raggedright
```

Die Anweisung `\raggedsection` kann mit `\renewcommand` umdefiniert werden.

Beispiel: Sie wollen auch für Überschriften Blocksatz. Dazu schreiben Sie in die Präambel Ihres Dokuments:

```
\renewcommand*{\raggedsection}{}
```

oder kürzer:

```
\let\raggedsection\relax
```

Sie erreichen somit eine ähnliche Formatierung der Überschriften wie bei den Standardklassen. Noch ähnlicher wird es, wenn Sie diese Änderung mit der oben vorgestellten Änderung für das Element `disposition` kombinieren.

Die Überschriften von Teilen (`\part`) werden in der Voreinstellung als einzige nicht in linksbündigem Flattersatz, sondern zentriert gesetzt. Dafür ist die Anweisung `\raggedpart` verantwortlich, die als:

```
\let\raggedpart\centering
```

vordefiniert ist. Auch diese Anweisung kann mit `\renewcommand` umdefiniert werden.

Beispiel: Sie wollen, dass Überschriften mit `\part` in der gleichen Weise formatiert werden, wie alle anderen Ebenen. Dazu schreiben Sie

```
\renewcommand*{\raggedpart}{\raggedsection}
```

Tipp!

in die Präambel Ihres Dokuments. An dieser Stelle wurde im Gegensatz zu oben absichtlich nicht `\let` verwendet, da mit `\let` der Anweisung `\raggedpart` die aktuelle Bedeutung von `\raggedsection` zugewiesen würde. Spätere Änderungen von `\raggedsection` blieben also bei \raggedpart unberücksichtigt. Bei der Umdefinierung mit \renewcommand erhält \raggedpart dagegen nicht die Bedeutung von \raggedsection zum Zeitpunkt dieser Umdefinierung, sondern zum Zeitpunkt der Verwendung von \raggedpart.

```
\partformat
\chapterformat
\othersectionlevelsformat{Gliederungsname}{}{Zählerausgabe}
\autodot
```

KOMA-Script fügt der Ausgabe der Gliederungsnummern oberhalb von \the*Gliederungsname* (siehe \the*Zähler*, Seite 527) eine weitere logische Ebene hinzu. Die Zähler werden für die jeweilige Überschrift nicht einfach nur ausgegeben. Sie werden mit Hilfe der parameterlosen Anweisungen \partformat, \chapterformat und der Anweisung \othersectionlevelsformat, die drei Parameter erwartet, formatiert. Die Anweisung \chapterformat existiert wie bereits \thechapter selbstverständlich nicht in der Klasse scrartcl, sondern nur in den Klassen scrbook und scrreprt. scrbook, scrreprt

Wie bereits bei Option numbers am Anfang dieses Abschnitts (siehe Seite 113) erläutert wurde, müssen gemäß [DUD96] die Gliederungsnummern je nach Gliederung mit einem nachfolgenden Punkt versehen werden oder dieser hat zu entfallen. Die Anweisung \autodot ist bei KOMA-Script für die Einhaltung dieser Regel verantwortlich. Auf den Punkt folgt bei allen Gliederungsebenen außer \part noch ein \enskip. Dies entspricht einem Leerraum von 0,5 em, also einem Halbgeviert. numbers

Die Anweisung \othersectionlevelsformat erwartet als ersten Parameter den Namen der Gliederungsebene, also section, subsection, subsubsection, paragraph oder subparagraph. Als drittes Argument wird die Ausgabe des Zählers dieser Gliederungsebene, also \thesection, \thesubsection, \thesubsubsection, \theparagraph oder \thesubparagraph, erwartet.

In der Voreinstellung gibt es nur für die beiden Ebenen \part und \chapter eigene Formatierungsanweisungen, während alle anderen Gliederungsebenen mit Hilfe einer einzigen Formatierungsanweisung abgedeckt werden. Dies ist allein historisch begründet. Als Werner Lemberg für sein CJK-Paket (siehe [Lem12]) eine entsprechende Erweiterung von KOMA-Script angeregt hat, wurde nur diese Unterscheidung benötigt. Anwender sollten bei der Umdefinierung der Anweisung das zweite Argument komplett ignorieren.

Mit Hilfe von \renewcommand kann jede der drei Formatierungsanweisungen umdefiniert werden, um sie eigenen Anforderungen anzupassen. Nachfolgend finden Sie die Originaldefinitionen aus den KOMA-Script-Klassen:

```
\newcommand*{\partformat}{\partname~\thepart\autodot}
\newcommand*{\chapterformat}{%
  \mbox{\chapappifchapterprefix{\nobreakspace}\thechapter
    \autodot\enskip}}
\newcommand*{\othersectionlevelsformat}[3]{%
  #3\autodot\enskip}
```

Achtung! Bitte beachten Sie, dass bei der Umdefinierung \newcommand durch \renewcommand zu ersetzen ist.

Beispiel: Angenommen, Sie wollen, dass bei \part das Wort »Teil« vor der Nummer nicht ausgegeben wird. Dann können Sie beispielsweise folgende Anweisung in die Präambel Ihres Dokuments schreiben:

```
\renewcommand*{\partformat}{\thepart\autodot}
```

Genau genommen könnten Sie an dieser Stelle auch auf \autodot verzichten und stattdessen einen festen Punkt setzen. Da \part mit römischen Zahlen nummeriert wird, muss der Punkt laut [DUD96] folgen. Allerdings bringen Sie sich dann um die Möglichkeit, die Option numbers einzusetzen und so von der Regel abzuweichen. Näheres zu der Option siehe Seite 113.

numbers

Eine weitere Möglichkeit besteht darin, die Nummerierung der Abschnitte so in den Rand zu platzieren, dass der Überschriftentext links mit dem umgebenden Text abschließt. Dies erreicht man mit:

```
\renewcommand*{\othersectionlevelsformat}[3]{%
  \llap{#3\autodot\enskip}}
```

Die wenig bekannte TeX-Anweisung \llap sorgt dabei dafür, dass das Argument links von der aktuellen Position ausgegeben wird, ohne dass dabei die Position verändert wird. Eine bessere LaTeX-Lösung für dieses Problem wäre:

```
\renewcommand*{\othersectionlevelsformat}[3]{%
  \makebox[0pt][r]{#3\autodot\enskip}}
```

Näheres zu den optionalen Argumenten von \makebox ist [Tea05b] zu entnehmen.

\chapappifchapterprefix{*Zusatztext*} \chapapp

scrbook, scrreprt

Diese beiden Anweisungen werden nicht nur intern von KOMA-

Script verwendet, sondern stehen auch dem Anwender zur Verfügung. Nachfolgend werden sie beispielsweise für die Umdefinierung anderer Anweisungen verwendet.

Bei Verwendung von Option `chapterprefix=true` (siehe Seite 110) setzt `\chapappifchapterprefix` im Hauptteil des Dokuments das Wort »Kapitel« in der aktuellen Sprache gefolgt vom *Zusatztext*. Im Anhang wird stattdessen das Wort »Anhang« in der aktuellen Sprache, ebenfalls gefolgt vom *Zusatztext*, ausgegeben. Bei der Einstellung `chapterprefix=false` wird hingegen nichts ausgegeben. chapterprefix

Die Anweisung `\chapapp` setzt immer das Wort »Kapitel« beziehungsweise »Anhang«. Dabei spielt die Einstellung der Option `chapterprefix` keine Rolle.

Da es Kapitel nur bei den Klassen scrbook und scrreprt gibt, existieren die beiden Anweisungen auch nur bei diesen Klassen.

```
\chaptermark{Kolumnentitel}
\addchapmark{Kolumnentitel}
\sectionmark{Kolumnentitel}
\addsecmark{Kolumnentitel}
\subsectionmark{Kolumnentitel}
\chaptermarkformat
\sectionmarkformat
\subsectionmarkformat
```

Wie bereits in Abschnitt 3.12 erwähnt, arbeitet der Seitenstil `headings` mit automatischen Kolumnentiteln. Dazu werden die Anweisungen `\chaptermark` und `\sectionmark` beziehungsweise `\sectionmark` und `\subsectionmark` entsprechend definiert. Gliederungsbefehle (`\chapter`, `\section` ...) führen automatisch eine entsprechende `\...mark`-Anweisung aus. Der übergebene Parameter beinhaltet dabei den Text der Gliederungsüberschrift. Die zugehörige Gliederungsnummer wird automatisch in der `\...mark`-Anweisung hinzugefügt. Die Formatierung erfolgt dabei je nach Gliederungsebene mit einer der drei Anweisungen `\chaptermarkformat`, `\sectionmarkformat` und `\subsectionmarkformat`.

Da KOMA-Script zusätzlich die Gliederungsanweisungen `\addchap` und `\addsec` bereitstellt, die nicht nummerierte Überschriften erzeugen, existieren für diese auch korrespondierende Anweisungen für den Kolumnentitel. Es ist zu beachten, dass diese in der Voreinstellung ebenfalls auf `\chaptermark` und `\sectionmark` zurück greifen, dabei aber lokal den Zähler `secnumdepth` auf -1 setzen, um die Nummerierung von Kapiteln und Abschnitten abzuschalten. Dies sollte man beispielsweise bei der Umdefinierung von `\chaptermark` und *Achtung!*

\sectionmark berücksichtigen (siehe \ifnumbered auf Seite 129) oder \addchapmark und \addsecmark ebenfalls dazu passend umdefinieren.

scrbook, scrreprt

Während bei scrartcl weder \chaptermark noch \addchapmark oder \chaptermarkformat existieren, gibt es die beiden Anweisungen \subsectionmark und \subsectionmarkformat nur bei scrartcl. Bei Verwendung des Pakets scrlayer-scrpage ändert sich dies jedoch (siehe Kapitel 5).

scrartcl

So wie mit \chapterformat und \othersectionlevelsformat die Nummern der Gliederungsüberschriften formatiert ausgegeben werden, werden mit den Anweisungen \chaptermarkformat, \sectionmarkformat und \subsectionmarkformat die Nummern der Gliederungsebenen in den automatischen Kolumnentiteln formatiert ausgegeben. Mit \renewcommand können sie eigenen Anforderungen angepasst werden. Die Originaldefinitionen aus den KOMA-Script-Klassen sind:

```
\newcommand*{\chaptermarkformat}{%
  \chapappifchapterprefix{\ }\thechapter\autodot\enskip}
\newcommand*{\sectionmarkformat}{%
  \thesection\autodot\enskip}
\newcommand*{\subsectionmarkformat}{%
  \thesubsection\autodot\enskip}
```

Beispiel: Angenommen, Sie wollen, dass der Kapitelnummer in den Kolumnentiteln das Wort »Kapitel« vorangestellt wird. Dann setzen Sie beispielsweise diese Definition in die Präambel Ihres Dokuments:

```
\renewcommand*{\chaptermarkformat}{%
  \chapapp~\thechapter\autodot\enskip}
```

Wie Sie sehen, finden hier die beiden Anweisungen \chapapp und \chapappifchapterprefix Verwendung, die weiter oben erklärt wurden.

```
secnumdepth
\partnumdepth
\chapternumdepth
\sectionnumdepth
\subsectionnumdepth
\subsubsectionnumdepth
\paragraphnumdepth
\subparagraphnumdepth
```

Normalerweise werden bei den Klassen scrbook und scrreprt die Gliederungsebenen \part bis \subsection und bei der Klasse scrartcl die Ebenen \part bis \subsubsection nummeriert. Gesteuert wird dies über den LaTeX-Zähler secnumdepth.

Damit sich der Anwender keine abstrakten Nummern merken muss, um einstellen zu können, bis zu welcher Gliederungsebene die Überschriften nummeriert werden sollen, gibt es die Anweisungen \partnumdepth bis \subparagraphnumdepth. Diese liefern die entsprechende Nummer zur jeweiligen Gliederungsebene.

Beispiel: Sie wollen, dass in einem Buchprojekt nur die Gliederungsebenen vom Teil (engl. *part*) über das Kapitel (engl. *chapter*) bis zum Abschnitt (engl. *section*) nummeriert werden. Dazu müssen Sie in der Dokumentpräambel den Zähler secnumdepth auf den Wert setzen, den die Anweisung \sectionnumdepth liefert:

```
\setcounter{secnumdepth}{\sectionnumdepth}
```

Eine Umdefinierung der Anweisungen ist nicht vorgesehen und wird ausdrücklich nicht empfohlen, da dies zu unvorhergesehenen Ergebnissen sowohl mit KOMA-Script als auch bei Verwendung von Drittpaketen führen kann.

Der Zähler secnumdepth ist nicht zu verwechseln mit dem Zähler tocdepth (siehe Abschnitt 3.9, Seite 88). Auch sind die Werte je nach Klasse nicht eins zu eins übertragbar.

```
\ifnumbered{Gliederungsebene}{Dann-Teil}{Else-Teil}
\ifunnumbered{Gliederungsebene}{Dann-Teil}{Else-Teil}
```

Nachdem zuvor erklärt wurde, wie man bestimmen kann, welche Gliederungsebenen nummeriert werden sollen, kann mit diesen Anweisungen nun Code abhängig davon, ob eine *Gliederungsebene* nummeriert wird oder nicht, ausgeführt werden. Wird mit den aktuellen Einstellungen eine *Gliederungsebene* nummeriert, so führt \ifnumbered den *Dann-Teil* aus, während \ifunnumbered den *Else-Teil* ausführt. Wird mit den aktuellen Einstellungen eine *Gliederungsebene* nicht nummeriert, dann führt \ifnumbered den *Else-Teil* aus, wohingegen \ifunnumbered den *Dann-Teil* ausführt. Als *Gliederungsebene* wird der englische Name der Ebene angegeben, also part, chapter, section, subsection, subsubsection, paragraph oder subparagraph.

KOMA-Script selbst verwendet diesen Test beispielsweise in der Definition von \chaptermark beim Seitenstil headings. Dadurch wird indirekt auch sichergestellt, dass Überschriften mit \addchap den Kolumnentitel nicht mit einer Nummer versehen (siehe auch \addchapmark, Seite 127).

```
\setpartpreamble[Position][Breite]{Präambel}
\setchapterpreamble[Position][Breite]{Präambel}
```

scrbook, scrreprt

Teile und Kapitel können bei KOMA-Script mit einer *Präambel* versehen werden. Dies ist insbesondere im zweispaltigen Layout mit der Klassenoption `twocolumn` nützlich, da die *Präambel* zusammen mit der Überschrift einspaltig gesetzt wird. Die *Präambel* kann auch mehrere Absätze beinhalten. Die Anweisung zum Setzen der *Präambel* muss vor der jeweiligen `\part`- oder `\addpart`- bzw. `\chapter`- oder `\addchap`-Anweisung stehen.

Beispiel: Sie schreiben einen Bericht über den Zustand einer Firma. Dabei organisieren Sie den Bericht so, dass jeder Abteilung ein eigener Teilbericht spendiert wird. Jedem dieser Teile soll außerdem eine Zusammenfassung vorangestellt werden. Diese Zusammenfassung soll auf der Titelseite jedes Teils stehen. Das ist wie folgt möglich:

```
\setpartpreamble{%
  \begin{abstract}
    Dies ist ein Blindtext zur Demonstration.
  \end{abstract}}
\part{Abteilung Grünschnitt}
```

Je nach Einstellung der Optionen für die Überschriftengröße (siehe Seite 110) und der Optionen für die Form der `abstract`-Umgebung (siehe Abschnitt 3.8, Seite 84), sieht das Ergebnis ungefähr wie folgt aus:

Teil III.

Abteilung Grünschnitt

Zusammenfassung

Dies ist ein Blindtext zur Demonstration.

Achtung! Bitte beachten Sie, dass Sie für die Abstände der Präambel zur Teilüberschrift bzw. zum Kapiteltext selbst verantwortlich sind. Bitte beachten Sie auch, dass die `abstract`-Umgebung bei der Klasse scrbook nicht existiert (siehe Abschnitt 3.8, Seite 84).

Das erste optionale Argument *Position* bestimmt über ein bis zwei Buchstaben die Position, an der die Präambel ausgegeben wird. Für die vertikale Position existieren derzeit zwei Möglichkeiten:

o – über der Überschrift
u – unter der Überschrift

Es kann so jeweils eine Präambel unter und über der Überschrift gesetzt werden, mit drei Möglichkeiten für die horizontale Position:

`l` – linksbündig
`r` – rechtsbündig
`c` – zentriert

Dabei wird allerdings nicht der Text der *`Präambel`* entsprechend angeordnet, sondern eine Box, deren Breite durch das zweite optionale Argument *`Breite`* bestimmt wird. Wird auf das zweite optionale Argument verzichtet, so wird stattdessen die gesamte Textbreite verwendet. Damit bleibt die Option zur horizontalen Positionierung in diesem Fall wirkungslos. Es kann jeweils ein Buchstabe für die vertikale mit einem Buchstaben für die horizontale Anordnung kombiniert werden.

Eine häufigere Anwendung von `\setchapterpreamble` dürfte ein Spruch oder Zitat zu einer Überschrift sein. Die dazu verwendbare Anweisung `\dictum` ist im nachfolgenden Abschnitt erläutert. Dort findet sich auch ein entsprechendes Beispiel.

Achtung! Bitte beachten Sie, dass *`Präambel`* bei der Platzierung über der Überschrift in den dort vorhandenen freien Platz gesetzt wird. Die Überschrift wird dabei nicht nach unten verschoben. Der Anwender ist also selbst dafür verantwortlich dass *`Präambel`* nicht zu groß ist und der vorhandene freie Platz über der Überschrift genügt. Siehe dazu auch `\chapterheadstartvskip` in Abschnitt 21.3 auf Seite 528.

3.17. Schlauer Spruch

Ein häufiger anzutreffendes Element ist ein Zitat oder eine Redewendung, die rechtsbündig unter oder über einer Überschrift gesetzt wird. Dabei werden der Spruch selbst und der Quellennachweis in der Regel speziell formatiert.

```
\dictum[Urheber]{Spruch}
\dictumwidth
\dictumauthorformat{Urheber}
\dictumrule
\raggeddictum
\raggeddictumtext
\raggeddictumauthor
```

Ein solcher Spruch kann mit Hilfe der Anweisung `\dictum` gesetzt werden. Bei KOMA-Script-Klassen wird für Kapitel oder Teile *Tipp!*

Tabelle 3.16.: Voreinstellungen der Schrift für die Elemente des Spruchs

Element	Voreinstellung
dictumtext	\normalfont\normalcolor\sffamily\small
dictumauthor	\itshape

empfohlen, \dictum als obligatorisches Argument der Anweisung \setchapterpreamble beziehungsweise \setpartpreamble (siehe Abschnitt 3.16, Seite 130) zu verwenden. Dies ist jedoch nicht zwingend.

Der Spruch wird zusammen mit einem optional anzugebenden *Urheber* in einer \parbox (siehe [Tea05b]) der Breite \dictumwidth gesetzt. Dabei ist \dictumwidth keine Länge, die mit \setlength gesetzt wird. Es handelt sich um ein Makro, das mit \renewcommand umdefiniert werden kann. Vordefiniert ist 0.3333\textwidth, also ein Drittel der jeweiligen Textbreite. Die Box selbst wird mit der Anweisung \raggeddictum ausgerichtet. Voreingestellt ist dabei \raggedleft, also rechtsbündig. \raggeddictum kann mit Hilfe von \renewcommand umdefiniert werden.

Innerhalb der Box wird der *Spruch* mit \raggeddictumtext angeordnet. Voreingestellt ist hier \raggedright, also linksbündig. Eine Umdefinierung ist auch hier mit \renewcommand möglich. Die Ausgabe erfolgt in der für Element dictumtext eingestellten Schriftart, die mit den Anweisungen \setkomafont und \addtokomafont (siehe Abschnitt 3.6, Seite 70) geändert werden kann. Die Voreinstellung entnehmen Sie bitte Tabelle 3.16.

dictumtext

Ist ein *Urheber* angegeben, so wird dieser mit einer Linie über die gesamte Breite der \parbox vom *Spruch* abgetrennt. Diese Linie ist in \dictumrule definiert. Es handelt sich dabei um ein vertikales Objekt, das mit

```
\newcommand*{\dictumrule}{\vskip-1ex\hrulefill\par}
```

vordefiniert ist.

Mit \raggeddictumauthor wird die Ausrichtung für die Linie und den Urheber vorgenommen. Voreingestellt ist \raggedleft. Auch diese Anweisung kann mit \renewcommand umdefiniert werden. Die Ausgabe erfolgt in der Form, die mit \dictumauthorformat festgelegt ist. Das Makro erwartet schlicht den \Urheber als Argument. In der Voreinstellung ist \dictumauthorformat als

```
\newcommand*{\dictumauthorformat}[1]{(#1)}
```

definiert. Der *Urheber* wird also in runde Klammern gesetzt. Für das Element dictumauthor kann dabei eine Abweichung der Schrift von der des Elementes dictumtext definiert werden. Die Vorein-

dictumauthor
dictumtext

stellung entnehmen Sie bitte Tabelle 3.16. Eine Änderung ist mit Hilfe der Anweisungen `\setkomafont` und `\addtokomafont` (siehe Abschnitt 3.6, Seite 70) möglich.

Wird `\dictum` innerhalb der Anweisung `\setchapterpreamble` oder `\setpartpreamble` (siehe Abschnitt 3.16, Seite 130) verwendet, so ist Folgendes zu beachten: Die horizontale Anordnung erfolgt immer mit `\raggeddictum`. Das optionale Argument zur horizontalen Anordnung, das die beiden Anweisungen vorsehen, bleibt daher ohne Wirkung. `\textwidth` ist nicht die Breite des gesamten Textkörpers, sondern wie bei `minipage` die aktuelle Textbreite. Ist also die Breite `\dictumwidth` als `.5\textwidth` definiert und bei `\setchapterpreamble` wird als optionales Argument für die Breite ebenfalls `.5\textwidth` angegeben, so erfolgt die Ausgabe in einer Box, deren Breite ein Viertel der Breite des Textkörpers ist. Es wird empfohlen, bei Verwendung von `\dictum` auf die optionale Angabe einer Breite bei `\setchapterpreamble` oder `\setpartpreamble` zu verzichten.

Achtung!

Tipp!

Sollen mehrere schlaue Sprüche untereinander gesetzt werden, so sollten diese durch einen zusätzlichen Abstand vertikal voneinander abgesetzt werden. Ein solcher kann leicht mit der Anweisung `\bigskip` gesetzt werden.

Tipp!

Beispiel: Sie schreiben ein Kapitel über die moderne Ehe. Dabei wollen sie in der Präambel zur Kapitelüberschrift einen schlauen Spruch setzen. Dieser soll unter der Überschrift erscheinen. Also schreiben Sie:

```
\setchapterpreamble[u]{%
  \dictum[Schiller]{Drum prüfe,
    wer sich ewig bindet \dots}}
\chapter{Die moderne Ehe}
```

Die Ausgabe erfolgt dann in der Form:

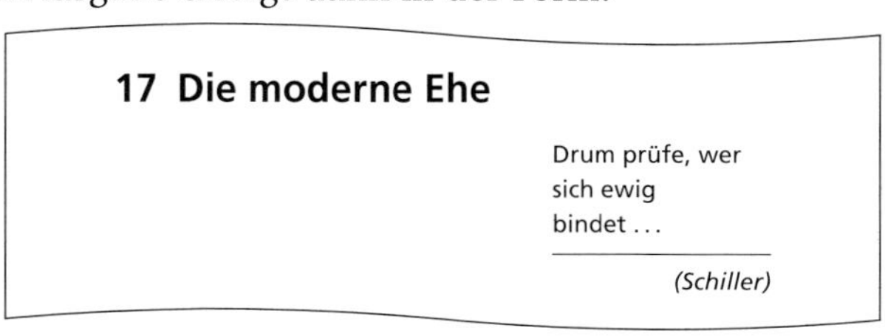

Wenn Sie wollen, dass nicht ein Drittel, sondern nur ein Viertel der verfügbaren Textbreite für den Spruch verwendet wird, so definieren Sie `\dictumwidth` wie folgt um:

```
\renewcommand*{\dictumwidth}{.25\textwidth}
```

ragged2e An dieser Stelle sei noch auf das Paket ragged2e hingewiesen, mit dem man Flattersatz mit Trennung erreichen kann (siehe [Sch09]).

3.18. Listen

LaTeX und die Standardklassen bieten verschiedene Umgebungen für Listen. All diese Umgebungen bietet KOMA-Script selbstverständlich auch, teilweise jedoch mit leichten Abwandlungen oder Erweiterungen. Grundsätzlich gilt, dass Listen – auch unterschiedlicher Art – bis zu einer Tiefe von vier Listen geschachtelt werden können. Eine tiefere Schachtelung wäre auch aus typografischen Gründen kaum sinnvoll, da genau genommen schon mehr als drei Ebenen nicht *Tipp!* mehr überblickt werden können. Ich empfehle in solchen Fällen, die eine große Liste in mehrere kleinere Listen aufzuteilen.

```
\begin{itemize}
  \item
  ...
\end{itemize}
\labelitemi
\labelitemii
\labelitemiii
\labelitemiv
```

Die einfachste Form einer Liste ist die Stichpunkt- oder `itemize`-Liste. Bei den KOMA-Script-Klassen werden je nach Ebene folgende Aufzählungszeichen zur Einleitung eines Listenelements verwendet: »•«, »–«, »∗« und »·«. Die Definition der Zeichen für die einzelnen Ebenen sind in den Makros `\labelitemi`, `\labelitemii`, `\labelitemiii` und `\labelitemiv` abgelegt. Sie können diese leicht mit `\renewcommand` umdefinieren. Die einzelnen Stichpunkte werden mit `\item` eingeleitet.

Beispiel: Sie haben eine einfache Aufzählung, die in mehreren Ebenen geschachtelt ist. Sie schreiben beispielsweise:

```
\minisec{Die Fahrzeuge im Spiel}
\begin{itemize}
  \item Flugzeuge
  \begin{itemize}
    \item Doppeldecker
    \item Transportmaschinen
    \begin{itemize}
      \item einmotorig
      \begin{itemize}
```

```
        \item{düsengetrieben}
        \item{propellergetrieben}
      \end{itemize}
      \item zweimotorig
      \begin{itemize}
        \item{düsengetrieben}
        \item{propellergetrieben}
      \end{itemize}
    \end{itemize}
    \item Drehflügler
  \end{itemize}
  \item Motorräder
  \item Automobile
    \begin{itemize}
    \item Rennwagen
    \item Personenwagen
    \item Lastwagen
    \end{itemize}
   \item Fahrräder
  \end{itemize}
\end{itemize}
```

Anschließend erhalten Sie:

Die Fahrzeuge im Spiel

- Flugzeuge
  - Doppeldecker
  - Transportmaschinen
    - einmotorig
      - düsengetrieben
      - propellergetrieben
    - zweimotorig
      - düsengetrieben
      - propellergetrieben
  - Drehflügler
- Motorräder
- Automobile
  - Rennwagen
  - Personenwagen
  - Lastwagen
- Fahrräder

```
\begin{enumerate}
  \item
  ...
\end{enumerate}
\theenumi
\theenumii
\theenumiii
\theenumiv
\labelenumi
\labelenumii
\labelenumiii
\labelenumiv
```

Die nummerierte Liste ist ebenfalls sehr häufig zu finden und bereits vom LaTeX-Kern vorgesehen. Die Nummerierung erfolgt je nach Ebene in unterschiedlicher Art: mit arabischen Zahlen, mit Kleinbuchstaben, mit kleinen römischen Zahlen und mit Großbuchstaben. Die Art der Nummerierung wird dabei über die Makros `\theenumi` bis `\theenumiv` festgelegt. Das Format der Ausgabe wird von den Makros `\labelenumi` bis `\labelenumiv` bestimmt. Dabei folgt auf den Wert der zweiten Ebene, der in Kleinbuchstaben ausgegeben wird, eine runde Klammer, während die Werte aller anderen Ebenen von einem Punkt gefolgt werden. Die einzelnen Stichpunkte werden wieder mit `\item` eingeleitet.

Beispiel: Verkürzen wir das vorherige Beispiel und verwenden statt der `itemize`- eine `enumerate`-Umgebung:

Die Fahrzeuge im Spiel

1. Flugzeuge
    a) Doppeldecker
    b) Transportmaschinen
        i. einmotorig
            A. düsengetrieben
            B. propellergetrieben
        ii. mehrmotorig
2. Motorräder
    a) historisch korrekt
    b) futurisch nicht real

Innerhalb der Aufzählung können ganz normal mit `\label` Marken gesetzt werden, auf die dann mit `\ref` zugegriffen werden kann. So wurde oben hinter den düsengetriebenen, einmotorigen Flugzeugen mit »`\label{bsp:duesen}`« ein Label gesetzt. Der `\ref`-Wert ist dann »1(b)iA«.

```
\begin{description}
  \item[Stichwort]
  ...
\end{description}
```

Eine weitere Listenform ist die Stichwortliste. Sie dient in erster Linie der Beschreibung einzelner Begriffe. Diese werden als optionale Parameter bei `\item` angegeben. Die Schriftart, die für die Hervorhebung des Stichworts verwendet wird, kann außerdem bei den KOMA-Script-Klassen mit Hilfe der Anweisungen `\setkomafont` und `\addtokomafont` (siehe Abschnitt 3.6, Seite 70) für das Element `descriptionlabel` (siehe Tabelle 3.2, Seite 71) geändert werden. In der Voreinstellung wird `\sffamily\bfseries` verwendet.

Beispiel: Sie wollen, dass die Stichworte statt serifenlos und fett lediglich fett, aber in der Standardschriftart ausgegeben werden. Mit

```
\setkomafont{descriptionlabel}{\normalfont
  \bfseries}
```

definieren Sie daher die Schrift entsprechend um.

Ein Beispiel für die Ausgabe einer Stichwortliste ist eine Aufzählung der Seitenstile. Der Quelltext dazu lautet beispielsweise:

```
\begin{description}
  \item[empty] ist der Seitenstil, bei dem Kopf-
    und Fußzeile vollständig leer bleiben.
  \item[plain] ist der Seitenstil, bei dem
    keinerlei Kolumnentitel verwendet wird.
  \item[headings] ist der Seitenstil für
    automatische Kolumnentitel.
  \item[myheadings] ist der Seitenstil für
    manuelle Kolumnentitel.
\end{description}
```

Diese ergibt:

empty ist der Seitenstil, bei dem Kopf- und Fußzeile vollständig leer bleiben.

plain ist der Seitenstil, bei dem keinerlei Kolumnentitel verwendet wird.

headings ist der Seitenstil für automatische Kolumnentitel.

myheadings ist der Seitenstil für manuelle Kolumnentitel.

```
\begin{labeling}[Trennzeichen]{längstes Muster}
  \item[Schlüsselwort]
  ...
\end{labeling}
```

Eine andere Form der Stichwortliste ist nur bei den KOMA-Script-Klassen vorhanden: die `labeling`-Umgebung. Im Unterschied zur zuvor vorgestellten Umgebung `description` kann bei `labeling` ein Muster angegeben werden, dessen Länge die Einrücktiefe bei allen Stichpunkten ergibt. Darüber hinaus kann zwischen Stichpunkt und Beschreibungstext ein optionales *Trennzeichen* festgelegt werden. Die Schriftart, die für die Hervorhebung des Schlüsselworts verwendet wird, kann mit Hilfe der Anweisungen `\setkomafont` und `\addtokomafont` (siehe Abschnitt 3.6, Seite 70) für das Element `labelinglabel` (siehe Tabelle 3.2, Seite 71) geändert werden. Für die davon abweichende Schriftart der Trennzeichen ist das Element `labelingseparator` (siehe ebenfalls Tabelle 3.2, Seite 71) zuständig.

Beispiel: Wir schreiben das Beispiel der `description`-Umgebung etwas um:

```
\setkomafont{labelinglabel}{\ttfamily}
\setkomafont{labelingseparator}{\normalfont}
\begin{labeling}[~--]{myheadings}
  \item[empty]
    Seitenstil für leere Seiten ohne Kopf und Fuß
  \item[plain]
    Seitenstil für Kapitelanfänge ganz ohne
    Kolumnentitel
  \item[headings]
    Seitenstil für automatische Kolumnentitel
  \item[myheadings]
    Seitenstil für manuelle Kolumnentitel
\end{labeling}
```

Als Ergebnis erhalten wir dann:

`empty`	–	Seitenstil für leere Seiten ohne Kopf und Fuß
`plain`	–	Seitenstil für Kapitelanfänge ganz ohne Kolumnentitel
`headings`	–	Seitenstil für automatische Kolumnentitel
`myheadings`	–	Seitenstil für manuelle Kolumnentitel

Wie in diesem Beispiel zu sehen ist, kann eine eventuell geforderte Schriftumschaltung in bei KOMA-Script gewohnter Weise erreicht werden. Da sich die Schriftumschaltung für das Schlüsselwort aber auch auf die Trennzeichen auswirkt, kann es eventuell erforderlich sein, die Schriftumschaltung dafür explizit aufzuheben.

Gedacht war die Umgebung ursprünglich für Strukturen wie »Voraussetzung, Aussage, Beweis« oder »Gegeben, Gesucht, Lösung«, wie man sie in Vorlesungsskripten häufiger findet. Inzwischen findet die Umgebung aber ganz unterschiedliche Anwendungen. So wurde die Umgebung für Beispiele in dieser Anleitung mit Hilfe der `labeling`-Umgebung definiert.

```
\begin{verse}
  ...
\end{verse}
```

Die `verse`-Umgebung wird normalerweise nicht als Listenumgebung wahrgenommen, da hier nicht mit `\item` gearbeitet wird. Stattdessen wird wie innerhalb der `flushleft`-Umgebung mit festen Zeilenumbrüchen gearbeitet. Intern handelt es sich jedoch sowohl bei den Standardklassen als auch bei KOMA-Script durchaus um eine Listenumgebung.

Die `verse`-Umgebung findet hauptsächlich für Gedichte Anwendung. Dabei werden die Zeilen links und rechts eingezogen. Einzelne Verse werden mit einem festen Zeilenumbruch, also mit `\\` beendet. Strophen werden ganz normal als Absatz gesetzt, also durch eine Leerzeile getrennt. Häufig findet stattdessen auch `\medskip` oder `\bigskip` Verwendung. Will man verhindern, dass am Ende eines Verses ein Seitenumbruch erfolgt, so verwendet man ganz normal `\\*` an Stelle von `\\`.

Beispiel: Als Beispiel ein kurzes Gedicht von Wilhelm Busch:

```
\begin{verse}
  Wenn einer, der mit Mühe kaum\\*
  Gekrochen ist auf einen Baum,\\*
  Schon meint, dass er ein Vogel wär,\\*
  So irrt sich der.
\end{verse}
```

Mit dem Resultat:

Wenn einer, der mit Mühe kaum
Gekrochen ist auf einen Baum,
Schon meint, dass er ein Vogel wär,
So irrt sich der.

Bei einem sehr langen Vers wie:

```
\begin{verse}
  Der Philosoph wie der Hausbesitzer hat
  immer Reparaturen.\\*
  \bigskip
  Wer dir sagt, er hätte noch nie gelogen,
  dem traue nicht, mein Sohn.
\end{verse}
```

bei dem ein Zeilenumbruch innerhalb des Verses erfolgt:

> Der Philosoph wie der Hausbesitzer hat
> immer Reparaturen.
>
> Wer dir sagt, er hätte noch nie gelogen,
> dem traue nicht, mein Sohn.

kann mit * allerdings nicht verhindert werden, dass am Zeilenumbruch auch ein Seitenumbruch erfolgt. Um dies zu erreichen, müsste innerhalb der ersten Zeile zusätzlich ein \nopagebreak eingefügt werden:

```
\begin{verse}
  Der Philosoph wie der Hausbesitzer\nopagebreak{}
  hat immer Reparaturen.\\
  \bigskip
  Wer dir sagt, er hätte noch nie\nopagebreak{}
  gelogen, dem traue nicht, mein Sohn.
\end{verse}
```

Hier noch zwei Sprüche, die man immer bedenken sollte, wenn man mit scheinbar seltsamen Fragen zu LaTeX oder den dazugehörigen Antworten konfrontiert ist:

```
\begin{verse}
  Wir mögen's keinem gerne gönnen,\\*
  Dass er was kann, was wir nicht können.\\
  \bigskip
  Wie klein ist das, was einer ist,\\*
  Wenn man's mit seinem Dünkel misst.
\end{verse}
```

> Wir mögen's keinem gerne gönnen,
> Dass er was kann, was wir nicht kön-
> nen.
>
> Wie klein ist das, was einer ist,
> Wenn man's mit seinem Dünkel misst.

In diesen Beispielen wurde übrigens jeweils \bigskip verwendet, um zwei Sprüche voneinander zu trennen.

```
\begin{quote}
  ...
\end{quote}
\begin{quotation}
  ...
\end{quotation}
```

Diese beiden Umgebungen sind intern ebenfalls Listenumgebungen und sowohl bei den Standardklassen als auch bei KOMA-Script zu finden. Beide Umgebungen setzen Blocksatz, der rechts und links eingezogen ist. Verwendet werden die Umgebungen häufig, um längere Zitate abzusetzen. Der Unterschied zwischen beiden liegt in der Art und Weise, wie Absätze abgesetzt werden. Während bei `quote` Absätze durch vertikalen Abstand gekennzeichnet werden, wird bei `quotation` mit horizontalem Einzug der ersten Zeile eines Absatzes gearbeitet. Dies gilt auch für den ersten Absatz einer `quotation`-Umgebung, außer es wird `\noindent` vorangestellt.

Beispiel: Sie wollen eine kleine Anekdote hervorheben. Also schreiben Sie unter Verwendung der Umgebung `quotation`:

```
\documentclass[paper=a5,pagesize]{scrartcl}
\usepackage{selinput}
\SelectInputMappings{adieresis={ä},germandbls={ß}}
\usepackage[ngerman]{babel}
\begin{document}
Ein kleines Beispiel für eine Anekdote, die sich
einst in Schwaben zugetragen haben soll:
\begin{quotation}
  Es klingelt an der Tür eines Pfarrhauses in
  Stuttgart. Als die Haushälterin öffnet, steht
  ein unrasierter Mann in reichlich schäbigem
  Mantel vor der Tür und hält seine Strickmütze
  in der Hand.

  "`Gute Frau,"' verkündet der Mann in gequältem
  Ton, doch bestem Hochdeutsch,
  "`ich habe seit drei Tagen nichts mehr
  gegessen."'

  Die Frau schüttelt mitleidig den Kopf und
  entgegnet im Brustton vollster Überzeugung:

  "`Guda Moh, Sie missat sich halt zwinga!"'
\end{quotation}
\end{document}
```

Das Ergebnis könnte dann so aussehen:

> Ein kleines Beispiel für eine Anekdote, die sich einst in Schwaben zugetragen haben soll:
>
> > Es klingelt an der Tür eines Pfarrhauses in Stuttgart. Als die Haushälterin öffnet, steht ein unrasierter Mann in reichlich schäbigem Mantel vor der Tür und hält seine Strickmütze in der Hand.
> > „Gute Frau," verkündet der Mann in gequältem Ton, doch bestem Hochdeutsch, „ich habe seit drei Tagen nichts mehr gegessen."
> > Die Frau schüttelt mitleidig den Kopf und entgegnet im Brustton vollster Überzeugung:
> > „Guda Moh, Sie missat sich halt zwinga!"

Zum Vergleich sei das Ganze an Stelle von `quotation` auch noch mit einer `quote`-Umgebung gezeigt:

> Ein kleines Beispiel für eine Anekdote, die sich einst in Schwaben zugetragen haben soll:
>
> > Es klingelt an der Tür eines Pfarrhauses in Stuttgart. Als die Haushälterin öffnet, steht ein unrasierter Mann in reichlich schäbigem Mantel vor der Tür und hält seine Strickmütze in der Hand.
> >
> > „Gute Frau," verkündet der Mann in gequältem Ton, doch bestem Hochdeutsch, „ich habe seit drei Tagen nichts mehr gegessen."
> >
> > Die Frau schüttelt mitleidig den Kopf und entgegnet im Brustton vollster Überzeugung:
> >
> > „Guda Moh, Sie missat sich halt zwinga!"

```
\begin{addmargin}[linker Einzug]{Einzug}
  ...
\end{addmargin}
\begin{addmargin*}[innerer Einzug]{Einzug}
  ...
\end{addmargin*}
```

Wie bei `quote` und `quotation` handelt es sich bei `addmargin` um eine Umgebung, die den Rand verändert. Im Unterschied zu den beiden erstgenannten Umgebungen kann der Anwender jedoch bei `addmargin` wählen, um welchen Wert der Rand verändert werden kann. Des Weiteren verändert die Umgebung den Absatzeinzug und den Absatzabstand nicht. Es wird auch kein zusätzlicher vertikaler Abstand vor und nach der Umgebung eingefügt.

Ist nur das obligatorische Argument *Einzug* angegeben, so wird der Inhalt der Umgebung rechts und links um diesen Wert eingezogen. Ist das optionale Argument *linker Einzug* hingegen angegeben, so wird links abweichend von *Einzug* der Wert *linker Einzug* zum Rand addiert.

Die Sternvariante `addmargin*` unterscheidet sich nur im doppelseitigen Satz von der Variante ohne Stern, wobei der Unterschied auch nur dann auftritt, wenn das optionale Argument *innerer Einzug* verwendet wird. Dabei wird dann der Wert von *innerer Einzug* zum inneren Randanteil der Seite addiert. Dies ist bei rechten Seiten der linke Rand der Seite, bei linken Seiten jedoch der rechte Rand der Seite. *Einzug* gilt dann für den jeweils anderen Rand.

Bei beiden Varianten der Umgebung sind für alle Parameter auch negative Werte erlaubt. Damit kann man erreichen, dass die Umgebung in den Rand hineinragt.

Beispiel: Angenommen, Sie schreiben eine Anleitung mit kurzen Quellcode-Beispielen. Um diese sehr stark hervorzuheben, sollen sie mit horizontalen Linien vom Text abgesetzt und leicht in den äußeren Rand verschoben werden. Sie definieren sich dafür zunächst eine Umgebung:

```
\newenvironment{QuellcodeRahmen}{%
  \begin{addmargin*}[1em]{-1em}%
    \begin{minipage}{\linewidth}%
      \rule{\linewidth}{2pt}%
}{%
    \rule[.25\baselineskip]{\linewidth}{2pt}%
    \end{minipage}%
  \end{addmargin*}%
}
```

Zur Demonstration sei die Definition der Umgebung in der Umgebung selbst gesetzt:

```
\newenvironment{\QuellcodeRahmen}{%
  \begin{addmargin*}[1em]{-1em}%
    \begin{minipage}{\linewidth}%
      \rule{\linewidth}{2pt}%
}{%
    \rule[.25\baselineskip]{\linewidth}{2pt}%
    \end{minipage}%
  \end{addmargin*}%
}
```

Nicht zwingend schön, aber es zeigt den Nutzen.

Das optionale Argument der addmargin*-Umgebung sorgt dafür, dass der innere Rand um den Wert 1 em vergrößert wird. Dafür wird der äußere Rand um den negativen Wert vergrößert, also in Wirklichkeit um 1 em verkleinert. Dies resultiert in einer Verschiebung um 1 em nach außen. Selbstverständlich kann statt 1em auch eine Länge, beispielsweise 2\parindent, verwendet werden.

Ob eine Seite eine linke oder eine rechte Seite ist, kann übrigens beim ersten LaTeX-Durchlauf nicht zuverlässig festgestellt werden. Siehe dazu die Erklärungen zu den Anweisungen \ifthispageodd (Abschnitt 3.11, Seite 92) und \ifthispagewasodd (Abschnitt 21.1, Seite 517).

Im Zusammenspiel von Umgebungen wie Listen mit Absätzen ergeben sich für Laien häufiger Fragen. Daher widmet sich die weiterführende Erklärung zu Option parskip in Abschnitt 21.1, Seite 513 auch diesem Thema. Ebenfalls im Expertenteil in Abschnitt 21.1, Seite 520 wird die Problematik von mehrseitigen addmargin*-Umgebungen behandelt.

3.19. Mathematik

Die KOMA-Script-Klassen stellen keine eigenen Umgebungen für mathematische Formeln, Gleichungssysteme oder ähnliche Elemente der Mathematik bereit. Stattdessen stützt sich KOMA-Script im Bereich der Mathematik voll und ganz auf den LaTeX-Kern. Dies gilt auch für die Realisierung der beiden Optionen leqno und fleqn.

Auf eine Beschreibung der Mathematikumgebungen des LaTeX-Kerns, also displaymath, equation und eqnarray, wird an dieser Stelle verzichtet. Wer diese verwenden möchte, sei auf [DGS+12] verwiesen. Für mehr als nur einfachste mathematische Formeln und Gleichungen sei jedoch die Verwendung von Paket amsmath empfohlen (siehe [Ame02]).

Tipp!

`leqno`

Gleichungen werden normalerweise auf der rechten Seite nummeriert. Mit Hilfe der Standardoption leqno wird die Standardoptionsdatei leqno.clo geladen. Dadurch erfolgt die Nummerierung von Gleichungen links. Diese Option ist als optionales Argument von \documentclass zu verwenden. Eine Einstellung per \KOMAoptions oder \KOMAoption wird nicht unterstützt. Dies wäre auch deshalb nicht sinnvoll, weil das für den Mathematiksatz empfohlene Paket

Achtung!

amsmath ebenfalls nur beim Laden, nicht aber zur Laufzeit auf diese Option reagieren kann.

`fleqn`

Gleichungen werden normalerweise horizontal zentriert ausgegeben. Mit Hilfe der Standardoption `fleqn` wird die Standardoptionsdatei `fleqn.clo` geladen. Dadurch erfolgt die Ausgabe von Gleichungen linksbündig. Diese Option ist als optionales Argument von `\documentclass` zu verwenden. Eine Einstellung per `\KOMAoptions` oder `\KOMAoption` wird nicht unterstützt. Dies wäre auch deshalb nicht sinnvoll, weil das für den Mathematiksatz empfohlene Paket amsmath ebenfalls nur beim Laden, nicht aber zur Laufzeit auf diese Option reagieren kann. *Achtung!*

3.20. Gleitumgebungen für Tabellen und Abbildungen

LaTeX bietet mit den Gleitumgebungen einen sehr leistungsfähigen und komfortablen Mechanismus für die automatische Anordnung von Abbildungen und Tabellen. Genau genommen sollte von »Tafeln« statt von »Tabellen« die Rede sein. Dies wäre auch zur Unterscheidung der Umgebungen `table` und `tabular` von Vorteil. Es hat sich im Deutschen aber für beides die Bezeichnung »Tabelle« eingebürgert. Das kommt vermutlich daher, dass man in `table`-Umgebungen üblicherweise `tabular`-Umgebungen setzt, auch wenn dies keineswegs zwingend ist.

Häufig werden die Gleitumgebungen von Anfängern nicht richtig verstanden. So wird oft die Forderung aufgestellt, eine Tabelle oder Abbildung genau an einer bestimmten Position im Text zu setzen. Dies ist jedoch nicht erforderlich, da auf Gleitumgebungen im Text über eine Referenz verwiesen wird. Es ist auch nicht sinnvoll, da ein solches Objekt an einer Stelle nur dann gesetzt werden kann, wenn auf der Seite noch genügend Platz für das Objekt vorhanden ist. Ist dies nicht der Fall, müsste das Objekt auf die nächste Seite umbrochen werden und auf der aktuellen Seite würde ein möglicherweise sehr großer leerer Raum bleiben. *Achtung!*

Häufig findet sich in einem Dokument auch bei jedem Gleitobjekt das gleiche optionale Argument zur Platzierung des Objekts. Auch dies ist nicht sinnvoll. In solchen Fällen sollte man besser den Standardwert global ändern. Näheres dazu ist [Wik] zu entnehmen. *Achtung!*

Achtung! Ein wichtiger Hinweis sei diesem Abschnitt noch vorangestellt: Die meisten Mechanismen, die hier vorgestellt werden und über die Fähigkeiten der Standardklassen hinaus gehen, funktionieren nicht mehr, wenn Sie ein Paket verwenden, das in die Generierung von Tabellen- und Abbildungstiteln eingreift und deren Aussehen verändert. Dies sollte selbstverständlich sein, wird aber leider häufig nicht bedacht.

`captions=`*`Einstellung`*

Bei den Standardklassen werden die Titel von Gleitumgebungen, die mit der Anweisung `\caption` (siehe unten) gesetzt werden, als Unterschrift formatiert. Darüber hinaus wird zwischen ein- und mehrzeiligen Unterschriften unterschieden, wobei einzeilige Unterschriften horizontal zentriert werden.

Tabellen werden jedoch häufig mit Überschriften statt mit Unterschriften versehen. Das liegt daran, dass es auch Tabellen geben kann, die sich über mehrere Seiten erstrecken. Bei solchen Tabellen möchte man natürlich bereits auf der ersten Seite wissen, worum es sich handelt. Darüber hinaus werden Tabellen zeilenweise von oben nach unten gelesen. Damit gibt es mindestens zwei gute Gründe, in der Regel alle Tabellen mit Überschriften zu versehen. KOMA-Script bietet daher mit der Einstellung `captions=tableheading` die
`captions=tableheading` Möglichkeit, bei Tabellen die Formatierung auf Überschriften zu ändern.

Achtung! Es sei an dieser Stelle darauf hingewiesen, dass mehrseitige Tabellen nicht als Gleitumgebungen gesetzt werden können. Für den automatischen Seitenumbruch von Tabellen werden außerdem Zusatzpakete wie longtable (siehe [Car04]) oder tabu (siehe [Che11]) benötigt.

`captions=tablesignature` Mit der Einstellung `captions=tablesignature` wird wieder die Voreinstellung der Formatierung als Tabellenunterschrift gewählt.
Achtung! Es sei an dieser Stelle darauf hingewiesen, dass die beiden Werte lediglich die Formatierung ändern. Der Ort, an dem die Über- oder Unterschrift gesetzt wird, hängt bei den Gleitumgebungen von KOMA-Script allein vom Ort ab, an dem die Anweisung `\caption` verwendet wird. Dies ändert sich jedoch bei Verwendung des Pakets
`\restylefloat` float mit der Anweisung `\restylefloat` (siehe [Lin01]).

Natürlich existiert mit den Optionen `captions=figureheading` und `captions=figuresignature` auch die entsprechende Funktion für Abbildungen. Allerdings werden Abbildungen in der Regel wie im Falle von Fotos eher als Ganzes und im Falle von Diagrammen oder Graphen eher von unten links her betrachtet. In den wenigsten Fällen dürfte es daher sinnvoll sein, nur bei Abbildungen die Formatierung von Unterschriften in Überschriften zu ändern.

Manchmal wird jedoch gewünscht, alle Gleitumgebungen mit Überschriften zu versehen. Daher gibt es bei KOMA-Script die Einstellung Optionen `captions=heading` und die umgekehrte Einstellung `captions=signature`, mit der man die Formatierungen aller Gleitumgebungen entsprechend ändern kann. Diese entfalten ihre Wirkung auch noch, wenn sie innerhalb einer Gleitumgebung verwendet werden. `captions=heading` `captions=signature`

Bitte beachten Sie, dass bei Verwendung des float-Pakets die Einstellungen von Unterschriften oder Überschriften nicht mehr funktionieren, sobald Sie `\restylefloat` auf Tabellen oder Abbildungen anwenden. Näheres zum float-Paket und `\restylefloat` entnehmen Sie bitte [Lin01]. Die zusätzliche Unterstützung, die KOMA-Script bei Verwendung des float-Pakets bietet, finden Sie bei der Erklärung zu komaabove (siehe Seite 157). *Achtung!* float

Bei KOMA-Script besteht darüber hinaus auch die Möglichkeit, mit der Einstellung `captions=nooneline` die Unterscheidung zwischen ein- und mehrzeiligen Über- bzw. Unterschriften abzuschalten. Dies ist beispielsweise dann wichtig, wenn man keine Zentrierung wünscht. Die Voreinstellung, bei der einzeilige Über- und Unterschriften automatisch horizontal zentriert werden, entspricht der Einstellung `captions=oneline`. `captions=nooneline`

Als Besonderheit bietet KOMA-Script innerhalb von Gleitumgebungen die Möglichkeit, den Titel statt als Über- oder Unterschrift neben den eigentlichen Inhalt zu setzen. Die dazu notwendige Umgebung `captionsbeside` ist ab Seite 153 erklärt. Die Einstellungen für diese Umgebung können ebenfalls mit der Option `captions` geändert werden. Die dabei möglichen Werte für die jeweilige *`Einstellung`* sind Tabelle 3.17 zu entnehmen. `captionbeside`

Tabelle 3.17.: Mögliche Werte für Option `captions` zur Einstellung der Formatierung von Über- und Unterschriften in Gleitumgebungen

`bottombeside`, `besidebottom`
: Gleitumgebungstitel der Umgebung `captionsbeside` (siehe Abschnitt 3.20, Seite 153) werden mit der untersten Grundlinie auf Höhe der untersten Grundlinie des Inhalts der Gleitumgebung ausgerichtet.

`centeredbeside`, `besidecentered`, `middlebeside`, `besidemiddle`
: Gleitumgebungstitel der Umgebung `captionsbeside` (siehe Abschnitt 3.20, Seite 153) werden zum Inhalt der Gleitumgebung vertikal zentriert ausgerichtet.

...

Tabelle 3.17.: Mögliche Werte für Option `captions` (*Fortsetzung*)

`figureheading`, `figureabove`, `abovefigure`, `topatfigure`
: Bei Abbildungen wird (ggf. abweichend von `captions=signature`) die Formatierung als Überschrift gewählt.

`figuresignature`, `figurebelow`, `belowfigure`, `bottomatfigure`
: Bei Abbildungen wird (ggf. abweichend von `captions=heading`) die Formatierung als Unterschrift gewählt.

`heading`, `above`, `top`
: Gleitumgebungstitel werden als Überschriften formatiert. Dies hat jedoch keinen Einfluss darauf, ob sie über oder unter der Gleitumgebung platziert werden. Die Option impliziert auch `captions=tableheading` und `captions=figureheading`.

`innerbeside`, `besideinner`
: Gleitumgebungstitel der Umgebung `captionsbeside` (siehe Abschnitt 3.20, Seite 153) werden bei doppelseitigem Satz in der Voreinstellung innen neben dem Inhalt der Gleitumgebung gesetzt. Dies entspricht im einseitigen Satz `captions=leftbeside`.

`leftbeside`, `besideleft`
: Gleitumgebungstitel der Umgebung `captionsbeside` (siehe Abschnitt 3.20, Seite 153) werden in der Voreinstellung links neben dem Inhalt der Gleitumgebung gesetzt.

`nooneline`
: Einzeilige Über- und Unterschriften von Gleitumgebungen werden nicht gesondert, sondern genau wie mehrzeilige behandelt.

`oneline`
: Einzeilige Über- und Unterschriften von Gleitumgebungen werden gesondert behandelt, um sie horizontal zu zentrieren.

`outerbeside`, `besideouter`
: Gleitumgebungstitel der Umgebung `captionsbeside` (siehe Abschnitt 3.20, Seite 153) werden bei doppelseitigem Satz in der Voreinstellung außen neben dem Inhalt der Gleitumgebung gesetzt. Dies entspricht im einseitigen Satz `captions=rightbeside`.

`rightbeside`, `besideright`
: Gleitumgebungstitel der Umgebung `captionsbeside` (siehe Abschnitt 3.20, Seite 153) werden in der Voreinstellung rechts neben dem Inhalt der Gleitumgebung gesetzt.

...

Tabelle 3.17.: Mögliche Werte für Option `captions` (*Fortsetzung*)

`signature`, `below`, `bot`, `bottom`
: Gleitumgebungstitel werden als Unterschriften formatiert. Dies hat jedoch keinen Einfluss darauf, ob sie über oder unter der Gleitumgebung platziert werden. Die Option impliziert auch `captions=tablesignature` und `captions=figuresignature`.

`tableheading`, `tableabove`, `abovetable`, `abovetabular`, `topattable`
: Bei Tabellen wird (ggf. abweichend von `captions=signature`) die Formatierung als Überschrift gewählt.

`tablesignature`, `belowtable`, `belowtabular`, `bottomattable`
: Bei Tabellen wird (ggf. abweichend von `captions=heading`) die Formatierung als Unterschrift gewählt.

`topbeside`, `besidetop`
: Gleitumgebungstitel der Umgebung `captionsbeside` (siehe Abschnitt 3.20, Seite 153) werden mit der obersten Grundlinie auf Höhe der obersten Grundlinie des Inhalts der Gleitumgebung ausgerichtet.

```
\caption[Verzeichniseintrag]{Titel}
\captionbelow[Verzeichniseintrag]{Titel}
\captionabove[Verzeichniseintrag]{Titel}
```

Tabellen und Abbildungen werden bei den Standardklassen mit Hilfe der Anweisung `\caption` mit einem *`Titel`* in Form einer Unterschrift versehen. Bei Abbildungen ist dies grundsätzlich korrekt. Bei Tabellen wird gestritten, ob der *`Titel`* als Überschrift über oder konsistent mit der Bildunterschrift unter die Tabelle gehört. Daher bietet KOMA-Script im Gegensatz zu den Standardklassen die Anweisungen `\captionbelow` für *`Titel`* in Form von Unterschriften und `\captionabove` für *`Titel`* in Form von Überschriften.

KOMA-Script vs. Standardklassen

Sowohl bei Tabellen als auch bei Abbildungen oder generell für alle Gleitumgebungen lässt sich das Verhalten von `\caption` mit der Option `captions` steuern, die am Anfang dieses Abschnitts zu finden ist. Aus Gründen der Kompatibilität ist voreingestellt, dass sich `\caption` bei allen Gleitumgebungen wie `\captionbelow` verhält. Es wird jedoch empfohlen, Tabellenüberschriften zu verwenden und auf die Formatierung mit `captions=tableheading` entsprechend umzustellen oder bei Tabellen auf `\captionabove` zurück zu greifen.

Tipp!

Beispiel: Sie wollen mit Tabellenüberschriften statt mit Tabellenunterschriften arbeiten, weil Sie teilweise Tabellen haben, die über mehr als eine Seite gehen. Mit den Standardklassen bliebe Ihnen nur die Möglichkeit:

```
\begin{table}
  \caption{Dies ist nur eine Beispieltabelle}
  \begin{tabular}{llll}
    Dies & ist & ein & Beispiel.\\\hline
    Bitte & lassen & Sie & den \\
    Inhalt & dieser & Tabelle & unbeachtet.
  \end{tabular}
\end{table}
```

Damit hätten Sie das unschöne Ergebnis:

Tabelle 30.2: Dies ist nur eine Beispieltabelle

Dies	ist	ein	Beispiel.
Bitte	lassen	Sie	den
Inhalt	dieser	Tabelle	unbeachtet.

Bei KOMA-Script schreiben Sie hingegen:

```
\begin{table}
  \captionabove{Dies ist nur eine Beispieltabelle}
  \begin{tabular}{llll}
    Dies & ist & ein & Beispiel.\\\hline
    Bitte & lassen & Sie & den \\
    Inhalt & dieser & Tabelle & unbeachtet.
  \end{tabular}
\end{table}
```

Sie erhalten dann das gewünschte Ergebnis:

Tabelle 30.2: Dies ist nur eine Beispieltabelle

Dies	ist	ein	Beispiel.
Bitte	lassen	Sie	den
Inhalt	dieser	Tabelle	unbeachtet.

Da Sie konsequent nicht nur eine, sondern alle Tabellen mit Überschriften versehen, können Sie stattdessen auch die Option `captions=tableheading` setzen (siehe Seite 146). Dann genügt es, wenn Sie wie bei den Standardklassen `\caption` verwenden. Sie erhalten trotzdem das Ergebnis von `\captionabove`.

Die Schriftart für die Beschreibung und das Label – »Abbildung« oder »Tabelle« gefolgt von der Nummer und einem Trennzeichen – kann über die Anweisungen `\setkomafont` und `\addtokomafont` (siehe Abschnitt 3.6, Seite 70) verändert werden. Zuständig sind hier die Elemente `caption` und `captionlabel` (siehe Tabelle 3.2, Seite 71). Dabei wird die Schriftart für das Element `caption` zunächst auch auf das Element `captionlabel` angewandt, bevor des-

Tabelle 3.18.: Voreinstellungen der Schrift für die Elemente der Tabellen- oder Abbildungsunterschrift bzw. -überschrift

Element	Voreinstellung
`caption`	`\normalfont`
`captionlabel`	`\normalfont`

sen spezifische Schriftart Anwendung findet. Die Vorbelegungen sind Tabelle 3.18 zu entnehmen.

Beispiel: Sie wollen, dass Tabellen- und Abbildungsbeschreibungen in einer kleineren Schriftart gesetzt werden. Also setzen Sie beispielsweise in der Präambel Ihres Dokuments:

```
\addtokomafont{caption}{\small}
```

Außerdem hätten Sie gerne, dass das Label serifenlos und fett gedruckt wird. Sie setzen also außerdem:

```
\setkomafont{captionlabel}{\sffamily\bfseries}
```

Das Ergebnis wäre bei Verwendung von `\addtokomafont` in diesem Fall übrigens gleich.

```
\captionof{Objekttyp}[Verzeichniseintrag]{Titel}
\captionaboveof{Objekttyp}[Verzeichniseintrag]{Titel}
\captionbelowof{Objekttyp}[Verzeichniseintrag]{Titel}
```

Ähnlich wie die Pakete caption und capt-of bietet auch KOMA-Script die Anweisung `\captionof` mit der man auch außerhalb einer Gleitumgebung oder in einer fremden Gleitumgebung einen entsprechenden Titel mit Eintrag in das jeweilige Verzeichnis setzen kann. Dabei muss im Gegensatz zu `\caption` die Art des Gleitobjekts als zusätzliches erstes Argument angegeben werden.

Darüber hinaus bietet KOMA-Script zusätzlich auch die Anweisungen `\captionaboveof` und `\captionbelowof`. Diese dienen als Gegenstücke zu `\captionabove` und `\captionbelow`.

Selbstverständlich berücksichtigt `\captionof` auch die Einstellungen von Option `captions` bezüglich der Formatierung des Titels als Über- oder Unterschrift. Diese Fähigkeit geht jedoch eventuell durch das Laden von Paketen wie capt-of oder caption verloren. Bei Verwendung von caption ist die Anleitung zu diesem Paket zu beachten!

Beispiel: Angenommen, Sie wollen ein Gleitobjekt erstellen, bei dem eine Tabelle und eine Abbildung nebeneinander stehen. Da es keine gemischten Gleitobjekte gibt, verwenden Sie primär eine `figure`-Umgebung:

```
\begin{figure}
  \begin{minipage}{.5\linewidth}
    \centering
    \rule{4cm}{3cm}
    \caption{Ein Rechteck}\label{fig:rechteck}
  \end{minipage}%
  \begin{minipage}{.5\linewidth}
    \centering
    \captionaboveof{table}
    [Maße des Rechtecks aus
      Abbildung~\ref{fig:rechteck}]%
    {Rechtecksmaße}
    \label{tab:rechteck}
    \begin{tabular}{ll}
      Breite: & 4\,cm\\
      Höhe:   & 3\,cm
    \end{tabular}
  \end{minipage}
\end{figure}
```

Achtung!

Um Abbildung und Tabelle nebeneinander zu setzen, wurden zwei minipage-Umgebungen verwendet. Wichtig ist hier das Prozentzeichen nach der ersten minipage, ohne das ein zusätzlicher Wortabstand zwischen die beiden minipage-Umgebungen gesetzt würde.

Die Abbildungsunterschrift wurde mit \caption gesetzt. Für die Tabellenüberschrift wurde \captionaboveof verwendet. Als erstes Argument wurde table angegeben. Dadurch weiß KOMA-Script, dass es sich trotz figure-Umgebung um eine Tabellenüberschrift handelt.

Das optionale Argument von \captionaboveof setzt den Eintrag in das Tabellenverzeichnis. Ohne das optionale Argument würde der als letztes Argument angegebene Titel ebenfalls in das Tabellenverzeichnis geschrieben. Während dieser Titel im Gleitobjekt selbst völlig ausreichend ist, wäre er jedoch im Tabellenverzeichnis wenig aussagekräftig. Daher wird hier für das Verzeichnis ein abweichender Titel über das optionale Argument verwendet. Das Ergebnis der Bemühungen zeigt Abbildung 3.3.

In gleicher Weise, wie in obigem Beispiel eine Tabelle innerhalb einer Abbildungsumgebung gesetzt und mit einem Titel versehen wird, könnte man auch eine nicht gleitende Tabelle außerhalb jeder Gleitumgebung setzen. Auch dabei sollte in der Regel eine minipage verwendet werden, um zu verhindern, dass zwischen Überschrift

Abbildung 3.2.: Ein Rechteck

Tabelle 3.19.: Rechteckmaße

Breite:	4 cm
Höhe:	3 cm

Abbildung 3.3.: Verwendung von `\captionaboveof` innerhalb einer fremden Gleitumgebung

und Tabelle ein Seitenumbruch erfolgen kann. Zusätzlich sollte man die `minipage` dann noch in eine `flushleft`-Umgebung einbetten, um einerseits einen gefälligen Abstand zum Text davor und dahinter zu erreichen, und andererseits den Absatzeinzug vor der `minipage` zu verhindern.

```
\begin{captionbeside}[Verzeichnistitel]{Titel}%
                     [Anordnung][Breite][Offset]
  ...
\end{captionbeside}
\begin{captionbeside}[Verzeichnistitel]{Titel}%
                     [Anordnung][Breite][Offset]*
  ...
\end{captionbeside}
```

Neben den Unter- und Überschriften findet man insbesondere bei kleineren Abbildungen häufiger Beschreibungen, die neben der Abbildung gesetzt werden. Dabei schließt normalerweise die Unterkante der Beschreibung mit der Unterkante der Abbildung ab. Natürlich kann man mit etwas Geschick und beispielsweise zwei `\parbox`-Anweisungen dergleichen auch in den Standardklassen erreichen. KOMA-Script bietet jedoch eine spezielle Umgebung. Diese Umgebung kann innerhalb der Gleitumgebungen verwendet werden. Der erste optionale Parameter *`Verzeichnistitel`* und der obligatorische Parameter *`Titel`* entsprechen dabei genau den gleichnamigen Parametern von `\caption`, `\captionabove` oder `\captionbelow`. Der *`Titel`* wird dabei neben den Inhalt der Umgebung gesetzt.

Ob der *`Titel`* rechts oder links daneben gesetzt wird, kann mit dem optionalen Parameter *Anordnung* bestimmt werden. Es darf genau einer der folgenden Buchstaben angegeben werden:

`l` – links
`r` – rechts
`i` – innen: auf rechten Seiten links, auf linken Seiten rechts
`o` – außen: auf rechten Seiten rechts, auf linken Seiten links

Voreingestellt ist rechts neben dem Inhalt der Umgebung. Diese Voreinstellung kann jedoch mit der Option `captions` (siehe Seite 146) und deren Werte `innerbeside`, `leftbeside`, `outerbeside` und `rightbeside` verändert werden. Bei Verwendung der Anordnung außen oder innen werden unter Umständen zwei LaTeX-Läufe benötigt, um die korrekte Anordnung zu erreichen.

captions

Normalerweise nehmen der Inhalt der Umgebung und der *`Titel`* die gesamte verfügbare Breite ein. Es besteht jedoch die Möglichkeit, mit dem optionalen Parameter *`Breite`* eine andere Breite anzugeben. Diese kann auch größer als die Breite des Textkörpers sein.

Bei Angabe einer *`Breite`* wird die genutzte Breite normalerweise bezüglich der Breite des Textkörpers zentriert. Mit dem optionalen Argument *`Offset`* kann stattdessen eine Verschiebung relativ zum linken Rand angegeben werden. Ein positiver Wert entspricht einer Verschiebung nach rechts, ein negativer Wert einer Verschiebung nach links. Mit einem *`Offset`* von 0 pt erfolgt die Ausgabe linksbündig.

Wird hinter den optionalen Parameter *`Offset`* noch ein Stern gesetzt, so stellt der *`Offset`* im doppelseitigen Druck auf linken Seiten eine Verschiebung relativ zum rechten Rand dar. Ein positiver Wert entspricht dann einer Verschiebung nach außen, während ein negativer Wert für eine Verschiebung nach innen steht. Ein *`Offset`* von 0 pt wäre dann also bündig zum inneren Rand. Diese Variante benötigt unter Umständen zwei LaTeX-Durchläufe, um die korrekte Verschiebung zu erreichen.

Vertikal erfolgt die Ausrichtung in der Voreinstellung unten. Das bedeutet, dass die untere Grundlinie des Inhalts des Gleitobjekts und die untere Grundlinie von *`Titel`* auf einer Höhe liegen. Diese Einstellung kann mit der Option `captions` (siehe Seite 146) und deren Werte `topbeside`, `centeredbeside` und `bottombeside` verändert werden. Bei der Einstellung `topbeside` werden die oberen Grundlinien von Gleitobjektinhalt und *`Titel`* auf einer Höhe ausgerichtet, während bei `centeredbeside` eine Zentrierung stattfindet. In diesem Zusammenhang sei erwähnt, dass Abbildungen normalerweise die Grundlinie unten haben. Dies kann beispielsweise mit der Anweisung `\raisebox` verändert werden.

Beispiel: Ein Beispiel für die Verwendung der `captionbeside`-Umgebung ist in Abbildung 3.4 zu finden. Gesetzt wurde diese Abbildung mit:

```
\begin{figure}
  \begin{captionbeside}%
    [Beispiel: Bildbeschreibung daneben, unten]%
```

KOMA-Script

Abbildung 3.4.: Eine Bildbeschreibung weder über noch unter der Abbildung, sondern unten daneben

```
      {Eine Bildbeschreibung weder über noch unter
        der Abbildung, sondern unten daneben}%
      [i][\linewidth][%
        \dimexpr\marginparwidth+\marginparsep\relax]*
      \fbox{%
        \parbox[b][5\baselineskip][c]{.25\textwidth}
        {%
          \hspace*{\fill}\KOMAScript
          \hspace*{\fill}\par
        }%
      }
    \end{captionbeside}
    \label{fig:maincls.captionbeside}
  \end{figure}
```

Die Gesamtbreite ist also die aktuell verfügbare Breite `\linewidth`. Diese wird jedoch mit um `\marginparwidth+` `\marginparsep` nach außen verschoben. Der Titel oder die Beschreibung steht innen neben der Abbildung. Damit erscheint die Abbildung selbst bis in die Marginalienspalte in den Rand gerückt.

Die Zentrierung der Bildbeschreibung mit

```
\KOMAoption{captions}{centeredbeside}
```

zeigt Abbildung 3.5. Das ist jedoch sicher keine empfehlswerte Lösung.

Demgegenüber kann die Ausrichtung oben, die bei Abbildung 3.6 zu sehen ist, durchaus verwendet werden. Zur Verdeutlichung, wie man `\raisebox` zur Verschiebung der Grundlinie nutzen kann, sei hier ein komplettes Beispiel

Abbildung 3.5.: Eine Bildbeschreibung weder über noch unter der Abbildung, sondern mittig daneben

KOMA-Script

Abbildung 3.6.: Eine Bildbeschreibung weder über noch unter der Abbildung, sondern oben daneben

angegeben. Eine solche Verschiebung kann man nicht nur bei einer Ersatzgrafik wie zuvor angegeben, sondern auch beispielsweise auf `\includegraphics` (siehe [Car05]) anwenden:

```
\documentclass[captions=topbeside]{scrbook}
\usepackage[ngerman]{babel}
\usepackage{graphics}
\begin{document}
\chapter{Ein Beispiel}
\begin{figure}
  \begin{captionbeside}%
    [Beispiel: Bildbeschreibung daneben, oben]%
    {Eine Bildbeschreibung oben, neben einem
      Beispielbild aus Paket \texttt{mwe}}%
    [i][\linewidth][%
      \dimexpr\marginparwidth+\marginparsep\relax
    ]*
    \raisebox{%
      \dimexpr\baselineskip-\totalheight\relax
    }{%
      \includegraphics{example-image-1x1}%
    }%
  \end{captionbeside}
  \label{fig:maincls.captionbesidetop}
\end{figure}
\end{document}
```

```
\begin{captionofbeside}{Objekttyp}[Verzeichnistitel]{Titel}%
                      [Anordnung][Breite][Offset]
  ...
\end{captionofbeside}
\begin{captionofbeside}{Objekttyp}[Verzeichnistitel]{Titel}%
                      [Anordnung][Breite][Offset]*
  ...
\end{captionofbeside}
```

Wie zu `\caption` mit `\captionof` eine Variante existiert, bei der der *Objekttyp* nicht durch die Verwendung innerhalb einer Gleitumgebung dieses Typs bestimmt wird, so gibt es passend zur Umgebung `captionbeside` mit `captionofbeside` auch eine entsprechende Umgebung. Im Unterschied zu `captionbeside` ist auch hier, dass der *Objekttyp* als zusätzliches, erstes Argument anzugeben ist.

```
komaabove
komabelow
```

Bei Verwendung des float-Pakets wird das Aussehen der damit definierten Gleitumgebungen allein vom *float*-Stil bestimmt. Dies schließt auch die Frage ein, ob mit Überschriften oder Unterschriften gearbeitet wird. Im float-Paket gibt es keinen vordefinierten Stil, der im Aussehen dem von KOMA-Script entspricht und dieselben Einstellmöglichkeiten (siehe unten) bietet. KOMA-Script definiert deshalb zusätzlich die beiden Stile komaabove und komabelow. Diese können bei Verwendung des float-Pakets wie die dort definierten Stile `plain`, `boxed` oder `ruled` aktiviert werden. Siehe dazu [Lin01]. Beim Stil komaabove werden `\caption`, `\captionabove` und `\captionbelow` als Überschrift, beim Stil komabelow als Unterschrift gesetzt. float

```
\captionformat
```

Bei KOMA-Script gibt es verschiedene Eingriffsmöglichkeiten, um die Formatierung der Beschreibung zu ändern. Die Änderung der Schriftart wurde bereits erläutert. Das oder die Trennzeichen zwischen dem Label und dem eigentlichen Beschreibungstext sind im Makro `\captionformat` abgelegt. Abweichend von allen anderen `\...`format-Anweisungen ist hier also nicht der Zähler, sondern nur die auf den Zähler folgenden Angaben enthalten. Die Originaldefinition lautet:

```
\newcommand*{\captionformat}{:\ }
```

Auch diese kann mit `\renewcommand` geändert werden.

Beispiel: Aus mir unerfindlichen Gründen wollen Sie als Trennzeichen keinen Doppelpunkt gefolgt von einem Leerzeichen, sondern einen Gedankenstrich einschließlich der notwendigen Leerzeichen. Daher definieren Sie:

```
\renewcommand*{\captionformat}{~--~}
```

Diese Definition sollten Sie beispielsweise in die Präambel Ihres Dokuments stellen.

```
\figureformat
\tableformat
```

Es wurde schon darauf hingewiesen, dass `\captionformat` keine Formatierung für das Label selbst enthält. Dieses sollte nun keineswegs über Umdefinierung der Anweisungen für die Zählerausgabe, `\thefigure` oder `\thetable`, verändert werden. Eine solche Umdefinierung hätte nämlich auch Auswirkungen auf die Ausgabe von `\ref` oder der Verzeichnisse. Stattdessen bietet KOMA-Script auch hier zwei `\...format`-Anweisungen. Diese sind wie folgt vordefiniert:

```
\newcommand*{\figureformat}{\figurename~\thefigure\autodot}
\newcommand*{\tableformat}{\tablename~\thetable\autodot}
```

Sie können ebenfalls mit `\renewcommand` eigenen Anforderungen angepasst werden.

Beispiel: Hin und wieder wird gewünscht, dass die Beschreibungstexte ganz ohne Label und natürlich auch ohne Trennzeichen ausgegeben werden. Bei KOMA-Script genügen folgende Definitionen, um dies zu erreichen:

```
\renewcommand*{\figureformat}{}
\renewcommand*{\tableformat}{}
\renewcommand*{\captionformat}{}
```

Dabei ist jedoch zu beachten, dass die Nummerierung damit zwar nicht ausgegeben, aber dennoch fortgezählt wird. Dies ist insbesondere dann von Bedeutung, wenn die Umdefinierungen nur auf einzelne `figure`- oder `table`-Umgebungen angewendet werden.

```
\setcapindent{Einzug}
\setcapindent*{XEinzug}
\setcaphanging
```

KOMA-Script vs. Standardklassen

Wie bereits erwähnt wurde, werden in den Standardklassen die Beschreibungen nicht hängend gesetzt. Das heißt: In mehrzeiligen Beschreibungen beginnt die zweite Zeile direkt unter dem Labeltext. Es gibt bei den Standardklassen auch keinen Mechanismus, dies direkt zu beeinflussen. Bei KOMA-Script werden hingegen alle Zeilen ab der zweiten so weit eingerückt, dass diese nicht mehr unter dem Label, »Abbildung ...:« oder »Tabelle ...:«, sondern unter dem eigentlichen Text der ersten Zeile beginnen.

Dieses Verhalten, das der Verwendung von `\setcaphanging` entspricht, kann bei KOMA-Script jederzeit durch Verwendung der Anweisung `\setcapindent` oder `\setcapindent*` geändert werden. Dabei gibt der Parameter *Einzug* an, wie weit ab der zweiten Zeile eingerückt werden soll. Soll nach dem Label und vor dem Beschreibungstext noch ein Zeilenumbruch erfolgen, so definieren Sie die Einrücktiefe *XEinzug* der Beschreibung stattdessen mit der Sternvariante der Anweisung: `\setcapindent*`. Mit einem negativen *Einzug*

KOMA-Script

Abbildung 3.7.: Mit der Standardeinstellung, also wie bei Verwendung von `\setcaphanging`

KOMA-Script

Abbildung 3.8.: Mit teilweise hängendem Einzug ab der zweiten Zeile durch Verwendung von `\setcapindent{1em}`

KOMA-Script

Abbildung 3.9.:
Mit hängendem Einzug ab der zweiten Zeile und Umbruch vor der Beschreibung durch Verwendung von `\setcapindent*{1em}`

KOMA-Script

Abbildung 3.10.:
Mit Einzug lediglich in der zweiten Zeile und einem Umbruch vor der Beschreibung durch Verwendung von `\setcapindent{-1em}`

erreicht man hingegen, dass vor der Beschreibung ebenfalls ein Umbruch erfolgt und nur die erste Zeile der Beschreibung, nicht jedoch die folgenden, um den Betrag von *Einzug* eingerückt werden.

Ob einzeilige Beschreibungen wie mehrzeilige Beschreibungen gesetzt werden oder eine Sonderbehandlung erfahren, wird über die Option `captions` gewählt. Siehe hierzu die Erklärung zu den Werten `oneline` und `nooneline` dieser Option auf Seite 147.

Beispiel: Die Abbildungen 3.7 bis 3.10 zeigen die Auswirkungen unterschiedlicher Einstellungen. Dabei wird deutlich, dass bei geringer Spaltenbreite der komplett hängende Einzug unvorteilhaft ist. Der Quelltext der zweiten Abbildung sei hier mit abgewandelter Unterschrift beispielhaft wiedergegeben:

```
\begin{figure}
  \setcapindent{1em}
  \fbox{\parbox{.95\linewidth}{%
      \centering\KOMAScript}}
  \caption{Beispiel mit teilweise hängendem Einzug
    ab der zweiten Zeile}
\end{figure}
```

Wie zu sehen ist, kann die Formatierung also auch lokal innerhalb der `figure`-Umgebung geändert werden. Die Änderung gilt dann nur für die eine Abbildung. Nachfolgende Abbildungen werden wieder mit den Grundeinstellungen oder den globalen Einstellungen, die Sie beispielsweise in der Dokumentpräambel vorgenommen haben, gesetzt. Das gilt für Tabellen natürlich genauso.

```
\setcapwidth[Ausrichtung]{Breite}
\setcapmargin[Rand links]{Rand}
\setcapmargin*[Rand innen]{Rand}
```

Mit Hilfe dieser drei Befehle kann die Breite und Anordnung der Beschreibung beeinflusst werden. Normalerweise steht die gesamte Text- oder Spaltenbreite für den Text der Beschreibung zur Verfügung.

\setcapwidth

Mit der Anweisung `\setcapwidth` kann diese *Breite* reduziert werden. Dabei gibt das obligatorische Argument die maximale für die Beschreibung verwendete *Breite* an. Als optionales Argument kann genau ein Buchstabe übergeben werden, der die horizontale Ausrichtung der Beschreibung angibt. Die möglichen Ausrichtungen finden Sie in der folgenden Liste.

- `l` – linksbündig
- `c` – zentriert
- `r` – rechtsbündig
- `i` – innen: auf rechten Seiten linksbündig, auf linken Seiten rechtsbündig
- `o` – außen: auf rechten Seiten rechtsbündig, auf linken Seiten linksbündig

Achtung!
longtable

Die Ausrichtung innen und außen entspricht im einseitigen Satz linksbündig und rechtsbündig. Innerhalb von longtable-Tabellen funktioniert die Ausrichtung innen und außen nicht korrekt. Insbesondere werden Beschreibungen von Folgeseiten bei diesen Tabellen immer nach den Beschreibungen der ersten Teiltabelle ausgerichtet. Dies ist ein konzeptionelles Problem des Paketes longtable.

\setcapmargin
\setcapmargin*
Achtung!
longtable

Mit der Anweisung `\setcapmargin` kann statt der Breite der Beschreibung ein *Rand* angegeben werden, der neben der Beschreibung zusätzlich zum normalen Textrand eingehalten werden soll. Sollen der Rand rechts und links nicht identisch gewählt werden, kann mit dem optionalen Argument ein von *Rand* abweichender *Rand links* von der Beschreibung eingestellt werden. Bei der Sternvariante `\setcapmargin*` wird statt *Rand links* im doppelseitigen Satz *Rand innen* abweichend definiert. Hier ergibt sich bei longtable-Tabellen das gleiche Problem wie bei der Ausrichtung außen oder innen bei der Anweisung `\setcapwidth`. Die Verwendung von `\setcapmargin` oder `\setcapmargin*` aktiviert außerdem `captions=nooneline` (siehe Seite 147) für die Beschreibungen, die mit dieser Randeinstellung gesetzt werden.

Man kann übrigens auch negative Werte für *Rand* und *Rand rechts* oder *Rand außen* angeben. Dadurch erreicht man, dass die Beschreibung in den entsprechenden Rand hineinragt. *Tipp!*

Für Experten und versierte Anwender ist eine etwas trickreiche Anwendung für \setcapwidth in Anhang C, Seite 609 zu finden. *Tipp!*

`origlongtable`

Falls die Tabellenüberschriften des longtable-Pakets (siehe [Car04]) von den KOMA-Script-Klassen nicht umdefiniert werden sollen, kann die Option origlongtable gesetzt werden. Diese Option ist als optionales Argument von \documentclass zu verwenden. Eine Einstellung per \KOMAoptions oder \KOMAoption wird nicht unterstützt. *Achtung!*

`listof=`*`Einstellung`*

Normalerweise werden die Verzeichnisse der Gleitumgebungen – wie das Tabellen- und das Abbildungsverzeichnis – nicht nummeriert oder in das Inhaltsverzeichnis aufgenommen. In Abschnitt 3.9 wurde dies bereits näher ausgeführt. Alternativ zu den dort erwähnten Einstellungen toc=nolistof, toc=listof und toc=listofnumbered, kann dieses Verhalten auch aus Sicht der Verzeichnisse selbst gesehen werden. Daher kann man die gleichen Ergebnisse auch mit den Einstellungen listof=notoc, listof=totoc und listof=numbered erreichen.

Dabei werden in der Voreinstellung für die Überschriften der Verzeichnisse die oberste verfügbare Gliederungsebene unterhalb von \part verwendet. Bei scrbook und scrreprt ist das die Kapitelebene, bei scrartcl die Abschnittsebene. Mit Hilfe der Einstellung listof=leveldown kann hingegen die nächst tiefere Gliederungsebene verwendet werden. listof=leveldown

Beispiel: Sie wollen in einem Buch das Abbildungs- und das Tabellenverzeichnis als Unterverzeichnisse eines gemeinsamen Verzeichnisses »Abbildungen und Tabellen« setzen. Dazu verwenden Sie einfach:

```
\KOMAoption{listof}{leveldown}
```

und dann an entsprechender Stelle Ihres Dokuments:

```
\addchap*{Abbildungs- und Tabellenverzeichnis}
\listoffigures
\listoftables
```

Näheres zur Anweisung \addchap* ist Abschnitt 3.16, Seite 121 zu entnehmen.

Normalerweise werden die Verzeichnisse der Gleitumgebungen so formatiert, dass für die Nummer ein Raum fester Breite verwendet wird. Gleichzeitig werden alle Einträge leicht eingezogen. Dies entspricht der Verwendung der Einstellung `listof=graduated`.

Werden die Nummern sehr breit, weil beispielsweise sehr viele Tabellen verwendet werden, so reicht der vorgesehene Platz irgendwann nicht mehr aus. Vergleichbar zur Einstellung `toc=flat` für das Inhaltsverzeichnis bietet KOMA-Script daher die Einstellung `listof=flat` für die Verzeichnisse der Gleitumgebungen. Dabei wird die Breite der Nummern automatisch ermittelt und der Platz entsprechend angepasst. Bezüglich der Nebenwirkungen und Funktionsweise gilt, was in Abschnitt 3.9, Seite 86 für die Einstellung `toc=flat` erklärt wurde. Es sei an dieser Stelle jedoch nochmals darauf hingewiesen, dass mit der Einstellung `listof=flat` mehrere LaTeX-Durchläufe benötigt werden, bis die Verzeichnisse ihre endgültige Form erhalten haben.

`listof=flat`

Die Einstellung `listof=flat` wird automatisch aktiviert, falls die Einstellung `listof=entryprefix` verwendet wird. Normalerweise ist es nicht sinnvoll jeden Eintrag in eines der Verzeichnisse der Gleitumgebungen mit einem Präfix wie »Abbildung« oder »Tabelle« zu versenden, da natürlich im Abbildungsverzeichnis nur Abbildungen und im Tabellenverzeichnis nur Tabellen zu finden sind. Damit hat ein solcher Präfix keinen zusätzlichen Informationswert und wird in der Voreinstellung auch weggelassen. Mit der Einstellung `listof=entryprefix` wird ein solcher Präfix jedoch gesetzt. Dabei erhalten alle Einträge eines Verzeichnisses denselben Präfix. Dieser richtet sich nach dem Dateianhang der Hilfsdatei, die für das Verzeichnis verwendet wird. Für das Abbildungsverzeichnis, das den Dateianhang »`lof`« besitzt, wird beispielsweise `\listoflofentryname` verwendet, während für das Tabellenverzeichnis, das den Dateianhang »`lot`« besitzt, `\listoflotentryname` verwendet wird.

`listof=entryprefix`

scrbook, scrreprt

Bei den Klassen scrbook und scrreprt fügt KOMA-Script in der Voreinstellung bei jedem Kapitelanfang einen vertikalen Abstand in die Verzeichnisse der Gleitumgebungen ein. Dieses Verhalten, das es auch bei den Standardklassen gibt, dient dazu, diese Verzeichnisse nach Kapiteln zu gruppieren. Es entspricht bei KOMA-Script der Einstellung `listof=chaptergapsmall`. Dabei wird ein fester vertikaler Abstand von 10 pt verwendet. Mit der Einstellung `listof=chaptergapline` kann man stattdessen einen vertikalen Abstand von einer Zeile erreichen. Mit `listof=nochaptergap` kann man den vertikalen Abstand komplett abschalten. Eine Besonderheit stellt die Einstellung `listof=chapterentry` dar. Dabei wird statt des Abstandes der Inhaltsverzeichniseintrag für das Kapitel in das

`listof=chaptergapline`
`listof=nochaptergap`
`listof=chapterentry`

Verzeichnis der Gleitumgebungen eingefügt. Es wird darauf hingewiesen, dass ein solcher Eintrag auch dann erfolgt, wenn das Kapitel keine Gleitumgebung enthält. Eine noch direktere Beeinflussung, was in den Verzeichnissen der Gleitumgebungen bei neuen Kapiteln geschehen soll, ist mit der Option `chapteratlists` zu erreichen, die in Abschnitt 3.16 auf Seite 113 erläutert wird. *Achtung!*

Einen Überblick über alle möglichen Werte für die *`Einstellung`* von `listof` ist in Tabelle 3.20 zu finden.

Tabelle 3.20.: Mögliche Werte für Option `listof` zur Einstellung von Form und Inhalt der Verzeichnisse der Gleitumgebungen

`chapterentry`, `withchapterentry`
: Kapitelanfänge werden in den Verzeichnissen der Gleitumgebungen durch einen Inhaltsverzeichniseintrag des Kapitels markiert.

`chaptergapline`, `onelinechaptergap`
: Kapitelanfänge werden in den Verzeichnissen der Gleitumgebungen durch einen Abstand von einer Zeile markiert.

`chaptergapsmall`, `smallchaptergap`
: Kapitelanfänge werden in den Verzeichnissen der Gleitumgebungen durch einen kleinen Abstand markiert.

`entryprefix`
: Jeder Verzeichniseintrag wird mit einem vom Verzeichnis abhängenden Präfix vor der Nummer versehen. Der Präfix ist normalerweise sprachabhängig, beispielsweise bei deutschen Spracheinstellungen »Abbildung« für das Abbildungsverzeichnis und »Tabelle« für das Tabellenverzeichnis jeweils gefolgt von einem Leerzeichen.

`flat`, `left`
: Die Verzeichnisse der Gleitumgebungen erhalten eine tabellarische Form. Die Gleitumgebungsnummern sind dabei die erste Spalte, der Titel die zweite Spalte, die Seitenzahlen die dritte Spalte. Der Platz, der für die Gleitumgebungsnummern reserviert wird, richtet sich nach dem benötigten Platz des vorherigen LaTeX-Laufs.

`graduated`, `indent`, `indented`
: Die Verzeichnisse der Gleitumgebungen erhalten eine hierarchische Form. Es steht nur ein begrenzter Platz für die Gleitumgebungsnummern zur Verfügung.

...

Tabelle 3.20.: Mögliche Werte für Option `listof` (*Fortsetzung*)

`indenttextentries`, `indentunnumbered`, `numberline`
: Die Eigenschaft `numberline` (siehe Abschnitt 15.2, Seite 420) wird für die Verzeichnisse der Gleitumgebungen, beispielsweise das Abbildungs- und das Tabellenverzeichnis, gesetzt. Dadurch werden nicht nummerierte Einträge linksbündig mit dem Text von nummerierten Einträgen gleicher Ebene gesetzt. Allerdings bieten die KOMA-Script-Klassen selbst keine nicht nummerierten Einträge in diese Verzeichnisse. Dies hat daher nur Auswirkungen auf entsprechende Einträge, die nicht von den Klassen selbst, aber dennoch mit Hilfe von `\addxcontentsline` (siehe Abschnitt 15.2, Seite 415) erzeugt werden.

`leftaligntextentries`, `leftalignunnumbered`, `nonumberline`
: Die Eigenschaft `numberline` (siehe Abschnitt 15.2, Seite 420) wird für die Verzeichnisse der Gleitumgebungen, beispielsweise das Abbildungs- und das Tabellenverzeichnis, gesetzt. Dadurch werden nicht nummerierte Einträge linksbündig mit der Nummer von nummerierten Einträgen gleicher Ebene gesetzt. Allerdings bieten die KOMA-Script-Klassen selbst keine nicht nummerierten Einträge in diese Verzeichnisse. Dies hat daher nur Auswirkungen auf entsprechende Einträge, die nicht von den Klassen selbst, aber dennoch mit Hilfe von `\addxcontentsline` (siehe Abschnitt 15.2, Seite 415) erzeugt werden.

`leveldown`
: Die Verzeichnisse werden um eine Gliederungsebene nach unten verschoben.

`nochaptergap`, `ignorechapter`
: Kapitelanfänge werden in den Verzeichnissen der Gleitumgebungen nicht markiert.

`notoc`, `plainheading`
: Die Verzeichnisse der Gleitumgebungen, beispielsweise das Abbildungs- und das Tabellenverzeichnis, erhalten keinen Eintrag im Inhaltsverzeichnis.

`numbered`, `totocnumbered`, `tocnumbered`, `numberedtotoc`
: Die Verzeichnisse der Gleitumgebungen, beispielsweise das Abbildungs- und das Tabellenverzeichnis, erhalten einen Eintrag im Inhaltsverzeichnis und werden nummeriert.

`totoc`, `toc`, `notnumbered`
: Die Verzeichnisse der Gleitumgebungen, beispielsweise das Abbildungs- und das Tabellenverzeichnis, erhalten einen Eintrag im Inhaltsverzeichnis, ohne dass sie nummeriert werden.

```
\listoftables
\listoffigures
```

Mit diesen Anweisungen kann ein Verzeichnis der Tabellen beziehungsweise der Abbildungen ausgegeben werden. Änderungen, die Auswirkungen auf diese Verzeichnisse haben, werden erst nach zwei LaTeX-Läufen sichtbar. Die Form der Verzeichnisse kann durch die Option `listof` mit den Werten `graduated` und `flat` beeinflusst werden (siehe Seite 161). Darüber hinaus wirken sich indirekt die Werte `listof` und `listofnumbered` für die Option `toc` (siehe Abschnitt 3.9, Seite 85), sowie die Werte `totoc` und `totocnumbered` der oben erläuterten Option `listof` auf die Verzeichnisse aus. `listof` `toc`

In der Regel findet man die Verzeichnisse der Gleitumgebungen, also das Tabellen- und das Abbildungsverzeichnis, unmittelbar nach dem Inhaltsverzeichnis. In einigen Dokumenten wandern diese auch in den Anhang. Der Autor bevorzugt jedoch die Platzierung unmittelbar nach dem Inhaltsverzeichnis. *Tipp!*

3.21. Randnotizen

Außer dem eigentlichen Textbereich, der normalerweise den Satzspiegel ausfüllt, existiert in Dokumenten noch die so genannte Marginalienspalte. In dieser können Randnotizen gesetzt werden. In diesem Buch wird davon ebenfalls Gebrauch gemacht.

```
\marginpar[Randnotiz links]{Randnotiz}
\marginline{Randnotiz}
```

Für Randnotizen ist bei LaTeX normalerweise Anweisung `\marginpar` vorgesehen. Die *Randnotiz* wird dabei im äußeren Rand gesetzt. Bei einseitigen Dokumenten wird der rechte Rand verwendet. Zwar kann bei `\marginpar` optional eine abweichende Randnotiz angegeben werden, falls die Randnotiz im linken Rand landet, jedoch werden Randnotizen immer im Blocksatz ausgegeben. Die Erfahrung zeigt, dass bei Randnotizen statt des Blocksatzes oft je nach Rand linksbündiger oder rechtsbündiger Flattersatz zu bevorzugen ist. KOMA-Script bietet hierfür die Anweisung `\marginline`.

Beispiel: In diesem Kapitel ist an einigen Stellen die Klassenangabe scrartcl im Rand zu finden. Diese kann mit:

```
\marginline{\texttt{scrartcl}}
```

erreicht werden.

Statt der Anweisung `\marginline` wäre auch die Verwendung von `\marginpar` möglich gewesen. Tatsächlich wird bei obiger Verwendung von \marginline intern nichts anders gemacht als:

```
\marginpar[\raggedleft\texttt{scrartcl}]
  {\raggedright\texttt{scrartcl}}
```

Damit ist \marginline also nur eine abkürzende Schreibweise.

Achtung! Für Experten sind in Abschnitt 21.1, Seite 517 Probleme bei der Verwendung von \marginpar dokumentiert. Diese gelten ebenso für \marginline. Darüber hinaus wird in Kapitel 19 ein Paket vorgestellt, mit dem sich auch Notizspalten mit eigenem Seitenumbruch realisieren lassen.

3.22. Anhang

Der Anhang eines Dokuments besteht im Wesentlichen aus den Anlagen zu einem Dokument. Typische Teile eines Anhangs sind Literaturverzeichnis, Stichwortverzeichnis und Begriffsverzeichnis. Alleine für diese Teile würde man jedoch keinen Anhang beginnen, da diese Teile normalerweise schon von sich aus eine Auszeichnung besitzen, die sie als Anhang erkennbar macht. Enthält der Anhang aber weitere Teile wie beispielsweise zitierte Fremddokumente, Endnoten oder Tafeln, so werden die zuvor genannten Teile ebenfalls im Anhang gesetzt.

\appendix

Der Anhang wird in den Standardklassen und den KOMA-Script-Klassen mit der Anweisung \appendix eingeleitet. Diese Anweisung schaltet unter anderem die Kapitelnummerierung auf Großbuchstaben um und sorgt gleichzeitig dafür, dass die Regeln für die Nummerierung der Gliederungsebenen nach [DUD96] eingehalten werden. Diese Regeln sind in der Beschreibung der Option numbers in Abschnitt 3.16, Seite 113 näher erläutert.

scrbook, scrreprt Die Form der Kapitelüberschriften im Anhang wird durch die Optionen chapterprefix und appendixprefix bestimmt. Näheres dazu ist Abschnitt 3.16, Seite 110 zu entnehmen.

Achtung! Bitte beachten Sie, dass es sich bei \appendix um eine Anweisung und *nicht* um eine Umgebung handelt! Die Anweisung erwartet auch nicht etwa ein Argument. Die Kapitel beziehungsweise Abschnitte des Anhangs werden ganz normal mit \chapter und \section gesetzt.

3.23. Literaturverzeichnis

Das Literaturverzeichnis erschließt externe Quellen. In der Regel wird das Literaturverzeichnis mit Hilfe des Programms BibTeX aus einer Datei mit datenbankähnlicher Struktur erzeugt. Dabei kann über den BibTeX-Stil sowohl die Form der Einträge als auch deren Sortierung verändert werden. Wird zusätzlich ein Literaturpaket, beispielsweise natbib, babelbib oder biblatex verwendet, so schwindet der Einfluss von KOMA-Script auf das Literaturverzeichnis. In diesen Fällen ist unbedingt die Anleitung des verwendeten Pakets zu beachten! Zur generellen Verwendung eines Literaturverzeichnisses sei auf [DGS+12] verwiesen.

`bibliography=`*`Einstellung`*

Als *`Einstellung`* kann zunächst einmal jeder definierte Formatierungsstil gewählt werden. Vordefiniert sind bei KOMA-Script zwei solche Formatierungsstile für das Literaturverzeichnis. Diese sind jedoch nicht zu verwechseln mit den unterschiedlichen Stilen für BibTeX, die man mit `\bibstyle` auswählt. Während BibTeX sowohl die Art der Sortierung als auch den Inhalt des Literaturverzeichnisses bestimmt, können über die Einstellungen von KOMA-Script nur grundlegende Eigenschaften des Literaturverzeichnisses oder einige wenige Eigenschaften der Formatierung der Einträge beeinflusst werden.

Mit `bibliography=oldstyle` wird die kompakte Formatierung gewählt. Dabei führt die Anweisung `\newblock` in den einzelnen Einträgen lediglich zu einem dehnbaren horizontalen Abstand. Der Name kommt daher, dass dies die häufigste klassische Form eines Literaturverzeichnisses ist. Demgegenüber erreicht man die etwas modernere, offene Form mit der Einstellung `bibliography=openstyle`. Der Name kommt daher, dass hier die Anweisung `\newblock` einen Absatz einfügt. Die Einträge im Literaturverzeichnis werden so stärker gegliedert. Sie sind weniger kompakt und deutlich aufgelockerter oder geöffnet. Bezüglich der Möglichkeit, neue Formatierungsstile zu definieren, sei auf `\newbibstyle`, Abschnitt 21.3, Seite 531 verwiesen.

`bibliography=oldstyle`

`bibliography=openstyle`

Neben dem Formatierungsstil gibt es eine weitere Eigenschaft, die über *`Einstellung`* verändert werden kann. Das Literaturverzeichnis stellt eine Art von Verzeichnis dar, bei der nicht der Inhalt des vorliegenden Werks aufgelistet, sondern auf externe Inhalte verwiesen wird. Mit dieser Begründung könnte man argumentieren, dass das Literaturverzeichnis ein eigenes Kapitel bzw. einen eigenen Abschnitt darstellt und somit eine Nummer verdiene. Die Einstellung

bibliography=totocnumbered

`bibliography=totocnumbered` führt genau dazu, einschließlich des dann fälligen Eintrags im Inhaltsverzeichnis. Ich selbst bin der Meinung, dass bei dieser Argumentation auch ein klassisches, kommentiertes Quellenverzeichnis ein eigenes Kapitel wäre. Außerdem ist das Literaturverzeichnis letztlich nichts, was man selbst geschrieben hat. Deshalb verdient es allenfalls einen nicht nummerierten Eintrag im Inhaltsverzeichnis, was mit der Einstellung `bibliography=totoc` erreicht wird. Die Voreinstellung, bei der das Literaturverzeichnis als nicht nummeriertes Kapitel ohne eigenen Inhaltsverzeichniseintrag gesetzt wird, entspricht `bibliography=nottotoc`. Siehe hierzu auch Option `toc` in Abschnitt 3.9, insbesondere die Werte `bibliographynumbered`, `bibliography` und `nobibliography` ab Seite 86.

bibliography=totoc

In einigen Fällen wird nicht das gesamte Dokumente mit einem einzigen Literaturverzeichnis versehen, sondern jedes Kapitel eines mit scrbook oder scrreprt gesetzten Dokuments erhält sein eigenes Literaturverzeichnis. In diesem Fall ist es sinnvoll, wenn das Literaturverzeichnis selbst nicht auf Kapitel, sondern etwas tiefer auf Abschnittsebene angesiedelt wird. Dies ist mit Option `bibliography=leveldown` zu erreichen. Diese kann beispielsweise auch verwendet werden, wenn das Literaturverzeichnis zusammen mit anderen Verzeichnissen unter einer gemeinsamen Überschrift erscheinen soll. Daher ist diese Option auch in scrartcl verfügbar.

bibliography=leveldown

Eine Zusammenfassung möglicher Werte für *`Einstellung`* ist Tabelle 3.21 zu entnehmen. Es ist jedoch zu beachten, dass mit `\newbibstyle` weitere Werte definiert werden können.

`\setbibpreamble{`*`Präambel`*`}`

Mit der Anweisung `\setbibpreamble` kann eine Präambel für das Literaturverzeichnis gesetzt werden. Bedingung dafür ist, dass die Präambel vor der Anweisung zum Setzen des Literaturverzeichnisses gesetzt wird. Dies muss nicht unmittelbar davor sein. Es kann also beispielsweise am Anfang des Dokuments erfolgen. Ebenso wie Option `bibliography=totoc` oder `bibliography=totocnumbered` kann die Anweisung aber nur erfolgreich sein, wenn nicht ein Paket geladen wird, das dies durch Umdefinierung der `thebibliography`-Umgebung verhindert. Obwohl das natbib-Paket nicht freigegebene interne Makros von KOMA-Script verwendet, konnte erreicht werden, dass `\setbibpreamble` auch mit der aktuellen Version von natbib funktioniert (siehe [Dal10]).

Achtung!

Beispiel: Sie wollen darauf hinweisen, dass das Literaturverzeichnis nicht in der Reihenfolge der Zitierung im Dokument, son-

Tabelle 3.21.: Vordefinierte Werte für Option `bibliography` zur Einstellung der Form des Literaturverzeichnisses

`leveldown`
: Das Literaturverzeichnis wird um eine Gliederungsebene nach unten verschoben.

`nottotoc`
: Das Literaturverzeichnis erhält keinen Eintrag im Inhaltsverzeichnis und wird auch nicht nummeriert.

`oldstyle`
: Es wird die klassische, kompakte Formatierung gewählt, bei der `\newblock` nur einen dehnbaren horizontalen Abstand darstellt.

`openstyle`
: Es wird eine untergliederte, offene Formatierung gewählt, bei der `\newblock` einen Absatz darstellt.

`totoc`
: Das Literaturverzeichnis erhält einen Eintrag im Inhaltsverzeichnis, ohne dass es nummeriert wird.

`totocnumbered`
: Das Literaturverzeichnis erhält einen Eintrag im Inhaltsverzeichnis und wird nummeriert.

dern alphabetisch sortiert ist. Daher setzen Sie folgende Anweisung:

```
\setbibpreamble{Die Literaturangaben sind
  alphabetisch nach den Namen der Autoren
  sortiert. Bei mehreren Autoren wird nach dem
  ersten Autor sortiert.\par\bigskip}
```

Die Anweisung `\bigskip` sorgt dafür, dass zwischen der Präambel und der ersten Literaturangabe ein großer Zwischenraum gesetzt wird.

`\BreakBibliography{`*`Unterbrechung`*`}`

Achtung!

Diese Anweisung existiert nur, wenn Umgebung `thebibliography` nicht durch ein Paket neu definiert wurde. In diesem Fall ist es möglich, mit dieser Anweisung das Literaturverzeichnis zu unterbrechen. Die *`Unterbrechung`* wird dann innerhalb einer Gruppe ausgegeben. Eine solche *`Unterbrechung`* könnte beispielsweise eine Überschrift mit Hilfe von `\minisec` sein. Leider gibt es bisher keine Möglichkeit, diese Anweisung beispielsweise mit Hilfe eines speziellen Eintrags in der Literaturdatenbank von BibTeX erzeugen zu lassen. Daher kann sie derzeit nur von Anwendern verwendet werden, die das Literaturverzeichnis selbst editieren. Ihr Nutzen ist damit sehr beschränkt.

```
\AfterBibliographyPreamble{Anweisungen}
\AtEndBibliography{Anweisungen}
```

In einigen Fällen ist es nützlich, wenn man nach der Präambel des Literaturverzeichnisses oder unmittelbar vor dem Ende des Literaturverzeichnisses noch *Anweisungen* ausführen kann. Dies ist mit Hilfe dieser beiden Anweisungen möglich.

Beispiel: Sie wollen, dass das Literaturverzeichnis nicht im Blocksatz, sondern im linksbündigen Flattersatz ausgegeben wird. Dies ist einfach mit:

```
\AfterBibliographyPreamble{\raggedright}
```

zu erreichen. Sie können diese Anweisung an beliebiger Stelle vor dem Literaturverzeichnis verwenden. Es wird jedoch empfohlen, sie in die Präambel des Dokuments oder ein eigenes Paket zu schreiben.

Achtung! Die Realisierung dieser Anweisung bedarf bei Verwendung eines Pakets, das die Umgebung für Literaturverzeichnisse umdefiniert, der Zusammenarbeit mit dem entsprechenden Paket (siehe Abschnitt 21.2, Seite 524).

3.24. Stichwortverzeichnis

Das Stichwortverzeichnis ist auch unter den Bezeichnungen Index oder Register bekannt. Zur generellen Verwendung eines Stichwortverzeichnisses sei auf [DGS+12] sowie auf [Lam87] und [Keh97] verwiesen. Wird ein Paket verwendet, das selbst Anweisungen und Umgebungen für das Stichwortverzeichnis zur Verfügung stellt, so schwindet eventuell der Einfluss, den KOMA-Script auf dieses Verzeichnis hat. Dies gilt beispielsweise bei Verwendung von index, nicht jedoch bei Verwendung von splitidx (siehe [Koh14]).

```
index=Einstellung
```

In der Voreinstellung `index=default` ist das Stichwortverzeichnis ein nicht nummeriertes Kapitel ohne Eintrag im Inhaltsverzeichnis.

`index=totoc` Da das Stichwortverzeichnis normalerweise in einem Buch oder ähnlichen Dokument zuletzt steht, benötigt es eigentlich auch keinen

Tabelle 3.22.: Mögliche Werte für Option `index` zur Einstellung des Stichwortverzeichnisses

`totoc`, `toc`, `notnumbered`	Das Stichwortverzeichnis erhält einen Eintrag im Inhaltsverzeichnis, ohne dass er nummeriert wird.
`default`, `nottotoc`, `plainheading`	Das Stichwortverzeichnis erhält keinen Eintrag im Inhaltsverzeichnis.

Inhaltsverzeichniseintrag. Wird dieser dennoch gewünscht, beispielsweise weil wie in diesem Buch mit einem mehrgliedrigen Stichwortverzeichnis gearbeitet wird, so kann dies mit der Einstellung `index=totoc` erreicht werden. Siehe hierzu auch Option `toc` mit dem Wert `index` in Abschnitt 3.9 ab Seite 85.

Eine Zusammenfassung der möglichen Werte für die *`Einstellung`* von `index` ist in Tabelle 3.22 zu finden.

`\setindexpreamble{`*`Präambel`*`}`

Analog zur Präambel des Literaturverzeichnisses können Sie auch das Stichwortverzeichnis mit einer Präambel versehen. Dies findet häufig dann Anwendung, wenn es mehr als einen Index gibt oder im Index unterschiedliche Arten der Referenzierung durch unterschiedliche Hervorhebung der Seitenzahlen markiert werden.

Beispiel: Sie haben ein Dokument, in dem Begriffe sowohl definiert als auch verwendet werden. Die Seitenzahlen der Begriffsdefinitionen sind fett dargestellt. Natürlich möchten Sie gerne auf diesen Umstand hinweisen. Also setzen Sie eine entsprechende Präambel für den Index:

```
\setindexpreamble{Alle \textbf{fett} gedruckten
  Seitenzahlen sind Referenzen auf die Definition
  des jeweiligen Begriffs. Demgegenüber geben
  normal gedruckte Seitenzahlen die Seiten der
  Verwendung des jeweiligen Begriffs wieder.\par
  \bigskip}
```

Achtung!

Bitte beachten Sie, dass für die erste Seite des Index der Seitenstil umgeschaltet wird. Welcher Seitenstil hierbei Verwendung findet, ist im Makro `\indexpagestyle` abgelegt (siehe Abschnitt 3.12, Seite 97).

Für die Erstellung, Sortierung und Ausgabe des Stichwortverzeichnisses sind die üblichen Standard-LaTeX-Pakete und Zusatzprogramme zuständig.

4. Die Briefklasse scrlttr2

Briefe sind in vielerlei Hinsicht etwas ganz anderes als Artikel, Berichte, Bücher oder Ähnliches. Schon allein deshalb gibt es für die Briefklasse ein eigenes Kapitel. Aber auch aus einem anderen Grund ist ein eigenes Kapitel für scrlttr2 gerechtfertigt. Die Klasse wurde von Grund auf neu entwickelt. Sie hat daher auch ein komplett anderes Bedienkonzept als alle anderen mir bekannten Klassen. Die neue Art der Bedienung ist möglicherweise etwas ungewohnt, bietet jedoch nicht nur dem geübten Anwender einige Vorteile.

4.1. Variablen

Neben Optionen, Anweisungen (oder Befehlen), Umgebungen, Zählern und Längen wurden in Kapitel 3 für KOMA-Script bereits zusätzlich Elemente eingeführt. Eine typische Eigenschaft eines Elements ist seine Schriftart und die Möglichkeit, diese zu ändern (siehe Abschnitt 4.9, Seite 196). An dieser Stelle werden nun zusätzlich Variablen eingeführt. Variablen haben einen Namen, über den sie angesprochen werden und einen Inhalt. Der Inhalt einer Variablen kann zeitlich bzw. räumlich getrennt von ihrer Verwendung gesetzt werden, so wie der Inhalt einer Anweisung getrennt von ihrer Ausführung definiert werden kann. Ein Hauptunterschied einer Variablen zu einer Anweisung besteht darin, dass eine Anweisung normalerweise eine Aktion auslöst, während der Inhalt einer Variablen normalerweise aus einem Text besteht, der dann von einer Anweisung ausgegeben wird. Außerdem kann eine Variable zusätzlich eine Bezeichnung besitzen, die ebenfalls gesetzt und ausgegeben werden kann.

Dieser Abschnitt beschränkt sich bewusst auf die Einführung des Begriffs der Variablen. Die zur Verdeutlichung verwendeten Beispiele sind ohne tiefere Bedeutung. Konkretere Anwendungsbeispiele gibt es bei der Erläuterung der in der Briefklasse bereits definierten und von ihr verwendeten Variablen in den nachfolgenden Abschnitten. Tabelle 4.1 gibt eine Übersicht über alle in scrlttr2 definierten Variablen.

Tabelle 4.1.: Von der Klasse scrlttr2 unterstützte Variablen

`addresseeimage`
: Anweisungen, die zum Setzen des Port-Payé-Kopfes bei der Einstellung `addrfield=backgroundimage` oder der Port-Payé-Anschrift bei der Einstellung `addrfield=image`, verwendet werden (Abschnitt 4.10, Seite 215)

`backaddress`
: Rücksendeadresse für Fensterbriefumschläge (Abschnitt 4.10, Seite 215)

`backaddressseparator`
: Trennzeichen innerhalb der Rücksendeadresse (Abschnitt 4.10, Seite 215)

`ccseparator`
: Trennzeichen zwischen Verteilertitel und Verteiler (Abschnitt 4.7, Seite 190)

`customer`
: Geschäftszeilenfeld »Kundennummer« (Abschnitt 4.10, Seite 223)

`date`
: Datum (Abschnitt 4.10, Seite 222)

`emailseparator`
: Trennzeichen zwischen E-Mail-Bezeichnung und E-Mail-Adresse (Abschnitt 4.10, Seite 209)

`enclseparator`
: Trennzeichen zwischen Anlagetitel und Anlagen (Abschnitt 4.7, Seite 192)

`faxseparator`
: Trennzeichen zwischen Faxbezeichner und Faxnummer (Abschnitt 4.10, Seite 209)

`firstfoot`
: Seitenfuß des Briefbogens (Abschnitt 4.10, Seite 229)

`firsthead`
: Kopf des Briefbogens (Abschnitt 4.10, Seite 215)

`fromaddress`
: Absenderadresse ohne Absendername (Abschnitt 4.10, Seite 205)

...

Tabelle 4.1.: Von der Klasse scrlttr2 unterstützte Variablen (*Fortsetzung*)

`frombank`
: Bankverbindung des Absenders (Abschnitt 4.10, Seite 229)

`fromemail`
: E-Mail-Adresse des Absenders (Abschnitt 4.10, Seite 209)

`fromfax`
: Faxnummer des Absenders (Abschnitt 4.10, Seite 209)

`fromlogo`
: Anweisungen zum Setzen des Absenderlogos (Abschnitt 4.10, Seite 214)

`frommobilephone`
: Handynummer des Absenders (Abschnitt 4.10, Seite 209)

`fromname`
: vollständiger Absendername (Abschnitt 4.10, Seite 205)

`fromphone`
: Telefonnummer des Absenders (Abschnitt 4.10, Seite 209)

`fromurl`
: eine URL des Absenders (Abschnitt 4.10, Seite 209)

`fromzipcode`
: Postleitzahl des Absenders für den Port-Payé-Kopf bei `addrfield=PP` (Abschnitt 4.10, Seite 215)

`invoice`
: Geschäftszeilenfeld »Rechnungsnummer« (Abschnitt 4.10, Seite 223)

`location`
: erweiterte Absenderangabe (Abschnitt 4.10, Seite 220)

`mobilephoneseparator`
: Trennzeichen zwischen Handybezeichner und Handynummer (Abschnitt 4.10, Seite 209)

`myref`
: Geschäftszeilenfeld »Mein Zeichen« (Abschnitt 4.10, Seite 223)

`nextfoot`
: Seitenfuß im Seitenstil headings oder `myheadings` (Abschnitt 4.13, Seite 237)

...

Tabelle 4.1.: Von der Klasse scrlttr2 unterstützte Variablen (*Fortsetzung*)

`nexthead`
: Kopf im Seitenstil headings oder `myheadings` (Abschnitt 4.13, Seite 237)

`phoneseparator`
: Trennzeichen zwischen Telefonbezeichner und Telefonnummer (Abschnitt 4.10, Seite 209)

`place`
: Ort (Abschnitt 4.10, Seite 215)

`placeseparator`
: Trennzeichen zwischen Ort und Datum (Abschnitt 4.10, Seite 224)

`PPdatamatrix`
: Anweisungen zum Setzen einer Data-Matrix bei der Einstellung `addrfield=PP` (Abschnitt 4.10, Seite 215)

`PPcode`
: Code zur Identifizierung des Absenders bei Einstellung `addrfield=PP` (Abschnitt 4.10, Seite 215)

`signature`
: Signatur unter Unterschrift und Grußformel (Abschnitt 4.20, Seite 247)

`specialmail`
: Versandart (Abschnitt 4.10, Seite 215)

`subject`
: Betreff (Abschnitt 4.10, Seite 226)

`subjectseparator`
: Trennzeichen zwischen Betrefftitel und Betreff (Abschnitt 4.10, Seite 226)

`title`
: Brieftitel (Abschnitt 4.10, Seite 226)

`toaddress`
: Empfängeradresse ohne Empfängername (Abschnitt 4.10, Seite 215)

`toname`
: vollständiger Empfängername (Abschnitt 4.10, Seite 215)

`yourmail`
: Geschäftszeilenfeld »Ihr Schreiben« (Abschnitt 4.10, Seite 223)

...

Tabelle 4.1.: Von der Klasse scrlttr2 unterstützte Variablen (*Fortsetzung*)

`yourref`
Geschäftszeilenfeld »Ihr Zeichen« (Abschnitt 4.10, Seite 223)

`zipcodeseparator`
Trennzeichen zwischen der Bezeichnung und dem Inhalt der Variablen `fromzipcode` (Abschnitt 4.10, Seite 215)

```
\setkomavar{Name}[Bezeichnung]{Inhalt}
\setkomavar*{Name}{Bezeichnung}
```

Mit der Anweisung `\setkomavar` wird der *`Inhalt`* der Variablen *`Name`* gesetzt. Dabei kann per optionalem Argument gleichzeitig auch die *`Bezeichnung`* der Variablen geändert werden. Demgegenüber kann mit der Sternvariante `\setkomavar*` auch nur die *`Bezeichnung`* der Variablen *`Name`* gesetzt werden.

Beispiel: In Briefen ist es üblich, den Absender im Briefkopf stehen zu haben. Dazu muss scrlttr2 den Absender aber erst einmal mit Namen kennen. Für »Peter Musterfrau« ginge das einfach mit:

```
\setkomavar{fromname}{Peter Musterfrau}
```

Die voreingestellte Bezeichnung für den Namen des Absenders ist »Von«. Angenommen, Herr Musterfrau will aber an den Stellen, an denen scrlttr2 diese Bezeichnung verwendet, lieber »Absender« haben, so müsste er zusätzlich

```
\setkomavar*{fromname}{Absender}
```

setzen oder aber die beiden Angaben zu einer Anweisung zusammenfassen:

```
\setkomavar{fromname}[Absender]{Peter Musterfrau}
```

Damit schlägt er sozusagen zwei Fliegen mit einer Klappe.

Übrigens kann mit einem leeren obligatorischen Argument *`Inhalt`* der Inhalt der Variable gelöscht werden. Selbstverständlich kann in gleicher Weise mit einem leeren Argument *`Bezeichnung`* auch die Bezeichnung der Variablen gelöscht werden.

Beispiel: Angenommen, Herr Musterfrau will gar keine Bezeichnung für den Namen des Absenders haben. Dann könnte er diese entweder für sich mit:

```
\setkomavar*{fromname}{}
```

löschen. Er könnte aber auch wieder zwei Fliegen mit einer Klappe schlagen und

```
\setkomavar{fromname}[]{Peter Musterfrau}
```

verwenden. Dadurch wird gleichzeitig der Inhalt der Variablen gesetzt und ihre Bezeichnung gelöscht.

```
\usekomavar[Anweisung]{Name}
\usekomavar*[Anweisung]{Name}
```

In manchen Fällen wird es notwendig sein, selbst auf den Inhalt oder die Bezeichnung einer Variablen zuzugreifen, dies also nicht allein der Klasse zu überlassen. Das gilt insbesondere dann, wenn Sie eigene Variablen definiert haben, die nicht zur Geschäftszeile hinzugefügt werden. Mit der Anweisung `\usekomavar` können Sie auf den Inhalt der Variablen *Name* zugreifen, während Sie mit der Sternvariante `\usekomavar*` ihre Bezeichnung erhalten. Näheres zur Definition eigener Variablen ist Abschnitt 22.2, Seite 554 zu entnehmen.

```
\ifkomavar{Name}{Dann-Teil}{Sonst-Teil}
```

Mit dieser Anweisung kann man feststellen, ob eine Variable definiert ist. Der *Dann-Teil* wird nur dann ausgeführt, wenn die Variable existiert. Dabei wird der Inhalt der Variablen nicht getestet, kann also auch leer sein. Der *Sonst-Teil* wird hingegen ausgeführt, wenn die Variable nicht existiert. Solche Tests können beispielsweise dann sinnvoll sein, wenn eigene Variablen in einer `lco`-Datei (siehe Abschnitt 4.21 ab Seite 249) definiert werden und in einer anderen `lco`-Datei diese Variable nur dann verwendet werden soll, wenn sie existiert.

```
\ifkomavarempty{Name}{Dann-Teil}{Sonst-Teil}
\ifkomavarempty*{Name}{Dann-Teil}{Sonst-Teil}
```

Mit Hilfe dieser Anweisungen kann man feststellen, ob der Inhalt oder die Bezeichnung einer Variablen leer ist oder nicht. Der *Dann-Teil* wird nur dann ausgeführt, wenn der expandierte Inhalt oder die expandierte Bezeichnung der Variablen *Name* leer ist. Anderenfalls wird der *Sonst-Teil* ausgeführt. Die Sternvariante der Anweisung bezieht sich dabei auf die Bezeichnung der Variablen, während die normale Variante den Inhalt behandelt.

4.2. Pseudolängen

Längen werden bei LaTeX mit den drei Anweisungen `\newlength`, `\setlength` und `\addtolength` verarbeitet. Sehr viele Pakete nutzen aber auch Makros, also Anweisungen, um Längen zu speichern. KOMA-Script erweitert dieses Verfahren um die Möglichkeit, solche in Makros gespeicherten Längen mit ähnlichen Anweisungen zu verarbeiten wie echte Längen. Diese eigentlich in Makros abgelegten Längen heißen bei KOMA-Script daher Pseudolängen.

Eine Liste aller in scrlttr2 definierten Pseudolängen findet sich in Tabelle 22.1, Seite 538. Eine grafische Darstellung der Bedeutungen der wichtigsten Pseudolängen des Briefbogens ist Abbildung 22.1, Seite 542 zu entnehmen. Die verwendeten Maße sind dabei an die Voreinstellungen von scrlttr2 angelehnt. Nähere Beschreibungen zu den einzelnen Pseudolängen finden sich in den einzelnen Abschnitten dieses Kapitels.

Da der Anwender normalerweise keine eigenen Pseudolängen definieren muss, wird dieser Teil nicht hier, sondern im Expertenteil in Abschnitt 22.1, Seite 543 behandelt. Ebenso ist das Setzen von Pseudolängen eher dem fortgeschrittenen Anwender vorbehalten. Also wird auch dies im Abschnitt für Experten ab Seite 543 erklärt.

Achtung! Bitte beachten Sie unbedingt, dass die Pseudolängen zwar intern als Makros implementiert sind, bei den Befehlen zur Nutzung der Pseudolängen jedoch nur die Namen anzugeben sind. Diese werden wie die Namen von LaTeX-Zählern und im Gegensatz zu Makros oder echten Längen ohne umgekehrten Schrägstrich geschrieben!

```
\useplength{Name}
```

Mit Hilfe dieser Anweisung wird auf den Wert der Pseudolänge mit dem angegebenen *Namen* zugegriffen. Dies ist eine der wenigen Benutzeranweisung rund um Pseudolängen. Natürlich kann diese Anweisung dennoch auch innerhalb einer `lco`-Datei (siehe Abschnitt 4.21 ab Seite 249) verwendet werden.

```
\setlengthtoplength[Faktor]{Länge}{Pseudolänge}
\addtolengthplength[Faktor]{Länge}{Pseudolänge}
```

Während man einer Länge einfach einen Faktor voranstellen kann, ist dies bei Pseudolängen nicht möglich. Angenommen, eine Länge `\TestLength` hat den Wert 2 pt, dann ergibt `3\TestLength` den Wert 6 pt. Verwendet man stattdessen eine Pseudolänge, so würde aus `3\useplength{Test}` der Wert 32 pt. Dies ist insbesondere dann lästig, wenn man einer echten *Länge* den Wert einer *Pseudolänge* zuweisen will.

\setlengthtoplength Mit der Anweisung \setlengthtoplength kann man einer echten *Länge* das Vielfache einer *Pseudolänge* zuweisen. Allerdings wird hier ein *Faktor* nicht direkt der *Pseudolänge* vorangestellt, sondern als optionales Argument übergeben. Man sollte diese Anweisung auch verwenden, wenn man einer *Länge* den negativen Wert einer *Pseudolänge* zuweisen will. *Faktor* ist dann -1. Die Anweisung \addtolengthplength arbeitet ähnlich. Nur wird die mit *Faktor* multiplizierte *Pseudolänge* zur *Länge* addiert.

\addtolengthplength

4.3. Frühe oder späte Optionenwahl

In diesem Abschnitt wird eine Besonderheit von KOMA-Script vorgestellt, die neben der Klasse scrlttr2 auch andere KOMA-Script-Klassen und -Pakete betrifft. Im Sinne der Abgeschlossenheit der Kapitel ist dieser Abschnitt nahezu identisch in mehreren Kapiteln zu finden, braucht aber beim Studium des gesamten von KOMA-Script natürlich nur in einem gelesen werden.

```
\documentclass[Optionenliste]{KOMA-Script-Klasse}
\usepackage[Optionenliste]{Paket-Liste}
```

Bei LaTeX ist vorgesehen, dass Anwender Klassenoptionen in Form einer durch Komma getrennten Liste einfacher Schlüsselwörter als optionales Argument von \documentclass angeben. Außer an die Klasse werden diese Optionen auch an alle Pakete weitergereicht, die diese Optionen verstehen. Ebenso ist vorgesehen, dass Anwender Paketoptionen in Form einer durch Komma getrennten Liste einfacher Schlüsselwörter als optionales Argument von \usepackage angeben. KOMA-Script erweitert den Mechanismus der Optionen für die KOMA-Script-Klassen und einige Pakete um weitere Möglichkeiten. So haben die meisten Optionen bei KOMA-Script zusätzlich einen Wert. Eine Option hat also nicht unbedingt nur die Form *Option*, sondern kann auch die Form *Option*=*Wert* haben. Bis auf diesen Unterschied arbeiten \documentclass und \usepackage bei KOMA-Script wie in [Tea05b] oder jeder LaTeX-Einführung, beispielsweise [DGS+12], beschrieben.

Achtung! Bei Verwendung einer KOMA-Script-Klasse sollten im Übrigen beim Laden des Pakets typearea oder scrbase keine Optionen angegeben werden. Das ist darin begründet, dass die Klasse diese Pakete bereits ohne Optionen lädt und LaTeX das mehrmalige Laden eines Pakets mit unterschiedlicher Angabe von Optionen verweigert. Überhaupt ist es bei Verwendung einer KOMA-Script-Klasse nicht notwendig, eines dieser Pakete auch noch explizit zu laden.

Gegenüber der nachfolgend vorgestellten Schnittstelle zu Einstellungen von Optionen haben `\documentclass` und `\usepackage` einen Nachteil, der unbedingt zu beachten ist: Anweisungen, Längen, Zähler und ähnliches können darin leicht zerbrechen. So führt die Verwendung einer LaTeX-Länge im Wert einer Option bei diesen Anweisungen zu einer Fehlermeldung, noch bevor der Wert an KOMA-Script übergeben wird, es also die Kontrolle darüber übernehmen könnte. Wertzuweisungen mit LaTeX-Längen oder LaTeX-Zählern sollten daher nie per `\documentclass` oder `\usepackage`, sondern immer mit den nachfolgend dokumentierten Anweisungen `\KOMAoptions` oder `\KOMAoption` vorgenommen werden. *Achtung!*

```
\KOMAoptions{Optionenliste}
\KOMAoption{Option}{Werteliste}
```

KOMA-Script bietet bei den meisten Klassen- und Paketoptionen auch die Möglichkeit, den Wert der Optionen noch nach dem Laden der Klasse beziehungsweise des Pakets zu ändern. Man kann dann wahlweise mit der Anweisung `\KOMAoptions` die Werte einer Reihe von Optionen ändern. Jede Option der *`Optionenliste`* hat dabei die Form *`Option`*`=`*`Wert`*.

Einige Optionen besitzen auch einen Säumniswert (engl. *default value*). Versäumt man die Angabe eines Wertes, verwendet man die Option also einfach in der Form *`Option`*, so wird automatisch dieser Säumniswert angenommen.

Manche Optionen können gleichzeitig mehrere Werte besitzen. Für solche Optionen besteht die Möglichkeit, mit `\KOMAoption` der einen *`Option`* nacheinander eine Reihe von Werten zuzuweisen. Die einzelnen Werte sind dabei in der *`Werteliste`* durch Komma voneinander getrennt.

Soll ein *`Wert`* ein Gleichheitszeichen oder ein Komma enthalten, so ist der *`Wert`* in geschweifte Klammern zu setzen. *Achtung!*

KOMA-Script bedient sich für die Realisierung dieser Möglichkeit der Anweisungen `\FamilyOptions` und `\FamilyOption` mit der Familie »KOMA«. Siehe dazu Teil II, Abschnitt 12.2, Seite 367.

4.4. Kompatibilität zu früheren Versionen von KOMA-Script

In einigen Fällen ist es so, dass Verbesserungen und Korrekturen an der Klasse zu Änderungen im Verhalten, inbesondere beim Umbruch, führen. Dies ist jedoch nicht immer erwünscht.

```
version=Wert
version=first
version=last
```

Seit Version 2.9t besteht bei scrlttr2 die Wahl, ob eine Quelldatei soweit irgend möglich auch zukünftig bei einem LaTeX-Lauf zu exakt demselben Ergebnis führen soll oder ob jeweils entsprechend der Anpassungen der neusten Version der Klasse zu setzen ist. Zu welcher Version Kompatibilität herzustellen ist, wird dabei über die Option `version` festgelegt. Kompatibilität zur ältesten unterstützten KOMA-Script-Version kann mit `version=first` oder `version=2.9` oder `version=2.9t` erreicht werden. Bei Angabe einer unbekannten Version als *Wert* wird eine Warnung ausgegeben und sicherheitshalber `version=first` angenommen.

`version=first`

Mit `version=last` kann die jeweils neuste Version ausgewählt werden. In diesem Fall wird also auf zukünftige Kompatibilität verzichtet. Wird die Option ohne Wertangabe verwendet, so wird ebenfalls `last` angenommen. Dies entspricht auch der Voreinstellung, solange keine obsolete Option verwendet wird.

Achtung!

Bei der Verwendung einer obsoleten Option von KOMA-Script 2 setzt KOMA-Script 3 automatisch `version=first`. In der dabei ausgegebenen Warnung wird erklärt, wie man diese Kompatibilitätsumschaltung verhindern kann. Alternativ kann man auch nach der obsoleten Option selbst eine abweichende Einstellung für Option `version` wählen.

Die Frage der Kompatibilität betrifft in erster Linie Fragen des Umbruchs. Neue Möglichkeiten, die sich nicht auf den Umbruch auswirken, sind auch dann verfügbar, wenn man per Option die Kompatibilität zu einer älteren Version ausgewählt hat. Die Option hat keine Auswirkungen auf Umbruchänderungen, die bei Verwendung einer neueren Version durch Beseitigung eindeutiger Fehler entstehen. Wer auch im Fehlerfall unbedingte Umbruchkompatibilität benötigt, sollte stattdessen mit dem Dokument auch die verwendete KOMA-Script-Version archivieren.

Tipp!

Beispiel: Die Beispielbriefe dieses Kapitels sollen alle Möglichkeiten nutzen, die in der neusten Version von KOMA-Script zur Verfügung stehen. Dazu muss beim Laden der Klasse die Kompatibilität entsprechend gesetzt werden:

```
\documentclass[version=last]{scrlttr2}
```

Hier wurde einfach mit dem symbolischen Wert `last` die neuste Version gewählt.

Achtung!

Es ist zu beachten, dass die Option `version` nach dem Laden der Klasse nicht mehr verändert werden kann. Das Setzen mit \KOMAoptions oder \KOMAoption ist daher nicht vorgesehen.

4.5. Entwurfsmodus

Viele Klassen und viele Pakete kennen neben dem normalen Satzmodus auch einen Entwurfsmodus. Die Unterschiede zwischen diesen beiden sind so vielfältig wie die Klassen und Pakete, die diese Unterscheidung anbieten.

`draft=`*`Ein-Aus-Wert`*

Mit dieser Option wird zwischen Dokumenten im Entwurfsstadium und fertigen Dokumenten unterschieden. Als *Ein-Aus-Wert* kann einer der Standardwerte für einfache Schalter aus Tabelle 2.5, Seite 46 verwendet werden. Bei Aktivierung der Option werden im Falle überlanger Zeilen am Zeilenende kleine, schwarze Kästchen ausgegeben. Diese Kästchen erleichtern dem ungeübten Auge, Absätze ausfindig zu machen, die manueller Nachbearbeitung bedürfen. Demgegenüber erscheinen in der Standardeinstellung draft=false keine solchen Kästchen. Solche Zeilen verschwinden übrigens häufig durch Verwendung des Pakets microtype [Sch13].

draft=true

microtype

4.6. Seitenaufteilung

Eine Dokumentseite besteht aus unterschiedlichen Teilen, wie den Rändern, dem Kopf, dem Fuß, dem Textbereich, einer Marginalienspalte und den Abständen zwischen diesen Elementen. KOMA-Script unterscheidet dabei auch noch zwischen der Gesamtseite oder dem Papier und der sichtbaren Seite. Ohne Zweifel gehört die Aufteilung der Seite in diese unterschiedlichen Teile zu den Grundfähigkeiten einer Klasse. Bei KOMA-Script wird diese Arbeit an das Paket typearea delegiert. Dieses Paket kann auch zusammen mit anderen Klassen verwendet werden. Die KOMA-Script-Klassen laden typearea jedoch selbständig. Es ist daher weder notwendig noch sinnvoll, das Paket bei Verwendung einer KOMA-Script-Klasse auch noch explizit per \usepackage zu laden. Siehe hierzu auch Abschnitt 4.3.

Einige Einstellungen der KOMA-Script-Klassen haben auch Auswirkungen auf die Seitenaufteilung und umgekehrt. Diese Auswirkungen werden bei den entsprechenden Einstellungen dokumentiert.

Für die weitere Erklärung zur Wahl des Papierformats, der Aufteilung der Seite in Ränder und Satzspiegel und die Wahl von ein-

```
\documentclass[...]{scrlttr2}
...
                Einstellungen für alle Briefe
...
\begin{document}
...
                Einstellungen für alle Briefe
...
```

```
\begin{letter}{Empfänger}
...
                Inhalt eines einzelnen Briefes
...
\end{letter}
```

⋮

```
\end{document}
```

Abbildung 4.1.: Genereller Aufbau eines Briefdokuments mit beliebig vielen einzelnen Briefen (den Aufbau eines einzelnen Briefs zeigt Abbildung 4.2)

oder zweispaltigem Satz sei auf die Anleitung des Pakets typearea verwiesen. Diese ist in Kapitel 2 ab Seite 29 zu finden.

Die Unterscheidung zwischen ein- und doppelseitigem Satz ist bei Briefen jedoch in der Regel nicht sinnvoll. Da Briefe normalerweise nicht gebunden werden, betrachtet man bei Briefen jede Seite für sich. Das gilt auch dann, wenn ausnahmsweise Vorder- oder Rückseite bedruckt werden. Daher spielt bei Briefen normalerweise auch der vertikale Ausgleich keine Rolle. Sollten Sie diesen trotzdem benötigen oder wissen wollen, was das ist, sei auf die in Abschnitt 3.4, Seite 68 erklärten Anweisungen `\raggedbottom` und `\flushbottom` verwiesen.

4.7. Genereller Aufbau eines Briefdokuments

Der generelle Aufbau eines Briefdokuments weicht etwas vom Aufbau eines normalen Dokuments ab. Während ein Buchdokument normalerweise nur ein Buch enthält, kann ein einzelnes Briefdokument mehrere Briefe enthalten. Wie in Abbildung 4.1 veranschaulicht wird, besteht ein Briefdokument aus einem Vorspann, den einzelnen Briefen und dem Abschluss.

Der Vorspann beinhaltet dabei alle Einstellungen, die generell alle Briefe betreffen. Diese können in den Einstellungen der einzelnen Briefe jedoch zumindest teilweise überschrieben werden. Die einzige Einstellung, die derzeit nicht innerhalb eines einzelnen

```
\begin{letter}[Optionen]{Empfänger}
...
                    Einstellungen für diesen Brief
...
\opening{Anrede}
```

```
...
                    Brieftext
...
```

```
\closing{Grußformel}
\ps
...
                    Postscriptum
...
\encl{Anlagen}
\cc{Verteiler}
\end{letter}
```

Abbildung 4.2.: Genereller Aufbau eines einzelnen Briefes innerhalb eines Briefdokuments (siehe Abbildung 4.1)

Briefes überschrieben werden kann, ist die Version von scrlttr2, zu der Kompatibilität erreicht werden soll (siehe Option `version` in Abschnitt 4.4, Seite 182).

Ich empfehle, vor `\begin{document}` nur allgemeine Einstellungen wie das Laden von Paketen und das Setzen von Optionen vorzunehmen. Alle Einstellungen, die das Setzen einer Variablen oder sonstige Textangaben beinhalten, sollten nach `\begin{document}` vorgenommen werden. Dies empfiehlt sich umso mehr, wenn das Babel-Paket (siehe [BB13]) verwendet wird oder sprachabhängige Variablen von scrlttr2 verändert werden sollen. *Tipp!*

Der Abschluss besteht in der Regel nur aus `\end{document}`. Natürlich können Sie dort aber auch zusätzliche Kommentare einfügen.

Wie in Abbildung 4.2 verdeutlicht wird, bestehen die einzelnen Briefe wiederum aus einer Einleitung, dem eigentlichen Brieftext und einem Schlussteil. In der Einleitung werden alle Einstellungen vorgenommen, die nur für diesen einen Brief gelten sollen. Entscheidend ist hierbei, dass diese Einleitung immer mit `\opening` endet. Ebenso beginnt der Schlussteil immer mit `\closing`. Gegebenenfalls können die Argumente *Anrede* und *Grußformel* der beiden Anweisungen leer bleiben, die Anweisungen müssen jedoch gesetzt werden und haben immer ein Argument.

Es soll an dieser Stelle nicht verschwiegen werden, dass zwischen den einzelnen Briefen weitere Einstellungen getroffen werden können. Diese gelten dann für alle nachfolgenden Briefe. Um Briefdokumente übersichtlich und wartbar zu halten, sollte man sich jedoch gut überlegen, ob man zwischen die Briefe tatsächlich weitere generelle Einstellungen mit beschränkter Gültigkeit setzen will. Ich kann dies nicht empfehlen.

```
\begin{letter}[Optionen]{Empfänger}
  ...
\end{letter}
```

KOMA-Script vs. Standardklassen

Die Briefumgebung `letter` ist einer der zentralen Dreh- und Angelpunkte der Briefklasse. Als Besonderheit kann man bei scrlttr2 der Briefumgebung zusätzliche *`Optionen`* mit auf den Weg geben. Diese werden dann intern per `\KOMAoptions`-Anweisung ausgeführt.

Achtung!

Der *`Empfänger`* wird als obligatorischer Parameter an die Umgebung übergeben. Dabei dient der doppelte Backslash als Trennzeichen zwischen einzelnen Teilen der Anschrift. Diese einzelnen Teile werden im Anschriftfeld als einzelne Zeilen ausgegeben. Dennoch sollte der doppelte Backslash hier nicht als fester Zeilenumbruch verstanden werden. Absätze, vertikaler Leerraum und Ähnliches sind in der Anschrift nicht erlaubt. Sie können zu unerwarteten Effekten und Fehlermeldungen führen. Dies ist übrigens bei der Standardbriefklasse genauso.

Beispiel: Angenommen, jemand wollte einen Brief an Petra Mustermann schreiben. Ein minimalistisches Briefdokument dafür würde so aussehen:

```
\documentclass[version=last]{scrlttr2}
\usepackage[ngerman]{babel}
\begin{document}
\begin{letter}{Petra Mustermann\\
    Vor dem Berg 1\\
    12345 Musterhausen}
\end{letter}
\end{document}
```

Allerdings würde dabei noch keinerlei Ausgabe entstehen. Es würde noch nicht einmal die Anschrift auf dem Briefbogen ausgegeben. Warum das so ist, erfahren Sie bei der Erklärung zur Anweisung `\opening` auf Seite 187.

```
\AtBeginLetter{Anweisungen}
\AtEndLetter{Anweisungen}
```

Wie in [Tea06] erwähnt, gibt es bei LaTeX die Möglichkeit, zu bestimmten Gelegenheiten während des LaTeX-Laufs eines Dokuments zusätzliche *Anweisungen* ausführen zu lassen. Zu diesem Zweck stellt der LaTeX-Kern beispielsweise die Anweisungen \AtEndOfClass und \AtBeginDocument zur Verfügung. Man nennt solche Eingriffspunkte auch *hooks*, also Haken. Die Klasse scrlttr2 fügt zwei weitere Haken hinzu, die mit \AtBeginLetter und \AtEndLetter mit Inhalt versehen werden können. Wie man schon daran erkennt, dass die LaTeX-Kern-Anweisungen für Haken nicht in [Tea05b] sondern in [Tea06] dokumentiert sind, sind diese Anweisungen eigentlich eher für Paket- und Klassenautoren gedacht. Bei der Briefklasse kann es jedoch sinnvolle Anwendungen für die beiden neuen Haken auch auf Benutzerebene geben. Das folgende Beispiel zeigt dies.

Beispiel: Angenommen, Sie haben mehrere Briefe in einem Dokument. Sie verwenden außerdem eine eigene Anweisung, um in den Briefen einen Fragebogen zu setzen. Dabei werden die Fragen automatisch mit Hilfe eines Zählers nummeriert. Da scrlttr2 dieser Zähler nicht bekannt ist, würde er auch im Gegensatz etwa zur Seitenzahl am Anfang eines neuen Briefes nicht zurückgesetzt. Wenn jeder Brief zehn Fragen beinhaltet, hätte damit die erste Frage im fünften Brief die Nummer 41 statt der Nummer 1. Sie lösen das, indem Sie scrlttr2 mitteilen, dass am Anfang jedes Briefes der Zähler zurückgesetzt werden soll:

```
\newcounter{Frage}
\newcommand{\Frage}[1]{%
  \refstepcounter{Frage}\par
  \noindent\begin{tabularx}{\textwidth}{l@{}X}
    \theFrage:~ & #1\\
  \end{tabularx}%
}%
\AtBeginLetter{\setcounter{Frage}{0}}
```

Damit hat dann auch die erste Frage im 1001. Brief wieder die Nummer Eins. Die hier angegebene Definition benötigt übrigens das tabularx-Paket (siehe [Car99b]).

\opening{*Anrede*}

Dies ist eine der wichtigsten Anweisungen in scrlttr2. Vordergründig wird damit die *Anrede* des Briefes, beispielsweise »Sehr geehrte Frau ...«, gesetzt. Tatsächlich setzt diese Anweisung aber auch alle Elemente des Briefbogens wie die Faltmarken, den Briefkopf, die Anschrift, die Absenderergänzung, die Geschäftszeile, den Titel, den Betreff und den Seitenfuß. Kurz gesagt: ohne Anrede kein Brief. Soll *Achtung!*

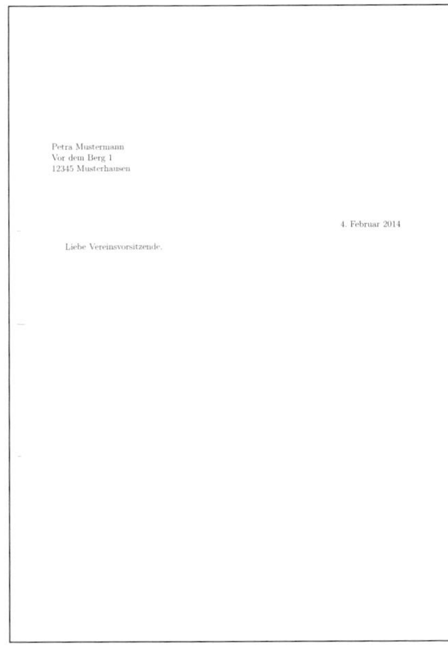

Abbildung 4.3.: Ergebnis eines minimalistischen Briefes nur mit Anschrift und Anrede (Datum und Faltmarken entstammen den Voreinstellungen für DIN-Briefe)

tatsächlich einmal ein Brief ohne Anrede gesetzt werden, so muss eben das Argument von \opening leer bleiben.

Beispiel: Kommen wir auf das Beispiel von Seite 186 zurück. Wird dieses um eine Anrede ergänzt, dann ergibt sich aus

```
\documentclass[version=last]{scrlttr2}
\usepackage[ngerman]{babel}
\begin{document}
\begin{letter}{%
    Petra Mustermann\\
    Vor dem Berg 1\\
    12345 Musterhausen%
  }
\opening{Liebe Vereinsvorsitzende,}
\end{letter}
\end{document}
```

der Briefbogen von Abbildung 4.3.

Tipp! Bei maschinell erstellten Briefen wurde früher meist auf eine Anrede verzichtet, da individualisierte Serienbriefe kaum möglich waren. Heute sind persönliche Anreden auch bei Massensendungen üblich.

\closing{*Grußfloskel*}

Mit der Anweisung \closing wird in erster Linie die *Grußfloskel* gesetzt. Diese kann auch mehrzeilig sein. Die einzelnen Zeilen sollten dann mit doppeltem Backslash voneinander getrennt werden. Absätze innerhalb der *Grußfloskel* sind jedoch nicht gestattet.

Darüber hinaus setzt diese Anweisung aber auch noch gleich den Inhalt der Variablen signature als Signatur. Näheres zur Signatur und deren Konfiguration ist Abschnitt 4.20 ab Seite 247 zu entnehmen.

Beispiel: Erweitern wir unser Beispiel um einige Zeilen Brieftext und eine Grußfloskel zu:

```
\documentclass[version=last]{scrlttr2}
\usepackage[ngerman]{babel}
\begin{document}
\begin{letter}{%
    Petra Mustermann\\
    Vor dem Berg 1\\
    12345 Musterhausen%
  }
\opening{Liebe Vereinsvorsitzende,}
seit einem Jahr gab es keine Mitgliederversammlung
mehr. Ich erinnere daran, dass unsere Satzung eine
solche alle halbe Jahr vorsieht. Ich fordere den
Vorstand daher auf, umgehend eine solche in
Angriff zu nehmen.
\closing{In Erwartung einer Einladung}
\end{letter}
\end{document}
```

Damit sieht das Ergebnis wie in Abbildung 4.4 aus.

`\ps`

Diese Anweisung schaltet lediglich auf das Postskriptum um. Dazu wird ein neuer Absatz begonnen und ein vertikaler Abstand – in der Regel zur Signatur – eingefügt. Auf die Anweisung \ps kann beliebiger Text folgen. Dabei muss der Anwender auch selbst entscheiden, ob er den Nachsatz etwa mit der Abkürzung »PS:«, die übrigens ohne Punkt gesetzt wird, beginnen will. Die Klasse scrlttr2 setzt diese Abkürzung weder automatisch noch optional.

Beispiel: Unser Beispielbrief, um ein Postskriptum erweitert,

```
\documentclass[version=last]{scrlttr2}
\usepackage[ngerman]{babel}
\begin{document}
\begin{letter}{%
    Petra Mustermann\\
    Vor dem Berg 1\\
```

Petra Mustermann
Vor dem Berg 1
12345 Musterhausen

4. Februar 2014

Liebe Vereinsvorsitzende,

seit einem Jahr gab es keine Mitgliederversammlung mehr. Ich erinnere daran, dass unsere Satzung eine solche alle halbe Jahr vorsieht. Ich fordere den Vorstand daher auf, umgehend eine solche in Angriff zu nehmen.

In Erwartung einer Einladung

Abbildung 4.4.: Ergebnis eines kleinen Briefes mit Anschrift, Anrede, Text und Grußfloskel (Datum und Faltmarken entstammen den Voreinstellungen für DIN-Briefe)

```
    12345 Musterhausen%
  }
\opening{Liebe Vereinsvorsitzende,}
seit einem Jahr gab es keine Mitgliederversammlung
mehr. Ich erinnere daran, dass unsere Satzung eine
solche alle halbe Jahr vorsieht. Ich fordere den
Vorstand daher auf, umgehend eine solche in
Angriff zu nehmen.
\closing{In Erwartung einer Einladung}
\ps PS: Ich hoffe, Du nimmst mir das nicht krumm.
\end{letter}
\end{document}
```

sieht dann wie in Abbildung 4.5 aus.

Als Briefe noch von Hand geschrieben wurden, war das Postskriptum sehr beliebt. Es handelte sich bei diesen Nachsätzen ursprünglich um Angaben, die im eigentlichen Brief vergessen wurden. Bei Briefen, die mit LaTeX geschrieben werden, ist es natürlich einfach, Vergessenes nachträglich in den Brief einzuarbeiten.

```
\cc{Verteiler}
\setkomavar{ccseparator}[Bezeichnung]{Inhalt}
```

Ein *Verteiler* kann mit der Anweisung `\cc` gesetzt werden. Der *Verteiler* wird der Anweisung dabei als Argument übergeben. Wenn der *Inhalt* der Variablen `ccseparator` nicht leer ist, wird

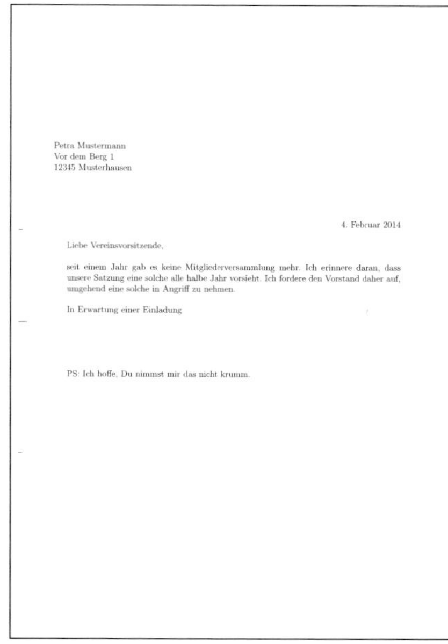
Petra Mustermann
Vor dem Berg 1
12345 Musterhausen

4. Februar 2014

Liebe Vereinsvorsitzende,

seit einem Jahr gab es keine Mitgliederversammlung mehr. Ich erinnere daran, dass unsere Satzung eine solche alle halbe Jahr vorsieht. Ich fordere den Vorstand daher auf, umgehend eine solche in Angriff zu nehmen.

In Erwartung einer Einladung

PS: Ich hoffe, Du nimmst mir das nicht krumm.

Abbildung 4.5.: Ergebnis eines kleinen Briefes mit Anschrift, Anrede, Text, Grußfloskel und Postskriptum (Datum und Faltmarken entstammen den Voreinstellungen für DIN-Briefe)

dem *`Verteiler`* die *`Bezeichnung`* und der *`Inhalt`* dieser Variablen vorangestellt. Der *`Verteiler`* selbst wird dann um die entsprechende Breite eingerückt ausgegeben. Es empfiehlt sich, den *`Verteiler`* `\raggedright` zu setzen und die einzelnen Angaben durch doppelten Backslash voneinander zu trennen. *Tipp!*

Beispiel: Der Beispielbrief soll dieses Mal nicht nur an die Vorsitzende, sondern mit Verteiler auch an alle Mitglieder des Vereins gehen:

```
\documentclass[version=last]{scrlttr2}
\usepackage[ngerman]{babel}
\begin{document}
\begin{letter}{%
    Petra Mustermann\\
    Vor dem Berg 1\\
    12345 Musterhausen%
  }
\opening{Liebe Vereinsvorsitzende,}
seit einem Jahr gab es keine Mitgliederversammlung
mehr. Ich erinnere daran, dass unsere Satzung eine
solche alle halbe Jahr vorsieht. Ich fordere den
Vorstand daher auf, umgehend eine solche in
Angriff zu nehmen.
\closing{In Erwartung einer Einladung}
\ps PS: Ich hoffe, Du nimmst mir das nicht krumm.
```

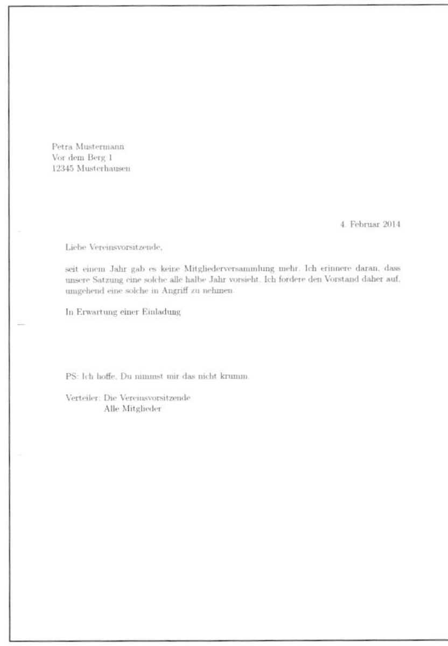
Petra Mustermann
Vor dem Berg 1
12345 Musterhausen

4. Februar 2014

Liebe Vereinsvorsitzende,

seit einem Jahr gab es keine Mitgliederversammlung mehr. Ich erinnere daran, dass unsere Satzung eine solche alle halbe Jahr vorsieht. Ich fordere den Vorstand daher auf, umgehend eine solche in Angriff zu nehmen.

In Erwartung einer Einladung

PS: Ich hoffe, Du nimmst mir das nicht krumm.

Verteiler: Die Vereinsvorsitzende
Alle Mitglieder

Abbildung 4.6.: Ergebnis eines kleinen Briefes mit Anschrift, Anrede, Text, Grußfloskel, Postskriptum und Verteiler (Datum und Faltmarken entstammen den Voreinstellungen für DIN-Briefe)

```
\cc{Die Vereinsvorsitzende\\Alle Mitglieder}
\end{letter}
\end{document}
```

Das Ergebnis ist in Abbildung 4.6 zu sehen.

Vor dem Verteiler wird automatisch ein Abstand eingefügt.

```
\encl{Anlagen}
\setkomavar{enclseparator}[Bezeichnung]{Inhalt}
```

Die *Anlagen* sind genauso aufgebaut wie der Verteiler. Der einzige Unterschied besteht darin, dass die Einleitung hier von der *Bezeichnung* und dem *Inhalt* der Variablen `enclseparator` bestimmt wird.

Beispiel: Dem Beispielbrief wird nun als Anlage noch ein Auszug aus der Satzung beigefügt. Da es nur eine Anlage gibt, wird auch die voreingestellte Bezeichnung passend geändert:

```
\documentclass[version=last]{scrlttr2}
\usepackage[ngerman]{babel}
\begin{document}
\begin{letter}{%
    Petra Mustermann\\
    Vor dem Berg 1\\
    12345 Musterhausen%
```

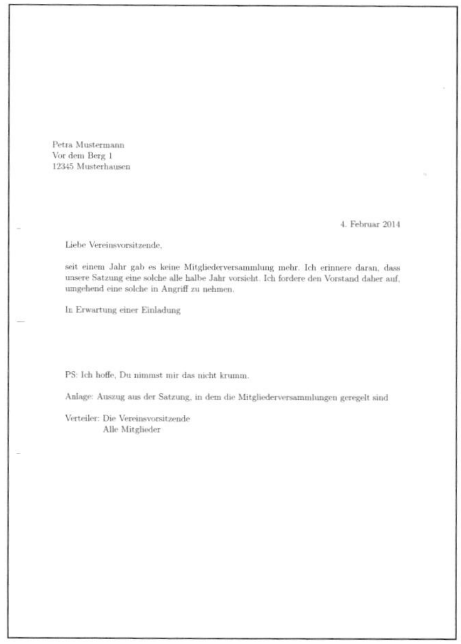

Petra Mustermann
Vor dem Berg 1
12345 Musterhausen

4. Februar 2014

Liebe Vereinsvorsitzende,

seit einem Jahr gab es keine Mitgliederversammlung mehr. Ich erinnere daran, dass unsere Satzung eine solche alle halbe Jahr vorsieht. Ich fordere den Vorstand daher auf, umgehend eine solche in Angriff zu nehmen.

In Erwartung einer Einladung

PS: Ich hoffe, Du nimmst mir das nicht krumm.

Anlage: Auszug aus der Satzung, in dem die Mitgliederversammlungen geregelt sind

Verteiler: Die Vereinsvorsitzende
Alle Mitglieder

Abbildung 4.7.: Ergebnis eines kleinen Briefes mit Anschrift, Anrede, Text, Grußfloskel, Postskriptum, Anlagen und Verteiler (Datum und Faltmarken entstammen den Voreinstellungen für DIN-Briefe)

```
  }
\opening{Liebe Vereinsvorsitzende,}
seit einem Jahr gab es keine Mitgliederversammlung
mehr. Ich erinnere daran, dass unsere Satzung eine
solche alle halbe Jahr vorsieht. Ich fordere den
Vorstand daher auf, umgehend eine solche in
Angriff zu nehmen.
\closing{In Erwartung einer Einladung}
\ps PS: Ich hoffe, Du nimmst mir das nicht krumm.
\setkomavar*{enclseparator}{Anlage}
\encl{Auszug aus der Satzung, in dem die
  Mitgliederversammlungen geregelt sind}
\cc{Die Vereinsvorsitzende\\Alle Mitglieder}
\end{letter}
\end{document}
```

Das Ergebnis ist in Abbildung 4.7 zu sehen.

4.8. Wahl der Schriftgröße für das Dokument oder einen Brief

Die Grundschrift und deren Größe sind zentrale Elemente der Gestaltung eines Dokuments. Wie in Kapitel 2 ausgeführt wurde, hängt die Aufteilung zwischen Satzspiegel und Rändern wesentlich davon ab. Die Grundschrift ist dabei die Schrift, die für die Masse des

Textes eines Dokuments verwendet wird. Alle davon abweichenden Einstellungen, sei es in der Form, der Dicke, der Neigung oder der Größe, stehen in einer Beziehung zur Grundschrift.

`fontsize=`*`Größe`*

Während von den Standardklassen und den meisten anderen Klassen nur eine sehr beschränkte Anzahl an Schriftgrößen unterstützt wird, bietet KOMA-Script die Möglichkeit, jede beliebige *Größe* für die Grundschrift anzugeben. Dabei kann als Einheit für die *Größe* auch jede bekannte TeX-Einheit verwendet werden. Wird die *Größe* ohne Einheit angegeben, so wird `pt` als Einheit angenommen. Das genaue Verfahren, nach dem die Schriftgröße dann eingestellt wird, ist für Experten und interessierte Anwender in Abschnitt 21.1, Seite 514 dokumentiert.

Wird die Option innerhalb des Dokuments gesetzt, so werden ab diesem Punkt die Grundschriftgröße und alle davon abhängigen Größen geändert. Das kann beispielsweise dann nützlich sein, wenn ein weiterer Brief insgesamt in einer kleineren Schriftgröße gesetzt werden soll. Es wird darauf hingewiesen, dass bei Verwendung nach dem Laden der Klasse die Aufteilung zwischen Satzspiegel und Rändern nicht automatisch neu berechnet wird (siehe `\recalctypearea`, Abschnitt 2.6, Seite 45). Wird diese Neuberechnung jedoch vorgenommen, so erfolgt sie auf Basis der jeweils gültigen Grundschriftgröße. Die Auswirkungen des Wechsels der Grundschriftgröße auf zusätzlich geladene Pakete sind von diesen Paketen abhängig. Dabei sind Fehler möglich, die nicht als Fehler von KOMA-Script betrachtet werden.

Achtung! Diese Option sollte keinesfalls als Ersatz für `\fontsize` (siehe [Tea05a]) missverstanden werden. Sie sollte auch nicht an Stelle einer der von der Grundschrift abhängigen Schriftgrößenanweisungen, `\tiny` bis `\Huge`, verwendet werden! Bei scrlttr2 ist `fontsize=12pt` voreingestellt.

Beispiel: Angenommen, bei dem Verein aus dem Beispielbrief handelt es sich um die *»Freunde ungesunder Schriftgrößen«*, weshalb er in 14 pt statt in 12 pt gesetzt werden soll. Dies kann durch eine kleine Änderung der ersten Zeile erreicht werden:

```
\documentclass[version=last,fontsize=14pt]{scrlttr2}
\usepackage[ngerman]{babel}
\begin{document}
\begin{letter}{%
    Petra Mustermann\\
```

```
    Vor dem Berg 1\\
    12345 Musterhausen%
  }
\opening{Liebe Vereinsvorsitzende,}
seit einem Jahr gab es keine Mitgliederversammlung
mehr. Ich erinnere daran, dass unsere Satzung eine
solche alle halbe Jahr vorsieht. Ich fordere den
Vorstand daher auf, umgehend eine solche in
Angriff zu nehmen.
\closing{In Erwartung einer Einladung}
\ps PS: Ich hoffe, Du nimmst mir das nicht krumm.
\setkomavar*{enclseparator}{Anlage}
\encl{Auszug aus der Satzung, in dem die
  Mitgliederversammlungen geregelt sind}
\cc{Die Vereinsvorsitzende\\Alle Mitglieder}
\end{letter}
\end{document}
```

Alternativ könnte die Option auch als optionales Argument von `letter` gesetzt werden:

```
\documentclass[version=last]{scrlttr2}
\usepackage[ngerman]{babel}
\begin{document}
\begin{letter}[fontsize=14pt]{%
    Petra Mustermann\\
    Vor dem Berg 1\\
    12345 Musterhausen%
  }
\opening{Liebe Vereinsvorsitzende,}
seit einem Jahr gab es keine Mitgliederversammlung
mehr. Ich erinnere daran, dass unsere Satzung eine
solche alle halbe Jahr vorsieht. Ich fordere den
Vorstand daher auf, umgehend eine solche in
Angriff zu nehmen.
\closing{In Erwartung einer Einladung}
\ps PS: Ich hoffe, Du nimmst mir das nicht krumm.
\setkomavar*{enclseparator}{Anlage}
\encl{Auszug aus der Satzung, in dem die
  Mitgliederversammlungen geregelt sind}
\cc{Die Vereinsvorsitzende\\Alle Mitglieder}
\end{letter}
\end{document}
```

Da bei dieser späten Änderung der Schriftgröße der Satzspiegel nicht geändert wird, unterscheiden sich die beiden Ergebnisse in Abbildung 4.8.

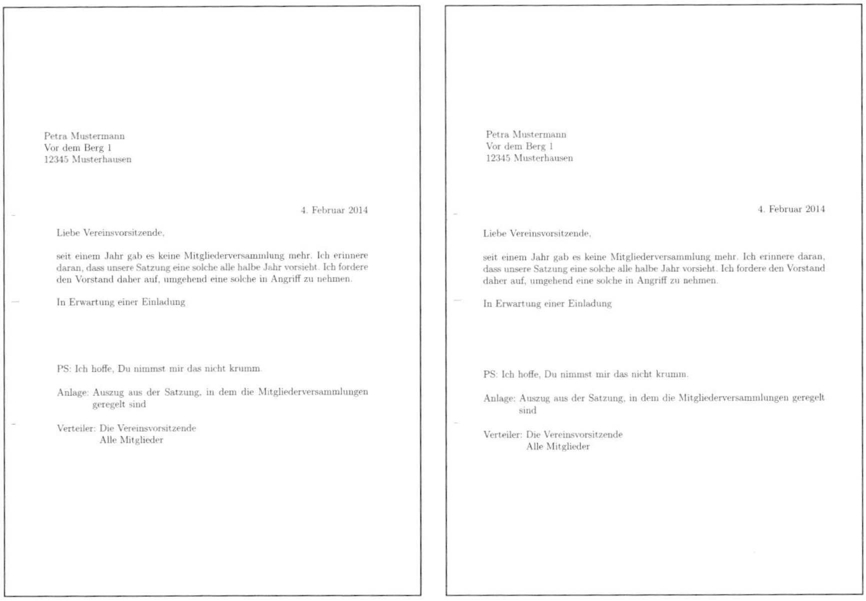
Petra Mustermann
Vor dem Berg 1
12345 Musterhausen

4. Februar 2014

Liebe Vereinsvorsitzende,

seit einem Jahr gab es keine Mitgliederversammlung mehr. Ich erinnere daran, dass unsere Satzung eine solche alle halbe Jahr vorsieht. Ich fordere den Vorstand daher auf, umgehend eine solche in Angriff zu nehmen.

In Erwartung einer Einladung

PS: Ich hoffe, Du nimmst mir das nicht krumm.

Anlage: Auszug aus der Satzung, in dem die Mitgliederversammlungen geregelt sind

Verteiler: Die Vereinsvorsitzende
Alle Mitglieder

Petra Mustermann
Vor dem Berg 1
12345 Musterhausen

4. Februar 2014

Liebe Vereinsvorsitzende,

seit einem Jahr gab es keine Mitgliederversammlung mehr. Ich erinnere daran, dass unsere Satzung eine solche alle halbe Jahr vorsieht. Ich fordere den Vorstand daher auf, umgehend eine solche in Angriff zu nehmen.

In Erwartung einer Einladung

PS: Ich hoffe, Du nimmst mir das nicht krumm.

Anlage: Auszug aus der Satzung, in dem die Mitgliederversammlungen geregelt sind

Verteiler: Die Vereinsvorsitzende
Alle Mitglieder

Abbildung 4.8.: Ergebnis eines kleinen Briefes mit Anschrift, Anrede, Text, Grußfloskel, Postskriptum, Anlagen, Verteiler und ungesund großer Schrift (Datum und Faltmarken entstammen den Voreinstellungen für DIN-Briefe); links wurde die Schriftgröße als optionales Argument von `letter` gesetzt, rechts als optionales Argument von `\documentclass`

4.9. Textauszeichnungen

LaTeX verfügt über eine ganze Reihe von Anweisungen zur Textauszeichnung. Näheres zu den normalerweise definierten Möglichkeiten ist [DGS+12], [Tea05b] und [Tea05a] zu entnehmen.

```
\textsuperscript{Text}
\textsubscript{Text}
```

Im LaTeX-Kern ist bereits die Anweisung `\textsuperscript` definiert, mit der *Text* höher gestellt werden kann. Leider bietet LaTeX selbst keine entsprechende Anweisung, um Text tief statt hoch zu stellen. KOMA-Script definiert dafür `\textsubscript`. Ein Anwendungsbeispiel finden Sie in Abschnitt 3.6, Seite 69.

```
\setkomafont{Element}{Befehle}
\addtokomafont{Element}{Befehle}
\usekomafont{Element}
```

Mit Hilfe der Anweisungen `\setkomafont` und `\addtokomafont` ist es möglich, die *Befehle* festzulegen, mit denen die Schrift eines bestimmten *Element*s umgeschaltet wird. Theoretisch könnten als *Befehle* alle möglichen Anweisungen einschließlich Textausgaben verwendet werden. Sie sollten sich jedoch unbedingt auf solche Anweisungen beschränken, mit denen wirklich nur ein Schriftattribut umgeschaltet wird. In der Regel werden dies Befehle wie \normalfont, \rmfamily, \sffamily, \ttfamily, \mdseries, \bfseries, \upshape, \itshape, \slshape, \scshape oder einer der Befehle \Huge, \huge, \LARGE, \Large, \large, \normalsize, \small, \footnotesize, \scriptsize und \tiny sein. Die Erklärung zu diesen Befehlen entnehmen Sie bitte [DGS+12], [Tea05b] oder [Tea05a]. Auch Farbumschaltungen wie \normalcolor sind möglich (siehe [Car05] und [Ker07]). Die Verwendung anderer Anweisungen, inbesondere solcher, die Umdefinierungen vornehmen oder zu Ausgaben führen, ist nicht vorgesehen. Seltsames Verhalten ist in diesen Fällen möglich und stellt keinen Fehler dar. *Achtung!*

Mit \setkomafont wird die Schriftumschaltung eines Elements mit einer völlig neuen Definition versehen. Demgegenüber wird mit \addtokomafont die existierende Definition lediglich erweitert. Es wird empfohlen, beide Anweisungen nicht innerhalb des Dokuments, sondern nur in der Dokumentpräambel zu verwenden. Beispiele für die Verwendung entnehmen Sie bitte den Abschnitten zu den jeweiligen Elementen. Namen und Bedeutung der einzelnen Elemente sind in Tabelle 4.2 aufgelistet. Die Voreinstellungen sind den jeweiligen Abschnitten zu entnehmen.

Mit der Anweisung \usekomafont kann die aktuelle Schriftart auf diejenige umgeschaltet werden, die für das angegebene *Element* definiert ist.

Ein allgemeines Beispiel für die Anwendung von \setkomafont und \usekomafont finden Sie in Abschnitt 3.6, Seite 71.

Tabelle 4.2.: Elemente, deren Schrift bei der Klasse scrlttr2 mit \setkomafont und \addtokomafont verändert werden kann

addressee
: Name und Anschrift im Anschriftfenster (Abschnitt 4.10, Seite 215)

backaddress
: Rücksendeadresse für einen Fensterbriefumschlag (Abschnitt 4.10, Seite 215)

descriptionlabel
: Label, also das optionale Argument von \item, in einer description-Umgebung (Abschnitt 4.16, Seite 244)

...

Tabelle 4.2.: Elemente, deren Schrift verändert werden kann (*Fortsetzung*)

`foldmark`
: Faltmarke auf dem Briefpapier; ermöglicht Änderung der Linienfarbe (Abschnitt 4.10, Seite 200)

`footnote`
: Marke und Text einer Fußnote (Abschnitt 4.15, Seite 240)

`footnotelabel`
: Marke einer Fußnote; Anwendung erfolgt nach dem Element `footnote` (Abschnitt 4.15, Seite 240)

`footnotereference`
: Referenzierung der Fußnotenmarke im Text (Abschnitt 4.15, Seite 240)

`footnoterule`
: Linie über dem Fußnotenapparat (Abschnitt 4.15, Seite 242)

`fromaddress`
: Absenderadresse im Briefkopf (Abschnitt 4.10, Seite 205)

`fromname`
: Name des Absenders im Briefkopf abweichend von `fromaddress` (Abschnitt 4.10, Seite 205)

`fromrule`
: Linie im Absender im Briefkopf; gedacht für Farbänderungen (Abschnitt 4.10, Seite 205)

`labelinglabel`
: Label, also das optionale Argument der `\item`-Anweisung, und Trennzeichen, also das optionale Argument der `labeling`-Umgebung, in einer `labeling`-Umgebung (siehe Abschnitt 4.16, Seite 244)

`labelingseparator`
: Trennzeichen, also das optionale Argument der `labeling`-Umgebung, in einer `labeling`-Umgebung; Anwendung erfolgt nach dem Element `labelinglabel` (siehe Abschnitt 4.16, Seite 244)

`pagefoot`
: wird nach dem Element `pageheadfoot` für den mit Variable `nextfoot` definierten Seitenfuß verwendet oder wenn das Paket scrlayer-scrpage geladen ist (Kapitel 5, Seite 272)

...

Tabelle 4.2.: Elemente, deren Schrift verändert werden kann (*Fortsetzung*)

`pagehead`
: alternative Bezeichnung für `pageheadfoot`

`pageheadfoot`
: Seitenkopf und Seitenfuß bei allen von KOMA-Script definierten Seitenstilen (Abschnitt 4.13, Seite 236)

`pagenumber`
: Seitenzahl im Kopf oder Fuß der Seite (Abschnitt 4.13, Seite 236)

`pagination`
: alternative Bezeichnung für `pagenumber`

`placeanddate`
: Ort und Datum, falls statt einer Geschäftszeile nur eine Datumszeile verwendet wird (Abschnitt 4.10, Seite 224)

`refname`
: Bezeichnung der Felder in der Geschäftszeile (Abschnitt 4.10, Seite 223)

`refvalue`
: Werte der Felder in der Geschäftszeile (Abschnitt 4.10, Seite 223)

`specialmail`
: Versandart im Anschriftfenster (Abschnitt 4.10, Seite 215)

`subject`
: Betreff in der Brieferöffnung (Abschnitt 4.10, Seite 226)

`title`
: Titel in der Brieferöffnung (Abschnitt 4.10, Seite 226)

`toaddress`
: Abweichung vom Element `addressee` für die Anschrift (ohne Name) des Empfängers im Anschriftfeld (Abschnitt 4.10, Seite 215)

`toname`
: Abweichung vom Element `addressee` für den Namen des Empfängers im Anschriftfeld (Abschnitt 4.10, Seite 215)

```
\usefontofkomafont{Element}
\useencodingofkomafont{Element}
\usesizeofkomafont{Element}
\usefamilyofkomafont{Element}
\useseriesofkomafont{Element}
\useshapeofkomafont{Element}
```

Manchmal werden in der Schrifteinstellung eines Elements auch Dinge vorgenommen, die mit der Schrift eigentlich gar nichts zu tun haben, obwohl dies ausdrücklich nicht empfohlen wird. Soll dann nur die Schrifteinstellung aber keine dieser zusätzlichen Einstellungen ausgeführt werden, so kann statt `\usekomafont` die Anweisung `\usefontofkomafont` verwendet werden. Diese Anweisung übernimmt nur die Schriftgröße und den Grundlinienabstand, die Codierung (engl. *encoding*), die Familie (engl. *family*), die Strichstärke oder Ausprägung (engl. *font series*) und die Form oder Ausrichtung (engl. *font shape*).

Mit den übrigen Anweisungen können auch einzelne Schriftattribute übernommen werden. Dabei übernimmt `\usesizeofkomafont` sowohl die Schriftgröße als auch den Grundlinienabstand.

4.10. Briefbogen

Der Briefbogen ist die erste Seite und damit das Aushängeschild jedes Briefes. Im geschäftlichen Bereich handelt es sich dabei oft um einen Vordruck, auf dem viele Elemente wie ein Briefkopf mit Absenderinformationen und Logo bereits enthalten sind. Bei KOMA-Script sind diese Elemente frei positionierbar. Damit ist es nicht nur möglich, einen Briefbogen direkt nachzubilden, sondern auch vorgesehene Felder wie die Anschrift unmittelbar auszufüllen. Die freie Positionierbarkeit wird über Pseudolängen (siehe Abschnitt 4.2 ab Seite 179) erreicht. Eine schematische Darstellung des Briefbogens und der dafür verwendeten Variablen ist in Abbildung 4.9 zu finden. Dabei sind die Namen der Variablen zur besseren Unterscheidung von Anweisungen und deren Argumenten fett gedruckt.

Folgeseiten sind vom Briefbogen zu unterscheiden. Folgeseiten im Sprachgebrauch dieser Anleitung sind alle Briefseiten abgesehen von der ersten.

```
foldmarks=Einstellung
```

Falt- oder Falzmarken sind kleine horizontale Striche am linken und kleine vertikale Striche am oberen Rand. KOMA-Script unterstützt für den Briefbogen derzeit drei konfigurierbare horizontale und eine

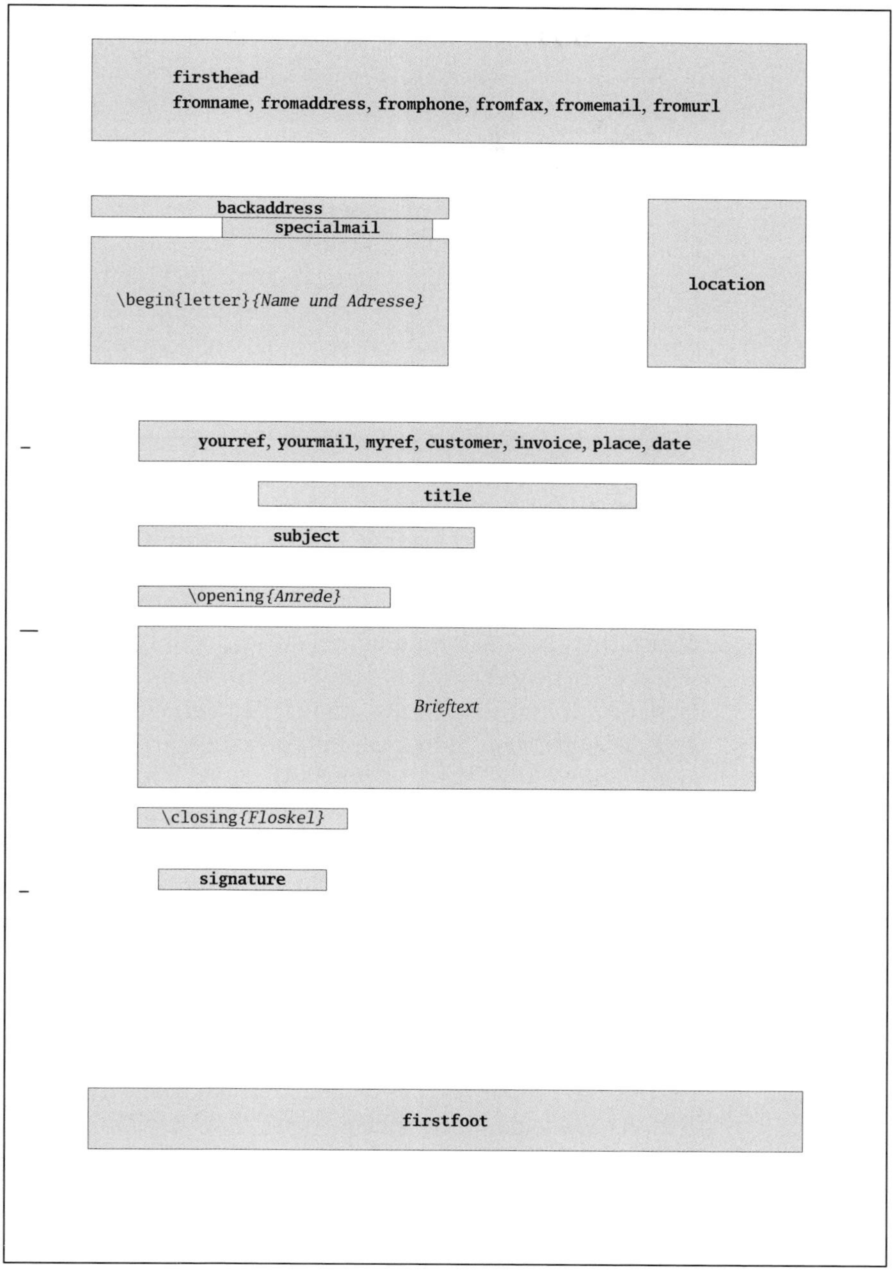

Abbildung 4.9.: Schematische Darstellung des Briefbogens mit den wichtigsten Anweisungen und Variablen für die skizzierten Elemente

Tabelle 4.3.: Kombinierbare Werte für die Konfiguration der Faltmarken mit der Option `foldmarks`

`B`	untere, horizontale Faltmarke am linken Rand aktivieren
`b`	untere, horizontale Faltmarke am linken Rand deaktivieren
`H`	alle horizontalen Faltmarken am linken Rand aktivieren
`h`	alle horizontalen Faltmarken am linken Rand deaktivieren
`L`	linke, vertikale Faltmarke am oberen Rand aktivieren
`l`	linke, vertikale Faltmarke am oberen Rand deaktivieren
`M`	mittlere, horizontale Faltmarke am linken Rand aktivieren
`m`	mittlere, horizontale Faltmarke am linken Rand deaktivieren
`P`	Locher- bzw. Seitenmittenmarke am linken Rand aktivieren
`p`	Locher- bzw. Seitenmittenmarke am linken Rand deaktivieren
`T`	obere, horizontale Faltmarke am linken Rand aktivieren
`t`	obere, horizontale Faltmarke am linken Rand deaktivieren
`V`	alle vertikalen Faltmarken am oberen Rand aktivieren
`v`	alle vertikalen Faltmarken am oberen Rand deaktivieren

konfigurierbare vertikale Faltmarke. Dazu wird noch eine horizontale Loch- oder Seitenmittenmarke unterstützt, die nicht in der Vertikalen verschoben werden kann.

Mit der Option `foldmarks` können Faltmarken für eine vertikale Zwei-, Drei- oder Vierteilung und eine horizontale Zweiteilung aktiviert oder deaktiviert werden. Die einzelnen Teile müssen dabei nicht äquidistant sein. Die Positionen von drei der vier horizontalen und der vertikalen Marke sind über Pseudolängen konfigurierbar (siehe Abschnitt 22.1.1 ab Seite 545).

Über die Option `foldmarks` können entweder mit den Standardwerten für einfache Schalter, die in Tabelle 2.5, Seite 46 angegeben sind, alle konfigurierten Faltmarken am linken und oberen Rand ein- und ausgeschaltet werden, oder es kann durch die Angabe eines oder mehrerer Buchstaben aus Tabelle 4.3 die Verwendung der einzelnen Faltmarken gezielt konfiguriert werden. Auch in diesem Fall werden die Faltmarken nur dann angezeigt, wenn die Faltmarken nicht mit `false`, `off` oder `no` generell abgeschaltet wurden. Die genaue Position der Faltmarken ist von den Einstellungen des Anwenders beziehungsweise der `lco`-Dateien (siehe Abschnitt 4.21 ab Seite 249) abhängig. Voreingestellt sind `true` und `TBMPL`.

Beispiel: Angenommen, Sie wollen alle Faltmarken außer der Lochermarke abschalten. Wenn die Voreinstellung zuvor noch nicht geändert wurde, können Sie das Abschalten wie folgt erreichen:

```
\KOMAoptions{foldmarks=blmt}
```

Besteht die Möglichkeit, dass die Voreinstellung bereits

geändert wurde, so sollten Sie lieber auf Nummer Sicher gehen. Unser Beispiel ist dann entsprechend abzuändern.

```
\documentclass[foldmarks=true,foldmarks=blmtP,
  version=last]{scrlttr2}
\usepackage[ngerman]{babel}
\begin{document}
\begin{letter}{%
    Petra Mustermann\\
    Vor dem Berg 1\\
    12345 Musterhausen%
  }
\opening{Liebe Vereinsvorsitzende,}
seit einem Jahr gab es keine Mitgliederversammlung
mehr. Ich erinnere daran, dass unsere Satzung eine
solche alle halbe Jahr vorsieht. Ich fordere den
Vorstand daher auf, umgehend eine solche in
Angriff zu nehmen.
\closing{In Erwartung einer Einladung}
\ps PS: Ich hoffe, Du nimmst mir das nicht krumm.
\setkomavar*{enclseparator}{Anlage}
\encl{Auszug aus der Satzung, in dem die
  Mitgliederversammlungen geregelt sind}
\cc{Die Vereinsvorsitzende\\Alle Mitglieder}
\end{letter}
\end{document}
```

Das Ergebnis ist in Abbildung 4.10 zu sehen.

Über das Element `foldmark` kann die Farbe der Faltmarken geändert werden. Dazu werden die Anweisungen `\setkomafont` und `\addtokomafont` (siehe Abschnitt 4.9, Seite 196) verwendet. Voreingestellt ist keine Änderung.

`enlargefirstpage=`*`Ein-Aus-Wert`*

Die erste Seite eines Briefes fällt aufgrund der vielen Konsultationselemente wie dem Briefkopf oder der Anschrift immer aus dem normalen Satzspiegel. Von scrlttr2 werden Mechanismen bereitgestellt, um die Höhe und vertikale Ausrichtung von Kopf und Fuß der ersten Seite unabhängig von den Folgeseiten zu bestimmen. Würde dadurch der Fuß der ersten Seite in den Textbereich ragen, so wird der Textbereich der ersten Seite automatisch mit Hilfe von `\enlargethispage` verkleinert.

Soll der Textbereich auch automatisch mit `\enlargethispage` vergrößert werden, falls der Fuß der ersten Seite dies erlaubt, so kann das mit dieser Option erreicht werden. Es passt dann bestenfalls

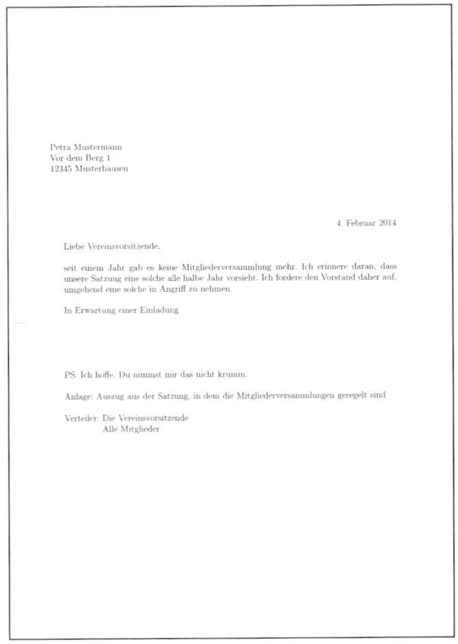
Petra Mustermann
Vor dem Berg 1
12345 Musterhausen

4. Februar 2014

Liebe Vereinsvorsitzende,

seit einem Jahr gab es keine Mitgliederversammlung mehr. Ich erinnere daran, dass unsere Satzung eine solche alle halbe Jahr vorsieht. Ich fordere den Vorstand daher auf, umgehend eine solche in Angriff zu nehmen.

In Erwartung einer Einladung

PS: Ich hoffe, Du nimmst mir das nicht krumm.

Anlage: Auszug aus der Satzung, in dem die Mitgliederversammlungen geregelt sind

Verteiler: Die Vereinsvorsitzende
Alle Mitglieder

Abbildung 4.10.: Ergebnis eines kleinen Briefes mit Anschrift, Anrede, Text, Grußfloskel, Postskriptum, Anlagen, Verteiler und Lochermarke (das Datum entstammt den Voreinstellungen für DIN-Briefe)

etwas mehr Text auf die erste Seite. Siehe hierzu auch die Erklärung zur Pseudolänge `firstfootvpos` auf Seite 553. Als *`Ein-Aus-Wert`* kann dabei einer der Standardwerte für einfache Schalter aus Tabelle 2.5, Seite 46 verwendet werden. Voreingestellt ist `false`.

`firsthead=`*`Ein-Aus-Wert`*

Das oberste Element eines Briefbogens ist normalerweise der Briefkopf. Bei KOMA-Script kann mit der Option `firsthead` gewählt werden, ob der Briefkopf auf dem Briefbogen überhaupt gesetzt werden soll. Als *`Ein-Aus-Wert`* kann dabei einer der Standardwerte für einfache Schalter aus Tabelle 2.5, Seite 46 verwendet werden. In der Voreinstellung ist der Briefkopf aktiviert.

`fromalign=`*`Methode`*

`fromalign` Die Option `fromalign` bestimmt, wo der Absender auf der ersten Seite platziert werden soll. Neben verschiedenen Platzierungen im Briefkopf gibt es auch die Möglichkeit, den Absender in der Absen-

Achtung! derergänzung unter zu bringen. Gleichzeitig dient diese Option als zentraler Schalter, um die Erweiterungen der Briefkopfgestaltung überhaupt zu aktivieren oder zu deaktivieren. Sind die Erweiterungen deaktiviert, so bleiben die übrigen nachfolgend angegebenen Optionen ohne Wirkung. Mögliche Werte für `fromalign` sind Tabelle 4.4 zu entnehmen. Voreingestellt ist der Wert `left`.

Tabelle 4.4.: Mögliche Werte für Option `fromalign` zur Platzierung des Absenders auf dem Briefbogen von scrlttr2

`center`, `centered`, `middle`
: Absender wird innerhalb des Briefkopfs zentriert; ein Logo wird gegebenenfalls am Anfang der erweiterten Absenderangabe platziert; die Erweiterungen der Briefkopfgestaltung werden aktiviert.

`false`, `no`, `off`
: Standardgestalt für den Absender wird verwendet; die Erweiterungen der Briefkopfgestaltung werden deaktiviert.

`left`
: Absender steht linksbündig im Briefkopf; ein Logo wird gegebenenfalls rechtsbündig platziert; die Erweiterungen der Briefkopfgestaltung werden aktiviert.

`locationleft`, `leftlocation`
: Absender steht linksbündig in der Absenderergänzung; ein Logo wird gegebenenfalls darüber platziert; der Briefkopf wird automatisch deaktiviert, kann aber über Option `firsthead` wieder aktiviert werden.

`locationright`, `rightlocation`, `location`
: Absender steht rechtsbündig in der Absenderergänzung; ein Logo wird gegebenenfalls darüber platziert; der Briefkopf wird automatisch deaktiviert, kann aber über Option `firsthead` wieder aktiviert werden.

`right`
: Absender steht rechtsbündig im Briefkopf; ein Logo wird gegebenenfalls linksbündig platziert; die Erweiterungen der Briefkopfgestaltung werden aktiviert.

```
fromrule=Position
\setkomavar{fromname}[Bezeichnung]{Inhalt}
\setkomavar{fromaddress}[Bezeichnung]{Inhalt}
```

Der Name des Absenders wird über die Variable `fromname` bestimmt. Im Briefkopf wird dabei die *Bezeichnung* (siehe auch Tabelle 4.6, Seite 210) nicht gesetzt. `fromname`

Optional kann mit Einstellung `fromrule=aftername` im erweiterten Briefkopf auf den Namen eine horizontale Linie folgen. Alternativ kann die Linie mit `fromrule=afteraddress` auch unterhalb des kompletten Absenders gesetzt werden. Eine Übersicht über alle möglichen Einstellungen für die Linie bietet Tabelle 4.5. Die Länge der Linie wird über die Pseudolänge `fromrulewidth` bestimmt. `fromrule=aftername` `fromrule=afteraddress`

In der Voreinstellung ist die Linie im erweiterten Briefkopf nicht aktiviert. Im Standardbriefkopf wird die Linie immer nach dem Namen gesetzt.

Tabelle 4.5.: Mögliche Werte für Option `fromrule` zur Platzierung einer horizontalen Linie im Absender des erweiterten Briefkopfs von scrlttr2

`afteraddress`, `below`, `on`, `true`, `yes`
Linie unterhalb des kompletten Absenders

`aftername`
Linie direkt unter dem Namen des Absenders

`false`, `no`, `off`
keine Linie

fromaddress Unter dem Namen folgt die Anschrift des Absenders. Diese wird über die Variable `fromaddress` bestimmt. Im Briefkopf wird dabei die *`Bezeichnung`* (siehe auch Tabelle 4.6, Seite 210) nicht gesetzt.

fromaddress fromname fromrule Die Schrift, die für den kompletten Absender verwendet wird, kann über das Element `fromaddress` eingestellt werden. Abweichungen davon können für den Absendernamen über das Element `fromname` und für die mit `fromrule` gesetzte Linie über das Element `fromrule` eingestellt werden. In der Voreinstellung erfolgt keinerlei Schriftumschaltung. Bei der Linie ist die Möglichkeit der Schriftumschaltung hauptsächlich dazu gedacht, die Farbe der Linie ändern zu können, um etwa Grau an Stelle von Schwarz zu verwenden. Siehe hierzu [Ker07].

Beispiel: Geben wir nun dem Absender einen Namen.

```
\documentclass[foldmarks=true,foldmarks=blmtP,
  fromalign=false,
  version=last]{scrlttr2}
\usepackage[ngerman]{babel}
\begin{document}
\setkomavar{fromname}{Peter Musterfrau}
\setkomavar{fromaddress}{Hinter dem Tal 2\\
                          54321 Musterheim}
\setkomavar{fromphone}{0\,12\,34~56\,78}
\setkomavar{fromemail}{Peter@Musterfrau.invalid}
\setkomavar{fromlogo}{\includegraphics{musterlogo}}
\begin{letter}{%
    Petra Mustermann\\
    Vor dem Berg 1\\
    12345 Musterhausen%
  }
\opening{Liebe Vereinsvorsitzende,}
seit einem Jahr gab es keine Mitgliederversammlung
mehr. Ich erinnere daran, dass unsere Satzung eine
```

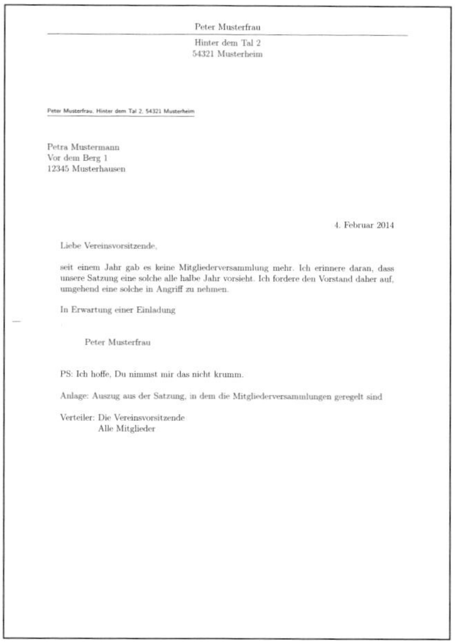

Peter Musterfrau
Hinter dem Tal 2
54321 Musterheim

Peter Musterfrau, Hinter dem Tal 2, 54321 Musterheim

Petra Mustermann
Vor dem Berg 1
12345 Musterhausen

4. Februar 2014

Liebe Vereinsvorsitzende,

seit einem Jahr gab es keine Mitgliederversammlung mehr. Ich erinnere daran, dass unsere Satzung eine solche alle halbe Jahr vorsieht. Ich fordere den Vorstand daher auf, umgehend eine solche in Angriff zu nehmen.

In Erwartung einer Einladung

Peter Musterfrau

PS: Ich hoffe, Du nimmst mir das nicht krumm.

Anlage: Auszug aus der Satzung, in dem die Mitgliederversammlungen geregelt sind

Verteiler: Die Vereinsvorsitzende
Alle Mitglieder

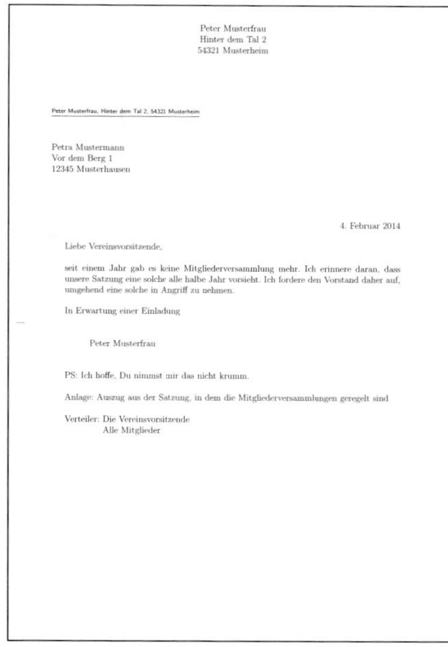

Peter Musterfrau
Hinter dem Tal 2
54321 Musterheim

Peter Musterfrau, Hinter dem Tal 2, 54321 Musterheim

Petra Mustermann
Vor dem Berg 1
12345 Musterhausen

4. Februar 2014

Liebe Vereinsvorsitzende,

seit einem Jahr gab es keine Mitgliederversammlung mehr. Ich erinnere daran, dass unsere Satzung eine solche alle halbe Jahr vorsieht. Ich fordere den Vorstand daher auf, umgehend eine solche in Angriff zu nehmen.

In Erwartung einer Einladung

Peter Musterfrau

PS: Ich hoffe, Du nimmst mir das nicht krumm.

Anlage: Auszug aus der Satzung, in dem die Mitgliederversammlungen geregelt sind

Verteiler: Die Vereinsvorsitzende
Alle Mitglieder

Abbildung 4.11.: Ergebnis eines kleinen Briefes mit Absender, Anschrift, Anrede, Text, Grußfloskel, Signatur, Postskriptum, Anlagen und Verteiler (Datum und Faltmarken entstammen den Voreinstellungen für DIN-Briefe); links der Standardbriefkopf mit `fromalign=false`, rechts der erweiterte Briefkopf mit `fromalign=center`

```
solche alle halbe Jahr vorsieht. Ich fordere den
Vorstand daher auf, umgehend eine solche in
Angriff zu nehmen.
\closing{In Erwartung einer Einladung}
\ps PS: Ich hoffe, Du nimmst mir das nicht krumm.
\setkomavar*{enclseparator}{Anlage}
\encl{Auszug aus der Satzung, in dem die
  Mitgliederversammlungen geregelt sind}
\cc{Die Vereinsvorsitzende\\Alle Mitglieder}
\end{letter}
\end{document}
```

Dabei wird zunächst einmal nicht der erweiterte Briefkopf, sondern nur der Standardbriefkopf verwendet. Das Ergebnis ist in Abbildung 4.11, links zu sehen. Im Vergleich dazu ist rechts daneben das gleiche Beispiel, jedoch mit Option `fromalign=center`, also mit den aktivierten Erweiterungen für den Briefkopf, abgebildet. Wie zu sehen ist, hat diese Variante zunächst einmal keine Linie.

In Abbildung 4.11 taucht nun auch erstmals eine Signatur unter dem Gruß auf. Diese wird automatisch aus dem

Absendername gewonnen. Wie sie konfiguriert werden kann, ist in Abschnitt 4.20 ab Seite 247 zu finden.

Nun soll der Brief mit aktivierter Erweiterung für den Briefkopf mit Hilfe der Option `fromrule` auch noch eine Linie unter dem Namen erhalten:

```
\documentclass[foldmarks=true,foldmarks=blmtP,
  fromalign=center,fromrule=aftername,
  version=last]{scrlttr2}
\usepackage[ngerman]{babel}
\begin{document}
\setkomavar{fromname}{Peter Musterfrau}
\setkomavar{fromaddress}{Hinter dem Tal 2\\
                         54321 Musterheim}
\begin{letter}{%
    Petra Mustermann\\
    Vor dem Berg 1\\
    12345 Musterhausen%
  }
\opening{Liebe Vereinsvorsitzende,}
seit einem Jahr gab es keine Mitgliederversammlung
mehr. Ich erinnere daran, dass unsere Satzung eine
solche alle halbe Jahr vorsieht. Ich fordere den
Vorstand daher auf, umgehend eine solche in
Angriff zu nehmen.
\closing{In Erwartung einer Einladung}
\ps PS: Ich hoffe, Du nimmst mir das nicht krumm.
\setkomavar*{enclseparator}{Anlage}
\encl{Auszug aus der Satzung, in dem die
  Mitgliederversammlungen geregelt sind}
\cc{Die Vereinsvorsitzende\\Alle Mitglieder}
\end{letter}
\end{document}
```

Das Ergebnis ist in Abbildung 4.12 rechts zu sehen. Links steht zum Vergleich ein Beispiel mit Standardbriefkopf.

Achtung! Ein wichtiger Hinweis betrifft die Absenderadresse: Innerhalb der Absenderadresse werden einzelne Teilangaben durch doppelten Backslash voneinander getrennt. Solche Teilangaben sind beispielsweise Straße und Hausnummer, Postleitzahl und Ort oder eine Länderangabe. Dieser doppelte Backslash wird je nach Verwendung der Absenderadresse unterschiedlich interpretiert und ist nicht zwangsläufig als Zeilenumbruch zu verstehen. Absätze, vertikale Abstände und Ähnliches sind innerhalb der Absenderangaben normalerweise nicht gestattet und hätten außerdem gegebenenfalls Auswirkungen

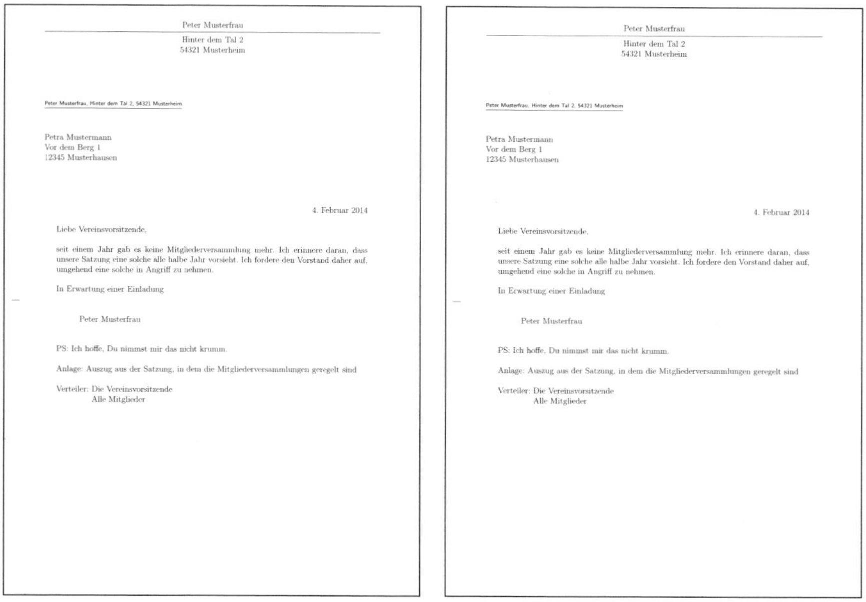

Peter Musterfrau
Hinter dem Tal 2
54321 Musterheim

Peter Musterfrau, Hinter dem Tal 2, 54321 Musterheim

Petra Mustermann
Vor dem Berg 1
12345 Musterhausen

4. Februar 2014

Liebe Vereinsvorsitzende,

seit einem Jahr gab es keine Mitgliederversammlung mehr. Ich erinnere daran, dass unsere Satzung eine solche alle halbe Jahr vorsieht. Ich fordere den Vorstand daher auf, umgehend eine solche in Angriff zu nehmen.

In Erwartung einer Einladung

Peter Musterfrau

PS: Ich hoffe, Du nimmst mir das nicht krumm.

Anlage: Auszug aus der Satzung, in dem die Mitgliederversammlungen geregelt sind

Verteiler: Die Vereinsvorsitzende
Alle Mitglieder

Peter Musterfrau
Hinter dem Tal 2
54321 Musterheim

Peter Musterfrau, Hinter dem Tal 2, 54321 Musterheim

Petra Mustermann
Vor dem Berg 1
12345 Musterhausen

4. Februar 2014

Liebe Vereinsvorsitzende,

seit einem Jahr gab es keine Mitgliederversammlung mehr. Ich erinnere daran, dass unsere Satzung eine solche alle halbe Jahr vorsieht. Ich fordere den Vorstand daher auf, umgehend eine solche in Angriff zu nehmen.

In Erwartung einer Einladung

Peter Musterfrau

PS: Ich hoffe, Du nimmst mir das nicht krumm.

Anlage: Auszug aus der Satzung, in dem die Mitgliederversammlungen geregelt sind

Verteiler: Die Vereinsvorsitzende
Alle Mitglieder

Abbildung 4.12.: Ergebnis eines kleinen Briefes mit Absender, Trennlinie, Anschrift, Anrede, Text, Grußfloskel, Signatur, Postskriptum, Anlagen, Verteiler und Lochermarke (das Datum entstammt den Voreinstellungen für DIN-Briefe); links der Standardbriefkopf mit `fromalign=false`, rechts der erweiterte Briefkopf mit `fromalign=center`

auf die Rücksendeadresse (siehe Variable `backaddress`, Seite 215) und Signatur (siehe Variable `signature`, Seite 247).

```
symbolicnames=Ein-Aus-Wert
fromphone=Ein-Aus-Wert
frommobilephone=Ein-Aus-Wert
fromfax=Ein-Aus-Wert
fromemail=Ein-Aus-Wert
fromurl=Ein-Aus-Wert
\setkomavar{fromphone}[Bezeichnung]{Inhalt}
\setkomavar{frommobilephone}[Bezeichnung]{Inhalt}
\setkomavar{fromfax}[Bezeichnung]{Inhalt}
\setkomavar{fromemail}[Bezeichnung]{Inhalt}
\setkomavar{fromurl}[Bezeichnung]{Inhalt}
\setkomavar{phoneseparator}[Bezeichnung]{Inhalt}
\setkomavar{mobilephoneseparator}[Bezeichnung]{Inhalt}
\setkomavar{faxseparator}[Bezeichnung]{Inhalt}
\setkomavar{emailseparator}[Bezeichnung]{Inhalt}
\setkomavar{urlseparator}[Bezeichnung]{Inhalt}
```

Mit Hilfe der fünf Optionen `fromphone`, `frommobilephone`, `fromfax`, `fromemail` und `fromurl` kann bestimmt werden, ob die Telefonnum-

Tabelle 4.6.: Vordefinierte Bezeichnungen der Variablen für die Absenderangaben im Briefkopf (die Bezeichnungen und Inhalte der verwendeten Variablen für Trennzeichen ist Tabelle 4.7 zu entnehmen)

`fromemail`	`\usekomavar*{emailseparator}\usekomavar{emailseparator}`
`fromfax`	`\usekomavar*{faxseparator}\usekomavar{faxseparator}`
`frommobilephone`	`\usekomavar*{mobilephoneseparator}\usekomavar{mobilephoneseparator}`
`fromname`	`\headfromname`
`fromphone`	`\usekomavar*{phoneseparator}\usekomavar{phoneseparator}`
`fromurl`	`\usekomavar*{urlseparator}\usekomavar{urlseparator}`

mer, die Mobiltelefonnummer, die Faxnummer, die E-Mail-Adresse und die URL im Absender gesetzt werden soll. Als *`Ein-Aus-Wert`* kann dabei einer der Standardwerte für einfache Schalter aus Tabelle 2.5, Seite 46 verwendet werden. Voreingestellt ist jeweils `false`. Die Inhalte selbst werden über die gleichnamigen Variablen bestimmt. Die Voreinstellungen für die dabei verwendeten Bezeichnungen sind Tabelle 4.6 zu entnehmen, die verwendeten Trennzeichen, die zwischen der *`Bezeichnung`* und dem *`Inhalt`* einer Variablen eingefügt werden, Tabelle 4.7.

`symbolicnames` Mit Option `symbolicnames` kann diese Voreinstellung auf einen Schlag geändert werden. Die Option versteht die *`Ein-Aus-Werte`* für einfache Schalter, wie sie in Tabelle 2.5, Seite 46 angegeben sind. Durch Aktivierung der Option werden statt der sprachabhängigen Bezeichner `\emailname`, `\faxname`, `\mobilephonename` und `\phonename` Symbole aus dem marvosym-Paket verwendet. Gleichzeitig entfällt der Doppelpunkt bei der Definition der Trennzeichen. Für die URL entfallen in diesem Fall sowohl der sprachabhängige Bezeichner als auch das Trennzeichen. *Achtung!* Es ist zu beachten, dass das Paket marvosym gegebenenfalls selbst zu laden ist, falls die Option erst nach `\begin{document}` aktiviert wird.

Beispiel: Herr Musterfrau aus unserem Beispiel hat auch Telefon und eine E-Mail-Adresse. Diese möchte er ebenfalls im

Tabelle 4.7.: Vordefinierte Bezeichnungen und Inhalte der Trennzeichen für die Absenderangaben im Briefkopf ohne Option symbolicnumbers

Name	Bezeichnung	Inhalt
emailseparator	\emailname	:~
faxseparator	\faxname	:~
mobilephoneseparator	\mobilephonename	\usekomavar{phoneseparator}
phoneseparator	\phonename	:~
urlseparator	\wwwname	:~

Briefkopf haben. Gleichzeitig soll die Trennlinie nun nach dem Briefkopf stehen. Also gibt er die entsprechenden Optionen an und setzt auch die zugehörigen Variablen:

```
\documentclass[foldmarks=true,foldmarks=blmtP,
  fromalign=false,fromrule=afteraddress,
  fromphone,fromemail,
  version=last]{scrlttr2}
\usepackage[ngerman]{babel}
\begin{document}
\setkomavar{fromname}{Peter Musterfrau}
\setkomavar{fromaddress}{Hinter dem Tal 2\\
                         54321 Musterheim}
\setkomavar{fromphone}{0\,12\,34~56\,78}
\setkomavar{fromemail}{Peter@Musterfrau.invalid}
\begin{letter}{%
    Petra Mustermann\\
    Vor dem Berg 1\\
    12345 Musterhausen%
  }
\opening{Liebe Vereinsvorsitzende,}
seit einem Jahr gab es keine Mitgliederversammlung
mehr. Ich erinnere daran, dass unsere Satzung eine
solche alle halbe Jahr vorsieht. Ich fordere den
Vorstand daher auf, umgehend eine solche in
Angriff zu nehmen.
\closing{In Erwartung einer Einladung}
\ps PS: Ich hoffe, Du nimmst mir das nicht krumm.
\setkomavar*{enclseparator}{Anlage}
\encl{Auszug aus der Satzung, in dem die
  Mitgliederversammlungen geregelt sind}
\cc{Die Vereinsvorsitzende\\Alle Mitglieder}
\end{letter}
\end{document}
```

Das Ergebnis aus Abbildung 4.13, links ist jedoch ernüch-

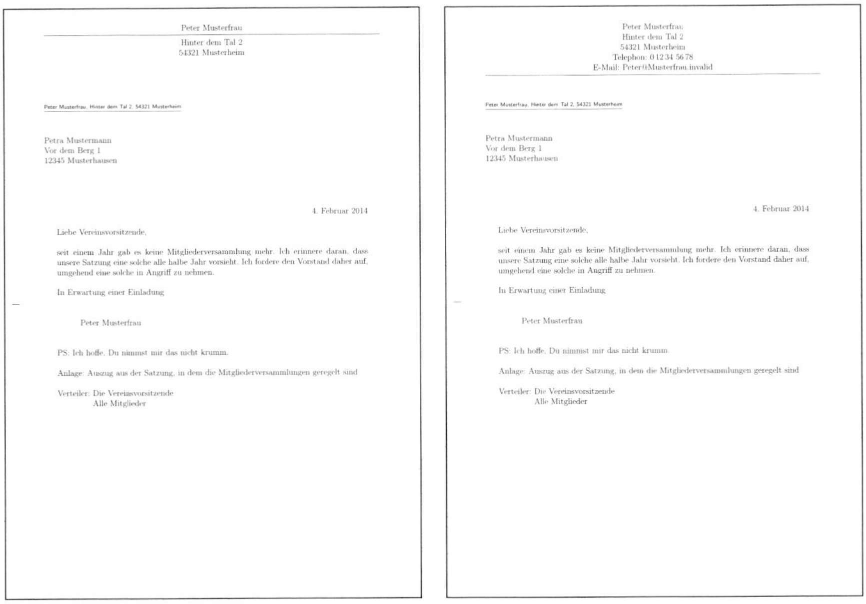

Peter Musterfrau
Hinter dem Tal 2
54321 Musterheim

Peter Musterfrau, Hinter dem Tal 2, 54321 Musterheim

Petra Mustermann
Vor dem Berg 1
12345 Musterhausen

4. Februar 2014

Liebe Vereinsvorsitzende,

seit einem Jahr gab es keine Mitgliederversammlung mehr. Ich erinnere daran, dass unsere Satzung eine solche alle halbe Jahr vorsieht. Ich fordere den Vorstand daher auf, umgehend eine solche in Angriff zu nehmen.

In Erwartung einer Einladung

Peter Musterfrau

PS: Ich hoffe, Du nimmst mir das nicht krumm.

Anlage: Auszug aus der Satzung, in dem die Mitgliederversammlungen geregelt sind

Verteiler: Die Vereinsvorsitzende
Alle Mitglieder

Peter Musterfrau
Hinter dem Tal 2
54321 Musterheim
Telephon: 0 12 34 56 78
E-Mail: Peter@Musterfrau.invalid

Peter Musterfrau, Hinter dem Tal 2, 54321 Musterheim

Petra Mustermann
Vor dem Berg 1
12345 Musterhausen

4. Februar 2014

Liebe Vereinsvorsitzende,

seit einem Jahr gab es keine Mitgliederversammlung mehr. Ich erinnere daran, dass unsere Satzung eine solche alle halbe Jahr vorsieht. Ich fordere den Vorstand daher auf, umgehend eine solche in Angriff zu nehmen.

In Erwartung einer Einladung

Peter Musterfrau

PS: Ich hoffe, Du nimmst mir das nicht krumm.

Anlage: Auszug aus der Satzung, in dem die Mitgliederversammlungen geregelt sind

Verteiler: Die Vereinsvorsitzende
Alle Mitglieder

Abbildung 4.13.: Ergebnis eines kleinen Briefes mit erweitertem Absender, Trennlinie, Anschrift, Anrede, Text, Grußfloskel, Signatur, Postskriptum, Anlagen, Verteiler und Lochermarke (das Datum entstammt den Voreinstellungen für DIN-Briefe); links der Standardbriefkopf mit `fromalign=false`, rechts der erweiterte Briefkopf mit `fromalign=center`

ternd. Die Optionen werden ignoriert. Das liegt daran, dass diese zusätzlichen Variablen und Optionen nur im erweiterten Briefkopf verwendet werden. Es muss also wie in Abbildung 4.13, rechts die Option `fromalign` verwendet werden:

```
\documentclass[foldmarks=true,foldmarks=blmtP,
  fromalign=center,fromrule=afteraddress,
  fromphone,fromemail,
  version=last]{scrlttr2}
\usepackage[ngerman]{babel}
\begin{document}
\setkomavar{fromname}{Peter Musterfrau}
\setkomavar{fromaddress}{Hinter dem Tal 2\\
                         54321 Musterheim}
\setkomavar{fromphone}{0\,12\,34~56\,78}
\setkomavar{fromemail}{Peter@Musterfrau.invalid}
\begin{letter}{%
    Petra Mustermann\\
    Vor dem Berg 1\\
    12345 Musterhausen%
```


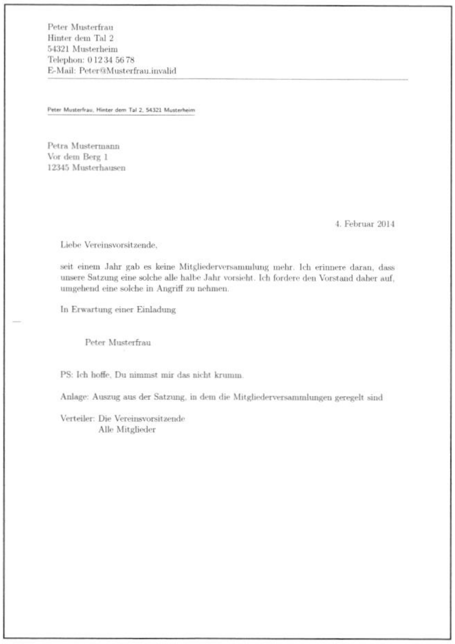

Peter Musterfrau
Hinter dem Tal 2
54321 Musterheim
Telephon: 0 12 34 56 78
E-Mail: Peter@Musterfrau.invalid

Peter Musterfrau, Hinter dem Tal 2, 54321 Musterheim

Petra Mustermann
Vor dem Berg 1
12345 Musterhausen

4. Februar 2014

Liebe Vereinsvorsitzende,

seit einem Jahr gab es keine Mitgliederversammlung mehr. Ich erinnere daran, dass unsere Satzung eine solche alle halbe Jahr vorsieht. Ich fordere den Vorstand daher auf, umgehend eine solche in Angriff zu nehmen.

In Erwartung einer Einladung

Peter Musterfrau

PS: Ich hoffe, Du nimmst mir das nicht krumm.

Anlage: Auszug aus der Satzung, in dem die Mitgliederversammlungen geregelt sind

Verteiler: Die Vereinsvorsitzende
Alle Mitglieder

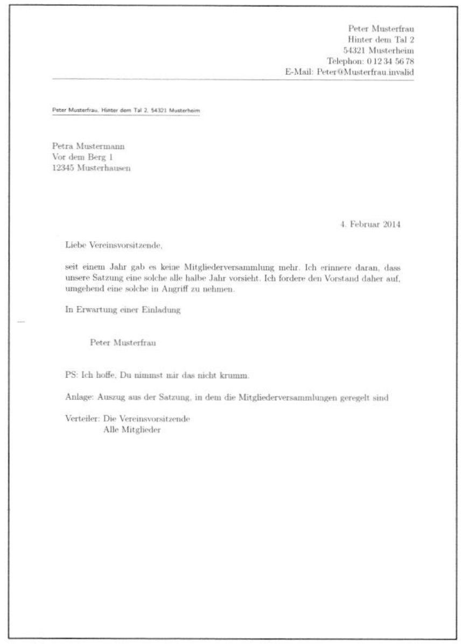

Peter Musterfrau
Hinter dem Tal 2
54321 Musterheim
Telephon: 0 12 34 56 78
E-Mail: Peter@Musterfrau.invalid

Peter Musterfrau, Hinter dem Tal 2, 54321 Musterheim

Petra Mustermann
Vor dem Berg 1
12345 Musterhausen

4. Februar 2014

Liebe Vereinsvorsitzende,

seit einem Jahr gab es keine Mitgliederversammlung mehr. Ich erinnere daran, dass unsere Satzung eine solche alle halbe Jahr vorsieht. Ich fordere den Vorstand daher auf, umgehend eine solche in Angriff zu nehmen.

In Erwartung einer Einladung

Peter Musterfrau

PS: Ich hoffe, Du nimmst mir das nicht krumm.

Anlage: Auszug aus der Satzung, in dem die Mitgliederversammlungen geregelt sind

Verteiler: Die Vereinsvorsitzende
Alle Mitglieder

Abbildung 4.14.: Ergebnis eines kleinen Briefes mit erweitertem Absender, Trennlinie, Anschrift, Anrede, Text, Grußfloskel, Signatur, Postskriptum, Anlagen, Verteiler und Lochermarke (das Datum entstammt den Voreinstellungen für DIN-Briefe); links mit linksbündigem Kopf durch `fromalign=left`, rechts mit Option `fromalign=right` und damit rechtsbündigem Kopf

```
  }
\opening{Liebe Vereinsvorsitzende,}
seit einem Jahr gab es keine Mitgliederversammlung
mehr. Ich erinnere daran, dass unsere Satzung eine
solche alle halbe Jahr vorsieht. Ich fordere den
Vorstand daher auf, umgehend eine solche in
Angriff zu nehmen.
\closing{In Erwartung einer Einladung}
\ps PS: Ich hoffe, Du nimmst mir das nicht krumm.
\setkomavar*{enclseparator}{Anlage}
\encl{Auszug aus der Satzung, in dem die
  Mitgliederversammlungen geregelt sind}
\cc{Die Vereinsvorsitzende\\Alle Mitglieder}
\end{letter}
\end{document}
```

Den Vergleich zweier Alternativen mit linksbündigem Absender durch Einstellung `fromalign=left` und rechtsbündigem Absender durch Einstellung `fromalign=right` zeigt Abbildung 4.14.

```
fromlogo=Ein-Aus-Wert
\setkomavar{fromlogo}[Bezeichnung]{Inhalt}
```

Mit der Option `fromlogo` kann bestimmt werden, ob ein Logo im Briefkopf gesetzt werden soll. Als *`Ein-Aus-Wert`* kann dabei einer der Standardwerte für einfache Schalter aus Tabelle 2.5, Seite 46 verwendet werden. Voreingestellt ist `false`, also kein Logo. Das Logo selbst wird über die Variable `fromlogo` definiert. Die *`Bezeichnung`* für das Logo ist in der Voreinstellung leer und wird von KOMA-Script auch nicht verwendet (siehe auch Tabelle 4.6, Seite 210).

Beispiel: Herr Musterfrau findet es besonders schick, wenn er seine Briefe mit einem Logo versieht. Sein Logo hat er als Grafikdatei gespeichert, die er gerne mit Hilfe der Anweisung `\includegraphics` laden würde. Dazu bindet er zusätzlich das Paket graphics (siehe [Car05]) ein.

```
\documentclass[foldmarks=true,foldmarks=blmtP,
  fromrule=afteraddress,
  fromphone,fromemail,fromlogo,
  version=last]{scrlttr2}
\usepackage[ngerman]{babel}
\usepackage{graphics}
\begin{document}
\setkomavar{fromname}{Peter Musterfrau}
\setkomavar{fromaddress}{Hinter dem Tal 2\\
                         54321 Musterheim}
\setkomavar{fromphone}{0\,12\,34~56\,78}
\setkomavar{fromemail}{Peter@Musterfrau.invalid}
\setkomavar{fromlogo}{\includegraphics{musterlogo}}
\begin{letter}{%
    Petra Mustermann\\
    Vor dem Berg 1\\
    12345 Musterhausen%
  }
\opening{Liebe Vereinsvorsitzende,}
seit einem Jahr gab es keine Mitgliederversammlung
mehr. Ich erinnere daran, dass unsere Satzung eine
solche alle halbe Jahr vorsieht. Ich fordere den
Vorstand daher auf, umgehend eine solche in
Angriff zu nehmen.
\closing{In Erwartung einer Einladung}
\ps PS: Ich hoffe, Du nimmst mir das nicht krumm.
\setkomavar*{enclseparator}{Anlage}
\encl{Auszug aus der Satzung, in dem die
  Mitgliederversammlungen geregelt sind}
\cc{Die Vereinsvorsitzende\\Alle Mitglieder}
\end{letter}
```

```
\end{document}
```

Das Ergebnis ist in Abbildung 4.15, Seite 216 links oben zu sehen. Die beiden anderen Bilder in dieser Abbildung zeigen das Ergebnis bei rechtsbündigem und bei zentriertem Absender.

`\setkomavar{firsthead}[Bezeichnung]{Inhalt}`

In vielen Fällen reichen die Möglichkeiten aus, die scrlttr2 über Optionen und obige Variablen für die Gestaltung des Briefkopfes bietet. In einigen Fällen will man jedoch den Briefkopf freier gestalten können. In diesen Fällen muss man auf die Möglichkeiten der vordefinierten Briefköpfe, die über die oben erwähnten Option ausgewählt werden können, verzichten. Stattdessen gestaltet man sich seinen Briefkopf frei. Dazu definiert man den gewünschten Aufbau über den *Inhalt* der Variablen `firsthead`. Dabei können beispielsweise mit Hilfe der `\parbox`-Anweisung (siehe [Tea05b]) mehrere Boxen neben- und untereinander gesetzt werden. Einem versierten Anwender sollte es so möglich sein, seinen eigenen Briefkopf zu gestalten. Natürlich kann und sollte man dabei auch Zugriffe auf andere Variablen mit Hilfe von `\usekomavar` nehmen. Die *Bezeichnung* der Variablen `firsthead` wird von KOMA-Script nicht verwendet. Ein ausführliches Beispiel für Definition eines Briefkopfes wird in Anhang D behandelt.

Lediglich aus Gründen der Kompatibilität zu früheren Versionen von scrlttr2 existiert auch noch Anweisung `\firsthead`. Diese sollte jedoch nicht mehr verwendet werden. *Achtung!*

```
addrfield=Modus
backaddress=Wert
priority=Priorität
\setkomavar{toname}[Bezeichnung]{Inhalt}
\setkomavar{toaddress}[Bezeichnung]{Inhalt}
\setkomavar{backaddress}[Bezeichnung]{Inhalt}
\setkomavar{backaddressseparator}[Bezeichnung]{Inhalt}
\setkomavar{specialmail}[Bezeichnung]{Inhalt}
\setkomavar{fromzipcode}[Bezeichnung]{Inhalt}
\setkomavar{zipcodeseparator}[Bezeichnung]{Inhalt}
\setkomavar{place}[Bezeichnung]{Inhalt}
\setkomavar{PPcode}[Bezeichnung]{Inhalt}
\setkomavar{PPdatamatrix}[Bezeichnung]{Inhalt}
\setkomavar{addresseeimage}[Bezeichnung]{Inhalt}
```

Mit der Option `addrfield` kann gewählt werden, ob ein Anschriftfeld gesetzt werden soll oder nicht. Voreingestellt ist die Verwendung eines Anschriftfeldes. Die Option versteht die in Tabelle 4.8 angege-

Peter Musterfrau
Hinter dem Tal 2
54321 Musterheim
Telephon: 0 12 34 56 78
E-Mail: Peter@Musterfrau.invalid

Peter Musterfrau, Hinter dem Tal 2, 54321 Musterheim

Petra Mustermann
Vor dem Berg 1
12345 Musterhausen

4. Februar 2014

Liebe Vereinsvorsitzende,

seit einem Jahr gab es keine Mitgliederversammlung mehr. Ich erinnere daran, dass unsere Satzung eine solche alle halbe Jahr vorsieht. Ich fordere den Vorstand daher auf, umgehend eine solche in Angriff zu nehmen.

In Erwartung einer Einladung

Peter Musterfrau

PS: Ich hoffe, Du nimmst mir das nicht krumm.

Anlage: Auszug aus der Satzung, in dem die Mitgliederversammlungen geregelt sind

Verteiler: Die Vereinsvorsitzende
Alle Mitglieder

Peter Musterfrau
Hinter dem Tal 2
54321 Musterheim
Telephon: 0 12 34 56 78
E-Mail: Peter@Musterfrau.invalid

Peter Musterfrau, Hinter dem Tal 2, 54321 Musterheim

Petra Mustermann
Vor dem Berg 1
12345 Musterhausen

4. Februar 2014

Liebe Vereinsvorsitzende,

seit einem Jahr gab es keine Mitgliederversammlung mehr. Ich erinnere daran, dass unsere Satzung eine solche alle halbe Jahr vorsieht. Ich fordere den Vorstand daher auf, umgehend eine solche in Angriff zu nehmen.

In Erwartung einer Einladung

Peter Musterfrau

PS: Ich hoffe, Du nimmst mir das nicht krumm.

Anlage: Auszug aus der Satzung, in dem die Mitgliederversammlungen geregelt sind

Verteiler: Die Vereinsvorsitzende
Alle Mitglieder

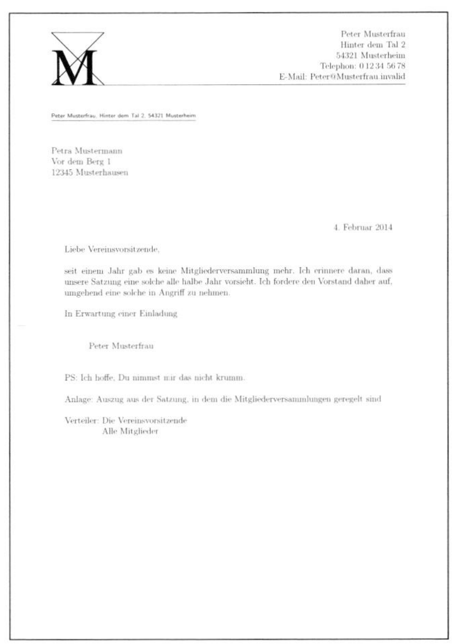
Peter Musterfrau
Hinter dem Tal 2
54321 Musterheim
Telephon: 0 12 34 56 78
E-Mail: Peter@Musterfrau.invalid

Peter Musterfrau, Hinter dem Tal 2, 54321 Musterheim

Petra Mustermann
Vor dem Berg 1
12345 Musterhausen

4. Februar 2014

Liebe Vereinsvorsitzende,

seit einem Jahr gab es keine Mitgliederversammlung mehr. Ich erinnere daran, dass unsere Satzung eine solche alle halbe Jahr vorsieht. Ich fordere den Vorstand daher auf, umgehend eine solche in Angriff zu nehmen.

In Erwartung einer Einladung

Peter Musterfrau

PS: Ich hoffe, Du nimmst mir das nicht krumm.

Anlage: Auszug aus der Satzung, in dem die Mitgliederversammlungen geregelt sind

Verteiler: Die Vereinsvorsitzende
Alle Mitglieder

Abbildung 4.15.: Ergebnis eines kleinen Briefes mit erweitertem Absender, Logo, Trennlinie, Anschrift, Anrede, Text, Grußfloskel, Signatur, Postskriptum, Anlagen, Verteiler und Lochermarke (das Datum entstammt den Voreinstellungen für DIN-Briefe); links, oben mit linksbündigem Absender, rechts daneben mit zentriertem Absender und rechts mit rechtsbündigem Absender

Tabelle 4.8.: Mögliche Werte für Option `addrfield` zur Auswahl der Art der Anschrift bei scrlttr2

`true`, `on`, `yes`
: Es wird eine Anschrift mit Rücksendeadresse und Versandart oder Priorität gesetzt.

`false`, `off`, `no`
: Es wird keine Anschrift gesetzt.

`PP`, `pp`, `PPexplicite`, `PPExplicite`, `ppexplicite`, `ppExplicite`
: Es wird eine Anschrift mit explizit über die Variablen `fromzipcode`, `place` und `PPcode` ausgefülltem Port-Payé-Kopf (P. P.-Kopf), gegebenenfalls mit Priorität und über Variable `PPdatamatrix` gesetzter Data-Matrix, aber ohne Rücksendeadresse und Versandart gesetzt.

`backgroundimage`, `PPbackgroundimage`, `PPBackgroundImage`, `PPBackGroundImage`, `ppbackgroundimage`, `ppBackgroundImage`, `ppBackGroundImage`
: Es wird eine Anschrift mit einer in Variable `addresseeimage` abgelegten Hintergrundgrafik als Port-Payé-Kopf (P. P.-Kopf), aber ohne Rücksendeadresse und Versandart gesetzt.

`image`, `Image`, `PPimage`, `PPImage`, `ppimage`, `ppImage`
: Eine in Variable `addresseeimage` abgelegte Abbildung wird als Anschrift mit Port-Payé gesetzt. Adressinformationen und Angaben für Rücksendeadresse, Versandart oder Priorität werden ignoriert.

benen Werte für den *Modus*. Voreingestellt ist `true`. Bei den Werten `true`, `PP` und `backgroundimage` werden Name und Adresse des Empfängers, die im Anschriftfeld gesetzt werden, über das Argument der Umgebung `letter` (siehe Abschnitt 4.7, Seite 186) bestimmt. Diese Angaben werden außerdem in die Variablen `toname` und `toaddress` kopiert. Die voreingestellten Schriftarten können über die Anweisungen `\setkomafont` und `\addtokomafont` (siehe Abschnitt 4.9, ab Seite 196) verändert werden. Dabei existieren drei Elemente. Zunächst gibt es das Element `addressee`, das generell für die Anschrift zuständig ist. Dazu gibt es die Elemente `toname` und `toaddress`, die sich nur auf den Namen bzw. die Adresse des Empfängers beziehen. Für `toname` und `toaddress` können also Abweichungen von der Einstellung für `addressee` definiert werden.

`addressee`
`toname`
`toaddress`

Im Anschriftfeld wird in der Voreinstellung `addrfield=true` zusätzlich noch die unterstrichene Rücksendeadresse gesetzt. Mit Option `backaddress` kann gewählt werden, ob und in welcher Form die Rücksendeadresse für Fensterbriefumschläge im Anschriftfeld gesetzt werden soll. Die Option versteht dazu einerseits die Standard-

`backaddress=false`

Tabelle 4.9.: Voreinstellungen für die Schrift der Elemente des Anschriftfensters

Element	Voreinstellung
addressee	
backaddress	\sffamily
PPdata	\sffamily
PPlogo	\sffamily\bfseries
priority	\fontsize{10pt}{10pt}\sffamily\bfseries
prioritykey	\fontsize{24.88pt}{24.88pt}\selectfont
specialmail	
toaddress	
toname	

werte für einfache Schalter, die in Tabelle 2.5, Seite 46 angegeben sind. Dabei bleibt der Stil der Rücksendeadresse unverändert. Beim Einschalten der Rücksendeadresse kann andererseits gleichzeitig auch der Stil der Rücksendeadresse gewählt werden. So aktiviert der

backaddress=plain

Wert underlined die unterstrichene Rücksendeadresse, während plain den Stil ohne Unterstreichung auswählt. Voreingestellt ist underlined, also das Setzen der unterstrichenen Rücksendeadresse.

Die Rücksendeadresse selbst wird über den *Inhalt* der Variable backaddress bestimmt. Voreingestellt ist hier der über fromname angegebene Name und die über fromaddress angegebene Adresse, wobei der Doppelbackslash in diesem Fall durch den Inhalt der Variablen backaddressseparator ersetzte wird. Für diese ist ein Komma gefolgt von einem nicht umbrechbaren Leerzeichen vordefiniert. Die *Bezeichnung* der Variablen backaddress wird von KOMA-Script nicht genutzt. Die Schriftart der Rücksendeadresse

backaddress

ist über das Element backaddress konfigurierbar. Voreingestellt ist hierbei \sffamily (siehe Tabelle 4.9), wobei vor der Anwendung der konfigurierten Schriftumschaltung noch auf \scriptsize umgeschaltet wird.

Zwischen Rücksendeadresse und Empfängeradresse kann bei Standardeinstellung addrfield=true noch eine optionale Versandart gesetzt werden. Diese wird genau dann gesetzt, wenn die Variable specialmail einen *Inhalt* hat und priority=manual gewählt wird, was der Voreinstellung entspricht. Die *Bezeichnung* von specialmail wird durch scrlttr2 nicht genutzt. Die Ausrichtung wird mit Hilfe der Pseudolängen specialmailindent und specialmailrightindent (siehe Seite 549) festgelegt. Die voreingestellte Schriftart des Ele-

specialmail

ments specialmail, die Sie Tabelle 4.9 entnehmen können, kann mit Hilfe der Anweisungen \setkomafont und \addtokomafont (siehe Abschnitt 4.9, Seite 196) verändert werden.

Tabelle 4.10.: Mögliche Werte für Option `priority` zur Auswahl einer internationalen Priorität im Adressfeld von scrlttr2

`false`, `off`, `no`, `manual`
: Es wird keine Priorität gesetzt.

`B`, `b`, `economy`, `Economy`, `ECONOMY`, `B-ECONOMY`, `B-Economy`, `b-economy`
: Es wird die internationale Priorität B-Economy gesetzt. Bei `addrfield=true` erfolgt dies an Stelle der Versandart.

`A`, `a`, `priority`, `Priority`, `PRIORITY`, `A-PRIORITY`, `A-Priority`, `a-priority`
: Es wird die internationale Priorität A-Priority gesetzt. Bei `addrfield=true` erfolgt dies an Stelle der Versandart.

Wird hingegen mit `priority=A` oder `priority=B` (siehe Tabelle 4.10) eine internationale Priorität ausgewählt, so wird diese bei `addrfield=true` als Versandart und bei `addrfield=PP` an entsprechender Stelle im Port-Payé-Kopf gesetzt. Dabei wird die Grundschrift über das Element `priority` und die davon abweichende Schrift für den Prioritätsschlüssel, »A« oder »B«, über das Element `prioritykey` bestimmt. Die voreingestellten Schriftarten der beiden Elemente, die Sie Tabelle 4.9 entnehmen können, kann mit Hilfe der Anweisungen `\setkomafont` und `\addtokomafont` (siehe Abschnitt 4.9, Seite 196) verändert werden. `priority=A` `priority=B` `addrfield=PP` `priority` `prioritykey`

Bei `addrfield=PP` wird im Port-Payé-Kopf die Postleitzahl aus der Variablen `fromzipcode` und der Ort aus der Variablen `place` gesetzt. Dabei wird der Postleitzahl, also dem *`Inhalt`* von `fromzipcode`, die *`Bezeichnung`* der Variablen `fromzipcode` gefolgt vom *`Inhalt`* von `zipcodeseparator` vorangestellt. Für diese *`Bezeichnung`* hängt die Voreinstellung von der verwendeten `lco`-Datei (siehe Abschnitt 4.21 ab Seite 249) ab. Für den *`Inhalt`* von `zipcodeseparator` ist hingegen ein kleiner Abstand, gefolgt von einem Streckenstrich, gefolgt von einem kleinen Abstand (`\,--\,`) voreingestellt. `addrfield=PP`

Darüber hinaus wird bei `addrfield=PP` im Port-Payé-Kopf auch noch ein Code gesetzt, der den Absender eindeutig identifiziert. Dieser ist in Variable `PPcode` abgelegt. Rechts von der Anschrift kann zusätzlich eine Data-Matrix gesetzt werden, die in Variable `PPdatamatrix` abgelegt ist. `addrfield=PP`

Postleitzahl, Ort und Code werden in der Voreinstellung mit einer Schrift der Größe 8 pt gesetzt. Dabei wird die Schrift des Elements `PPdata` verwendet. Dessen Voreinstellung ist Tabelle 4.9 zu entnehmen und kann mit Hilfe der Anweisungen `\setkomafont` und `\addtokomafont` (siehe Abschnitt 4.9, Seite 196) verändert werden. `PPdata`

Tabelle 4.11.: Mögliche Werte für Option locfield zur Wahl der Breite des Feldes für die Absenderergänzung bei scrlttr2

narrow	schmales Feld für Absenderergänzungen
wide	breites Feld für Absenderergänzungen

addrfield=backgroundimage
addrfield=image

Bei den beiden Einstellungen addrfield=backgroundimage und addrfield=image wird eine Abbildung in das Adressfenster gesetzt. Diese ist im *Inhalt* der Variablen addresseeimage abgelegt. Die *Bezeichnung* dieser Variablen wird von KOMA-Script nicht genutzt. Während bei Einstellung addrfield=image außer der Abbildung nichts gesetzt wird, wird bei addrfield=backgroundimage zusätzlich noch die Anschrift aus dem obligatorischen Argument der letter-Umgebung ausgegeben.

Die Anordnung des Port-Payé-Kopfes wird ebenso wie die Anordnung der Port-Payé-Anschrift über die Pseudolängen toaddrindent (siehe Seite 548) sowie PPheadwidth und PPheadheight (siehe Seite 549) bestimmt. Für die Anordnung der Data-Matrix ist die Pseudolänge PPdatamatrixvskip (siehe Seite 549) zuständig.

Achtung!

Es wird an dieser Stelle ausdrücklich darauf hingewiesen, dass KOMA-Script selbst keine externen Abbildungen setzen kann, sollen also über die Variablen addresseeimage oder PPdatamatrix externe Abbildungen gesetzt werden, so ist beispielsweise das Grafikpaket graphics oder graphicx zu laden und in den Variablen dessen Anweisung \includegraphics zu verwenden.

locfield=*Einstellung*

fromalign=center
fromalign=locationleft
fromalign=locationright

Neben dem Anschriftfeld setzt scrlttr2 noch ein Feld mit erweiterter Absenderangabe. Der Inhalt ist frei wählbar. Je nach Einstellung der oben erklärten Option fromalign wird es außerdem für das Logo des Absenders oder den Absender selbst mitverwendet. Die Breite dieses Feldes kann beispielsweise in einer lco-Datei (siehe Abschnitt 4.21) gesetzt werden. Wird dort die Breite 0 gesetzt, so kann über die Option locfield zwischen zwei unterschiedlichen Voreinstellungen für die Breite dieses Feldes gewählt werden. Siehe hierzu auch die Erklärungen zur Pseudolänge locwidth in Abschnitt 22.1.4, Seite 550. Mögliche Werte für die Option sind Tabelle 4.11 zu entnehmen. Voreingestellt ist narrow.

\setkomavar{location}[*Bezeichnung*]{*Inhalt*}

Der Inhalt der Absenderergänzung, soweit er nicht durch Logo oder den Absender selbst belegt ist, wird mit der Variablen location festgelegt. Für den *Inhalt* dieser Variablen dürfen auch Formatierungsanweisungen wie \raggedright verwendet werden. Die *Bezeichnung* dieser Variablen wird von KOMA-Script nicht genutzt.

Beispiel: Herr Musterfrau möchte ein paar zusätzliche Informationen zu seiner Mitgliedschaft angeben. Er wählt dazu die Absenderergänzung:

```
\documentclass[foldmarks=true,foldmarks=blmtP,
  fromphone,fromemail,fromlogo,
  version=last]{scrlttr2}
\usepackage[ngerman]{babel}
\usepackage{graphics}
\begin{document}
\setkomavar{fromname}{Peter Musterfrau}
\setkomavar{fromaddress}{Hinter dem Tal 2\\
                         54321 Musterheim}
\setkomavar{fromphone}{0\,12\,34~56\,78}
\setkomavar{fromemail}{Peter@Musterfrau.invalid}
\setkomavar{fromlogo}{\includegraphics{musterlogo}}
\setkomavar{location}{\raggedright
  Mitglied Nr.~4711\\
  seit dem 11.09.2001\\
  Vorsitzender in den Jahren 2003--2005}
\begin{letter}{%
    Petra Mustermann\\
    Vor dem Berg 1\\
    12345 Musterhausen%
  }
\opening{Liebe Vereinsvorsitzende,}
seit einem Jahr gab es keine Mitgliederversammlung
mehr. Ich erinnere daran, dass unsere Satzung eine
solche alle halbe Jahr vorsieht. Ich fordere den
Vorstand daher auf, umgehend eine solche in
Angriff zu nehmen.
\closing{In Erwartung einer Einladung}
\ps PS: Ich hoffe, Du nimmst mir das nicht krumm.
\setkomavar*{enclseparator}{Anlage}
\encl{Auszug aus der Satzung, in dem die
  Mitgliederversammlungen geregelt sind}
\cc{Die Vereinsvorsitzende\\Alle Mitglieder}
\end{letter}
\end{document}
```

Das entsprechende Feld neben der Anschrift wird dann wie in Abbildung 4.16 gesetzt.

Peter Musterfrau
Hinter dem Tal 2
54321 Musterheim
Telephon: 0 12 34 56 78
E-Mail: Peter@Musterfrau.invalid

Peter Musterfrau, Hinter dem Tal 2, 54321 Musterheim

Mitglied Nr. 4711
seit dem 11.09.2001
Vorsitzender in den
Jahren 2003–2005

Petra Mustermann
Vor dem Berg 1
12345 Musterhausen

4. Februar 2014

Liebe Vereinsvorsitzende,

seit einem Jahr gab es keine Mitgliederversammlung mehr. Ich erinnere daran, dass unsere Satzung eine solche alle halbe Jahr vorsieht. Ich fordere den Vorstand daher auf, umgehend eine solche in Angriff zu nehmen.

In Erwartung einer Einladung

Peter Musterfrau

PS: Ich hoffe, Du nimmst mir das nicht krumm.

Anlage: Auszug aus der Satzung, in dem die Mitgliederversammlungen geregelt sind

Verteiler: Die Vereinsvorsitzende
Alle Mitglieder

Abbildung 4.16.: Ergebnis eines kleinen Briefes mit erweitertem Absender, Logo, Anschrift, Absenderergänzung, Anrede, Text, Grußfloskel, Signatur, Postskriptum, Anlagen, Verteiler und Lochermarke (das Datum entstammt den Voreinstellungen für DIN-Briefe)

`numericaldate=`*`Ein-Aus-Wert`*

numericaldate=true

Mit dieser Option kann zwischen der sprachabhängigen Standarddarstellung des Datums und einem ebenfalls sprachabhängigen, kurzen, rein nummerischen Datum umgeschaltet werden. Die Standarddarstellung wird nicht von KOMA-Script bereitgestellt. Sie kann wahlweise von einem Paket wie ngerman, babel oder auch isodate stammen. Das kurze nummerische Datum wird hingegen von scrlttr2 selbst erzeugt. Die Option versteht die Standardwerte für einfache Schalter, die in Tabelle 2.5, Seite 46 angegeben sind. Voreingestellt ist mit `false` die Verwendung der Standarddarstellung.

`\setkomavar{date}[`*`Bezeichnung`*`]{`*`Inhalt`*`}`

Das Datum in der gewählten Darstellung wird in im *`Inhalt`* der Variablen `date` abgelegt. Die Einstellung von `numericaldate` hat keine Auswirkung, wenn diese Variable überschrieben wird. Gesetzt wird das Datum normalerweise als Teil der Geschäftszeile. Wenn die Geschäftszeile ansonsten leer bleibt wird allerdings nur eine Datumszeile, bestehend aus dem Ort und dem Datum gesetzt. Trotzdem haben auch in diesem Fall die Einstellungen der nachfolgend beschriebenen Option `refline` Auswirkungen auf diese Datumszeile. Weitere Informationen zum Ort finden Sie in der Beschreibung zur Variablen `place` auf Seite 224.

Tabelle 4.12.: Mögliche Werte für Option `refline` zur Konfiguration der Geschäftszeile bei scrlttr2

`dateleft`
: Das Datum steht automatisch links in der Geschäftszeile.

`dateright`
: Das Datum steht automatisch rechts in der Geschäftszeile.

`narrow`
: Die Breite der Geschäftszeile richtet sich nach dem Satzspiegel.

`nodate`
: Das Datum wird nicht automatisch in die Geschäftszeile gesetzt.

`wide`
: Die Breite der Geschäftszeile richtet sich nach Anschrift und Absenderergänzung.

```
refline=Einstellung
```

Insbesondere bei Geschäftsbriefen findet sich häufig eine Zeile mit Angaben wie Namenskürzeln, Durchwahl, Kunden- und Rechnungsnummer oder zur Bezugnahme auf ein früheres Schreiben. Diese Zeile wird in dieser Anleitung *Geschäftszeile* genannt. *Geschäftszeile*

Bei scrlttr2 können Kopf, Fuß, Anschrift und das Feld mit der Absenderergänzung links und rechts aus dem normalen Satzspiegel herausragen. Über `refline=wide` kann gewählt werden, dass dies auch für die Geschäftszeile gelten soll. Die Geschäftszeile enthält normalerweise zumindest das Datum, kann aber auch weitere Angaben aufnehmen. Mögliche Werte für diese Option sind Tabelle 4.12 zu entnehmen. Voreingestellt sind `narrow` und `dateright`. `refline=wide`

```
\setkomavar{yourref}[Bezeichnung]{Inhalt}
\setkomavar{yourmail}[Bezeichnung]{Inhalt}
\setkomavar{myref}[Bezeichnung]{Inhalt}
\setkomavar{customer}[Bezeichnung]{Inhalt}
\setkomavar{invoice}[Bezeichnung]{Inhalt}
```

Typische Felder der Geschäftszeile werden über die fünf Variablen `yourref`, `yourmail`, `myref`, `customer` und `invoice` verwaltet. Ihre Bedeutung ist Tabelle 4.1, Seite 174 zu entnehmen. Jede dieser Variablen hat auch eine vordefinierte *`Bezeichnung`*, die in Tabelle 4.13 zu finden ist. Wie weitere Variablen zur Geschäftszeile hinzugefügt werden können, ist in Abschnitt 22.2 ab Seite 554 erklärt.

Schriftart und Farbe der Feldbezeichnung und des Feldinhaltes können über die beiden Elemente `refname` und `refvalue` geändert werden. Dazu werden die Anweisungen `\setkomafont` und `refname` `refvalue`

Tabelle 4.13.: Vordefinierte Bezeichnungen der typischen Variablen der Geschäftszeile unter Verwendung sprachabhängiger Anweisungen

Name	Bezeichnung	bei deutscher Sprache
`yourref`	`\yourrefname`	Ihr Zeichen
`yourmail`	`\yourmailname`	Ihr Schreiben vom
`myref`	`\myrefname`	Unser Zeichen
`customer`	`\customername`	Kundennummer
`invoice`	`\invoicename`	Rechnungsnummer
`date`	`\datename`	Datum

`\addtokomafont` (siehe Abschnitt 4.9, Seite 196) verwendet. Die Voreinstellungen der beiden Elemente sind Tabelle 4.14 zu entnehmen.

```
\setkomavar{place}[Bezeichnung]{Inhalt}
\setkomavar{placeseparator}[Bezeichnung]{Inhalt}
```

Sind bis auf `date` alle Variablen der Geschäftszeile leer, so wird keine eigentliche Geschäftszeile gesetzt. Stattdessen werden dann nur Ort und Datum ausgegeben. Dabei bestimmt der *Inhalt* der Variablen `place` den Ort. Für das Trennzeichen, das in diesem Fall nach dem Ort gesetzt wird, ist der *Inhalt* der Variablen `placeseparator` zuständig. Der vordefinierte *Inhalt* des Trennzeichens ist dabei ein Komma gefolgt von einem nicht umbrechbaren Leerzeichen. Ist der Ort leer, so wird auch das Trennzeichen nicht gesetzt. Der vordefinierte *Inhalt* der Variablen `date` ist `\today` und hängt von der Einstellung der Option `numericaldate` ab (siehe Seite 222).

Seit Version 3.09 werden Ort und Datum nicht mehr zwingend rechtsbündig ausgegeben. Stattdessen findet auch im Falle der Datumszeile die Datumseinstellung von Option `refline`, wie sie in Tabelle 4.12 angegeben ist, Anwendung.

Falls statt der Geschäftszeile eine solche Datumszeile mit Ort gesetzt wird, so findet nicht die Schrifteinstellung des Elements `refvalue` Anwendung. Stattdessen wird in diesem Fall das Element

`placeanddate` `placeanddate` verwendet, dessen leere Voreinstellung wie gewohnt mit Hilfe der Anweisungen `\setkomafont` und `\addtokomafont` (siehe Abschnitt 4.9, Seite 196) geändert werden kann.

Beispiel: Herr Musterfrau setzt nun auch die Variable für den Ort:

```
\documentclass[foldmarks=true,foldmarks=blmtP,
  fromphone,fromemail,fromlogo,
  version=last]{scrlttr2}
\usepackage[ngerman]{babel}
\usepackage{graphics}
\begin{document}
```

Tabelle 4.14.: Voreinstellungen für die Schrift der Elemente der Geschäftszeile

Element	Voreinstellung
refname refvalue	\sffamily\scriptsize

```
\setkomavar{fromname}{Peter Musterfrau}
\setkomavar{fromaddress}{Hinter dem Tal 2\\
                         54321 Musterheim}
\setkomavar{fromphone}{0\,12\,34~56\,78}
\setkomavar{fromemail}{Peter@Musterfrau.invalid}
\setkomavar{fromlogo}{\includegraphics{musterlogo}}
\setkomavar{location}{\raggedright
  Mitglied Nr.~4711\\
  seit dem 11.09.2001\\
  Vorsitzender in den Jahren 2003--2005}
\setkomavar{date}{29. Februar 2011}
\setkomavar{place}{Musterheim}
\begin{letter}{%
    Petra Mustermann\\
    Vor dem Berg 1\\
    12345 Musterhausen%
  }
\opening{Liebe Vereinsvorsitzende,}
seit einem Jahr gab es keine Mitgliederversammlung
mehr. Ich erinnere daran, dass unsere Satzung eine
solche alle halbe Jahr vorsieht. Ich fordere den
Vorstand daher auf, umgehend eine solche in
Angriff zu nehmen.
\closing{In Erwartung einer Einladung}
\ps PS: Ich hoffe, Du nimmst mir das nicht krumm.
\setkomavar*{enclseparator}{Anlage}
\encl{Auszug aus der Satzung, in dem die
  Mitgliederversammlungen geregelt sind}
\cc{Die Vereinsvorsitzende\\Alle Mitglieder}
\end{letter}
\end{document}
```

Damit erscheint vor dem Datum, wie in Abbildung 4.17, Seite 226 zu sehen, der Ort gefolgt von den automatischen Trennzeichen vor dem Datum. Dieses Datum wurde im Beispielcode über Variable `date` ebenfalls explizit gesetzt, damit bei einem späteren LaTeX-Durchlauf des Briefes das ursprüngliche Datum erhalten bleibt und nicht etwa automatisch das Datum des LaTeX-Laufs verwendet wird.

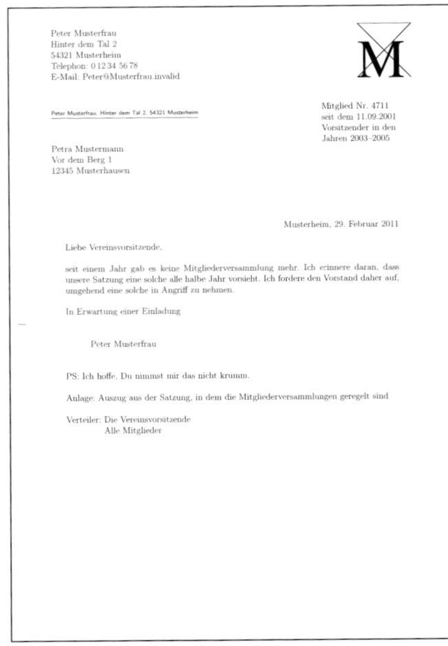

Peter Musterfrau
Hinter dem Tal 2
54321 Musterheim
Telephon: 0 12 34 56 78
E-Mail: Peter@Musterfrau.invalid

Peter Musterfrau, Hinter dem Tal 2, 54321 Musterheim

Mitglied Nr. 4711
seit dem 11.09.2001
Vorsitzender in den
Jahren 2003–2005

Petra Mustermann
Vor dem Berg 1
12345 Musterhausen

Musterheim, 29. Februar 2011

Liebe Vereinsvorsitzende,

seit einem Jahr gab es keine Mitgliederversammlung mehr. Ich erinnere daran, dass unsere Satzung eine solche alle halbe Jahr vorsieht. Ich fordere den Vorstand daher auf, umgehend eine solche in Angriff zu nehmen.

In Erwartung einer Einladung

Peter Musterfrau

PS: Ich hoffe, Du nimmst mir das nicht krumm.

Anlage: Auszug aus der Satzung, in dem die Mitgliederversammlungen geregelt sind

Verteiler: Die Vereinsvorsitzende
Alle Mitglieder

Abbildung 4.17.: Ergebnis eines kleinen Briefes mit erweitertem Absender, Logo, Anschrift, Absenderergänzung, Ort, Datum, Anrede, Text, Grußfloskel, Signatur, Postskriptum, Anlagen, Verteiler und Lochermarke

`\setkomavar{title}[`*`Bezeichnung`*`]{`*`Inhalt`*`}`

title

Bei scrlttr2 kann ein Brief zusätzlich mit einem Titel versehen werden. Der Titel wird zentriert in der Schriftgröße `\LARGE` unterhalb der Geschäftszeile ausgegeben. Die Schriftart für das Element `title` kann mit den Anweisungen `\setkomafont` und `\addtokomafont` (siehe Abschnitt 4.9 ab Seite 196) geändert werden. Dabei sind auch Größenangaben erlaubt. Die Größe `\Large` wird der Schriftauswahl dabei immer voran gestellt und ist daher auch nicht Teil der Voreinstellung `\normalcolor\sffamily\bfseries`.

Beispiel: Angenommen, Sie schreiben eine Mahnung. Sie setzen einen entsprechenden Titel:

```
\setkomavar{title}{Mahnung}
```

Damit sollte der Empfänger die Mahnung als solche erkennen.

Während der *`Inhalt`* der Variablen, wie im Beispiel gezeigt, den Titel definiert, wird die *`Bezeichnung`* der Variablen `title` von KOMA-Script nicht genutzt.

`subject=`*`Einstellung`*
`\setkomavar{subject}[`*`Bezeichnung`*`]{`*`Inhalt`*`}`
`\setkomavar{subjectseparator}[`*`Bezeichnung`*`]{`*`Inhalt`*`}`

subject=titled

Um einen Betreff zu setzen, legt man den *`Inhalt`* der Variablen `subject` entsprechend fest. Mit Option `subject=titled` kann dann

Tabelle 4.15.: Vordefinierte Bezeichnungen der Variablen für den Betreff

Name	Bezeichnung
`subject`	`\usekomavar*{subjectseparator}%` `\usekomavar{subjectseparator}`
`subjectseparator`	`\subjectname`

zum einen gewählt werden, dass der Betreff mit einem Titel versehen werden soll oder nicht. Der Titel wird über die Bezeichnung der Variablen `subject` bestimmt (siehe Tabelle 4.15). Der vordefinierte Inhalt des Trennzeichens `subjectseparator` besteht aus einem Doppelpunkt, gefolgt von einem Leerzeichen.

Zum anderen kann über `subject=afteropening` gewählt werden, dass der Betreff abweichend von der Voreinstellung erst nach der Anrede gesetzt werden soll. Eine andere Formatierung kann mit `subject=underlined` und `subject=centered` oder `subject=right` eingestellt werden. Mögliche Werte für Option `subject` sind Tabelle 4.16 zu entnehmen. Es wird ausdrücklich darauf hingewiesen, dass bei der Einstellung `subject=underlined` der Betreff komplett in eine Zeile passen muss! Voreingestellt sind `subject=left`, `subject=beforeopening` und `subject=untitled`.

`subject=afteropening`

`subject=underlined`
`subject=centered`
`subject=right`

Achtung!

Der Betreff wird in einer eigenen Schriftart gesetzt. Um diese zu ändern, verwenden Sie die Anweisungen `\setkomafont` und `\addtokomafont` (siehe Abschnitt 4.9 ab Seite 196). Für das Element `subject` ist in der Klasse scrlttr2 als Schrift `\normalcolor\bfseries` voreingestellt.

`subject`

Beispiel: Herr Musterfrau setzt nun auch den Betreff. Als eher traditioneller veranlagter Mensch möchte er außerdem, dass der Betreff mit einer entsprechenden Spitzmarke versehen wird und setzt deshalb auch die entsprechende Option:

```
\documentclass[foldmarks=true,foldmarks=blmtP,
  fromphone,fromemail,fromlogo,
  subject=titled,
  version=last]{scrlttr2}
\usepackage[ngerman]{babel}
\usepackage{graphics}
\begin{document}
\setkomavar{fromname}{Peter Musterfrau}
\setkomavar{fromaddress}{Hinter dem Tal 2\\
                         54321 Musterheim}
\setkomavar{fromphone}{0\,12\,34~56\,78}
\setkomavar{fromemail}{Peter@Musterfrau.invalid}
\setkomavar{fromlogo}{\includegraphics{musterlogo}}
```

Tabelle 4.16.: Mögliche Werte für Option `subject` zur Platzierung und Formatierung eines Betreffs bei scrlttr2

`afteropening`	Betreff nach der Anrede setzen
`beforeopening`	Betreff vor der Anrede setzen
`centered`	Betreff zentrieren
`left`	Betreff linksbündig setzen
`right`	Betreff rechtsbündig setzen
`titled`	Betreff mit Titel versehen
`underlined`	Betreff unterstreichen (Hinweis im Text beachten!)
`untitled`	Betreff nicht mit Titel versehen

```
\setkomavar{location}{\raggedright
  Mitglied Nr.~4711\\
  seit dem 11.09.2001\\
  Vorsitzender in den Jahren 2003--2005}
\setkomavar{date}{29. Februar 2011}
\setkomavar{place}{Musterheim}
\setkomavar{subject}{Mitgliederversammlung vermisst}
\begin{letter}{%
    Petra Mustermann\\
    Vor dem Berg 1\\
    12345 Musterhausen%
  }
\opening{Liebe Vereinsvorsitzende,}
seit einem Jahr gab es keine Mitgliederversammlung
mehr. Ich erinnere daran, dass unsere Satzung eine
solche alle halbe Jahr vorsieht. Ich fordere den
Vorstand daher auf, umgehend eine solche in
Angriff zu nehmen.
\closing{In Erwartung einer Einladung}
\ps PS: Ich hoffe, Du nimmst mir das nicht krumm.
\setkomavar*{enclseparator}{Anlage}
\encl{Auszug aus der Satzung, in dem die
  Mitgliederversammlungen geregelt sind}
```

Peter Musterfrau
Hinter dem Tal 2
54321 Musterheim
Telephon: 0 12 34 56 78
E-Mail: Peter@Musterfrau.invalid

Peter Musterfrau, Hinter dem Tal 2, 54321 Musterheim

Mitglied Nr. 4711
seit dem 11.09.2001
Vorsitzender in den
Jahren 2003–2005

Petra Mustermann
Vor dem Berg 1
12345 Musterhausen

Musterheim, 29. Februar 2011

Betrifft: Mitgliederversammlung vermisst

Liebe Vereinsvorsitzende,

seit einem Jahr gab es keine Mitgliederversammlung mehr. Ich erinnere daran, dass unsere Satzung eine solche alle halbe Jahr vorsieht. Ich fordere den Vorstand daher auf, umgehend eine solche in Angriff zu nehmen.

In Erwartung einer Einladung

Peter Musterfrau

PS: Ich hoffe, Du nimmst mir das nicht krumm.

Anlage: Auszug aus der Satzung, in dem die Mitgliederversammlungen geregelt sind

Verteiler: Die Vereinsvorsitzende
Alle Mitglieder

Abbildung 4.18.: Ergebnis eines kleinen Briefes mit erweitertem Absender, Logo, Anschrift, Absenderergänzung, Ort, Datum, Betreff, Anrede, Text, Grußfloskel, Signatur, Postskriptum, Anlagen, Verteiler und Lochermarke

```
\cc{Die Vereinsvorsitzende\\Alle Mitglieder}
\end{letter}
\end{document}
```

Das Ergebnis ist in Abbildung 4.18 zu sehen.

`firstfoot=Ein-Aus-Wert`

Diese Option bestimmt, ob der Briefbogenfuß überhaupt gesetzt wird. Das Abschalten mit `firstfoot=false` hat Auswirkungen wenn gleichzeitig Option `enlargefirstpage` (siehe Seite 203) verwendet wird, da sich dadurch die Seite logisch nach unten verlängert. Zwischen dem Ende des Satzspiegels und dem Seitenende bleibt dann nur der normale Abstand zwischen Satzspiegel und Seitenfuß. `firstfoot=false`

Die Option versteht die Standardwerte für einfache Schalter, die in Tabelle 2.5, Seite 46 angegeben sind. Voreingestellt ist das Setzen des Briefbogenfußes.

`\setkomavar{firstfoot}[Bezeichnung]{Inhalt}`

Der Fuß der ersten Seite ist in der Voreinstellung leer. Es besteht jedoch die Möglichkeit, über den *Inhalt* der Variablen `firstfoot` einen neue Festlegung zu treffen. Die *Bezeichnung* der Variablen wird von KOMA-Script nicht genutzt.

Beispiel: Sie wollen den Inhalt der Variablen `frombank`, also die Bankverbindung im Fuß der ersten Seite ausgeben. Der doppelte Backslash soll dabei durch ein Komma ersetzt werden:

```
\setkomavar{firstfoot}{%
  \parbox[b]{\linewidth}{%
    \centering\def\\{, }\usekomavar{frombank}%
  }%
}
```

Natürlich können Sie für das Trennzeichen auch eine eigene Variable definieren. Ich überlasse dem Leser dies als Übung.

Will man eine Art Brieffuß als Gegengewicht zum Briefkopf verwenden, so kann dieser beispielsweise wie folgt definiert werden:

```
\setkomavar{firstfoot}{%
  \parbox[t]{\textwidth}{\footnotesize
    \begin{tabular}[t]{l@{}}%
      \multicolumn{1}{@{}l@{}}{Gesellschafter:}\\
      Hugo Mayer\\
      Bernd Müller
    \end{tabular}%
    \hfill
    \begin{tabular}[t]{l@{}}%
      \multicolumn{1}{@{}l@{}}{Geschäftsführung:}\\
      Liselotte Mayer\\[1ex]
      \multicolumn{1}{@{}l@{}}{Gerichtsstand:}\\
      Hinterdupfeldingen
    \end{tabular}%
    \ifkomavarempty{frombank}{}{%
      \hfill
      \begin{tabular}[t]{l@{}}%
        \multicolumn{1}{@{}l@{}}{%
          \usekomavar*{frombank}:}\\
        \usekomavar{frombank}
      \end{tabular}%
    }%
  }%
}
```

Das Beispiel stammt ursprünglich von Torsten Krüger, und mit

```
\setkomavar{frombank}{IBAN DE21~87654321~13456789\\
                      bei der HansWurstBank\\
                      BIC GRMLDEHD000}
```

kann die Bankverbindung passend dazu gesetzt werden.

Im Beispiel wurde ein mehrzeiliger Fuß gesetzt. Bei einer Kompatibilitätseinstellung ab Version 2.9u (siehe `version` in Abschnitt 4.4, Seite 182) reicht der Platz dafür in der Regel nicht aus. Sie sollten dann `firstfootvpos` (siehe Seite 553) entsprechend verringern. *Achtung!*

Lediglich aus Gründen der Kompatibilität zu früheren Versionen von scrlttr2 existiert auch noch Anweisung `\firstfoot`. Diese sollte jedoch nicht mehr verwendet werden. *Achtung!*

`\setkomavar{frombank}[`*Bezeichnung*`]{`*Inhalt*`}`

Die im vorherigen Beispiel verwendete Variable `frombank` nimmt derzeit eine Sonderstellung ein. Sie wird intern bisher nicht verwendet. Sie kann jedoch vom Anwender verwendet werden, um die Bankverbindung in das Absenderergänzungsfeld (siehe Variable `location`, Seite 220) oder wie im Beispiel in den Fuß zu setzen.

4.11. Absatzauszeichnung

In der Einleitung zu Abschnitt 3.10 ab Seite 89 wird dargelegt, warum der Absatzeinzug gegenüber dem Absatzabstand vorzuziehen ist. Die Elemente, auf die sich diese Argumente beziehen, beispielsweise Abbildungen, Tabellen, Listen, abgesetzte Formeln und auch neue Seiten, sind in Standardbriefen eher selten. Auch sind Briefe normalerweise nicht so umfänglich, dass ein nicht erkannter Absatz sich schwerwiegend auf die Lesbarkeit auswirkt. Die Argumente sind daher bei Standardbriefen eher schwach. Dies dürfte ein Grund dafür sein, dass der Absatzabstand bei Briefen eher gebräuchlich ist. Es bleiben damit für Standardbriefe im Wesentlichen zwei Vorteile des Absatzeinzugs. Zum einen hebt sich ein solcher Brief aus der Masse hervor und zum anderen durchbricht man damit nicht nur für Briefe das einheitliche Erscheinungsbild aller Dokumente aus einer Quelle, die so genannte *Corporate Identity*.

`parskip=`*Methode*

Bei Briefen findet man häufiger ein Layout mit Absatzabstand an Stelle des voreingestellten Absatzeinzugs. Die KOMA-Script-Klasse scrlttr2 bietet mit der Option `parskip` eine Reihe von Möglichkeiten, um dies zu erreichen. Die *Methode* setzt sich dabei aus zwei Teilen zusammen. Der erste Teil ist entweder `full` oder `half`, wobei `full` für einen Absatzabstand von einer Zeile und `half` für einen Absatzabstand von einer halben Zeile steht. Der zweite Teil ist eines der Zeichen »*«, »+«, »-« und kann auch entfallen. Lässt man das Zeichen weg, so wird in der letzten Zeile des Absatzes am Ende mindestens ein Geviert, das ist 1 em, frei gelassen. Mit dem Pluszeichen wird am Zeilenende mindestens ein Drittel und mit dem Stern mindestens ein Viertel einer normalen Zeile frei gelassen. Mit der Minus-Variante werden keine Vorkehrungen für die letzte Zeile eines Absatzes getroffen.

Die Einstellung kann jederzeit geändert werden. Wird sie innerhalb des Dokuments geändert, so wird implizit die Anweisung `\selectfont` ausgeführt. Änderungen der Absatzauszeichnung innerhalb eines Absatzes werden erst beim nächsten Absatz sichtbar.

Neben den sich so ergebenden acht Kombinationen ist es noch möglich, als *Methode* die Werte für einfache Schalter aus Tabelle 2.5, Seite 46 zu verwenden. Das Einschalten der Option entspricht dabei `full` ohne angehängtes Zeichen für den Freiraum der letzten Absatzzeile, also mit mindestens einem Geviert Freiraum am Ende des Absatzes. Das Ausschalten der Option schaltet hingegen wieder auf Absatzeinzug von einem Geviert um. Dabei darf die letzte Zeile eines Absatzes auch bis zum rechten Rand reichen. Einen Überblick über alle möglichen Werte für *Methode* bietet Tabelle 3.7 auf Seite 91.

Achtung! Wird ein Absatzabstand verwendet, so verändert sich auch der Abstand vor, nach und innerhalb von Listenumgebungen. Dadurch wird verhindert, dass diese Umgebungen oder Absätze innerhalb dieser Umgebungen stärker vom Text abgesetzt werden als die Absätze des normalen Textes voneinander.

Voreingestellt ist bei KOMA-Script `parskip=false`. Hierbei gibt es keinen Absatzabstand, sondern einen Absatzeinzug von 1 em.

4.12. Erkennung von rechten und linken Seiten

Bei doppelseitigen Dokumenten wird zwischen linken und rechten Seiten unterschieden. Dabei hat eine linke Seite immer eine gerade Nummer und eine rechte Seite immer eine ungerade Nummer. In der Regel werden Briefe einseitig gesetzt. Sollen Briefe mit einseitigem Layout jedoch auf Vorder- und Rückseite gedruckt, oder ausnahmsweise tatsächlich doppelseitige Briefe erstellt werden, kann unter Umständen das Wissen, ob man sich auf einer Vorder- oder einer Rückseite befindet, nützlich sein.

```
\ifthispageodd{Dann-Teil}{Sonst-Teil}
```

Will man bei KOMA-Script feststellen, ob ein Text auf einer geraden oder einer ungeraden Seite ausgegeben wird, so verwendet man die

Anweisung `\ifthispageodd`. Dabei wird das Argument *`Dann-Teil`* nur dann ausgeführt, wenn man sich gerade auf einer ungeraden Seite befindet. Anderenfalls kommt das Argument *`Sonst-Teil`* zur Anwendung.

Beispiel: Angenommen, Sie wollen einfach nur ausgeben, ob ein Text auf einer geraden oder ungeraden Seite ausgegeben wird. Sie könnten dann beispielsweise mit der Eingabe

```
Dies ist eine Seite mit
\ifthispageodd{un}{}gerader Seitenzahl.
```

mit leerem *`Sonst-Teil`* die Ausgabe

Dies ist eine Seite mit ungerader Seitenzahl.

erhalten.

Da die Anweisung `\ifthispageodd` mit einem Mechanismus arbeitet, der einem Label und einer Referenz darauf sehr ähnlich ist, werden nach jeder Textänderung mindestens zwei LaTeX-Durchläufe benötigt. Erst dann ist die Entscheidung korrekt. Im ersten Durchlauf wird für die Entscheidung eine Heuristik verwendet.

Näheres zur Problematik der Erkennung von linken und rechten Seiten oder geraden und ungeraden Seitennummern ist für Experten in Abschnitt 21.1, Seite 517 zu finden.

4.13. Kopf und Fuß bei vordefinierten Seitenstilen

Eine der allgemeinen Eigenschaften eines Dokuments ist der Seitenstil. Bei LaTeX versteht man unter dem Seitenstil in erster Linie den Inhalt der Kopf- und Fußzeilen. Wie bereits in Abschnitt 4.10 erwähnt, werden Kopf und Fuß des Briefbogens als Elemente des Briefbogens betrachtet und unterliegen damit nicht den Einstellungen für den Seitenstil. Es geht also hier im Wesentlichen um den Seitenstil der weiteren Briefseiten nach dem Briefbogen. Bei einseitigen Briefen ist das der Seitenstil des Zweitbogens. Bei doppelseitigen Briefen ist auch der Seitenstil aller Rückseiten betroffen. *Achtung!*

```
headsepline=Ein-Aus-Wert
footsepline=Ein-Aus-Wert
```

Mit diesen Optionen kann eingestellt werden, ob eine Trennlinie unter dem Kopf oder über dem Fuß von Folgeseiten gewünscht wird. Als *`Ein-Aus-Wert`* kann einer der Standardwerte für einfache

headsepline=true
footsepline=true

Schalter aus Tabelle 2.5, Seite 46 verwendet werden. Ein Aktivieren der Option headsepline schaltet die Linie unter dem Kopf ein. Ein Aktivieren der Option footsepline schaltet die Linie über dem Fuß ein. Die Deaktivierung der Optionen schaltet die jeweilige Linie aus.

empty
plain

Bei den Seitenstilen empty und plain (siehe später in diesem Abschnitt) hat die Option headsepline selbstverständlich keine Auswirkung. Bei diesen Seitenstilen soll ja auf einen Seitenkopf ausdrücklich verzichtet werden.

headings
myheadings

Typografisch betrachtet hat eine solche Linie immer die Auswirkung, dass der Kopf oder Fuß optisch näher an den Text heranrückt. Dies bedeutet nun nicht, dass Kopf oder Fuß räumlich weiter vom Textkörper weggerückt werden müssten. Stattdessen sollte sie dann bei der Berechnung des Satzspiegels als zum Textkörper gehörend betrachtet werden. Dies wird bei KOMA-Script dadurch erreicht, dass bei Verwendung der Klassenoption headsepline automatisch die Paketoption headinclude mit gleichem Wert an das typearea-Paket weitergereicht wird. Entsprechendes gilt bei footsepline für footinclude. Im Gegensatz zu headsepline wirkt sich die Option footsepline auch beim Seitenstil plain aus, da plain eine Seitenzahl im Fuß ausgibt. Das Paket scrlayer-scrpage (siehe Kapitel 5) bietet weitere Einflussmöglichkeiten für Linien im Kopf und Fuß und kann auch mit scrlttr2 kombiniert werden.

headinclude
footinclude
plain
scrlayer-scrpage

```
pagenumber=Position
```

Mit Hilfe dieser Option kann bestimmt werden, ob und wo eine Seitenzahl auf Folgeseiten gesetzt werden soll. Die Option wirkt sich auf die Seitenstile headings, myheadings und plain aus. Sie beeinflusst außerdem die Voreinstellung der Seitenstile des Pakets scrlayer-scrpage, soweit sie vor dem Laden des Paketes gesetzt wird (siehe Kapitel 5). Es gibt Werte, die sich nur auf die horizontale Position auswirken, Werte, die nur die vertikale Position beeinflussen, und Werte, die zugleich die vertikale und die horizontale Position festlegen. Mögliche Werte sind Tabelle 4.17 zu entnehmen. Voreingestellt ist botcenter.

headings
myheadings
plain
scrlayer-scrpage

```
\pagestyle{Seitenstil}
\thispagestyle{lokaler Seitenstil}
```

Bei Briefen mit scrlttr2 wird zwischen vier verschiedenen Seitenstilen unterschieden.

empty ist der Seitenstil, bei dem Kopf- und Fußzeile von Folgeseiten vollständig leer bleiben. Dieser Seitenstil wird auch automatisch für die erste Briefseite verwendet, da auf dieser Seite

Tabelle 4.17.: Mögliche Werte für Option `pagenumber` zur Positionierung der Paginierung bei den Seitenstilen `headings`, `myheadings` und `plain` von scrlttr2

`bot`, `foot`
: Seitenzahl im Fuß ohne Änderung der horizontalen Position

`botcenter`, `botcentered`, `botmittle`, `footcenter`, `footcentered`, `footmiddle`
: Seitenzahl zentriert innerhalb des Fußes

`botleft`, `footleft`
: Seitenzahl links im Fuß

`botright`, `footright`
: Seitenzahl rechts im Fuß

`center`, `centered`, `middle`
: Seitenzahl zentriert ohne Änderung der vertikalen Position

`false`, `no`, `off`
: keine Seitenzahl

`head`, `top`
: Seitenzahl im Kopf ohne Änderung der horizontalen Position

`headcenter`, `headcentered`, `headmiddle`, `topcenter`, `topcentered`, `topmiddle`
: Seitenzahl zentriert innerhalb des Kopfes

`headleft`, `topleft`
: Seitenzahl links im Kopf

`headright`, `topright`
: Seitenzahl rechts im Kopf

`left`
: Seitenzahl links ohne Änderung der vertikalen Position

`right`
: Seitenzahl rechts ohne Änderung der vertikalen Position

Kopf und Fuß über `\opening` (siehe Abschnitt 4.10, Seite 187) mit anderen Mitteln gesetzt werden.

`headings` ist der Seitenstil für automatische Kolumnentitel auf Folgeseiten. Dabei werden als automatisch gesetzte Marken der Absendername aus der Variablen `fromname` und der Betreff aus der Variablen `subject` verwendet (siehe Abschnitt 4.10, Seite 205 und Seite 226). Wo genau diese Marken und die Seitenangabe ausgegeben werden, hängt von der oben erklärten Option pagenumber und dem Inhalt der Variablen nexthead und nextfoot ab. Der Autor kann die Marken aber auch noch nach \opening manuell beeinflussen. Hierzu stehen wie üblich die Anweisungen \markboth und \markright, bei Verwendung von scrlayer-scrpage auch \markleft (siehe Abschnitt 5.5, Seite 286), zur Verfügung.

scrlayer-scrpage

myheadings ist der Seitenstil für manuelle Kolumnentitel auf Folgeseiten. Im Unterschied zu headings müssen die Marken vom Anwender gesetzt werden. Er verwendet dazu die Anweisungen \markboth und \markright. Bei Verwendung von scrlayer-scrpage steht außerdem \markleft zur Verfügung.

plain ist der voreingestellte Seitenstil, bei dem auf Folgeseiten keinerlei Kolumnentitel verwendet, sondern nur eine Seitenangabe ausgegeben wird. Wo diese gesetzt wird, hängt von der oben erklärten Option pagenumber ab.

headsepline
footsepline
Achtung!

Die Form der Seitenstile wird außerdem durch die oben erklärten Optionen headsepline und footsepline beeinflusst. Der Seitenstil ab der aktuellen Seite wird mit \pagestyle umgeschaltet. Demgegenüber verändert \thispagestyle nur den Seitenstil der aktuellen Seite. Die Briefklasse verwendet \thispagestyle{empty} selbst innerhalb von \opening für die erste Briefseite.

pagehead
pagefoot
scrlayer-scrpage
pagenumber

Um die Schriftart von Kopf und Fuß der Seite oder der Seitenangabe zu ändern, verwenden Sie die Benutzerschnittstelle, die in Abschnitt 4.9 beschrieben ist. Für den Kopf und den Fuß ist dabei das gleiche Element zuständig, das Sie wahlweise mit pageheadfoot oder pagehead benennen können. Für den Fuß ist zusätzlich auch noch das Element pagefoot zuständig, das nach pageheadfoot in mit Variable nextfoot oder per Paket scrlayer-scrpage (siehe Kapitel 5, Seite 272) definierten Seitenstilen zur Anwendung kommt. Das Element für die Seitenzahl innerhalb des Kopfes oder Fußes heißt pagenumber. Die Voreinstellungen sind in Tabelle 3.8, Seite 96 zu finden. Beachten Sie dazu auch das Beispiel aus Abschnitt 3.12, Seite 96.

```
\markboth{linke Marke}{rechte Marke}
\markright{rechte Marke}
```

In den meisten Fällen werden die Möglichkeiten, die scrlttr2 über Optionen und Variablen für die Gestaltung des Seitenkopfes und -fußes auf Folgeseiten zur Verfügung stellt, vollkommen ausreichen. Dies umso mehr, als man zusätzlich mit \markboth und \markright die Möglichkeit hat, die Angaben zu ändern, die scrlttr2 in den

Kopf setzt. Die Anweisungen \markboth und \markright können insbesondere mit dem Seitenstil myheadings verwendet werden. Bei Verwendung des Pakets scrlayer-scrpage gilt dies natürlich auch für den Seitenstil scrheadings. Dort steht außerdem die Anweisung \markleft zur Verfügung (siehe Abschnitt 5.5, Seite 286).

myheadings
scrlayer-scrpage
scrheadings
\markleft

```
\setkomavar{nexthead}[Bezeichnung]{Inhalt}
\setkomavar{nextfoot}[Bezeichnung]{Inhalt}
```

In einigen wenigen Fällen will man jedoch den Kopf oder Fuß der Folgeseiten ähnlich dem Briefbogen freier gestalten. In diesen Fällen muss auf die vordefinierten Möglichkeiten, die per oben erklärter Option pagenumber auswählbar sind, verzichtet werden. Stattdessen gestaltet man sich den Kopf und Fuß der Folgeseiten im Seitenstil headings oder myheadings frei. Dazu setzt man den gewünschten Aufbau als *Inhalt* der Variablen nexthead beziehungsweise nextfoot. Innerhalb des Inhalts von nexthead und nextfoot können beispielsweise mit Hilfe der \parbox-Anweisung (siehe [Tea05b]) mehrere Boxen neben- und untereinander gesetzt werden. Einem versierten Anwender sollte es so möglich sein, eigene Seitenköpfe und -füße zu gestalten. Natürlich kann und sollte im Wert mit Hilfe von \usekomavar auch auf weitere Variablen zugegriffen werden. Die *Bezeichnung* wird von KOMA-Script bei beiden Variablen nicht genutzt.

Achtung!

headings, myheadings

Lediglich aus Gründen der Kompatibilität zu früheren Versionen von scrlttr2 existieren auch noch die Anweisungen \nexthead und \nextfoot. Diese sollten jedoch nicht mehr verwendet werden.

Achtung!

4.14. Vakatseiten

Vakatseiten sind bei Briefen eher unüblich. Das liegt nicht zuletzt daran, dass wahrhaft doppelseitige Briefe recht selten sind, da Briefe normalerweise nicht gebunden werden. Trotzdem unterstützt auch scrlttr2 für den Fall von doppelseitigen Briefen Einstellungen für Vakatseiten. Da die hier vorgestellten Anweisungen aber in Briefen kaum Verwendung finden, finden Sie hier keine Beispiele. Bei Bedarf orientieren Sie sich bitte an den Beispielen in Abschnitt 3.13 ab Seite 99.

```
cleardoublepage=Seitenstil
cleardoublepage=current
```

Mit Hilfe dieser Option kann man den *Seitenstil* der Vakatseite bestimmen, die bei Bedarf von der Anweisung \cleardoublepage eingefügt wird, um bis zur gewünschten Seite zu umbrechen. Als `Seitenstil` sind dabei alle bereits definierten Seitenstile (siehe Abschnitt 4.13 ab Seite 233 und Kapitel 5 ab Seite 261) verwendbar. Daneben ist auch `cleardoublepage=current` möglich. Dieser Fall entspricht der Voreinstellung von KOMA-Script bis Version 2.98c und führt dazu, dass die Vakatseite mit dem Seitenstil erzeugt wird, der beim Einfügen gerade aktuell ist. Ab Version 3.00 werden in der Voreinstellung entsprechend der typografischen Gepflogenheiten Vakatseiten mit dem Seitenstil `empty` erzeugt, wenn man nicht Kompatibilität zu früheren KOMA-Script-Versionen eingestellt hat (siehe Option `version`, Abschnitt 4.4, Seite 182).

```
\clearpage
\cleardoublepage
\cleardoublepageusingstyle{Seitenstil}
\cleardoubleemptypage
\cleardoubleplainpage
\cleardoublestandardpage
\cleardoubleoddusingstyle{Seitenstil}
\cleardoubleoddemptypage
\cleardoubleoddplainpage
\cleardoubleoddstandardpage
\cleardoubleevenusingstyle{Seitenstil}
\cleardoubleevenemptypage
\cleardoubleevenplainpage
\cleardoubleevenstandardpage
```

Im LaTeX-Kern existiert die Anweisung `\clearpage`, die dafür sorgt, dass alle noch nicht ausgegebenen Gleitumgebungen ausgegeben werden und anschließend eine neue Seite begonnen wird. Außerdem existiert die Anweisung `\cleardoublepage`, die wie `\clearpage` arbeitet, durch die aber im doppelseitigen Layout (siehe Option `twoside` in Abschnitt 2.6, Seite 46) eine neue rechte Seite begonnen wird. Dazu wird gegebenenfalls eine linke Vakatseite im aktuellen Seitenstil ausgegeben.

Bei KOMA-Script arbeitet `\cleardoubleoddstandardpage` genau in der soeben für die Standardklassen beschriebenen Art und Weise. Die Anweisung `\cleardoubleoddplainpage` ändert demgegenüber den Seitenstil der leeren linken Seite zusätzlich auf `plain`, um den Seitenkopf zu unterdrücken. Analog dazu wird bei der Anweisung `\cleardoubleoddemptypage` der Seitenstil `empty` verwendet, um sowohl Seitenkopf als auch Seitenfuß auf der leeren linken Seite zu unterdrücken. Die Seite ist damit vollständig leer. Will man für die Vakatseite einen eigenen `Seitenstil` vorgeben, so ist dieser als Argument von `\cleardoubleoddusingstyle` anzugeben. Dabei kann jeder bereits definierte Seitenstil (siehe auch Kapitel 5) verwendet werden.

Die Arbeitsweise der Anweisungen `\cleardoublestandardpage`, `\cleardoubleemptypage`, `\cleardoubleplainpage` und der ein Argument erwartenden Anweisung `\cleardoublepageusingstyle` entspricht bei der Klasse scrlttr2 ebenso wie die Standard-Anweisung `\cleardoublepage` den entsprechenden, zuvor erklärten Anweisungen. Die übrigen Anweisungen sind bei scrlttr2 nur aus Gründen der Vollständigkeit definiert. Näheres zu diesen ist bei Bedarf Abschnitt 3.13, Seite 100 zu entnehmen.

4.15. Fußnoten

Die Anweisungen zum Setzen von Fußnoten sind in jeder LaTeX-Einführung, beispielsweise [DGS+12], zu finden. KOMA-Script bietet darüber hinaus aber auch noch die Möglichkeit, die Form der Fußnoten zu verändern.

Ob Fußnoten bei Briefen überhaupt zulässig sind, hängt sehr stark von der Art des Briefs und dessen Layout ab. So sind beispielsweise optische Kollisionen mit dem Fuß des Briefbogens oder Verwechslungen mit der Auflistung von Verteilern oder ähnlichen typischen Elementen von Briefen zu vermeiden. Dies liegt in der Verantwortung des Anwenders.

Da Fußnoten in Briefen eher selten verwendet werden, wurde auf Beispiele in diesem Abschnitt verzichtet. Sollten Sie Beispiele benötigen, können Sie solche in Abschnitt 3.14 ab Seite 102 finden.

`footnotes=`*`Einstellung`*

Fußnoten werden im Text in der Voreinstellung mit kleinen, hochgestellten Ziffern markiert. Werden zu einer Textstelle mehrere Fußnoten hintereinander gesetzt, so entsteht der Eindruck, dass es sich nicht um zwei einzelne Fußnoten, sondern um eine einzige Fußnote mit hoher Nummer handelt. Mit `footnotes=multiple` werden Fußnoten, die unmittelbar aufeinander folgen, stattdessen mit Trennzeichen aneinander gereiht. Das in `\multfootsep` definierte Trennzeichen ist mit einem Komma vorbelegt. Der gesamte Mechanismus ist kompatibel zu footmisc, Version 5.3d (siehe [Fai11]) implementiert. Er wirkt sich sowohl auf Fußnotenmarkierungen aus, die mit `\footnote` gesetzt wurden, als auch auf solche, die direkt mit `\footnotemark` ausgegeben werden. footnotes=multiple \multfootsep footmisc

Es ist jederzeit möglich, mit `\KOMAoptions` oder `\KOMAoption` auf die Voreinstellung `footnotes=nomultiple` zurückzuschalten. Bei

Problemen mit anderen Paketen, die Einfluss auf die Fußnoten nehmen, sollte die Option jedoch nicht verwendet und die Einstellung auch nicht innerhalb des Dokuments umgeschaltet werden.

Eine Zusammenfassung möglicher Werte für die *Einstellung* von footnotes bietet Tabelle 3.11, Seite 103.

```
\footnote[Nummer]{Text}
\footnotemark[Nummer]
\footnotetext[Nummer]{Text}
\multiplefootnoteseparator
\multfootsep
```

Fußnoten werden bei KOMA-Script genau wie bei den Standardklassen mit der Anweisung \footnote oder den paarweise zu verwendenden Anweisungen \footnotemark und \footnotetext erzeugt. Genau wie bei den Standardklassen ist es möglich, dass innerhalb einer Fußnote ein Seitenumbruch erfolgt. Dies geschieht in der Regel dann, wenn die zugehörige Fußnotenmarkierung so weit unten auf der Seite gesetzt wird, dass keine andere Wahl bleibt, als die Fußnote auf die nächste Seite zu umbrechen. Im Unterschied zu den Standardklassen bietet KOMA-Script aber zusätzlich die Möglichkeit, Fußnoten, die unmittelbar aufeinander folgen, automatisch zu
footnote erkennen und durch ein Trennzeichen auseinander zu rücken. Siehe hierzu die zuvor dokumentierte Option footnotes.

Will man dieses Trennzeichen stattdessen von Hand setzen, so erhält man es durch Aufruf von \multiplefootnoteseparator. Diese Anweisung sollten Anwender jedoch nicht umdefinieren, da sie neben dem Trennzeichen auch die Formatierung des Trennzeichen, beispielsweise die Wahl der Schriftgröße und das Hochstellen, enthält. Das Trennzeichen selbst ist in der Anweisung \multfootsep gespeichert. In der Voreinstellung ist dieses als

```
\newcommand*{\multfootsep}{,}
```

definiert. Dieses kann umdefiniert werden.

Beispiele und ergänzende Hinweise sind Abschnitt 3.14 ab Seite 104 zu entnehmen.

```
\footref{Referenz}
```

Manchmal hat man in einem Dokument eine Fußnote, zu der es im Text mehrere Verweise geben soll. Die ungünstige Lösung dafür wäre die Verwendung von \footnotemark unter Angabe der gewünschten Nummer. Ungünstig an dieser Lösung ist, dass man die Nummer kennen muss und sich diese jederzeit ändern kann. KOMA-Script
\label bietet deshalb die Möglichkeit, den \label-Mechanismus auch für

Verweise auf Fußnoten zu verwenden. Man setzt dabei in der entsprechenden Fußnote eine `\label`-Anweisung und kann dann mit `\footref` alle weiteren Fußnotenmarken für diese Fußnote im Text setzen. Da die Fußnotenmarken mit Hilfe des `\label`-Mechanismus gesetzt werden, werden nach Änderungen, die sich auf die Fußnotennummerierung auswirken, gegebenenfalls zwei LaTeX-Durchläufe benötigt, bis die mit `\footref` gesetzten Marken korrekt sind.

Ein Beispiel zur Verwendung von `\footref` finden Sie in Abschnitt 3.14 auf Seite 105.

```
\deffootnote[Markenbreite]{Einzug}{Absatzeinzug}
            {Markendefinition}
\deffootnotemark{Markendefinition}
\thefootnotemark
```

Die KOMA-Script-Klassen setzen Fußnoten etwas anders als die Standardklassen. Die Fußnotenmarkierung im Text, also die Referenzierung der Fußnote, erfolgt wie bei den Standardklassen durch kleine hochgestellte Zahlen. Genauso werden die Markierungen auch in der Fußnote selbst wiedergegeben. Sie werden dabei rechtsbündig in einem Feld der Breite *Markenbreite* gesetzt. Die erste Zeile der Fußnote schließt direkt an das Feld der Markierung an.

Alle weiteren Zeilen werden um den Betrag von *Einzug* eingezogen ausgegeben. Wird der optionale Parameter *Markenbreite* nicht angegeben, dann entspricht er dem Wert von *Einzug*. Sollte die Fußnote aus mehreren Absätzen bestehen, dann wird die erste Zeile eines Absatzes zusätzlich mit dem Einzug der Größe *Absatzeinzug* versehen.

Abbildung 3.1 auf Seite 106 veranschaulicht die verschiedenen Parameter. Die Voreinstellung in den KOMA-Script-Klassen entspricht folgender Definition:

```
\deffootnote[1em]{1.5em}{1em}{%
  \textsuperscript{\thefootnotemark}%
}
```

Dabei wird mit Hilfe von `\textsuperscript` sowohl die Hochstellung als auch die Wahl einer kleineren Schrift erreicht. Die Anweisung `\thefootnotemark` liefert die aktuelle Fußnotenmarke ohne jegliche Formatierung.

Auf die Fußnote einschließlich der Markierung findet außerdem die für das Element `footnote` eingestellte Schriftart Anwendung. Die Schriftart der Markierung kann jedoch mit Hilfe der Anweisungen `\setkomafont` und `\addtokomafont` (siehe Abschnitt 4.9, Seite 196) für das Element `footnotelabel` davon abweichend eingestellt wer- `footnote` `footnotelabel` den. Siehe hierzu auch Tabelle 4.2, Seite 197. Voreingestellt ist jeweils keine Umschaltung der Schrift.

Die Fußnotenmarkierung im Text wird getrennt von der Markierung vor der Fußnote definiert. Dies geschieht mit der Anweisung `\deffootnotemark`. Voreingestellt ist hier:

```
\deffootnotemark{\textsuperscript{\thefootnotemark}}
```

footnotereference

Dabei findet die Schriftart für das Element `footnotereference` Anwendung (siehe Tabelle 4.2, Seite 197). Die Markierungen im Text und in der Fußnote selbst sind also identisch. Die Schriftart kann mit den Anweisungen `\setkomafont` und `\addtokomafont` (siehe Abschnitt 4.9, Seite 196) jedoch geändert werden.

Beispiele finden Sie in Abschnitt 3.14, Seite 105.

`\setfootnoterule[`*Höhe*`]{`*Länge*`}`

Üblicherweise wird zwischen dem Textbereich und dem Fußnotenapparat eine Trennlinie gesetzt, die jedoch normalerweise nicht über die gesamte Breite des Satzspiegels geht. Mit Hilfe dieser Anweisung kann die genaue Länge und die Höhe oder Dicke der Linie bestimmt werden. Dabei werden *Höhe* und *Länge* erst beim Setzen der Linie selbst abhängig von `\normalsize` ausgewertet. Der optionale Parameter *Höhe* kann komplett entfallen und wird dann nicht geändert. Ist das Argument *Höhe* oder *Länge* leer, so wird die jeweilige Größe ebenfalls nicht geändert. Es gibt sowohl beim Setzen als auch bei Verwendung der Größen für unplausible Werte eine Warnung.

footnoterule

Die Farbe der Linie kann über das Element `footnoterule` mit Hilfe der Anweisungen `\setkomafont` und `\addtokomafont` (siehe Abschnitt 4.9, Seite 196) eingestellt werden. Voreingestellt ist hierbei keinerlei Änderung von Schrift oder Farbe. Um die Farbe ändern zu

xcolor

können, muss außerdem ein Farbpaket wie xcolor geladen sein.

4.16. Listen

LaTeX und die Standardklassen bieten verschiedene Umgebungen für Listen. All diese Umgebungen bietet KOMA-Script selbstverständlich auch, teilweise jedoch mit leichten Abwandlungen oder Erweiterungen. Grundsätzlich gilt, dass Listen – auch unterschiedlicher Art – bis zu einer Tiefe von vier Listen geschachtelt werden können. Eine tiefere Schachtelung wäre auch aus typografischen Gründen kaum sinnvoll, da genau genommen schon mehr als drei Ebenen nicht

Tipp!

mehr überblickt werden können. Ich empfehle in solchen Fällen, die eine große Liste in mehrere kleinere Listen aufzuteilen.

Da Listen zu den Standardelementen von LaTeX gehören, wurde in diesem Abschnitt auf Beispiele verzichtet. Sie finden solche in Abschnitt 3.18 ab Seite 134 oder in jeder LaTeX-Einführung.

```
\begin{itemize}
  \item
  ...
\end{itemize}
\labelitemi
\labelitemii
\labelitemiii
\labelitemiv
```

Die einfachste Form einer Liste ist die Stichpunkt- oder `itemize`-Liste. Bei den KOMA-Script-Klassen werden je nach Ebene folgende Aufzählungszeichen zur Einleitung eines Listenelements verwendet: »•«, »–«, »∗« und »·«. Die Definition der Zeichen für die einzelnen Ebenen sind in den Makros `\labelitemi`, `\labelitemii`, `\labelitemiii` und `\labelitemiv` abgelegt. Sie können diese leicht mit `\renewcommand` umdefinieren. Die einzelnen Stichpunkte werden mit `\item` eingeleitet.

```
\begin{enumerate}
  \item
  ...
\end{enumerate}
\theenumi
\theenumii
\theenumiii
\theenumiv
\labelenumi
\labelenumii
\labelenumiii
\labelenumiv
```

Die nummerierte Liste ist ebenfalls sehr häufig zu finden und bereits vom LaTeX-Kern vorgesehen. Die Nummerierung erfolgt je nach Ebene in unterschiedlicher Art: mit arabischen Zahlen, mit Kleinbuchstaben, mit kleinen römischen Zahlen und mit Großbuchstaben. Die Art der Nummerierung wird dabei über die Makros `\theenumi` bis `\theenumiv` festgelegt. Das Format der Ausgabe wird von den Makros `\labelenumi` bis `\labelenumiv` bestimmt. Dabei folgt auf den Wert der zweiten Ebene, der in Kleinbuchstaben ausgegeben wird, eine runde Klammer, während die Werte aller anderen Ebenen von einem Punkt gefolgt werden. Die einzelnen Stichpunkte werden wieder mit `\item` eingeleitet.

```
\begin{description}
  \item[Stichwort]
  ...
\end{description}
```

Eine weitere Listenform ist die Stichwortliste. Sie dient in erster Linie der Beschreibung einzelner Begriffe. Diese werden als optionale Parameter bei `\item` angegeben. Die Schriftart, die für die Hervorhebung des Stichworts verwendet wird, kann außerdem bei den KOMA-Script-Klassen mit Hilfe der Anweisungen `\setkomafont` und `\addtokomafont` (siehe Abschnitt 4.9, Seite 196) für das Element `descriptionlabel` (siehe Tabelle 4.2, Seite 197) geändert werden. In der Voreinstellung wird `\sffamily\bfseries` verwendet.

```
\begin{labeling}[Trennzeichen]{längstes Muster}
  \item[Schlüsselwort]
  ...
\end{labeling}
```

Eine andere Form der Stichwortliste ist nur bei den KOMA-Script-Klassen vorhanden: die `labeling`-Umgebung. Im Unterschied zur zuvor vorgestellten Umgebung `description` kann bei `labeling` ein Muster angegeben werden, dessen Länge die Einrücktiefe bei allen Stichpunkten ergibt. Darüber hinaus kann zwischen Stichpunkt und Beschreibungstext ein optionales *Trennzeichen* festgelegt werden. Die Schriftart, die für die Hervorhebung des Schlüsselworts verwendet wird, kann mit Hilfe der Anweisungen `\setkomafont` und `\addtokomafont` (siehe Abschnitt 4.9, Seite 196) für das Element `labelinglabel` (siehe Tabelle 4.2, Seite 197) geändert werden. Für die davon abweichende Schriftart der Trennzeichen ist das Element `labelingseparator` (siehe ebenfalls Tabelle 4.2, Seite 197) zuständig.

```
\begin{verse}
  ...
\end{verse}
```

Die `verse`-Umgebung wird normalerweise nicht als Listenumgebung wahrgenommen, da hier nicht mit `\item` gearbeitet wird. Stattdessen wird wie innerhalb der `flushleft`-Umgebung mit festen Zeilenumbrüchen gearbeitet. Intern handelt es sich jedoch sowohl bei den Standardklassen als auch bei KOMA-Script durchaus um eine Listenumgebung.

Die `verse`-Umgebung findet hauptsächlich für Gedichte Anwendung. Dabei werden die Zeilen links und rechts eingezogen. Einzelne Verse werden mit einem festen Zeilenumbruch, also mit `\\` beendet.

Strophen werden ganz normal als Absatz gesetzt, also durch eine Leerzeile getrennt. Häufig findet stattdessen auch `\medskip` oder `\bigskip` Verwendung. Will man verhindern, dass am Ende eines Verses ein Seitenumbruch erfolgt, so verwendet man ganz normal `\\*` an Stelle von `\\`.

```
\begin{quote}
  ...
\end{quote}
\begin{quotation}
  ...
\end{quotation}
```

Diese beiden Umgebungen sind intern ebenfalls Listenumgebungen und sowohl bei den Standardklassen als auch bei KOMA-Script zu finden. Beide Umgebungen setzen Blocksatz, der rechts und links eingezogen ist. Verwendet werden die Umgebungen häufig, um längere Zitate abzusetzen. Der Unterschied zwischen beiden liegt in der Art und Weise, wie Absätze abgesetzt werden. Während bei `quote` Absätze durch vertikalen Abstand gekennzeichnet werden, wird bei `quotation` mit horizontalem Einzug der ersten Zeile eines Absatzes gearbeitet. Dies gilt auch für den ersten Absatz einer `quotation`-Umgebung. Wollen Sie dort den Einzug verhindern, müssen Sie die `\noindent`-Anweisung voranstellen.

```
\begin{addmargin}[linker Einzug]{Einzug}
  ...
\end{addmargin}
\begin{addmargin*}[innerer Einzug]{Einzug}
  ...
\end{addmargin*}
```

Wie bei `quote` und `quotation` handelt es sich bei `addmargin` um eine Umgebung, die den Rand verändert. Im Unterschied zu den beiden erstgenannten Umgebungen kann der Anwender jedoch bei `addmargin` wählen, um welchen Wert der Rand verändert werden kann. Des Weiteren verändert die Umgebung den Absatzeinzug und den Absatzabstand nicht. Es wird auch kein zusätzlicher vertikaler Abstand vor und nach der Umgebung eingefügt.

Ist nur das obligatorische Argument *Einzug* angegeben, so wird der Inhalt der Umgebung rechts und links um diesen Wert eingezogen. Ist das optionale Argument *linker Einzug* hingegen angegeben, so wird links abweichend von *Einzug* der Wert *linker Einzug* zum Rand addiert.

Die Sternvariante `addmargin*` unterscheidet sich nur im doppelseitigen Satz von der Variante ohne Stern, wobei der Unterschied auch nur dann auftritt, wenn das optionale Argument *innerer Einzug* verwendet wird. Dabei wird dann der Wert von *innerer Einzug* zum inneren Randanteil der Seite addiert. Dies ist bei rechten Seiten der linke Rand der Seite, bei linken Seiten jedoch der rechte Rand der Seite. *Einzug* gilt dann für den jeweils anderen Rand.

Bei beiden Varianten der Umgebung sind für alle Parameter auch negative Werte erlaubt. Damit kann man erreichen, dass die Umgebung in den Rand hineinragt.

4.17. Mathematik

Die KOMA-Script-Klassen stellen keine eigenen Umgebungen für mathematische Formeln, Gleichungssysteme oder ähnliche Elemente der Mathematik bereit. Stattdessen stützt sich KOMA-Script im Bereich der Mathematik voll und ganz auf den LaTeX-Kern. Da jedoch Mathematik in Form von nummerierten Gleichungen und Formeln in Briefen eher ungewöhnlich ist, unterstützt scrlttr2 dies nicht aktiv. Daher gibt es bei scrlttr2 auch nicht die Optionen `leqno` und `fleqn`, die in Abschnitt 3.19 für scrbook, scrreprt und scrartcl dokumentiert sind.

Achtung!

Auf eine Beschreibung der Mathematikumgebungen des LaTeX-Kerns, also `displaymath`, `equation` und `eqnarray`, wird an dieser Stelle verzichtet. Wer diese verwenden möchte, sei auf [DGS+12] verwiesen. Für mehr als nur einfachste mathematische Formeln und Gleichungen sei jedoch die Verwendung von amsmath empfohlen (siehe [Ame02]).

4.18. Gleitumgebungen für Tabellen und Abbildungen

Gleitumgebungen für Tabellen und Abbildungen sind in Briefen normalerweise fehl am Platz. Daher werden sie von scrlttr2 auch nicht unterstützt. Wenn solche dennoch benötigt werden, deutet dies häufig auf einen Missbrauch der Briefklasse hin. In solchen Fällen müssen Sie versuchen, die Gleitumgebungen mit Hilfe von Zusatzpaketen wie tocbasic (siehe Kapitel 15) nachzurüsten. Tabellen und Abbildungen ohne Gleitumgebungen und ohne Titel sind hingegen natürlich auch mit der Briefklasse scrlttr2 in gewohnter Weise möglich (siehe beispielsweise [DGS+12, Abschnitt 3.9.6 und Abschnitt 5]).

Achtung!

tocbasic

4.19. Randnotizen

Außer dem eigentlichen Textbereich, der normalerweise den Satzspiegel ausfüllt, existiert in Dokumenten noch die so genannte Marginalienspalte. In dieser können Randnotizen gesetzt werden. Bei Briefen sind Randnotizen allerdings eher unüblich und sollten äußerst sparsam eingesetzt werden.

```
\marginpar[Randnotiz links]{Randnotiz}
\marginline{Randnotiz}
```

Für Randnotizen ist bei LaTeX normalerweise Anweisung `\marginpar` vorgesehen. Die *Randnotiz* wird dabei im äußeren Rand gesetzt. Bei einseitigen Dokumenten wird der rechte Rand verwendet. Zwar kann bei `\marginpar` optional eine abweichende Randnotiz angegeben werden, falls die Randnotiz im linken Rand landet, jedoch werden Randnotizen immer im Blocksatz ausgegeben. Die Erfahrung zeigt, dass bei Randnotizen statt des Blocksatzes oft je nach Rand linksbündiger oder rechtsbündiger Flattersatz zu bevorzugen ist. KOMA-Script bietet hierfür die Anweisung `\marginline`.

Ein ausführliches Beispiel hierzu finden Sie in Abschnitt 3.21, Seite 165.

4.20. Schlussgruß

Dass der Schlussgruß mit `\closing` gesetzt wird, wurde bereits in Abschnitt 4.7, Seite 188 erklärt. Unter dem Schlussgruß wird häufig noch eine Signatur, eine Art Erläuterung zur Unterschrift, gesetzt. Die Unterschrift wiederum findet Platz zwischen dem Schlussgruß und der Signatur.

```
\setkomavar{signature}[Bezeichnung]{Inhalt}
```

Die Variable `signature` nimmt eine Art Erläuterung zur Unterschrift auf. Ihr *Inhalt* ist mit `\usekomavar{fromname}` vordefiniert. Eine solche Erläuterung kann auch mehrzeilig sein. Die einzelnen Zeilen sollten dann mit doppeltem Backslash voneinander getrennt werden. Absätze innerhalb der Erläuterung sind jedoch nicht gestattet. *Achtung!*

```
\raggedsignature
```

Grußfloskel und Erläuterung der Unterschrift werden innerhalb einer Box gesetzt. Die Breite dieser Box wird durch die längste Zeile innerhalb von Grußfloskel und Erläuterung bestimmt.

Wo genau diese Box platziert wird, ist durch die Pseudolängen `sigindent` und `sigbeforevskip` (siehe Abschnitt 22.1.7, Seite 553) bestimmt. Durch den Befehl `\raggedsignature` wird die Ausrichtung innerhalb der Box bestimmt. In den vordefinierten `lco`-Dateien ist die Anweisung entweder auf `\centering` (alle außer `KOMAold`) oder auf `\raggedright` (`KOMAold`) gesetzt. Um innerhalb der Box beispielsweise eine linksbündige oder rechtsbündige Ausrichtung zu erhalten, kann der Befehl in gleicher Weise umdefiniert werden wie `\raggedsection` (siehe das entsprechende Beispiel in Abschnitt 3.16, Seite 124).

Beispiel: Herr Musterfrau will sich nun wirklich wichtig machen und deshalb in der Signatur nochmals darauf hinweisen, dass er selbst auch mal Vereinsvorsitzender war. Deshalb ändert er die Variable `signature`. Außerdem will er, dass die Signatur linksbündig unter dem Schlussgruß steht und definiert daher auch noch `\raggedsignature` um:

```
\documentclass[foldmarks=true,foldmarks=blmtP,
  fromphone,fromemail,fromlogo,
  subject=titled,
  version=last]{scrlttr2}
\usepackage[ngerman]{babel}
\usepackage{graphics}
\begin{document}
\setkomavar{fromname}{Peter Musterfrau}
\setkomavar{signature}{Peter Musterfrau\\
  (ehemaliger Vorsitzender)}
\renewcommand*{\raggedsignature}{\raggedright}
\setkomavar{fromaddress}{Hinter dem Tal 2\\
                         54321 Musterheim}
\setkomavar{fromphone}{0\,12\,34~56\,78}
\setkomavar{fromemail}{Peter@Musterfrau.invalid}
\setkomavar{fromlogo}{\includegraphics{musterlogo}}
\setkomavar{location}{\raggedright
  Mitglied Nr.~4711\\
  seit dem 11.09.2001\\
  Vorsitzender in den Jahren 2003--2005}
\setkomavar{date}{29. Februar 2011}
\setkomavar{place}{Musterheim}
\setkomavar{subject}{Mitgliederversammlung vermisst}
\begin{letter}{%
    Petra Mustermann\\
    Vor dem Berg 1\\
    12345 Musterhausen%
  }
```

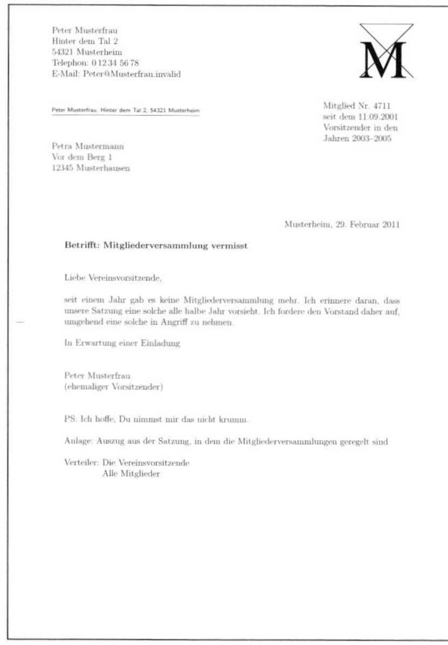
Peter Musterfrau
Hinter dem Tal 2
54321 Musterheim
Telephon: 0 12 34 56 78
E-Mail: Peter@Musterfrau.invalid

Peter Musterfrau, Hinter dem Tal 2, 54321 Musterheim

Petra Mustermann
Vor dem Berg 1
12345 Musterhausen

Mitglied Nr. 4711
seit dem 11.09.2001
Vorsitzender in den
Jahren 2003–2005

Musterheim, 29. Februar 2011

Betrifft: Mitgliederversammlung vermisst

Liebe Vereinsvorsitzende,

seit einem Jahr gab es keine Mitgliederversammlung mehr. Ich erinnere daran, dass unsere Satzung eine solche alle halbe Jahr vorsieht. Ich fordere den Vorstand daher auf, umgehend eine solche in Angriff zu nehmen.

In Erwartung einer Einladung

Peter Musterfrau
(ehemaliger Vorsitzender)

PS: Ich hoffe, Du nimmst mir das nicht krumm.

Anlage: Auszug aus der Satzung, in dem die Mitgliederversammlungen geregelt sind

Verteiler: Die Vereinsvorsitzende
Alle Mitglieder

Abbildung 4.19.: Ergebnis eines kleinen Briefes mit erweitertem Absender, Logo, Anschrift, Absenderergänzung, Ort, Datum, Betreff, Anrede, Text, Grußfloskel, geänderter Signatur, Postskriptum, Anlagen, Verteiler und Lochermarke

```
\opening{Liebe Vereinsvorsitzende,}
seit einem Jahr gab es keine Mitgliederversammlung
mehr. Ich erinnere daran, dass unsere Satzung eine
solche alle halbe Jahr vorsieht. Ich fordere den
Vorstand daher auf, umgehend eine solche in
Angriff zu nehmen.
\closing{In Erwartung einer Einladung}
\ps PS: Ich hoffe, Du nimmst mir das nicht krumm.
\setkomavar*{enclseparator}{Anlage}
\encl{Auszug aus der Satzung, in dem die
  Mitgliederversammlungen geregelt sind}
\cc{Die Vereinsvorsitzende\\Alle Mitglieder}
\end{letter}
\end{document}
```

Das Ergebnis ist in Abbildung 4.19 zu sehen.

4.21. *Letter-Class-Option*-Dateien

Normalerweise wird man Einstellungen wie den Absender nicht in jedem Brief neu wählen, sondern diverse Parameter für bestimmte Gelegenheiten immer wieder verwenden. Ganz Ähnliches gilt für die verwendeten Briefköpfe und den Fußbereich der ersten Seite. Es ist deshalb sinnvoll, diese Einstellungen in einer eigenen Datei zu speichern. Die Klasse scrlttr2 bietet hierfür die `lco`-Dateien an. Die

Endung lco steht für *letter class option*, also Briefklassenoption.

In lco-Dateien können alle Anweisungen verwendet werden, die auch an der Stelle im Dokument verwendet werden könnten, an der die lco-Datei geladen wird. Außerdem können interne Anweisungen verwendet werden, die für Paketautoren freigegeben sind. Bei scrlttr2 sind dies inbesondere die Anweisungen \@newplength, \@setplength und \@addtoplength (siehe Abschnitt 22.1).

KOMA-Script liegen bereits einige lco-Dateien bei. Die Dateien DIN.lco, DINmtext.lco, SNleft.lco, SN.lco, UScommercial9, UScommercial9DW und NF.lco dienen dazu, scrlttr2 an verschiedene Normen anzupassen. Sie können von angehenden Experten sehr gut als Vorlage für eigene Parametersätze verwendet werden. Die Datei KOMAold.lco dient hingegen dazu, die Kompatibilität zu scrlettr, der alten Briefklasse, zu verbessern. Da hierbei auch auf Anweisungen zurückgegriffen wird, die nicht für Paketautoren freigegeben sind, sollte man sie nicht als Vorlage für eigene lco-Dateien verwenden. Eine Liste aller vordefinierten lco-Dateien ist in Tabelle 4.18, Seite 253 zu finden.

Wenn Sie einen Parametersatz für eine Briefnorm, die bisher nicht von KOMA-Script unterstützt wird, erstellt haben, so sind Sie ausdrücklich gebeten, diesen Parametersatz an die Supportadresse von KOMA-Script zu schicken. Bitte geben Sie dabei auch die Erlaubnis zur Weiterverbreitung unter den Lizenzbedingungen von KOMA-Script (siehe dazu die Datei lppl-de.txt im KOMA-Script-Paket). Wenn Sie zwar über die notwendigen Maße aus einer bisher nicht unterstützen Briefnorm verfügen, sich jedoch nicht in der Lage sehen, selbst eine passende lco-Datei zu erstellen, so können Sie sich ebenfalls mit dem KOMA-Script-Autor, Markus Kohm, in Verbindung setzen. Beispiele für teilweise sehr komplexe lco-Dateien finden sich unter anderem unter [KDP] und in [Koh03].

\LoadLetterOption{*Name*}

Normalerweise werden lco-Dateien direkt über \documentclass geladen. Dazu gibt man den Namen der lco-Datei ohne die Endung als Option an. Das Laden der lco-Datei erfolgt dann direkt nach der Klasse.

Es ist jedoch auch möglich, eine lco-Datei zu einem späteren Zeitpunkt und sogar innerhalb einer anderen lco-Datei zu laden. Dazu dient die Anweisung \LoadLetterOption. Der *Name* der lco-Datei wird dieser ebenfalls ohne Endung als Parameter übergeben.

Beispiel: Peter Musterfrau erstellt auch ein Dokument, in dem mehrere Briefe enthalten sind. Die Mehrzahl der Briefe soll nach DIN erstellt werden. Also beginnt er (siehe auch den Tipp auf Seite 253):

```
\documentclass{scrlttr2}
```

Allerdings soll bei einem Brief stattdessen die Variante DINmtext verwendet werden. Bei dieser steht das Adressfeld weiter oben, damit mehr Text auf die erste Seite passt. Dafür ist die Faltung so angepasst, dass das Adressfeld bei DIN C6/5-Umschlägen trotzdem in das Adressfenster passt. Sie erreichen das so:

```
\begin{letter}{%
    Petra Mustermann\\
    Vor dem Berg 1\\
    12345 Musterhausen}
  \LoadLetterOption{DINmtext}
  \opening{Hallo,}
```

Da der Aufbau der ersten Seite erst mit \opening wirklich beginnt, genügt es, wenn die lco-Datei vor \opening geladen wird. Dies muss also nicht vor \begin{letter} erfolgen. Die Änderungen durch das Laden der lco-Datei sind dann auch lokal zu dem entsprechenden Brief.

Wird eine lco-Datei über \documentclass geladen, so darf sie nicht den Namen einer Option haben.

Beispiel: Da Herr Musterfrau regelmäßig Briefe mit immer gleichen Einstellungen schreibt, findet er es ziemlich lästig, diese Angaben immer wieder in jeden neuen Brief kopieren zu müssen. Zu seiner Erleichterung schreibt er deshalb eine lco-Datei, die ihm die Arbeit erleichtert:

```
\ProvidesFile{ich.lco}[2008/06/11 lco
  (Peter Musterfrau)]
\KOMAoptions{foldmarks=true,foldmarks=blmtP,
  fromphone,fromemail,fromlogo,subject=titled}
\setkomavar{fromname}{Peter Musterfrau}
\setkomavar{signature}{Peter Musterfrau\\
  (ehemaliger Vorsitzender)}
\renewcommand*{\raggedsignature}{\raggedright}
\setkomavar{fromaddress}{Hinter dem Tal 2\\
                         54321 Musterheim}
\setkomavar{fromphone}{0\,12\,34~56\,78}
\setkomavar{fromemail}{Peter@Musterfrau.invalid}
\setkomavar{fromlogo}{%
  \includegraphics{musterlogo}}
\setkomavar{location}{\raggedright
```

```
  Mitglied Nr.~4711\\
  seit dem 11.09.2001\\
  Vorsitzender in den Jahren 2003--2005}
\setkomavar{place}{Musterheim}
\setkomavar{frombank}{Bank freundlichen Gru\ss es}
```

Damit schrumpft sein Brief aus dem letzten Beispiel erheblich zusammen:

```
\documentclass[version=last,ich]{scrlttr2}
\usepackage[ngerman]{babel}
\usepackage{graphics}
\begin{document}
\setkomavar{date}{29. Februar 2011}
\setkomavar{subject}{Mitgliederversammlung vermisst}
\begin{letter}{%
    Petra Mustermann\\
    Vor dem Berg 1\\
    12345 Musterhausen%
  }
\opening{Liebe Vereinsvorsitzende,}
seit einem Jahr gab es keine Mitgliederversammlung
mehr. Ich erinnere daran, dass unsere Satzung eine
solche alle halbe Jahr vorsieht. Ich fordere den
Vorstand daher auf, umgehend eine solche in
Angriff zu nehmen.
\closing{In Erwartung einer Einladung}
\ps PS: Ich hoffe, Du nimmst mir das nicht krumm.
\setkomavar*{enclseparator}{Anlage}
\encl{Auszug aus der Satzung, in dem die
  Mitgliederversammlungen geregelt sind}
\cc{Die Vereinsvorsitzende\\Alle Mitglieder}
\end{letter}
\end{document}
```

Das Ergebnis ändert sich jedoch nicht, wie Abbildung 4.20 zeigt.

Achtung! Bitte beachten Sie, dass im Beispiel in der Bankverbindung der Datei `ich.lco` für »ß« die TEX-Schreibweise »`\ss`« verwendet wurde. Dies hat seinen Grund darin, dass während des Ladens der Klasse weder ein Paket für die Eingabecodierung, beispielsweise mit `\usepackage[utf8]{inputenc}` für moderne Editoren, noch ein Paket zur Sprachumschaltung, beispielsweise für die neue, deutsche Rechtschreibung mit `\usepackage[ngerman]{babel}`, geladen ist.

In Tabelle 4.18 finden Sie eine Liste aller vordefinierten `lco`-Dateien. *Achtung!* Falls Sie einen Drucker verwenden, der einen sehr großen unbedruckbaren Rand links oder rechts besitzt, werden Sie mit der

Peter Musterfrau
Hinter dem Tal 2
54321 Musterheim
Telephon: 0 12 34 56 78
E-Mail: Peter@Musterfrau.invalid

Peter Musterfrau, Hinter dem Tal 2, 54321 Musterheim

Mitglied Nr. 4711
seit dem 11.09.2001
Vorsitzender in den
Jahren 2003–2005

Petra Mustermann
Vor dem Berg 1
12345 Musterhausen

Musterheim, 29. Februar 2011

Betrifft: Mitgliederversammlung vermisst

Liebe Vereinsvorsitzende,

seit einem Jahr gab es keine Mitgliederversammlung mehr. Ich erinnere daran, dass unsere Satzung eine solche alle halbe Jahr vorsieht. Ich fordere den Vorstand daher auf, umgehend eine solche in Angriff zu nehmen.

In Erwartung einer Einladung

Peter Musterfrau
(ehemaliger Vorsitzender)

PS: Ich hoffe, Du nimmst mir das nicht krumm.

Anlage: Auszug aus der Satzung, in dem die Mitgliederversammlungen geregelt sind

Verteiler: Die Vereinsvorsitzende
Alle Mitglieder

Abbildung 4.20.: Ergebnis eines kleinen Briefes mit erweitertem Absender, Logo, Anschrift, Absenderergänzung, Ort, Datum, Betreff, Anrede, Text, Grußfloskel, geänderter Signatur, Postskriptum, Anlagen, Verteiler und Lochermarke bei Verwendung einer `lco`-Datei

Option `SN` möglicherweise Probleme bekommen. Da die Schweizer Norm SN 101 130 vorsieht, dass das Adressfeld 8 mm vom rechten Papierrand gesetzt wird, werden bei Schweizer Briefen auch die Kopfzeile und die Absenderergänzung mit einem entsprechend geringen Abstand zum Papierrand gesetzt. Dies betrifft ebenfalls die Geschäftszeile bei der Einstellung `refline=wide` (siehe Abschnitt 4.10, Seite 223). Sollten Sie damit ein Problem haben, erstellen Sie sich eine eigene `lco`-Datei, die zunächst `SN` lädt und in der `toaddrhpos` (siehe Abschnitt 22.1.3, Seite 547) dann auf einen kleineren Wert gesetzt wird. Verringern Sie dann außerdem `toaddrwidth` entsprechend. *Tipp!*

Die `lco`-Datei `DIN` wird übrigens immer als erste `lco`-Datei automatisch geladen, damit alle Pseudolängen mehr oder weniger sinnvoll vordefiniert sind. Es ist daher nicht notwendig diese voreingestellte Datei selbst zu laden. *Tipp!* `DIN`

Tabelle 4.18.: Vordefinierte `lco`-Dateien

`DIN`	Parametersatz für Briefe im Format A4 nach DIN 676; geeignet für Fensterbriefumschläge in den Formaten C4, C5, C6 und C6/5 (C6 lang)

...

Tabelle 4.18.: Vordefinierte `lco`-Dateien (*Fortsetzung*)

`DINmtext`
: Parametersatz für Briefe im Format A4 nach DIN 676, wobei die Alternative für mehr Text auf der ersten Briefseite verwendet wird; nur geeignet für Fensterbriefumschläge in den Formaten C6 und C6/5 (C6 lang)

`KakuLL`
: Parametersatz für japanische Briefe im Format A4; geeignet für japanische Fensterbriefumschläge des Typs Kaku A4, bei denen das Fenster in etwa 90 mm breit, 45 mm hoch, 25 mm vom linken und 24 mm vom oberen Rand entfernt ist (siehe dazu auch Kapitel 23)

`KOMAold`
: Parametersatz für Briefe im Format A4 mit Annäherung an das Aussehen von Briefen der obsoleten Briefklasse scrlettr; geeignet für Fensterbriefumschläge in den Formaten C4, C5, C6 und C6/5 (C6 lang); es werden einige zusätzliche Anweisungen zur Verbesserung der Kompatibilität mit der obsoleten Briefklasse scrlettr definiert; scrlttr2 verhält sich mit dieser `lco`-Datei möglicherweise nicht genau wie bei Verwendung der übrigen `lco`-Dateien

`NF`
: Parametersatz für französische Briefe nach NF Z 11-001; geeignet für Fensterbriefumschläge im Format DL (110 mm auf 220 mm) mit einem Fenster von 45 mm Breite und 100 mm Höhe ca. jeweils 20 mm entfernt vom rechten unteren Rand; diese Datei wurde ursprünglich von Jean-Marie Pacquet entwickelt, der auf [Pac] neben einer Erweiterung auch eine LyX-Einbindung bereit stellt.

`NipponEH`
: Parametersatz für japanische Briefe im Format A4; geeignet für japanische Fensterbriefumschläge der Typen Chou oder You 3 oder 4, bei denen das Fenster in etwa 90 mm breit, 55 mm hoch, 22 mm vom linken und 12 mm vom oberen Rand entfernt ist (siehe dazu auch Kapitel 23)

`NipponEL`
: Parametersatz für japanische Briefe im Format A4; geeignet für japanische Fensterbriefumschläge der Typen Chou oder You 3 oder 4, bei denen das Fenster in etwa 90 mm breit, 45 mm hoch, 22 mm vom linken und 12 mm vom oberen Rand entfernt ist (siehe dazu auch Kapitel 23)

...

Tabelle 4.18.: Vordefinierte `lco`-Dateien (*Fortsetzung*)

`NipponLH`
: Parametersatz für japanische Briefe im Format A4; geeignet für japanische Fensterbriefumschläge der Typen Chou oder You 3 oder 4, bei denen das Fenster in etwa 90 mm breit, 55 mm hoch, 25 mm vom linken und 12 mm vom oberen Rand entfernt ist (siehe dazu auch Kapitel 23)

`NipponLL`
: Parametersatz für japanische Briefe im Format A4; geeignet für japanische Fensterbriefumschläge der Typen Chou oder You 3 oder 4, bei denen das Fenster in etwa 90 mm breit, 45 mm hoch, 25 mm vom linken und 12 mm vom oberen Rand entfernt ist (siehe dazu auch Kapitel 23)

`NipponRL`
: Parametersatz für japanische Briefe im Format A4; geeignet für japanische Fensterbriefumschläge der Typen Chou oder You 3 oder 4, bei denen das Fenster in etwa 90 mm breit, 45 mm hoch, 22 mm vom rechten und 28 mm vom oberen Rand entfernt ist (siehe dazu auch Kapitel 23)

`SN`
: Parametersatz für Schweizer Briefe nach SN 010 130 mit Anschrift rechts; geeignet für Schweizer Fensterbriefumschläge in den Formaten C4, C5, C6 und C6/5 (C6 lang)

`SNleft`
: Parametersatz für Schweizer Briefe mit Anschrift links; geeignet für Schweizer Fensterbriefumschläge mit dem Fenster links in den Formaten C4, C5, C6 und C6/5 (C6 lang)

`UScommercial9`
: Parametersatz für US-amerikanische Briefe im Format letter; geeignet für US-amerikanische Fensterbriefumschläge der Größe *commercial No. 9* mit einem Anschriftfenster der Breite 4 1/2 in und Höhe 1 1/8 in an einer Position 7/8 in von links und 1/2 in von unten ohne Rücksendeadresse im Fenster; bei Faltung zunächst an der Mittelmarke und dann an der oberen Faltmarke kann auch Papier im Format legal verwendet werden, führt dann jedoch zu einer Papiergrößen-Warnung

. . .

Tabelle 4.18.: Vordefinierte `lco`-Dateien (*Fortsetzung*)

`UScommercial9DW`
: Parametersatz für US-amerikanische Briefe im Format letter; geeignet für US-amerikanische Fensterbriefumschläge der Größe *commercial No. 9* mit einem Anschriftfenster der Breite 3 5/8 in und Höhe 1 1/8 in an einer Position 3/4 in von links und 1/2 in von unten mit einem Absenderfenster der Breite 3 1/2 in und Höhe 7/8 in an einer Position 5/16 in von links und 2 1/2 in von unten, jedoch ohne Rücksendeadresse im Fenster; bei Faltung zunächst an der Mittelmarke und dann an der oberen Faltmarke kann auch Papier im Format legal verwendet werden, führt dann jedoch zu einer Papiergrößen-Warnung

Achtung! Beachten Sie bitte noch, dass es nicht möglich ist, innerhalb einer `lco`-Datei mittels `\PassOptionsToPackage` Optionen an Pakete zu übergeben, die von der Klasse bereits geladen sind. Normalerweise betrifft dies nur die Pakete typearea, scrlfile, scrbase und keyval.

4.22. Adressdateien und Serienbriefe

Als besonders lästig wird bei Briefen immer das Eintippen der Adressen und das Erstellen von Serienbriefen betrachtet. Die Klasse scrlttr2 bietet hierfür eine gewisse Unterstützung.

```
\adrentry{Name}{Vorname}{Adresse}{Tel.}{F1}{F2}{Kommentar}
         {Kürzel}
```

Mit der scrlttr2-Klasse können Adressdateien ausgewertet werden. Dies ist beispielsweise für Serienbriefe sehr nützlich. Eine Adressdatei muss die Endung `.adr` haben und besteht aus einer Reihe von `\adrentry`-Einträgen. Ein solcher Eintrag besteht aus acht Elementen und kann beispielsweise wie folgt aussehen:

```
\adrentry{Maier}
         {Herbert}
         {Wiesenweg 37\\ 09091 Blumental}
         {0\,23\,34 / 91\,12\,74}
         {Bauunternehmer}
         {}
         {kauft alles}
         {MAIER}
```

Die Elemente fünf und sechs, *F1* und *F2*, können frei bestimmt werden. Denkbar wären neben Hinweisen auf das Geschlecht oder akademische Grade auch der Geburtstag oder das Eintrittsdatum in einen Verein. Um das Überschreiben von TeX- oder LaTeX-Anweisungen zu vermeiden, ist es empfehlenswert, für *Kürzel* ausschließlich Großbuchstaben zu verwenden.

Beispiel: Herr Maier gehört zu Ihren engeren Geschäftspartnern. Da Sie eine rege Korrespondenz mit ihm pflegen, ist es Ihnen auf Dauer zu mühsam, jedesmal alle Empfängerdaten aufs Neue einzugeben. scrlttr2 nimmt Ihnen diese Arbeit ab. Angenommen, Sie haben Ihre Kundenkontakte in der Datei `partner.adr` gespeichert und Sie möchten Herrn Maier einen Brief schreiben, dann sparen Sie sich viel Tipparbeit, wenn Sie folgendes eingeben:

```
\input{partner.adr}
\begin{letter}{\MAIER}
  Der Brief ...
\end{letter}
```

Achten Sie bitte darauf, dass Ihr TeX-System auch auf die `.adr`-Dateien zugreifen kann, da sonst eine Fehlermeldung von `\input` verursacht wird. Entweder Sie legen die Brief- und Adressdateien im selben Verzeichnis an, oder Sie binden ein Adressverzeichnis fest in Ihr TeX-System ein.

```
\addrentry{Name}{Vorname}{Adresse}{Telefon}{F1}{F2}{F3}{F4}
          {Kürzel}
```

Da über die Jahre hinweg immer wieder Klagen aufkamen, dass insgesamt nur zwei freie Felder zu wenig seien, verfügt scrlttr2 nun alternativ über die Anweisung `\addrentry`. Mit dem zusätzlichen »d« im Namen sind hier auch zwei weitere freie Felder hinzugekommen, dafür ist jedoch der Kommentar entfallen. Ansonsten kann die Anweisung genau wie `\adrentry` verwendet werden.

In einer adr-Datei können die beiden Anweisungen `\adrentry` und `\addrentry` nebeneinander verwendet werden. Ich weise jedoch darauf hin, dass Zusatzpakete wie das adrconv-Paket von Axel Kielhorn eventuell nicht auf die Verwendung von `\addrentry` ausgelegt sind. Hier muss der Anwender gegebenenfalls selbst entsprechende Erweiterungen vornehmen. *Achtung!*

Neben dem vereinfachten Zugriff auf Kundendaten können die `.adr`-Dateien auch für Serienbriefe genutzt werden. So ist es ohne die komplizierte Anbindung an Datenbanksysteme möglich, solche Massenpostsendungen zu erstellen.

Beispiel: Sie wollen einen Serienbrief an alle Mitglieder Ihres Anglervereins schicken, um zur nächsten Mitgliederversammlung einzuladen.

```
\documentclass{scrlttr2}
\usepackage[ngerman]{babel}
\usepackage[utf8]{inputenc}

\begin{document}
\renewcommand*{\adrentry}[8]{%
  \begin{letter}{#2 #1\\#3}
    \opening{Liebe Vereinsmitglieder,}
    unsere nächste Mitgliederversammlung findet am
    Montag, dem 12.~August 2002, statt.

    Folgende Punkte müssen besprochen werden...
    \closing{Petri Heil,}
  \end{letter}
}

\input{mitglieder.adr}
\end{document}
```

Sind in Ihrer adr-Datei auch \addrentry-Anweisungen enthalten, müssen Sie dafür eine entsprechende Definition vor dem Einladen der Adressdatei ergänzen:

```
\renewcommand*{\addrentry}[9]{%
  \adrentry{#1}{#2}{#3}{#4}{#5}{#6}{#7}{#9}%
}
```

Bei diesem Beispiel wird kein Gebrauch von dem zusätzlichen freien Feld gemacht und deshalb \addrentry mit Hilfe von \adrentry definiert.

Natürlich kann der Briefinhalt auch von den Adressatenmerkmalen abhängig gemacht werden. Als Bedingungsfelder können die frei bestimmbaren Elemente fünf oder sechs eines \adrentry-Eintrages oder die frei bestimmbaren Elemente fünf bis acht eines \addrentry-Eintrags genutzt werden.

Beispiel: Angenommen, Sie verwenden das Element fünf, um das Geschlecht eines Vereinsmitgliedes zu hinterlegen (m/w) und das sechste Element weist auf einen Rückstand der Mitgliedsbeiträge hin. Wollen Sie nun alle säumigen Mitglieder anschreiben und persönlich anreden, so hilft Ihnen folgendes Beispiel weiter:

```
\renewcommand*{\adrentry}[8]{
  \ifdim #6pt>0pt\relax
    % #6 ist ein Betrag (Gleitkommazahl) größer 0.
    % Es werden also die Säumigen erfasst.
```

```
      \begin{letter}{#2 #1\\#3}
        \if #5m \opening{Lieber #2,} \fi
        \if #5w \opening{Liebe #2,} \fi

        Leider mussten wir feststellen, dass du mit
        der Zahlung deiner Mitgliedsbeiträge im
        Rückstand bist.

        Wir möchten Dich bitten, den offenen Betrag
        von #6~EUR auf das Vereinskonto einzuzahlen.
        \closing{Petri Heil,}
      \end{letter}
    \fi
  }
```

Es ist also möglich, den Brieftext auf bestimmte Empfängermerkmale gezielt abzustimmen und so den Eindruck eines persönlichen Schreibens zu erwecken. Die Anwendungsbreite ist lediglich durch die maximale Anzahl von zwei freien `\adrentry`-Elementen beziehungsweise vier freien `\addrentry`-Elementen begrenzt.

```
\adrchar{Anfangsbuchstaben}
\addrchar{Anfangsbuchstaben}
```

Es ist auch möglich, die Informationen einer `.adr`-Datei in Adressverzeichnisse oder Telefonlisten umzuwandeln. Sie benötigen dazu zusätzlich das adrconv-Paket von Axel Kielhorn (siehe [Kie10]). In diesem Paket sind interaktive LaTeX-Dokumente enthalten, mit deren Hilfe sehr einfach entsprechende Listen erstellt werden können.

Damit die Listen alphabetisch sortiert ausgegeben werden, muss bereits die Adressdatei sortiert gewesen sein. Es empfiehlt sich dabei, vor jedem neuen Anfangsbuchstaben eine Anweisung `\adrchar` mit diesem Buchstaben als Argument einzufügen. scrlttr2 selbst ignoriert diese Anweisung ebenso wie `\addrchar`.

Beispiel: Angenommen Sie haben folgende, eher winzige Adressdatei für die ein Adressbuch erstellt werden soll:

```
\adrchar{E}
\adrentry{Engel}{Gabriel}
         {Wolke 3\\12345 Himmelreich}
         {000\,01\,02\,03}{}{}{Erzengel}
         {GABRIEL}
\adrentry{Engel}{Michael}
         {Wolke 3a\\12345 Himmelreich}
         {000\,01\,02\,04}{}{}{Erzengel}
         {MICHAEL}
```

```
\adrentry{Engel}{Raphael}
        {Wolke 3b\\12345 Himmelreich}
        {000\,01\,02\,05}{}{}{Erzengel}
        {RAPHAEL}
\adrchar{K}
\adrentry{Kohm}{Markus}
        {Freiherr-von-Drais-Stra\ss e 66\\
          68535 Edingen-Neckarhausen}
        {+49~62\,03~1\,??\,??}{}{}
        {\"Uberhaupt kein Engel}
        {KOMA}
\adrchar{T}
\adrentry{Teufel}{Luzifer}
        {Hinter der Flamme 1\\
          66666 H\"ollenschlund}
        {}{}{}{Gefallener Engel ohne Telefon}
        {LUZIFER}
```

Diese verarbeiten Sie nun unter Verwendung des Dokuments `adrdir.tex` aus [Kie10]. Eine Seite des Ergebnisses sieht dann etwa so aus:

E

Engel, Gabriel
Wolke 3
12345 Himmelreich GABRIEL
(Erzengel) 000 01 02 03

Engel, Michael
Wolke 3a
12345 Himmelreich MICHAEL
(Erzengel) 000 01 02 04

Dabei wird der Buchstabe in der Kopfzeile von `\adrchar` erzeugt. Siehe dazu die Definition in `adrdir.tex`.

Näheres zum adrconv-Paket ist der zugehörigen Anleitung zu entnehmen. Dort finden Sie auch Angaben darüber, ob die aktuelle Version von adrconv bereits mit `\addrentry` und `\addrchar` umgehen kann. Frühere Versionen kannten nur `\adrentry` und `\adrchar`.

5. Kopf- und Fußzeilen mit scrlayer-scrpage

Bis KOMA-Script 3.11b war das Paket scrpage2 das Mittel der Wahl, wenn es darum ging, den Kopf und den Fuß der Seite über das hinaus zu verändern, was die KOMA-Script-Klassen mit den Seitenstilen `headings`, `myheadings`, `plain` und `empty` boten. Bis 2001 gab es dafür auch noch das Paket scrpage, das aber seit 2013 nicht mehr mit KOMA-Script zusammen verteilt wird.

Seit 2013 ist das Paket scrlayer als neuer, grundlegender Baustein in KOMA-Script enthalten. Dieses Paket bietet ein Ebenenmodell sowie ein darauf basierendes Seitenstil-Modell an. Für die direkte Verwendung durch den durchschnittlichen Anwender ist die Schnittstelle dieses Pakets jedoch fast schon zu flexibel und damit einhergehend auch nicht leicht zu durchschauen. Näheres zu dieser Schnittstelle ist Kapitel 17 in Teil II zu entnehmen. Einige wenige Möglichkeiten, die eigentlich zu scrlayer gehören und deshalb in jenem Kapitel noch einmal aufgegriffen werden, sind jedoch auch in diesem Kapitel dokumentiert, da sie für die Verwendung von scrlayer-scrpage ebenfalls benötigt werden.

Viele Anwender sind bereits mit den Anweisungen aus scrpage2 vertraut. Deshalb wurde mit scrlayer-scrpage ein Paket geschaffen, das basierend auf scrlayer eine mit scrpage2 weitgehend kompatible und gleichzeitig stark erweiterte Anwender-Schnittstelle bereitstellt. Wer bereits mit scrpage2 vertraut ist und dort keine unsauberen Rückgriffe auf interne Anweisungen getätigt hat, kann daher in der Regel scrpage2 recht einfach durch scrlayer-scrpage ersetzen. Das gilt mit der genannten Einschränkung auch für die meisten Beispiele in LaTeX-Büchern oder im Internet.

Mit Erscheinen dieses Buches wird scrlayer-scrpage für KOMA-Script das empfohlene Mittel der Wahl, wenn es um Änderungen der vordefinierten Seitenstile geht. Die Verwendung des als veraltet anzusehenden Pakets scrpage2 wird hingegen nicht mehr empfohlen. Daher ist die Anleitung zu diesem veralteten Paket auch nicht mehr Bestandteil dieses Buches. Wenn Sie auf ältere Dokumente sto- scrpage2 ßen, die noch scrpage2 verwenden, sollten Sie eine Umstellung auf scrlayer-scrpage erwägen. Für alle Fälle finden Sie in diesem Kapitel auch einige Hinweise zur Verwendung von scrpage2.

Neben scrlayer-scrpage wäre auch fancyhdr (siehe [vO04]) grundsätzlich geeignet, um Kopf und Fuß der Seiten zu konfigurieren. Allerdings unterstützt dieses Paket diverse Möglichkeiten von KOMA-Script, angefangen von Änderungen der Schrift über das Elemente-Modell (siehe `\setkomafont`, `\addtokomafont` und `\usekomafont` in Abschnitt 5.3, ab Seite 265) bis hin zum konfigurierbaren Format der Gliederungsnummern in Kolumnentiteln (siehe Option `numbers` und beispielsweise Anweisung `\chaptermarkformat` in Abschnitt 3.16, Seite 113 und Seite 127), nicht. Daher wird für die Verwendung mit den KOMA-Script-Klassen das neue Paket scrlayer-scrpage empfohlen. Natürlich kann scrlayer-scrpage auch mit anderen Klassen, beispielsweise den Standardklassen verwendet werden.

Über die in diesem Kapitel erklärten Möglichkeiten hinaus bietet das Paket scrlayer-scrpage weiteres, das jedoch nur für einige, wenige Anwender von Interesse sein dürfte und daher in Kapitel 18 von Teil II ab Seite 475 ausgeführt wird. Dennoch: Falls die hier in Teil I dokumentierten Möglichkeiten für Sie nicht ausreichen, sei Ihnen auch jenes Kapitel nahe gelegt.

5.1. Frühe oder späte Optionenwahl

In diesem Abschnitt wird eine Besonderheit von KOMA-Script vorgestellt, die neben scrlayer-scrpage auch andere KOMA-Script-Pakete und Klassen betrifft. Damit die Anwender alle Informationen zu einem Paket oder einer Klasse im jeweiligen Kapitel finden, ist dieser Abschnitt nahezu gleichlautend in mehreren Kapiteln zu finden. Anwender, die nicht nur an der Anleitung zu einem Paket oder einer Klasse interessiert sind, sondern sich einen Gesamtüberblick über KOMA-Script verschaffen wollen, brauchen diesen Abschnitt nur in einem der Kapitel zu lesen und können ihn beim weiteren Studium der Anleitung dann überspringen.

```
\documentclass[Optionenliste]{KOMA-Script-Klasse}
\usepackage[Optionenliste]{Paket-Liste}
```

Bei LaTeX ist vorgesehen, dass Anwender Klassenoptionen in Form einer durch Komma getrennten Liste einfacher Schlüsselwörter als optionales Argument von `\documentclass` angeben. Außer an die Klasse werden diese Optionen auch an alle Pakete weitergereicht, die diese Optionen verstehen. Ebenso ist vorgesehen, dass Anwender Paketoptionen in Form einer durch Komma getrennten Liste einfacher Schlüsselwörter als optionales Argument von `\usepackage` angeben. KOMA-Script erweitert den Mechanismus der Optionen für die KOMA-Script-Klassen und einige Pakete um weitere Möglichkeiten. So haben die meisten Optionen bei KOMA-Script zusätzlich einen Wert. Eine Option hat also nicht unbedingt nur die Form *Option*, sondern kann auch die Form *Option*`=`*Wert* haben. Bis auf diesen Unterschied arbeiten `\documentclass` und `\usepackage` bei KOMA-Script wie in [Tea05b] oder jeder LaTeX-Einführung, beispielsweise [DGS+12], beschrieben.

Das als veraltet zu betrachtende Paket scrpage2 besitzt diese Erweiterung übrigens nicht. Es versteht daher nur einfache Optionen ohne Wertzuweisung. scrpage2

Gegenüber der nachfolgend vorgestellten Schnittstelle zu Einstellungen von Optionen haben `\documentclass` und `\usepackage` einen Nachteil, der unbedingt zu beachten ist: Anweisungen, Längen, Zähler und ähnliches können darin leicht zerbrechen. So führt die Verwendung einer LaTeX-Länge im Wert einer Option bei diesen Anweisungen zu einer Fehlermeldung, noch bevor der Wert an KOMA-Script übergeben wird, es also die Kontrolle darüber übernehmen könnte. Wertzuweisungen mit LaTeX-Längen oder LaTeX-Zählern sollten daher nie per `\documentclass` oder `\usepackage`, sondern immer mit den nachfolgend dokumentierten Anweisungen `\KOMAoptions` oder `\KOMAoption` vorgenommen werden. *Achtung!*

```
\KOMAoptions{Optionenliste}
\KOMAoption{Option}{Werteliste}
```

KOMA-Script bietet bei den meisten Klassen- und Paketoptionen auch die Möglichkeit, den Wert der Optionen noch nach dem Laden der Klasse beziehungsweise des Pakets zu ändern. Man kann dann wahlweise mit der Anweisung `\KOMAoptions` die Werte einer Reihe von Optionen ändern. Jede Option der *Optionenliste* hat dabei die Form *Option*`=`*Wert*.

Einige Optionen besitzen auch einen Säumniswert (engl. *default value*). Versäumt man die Angabe eines Wertes, verwendet man die Option also einfach in der Form *Option*, so wird automatisch dieser Säumniswert angenommen.

Manche Optionen können gleichzeitig mehrere Werte besitzen. Für solche Optionen besteht die Möglichkeit, mit `\KOMAoption` der einen *Option* nacheinander eine Reihe von Werten zuzuweisen. Die einzelnen Werte sind dabei in der *Werteliste* durch Komma voneinander getrennt.

Achtung! Soll ein *Wert* ein Gleichheitszeichen oder ein Komma enthalten, so ist der *Wert* in geschweifte Klammern zu setzen.

KOMA-Script bedient sich für die Realisierung dieser Möglichkeit der Anweisungen `\FamilyOptions` und `\FamilyOption` mit der Familie »`KOMA`«. Siehe dazu Teil II, Abschnitt 12.2, Seite 367.

scrpage2 Das als veraltet zu betrachtende Paket scrpage2 besitzt diese Erweiterung übrigens nicht. Optionen können daher nur über die zuvor erklärte Möglichkeit während des Ladens des Pakets gesetzt werden.

5.2. Höhe von Kopf und Fuß

Vermutlich, weil der Fuß bei den Standardklassen kaum besetzt ist und zudem als `\mbox` immer einzeilig ist, gibt es bei LaTeX keine definierte Höhe des Fußes. Zwar ist der Abstand von der letzten Grundlinie des Textblocks zur Grundlinie des Fußes mit `\footskip` durchaus definiert. Wenn allerdings der Fuß höher als eine Zeile wird, dann ist nicht hinreichend festgelegt, wie sich diese Höhe niederschlägt bzw. ob `\footskip` den Abstand zur obersten oder untersten Grundlinie des Fußes darstellt.

Obwohl auch der Kopf bei den Seitenstilen der Standardklassen in einer horizontalen Box ausgegeben wird und damit immer einzeilig ist, hat LaTeX für die Kopfhöhe tatsächlich selbst eine Länge zur Einstellung ihrer Höhe vorgesehen. Dies erklärt sich vermutlich daraus, dass diese Höhe zur Bestimmung des Anfangs des Textbereichs benötigt wird.

```
\footheight
\headheight
```

Das Paket scrlayer führt als neue Länge `\footheight` analog zur Höhe `\headheight` ein. Gleichzeitig interpretiert scrlayer-scrpage `\footskip` so, dass es den Abstand der letzten Grundlinie des Textbereichs von der ersten Standard-Grundlinie des Fußes darstellt. Das Paket typearea betrachtet dies in gleicher Weise, so dass die dortigen Optionen zum Setzen der Höhe des Fußes (siehe die Optionen `footheight` und `footlines` in Abschnitt 2.6, Seite 52) und zur Berücksichtigung des Fußes bei der Berechnung des Satzspiegels (siehe Option `footinclude` in demselben Abschnitt, Seite 47) sehr gut zum Setzen der Werte für scrlayer verwendet werden können und auch das gewünschte Ergebnis liefern.

Wird das Paket typearea nicht verwendet, so sollte man gegebenenfalls die Höhe von Kopf und Fuß über entsprechende Werte für die Längen einstellen. Zumindest für den Kopf bietet aber beispielsweise auch das Paket geometry entsprechende Einstellmöglichkeiten. Wurde der Kopf oder der Fuß für den tatsächlich verwendeten Inhalt zu klein gewählt, so versucht scrlayer-scrpage die Längen selbst entsprechend anzupassen. Gleichzeitig wird eine entsprechende Warnung ausgegeben, die auch Ratschläge für passende Einstellungen enthält. Die automatischen Änderungen haben dann ab dem Zeitpunkt, an dem ihre Notwendigkeit erkannt wurde, Gültigkeit und werden nicht automatisch aufgehoben, wenn beispielsweise der Inhalt von Kopf oder Fuß wieder kleiner wird.

5.3. Textauszeichnungen

LaTeX verfügt über eine ganze Reihe von Anweisungen zur Textauszeichnung. Neben der Wahl der Schriftart gehören dazu auch Befehle zur Wahl einer Textgröße oder der Textausrichtung. Näheres zu den normalerweise definierten Möglichkeiten ist [DGS+12], [Tea05b] und [Tea05a] zu entnehmen.

```
\setkomafont{Element}{Befehle}
\addtokomafont{Element}{Befehle}
\usekomafont{Element}
```

Mit Hilfe der Anweisungen `\setkomafont` und `\addtokomafont` ist es möglich, die *Befehle* festzulegen, mit denen die Schrift eines bestimmten *Elements* umgeschaltet wird. Theoretisch könnten als *Befehle* alle möglichen Anweisungen einschließlich Textausgaben verwendet werden. Sie sollten sich jedoch unbedingt auf solche Anweisungen beschränken, mit denen wirklich nur ein Schriftattribut umgeschaltet wird. In der Regel werden dies Befehle wie `\normalfont`, `\rmfamily`, `\sffamily`, `\ttfamily`, `\mdseries`, `\bfseries`, `\upshape`, `\itshape`, `\slshape`, `\scshape` oder einer der Befehle `\Huge`, `\huge`, `\LARGE`, `\Large`, `\large`, `\normalsize`, `\small`, `\footnotesize`, `\scriptsize` und `\tiny` sein. Die Erklärung zu diesen Befehlen entnehmen Sie bitte [DGS+12], [Tea05b] oder [Tea05a]. Auch Farbumschaltungen wie `\normalcolor` sind möglich (siehe [Car05] und [Ker07]). Die Verwendung anderer Anweisungen, inbesondere solcher, die Umdefinierungen vornehmen oder zu Ausgaben führen, ist nicht vorgesehen. Seltsames Verhalten ist in diesen Fällen möglich und stellt keinen Fehler dar. *Achtung!*

Mit `\setkomafont` wird die Schriftumschaltung eines Elements mit einer völlig neuen Definition versehen. Demgegenüber wird mit `\addtokomafont` die existierende Definition lediglich erweitert. Es wird empfohlen, beide Anweisungen nicht innerhalb des Dokuments, sondern nur in der Dokumentpräambel zu verwenden. Beispiele für die Verwendung entnehmen Sie bitte den Abschnitten zu den jeweiligen Elementen. Namen und Bedeutung der einzelnen Elemente und deren Voreinstellungen sind in Tabelle 5.1 aufgelistet.

Mit der Anweisung `\usekomafont` kann die aktuelle Schriftart auf diejenige umgeschaltet werden, die für das angegebene *`Element`* definiert ist.

Tabelle 5.1.: Elemente, deren Schrift bei scrlayer-scrpage mit `\setkomafont` und `\addtokomafont` verändert werden kann, einschließlich der jeweiligen Voreinstellung, falls die Elemente beim Laden von scrlayer-scrpage nicht bereits definiert sind

`footbotline`
Linie unter dem Fuß eines mit scrlayer-scrpage definierten Seitenstils (siehe Abschnitt 5.5, Seite 290). Das Element wird nach `\normalfont` und nach den Elementen `pageheadfoot` und `pagefoot` angewandt. Es wird empfohlen dieses Element lediglich für Farbänderungen zu verwenden.
Voreinstellung: *leer*

`footsepline`
Linie über dem Fuß eines mit scrlayer-scrpage definierten Seitenstils (siehe Abschnitt 5.5, Seite 290). Das Element wird nach `\normalfont` und nach den Elementen `pageheadfoot` und `pagefoot` angewandt. Es wird empfohlen dieses Element lediglich für Farbänderungen zu verwenden.
Voreinstellung: *leer*

`headsepline`
Linie unter dem Kopf eines mit scrlayer-scrpage definierten Seitenstils (siehe Abschnitt 5.5, Seite 290). Das Element wird nach `\normalfont` und nach den Elementen `pageheadfoot` und `pagehead` angewandt. Es wird empfohlen dieses Element lediglich für Farbänderungen zu verwenden.
Voreinstellung: *leer*

`headtopline`
Linie über dem Kopf eines mit scrlayer-scrpage definierten Seitenstils (siehe Abschnitt 5.5, Seite 290). Das Element wird nach `\normalfont` und nach den Elementen `pageheadfoot` und `pagehead` angewandt. Es wird empfohlen dieses Element lediglich für Farbänderungen zu verwenden.
Voreinstellung: *leer*

...

Tabelle 5.1.: Elemente, deren Schrift verändert werden kann *(Fortsetzung)*

`pagefoot`
: Inhalt eines Fußes eines mit scrlayer-scrpage definierten Seitenstils (siehe Abschnitt 5.4, Seite 272). Das Element wird nach `\normalfont` und nach dem Element `pageheadfoot` angewandt.
Voreinstellung: *leer*

`pagehead`
: Inhalt eines Kopfes eines mit scrlayer-scrpage definierten Seitenstils (siehe Abschnitt 5.4, Seite 269). Das Element wird nach `\normalfont` und nach Element `pageheadfoot` angewandt.
Voreinstellung: *leer*

`pageheadfoot`
: Inhalt eines Kopfes oder Fußes eines mit scrlayer-scrpage definierten Seitenstils (siehe Abschnitt 5.4, Seite 269). Das Element wird nach `\normalfont` angewandt.
Voreinstellung: `\normalcolor\slshape`

`pagenumber`
: Die mit `\pagemark` gesetzte Paginierung (siehe Abschnitt 5.4, Seite 284). Bei einer etwaigen Umdefinierung von `\pagemark` ist dafür zu sorgen, dass die Umdefinierung auch ein `\usekomafont{pagenumber}` enthält!
Voreinstellung: `\normalfont`

```
\usefontofkomafont{Element}
\useencodingofkomafont{Element}
\usesizeofkomafont{Element}
\usefamilyofkomafont{Element}
\useseriesofkomafont{Element}
\useshapeofkomafont{Element}
```

Manchmal werden in der Schrifteinstellung eines Elements auch Dinge vorgenommen, die mit der Schrift eigentlich gar nichts zu tun haben, obwohl dies ausdrücklich nicht empfohlen wird. Soll dann nur die Schrifteinstellung aber keine dieser zusätzlichen Einstellungen ausgeführt werden, so kann statt `\usekomafont` die Anweisung `\usefontofkomafont` verwendet werden. Diese Anweisung übernimmt nur die Schriftgröße und den Grundlinienabstand, die Codierung (engl. *encoding*), die Familie (engl. *family*), die Strichstärke oder Ausprägung (engl. *font series*) und die Form oder Ausrichtung (engl. *font shape*).

Mit den übrigen Anweisungen können auch einzelne Schriftattribute übernommen werden. Dabei übernimmt `\usesizeofkomafont` sowohl die Schriftgröße als auch den Grundlinienabstand.

5.4. Verwendung vordefinierter Seitenstile

Die einfachste Möglichkeit, mit scrlayer-scrpage zu seinem Wunschdesign für Kopf und Fuß der Seite zu gelangen, ist die Verwendung eines vorgefertigten Seitenstils.

```
scrheadings
plain.scrheadings
```

scrheadings — Das Paket scrlayer-scrpage stellt zwei Seitenstile zur Verfügung, die nach eigenen Wünschen umgestaltet werden können. Als erstes wäre der Seitenstil scrheadings zu nennen. Dieser ist als Seitenstil mit Kolumnentitel vorgesehen. Er ähnelt in der Voreinstellung dem Seitenstil headings der Standard- oder der KOMA-Script-Klassen. Was genau im Kopf und Fuß ausgegeben wird, ist über die nachfolgend beschriebenen Befehle und Optionen einstellbar.

plain.scrheadings — Als zweites ist der Seitenstil plain.scrheadings zu nennen. Dieser ist als Seitenstil ohne Kolumnentitel vorgesehen. Er ähnelt in der Voreinstellung dem Seitenstil plain der Standard- oder der KOMA-Script-Klassen. Was genau im Kopf und Fuß ausgegeben wird, ist auch hier über die nachfolgend beschriebenen Befehle und Optionen einstellbar.

Natürlich kann auch scrheadings als Seitenstil ohne Kolumnentitel und plain.scrheadings als Seitenstil mit Kolumnentitel konfiguriert werden. Es ist jedoch zweckmäßig, sich an die vorgenannte Konvention zu halten. Die beiden Seitenstile beeinflussen sich nämlich in gewisser Weise gegenseitig. Sobald einer der Seitenstile einmal ausgewählt wurde, ist scrheadings auch unter dem Namen headings und der Seitenstil plain.scrheadings auch unter dem Namen plain aktivierbar. Das hat den Vorteil, dass bei Klassen, die automatisch zwischen headings und plain umschalten, durch einmalige Auswahl von scrheadings oder plain.scrheadings nun zwischen diesen beiden Stilen umgeschaltet wird. Direkte Anpassungen der entsprechenden Klassen sind nicht erforderlich. Die beiden Seitenstile stellen also quasi ein Paar dar, das als Ersatz für headings und plain verwendet werden kann. Sollten weitere solche Paare benötigt werden, so sei auf Abschnitt 18.2 in Teil II verwiesen.

headings
plain

scrpage2 — Für frühere Benutzer des alten KOMA-Script-Pakets scrpage2 sei ausdrücklich noch darauf hingewiesen, dass plain.scrheadings aus Gründen der Kompatibilität mit jenem Paket auch unter dem Alias-Namen scrplain angesprochen werden kann. Bei Verwendung von scrpage2 existiert hingegen plain.scrheadings nicht. Dessen Funktion wird dann vollständig vom Seitenstil scrplain übernommen.

```
\lehead[Inhalt plain.scrheadings]{Inhalt scrheadings}
\cehead[Inhalt plain.scrheadings]{Inhalt scrheadings}
\rehead[Inhalt plain.scrheadings]{Inhalt scrheadings}
\lohead[Inhalt plain.scrheadings]{Inhalt scrheadings}
\cohead[Inhalt plain.scrheadings]{Inhalt scrheadings}
\rohead[Inhalt plain.scrheadings]{Inhalt scrheadings}
```

Was in den Kopf der Seitenstile `plain.scrheadings` – beim veralteten Paket scrpage2 entsprechend in den Kopf von `scrplain` – und `scrheadings` geschrieben wird, ist mit Hilfe dieser Befehle einstellbar. Dabei setzt das optionale Argument jeweils den Inhalt eines Elements in `plain.scrheadings` beziehungsweise `scrplain`, während das obligatorische Argument jeweils einen Inhalt in `scrheadings` setzt. scrpage2

Die Inhalte für gerade, also linke Seiten werden mit den Befehlen `\lehead`, `\cehead` und `\rehead` gesetzt. Das »e« an zweiter Stelle des Befehlsnamens steht dabei für »*even*« (engl. für »gerade«). *linke Seite*

Die Inhalte für ungerade, also rechte Seiten werden mit den Befehlen `\lohead`, `\cohead` und `\rohead` gesetzt. Das »o« an zweiter Stelle des Befehlsnamens steht dabei für »*odd*« (engl. für »ungerade«). *rechte Seite*

Es sei an dieser Stelle noch einmal darauf hingewiesen, dass im einseitigen Satz nur rechte Seiten existieren und diese von LaTeX unabhängig von ihrer Nummer als ungerade Seiten bezeichnet werden. *Achtung!*

Jeder Kopf eines Seitenstils besitzt ein linksbündiges Element, das mit `\lehead` respektive `\lohead` gesetzt werden kann. Das »l« am Anfang des Befehlsnamens steht hier für »*left aligned*« (engl. für »linksbündig«). *linksbündig*

Ebenso besitzt jeder Kopf eines Seitenstils ein zentriert gesetztes Element, das mit `\cehead` respektive `\cohead` gesetzt werden kann. Das »c« am Anfang des Befehlsnamens steht hier für »*centered*« (engl. für »zentriert«). *zentriert*

Entsprechend besitzt jeder Kopf eines Seitenstil auch ein rechtsbündiges Element, das mit `\rehead` respektive `\rohead` gesetzt werden kann. Das »r« am Anfang des Befehlsnamens steht hier für »*right aligned*« (engl. für »rechtsbündig«). *rechtsbündig*

Diese Elemente besitzen jedoch nicht jedes für sich eine Schriftzuordnung mit Hilfe der Befehle `\setkomafont` und `\addtokomafont` (siehe Abschnitt 5.3, Seite 265), sondern alle zusammen über das Element pagehead. Vor diesem wird außerdem noch das Element pageheadfoot angewandt. Die Voreinstellungen für diese beiden Elemente sind Tabelle 5.1, Seite 266 zu entnehmen. pagehead pageheadfoot

In Abbildung 5.1 ist die Bedeutung der einzelnen Befehle für den Kopf der Seiten im doppelseitigen Modus noch einmal skizziert.

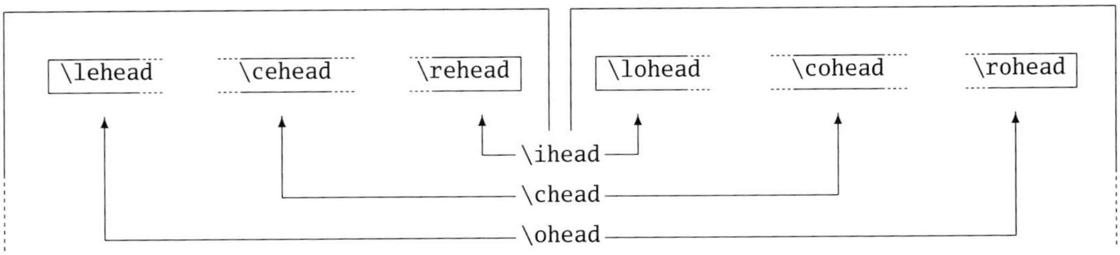

Abbildung 5.1.: Die Bedeutung der Befehle zum Setzen der Inhalte des Kopfs eines Seitenstils für die Seitenköpfe einer schematischen Doppelseite

Beispiel: Angenommen, Sie verfassen einen kurzen Artikel und wollen, dass im Kopf der Seiten links der Name des Autors und rechts der Titel des Artikels steht. Sie schreiben daher beispielsweise:

```
\documentclass{scrartcl}
\usepackage{scrlayer-scrpage}
\lohead{Peter Musterheinzel}
\rohead{Seitenstile mit \KOMAScript}
\pagestyle{scrheadings}
\begin{document}
\title{Seitenstile mit \KOMAScript}
\author{Peter Musterheinzel}
\maketitle
\end{document}
```

Doch, was ist das? Auf der ersten Seite erscheint nur eine Seitenzahl im Fuß, der Kopf hingegen bleibt leer!

Die Erklärung dafür ist einfach: Die Klasse scrartcl schaltet wie auch die Standardklasse article für die Seite mit dem Titelkopf in der Voreinstellung auf den Seitenstil `plain`. Nach der Anweisung `\pagestyle{scrheadings}` in der Präambel unseres Beispiels führt dies tatsächlich zur Verwendung des Seitenstils `plain.scrheadings` für die Seite mit dem Titelkopf. Dieser Seitenstil ist bei Verwendung einer KOMA-Script-Klasse mit leerem Kopf und Seitenzahl im Fuß vorkonfiguriert. Da im Beispiel das optionale Argument von `\lohead` und `\rohead` gar nicht verwendet wird, bleibt der Seitenstil `plain.scrheadings` unverändert. Das Ergebnis ist für die erste Seite also tatsächlich korrekt.

Fügen Sie jetzt im Beispiel nach `\maketitle` so viel Text ein, dass eine zweite Seite ausgegeben wird. Sie können dazu auch einfach `\usepackage{lipsum}` in der Dokumentpräambel und \lipsum nach \maketitle ergänzen. Wie Sie sehen werden, enthält der Kopf der zweiten Seite nun, genau wie gewünscht, den Namen des Autors und den Titel des Dokuments.

Zum Vergleich sollten Sie zusätzlich das optionale Argument der Anweisungen \lohead und \rohead mit einem Inhalt versehen. Ändern Sie das Beispiel dazu wie folgt ab:

```
\documentclass{scrartcl}
\usepackage{scrlayer-scrpage}
\lohead[Peter Musterheinzel]
       {Peter Musterheinzel}
\rohead[Seitenstile mit \KOMAScript]
       {Seitenstile mit \KOMAScript}
\pagestyle{scrheadings}
\usepackage{lipsum}
\begin{document}
\title{Seitenstile mit \KOMAScript}
\author{Peter Musterheinzel}
\maketitle
\lipsum
\end{document}
```

Jetzt haben Sie den Kopf auch auf der ersten Seite direkt über dem Titelkopf selbst. Das kommt daher, dass Sie mit den beiden optionalen Argumenten den Seitenstil plain.scrheadings nun ebenfalls entsprechend konfiguriert haben. Wie Sie am Ergebnis vermutlich auch erkennen, ist es jedoch besser, diesen Seitenstil unverändert zu lassen, da der Kolumnentitel über dem Titelkopf doch eher störend ist.

Alternativ zur Konfigurierung von plain.scrheadings hätte man bei Verwendung einer KOMA-Script-Klasse übrigens auch den Seitenstil für Seiten mit Titelkopf ändern können. Siehe dazu \titlepagestyle in Abschnitt 3.12, Seite 97. \titlepagestyle

Der Code aus dem Beispiel funktioniert übrigens unverändert auch mit dem veralteten Paket scrpage2. scrpage2

Erlauben Sie mir einen wichtigen Hinweis: Sie sollten niemals die Überschrift oder die Nummer einer Gliederungsebene mit Hilfe einer dieser Anweisungen als Kolumnentitel in den Kopf der Seite setzen. Aufgrund der Asynchronizität von Seitenaufbau und Seitenausgabe kann es sonst leicht geschehen, dass die falsche Nummer oder *Achtung!*

die falsche Überschrift im Kolumnentitel ausgegeben wird. Stattdessen ist der Mark-Mechanismus idealer Weise in Verbindung mit den Automatismen, die im nächsten Abschnitt erklärt werden, zu verwenden.

```
\lefoot[Inhalt plain.scrheadings]{Inhalt scrheadings}
\cefoot[Inhalt plain.scrheadings]{Inhalt scrheadings}
\refoot[Inhalt plain.scrheadings]{Inhalt scrheadings}
\lofoot[Inhalt plain.scrheadings]{Inhalt scrheadings}
\cofoot[Inhalt plain.scrheadings]{Inhalt scrheadings}
\rofoot[Inhalt plain.scrheadings]{Inhalt scrheadings}
```

Was in den Fuß der Seitenstile `plain.scrheadings` – beim veralteten Paket scrpage2 entsprechend in den Fuß von `scrplain` – und `scrheadings` geschrieben wird, ist mit Hilfe dieser Befehle einstellbar. Dabei setzt das optionale Argument jeweils den Inhalt eines Elements in `plain.scrheadings`, während das obligatorische Argument jeweils einen Inhalt in `scrheadings` setzt.

scrpage2

linke Seite

Die Inhalte für gerade, also linke Seiten werden mit den Befehlen `\lefoot`, `\cefoot` und `\refoot` gesetzt. Das »e« an zweiter Stelle des Befehlsnamens steht dabei für »*even*« (engl. für »gerade«).

rechte Seite

Die Inhalte für ungerade, also rechte Seiten werden mit den Befehlen `\lofoot`, `\cofoot` und `\rofoot` gesetzt. Das »o« an zweiter Stelle des Befehlsnamens steht dabei für »*odd*« (engl. für »ungerade«).

Achtung!

Es sei an dieser Stelle noch einmal darauf hingewiesen, dass im einseitigen Satz nur rechte Seiten existieren und diese von LaTeX unabhängig von ihrer Nummer als ungerade Seiten gezeichnet werden.

linksbündig

Jeder Fuß eines Seitenstils besitzt ein linksbündiges Element, das mit `\lefoot` respektive `\lofoot` gesetzt werden kann. Das »l« am Anfang des Befehlsnamens steht hier für »*left aligned*« (engl. für »linksbündig«).

zentriert

Ebenso besitzt jeder Fuß eines Seitenstils ein zentriert gesetztes Element, das mit `\cefoot` respektive `\cofoot` gesetzt werden kann. Das »c« am Anfang des Befehlsnamens steht hier für »*centered*« (engl. für »zentriert«).

rechtsbündig

Entsprechend besitzt jeder Fuß eines Seitenstil auch ein rechtsbündiges Element, das mit `\refoot` respektive `\rofoot` gesetzt werden kann. Das »r« am Anfang des Befehlsnamens steht hier für »*right aligned*« (engl. für »rechtsbündig«).

pagefoot

Diese Elemente besitzen jedoch nicht jedes für sich eine Schriftzuordnung mit Hilfe der Befehle `\setkomafont` und `\addtokomafont` (siehe Abschnitt 5.3, Seite 265), sondern alle zusammen über das Element `pagefoot`. Vor diesem wird außerdem noch das Element pageheadfoot angewandt. Die Voreinstellungen für diese beiden Elemente sind Tabelle 5.1, Seite 266 zu entnehmen. pageheadfoot

In Abbildung 5.2 ist die Bedeutung der einzelnen Befehle für den Fuß der Seiten im doppelseitigen Modus noch einmal skizziert.

Beispiel: Kommen wir zu dem Beispiel des kurzen Artikels zurück. Angenommen Sie wollen nun links im Fuß zusätzlich den Verlag angegeben haben. Daher ergänzen Sie das Beispiel zu

```
\documentclass{scrartcl}
\usepackage{scrlayer-scrpage}
\lohead{Peter Musterheinzel}
\rohead{Seitenstile mit \KOMAScript}
\lofoot{Verlag Naseblau, Irgendwo}
\pagestyle{scrheadings}
\usepackage{lipsum}
\begin{document}
\title{Seitenstile mit \KOMAScript}
\author{Peter Musterheinzel}
\maketitle
\lipsum
\end{document}
```

Der Verlag wird Ihnen nun aber wiederum nicht auf der Seite mit dem Titelkopf ausgegeben. Die Begründung ist dieselbe wie beim Beispiel zu \lohead. Ebenso ist die Lösung, um den Verlag auch auf diese Seite zu bekommen, entsprechend:

```
\lofoot[Verlag Naseblau, Irgendwo]
       {Verlag Naseblau, Irgendwo}
```

Nun entscheiden Sie noch, dass statt der schrägen Schrift in Kopf und Fuß eine aufrechte, aber kleinere Schrift verwendet werden soll. Dies erreichen Sie, indem Sie in der *Fontänderung* pageheadfoot

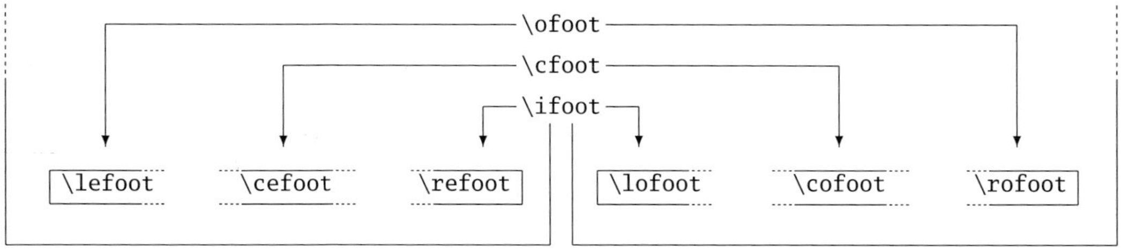

Abbildung 5.2.: Die Bedeutung der Befehle zum Setzen der Inhalte des Fußes eines Seitenstils für die Seitenfüße einer schematischen Doppelseite.

Dokumentpräambel die folgende Codezeile ergänzen:

```
\setkomafont{pageheadfoot}{\small}
```

pagehead

Darüber hinaus, soll der Kopf, nicht jedoch der Fuß fett gesetzt werden:

```
\setkomafont{pagehead}{\bfseries}
```

Bei dieser Anweisung ist es wichtig, dass sie erst nach dem Laden von scrpage-scrlayer erfolgt, weil davor zwar bereits sowohl pagehead als auch pageheadfoot vorhanden sind, aber dasselbe Element, nämlich pageheadfoot, bezeichnen. Erst durch Laden von scrpage-scrlayer werden daraus zwei unabhängige Elemente.

twoside

Ergänzen Sie nun das Beispiel einmal durch ein weiteres \lipsum und fügen Sie gleichzeitig Option twoside beim Laden von scrartcl hinzu. Zum einen wandert die Seitenzahl im Fuß nun von der Mitte nach außen. Das liegt an der geänderten Voreinstellung für scrheadings und plain.scrheadings für doppelseitige Dokumente mit einer KOMA-Script-Klasse.

rechte Seite

Gleichzeitig verschwinden aber auch Autor, Dokumenttitel und Verlag von Seite 2. Diese finden sich erst auf Seite 3 wieder. Das liegt daran, dass wir bisher nur Befehle für ungerade Seiten verwendet haben. Zu erkennen ist das am »o« für *odd* an der zweiten Stelle der Befehlsnamen.

linke Seite

Nun könnten wir die Befehle einfach kopieren und in der Kopie dieses »o« durch ein »e« für *even* ersetzen. Allerdings ist es bei doppelseitigen Dokumenten meist sinnvoller, wenn die Elemente spiegelverkehrt verwendet werden, dass also Elemente, die auf linken Seiten links stehen, auf rechten Seiten rechts platziert werden und umgekehrt. Daher vertauschen wir auch noch beim ersten Buchstaben »l« mit »r« und umgekehrt:

```
\documentclass[twoside]{scrartcl}
\usepackage{scrlayer-scrpage}
\lohead{Peter Musterheinzel}
\rohead{Seitenstile mit \KOMAScript}
\lofoot[Verlag Naseblau, Irgendwo}
       {Verlag Naseblau, Irgendwo}
\rehead{Peter Musterheinzel}
\lehead{Seitenstile mit \KOMAScript}
\refoot[Verlag Naseblau, Irgendwo]
       {Verlag Naseblau, Irgendwo}
```

```
\pagestyle{scrheadings}
\setkomafont{pageheadfoot}{\small}
\setkomafont{pagehead}{\bfseries}
\usepackage{lipsum}
\begin{document}
\title{Seitenstile mit \KOMAScript}
\author{Peter Musterheinzel}
\maketitle
\lipsum\lipsum
\end{document}
```

Der Code dieses Beispiels funktioniert ebenfalls mit dem veralteten Paket scrpage2. Wegen der Verwendung von \setkomafont gilt das aber nur, solange eine KOMA-Script-Klasse wie scrartcl verwendet wird. scrpage2

Da es etwas umständlich ist, die Angaben bei doppelseitigen Dokumenten wie im letzten Beispiel immer getrennt für linke und rechte Seiten zu machen, wird nachfolgend eine schönere Lösung für diesen Standardfall eingeführt.

Erlauben Sie mir zuvor noch einen wichtigen Hinweis: Sie sollten niemals die Überschrift oder die Nummer einer Gliederungsebene mit Hilfe einer dieser Anweisungen als Kolumnentitel in den Fuß der Seite setzen. Aufgrund der Asynchronizität von Seitenaufbau und Seitenausgabe kann es sonst leicht geschehen, dass die falsche Nummer oder die falsche Überschrift im Kolumnentitel ausgegeben wird. Stattdessen ist der Mark-Mechanismus idealer Weise in Verbindung mit den Automatismen, die im nächsten Abschnitt erklärt werden, zu verwenden. *Achtung!*

```
\ohead[Inhalt plain.scrheadings]{Inhalt scrheadings}
\chead[Inhalt plain.scrheadings]{Inhalt scrheadings}
\ihead[Inhalt plain.scrheadings]{Inhalt scrheadings}
\ofoot[Inhalt plain.scrheadings]{Inhalt scrheadings}
\cfoot[Inhalt plain.scrheadings]{Inhalt scrheadings}
\ifoot[Inhalt plain.scrheadings]{Inhalt scrheadings}
```

Um Kopf und Fuß im doppelseitigen Layout zu konfigurieren, müsste man mit den zuvor erklärten Befehlen die linken und die rechten Seiten getrennt voneinander konfigurieren. Meist ist es jedoch so, dass linke und rechte Seite mehr oder weniger symmetrisch zueinander sind. Ein Element das auf linken Seiten links steht, steht auf rechten Seiten rechts. Ein Element, das auf linken Seiten rechts steht, steht auf rechten Seiten links. Mittig angeordnete Elemente sind normalerweise auf beiden Seiten mittig angeordnet.

Zur Vereinfachung der Einstellungen für diesen Standardfall gibt es bei scrlayer-scrpage sozusagen Abkürzungen. Der Befehl \ohead entspricht einem Aufruf sowohl von \lehead als auch \rohead. Der Befehl \chead entspricht sowohl \cehead als auch \cohead. Und Befehl \ihead entspricht \rehead und \lohead. Entsprechendes gilt für die Anweisungen des Fußes. In Abbildung 5.1 auf Seite 270 und Abbildung 5.2 auf Seite 273 werden auch diese Beziehungen skizziert.

Beispiel: Mit Hilfe der neuen Befehle, lässt sich das letzte Beispiel wie folgt vereinfachen:

```
\documentclass[twoside]{scrartcl}
\usepackage{scrlayer-scrpage}
\ihead{Peter Musterheinzel}
\ohead{Seitenstile mit \KOMAScript}
\ifoot[Verlag Naseblau, Irgendwo]
      {Verlag Naseblau, Irgendwo}
\pagestyle{scrheadings}
\setkomafont{pageheadfoot}{\small}
\setkomafont{pagehead}{\bfseries}
\usepackage{lipsum}
\begin{document}
\title{Seitenstile mit \KOMAScript}
\author{Peter Musterheinzel}
\maketitle
\lipsum\lipsum
\end{document}
```

Wie zusehen ist, konnte die Hälfte der Befehle eingespart und trotzdem dasselbe Ergebnis erzielt werden.

scrpage2

Der Code dieses Beispiels funktioniert wiederum ohne Änderung auch mit dem veralteten Paket scrpage2, solange eine KOMA-Script-Klasse wie scrartcl verwendet wird.

Da im einseitigen Layout alle Seiten als ungerade oder rechte Seiten behandelt werden, können im einseitigen Layout diese Befehle auch als Synonyme für die entsprechenden Befehle für rechte Seiten verwendet werden. In den meisten Fällen wird man daher eher diese sechs als die zwölf zuvor vorgestellten Befehle verwenden.

Achtung!

Erlauben Sie mir noch einmal einen wichtigen Hinweis: Sie sollten niemals die Überschrift oder die Nummer einer Gliederungsebene mit Hilfe einer dieser Anweisungen als Kolumnentitel in den Kopf oder Fuß der Seite setzen. Aufgrund der Asynchronizität von Seitenaufbau und Seitenausgabe kann es sonst leicht geschehen, dass die falsche Nummer oder die falsche Überschrift im Kolumnentitel ausgegeben wird. Stattdessen ist der Mark-Mechanismus idealer Weise in Verbindung mit den Automatismen, die im nächsten Abschnitt erklärt werden, zu verwenden.

`pagestyleset=`*`Einstellung`*

In den zurückliegenden Beispielen wurde bereits mehrfach auf die Voreinstellung der Seitenstile `scrheadings` und `plain.scrheadings` hingewiesen. Tatsächlich unterstützt scrlayer-scrpage derzeit zwei unterschiedliche Voreinstellungen. Diese sind von Hand über Option `pagestyleset` auswählbar.

Mit der *`Einstellung`* `KOMA-Script` wird die Voreinstellung gewählt, die auch automatisch eingestellt wird, falls die Option nicht angegeben ist und eine KOMA-Script-Klasse erkannt wurde. Dabei werden für `scrheadings` im doppelseitigen Satz Kolumnentitel außen im Kopf und Seitenzahlen außen im Fuß gesetzt. Im einseitigen Satz wird der Kolumnentitel stattdessen mittig im Kopf und die Seitenzahl mittig im Fuß platziert. Für die automatischen Kolumnentitel werden Groß- und Kleinbuchstaben verwendet, wie diese vorgefunden werden. Dies entspricht der gleichzeitigen Verwendung von Option `markcase=used`. Für `plain.scrheadings` entfallen die Kolumnentitel. Die Seitenzahlen werden jedoch identisch platziert. `pagestyleset=` `KOMA-Script` `markcase=used`

Wird allerdings scrlttr2 als Klasse erkannt, so werden die Voreinstellungen an die Seitenstile jener Klasse angelehnt. Siehe dazu Abschnitt 4.13, ab Seite 233. scrlttr2

Mit der *`Einstellung`* `standard` wird die Voreinstellung gewählt, die den Standard-Klassen entspricht. Diese wird auch automatisch eingestellt, falls die Option nicht angegeben ist und keine KOMA-Script-Klasse erkannt wurde. Dabei wird für `scrheadings` im doppelseitigen Satz der Kolumnentitel im Kopf innen und die Seitenzahl – ebenfalls im Kopf – außen ausgerichtet platziert. Im einseitigen Satz werden dieselben Einstellungen verwendet. Da hierbei nur rechte Seiten existieren, steht der Kolumnentitel dann immer linksbündig im Kopf, die Seitenzahl entsprechend rechtsbündig. Die automatischen Kolumnentitel werden – trotz erheblicher typografischer Bedenken – entsprechend `markcase=upper` in Großbuchstaben umgewandelt. Von `scrheadings` deutlich abweichend hat `plain.scrheadings` die Seitenzahl im einseitigen Satz mittig im Fuß. Abweichend vom Seitenstil `plain` der Standardklassen entfällt die Seitenzahl im doppelseitigen Modus. Die Standardklassen setzen die Seitenzahl stattdessen mittig im Fuß, was im doppelseitigen Satz nicht zum übrigen Stil der Seiten passt. Der Kolumnentitel entfällt bei `plain.scrheadings` natürlich in jedem Fall. `pagestyleset=` `standard` `markcase=upper`

Es ist zu beachten, dass mit der Verwendung dieser Option gleichzeitig der Seitenstil `scrheadings` aktiviert wird. Dies gilt auch, wenn die Option innerhalb eines Dokuments verwendet wird. *Achtung!* `scrheadings`

Die für scrpage2 dokumentierten Paketoptionen `komastyle` und `standardstyle` existieren in scrlayer-scrpage nur aus Gründen der `komastyle` `standardstyle`

Kompatibilität. Sie werden jedoch auf Option `pagestyleset` abgebildet, gelten als überholt und sollten nicht mehr verwendet werden.
scrpage2 Bei Verwendung des veralteten Pakets scrpage2 sind sie hingegen die einzige Möglichkeit zwischen den beiden unterschiedlichen Voreinstellungen umzuschalten, da dort Option `pagestyleset` nicht existiert.

5.5. Beeinflussung von definierten Seitenstilen

In Abschnitt 5.4 wurde erklärt, wie die Seitenstile `scrheadings` und `plain.scrheadings` grundlegend vordefiniert sind und wie diese Vorbelegung grundsätzlich geändert werden kann. Es fehlen jedoch noch Informationen, wie beispielsweise die Kolumnentitel zustande kommen, wie man die Breite des Kopfes und Fußes verändern kann und wie man Linien über oder unter Kopf oder Fuß setzen kann. Obwohl dies eigentlich Fähigkeiten des Pakets scrlayer sind, werden sie nachfolgend erläutert, da diese grundlegenden Eigenschaften von scrlayer einen wichtigen Teil der Möglichkeiten von scrlayer-scrpage ausmachen.

```
\automark[Gliederungsebene der rechten Marke]
        {Gliederungsebene der linken Marke}
\automark*[Gliederungsebene der rechten Marke]
         {Gliederungsebene der linken Marke}
\manualmark
automark
autooneside=Ein-Aus-Wert
manualmark
```

Bei den Standardklassen und auch bei den KOMA-Script-Klassen fällt die Entscheidung, ob mit lebenden oder statischen Kolumnentiteln gearbeitet werden soll, über die Wahl des entsprechenden Seitenstils. Wie bereits in Abschnitt 3.12 erklärt, erhält man bei Wahl von
`headings` headings lebende Kolumnentitel. Unter lebenden Kolumnentiteln versteht man die Wiederholung eines für die Seite oder die *Kolumne* markanten Textes meist im Kopf, seltener im Fuß der Seite.

article, scrartcl *lebende Kolumnentitel* Bei den Artikel-Klassen article oder scrartcl wird für den lebenden Kolumnentitel im einseitigen Modus die Abschnittsüberschrift, also das obligatorische oder das optionale Argument von `\section` verwendet. Diese wird als *rechte Marke* behandelt. Im doppelseitigen Satz wird dieselbe Überschrift als *linke Marke* verwendet und gleichzeitig die Unterabschnittsüberschrift als *rechte Marke*. Ausgegeben wird die linke Marke wie der Name schon sagt auf der linken Seite, während die rechte Marke auf rechten Seiten – im einseitigen Modus also auf allen Seiten – ausgegeben wird. Beim Setzen der linken Marke für den Abschnitt werden von den Klassen in der Voreinstellung außerdem auch immer die rechten Marken gelöscht.

Bei den Bericht- und Buch-Klassen wird eine Ebene höher begonnen. Im einseitigen Modus wird also die Kapitelüberschrift als rechte Marke gesetzt. Im doppelseitigen Satz wird die Kapitelüberschrift als linke Marke und die Abschnittsüberschrift als rechte Marke gesetzt. report, scrreprt, book, scrbook

Verwendet man hingegen als Seitenstil myheadings, so existieren zwar die Marken im Kopf genauso und auch die Seitenzahlen werden gleich platziert, allerdings werden die Marken nicht automatisch durch die Überschriften gesetzt. Man kann sie dann nur manuell über die später in diesem Abschnitt dokumentierten Anweisungen \markright und \markboth befüllen. myheadings *manuelle Kolumnentitel* \markright \markboth

Genau diese Unterscheidung wurde bei scrpage2 und nun auch bei scrlayer aufgehoben. Statt die Unterscheidung zwischen automatischen und manuellen Kolumnentiteln über den Seitenstil vorzunehmen, gibt es die beiden Anweisungen \automark und \manualmark. *lebende und manuelle Kolumnentitel*

Mit \manualmark wird dabei auf manuelle Marken umgeschaltet. Es deaktiviert also das automatische Setzen der Marken. Demgegenüber kann mit \automark und \automark* festgelegt werden, welche Gliederungsebenen für das automatische Setzen der Marke verwendet werden sollen. Das optionale Argument gibt dabei die *Gliederungsebene der rechten Marke* an, während das obligatorische Argument die *Gliederungsebene der linken Marke* ist. Als Argument werden jeweils die Namen der Gliederungsebenen angegeben, also part, chapter, section, subsection, subsubsection, paragraph oder subparagraph. \manualmark \automark

Normalerweise sollte die höhere Ebene die linke Marke setzen, während die tiefere Ebene für die rechte Marke zu verwenden ist. Diese übliche Konvention ist jedoch keine Pflicht, sondern lediglich sinnvoll.

Der Unterschied zwischen \automark und \automark* liegt darin, dass \automark alle vorherigen Befehle zum automatischen Setzen der Marken aufhebt, während die Stern-Version \automark* lediglich die Aktionen für die angegebenen Gliederungsebenen ändert. Man kann so auch relativ komplexe Fälle abdecken. \automark*

Das veraltete Paket scrpage2 kennt sowohl \manualmark als auch \automark, jedoch nicht \automark*. Daher sind die nachfolgenden Beispielen nicht vollständig auf die Verwendung von scrpage2 übertragbar. scrpage2

Beispiel: Angenommen Sie wollen, dass wie üblich auf den linken Seiten eines Buches die Kapitelüberschriften als automatische Kolumnentitel verwendet werden und auf den rechten Seiten die Abschnittsüberschriften. Allerdings soll auf rechte Seiten so lange ebenfalls die Kapitelüberschrift verwendet werden, bis der erste Abschnitt auftaucht. Dazu wird zuerst scrlayer-scrpage geladen und der Seitenstil `scrheadings` aktiviert. Das Dokument beginnt also mit:

```
\documentclass{scrbook}
\usepackage{scrlayer-scrpage}
\pagestyle{scrheadings}
```

Als nächstes wird dafür gesorgt, dass die Kapitelüberschriften sowohl die linke als auch die rechte Marke setzen:

```
\automark[chapter]{chapter}
```

Dann sollen die Abschnittsüberschriften zusätzlich die rechten Marken setzen:

```
\automark*[section]{}
```

Hier findet die Stern-Version Anwendung, da die vorherige `\automark`-Anweisung weiterhin wirksam bleiben soll. Außerdem bleibt das Argument für die *`Gliederungsebene der linken Marke`* leer, weil diese Marke unverändert bleiben soll.

Alles, was jetzt noch fehlt, ist ein wenig Dokumentinhalt:

```
\usepackage{lipsum}
\begin{document}
\chapter{Kapitel}
\lipsum[1-20]
\section{Abschnitt}
\lipsum[21-40]
\end{document}
```

Dabei ist das Paket lipsum mit seiner Anweisung `\lipsum` sehr nützlich.

Wenn Sie dieses Beispiel einmal testen, werden Sie sehen, dass die Kapitelanfangsseite wie üblich ohne Kolumnentitel ist, da sie automatisch im `plain`-Seitenstil `plain.scrheadings` gesetzt wird. Seite 2 bis 4 tragen als Kolumnentitel die Kapitelüberschrift. Nachdem auf Seite 4 eine Abschnittsüberschrift ausgegeben wurde, ändert sich der Kolumnentitel auf Seite 5 in die Abschnittsüberschrift. Ab dann werden die beiden Überschriften im Kopf wechselweise ausgegeben, auf linken Seiten die Kapitelüberschrift, auf rechten Seiten die Abschnittsüberschrift.

Außer mit den Befehlen kann auch direkt mit den beiden Optionen manualmark und automark zwischen automatischen und manuellen Kolumnentiteln hin- und hergeschaltet werden. Dabei verwendet automark bei Klassen mit \chapter-Anweisung immer die Voreinstellung

manualmark
automark

```
\automark[section]{chapter}
```

und bei anderen Klassen

```
\automark[subsection]{section}
```

Im einseitigen Modus will man in der Regel nicht, dass die untergeordnete Ebene die rechte Marke beeinflusst. Stattdessen soll auch mit der Voreinstellung nur die höhere Ebene, die beispielsweise im doppelseitigen Modus in der Voreinstellung alleine die linke Marke beeinflusst, den Kolumnentitel aller Seiten vorgeben. Diese Voreinstellung entspricht einer aktiven Option autooneside. Die Option versteht die Werte für einfache Schalter, die in Tabelle 2.5 auf Seite 46 angegeben sind. Wird die Option deaktiviert, so wirken sich im einseitigen Satz sowohl das optionale als auch das obligatorische Argument auf den Kolumnentitel aus.

einseitiger Satz

autooneside

Beispiel: Angenommen, Sie wollen im einseitigen Modus eines Berichts eine ganz ähnliche Verwendung des Kolumnentitels erreichen, wie im vorherigen Beispiel. Konkret soll so lange die Kapitelüberschrift verwendet werden, bis ein Abschnitt gesetzt wird. Ab dann soll nur noch die Abschnittsüberschrift verwendet werden. Dazu wird das Beispiel wie folgt abgewandelt:

```
\documentclass{scrreprt}
\usepackage[autooneside=false]{scrlayer-scrpage}
\pagestyle{scrheadings}
\automark[section]{chapter}
\usepackage{lipsum}
\begin{document}
\chapter{Kapitel}
\lipsum[1-20]
\section{Abschnitt}
\lipsum[21-40]
\end{document}
```

Wie zu sehen ist, wird in diesem Fall keine ergänzende \automark*-Anweisung benötigt. Sie sollten zum Vergleich die Option autooneside auch einmal auf true setzen oder sie entfernen. Ein Unterschied ist dann ab Seite 4 im Kolumnentitel im Kopf der Seiten zu sehen.

Achtung! Das Laden des Pakets selbst hat übrigens noch keine Auswirkung darauf, ob mit automatischen Kolumnentiteln gearbeitet wird oder nicht. Erst die explizite Verwendung einer der Optionen `automark` oder `manualmark` oder einer der beiden Anweisungen `\automark` oder `\manualmark` schafft hier klare Verhältnisse..

`draft=`*`Ein-Aus-Wert`*

Die KOMA-Script-Option versteht die Standardwerte für einfache Schalter, die in Tabelle 2.5 auf Seite 46 angegeben sind. Ist die Option aktiviert, so werden alle Elemente der Seitenstile zusätzlich mit Maßlinien versehen. Dies kann während der Entwurfsphase manchmal nützlich sein. Falls diese Option global gesetzt wurde, die Maßlinien aber nicht gewünscht sind, kann die Option auch nur für das Paket deaktiviert werden, indem man `draft=false` als optionales Argument von `\usepackage` beim Laden des Pakets angibt.

`\MakeMarkcase{`*`Text`*`}`

Die automatischen, nicht jedoch die manuellen Kolumnentitel verwenden `\MakeMarkcase` für ihre Ausgabe. Ist die Anweisung beim Laden von scrlayer nicht definiert, so wird sie in der Voreinstellung derart definiert, dass sie ihr Argument *Text* unverändert ausgibt. Diese Voreinstellung kann jedoch entweder durch Umdefinierung von `\MakeMarkcase` oder durch die später in diesem Abschnitt do-
`markcase` kumentierte Option `markcase` geändert werden. Je nach Einstellung wird das Argument dann beispielsweise in Groß- oder Kleinbuchstaben umgewandelt.

`markcase=`*`Wert`*

Wie bereits früher erläutert, kann man bei scrlayer zwischen manuellen und automatischen Kolumnentiteln wählen. Bei den automatischen Kolumnentiteln werden dabei die entsprechenden Marken über die Gliederungsbefehle gesetzt. In manchen Kulturkreisen ist es im Gegensatz zur Typografie des deutschsprachigen Raums üblich, die Kolumnentitel in Großbuchstaben zu setzen. Die Standardklassen machen genau dies in der Voreinstellung. Das Paket scrlayer unterstützt das optional ebenfalls. Hierzu gibt man als Opti-
`markcase=upper` on `markcase=upper` an. Im Endeffekt führt das zu einer Umdefinierung von `\MakeMarkcase`, einer Anweisung, die von scrlayer beim Setzen von automatischen Kolumnentiteln verwendet wird.

Tabelle 5.2.: Mögliche Werte für Option `markcase` zur Wahl von Groß-/Kleinschreibung in automatischen Kolumnentiteln

`lower`
: definiert `\MakeMarkcase` so um, dass automatische Kolumnentitel mit Hilfe von `\MakeLowercase` in Kleinbuchstaben gewandelt werden (Minuskelsatz).

`upper`
: definiert `\MakeMarkcase` so um, dass automatische Kolumnentitel mit Hilfe von `\MakeUppercase` in Großbuchstaben gewandelt werden (Versalsatz).

`used`
: definiert `\MakeMarkcase` so um, dass für automatische Kolumnentitel keine automatische Veränderung der Groß-/Kleinschreibung durchgeführt wird.

`ignoreuppercase`, `nouppercase`, `ignoreupper`, `noupper`
: definiert nicht nur `\MakeMarkcase` so um, dass für automatische Kolumnentitel keine automatische Veränderung der Groß-/Kleinschreibung durchgeführt wird, sondern deaktiviert zusätzlich lokal für alle Ebenen aller Seitenstile `\MakeUppercase` und `\uppercase`.

Leider führt die von LaTeX für derartigen Versalsatz vorgesehene Anweisung `\MakeUppercase` zu einem sehr unzureichenden Satz, da weder gesperrt noch ausgeglichen wird. Dies liegt teilweise sicher daran, dass für typografisch korrekten Versalsatz eine Glyphenanalyse notwendig ist, um die konkrete Form der Buchstaben und ihrer Kombinationen in den Ausgleich der Sperrung einfließen zu lassen. Der KOMA-Script-Autor empfiehlt daher, auf Versalsatz für die Kolumnentitel zu verzichten. Dies ist normalerweise mit `markcase=used` möglich. Allerdings fügen einige Klassen selbst beispielsweise bei den Kolumnentitel für Verzeichnisse ein `\MakeUppercase` oder sogar die TeX-Anweisung `\uppercase` ein. Für diese Fälle gibt es auch noch die Einstellung `markcase=noupper`, mit deren Hilfe `\MakeUppercase` und `\uppercase` für die Kolumnentitel lokal deaktiviert werden können.

`markcase=used`

`markcase=noupper`

Alle für `markcase` möglichen Werte sind noch einmal in Tabelle 5.2 zusammengefasst.

```
\leftmark
\rightmark
\headmark
\pagemark
```

Will man von den vordefinierten Seitenstilen abweichen, so muss man in der Regel auch selbst entscheiden können, wo die Marken

\leftmark gesetzt werden sollen. Mit \leftmark platziert man die linke Marke. Diese wird dann bei der Ausgabe der Seite durch den entsprechenden Inhalt ersetzt.

\rightmark Dementsprechend kann man mit \rightmark die rechte Marke platzieren, die dann bei der Ausgabe der Seite durch den entsprechenden Inhalt ersetzt wird. Für einige Feinheiten dabei, sei auch auf die weiterführenden Erklärungen zu \rightmark in Abschnitt 21.1, Seite 519 verwiesen.

\headmark Mit \headmark kann man sich das Leben erleichtern. Diese Erweiterung von scrlayer entspricht je nachdem, ob die aktuelle Seite eine linke oder rechte ist, \leftmark oder \rightmark.

\pagemark Die Anweisung \pagemark hat genau genommen nichts mit den Marken von TeX zu tun. Sie dient dazu eine formatierte Seitenzahl zu platzieren. Bei ihrer Ausgabe wird dann auch die Schrifteinstellung

pagenumber für das Element pagenumber verwendet. Diese kann mit Hilfe der Anweisungen \setkomafont und \addtokomafont verändert werden (siehe auch Abschnitt 3.6, Seite 70).

Beispiel: Angenommen, Sie wollen, dass auch im einseitigen Modus der Kolumnentitel immer am linken Rand und die Seitenzahl immer am rechten Rand ausgerichtet wird. Beide sollen im Kopf platziert werden. Das folgende, vollständige Minimalbeispiel liefert genau dies:

```
\documentclass{scrreprt}
\usepackage{blindtext}
\usepackage[automark]{scrlayer-scrpage}
\pagestyle{scrheadings}
\ihead{\headmark}
\ohead[\pagemark]{\pagemark}
\chead{}
\cfoot[]{}
\begin{document}
\blinddocument
\end{document}
```

Das Paket blindtext mit seiner Anweisung \blinddocument wird hier für die komfortable Erzeugung eines Beispieldokumentinhalts verwendet.

Mit den Anweisungen \ihead und \ohead werden die gewünschten Marken platziert. Dabei wird die Seitenzahl-Marke mit Hilfe des optionalen Argument von \ohead nicht nur auf den mit scrheadings gesetzten Seiten, sondern auch für den auf der ersten Seite automatisch verwendeten plain-Seitenstil plain.scrheadings konfiguriert.

Da die beiden Seitenstile bereits mit Marken in der Mitte von Kopf und Fuß vordefiniert sind, werden diese beiden Elemente mit `\chead` und `\cfoot` gelöscht. Hierzu werden leere Argumente verwendet. Alternativ dazu hätte man auch `\clearpairofpagestyles` *vor* `\ihead` verwenden können. Diese Anweisung wird jedoch erst in Abschnitt 18.2 auf Seite 480 erklärt werden.

Bitte beachten Sie, dass das leere optionale Argument bei `\cfoot` im Beispiel nicht gleichbedeutend mit dem Weglassen dieses optionalen Arguments ist. Sie sollten das einmal selbst ausprobieren und dabei den Fuß der ersten Seite beobachten.

```
\partmarkformat
\chaptermarkformat
\sectionmarkformat
\subsectionmarkformat
\subsubsectionmarkformat
\paragraphmarkformat
\subparagraphmarkformat
```

Diese Anweisungen werden von den KOMA-Script-Klassen und auch von scrlayer intern üblicherweise verwendet, um die Gliederungsnummern der automatischen Kolumnentitel zu formatieren. Dabei wird auch der `\autodot`-Mechanismus der KOMA-Script-Klassen unterstützt. Bei Bedarf können diese Anweisungen umdefiniert werden, um eine andere Formatierung der Nummern zu erreichen.

Beispiel: Angenommen, Sie wollen, dass Abschnittsüberschriften im Kolumnentitel ohne Gliederungsnummer gesetzt werden, so ist das ganz einfach mit:

```
\renewcommand*{\sectionmarkformat}{}
```

zu erreichen.

```
\partmark{Text}
\chaptermark{Text}
\sectionmark{Text}
\subsectionmark{Text}
\subsubsectionmark{Text}
\paragraphmark{Text}
\subparagraphmark{Text}
```

Diese Anweisungen werden intern von den meisten Klassen verwendet, um die Marken entsprechend der Gliederungsbefehle zu setzen. Dabei wird als Argument lediglich der Text, nicht jedoch die Nummer erwartet. Die Nummer wird stattdessen automatisch über den aktuellen Zählerstand ermittelt, falls mit nummerierten Überschriften gearbeitet wird.

Achtung! Falls diese Anweisungen vom Anwender umdefiniert werden, sollte er unbedingt darauf achten, vor dem Setzen der Nummer ebenfalls über `secnumdepth` zu prüfen, ob die Nummern auszugeben sind. Dies gilt auch, wenn der Anwender `secnumdepth` selbst nicht verändert, weil Pakete und Klassen sich eventuell auf die Wirkung von `secnumdepth` verlassen!

Das Paket scrlayer definiert diese Anweisungen außerdem bei jedem Aufruf von `\automark` oder `\manualmark` oder den entsprechenden Optionen teilweise neu, um so die gewünschten automatischen oder manuellen Kolumnentitel zu erreichen.

```
\markleft{linke Marke}
\markright{rechte Marke}
\markboth{linke Marke}{rechte Marke}
```

Unabhängig davon, ob gerade mit manuellen oder automatischen Kolumnentiteln gearbeitet wird, kann man jederzeit die *linke Marke* oder *rechte Marke* mit einer dieser Anweisungen setzen. Dabei ist zu beachten, dass die resultierende linke Marke in `\leftmark` die letzte auf der entsprechenden Seite gesetzte Marke ist, während die resultierende rechte Marke in `\rightmark` die erste auf der entsprechenden Seite gesetzte Marke ausgibt. Näheres dazu ist den weiterführenden Erklärungen zu `\rightmark` in Abschnitt 21.1, Seite 519 zu entnehmen.

`\leftmark`
`\rightmark`

Wird mit manuellen Kolumnentiteln gearbeitet, so bleiben die Marken gültig, bis sie durch erneute Verwendung der entsprechenden Anweisung explizit ersetzt werden. Bei automatischen Kolumnentiteln können Marken hingegen je nach Konfigurierung des Automatismus ihre Gültigkeit mit einer der nächsten Gliederungsüberschriften verlieren.

Auch im Zusammenhang mit den Sternvarianten der Gliederungsbefehle können diese Anweisungen nützlich sein.

Beispiel: Angenommen, Sie schreiben noch vor dem Inhaltsverzeichnis ein Vorwort über mehrere Seiten, das jedoch im Inhaltsverzeichnis nicht auftauchen soll. Da Sie aber Trennlinien im Kopf verwenden, soll der Kolumnentitel das Vorwort dennoch zeigen:

```
\documentclass[headsepline]{book}
\usepackage[automark]{scrlayer-scrpage}
\pagestyle{scrheadings}
\usepackage{blindtext}
```

```
\begin{document}
\chapter*{Vorwort}
\markboth{Vorwort}{Vorwort}
\blindtext[20]
\tableofcontents
\blinddocument
\end{document}
```

Zunächst erscheint das Ergebnis wunschgemäß. Vielleicht erst beim zweiten Blick fällt aber auf, dass der Kolumnentitel »Vorwort« im Gegensatz zu den übrigen Kolumnentiteln nicht im Versalsatz erscheint. Das ist jedoch leicht zu ändern:

```
\documentclass[headsepline]{book}
\usepackage[automark]{scrlayer-scrpage}
\pagestyle{scrheadings}
\usepackage{blindtext}
\begin{document}
\chapter*{Vorwort}
\markboth{\MakeMarkcase{Vorwort}}
         {\MakeMarkcase{Vorwort}}
\blindtext[20]
\tableofcontents
\blinddocument
\end{document}
```

Wie zu sehen ist, wurde \MakeMarkcase verwendet, um auch den manuell korrigierten Kolumnentitel des Vorworts entsprechend der automatischen Kolumnentitel des restlichen Dokuments anzupassen. \MakeMarkcase

Verschieben Sie nun einmal \tableofcontents vor das Vorwort und entfernen Sie die \markboth-Anweisung. Sie werden entdecken, dass das Vorwort als Kolumnentitel nun »CONTENTS« trägt. Das liegt an einer Eigenart von \chapter* (siehe auch in Abschnitt 3.16 auf Seite 120). Soll hier stattdessen kein Kolumnentitel erscheinen, so ist dies sehr einfach mit \markboth mit zwei leeren Argumenten zu erreichen: \tableofcontents \chapter*

```
\documentclass[headsepline]{book}
\usepackage[automark]{scrlayer-scrpage}
\pagestyle{scrheadings}
\usepackage{blindtext}
\begin{document}
\tableofcontents
\chapter*{Vorwort}
```

```
\markboth{}{}
\blindtext[20]
\blinddocument
\end{document}
```

```
headwidth=Breite:Offset
footwidth=Breite:Offset
```

In der Voreinstellung sind Kopf und Fuß genauso breit wie der Satzspiegel. Mit Hilfe dieser beiden KOMA-Script-Optionen lässt sich das jedoch ändern. Die *Breite* ist dabei die gewünschte Breite des Kopfes beziehungsweise Fußes. Der *Offset* gibt an, wie weit der Kopf respektive Fuß in Richtung des äußeren Randes – im einseitigen Satz entsprechend in Richtung des rechten Randes – verschoben werden soll. Dabei sind beide Werte optional, können also auch weggelassen werden. Falls beide Werte weggelassen werden, kann auch der Doppelpunkt entfallen. Ist nur ein Wert aber kein Doppelpunkt angegeben, so handelt es sich um die *Breite*.

Sowohl für *Breite* als auch für *Offset* kann jeder gültige Längenwert aber auch jede LaTeX-Länge oder TeX-Länge oder TeX-Abstand eingesetzt werden. Darüber hinaus sind für beides auch ε-TeX-Längenausdrücke mit den Grundrechenarten +, -, *, / und runden Klammern erlaubt. Näheres zu solchen Längenausdrücken ist [Tea98, Abschnitt 3.5] zu entnehmen. Für *Breite* sind außerdem einige symbolische Werte zulässig. Diese sind Tabelle 5.3 zu entnehmen.

Die Voreinstellung für *Breite* ist die Breite des Textbereichs. Die Voreinstellung für *Offset* hängt von der gewählten *Breite* ab. In der Regel wird im einseitigen Satz die Hälfte des Unterschieds zwischen *Breite* und der Breite des Textbereichs verwendet. Damit wird der Kopf über dem Textbereich zentriert. Im doppelseitigen Satz wird hingegen nur ein Drittel des Unterschieds zwischen *Breite* und der Breite des Textbereichs verwendet. Ist *Breite* jedoch die Breite des Textbereichs zuzüglich der Marginalienspalte, so ist die Voreinstellung von *Offset* immer Null. Falls Ihnen das zu kompliziert ist, sollten Sie den gewünschten *Offset* einfach selbst angeben.

```
headtopline=Dicke:Länge
headsepline=Dicke:Länge
footsepline=Dicke:Länge
footbotline=Dicke:Länge
```

Während die KOMA-Script-Klassen nur eine Trennlinie unter dem Kopf und eine weitere über dem Fuß unterstützen und man diese nur wahlweise ein- und ausschalten kann, erlaubt das Paket scrlayer-scrpage auch noch eine Linie über dem Kopf und unter dem

Tabelle 5.3.: Erlaubte symbolische Werte für *`Breite`* bei den Optionen `headwidth` und `footwidth`

`foot`
: die aktuelle Breite des Fußes

`footbotline`
: die aktuelle Länge der horizontalen Linie unterhalb des Fußes

`footsepline`
: die aktuelle Länge der horizontalen Linie zwischen dem Textbereich und dem Fuß

`head`
: die aktuelle Breite des Kopfes

`headsepline`
: die aktuelle Länge der horizontalen Linie zwischen dem Kopf und dem Textbereich

`headtopline`
: die aktuelle Länge der horizontalen Linie über dem Kopf

`marginpar`
: die Breite der Marginalienspalte einschließlich des Abstandes zwischen dem Textbereich und der Marginalienspalte

`page`
: die Breite der Seite unter Berücksichtigung einer eventuell mit Hilfe des Pakets typearea definierten Bindekorrektur (siehe Option `BCOR` in Abschnitt 2.6, Seite 38)

`paper`
: die Breite des Papiers ohne Berücksichtigung einer etwaigen Bindekorrektur

`text`
: die Breite des Textbereichs

`textwithmarginpar`
: die Breite des Textbereichs einschließlich der Marginalienspalte und natürlich des Abstandes zwischen den beiden (Achtung: Nur in diesem Fall ist die Voreinstellung für *`Offset`* Null)

Fuß, und man kann bei diesen beiden sowohl die *`Länge`* als auch die *`Dicke`* konfigurieren.

Beide Werte sind optional. Lässt man die *`Dicke`* weg, so wird 0,4 pt angenommen, also eine Haarlinie produziert. Verzichtet man auf eine Angabe der *`Länge`*, so wird die Breite des Kopfes respektive des

Fußes als gewünschter Wert angenommen. Wird beides weggelassen, so kann auch der Doppelpunkt entfallen. Wird nur ein Wert ohne Doppelpunkt angegeben, so ist dies die *Dicke*.

ilines, clines, olines

Natürlich darf die *Länge* nicht nur kürzer als die aktuelle Breite des Kopfes respektive des Fußes sein. Sie darf auch länger sein. Siehe dazu auch die Optionen `ilines`, `clines` und `olines`, die später in diesem Abschnitt erklärt werden.

headtopline
headsepline
footsepline
footbotline

Neben der Dicke und der Länge kann man auch die Farben der Linien ändern. Zunächst richtet sich diese natürlich nach der Farbe, die für den Kopf und den Fuß eingestellt ist. Davon unabhängig werden aber auch noch die Einstellungen für die gleich benannten Elemente `headtopline`, `headsepline`, `footsepline` und `footbotline` angewendet. Diese können mit den Anweisungen `\setkomafont` und `\addtokomafont` geändert werden (siehe Abschnitt 5.3, ab Seite 265). In der Voreinstellung sind die Einstellungen für diese Elemente leer, so dass sie zu keiner Änderung der Schrift oder Farbe führen. Änderungen der Schrift sind im Gegensatz zu Farbänderungen an dieser Stelle ohnehin nicht sinnvoll und werden daher nicht empfohlen.

scrpage2

\setheadtopline
\setheadsepline
\setfootsepline
\setfootbotline

Das veraltete Paket scrpage2 kannte gleich benannte Paketoptionen, denen jedoch kein Wert zugewiesen werden konnte. Man aktivierte Haarlinien in der Breite des Kopfes respektive Fußes. Daneben gab es bei scrpage2 auch noch die nahezu gleichbedeutenden Befehle `\setheadtopline`, `\setheadsepline`, `\setfootsepline` und `\setfootbotline`. Diese Befehle hatten als erstes, optionales Argument ebenfalls die *Länge* der entsprechende Linie, als zweites, obligatorisches Argument die *Dicke* und als zusätzliches drittes, optionales Argument Einstellungen, die direkt für die Schrift oder Farbe des entsprechenden Elements verwendet wurden. Diese Anweisungen existieren in scrlayer-scrpage aus Kompatibilitätsgründen ebenfalls, wobei die ersten beiden Argumente entsprechend der Werte für die Optionen erweitert wurden. Allerdings sind die Befehle gleichzeitig als überholt anzusehen und sollten nicht mehr verwendet werden. Es sei an dieser Stelle auch darauf hingewiesen, dass diese Befehle nie dazu gedacht waren, die entsprechenden Linien einzuschalten. Vielmehr waren sie ausschließlich zur Einstellung von *Länge* und *Dicke* der Linien gedacht, wenn diese über die Optionen eingeschaltet wurden. Dies wurde von den Anwendern aber leider häufig nicht beachtet!

```
plainheadtopline=Ein-Aus-Wert
plainheadsepline=Ein-Aus-Wert
plainfootsepline=Ein-Aus-Wert
plainfootbotline=Ein-Aus-Wert
```

Mit diesen Optionen können die Einstellungen für die Linien auch für den `plain`-Seitenstil übernommen werden. Als *`Ein-Aus-Wert`* stehen die Standardwerte für einfache Schalter, die in Tabelle 2.5 auf Seite 46 angegeben sind, zur Verfügung. Bei aktivierter Option werden die entsprechenden Linieneinstellungen übernommen. Bei deaktivierter Option wird die entsprechende Linie im `plain`-Seitenstil hingegen nicht angezeigt.

```
ilines
clines
olines
```

Wie bereits zuvor erklärt wurde, können Trennlinien für den Kopf oder Fuß konfiguriert werden, die länger oder kürzer als die Breite des Kopfes beziehungsweise des Fußes sind. Bisher blieb die Frage offen, wie diese Linien dann ausgerichtet werden. In der Voreinstellung sind sie im einseitigen Satz linksbündig und im doppelseitigen Satz bündig mit dem Anfang des inneren Randes. Dies entspricht Option `ilines`. Alternativ können sie jedoch mit Option `clines` auch horizontal bezüglich der Breite des Kopfes beziehungsweise Fußes zentriert werden. Ebenso ist mit Hilfe von Option `olines` eine Ausrichtung am äußeren beziehungsweise rechten Rand möglich.

6.

Der Wochentag mit scrdate

Mit Version 3.05a wurde der Funktionsumfang dieses Pakets erheblich erweitert. Neben dem aktuellen Wochentag kann es nun auch den Wochentag jedes beliebigen Datums nach dem Gregorianischen Kalender bestimmen.

```
\CenturyPart{Jahr}
\DecadePart{Jahr}
```

Die Anweisung `\CenturyPart` ergibt den Wert der Jahrhundert-Stellen eines Jahres. Die Anweisung `\DecadePart` ergibt hingegen den Wert der übrigen Stellen, also der Einer und Zehner. Dabei darf die Jahreszahl beliebig viele Stellen aufweisen. Der Wert kann direkt zur Zuweisung an einen Zähler oder für Berechnungen mit Hilfe von `\numexpr` verwendet werden. Für die Ausgabe als arabische Zahl ist `\the` voran zu stellen. *Achtung!*

Beispiel: Sie wollen berechnen, in welchem Jahrhundert das aktuelle Jahr liegt und dies ausgeben.

```
Das Jahr \the\year\ ist das Jahr
\the\DecadePart{\year} des
\the\numexpr \CenturyPart{\year}+1\relax.
Jahrhunderts.
```

Als Ergebnis erhalten Sie:

> Das Jahr 2014 ist das Jahr 14 des 21. Jahrhunderts.

Bitte beachten Sie, dass hier die Zählweise verwendet wird, bei der das Jahr 2000 das Jahr 0 – also das erste Jahr – des 21. Jahrhunderts ist. *Achtung!*

```
\DayNumber{Jahr}{Monat}{Tag}
\ISODayNumber{ISO-Datum}
```

Diese beiden Anweisungen geben den Wert der Nummer des Wochentags zu einem Datum zurück. Sie unterscheiden sich nur in der

Art der Angabe des Datums. Während bei \DayNumber Jahr, Monat und Tag des gewünschten Datums eigene Parameter sind, wird bei \ISODayNumber das Datum in ISO-Schreibweise, *Jahr-Monat-Tag* angegeben. Dabei spielt es keine Rolle, ob Monat und Tag ein- oder zweistellig angegeben werden. Der Wert kann direkt zur Zuweisung an einen Zähler oder für Berechnungen mit Hilfe von \numexpr ver-*Achtung!* wendet werden. Für die Ausgabe als arabische Zahl ist \the voran zu stellen.

Beispiel: Sie wollen die Nummer des Wochentags des 1. Mai 2027 wissen.

```
Der 1.~Mai~2027 hat die Wochentagsnummer
\the\ISODayNumber{2027-5-1}.
```

Als Ergebnis erhalten Sie:

> Der 1. Mai 2027 hat die Wochentagsnummer 6.

Als Besonderheit ist es sogar möglich, von einem vorgegebenen Datum eine gewünschte Anzahl an Tagen in die Zukunft oder Vergangenheit zu gehen.

Beispiel: Sie wollen die Nummer des Wochentags wissen, den wir in 12 Tagen haben und den wir 24 Tage vor dem 24. Dezember 2027 gehabt haben werden.

```
In 12~Tagen haben wir die Wochentagsnummer
\the\DayNumber{\year}{\month}{\day+12} und
24~Tage vor dem 24.~Dezember~2027 wird es
die Nummer \the\ISODayNumber{2027-12-24-24}
gewesen sein.
```

Als Ergebnis erhalten Sie beispielsweise:

> In 12 Tagen haben wir die Wochentagsnummer 3 und 24 Tage vor dem 24. Dezember 2027 wird es die Nummer 2 gewesen sein.

Die Wochentage werden dabei wie folgt nummeriert: Sonntag = 0, Montag = 1, Dienstag = 2, Mittwoch = 3, Donnerstag = 4, Freitag = 5 und Samstag = 6.

```
\DayNameByNumber{Wochentagsnummer}
\DayName{Jahr}{Monat}{Tag}
\ISODayName{ISO-Datum}
```

Üblicherweise ist man weniger an der Nummer eines Wochentags als dem Namen des Wochentags interessiert. Daher liefert die Anweisung \DayNameByNumber den Namen des Wochentags zu einer Wochentagsnummer zurück, die man beispielsweise mit einer der beiden zuvor erklärten Anweisungen \DayNumber oder \ISODayNumber bestimmt hat. Die beiden Anweisungen \DayName und \ISODayName liefern entsprechend den Wochentag zu einem bestimmten Datum.

Beispiel: Sie wollen den Wochentag des 24. Dezembers 2027 wissen.

```
Bitte zahlen Sie bis zum \ISODayName{2027-12-24},
den 24.\,12.~2027, die Summe von \dots
```

Als Ergebnis erhalten Sie:

> Bitte zahlen Sie bis zum Freitag, den 24. 12. 2027,
> die Summe von ...

Als Besonderheit ist es auch hier möglich, in gewissem Umfang Berechnungen anzustellen:

Beispiel: Sie wollen den Wochentag wissen, den wir in 12 Tagen haben und den wir 24 Tage vor dem 24. Dezember 2027 hatten.

```
In 12~Tagen haben wir einen
\DayName{\year}{\month}{\day+12} und
24~Tage vor dem 24.~Dezember~2027 ist ein
\ISODayName{2027-12-24-24}, während zwei Wochen
und drei Tage nach einem Mittwoch ein
\DayNameByNumber{3+2*7+3} folgt.
```

Als Ergebnis erhalten Sie beispielsweise:

> In 12 Tagen haben wir einen Mittwoch und
> 24 Tage vor dem 24. Dezember 2027 ist ein
> Dienstag, während zwei Wochen und drei Tage
> nach einem Mittwoch ein Samstag folgt.

\ISOToday \IsoToday \todaysname \todaysnumber

In den bisherigen Beispielen dieses Abschnitts wurde das aktuelle Datum immer recht umständlich über die TeX-Register \year, \month, \day bestimmt. Die Anweisungen \ISOToday und \IsoToday liefern direkt das aktuelle Datum in ISO-Schreibweise. Sie unterscheiden sich lediglich darin, dass \ISOToday Monat und Tag immer zweistellig ausgibt, während \IsoToday Monat und Tag bei Werten kleiner

10 einstellig ausgibt. Die Anweisung \todaysname bietet direkt den aktuellen Wochentag, während \todaysnumber den Wert des aktuellen Wochentags liefert. Näheres zur Verwendung dieses Wertes ist den obigen Erklärungen zu den Anweisungen \DayNumber und \ISODayNumber zu entnehmen.

Beispiel: Ich will Ihnen zeigen, an was für einem Wochentag dieses Dokument gesetzt wurde. Dazu schreibe ich:

```
Dieses Dokument entstand an einem \todaysname.
```

Das Ergebnis lautet:

Dieses Dokument entstand an einem Freitag.

Tipp! Wenn Sie den Namen des Tages in Kleinbuchstaben benötigen, weil das in der entsprechenden Sprache innerhalb des Satzes so üblich ist, können Sie das erreichen, obwohl die Namen der Wochentage in scrdate alle groß geschrieben sind. Greifen Sie mit

```
\MakeLowercase{\todaysname}
```

\MakeLowercase

einfach auf die LaTeX-Anweisung \MakeLowercase zurück. Diese wandelt ihr Argument komplett in Kleinbuchstaben. Natürlich funktioniert dieser Tipp auch für obige Anweisungen \DayNameByNumber, \DayName und \ISODayName.

\nameday{*Name*}

So wie mit \date die Ausgabe von \today direkt geändert werden kann, setzt \nameday die Ausgabe von \todaysname auf den Wert *Name*.

Beispiel: Sie setzen mit \date das aktuelle Datum auf einen festen Wert. Für die Ausgabe des zugehörigen Wochentags interessiert es nur, dass dieser Tag ein Werktag war. Daher schreiben Sie

```
\nameday{Werktag}
```

und erhalten so mit dem Satz aus dem vorherigen Beispiel zu \todaysname:

Dieses Dokument entstand an einem Werktag.

Für \ISOToday und \IsoToday existieren keine entsprechenden Anweisungen.

\newdaylanguage{*Sprache*}
{*Montag*}{*Dienstag*}{*Mittwoch*}{*Donnerstag*}
{*Freitag*}{*Samstag*}{*Sonntag*}

Das scrdate-Paket beherrscht derzeit die folgenden Sprachen:

- Dänisch (danish),
- Deutsch (austrian, german, naustrian, ngerman, nswissgerman, swissgerman),
- Englisch (american, australian, british, canadian, english, UKenglish, USenglish),
- Finnisch (finnish),
- Französisch (acadian, canadien, francais, french),
- Italienisch (italian),
- Kroatisch (croatian),
- Niederländisch (dutch),
- Norwegisch (norsk),
- Polnisch (polish),
- Schwedisch (swedish),
- Slowakisch (slovak),
- Spanisch (spanish),
- Tschechisch (czech).

Es kann aber auch für andere Sprachen konfiguriert werden. Dazu gibt man als erstes Argument von \newdaylanguage den Namen der Sprache an und als weitere Parameter die Namen der entsprechenden Wochentage.

Bei der aktuellen Version ist es auch egal, ob scrdate vor oder nach ngerman, babel oder ähnlichen Paketen geladen wird, in jedem Falle wird die korrekte Sprache gewählt, vorausgesetzt diese wird unterstützt.

Etwas genauer ausgedrückt: Solange die Sprachauswahl in einer zu babel kompatiblen Form erfolgt und die Sprache scrdate bekannt ist, wird die Sprache korrekt gewählt. Ist dies nicht der Fall, werden (US-)englische Ausdrücke verwendet.

Natürlich ist es sinnvoll Definitionen für bisher nicht unterstützte Sprachen an den KOMA-Script-Autor zu melden. In diesem Fall stehen die Chancen gut, dass künftige KOMA-Script-Versionen die Sprache ebenfalls unterstützen werden.

7. Die aktuelle Zeit mit scrtime

Mit Hilfe dieses Pakets kann die Frage nach der aktuellen Zeit beantwortet werden. Seit Version 3.05 unterstützt das Paket auch die von den KOMA-Script-Klassen und diversen anderen KOMA-Script-Paketen bekannten Möglichkeiten zur Angabe von Optionen. Siehe dazu beispielsweise Abschnitt 2.4.

```
\thistime[Trennung]
\thistime*[Trennung]
```

`\thistime` liefert die aktuelle Zeit in Stunden und Minuten. In der Ausgabe wird zwischen den Stunden und Minuten das optionale Argument *Trennung* gesetzt. Voreingestellt ist das Zeichen »`:`«.

`\thistime*` funktioniert fast genau wie `\thistime`. Der einzige Unterschied besteht darin, dass im Gegensatz zu `\thistime` bei `\thistime*` die Minutenangaben bei Werten kleiner 10 nicht durch eine vorangestellte Null auf zwei Stellen erweitert wird.

Beispiel: Die Zeile

```
Ihr Zug geht um \thistime\ Uhr.
```

liefert als Ergebnis beispielsweise eine Zeile wie

> Ihr Zug geht um 13:05 Uhr.

oder

> Ihr Zug geht um 23:09 Uhr.

Demgegenüber liefert die Zeile

```
Beim nächsten Ton ist es \thistime*[\ Uhr,\ ]
Minuten und 42 Sekunden.
```

als mögliches Ergebnis etwas wie:

> Beim nächsten Ton ist es 8 Uhr, 41 Minuten und 42 Sekunden.

oder

Beim nächsten Ton ist es 23 Uhr, 9 Minuten
und 42 Sekunden.

`\settime{`*`Wert`*`}`

`\settime` setzt die Ausgabe von `\thistime` und `\thistime*` auf einen festen *`Wert`*. Anschließend wird das optionale Argument von `\thistime` bzw. `\thistime*` ignoriert, da ja die komplette Zeichenkette, die `\thistime` bzw. `\thistime*` nun liefert, hiermit explizit festgelegt wurde.

`12h=`*`Ein-Aus-Wert`*

Mit der Option 12h kann gewählt werden, ob die Zeit bei `\thistime` und `\thistime*` im 12-Stunden- oder 24-Stunden-Format ausgegeben werden soll. Als *`Ein-Aus-Wert`* kann dabei einer der Standardwerte für einfache Schalter aus Tabelle 2.5, Seite 46 verwendet werden. Wird die Option ohne Wert-Angabe verwendet, so wird der Wert `true` angenommen, also auf das 12-Stunden-Format geschaltet. Voreingestellt ist hingegen das 24-Stunden-Format.

Die Option kann wahlweise als Klassenoption bei `\documentclass`, als Paketoption bei `\usepackage` oder auch nach dem Laden von scrtime per `\KOMAoptions` oder `\KOMAoption` (siehe beispielsweise Abschnitt 2.4, Seite 36) gesetzt werden. Sie verliert jedoch bei einem Aufruf von `\settime` ihre Gültigkeit. Die Uhrzeit wird nach Verwendung dieser Anweisung nur noch mit dem dort angegebenen Wert im dort verwendeten Format ausgegeben.

Achtung! Rein aus Gründen der Kompatibilität zu früheren Versionen von scrtime wird bei `\documentclass` und `\usepackage` auch noch die Option 24h zur Umschaltung auf das 24-Stunden-Format unterstützt. Deren Verwendung wird jedoch nicht mehr empfohlen.

8. Adressdateien mit scraddr erschließen

8.1. Überblick

Das Paket scraddr ist eine kleine Beigabe zur Briefklasse von KOMA-Script. Ziel ist, die Benutzung von Adressdateien zu vereinfachen und ihre Anwendung flexibler zu gestalten. Im Grunde stellt das Paket nur einen Lademechanismus für Adressdateien bereit, die aus `\adrentry`- und neueren `\addrentry`-Einträgen bestehen, wie sie in Kapitel 4 ab Seite 256 beschrieben sind.

```
\InputAddressFile{Dateiname}
```

Der Befehl `\InputAddressFile` ist der zentrale Ladebefehl von scraddr. Er erwartet als obligatorisches Argument den Namen der einzulesenden Adressdatei. Wird diese Datei nicht gefunden, wird ein Fehler ausgegeben.

Für jeden Eintrag dieser Adressdatei wird eine Reihe von Makros generiert, die es ermöglichen, auf die Daten der Adressdatei zuzugreifen. Es soll an dieser Stelle nicht verschwiegen werden, dass dies bei großen Adressdateien sehr viel TeX-Speicher kostet.

```
\adrentry{Name}{Vorname}{Adresse}{Tel.}{F1}{F2}{Kommentar}
        {Kürzel}
\addrentry{Name}{Vorname}{Adresse}{Tel.}{F1}{F2}{F3}{F4}
         {Kürzel}
\adrchar{Anfangsbuchstaben}
\addrchar{Anfangsbuchstaben}
```

Der Aufbau der Adresseinträge in der Adressdatei wurde in Abschnitt 4.22 ab Seite 256 ausführlich besprochen. Die ebenfalls dort erwähnte Unterteilung der Adressdatei mit Hilfe von `\adrchar` oder `\addrchar` hat für scraddr keine Bedeutung und wird vom Paket ignoriert.

Die Zugriffsbefehle sind mit englischen, den Argumenten entsprechenden Bezeichnungen versehen.

```
\Name{Kürzel}
\FirstName{Kürzel}
\LastName{Kürzel}
\Address{Kürzel}
\Telephone{Kürzel}
\FreeI{Kürzel}
\FreeII{Kürzel}
\Comment{Kürzel}
\FreeIII{Kürzel}
\FreeIV{Kürzel}
```

Der Zugriff erfolgt anhand des Kürzels im letzten Argument eines Eintrags, das heißt Argument Nummer 8 für `\adrentry`-Einträge beziehungsweise Argument Nummer 9 für `\addrentry`-Einträge. Das bedeutet auch, dass dieses Argument nicht leer sein darf. Um eine sichere Funktionsweise zu garantieren, empfiehlt es sich, das Kürzel nur als Folge von Buchstaben aufzubauen, wobei jedoch keine Umlaute benutzt werden dürfen.

Weiterhin ist zu beachten, dass bei mehrmaligem Auftreten eines Kürzels in den Einträgen die Angaben beim letzten Auftreten die gültigen sind.

8.2. Benutzung

Um das Paket benutzen zu können, ist eine gültige Adressdatei zu erstellen. Diese, hier `lotr.adr` genannt, könnte beispielsweise folgendermaßen aussehen:

```
\addrentry{Beutlin}{Frodo}%
          {Der Bühl\\ Beutelsend/Hobbingen im Auenland}{}%
          {Bilbo Beutlin}{Rauchen von Pfeifenkraut}%
          {der Ringträger}{Bilbos Erbe}{FRODO}
\adrentry{Gamdschie}{Samweis}%
         {Beutelhaldenweg 3\\Hobbingen im Auenland}{}%
         {Rosie Kattun}{Knullen}%
         {des Ringträgers treuester Gefährte}{SAM}
\adrentry{Bombadil}{Tom}%
         {Im Alten Wald}{}%
         {Goldbeere}{trällern von Nonsensliedern}%
         {Meister von Wald, Wasser und Berg}{TOM}
```

Das vierte Argument, die Telefonnummer, wurde hier leer gelassen. Erstens hat es in dem Zusammenhang keinen Sinn und zweitens sollte dies ja auch möglich sein.

Mit dem oben beschriebenen Ladebefehl lesen wir die Adressdatei in unser Briefdokument ein:

```
\InputAddressFile{lotr}
```

Mit Hilfe der vorgestellten Makros können wir dann einen Brief an den alten TOM BOMBADIL schreiben, in dem wir ihn fragen, ob er sich noch an zwei Gefährten aus alter Zeit erinnern kann.

```
\begin{letter}{\Name{TOM}\\\Address{TOM}}
  \opening{Lieber \FirstName{TOM} \LastName{TOM},}

  oder \FreeIII{TOM}, wie Dich Deine geliebte \FreeI{TOM}
  nennt. Kannst Du Dich noch an einen Herrn
  \LastName{FRODO}, genauer gesagt \Name{FRODO}, denn es gab
  ja auch noch den Herrn \FreeI{FRODO}, erinnern. Er war
  \Comment{FRODO} im dritten Zeitalter und \FreeIV{FRODO}.
  Begleitet wurde er von \Name{SAM}, \Comment{SAM}.

  Beider Vorlieben waren sehr weltlich. Der
  \FirstName{FRODO} genoss das \FreeII{FRODO}, sein Gefährte
  schätzte eine gute Mahlzeit mit \FreeII{SAM}.

  Weißt du noch? Mithrandir hat Dir bestimmt viel von ihnen
  erzählt.
  \closing{"‘O Frühling und Sommerzeit
               und danach wieder Frühling!\\
             O Wind auf dem Wasserfall
               und Lachen des Laubes!"’}
\end{letter}
```

Die in diesem Beispiel in `\opening` verwendete Zusammensetzung aus `\FirstName{`*Kürzel*`}` und `\LastName{`*Kürzel*`}` kann auch direkt mittels `\Name{`*Kürzel*`}` erhalten werden.

Das fünfte und sechste Argument von `\adrentry` und `\addrentry` steht zur freien Verfügung. Mit den Makros `\FreeI` und `\FreeII` kann auf diese Inhalte zugegriffen werden. Im vorliegenden Fall wurde das fünfte Argument für die Person benutzt, die der Person des Eintrags am nächsten steht. Das sechste Argument enthält im Beispiel die besondere Vorliebe der jeweiligen Person. Das siebente Argument ist ebenfalls ein freier Eintrag. Der Zugriff erfolgt per `\Comment` oder `\FreeIII`. Der Zugriff auf das vierte freie Argument mittels `\FreeIV` ist nur für `\addrentry`-Einträge gültig. Bei `\adrentry`-Einträgen ist seine Verwendung nicht zulässig. Näheres hierzu findet sich im nächsten Abschnitt.

8.3. Paketoptionen für Warnungen

Wie im vorherigen Abschnitt erwähnt, ist die Benutzung des Zugriffsbefehls `\FreeIV` bei `\adrentry`-Einträgen nicht zulässig. Wie scraddr darauf reagiert, ist allerdings durch Paketoptionen konfigurierbar.

Achtung! Bitte beachten Sie, dass dieses Paket die erweiterte Optionenschnittstelle mit `\KOMAoptions` und `\KOMAoption` nicht unterstützt. Die Optionen sind also entweder als globale Optionen bei `\documentclass` oder als lokale Optionen bei `\usepackage` anzugeben.

```
adrFreeIVempty
adrFreeIVshow
adrFreeIVwarn
adrFreeIVstop
```

Diese vier Optionen erlauben die Auswahl aus vier verschiedenen Reaktionen zwischen *Ignorieren* bis *Abbruch* falls bei einem `\adrentry`-Eintrag der Zugriffsbefehl `\FreeIV` verwendet wird:

`adrFreeIVempty` – Der Befehl `\FreeIV` wird einfach ignoriert.

`adrFreeIVshow` – Es wird die Warnung: »(entry FreeIV undefined at *Kürzel*)«, in den Text geschrieben.

`adrFreeIVwarn` – In der Log-Datei erscheint eine Warnung.

`adrFreeIVstop` – Der LaTeX-Lauf wird mit einer Fehlermeldung unterbrochen.

Wird für das Paket keine Option angegeben, so ist `adrFreeIVshow` voreingestellt.

9.

Adressdateien aus Adressdatenbanken

In früheren Versionen von KOMA-Script war das Paket addrconv ein fester Bestandteil des KOMA-Script-Systems. Die hauptsächliche Verflechtung mit KOMA-Script bestand darin, dass mit Hilfe dieses Paketes aus Adressdatenbanken im BibTeX-Format Adressdateien für die KOMA-Script-Briefklasse oder für das scraddr-Paket erstellt werden konnten.

```
@address{HMUS,
    name =      {Hans Mustermann},
    title =     {Mag. art.},
    city =      {Heimstatt},
    zip =       01234,
    country =   {Germany},
    street =    {Mauerstra{\ss}e 1},
    phone =     {01234 / 5 67 89},
    note =      {Alles nur Erfindung},
    key =       {HMUS},
}
```

Aus Einträgen wie dem oben stehenden können mit Hilfe von BibTeX und verschiedenen BibTeX-Stilen die Adressdateien erstellt werden. Weiterhin gibt es spezielle LaTeX-Dateien, die es ermöglichen, aus den Adressdateien Telefon- und Adressverzeichnisse zu erstellen.

Das Paket addrconv war aber eigentlich ein eigenständiger Teil, der auch noch über die Belange von KOMA-Script hinaus Möglichkeiten bietet. Deshalb ist addrconv bereits seit einiger Zeit nicht mehr in KOMA-Script enthalten. Das Paket adrconv, nur ein »d«, ersetzt addrconv vollständig. Es muss, falls nicht bereits in Ihrer TeX-Distribution enthalten, von [Kie10] separat bezogen und installiert werden.

10. Grundlegende Fähigkeiten der KOMA-Script-Klassen mit Hilfe des Pakets scrextend anderen Klassen erschließen

Es gibt einige Möglichkeiten, die allen KOMA-Script-Klassen gemeinsam sind. Dies betrifft in der Regel nicht nur die Klassen scrbook, scrreprt und scrartcl, die als Ersatz für die Standardklassen book, report und article für Bücher, Berichte und Artikel gedacht sind, sondern in weiten Teilen auch die KOMA-Script-Klasse scrlttr2, die als Nachfolger von scrlettr für Briefe gedacht ist. Diese grundlegenden Möglichkeiten, die in den genannten Klassen zu finden sind, werden von KOMA-Script ab Version 3.00 auch von dem Paket scrextend bereitgestellt. Dieses Paket kann nicht mit KOMA-Script-Klassen, wohl aber mit vielen anderen Klassen verwendet werden. Der Versuch, das Paket mit einer KOMA-Script-Klasse zu laden, wird von scrextend erkannt und mit einer Warnung abgelehnt.

Neben den in diesem Kapitel beschriebenen Möglichkeiten gibt es einige weitere Möglichkeiten, die jedoch hauptsächlich für Klassen- und Paketautoren gedacht sind. Diese sind in Kapitel 12, ab Seite 361 zu finden. Das dort dokumentierte Paket scrbase wird von allen KOMA-Script-Klassen und dem Paket scrextend verwendet. scrbase

Auch das Paket scrlfile aus Kapitel 13 ab Seite 389 wird von allen KOMA-Script-Klassen und dem Paket scrextend geladen. Daher stehen auch dessen Möglichkeiten bei Verwendung von scrextend zur Verfügung. scrlfile

Im Unterschied dazu wird das ebenfalls für Klassen- und Paketautoren gedachte Paket tocbasic (siehe Kapitel 15 ab Seite 409) nur von den Klassen scrbook, scrreprt und scrartcl geladen, so dass die dort definierten Möglichkeiten auch nur in diesen Klassen und nicht in scrextend zu finden sind. Natürlich kann tocbasic aber auch zusammen mit scrextend verwendet werden.

10.1. Frühe oder späte Optionenwahl

In diesem Abschnitt wird eine Besonderheit von KOMA-Script vorgestellt, die neben den Klassen und scrextend auch einige andere KOMA-Script-Pakete betrifft. Damit die Anwender alle Informationen zu einem Paket oder einer Klasse im jeweiligen Kapitel finden, ist dieser Abschnitt nahezu gleichlautend in mehreren Kapiteln zu finden. Anwender, die nicht nur an der Anleitung zu einem Paket oder einer Klasse interessiert sind, sondern sich einen Gesamtüberblick über KOMA-Script verschaffen wollen, brauchen diesen Abschnitt nur in einem der Kapitel zu lesen und können ihn beim weiteren Studium der Anleitung dann überspringen.

```
\documentclass[Optionenliste]{KOMA-Script-Klasse}
\usepackage[Optionenliste]{Paket-Liste}
```

Bei LaTeX ist vorgesehen, dass Anwender Klassenoptionen in Form einer durch Komma getrennten Liste einfacher Schlüsselwörter als optionales Argument von `\documentclass` angeben. Außer an die Klasse werden diese Optionen auch an alle Pakete weitergereicht, die diese Optionen verstehen. Ebenso ist vorgesehen, dass Anwender Paketoptionen in Form einer durch Komma getrennten Liste einfacher Schlüsselwörter als optionales Argument von `\usepackage` angeben. KOMA-Script erweitert den Mechanismus der Optionen für die KOMA-Script-Klassen und einige Pakete um weitere Möglichkeiten. So haben die meisten Optionen bei KOMA-Script zusätzlich einen Wert. Eine Option hat also nicht unbedingt nur die Form *Option*, sondern kann auch die Form *Option*=*Wert* haben. Bis auf diesen Unterschied arbeiten `\documentclass` und `\usepackage` bei KOMA-Script wie in [Tea05b] oder jeder LaTeX-Einführung, beispielsweise [DGS+12], beschrieben.

Gegenüber der nachfolgend vorgestellten Schnittstelle zu Einstellungen von Optionen haben `\documentclass` und `\usepackage` einen Nachteil, der unbedingt zu beachten ist: Anweisungen, Längen, Zähler und ähnliches können darin leicht zerbrechen. So führt die Verwendung einer LaTeX-Länge im Wert einer Option bei diesen Anweisungen zu einer Fehlermeldung, noch bevor der Wert an KOMA-Script übergeben wird, es also die Kontrolle darüber übernehmen könnte. Wertzuweisungen mit LaTeX-Längen oder LaTeX-Zählern sollten daher nie per `\documentclass` oder `\usepackage`, sondern immer mit den nachfolgend dokumentierten Anweisungen `\KOMAoptions` oder `\KOMAoption` vorgenommen werden.

Achtung!

```
\KOMAoptions{Optionenliste}
\KOMAoption{Option}{Werteliste}
```

KOMA-Script bietet bei den meisten Klassen- und Paketoptionen auch die Möglichkeit, den Wert der Optionen noch nach dem Laden der Klasse beziehungsweise des Pakets zu ändern. Man kann dann wahlweise mit der Anweisung `\KOMAoptions` die Werte einer Reihe von Optionen ändern. Jede Option der *`Optionenliste`* hat dabei die Form *`Option`*`=`*`Wert`*.

Einige Optionen besitzen auch einen Säumniswert (engl. *default value*). Versäumt man die Angabe eines Wertes, verwendet man die Option also einfach in der Form *`Option`*, so wird automatisch dieser Säumniswert angenommen.

Manche Optionen können gleichzeitig mehrere Werte besitzen. Für solche Optionen besteht die Möglichkeit, mit `\KOMAoption` der einen *`Option`* nacheinander eine Reihe von Werten zuzuweisen. Die einzelnen Werte sind dabei in der *`Werteliste`* durch Komma voneinander getrennt.

Soll ein *`Wert`* ein Gleichheitszeichen oder ein Komma enthalten, so ist der *`Wert`* in geschweifte Klammern zu setzen. *Achtung!*

KOMA-Script bedient sich für die Realisierung dieser Möglichkeit der Anweisungen `\FamilyOptions` und `\FamilyOption` mit der Familie »KOMA«. Siehe dazu Teil II, Abschnitt 12.2, Seite 367.

10.2. Kompatibilität zu früheren Versionen von KOMA-Script

Wer seine Dokumente im Quellcode archiviert, legt in der Regel allergrößten Wert darauf, dass bei zukünftigen LaTeX-Läufen immer wieder exakt dasselbe Ergebnis erzielt wird. In einigen Fällen ist es aber so, dass Verbesserungen und Korrekturen an der Klasse zu Änderungen im Verhalten, inbesondere beim Umbruch, führen.

```
version=Wert
version=first
version=last
```

Bei scrextend besteht die Wahl, ob eine Quelldatei soweit irgend möglich auch zukünftig bei einem LaTeX-Lauf zu exakt demselben Ergebnis führen soll oder ob jeweils entsprechend der Anpassungen der neusten Version zu setzen ist. Zu welcher Version Kompatibilität herzustellen ist, wird dabei über die Option `version` festgelegt. Kompatibilität zur ältesten unterstützten KOMA-Script-Version kann version=first mit version=first oder version=2.9 oder version=2.9t erreicht werden. Bei Angabe einer unbekannten Version als *Wert* wird eine Warnung ausgegeben und sicherheitshalber version=first angenommen.

Mit version=last kann die jeweils neuste Version ausgewählt werden. In diesem Fall wird also auf zukünftige Kompatibilität verzichtet. Wird die Option ohne Wertangabe verwendet, so wird ebenfalls last angenommen. Dies entspricht auch der Voreinstellung, solange keine obsolete Option verwendet wird.

Achtung! Bei der Verwendung einer obsoleten Option von KOMA-Script 2 setzt KOMA-Script 3 automatisch version=first. In der dabei ausgegebenen Warnung wird erklärt, wie man diese Kompatibilitätsumschaltung verhindern kann. Alternativ kann man auch nach der obsoleten Option selbst eine abweichende Einstellung für Option version wählen.

Die Frage der Kompatibilität betrifft in erster Linie Fragen des Umbruchs. Neue Möglichkeiten, die sich nicht auf den Umbruch auswirken, sind auch dann verfügbar, wenn man per Option die Kompatibilität zu einer älteren Version ausgewählt hat. Die Option hat keine Auswirkungen auf Umbruchänderungen, die bei Verwendung einer neueren Version durch Beseitigung eindeutiger Fehler entstehen. *Tipp!* Wer auch im Fehlerfall unbedingte Umbruchkompatibilität benötigt, sollte stattdessen mit dem Dokument auch die verwendete KOMA-Script-Version archivieren.

Achtung! Es ist zu beachten, dass die Option version nach dem Laden des Pakets scrextend nicht mehr verändert werden kann. Das Setzen mit \KOMAoptions oder \KOMAoption ist für diese Option daher nicht vorgesehen.

10.3. Optionale, erweiterte Möglichkeiten

Das Paket scrextend kennt optional verfügbare, erweiterte Möglichkeiten. Das sind Möglichkeiten, die in der Grundeinstellung nicht vorhanden sind, aber zusätzlich ausgewählt werden können. Diese Möglichkeiten sind beispielsweise deshalb optional, weil sie in Konflikt mit den Möglichkeiten der Standardklassen oder häufig benutzter Pakete stehen.

extendedfeature=*Möglichkeit*

Mit dieser Option kann eine optionale Möglichkeit von scrextend ausgewählt werden. Diese Option steht nur während des Ladens von scrextend zur Verfügung. Anwender geben diese Option daher als optionales Argument von `\usepackage{scrextend}` an.

Die derzeit einzige optionale Möglichkeit ist `title`. Damit werden die Titelseiten auf die Möglichkeiten der KOMA-Script-Klassen erweitert, wie sie in Abschnitt 10.7 ab Seite 314 beschrieben sind. `extendedfeature=title`

10.4. Entwurfsmodus

Viele Klassen und viele Pakete kennen neben dem normalen Satzmodus auch einen Entwurfsmodus. Die Unterschiede zwischen diesen beiden sind so vielfältig wie die Klassen und Pakete, die diese Unterscheidung anbieten.

`draft=`*`Ein-Aus-Wert`*

Mit dieser Option wird zwischen Dokumenten im Entwurfsstadium und fertigen Dokumenten unterschieden. Als *`Ein-Aus-Wert`* kann einer der Standardwerte für einfache Schalter aus Tabelle 2.5, Seite 46 verwendet werden. Bei Aktivierung der Option werden im Falle überlanger Zeilen am Zeilenende kleine, schwarze Kästchen ausgegeben. Diese Kästchen erleichtern dem ungeübten Auge, Absätze ausfindig zu machen, die manueller Nachbearbeitung bedürfen. Demgegenüber erscheinen in der Standardeinstellung `draft=false` keine solchen Kästchen. Solche Zeilen verschwinden übrigens häufig durch Verwendung des Pakets microtype [Sch13]. `draft=true` microtype

10.5. Wahl der Schriftgröße für das Dokument

Die Grundschrift und deren Größe sind zentrale Elemente der Gestaltung eines Dokuments. Wie in Kapitel 2 ausgeführt wurde, hängt die Aufteilung zwischen Satzspiegel und Rändern wesentlich davon ab. Die Grundschrift ist dabei die Schrift, die für die Masse des Textes eines Dokuments verwendet wird. Alle davon abweichenden Einstellungen, sei es in der Form, der Dicke, der Neigung oder der Größe, stehen in einer Beziehung zur Grundschrift.

`fontsize=`*`Größe`*

Während von den Standardklassen und den meisten anderen Klassen nur eine sehr beschränkte Anzahl an Schriftgrößen unterstützt wird, bietet KOMA-Script die Möglichkeit, jede beliebige *`Größe`* für die Grundschrift anzugeben. Dabei kann als Einheit für die *`Größe`* auch jede bekannte TeX-Einheit verwendet werden. Wird die *`Größe`* ohne

Einheit angegeben, so wird `pt` als Einheit angenommen. Das genaue Verfahren, nach dem die Schriftgröße dann eingestellt wird, ist für Experten und interessierte Anwender in Abschnitt 21.1, Seite 514 dokumentiert.

Wird die Option innerhalb des Dokuments gesetzt, so werden ab diesem Punkt die Grundschriftgröße und alle davon abhängigen Größen geändert. Das kann beispielsweise dann nützlich sein, wenn der Anhang insgesamt in einer kleineren Schriftgröße gesetzt werden soll. Es wird darauf hingewiesen, dass bei Verwendung nach dem Laden der Klasse die Aufteilung zwischen Satzspiegel und Rändern nicht automatisch neu berechnet wird (siehe `\recalctypearea`, Abschnitt 2.6, Seite 45). Wird diese Neuberechnung jedoch vorgenommen, so erfolgt sie auf Basis der jeweils gültigen Grundschriftgröße. Die Auswirkungen des Wechsels der Grundschriftgröße auf zusätzlich geladene Pakete oder die verwendete Klasse sind von diesen Paketen und der Klasse abhängig. Es können also Fehler auftreten, die nicht als Fehler von KOMA-Script angesehen werden.

Achtung! Diese Option sollte keinesfalls als Ersatz für `\fontsize` (siehe [Tea05a]) missverstanden werden. Sie sollte auch nicht an Stelle einer der von der Grundschrift abhängigen Schriftgrößenanweisungen, `\tiny` bis `\Huge`, verwendet werden!

10.6. Textauszeichnungen

LaTeX verfügt über eine ganze Reihe von Anweisungen zur Textauszeichnung. Neben der Wahl der Schriftart gehören dazu auch Befehle zur Wahl einer Textgröße oder der Textausrichtung. Näheres zu den normalerweise definierten Möglichkeiten ist [DGS+12], [Tea05b] und [Tea05a] zu entnehmen.

```
\textsuperscript{Text}
\textsubscript{Text}
```

Im LaTeX-Kern ist bereits die Anweisung `\textsuperscript` definiert, mit der *Text* höher gestellt werden kann. Leider bietet LaTeX selbst keine entsprechende Anweisung, um Text tief statt hoch zu stellen. KOMA-Script definiert dafür `\textsubscript`. Ein Anwendungsbeispiel finden Sie in Abschnitt 3.6, Seite 69.

```
\setkomafont{Element}{Befehle}
\addtokomafont{Element}{Befehle}
\usekomafont{Element}
```

Mit Hilfe der Anweisungen `\setkomafont` und `\addtokomafont` ist es möglich, die *Befehle* festzulegen, mit denen die Schrift eines bestimmten *Elements* umgeschaltet wird. Theoretisch könnten als *Befehle* alle möglichen Anweisungen einschließlich Textausgaben verwendet werden. Sie sollten sich jedoch unbedingt auf solche Anweisungen beschränken, mit denen wirklich nur ein Schriftattribut umgeschaltet wird. In der Regel werden dies Befehle wie \normalfont, \rmfamily, \sffamily, \ttfamily, \mdseries, \bfseries, \upshape, \itshape, \slshape, \scshape oder einer der Befehle \Huge, \huge, \LARGE, \Large, \large, \normalsize, \small, \footnotesize, \scriptsize und \tiny sein. Die Erklärung zu diesen Befehlen entnehmen Sie bitte [DGS+12], [Tea05b] oder [Tea05a]. Auch Farbumschaltungen wie \normalcolor sind möglich (siehe [Car05] und [Ker07]). Die Verwendung anderer Anweisungen, inbesondere solcher, die Umdefinierungen vornehmen oder zu Ausgaben führen, ist nicht vorgesehen. Seltsames Verhalten ist in diesen Fällen möglich und stellt keinen Fehler dar. *Achtung!*

Mit \setkomafont wird die Schriftumschaltung eines Elements mit einer völlig neuen Definition versehen. Demgegenüber wird mit \addtokomafont die existierende Definition lediglich erweitert. Es wird empfohlen, beide Anweisungen nicht innerhalb des Dokuments, sondern nur in der Dokumentpräambel zu verwenden. Beispiele für die Verwendung entnehmen Sie bitte den Abschnitten zu den jeweiligen Elementen. Namen und Bedeutung der einzelnen Elemente sind in Tabelle 3.2, Seite 71 aufgelistet. Allerdings werden davon in scrextend nur die Elemente für den Dokumenttitel, den schlauen Spruch, die Fußnoten und die labeling-Umgebung behandelt. Das Element disposition ist zwar auch verfügbar, wird jedoch von scrextend ebenfalls nur für den Dokumenttitel verwendet. Die Voreinstellungen sind den jeweiligen Abschnitten zu entnehmen.

Mit der Anweisung \usekomafont kann die aktuelle Schriftart auf diejenige umgeschaltet werden, die für das angegebene *Element* definiert ist.

Beispiel: Angenommen, Sie wollen, dass der Titel in Serifenschrift und rot gesetzt wird. Das erreichen Sie einfach mit:

```
\setkomafont{title}{%
  \color{red}%
}
```

Für die Anweisung \color{red} wird das Paket color oder xcolor benötigt. Die zusätzliche Angabe von \normalfont ist in diesem Beispiel deshalb nicht notwendig, weil diese Anweisung bereits in der Definition des Titels enthalten ist. Das Beispiel setzt voraus, dass extendedfeature=title gesetzt ist (siehe Abschnitt 10.3, Seite 310). *Achtung!*

```
\usefontofkomafont{Element}
\useencodingofkomafont{Element}
\usesizeofkomafont{Element}
\usefamilyofkomafont{Element}
\useseriesofkomafont{Element}
\useshapeofkomafont{Element}
```

Manchmal werden in der Schrifteinstellung eines Elements auch Dinge vorgenommen, die mit der Schrift eigentlich gar nichts zu tun haben, obwohl dies ausdrücklich nicht empfohlen wird. Soll dann nur die Schrifteinstellung aber keine dieser zusätzlichen Einstellungen ausgeführt werden, so kann statt `\usekomafont` die Anweisung `\usefontofkomafont` verwendet werden. Diese Anweisung übernimmt nur die Schriftgröße und den Grundlinienabstand, die Codierung (engl. *encoding*), die Familie (engl. *family*), die Strichstärke oder Ausprägung (engl. *font series*) und die Form oder Ausrichtung (engl. *font shape*).

Mit den übrigen Anweisungen können auch einzelne Schriftattribute übernommen werden. Dabei übernimmt `\usesizeofkomafont` sowohl die Schriftgröße als auch den Grundlinienabstand.

10.7. Dokumenttitel

Bei Dokumenten wird zwischen zwei Arten von Titeln unterschieden. Zum einen gibt es die Titelseiten. Hierbei steht der Dokumenttitel zusammen mit einigen zusätzlichen Informationen wie dem Autor auf einer eigenen Seite. Neben der Haupttitelseite kann es dabei weitere Titelseiten, etwa Schmutztitel, Verlagsinformationen, Widmung oder ähnliche, geben. Zum anderen gibt es den Titelkopf. Dabei erscheint der Titel lediglich am Anfang einer neuen Seite. Unterhalb dieser Titelzeilen wird beispielsweise mit der Zusammenfassung, einem Vorwort oder dem Inhaltsverzeichnis fortgefahren.

Achtung! Die Möglichkeiten von scrextend zum Dokumenttitel gehören zu den optionalen, erweiterten Möglichkeiten und stehen daher nur zur Verfügung, wenn beim Laden des Pakets `extendedfeature=title` gewählt wurde (siehe Abschnitt 10.3, Seite 310).

```
titlepage=Ein-Aus-Wert
titlepage=firstiscover
```

Mit dieser Option wird ausgewählt, ob für die mit `\maketitle` (siehe Seite 316) gesetzte Titelei eigene Seiten verwendet werden, oder stattdessen die Titelei von `\maketitle` als Titelkopf gesetzt wird. Als *`Ein-Aus-Wert`* kann einer der Standardwerte für einfache Schalter aus Tabelle 2.5, Seite 46 verwendet werden.

Mit titlepage=true wird die Titelei in Form von Titelseiten ausgewählt. Die Anweisung \maketitle verwendet dabei titlepage-Umgebungen zum Setzen dieser Seiten, die somit normalerweise weder Seitenkopf noch Seitenfuß erhalten. Bei KOMA-Script wurde die Titelei gegenüber den Standardklassen stark erweitert.

titlepage=true

Demgegenüber wird mit titlepage=false erreicht, dass ein Titelkopf (engl.: *in-page title*) gesetzt wird. Das heißt, die Titelei wird lediglich speziell hervorgehoben, auf der Seite mit dem Titel kann aber nachfolgend weiteres Material, beispielsweise eine Zusammenfassung oder ein Abschnitt gesetzt werden.

titlepage=false

Mit der dritten Möglichkeit, titlepage=firstiscover, werden nicht nur Titelseiten aktiviert. Es wird auch dafür gesorgt, dass die erste von \maketitle ausgegebene Titelseite, also entweder der Schmutztitel oder der Haupttitel, als Umschlagseite ausgegeben wird. Jede andere Einstellung für die Option titlepage hebt diese Einstellung wieder auf. Die Ränder dieser Umschlagseite werden über \coverpagetopmargin (oberer Rand), \coverpageleftmargin (linker Rand), \coverpagerightmargin (rechter Rand) und natürlich \coverpagebottommargin (unterer Rand) bestimmt. Die Voreinstellungen sind von den Längen \topmargin und \evensidemargin abhängig und können mit \renewcommand geändert werden.

titlepage=firstiscover

\coverpagetopmargin
\coverpageleftmargin
\coverpagerightmargin
\coverpagebottommargin

Die Voreinstellung ist von der verwendeten Klasse abhängig und wird von scrextend kompatibel zu den Standardklassen erkannt. Setzt eine Klasse keine entsprechende Voreinstellung, so ist der Titelkopf voreingestellt.

```
\begin{titlepage}
  ...
\end{titlepage}
```

Grundsätzlich werden bei den Standardklassen und bei KOMA-Script alle Titelseiten in einer speziellen Umgebung, der titlepage-Umgebung, gesetzt. Diese Umgebung startet immer mit einer neuen Seite – im zweiseitigen Layout sogar mit einer neuen rechten Seite – im einspaltigen Modus. Für eine Seite wird der Seitenstil mit \thispagestyle{empty} geändert, so dass weder Seitenzahl noch Kolumnentitel ausgegeben werden. Am Ende der Umgebung wird die Seite automatisch beendet. Sollten Sie nicht das automatische Layout der Titelei, wie es das nachfolgend beschriebene \maketitle bietet, verwenden können, ist zu empfehlen, eine eigene Titelei mit Hilfe dieser Umgebung zu entwerfen.

Beispiel: Angenommen, Sie wollen eine Titelseite, auf der lediglich oben links möglichst groß und fett das Wort »Me«

steht – kein Autor, kein Datum, nichts weiter. Folgendes Dokument ermöglicht das:

```
\documentclass{book}
\usepackage[extendedfeature=title]{scrextend}
\begin{document}
  \begin{titlepage}
    \textbf{\Huge Me}
  \end{titlepage}
\end{document}
```

`\maketitle[Seitenzahl]`

Während bei den Standardklassen nur maximal eine Titelseite mit den Angaben Titel, Autor und Datum existiert, können bei KOMA-Script mit `\maketitle` bis zu sechs Titelseiten gesetzt werden. Im Gegensatz zu den Standardklassen kennt `\maketitle` bei KOMA-Script außerdem noch ein optionales nummerisches Argument. Findet es Verwendung, so wird die Nummer als Seitenzahl der ersten Titelseite benutzt. Diese Seitenzahl wird jedoch nicht ausgegeben, sondern beeinflusst lediglich die Zählung. Sie sollten hier unbedingt eine ungerade Zahl wählen, da sonst die gesamte Zählung durcheinander gerät. Meiner Auffassung nach gibt es nur zwei sinnvolle Anwendungen für das optionale Argument. Zum einen könnte man dem Schmutztitel die logische Seitenzahl −1 geben, um so die Seitenzählung erst ab der Haupttitelseite mit 1 zu beginnen. Zum anderen könnte man mit einer höheren Seitenzahl beginnen, beispielsweise 3, 5 oder 7, um so weitere Titelseiten zu berücksichtigen, die erst vom Verlag hinzugefügt werden. Wird ein Titelkopf verwendet, wird das optionale Argument ignoriert. Dafür kann der Seitenstil einer solchen Titelei durch Umdefinierung des Makros `\titlepagestyle` (siehe Abschnitt 3.12, Seite 97) verändert werden.

`\titlepagestyle`

Die folgenden Anweisungen führen nicht unmittelbar zum Setzen der Titelei. Das Setzen der Titelei erfolgt immer mit `\maketitle`. Es sei an dieser Stelle auch darauf hingewiesen, dass `\maketitle` nicht innerhalb einer `titlepage`-Umgebung zu verwenden ist. Wie in den Beispielen angegeben, sollte man nur entweder `\maketitle` oder `titlepage` verwenden.

Achtung!

Mit den nachfolgend erklärten Anweisungen werden lediglich die Inhalte der Titelei festgelegt. Sie müssen daher auch unbedingt vor `\maketitle` verwendet werden. Es ist jedoch nicht notwendig und bei Verwendung des babel-Pakets (siehe [BB13]) auch nicht empfehlenswert, diese Anweisungen in der Dokumentpräambel vor `\begin{document}` zu verwenden. Beispieldokumente finden Sie am Ende des Abschnitts.

`\extratitle{Schmutztitel}`

Früher war der Buchblock oftmals nicht durch einen Buchdeckel vor Verschmutzung geschützt. Diese Aufgabe übernahm dann die erste Seite des Buches, die meist einen Kurztitel, eben den *Schmutztitel* trug. Auch heute noch wird diese Extraseite vor dem eigentlichen Haupttitel gerne verwendet und enthält dann Verlagsangaben, Buchreihennummer und ähnliche Angaben.

Bei KOMA-Script ist es möglich, vor der eigentlichen Titelseite eine weitere Seite zu setzen. Als *Schmutztitel* kann dabei beliebiger Text – auch mehrere Absätze – gesetzt werden. Der Inhalt von *Schmutztitel* wird von KOMA-Script ohne zusätzliche Beeinflussung der Formatierung ausgegeben. Dadurch ist dessen Gestaltung völlig dem Anwender überlassen. Die Rückseite des Schmutztitels bleibt leer. Der Schmutztitel ergibt auch dann eine eigene Titelseite, wenn mit Titelköpfen gearbeitet wird. Die Ausgabe des mit `\extratitle` definierten Schmutztitels erfolgt als Bestandteil der Titelei mit `\maketitle`.

Beispiel: Kommen wir auf das Beispiel von oben zurück und gehen davon aus, dass das spartanische »Me« nur den Schmutztitel darstellt. Nach dem Schmutztitel soll noch der Haupttitel folgen. Dann kann wie folgt verfahren werden:

```
\documentclass{book}
\usepackage[extendedfeature=title]{scrextend}
\begin{document}
  \extratitle{%
    \textbf{\Huge Me}%
  }
  \title{It's me}
  \maketitle
\end{document}
```

Sie können den Schmutztitel aber auch horizontal zentriert und etwas tiefer setzen:

```
\documentclass{book}
\usepackage[extendedfeature=title]{scrextend}
\begin{document}
  \extratitle{%
    \vspace*{4\baselineskip}
    \begin{center}
      \textbf{\Huge Me}
    \end{center}%
  }
  \title{It's me}
```

```
\maketitle
\end{document}
```

Achtung! Die Anweisung \title ist beim Setzen der Titelei mit Hilfe von \maketitle grundsätzlich notwendig, damit die Beispiele fehlerfrei sind. Sie wird nachfolgend erklärt.

```
\titlehead{Kopf}
\subject{Typisierung}
\title{Titel}
\subtitle{Untertitel}
\author{Autor}
\date{Datum}
\publishers{Verlag}
\and
\thanks{Fußnote}
```

Für den Inhalt der Haupttitelseite stehen sieben Elemente zur Verfügung. Die Ausgabe der Haupttitelseite erfolgt als Bestandteil der Titelei mit \maketitle, während die hier aufgeführten Anweisungen lediglich der Definition der entsprechenden Elemente dienen.

\titlehead titlehead Der *Kopf* des Haupttitels wird mit der Anweisung \titlehead definiert. Er wird über die gesamte Textbreite in normalem Blocksatz am Anfang der Seite ausgegeben. Er kann vom Anwender frei gestaltet werden. Seine Schrift wird über das Element titlehead mit Hilfe der Anweisungen \setkomafont und \addtokomafont (siehe Abschnitt 10.6, Seite 312) gesteuert. Die Voreinstellung ist Tabelle 3.3, Seite 80 zu entnehmen.

\subject subject Die *Typisierung* wird unmittelbar über dem *Titel* ausgegeben. Dabei findet die Schriftumschaltung für das Element subject Anwendung. Die Voreinstellung, die in Tabelle 3.3, Seite 80 zu finden ist, kann mit Hilfe der Anweisungen \setkomafont und \addtokomafont (siehe Abschnitt 10.6, Seite 312) verändert werden.

\title title Der *Titel* wird in einer sehr großen Schrift ausgegeben. Dabei findet auch die Schriftumschaltung für das Element title Anwendung. Voreingestellt ist die gleiche Schrift, die für das Element disposition verwendet wird (siehe Tabelle 3.2, Seite 71). Die Voreinstellungen können mit Hilfe der Anweisungen \setkomafont und \addtokomafont (siehe Abschnitt 10.6, Seite 312) verändert werden. *Achtung!* Die Größe ist jedoch davon unabhängig (siehe Tabelle 3.4, Seite 81).

\subtitle subtitle Der *Untertitel* wird in der über das Element subtitle eingestellten Schrift knapp unter dem Titel ausgegeben. Die Voreinstellung, die Tabelle 3.3, Seite 80 zu entnehmen ist, kann mit Hilfe der Anweisungen `\setkomafont` und `\addtokomafont` (siehe Abschnitt 10.6, Seite 312) verändert werden.

Unter dem *`Untertitel`* folgt der *`Autor`*. Es kann auch durchaus mehr als ein Autor innerhalb des Arguments von `\author` angegeben werden. Die Autoren sind dann mit `\and` voneinander zu trennen. Auch für die Autoren kann die Schrift über das gleichnamige Element `author`, dessen Voreinstellung Tabelle 3.3, Seite 80 zu entnehmen ist, mit Hilfe der Anweisungen `\setkomafont` und `\addtokomafont` (siehe Abschnitt 10.6, Seite 312) verändert werden. `\author` `author`

Unter dem Autor oder den Autoren folgt das Datum. Dabei ist das aktuelle Datum, `\today`, voreingestellt. Es kann jedoch mit `\date` eine beliebige Angabe – auch ein leere – erreicht werden. Die Schrift wird über das Element `date` mit Hilfe der Anweisungen `\setkomafont` und `\addtokomafont` (siehe Abschnitt 10.6, Seite 312) gesteuert. Die Voreinstellung ist Tabelle 3.3, Seite 80 zu entnehmen. `\date` `date`

Als Letztes folgt schließlich der *`Verlag`*. Selbstverständlich kann diese Anweisung auch für andere Angaben geringer Wichtigkeit verwendet werden. Notfalls kann durch Verwendung einer `\parbox` über die gesamte Seitenbreite auch erreicht werden, dass diese Angabe nicht zentriert, sondern im Blocksatz gesetzt wird. Sie ist dann als Äquivalent zum Kopf zu betrachten. Dabei ist jedoch zu beachten, dass sie oberhalb von eventuell vorhandenen Fußnoten ausgegeben wird. Die Schrift der Verlagsangaben ist über das Element `publishers` mit Hilfe der Anweisungen `\setkomafont` und `\addtokomafont` (siehe Abschnitt 10.6, Seite 312) veränderbar. Die Voreinstellung ist wiederum in Tabelle 3.3, Seite 80 angegeben. `\publishers` `publishers`

Fußnoten werden auf der Titelseite nicht mit `\footnote`, sondern mit der Anweisung `\thanks` erzeugt. Sie dienen in der Regel für Anmerkungen bei den Autoren. Als Fußnotenzeichen werden dabei Symbole statt Zahlen verwendet. Es ist zu beachten, dass `\thanks` innerhalb des Arguments einer der übrigen Anweisungen, beispielsweise im Argument *`Autor`* der Anweisung `\author`, zu verwenden ist. Die Schrifteinstellung erfolgt dabei über das Element `footnote` (siehe Abschnitt 10.11, Seite 329). Beim Paket **scrextend** muss für die Verwendung dieser Schrifteinstellung allerdings nicht nur die Titelerweiterung aktiviert sein, es muss auch dafür gesorgt sein, dass die Fußnoten mit diesem Paket gesetzt werden (siehe Einleitung von Abschnitt 10.11, Seite 326). Trifft dies nicht zu, so wird die Schrift verwendet, die von der Klasse oder anderen für die Fußnoten verwendeten Paketen vorgegeben ist. `\thanks` *Achtung!* `footnote`

Bis auf den *`Kopf`* und eventuelle Fußnoten werden alle Ausgaben horizontal zentriert. Die Formatierungen der einzelnen Elemente sind noch einmal kurz zusammengefasst in Tabelle 3.4, Seite 81 zu finden.

Beispiel: Nehmen wir nun einmal an, Sie schreiben eine Diplomarbeit. Dabei sei vorgegeben, dass die Titelseite oben linksbündig das Institut einschließlich Adresse und rechtsbündig das Semester wiedergibt. Wie üblich ist ein Titel einschließlich Autor und Abgabedatum zu setzen. Außerdem soll der Betreuer angegeben und zu erkennen sein, dass es sich um eine Diplomarbeit handelt. Sie könnten das wie folgt erreichen:

```
\documentclass{book}
\usepackage[extendedfeature=title]{scrextend}
\usepackage[ngerman]{babel}
\begin{document}
\titlehead{{\Large Universit"at Schlauenheim
    \hfill SS~2001\\}
  Institut f"ur Raumkr"ummung\\
  Hochschulstra"se~12\\
  34567 Schlauenheim}
\subject{Diplomarbeit}
\title{Digitale Raumsimulation mit dem DSP\,56004}
\subtitle{Klein aber fein?}
\author{cand. stup. Uli Ungenau}
\date{30. Februar 2001}
\publishers{Betreut durch Prof. Dr. rer. stup.
  Naseweis}
\maketitle
\end{document}
```

Ein häufiges Missverständnis betrifft die Bedeutung der Haupttitelseite. Irrtümlich wird oft angenommen, es handle sich dabei um den Buchumschlag oder Buchdeckel. Daher wird häufig erwartet, dass die Titelseite nicht den Randvorgaben für doppelseitige Satzspiegel gehorcht, sondern rechts und links gleich große Ränder besitzt. Nimmt man jedoch einmal ein Buch zur Hand und klappt es auf, trifft man sehr schnell auf mindestens eine Titelseite unter dem Buchdeckel innerhalb des so genannten Buchblocks. Genau diese Titelseiten werden mit \maketitle gesetzt.

Umschlag

Titelseiten

Wie beim Schmutztitel handelt es sich also auch bei der Haupttitelseite um eine Seite innerhalb des Buchblocks, die deshalb dem Satzspiegel des gesamten Dokuments gehorcht. Überhaupt ist ein Buchdeckel, das *Cover*, etwas, das man in einem getrennten Dokument erstellt. Schließlich hat er oft eine sehr individuelle Gestalt. Es spricht auch nichts dagegen, hierfür ein Grafik- oder DTP-Programm zu Hilfe zu nehmen. Ein getrenntes Dokument sollte auch deshalb verwendet werden, weil es später auf ein anderes Druckmedium, etwa Karton, und möglicherweise mit einem anderen Drucker ausgegeben werden soll.

Seit KOMA-Script 3.12 kann man die erste von `\maketitle` ausgegebene Titelseite alternativ aber auch als Umschlagseite formatieren lassen. Dabei ändern sich nur die für diese Seite verwendeten Ränder (siehe Option `titlepage=firstiscover` auf Seite 314).

```
\uppertitleback{Titelrückseitenkopf}
\lowertitleback{Titelrückseitenfuß}
```

Im doppelseitigen Druck bleibt bei den Standardklassen die Rückseite des Blatts mit der Titelseite leer. Bei KOMA-Script lässt sich die Rückseite der Haupttitelseite hingegen für weitere Angaben nutzen. Dabei wird zwischen genau zwei Elementen unterschieden, die der Anwender frei gestalten kann: dem *Titelrückseitenkopf* und dem *Titelrückseitenfuß*. Dabei kann der Kopf bis zum Fuß reichen und umgekehrt. Beispielsweise hätte man die Verlagsinformationen zu diesem Buch wahlweise mit `\uppertitleback` oder `\lowertitleback` setzen können.

```
\dedication{Widmung}
```

KOMA-Script bietet eine eigene Widmungsseite. Diese Widmung wird zentriert und in der Voreinstellung mit etwas größerer Schrift gesetzt. Die genaue Schrifteinstellung für das Element `dedication`, die Tabelle 3.3, Seite 80 zu entnehmen ist, kann über die Anweisungen `\setkomafont` und `\addtokomafont` (siehe Abschnitt 10.6, Seite 312) verändert werden. dedication

Die Rückseite ist wie bei der Seite mit dem Schmutztitel grundsätzlich leer. Die Widmungsseite wird zusammen mit der restlichen Titelei mit `\maketitle` ausgegeben und muss daher vor dieser Anweisung definiert sein.

Beispiel: Nehmen wir dieses Mal an, dass Sie einen Gedichtband schreiben, den Sie Ihrer Frau widmen wollen. Das könnte wie folgt aussehen:

```
\documentclass{book}
\usepackage[extendedfeature=title]{scrextend}
\usepackage[ngerman]{babel}
\begin{document}
\extratitle{%
  \textbf{\Huge In Liebe}}
\title{In Liebe}
```

```
\author{Prinz Eisenherz}
\date{1412}
\lowertitleback{%
  Dieser Gedichtband wurde mit Hilfe von
  {\KOMAScript} und {\LaTeX} gesetzt.}
\uppertitleback{%
  Selbstverlach\par
  Auf"|lage: 1 Exemplar}
\dedication{%
  Meinem Schnuckelchen\\
  in ewiger Liebe\\
  von Deinem Hasenboppelchen.}
\maketitle
\end{document}
```

Ich bitte, die Kosenamen nach eigenen Vorlieben zu ersetzen.

10.8. Erkennung von rechten und linken Seiten

Bei doppelseitigen Dokumenten wird zwischen linken und rechten Seiten unterschieden. Dabei hat eine linke Seite immer eine gerade Nummer und eine rechte Seite immer eine ungerade Nummer.

`\ifthispageodd{Dann-Teil}{Sonst-Teil}`

Will man bei KOMA-Script feststellen, ob ein Text auf einer geraden oder einer ungeraden Seite ausgegeben wird, so verwendet man die Anweisung `\ifthispageodd`. Dabei wird das Argument *Dann-Teil* nur dann ausgeführt, wenn man sich gerade auf einer ungeraden Seite befindet. Anderenfalls kommt das Argument *Sonst-Teil* zur Anwendung.

Beispiel: Angenommen, Sie wollen einfach nur ausgeben, ob ein Text auf einer geraden oder ungeraden Seite ausgegeben wird. Sie könnten dann beispielsweise mit der Eingabe

```
Dies ist eine Seite mit
\ifthispageodd{un}{}gerader Seitenzahl.
```

mit leerem *Sonst-Teil* die Ausgabe

Dies ist eine Seite mit gerader Seitenzahl.

erhalten.

Da die Anweisung `\ifthispageodd` mit einem Mechanismus arbeitet, der einem Label und einer Referenz darauf sehr ähnlich ist, werden nach jeder Textänderung mindestens zwei LaTeX-Durchläufe benötigt. Erst dann ist die Entscheidung korrekt. Im ersten Durchlauf wird für die Entscheidung eine Heuristik verwendet.

Näheres zur Problematik der Erkennung von linken und rechten Seiten oder geraden und ungeraden Seitennummern ist für Experten in Abschnitt 21.1, Seite 517 zu finden.

10.9. Wahl eines vordefinierten Seitenstils

Eine der allgemeinen Eigenschaften eines Dokuments ist der Seitenstil. Bei LaTeX versteht man unter dem Seitenstil in erster Linie den Inhalt der Kopf- und Fußzeilen. Das Paket scrextend definiert selbst keine Seitenstile, nutzt aber Seitenstile des LaTeX-Kerns.

```
\titlepagestyle
```

Auf einigen Seiten wird mit Hilfe von `\thispagestyle` automatisch ein anderer Seitenstil gewählt. Bei scrextend betrifft dies bisher nur die Titelseiten und auch dies nur, wenn mit `extendedfeature=title` gearbeitet wird (siehe Abschnitt 10.3, Seite 310). Welcher Seitenstil dies ist, wird dem Makro `\titlepagestyle` entnommen. In der Voreinstellung ist der Seitenstil `plain`. Dieser Seitenstil wird bereits im LaTeX-Kern vordefiniert und sollte daher immer verfügbar sein.

10.10. Vakatseiten

Vakatseiten sind Seiten, die beim Satz eines Dokuments absichtlich leer bleiben. Bei LaTeX werden sie jedoch in der Voreinstellung mit dem aktuell gültigen Seitenstil gesetzt. KOMA-Script bietet hier diverse Erweiterungen.

Vakatseiten findet man hauptsächlich in Büchern. Da es bei Büchern üblich ist, dass Kapitel auf einer rechten Seite beginnen, muss in dem Fall, dass das vorherigen Kapitel ebenfalls auf einer rechten Seite endet, eine leere linke Seite eingefügt werden. Aus dieser Erklärung ergibt sich auch, dass Vakatseiten normalerweise nur im doppelseitigen Satz existieren.

```
cleardoublepage=Seitenstil
cleardoublepage=current
```

Mit Hilfe dieser Option kann man den *`Seitenstil`* der Vakatseite bestimmen, die bei Bedarf von der Anweisung `\cleardoublepage` eingefügt wird, um bis zur gewünschten Seite zu umbrechen. Als *Seitenstil* sind dabei alle bereits definierten Seitenstile (siehe Abschnitt 10.9 ab Seite 323 und Kapitel 5 ab Seite 261) verwendbar. Daneben ist auch cleardoublepage=current möglich. Dieser Fall entspricht der Voreinstellung von KOMA-Script bis Version 2.98c und führt dazu, dass die Vakatseite mit dem Seitenstil erzeugt wird, der beim Einfügen gerade aktuell ist. Ab Version 3.00 werden in der Voreinstellung entsprechend der typografischen Gepflogenheiten Vakatseiten mit dem Seitenstil empty erzeugt, wenn man nicht Kompatibilität zu früheren KOMA-Script-Versionen eingestellt hat (siehe Option version, Abschnitt 10.2, Seite 309).

Beispiel: Angenommen, Sie wollen, dass die Vakatseiten bis auf die Paginierung leer sind, also mit Seitenstil plain erzeugt werden. Dies erreichen Sie beispielsweise mit

```
\KOMAoptions{cleardoublepage=plain}
```

Näheres zum Seitenstil plain ist in Abschnitt 3.12, Seite 95 zu finden.

```
\clearpage
\cleardoublepage
\cleardoublepageusingstyle{Seitenstil}
\cleardoubleemptypage
\cleardoubleplainpage
\cleardoublestandardpage
\cleardoubleoddusingstyle{Seitenstil}
\cleardoubleoddemptypage
\cleardoubleoddplainpage
\cleardoubleoddstandardpage
\cleardoubleevenusingstyle{Seitenstil}
\cleardoubleevenemptypage
\cleardoubleevenplainpage
\cleardoubleevenstandardpage
```

Im LaTeX-Kern existiert die Anweisung \clearpage, die dafür sorgt, dass alle noch nicht ausgegebenen Gleitumgebungen ausgegeben werden und anschließend eine neue Seite begonnen wird. Außerdem existiert die Anweisung \cleardoublepage, die wie \clearpage arbeitet, durch die aber im doppelseitigen Layout (siehe Option twoside in Abschnitt 2.6, Seite 46) eine neue rechte Seite begonnen wird. Dazu wird gegebenenfalls eine linke Vakatseite im aktuellen Seitenstil ausgegeben.

Bei KOMA-Script arbeitet \cleardoubleoddstandardpage genau in der soeben für die Standardklassen beschriebenen Art und Weise. Die Anweisung \cleardoubleoddplainpage ändert demgegenüber den Seitenstil der leeren linken Seite zusätzlich auf `plain`, um den Kolumnentitel zu unterdrücken. Analog dazu wird bei der Anweisung `\cleardoubleoddemptypage` der Seitenstil `empty` verwendet, um sowohl Kolumnentitel als auch Seitenzahl auf der leeren linken Seite zu unterdrücken. Die Seite ist damit vollständig leer. Will man für die Vakatseite einen eigenen *`Seitenstil`* vorgeben, so ist dieser als Argument von `\cleardoubleoddusingstyle` anzugeben. Dabei kann jeder bereits definierte Seitenstil (siehe auch Kapitel 5) verwendet werden.

Manchmal möchte man nicht, dass Kapitel mit neuen rechten Seiten, sondern links auf einer Doppelseite beginnen. Dies widerspricht zwar dem klassischen Buchdruck, kann jedoch seine Berechtigung haben, wenn die Doppelseite am Kapitelanfang einen ganz speziellen Inhalt hat. Bei KOMA-Script ist deshalb die Anweisung `\cleardoubleevenstandardpage` als Äquivalent zur Anweisung `\cleardoubleoddstandardpage` definiert, jedoch mit dem Unterschied, dass die nächste Seite eine linke Seite ist. Entsprechendes gilt für die Anweisungen `\cleardoubleevenplainpage`, `\cleardoubleevenemptypage` und `\cleardoubleevenusingstyle`.

Die Arbeitsweise der Anweisungen `\cleardoublestandardpage`, `\cleardoubleemptypage`, `\cleardoubleplainpage` und der ein Argument erwartenden Anweisung `\cleardoublepageusingstyle` entspricht beim Paket scrextend ebenso wie die Standard-Anweisung `\cleardoublepage` den entsprechenden, zuvor erklärten Anweisungen für den Umbruch zur nächsten ungeraden Seite.

Beispiel: Angenommen, Sie wollen innerhalb eines Dokuments als nächstes eine Doppelseite setzen, bei der auf der linken Seite eine Abbildung in Größe des Satzspiegels platziert wird und rechts ein neues Kapitel beginnt. Falls das vorherige Kapitel mit einer linken Seite endet, muss also eine Vakatseite eingefügt werden. Diese soll komplett leer sein. Ebenso soll die linke Bildseite weder Kopf noch Fußzeile besitzen. Zunächst wird mit

```
\KOMAoptions{cleardoublepage=empty}
```

dafür gesorgt, dass Vakatseiten mit dem Seitenstil `empty`, also ohne Kopf- und Fußzeile gesetzt werden. Diese Einstellung können Sie bereits in der Dokumentpräambel vornehmen. Die Optionen können alternativ auch als optionale Argumente von `\documentclass` angegeben werden.

An der gewünschten Stelle schreiben Sie nun:

```
\cleardoubleevenemptypage
\thispagestyle{empty}
\includegraphics[width=\textwidth,%
                 height=\textheight,%
                 keepaspectratio]%
                {bild}
\chapter{Kapitelüberschrift}
```

Die erste Zeile wechselt auf die nächste linke Seite und fügt zu diesem Zweck bei Bedarf eine komplett leere rechte Seite ein. Die zweite Zeile sorgt dafür, dass diese linke Seite ebenfalls mit dem Seitenstil empty gesetzt wird. Die dritte bis sechste Zeile lädt die Bilddatei mit dem Namen bild und bringt sie auf die gewünschte Größe, ohne sie dabei zu verzerren. Hierfür wird das Paket graphicx benötigt (siehe [Car05]). Die letzte Zeile beginnt auf der nächsten – dann rechten – Seite ein neues Kapitel.

10.11. Fußnoten

Die Fußnoten-Möglichkeiten der KOMA-Script-Klassen werden von scrextend ebenfalls bereitgestellt. In der Voreinstellung wird die Formatierung der Fußnoten jedoch der verwendeten Klasse überlassen. Dies ändert sich, sobald die Anweisung \deffootnote verwendet wird, die auf Seite 329 näher erläutert wird.

footnotes=*Einstellung*

Bei vielen Klassen werden Fußnoten im Text in der Voreinstellung mit kleinen, hochgestellten Ziffern markiert. Werden zu einer Textstelle mehrere Fußnoten hintereinander gesetzt, so entsteht der Eindruck, dass es sich nicht um zwei einzelne Fußnoten, son-
footnotes=multiple dern um eine einzige Fußnote mit hoher Nummer handelt. Mit footnotes=multiple werden Fußnoten, die unmittelbar aufeinander folgen, stattdessen mit Trennzeichen aneinander gereiht. Das
\multfootsep in \multfootsep definierte Trennzeichen ist mit einem Komma vor-
footmisc belegt. Der gesamte Mechanismus ist kompatibel zu footmisc, Version 5.3d (siehe [Fai11]) implementiert. Er wirkt sich sowohl auf Fußnotenmarkierungen aus, die mit \footnote gesetzt wurden, als auch auf solche, die direkt mit \footnotemark ausgegeben werden.

Es ist jederzeit möglich, mit \KOMAoptions oder \KOMAoption auf die Voreinstellung footnotes=nomultiple zurückzuschalten. Bei Problemen mit anderen Paketen, die Einfluss auf die Fußnoten nehmen, sollte die Option jedoch nicht verwendet und die Einstellung auch nicht innerhalb des Dokuments umgeschaltet werden.

Eine Zusammenfassung möglicher Werte für die *Einstellung* von footnotes bietet Tabelle 3.11, Seite 103.

```
\footnote[Nummer]{Text}
\footnotemark[Nummer]
\footnotetext[Nummer]{Text}
\multiplefootnoteseparator
\multfootsep
```

Fußnoten werden bei KOMA-Script genau wie bei den Standardklassen mit der Anweisung \footnote oder den paarweise zu verwendenden Anweisungen \footnotemark und \footnotetext erzeugt. Genau wie bei den Standardklassen ist es möglich, dass innerhalb einer Fußnote ein Seitenumbruch erfolgt. Dies geschieht in der Regel dann, wenn die zugehörige Fußnotenmarkierung so weit unten auf der Seite gesetzt wird, dass keine andere Wahl bleibt, als die Fußnote auf die nächste Seite zu umbrechen. Im Unterschied zu den Standardklassen bietet KOMA-Script aber zusätzlich die Möglichkeit, Fußnoten, die unmittelbar aufeinander folgen, automatisch zu erkennen und durch ein Trennzeichen auseinander zu rücken. Siehe hierzu die zuvor dokumentierte Option footnotes. footnote

Will man dieses Trennzeichen stattdessen von Hand setzen, so erhält man es durch Aufruf von \multiplefootnoteseparator. Diese Anweisung sollten Anwender jedoch nicht umdefinieren, da sie neben dem Trennzeichen auch die Formatierung des Trennzeichen, beispielsweise die Wahl der Schriftgröße und das Hochstellen, enthält. Das Trennzeichen selbst ist in der Anweisung \multfootsep gespeichert. In der Voreinstellung ist dieses als

```
\newcommand*{\multfootsep}{,}
```

definiert. Dieses kann umdefiniert werden.

Beispiel: Angenommen, Sie wollen zu einem Wort zwei Fußnoten setzen. Im ersten Ansatz schreiben Sie dafür

```
Wort\footnote{Fußnote 1}\footnote{Fußnote 2}.
```

Nehmen wir weiter an, dass die Fußnoten mit 1 und 2 nummeriert werden. Da die beiden Fußnotennummern direkt aufeinander folgen, entsteht jedoch der Eindruck, dass das Wort nur eine Fußnote mit der Nummer 12 besitzt. Sie könnten dies nun dadurch ändern, dass Sie mit

```
\KOMAoptions{footnotes=multiple}
```

die automatische Erkennung von Fußnotenhäufungen aktivieren. Stattdessen können Sie aber auch

```
Wort\footnote{Fußnote 1}%
\multiplefootnoteseparator
\footnote{Fußnote 2}
```

verwenden. Das sollte auch dann noch funktionieren, wenn die automatische Erkennung aus irgendwelchen Gründen versagt oder nicht verwendet werden kann.

Nehmen wir nun an, dass Sie außerdem wollen, dass die Fußnotennummern nicht nur durch ein Komma, sondern durch ein Komma gefolgt von einem Leerzeichen getrennt werden sollen. In diesem Fall schreiben Sie

```
\renewcommand*{\multfootsep}{,\nobreakspace}
```

in Ihre Dokumentpräambel. `\nobreakspace` wurde hier an Stelle eines normalen Leerzeichens gewählt, damit innerhalb der Reihung der Fußnotenzeichen kein Absatz- oder Seitenumbruch erfolgen kann.

`\footref{Referenz}`

Manchmal hat man in einem Dokument eine Fußnote, zu der es im Text mehrere Verweise geben soll. Die ungünstige Lösung dafür wäre die Verwendung von `\footnotemark` unter Angabe der gewünschten Nummer. Ungünstig an dieser Lösung ist, dass man die Nummer kennen muss und sich diese jederzeit ändern kann. KOMA-Script
`\label` bietet deshalb die Möglichkeit, den `\label`-Mechanismus auch für Verweise auf Fußnoten zu verwenden. Man setzt dabei in der entsprechenden Fußnote eine `\label`-Anweisung und kann dann mit `\footref` alle weiteren Fußnotenmarken für diese Fußnote im Text setzen.

Beispiel: Sie schreiben einen Text, in dem sie bei jedem Auftreten eines Markennamens eine Fußnote setzen müssen, die darauf hinweist, dass es sich um einen geschützten Markennamen handelt. Sie schreiben beispielsweise:

```
Die Firma SplischSplasch\footnote{Bei diesem
  Namen handelt es sich um eine registrierte
  Marke. Alle Rechte daran sind dem
  Markeninhaber vorbehalten.\label{refnote}}
stellt neben SplischPlumps\footref{refnote}
auch noch die verbesserte Version
SplischPlatsch\footref{refnote} her.
```

Es wird dann dreimal eine Marke auf dieselbe Fußnote gesetzt, einmal mit \footnote direkt und zweimal mit \footref.

Da die Fußnotenmarken mit Hilfe des \label-Mechanismus gesetzt werden, werden nach Änderungen, die sich auf die Fußnotennummerierung auswirken, gegebenenfalls zwei LaTeX-Durchläufe benötigt, bis die mit \footref gesetzten Marken korrekt sind.

```
\deffootnote[Markenbreite]{Einzug}{Absatzeinzug}
            {Markendefinition}
\deffootnotemark{Markendefinition}
\thefootnotemark
```

Die KOMA-Script-Klassen setzen Fußnoten etwas anders als die Standardklassen. Die Fußnotenmarkierung im Text, also die Referenzierung der Fußnote, erfolgt wie bei den Standardklassen durch kleine hochgestellte Zahlen. Genauso werden die Markierungen auch in der Fußnote selbst wiedergegeben. Sie werden dabei rechtsbündig in einem Feld der Breite *Markenbreite* gesetzt. Die erste Zeile der Fußnote schließt direkt an das Feld der Markierung an.

Alle weiteren Zeilen werden um den Betrag von *Einzug* eingezogen ausgegeben. Wird der optionale Parameter *Markenbreite* nicht angegeben, dann entspricht er dem Wert von *Einzug*. Sollte die Fußnote aus mehreren Absätzen bestehen, dann wird die erste Zeile eines Absatzes zusätzlich mit dem Einzug der Größe *Absatzeinzug* versehen.

Abbildung 3.1 auf Seite 106 veranschaulicht die verschiedenen Parameter. Die Voreinstellung in den KOMA-Script-Klassen entspricht folgender Definition:

```
\deffootnote[1em]{1.5em}{1em}{%
  \textsuperscript{\thefootnotemark}}
```

Dabei wird mit Hilfe von \textsuperscript sowohl die Hochstellung als auch die Wahl einer kleineren Schrift erreicht. Die Anweisung \thefootnotemark liefert die aktuelle Fußnotenmarke ohne jegliche Formatierung. Das Paket scrextend überlässt hingegen in der Voreinstellung das Setzen der Fußnoten der verwendeten Klasse. Das Laden des Pakets allein sollte daher noch zu keinerlei Änderungen bei der Formatierung der Fußnoten oder der Fußnotenmarken führen. Zur Übernahme der Voreinstellungen der KOMA-Script-Klassen muss man vielmehr obige Einstellung selbst vornehmen. Dazu kann obige Code-Zeile beispielsweise unmittelbar nach dem Laden von scrextend eingefügt werden.

Auf die Fußnote einschließlich der Markierung findet außerdem die für das Element `footnote` eingestellte Schriftart Anwendung. Die Schriftart der Markierung kann jedoch mit Hilfe der Anweisungen `\setkomafont` und `\addtokomafont` (siehe Abschnitt 10.6, Seite 312) für das Element `footnotelabel` davon abweichend eingestellt werden. Siehe hierzu auch Tabelle 3.2, Seite 71. Voreingestellt ist jeweils keine Umschaltung der Schrift. Die Elemente finden bei scrextend jedoch nur dann Anwendung, wenn die Fußnoten mit diesem Paket gesetzt werden, also `\deffootnote` verwendet wurde.

footnote

footnotelabel

Die Fußnotenmarkierung im Text wird getrennt von der Markierung vor der Fußnote definiert. Dies geschieht mit der Anweisung `\deffootnotemark`. Voreingestellt ist hier:

```
\deffootnotemark{\textsuperscript{\thefootnotemark}}
```

footnotereference

Dabei findet die Schriftart für das Element `footnotereference` Anwendung (siehe Tabelle 3.2, Seite 71). Die Markierungen im Text und in der Fußnote selbst sind also identisch. Die Schriftart kann mit den Anweisungen `\setkomafont` und `\addtokomafont` (siehe Abschnitt 10.6, Seite 312) jedoch geändert werden, sobald die Anweisung `\deffootnotemark` verwendet wird.

Tipp!

Beispiel: Relativ häufig wird gewünscht, dass die Markierung in der Fußnote selbst weder hochgestellt noch kleiner gesetzt wird. Dabei soll sie aber nicht direkt am Text kleben, sondern geringfügig davor stehen. Dies kann zum einen wie folgt erreicht werden:

```
\deffootnote{1em}{1em}{\thefootnotemark\ }
```

Die Fußnotenmarkierung und das folgende Leerzeichen wird also rechtsbündig in eine Box der Breite 1 em gesetzt. Die folgenden Zeilen der Fußnote werden gegenüber dem linken Rand ebenfalls um 1 em eingezogen.

Tipp!

Eine weitere, oft gefragte Formatierung sind linksbündige Fußnotenmarkierungen in der Fußnote. Diese können mit folgender Definition erhalten werden:

```
\deffootnote{1.5em}{1em}{%
  \makebox[1.5em][l]{\thefootnotemark}}
```

Sollen jedoch die Fußnoten insgesamt lediglich in einer anderen Schriftart, beispielsweise serifenlos gesetzt werden, so ist dies ganz einfach mit Hilfe der Anweisungen `\setkomafont` und `\addtokomafont` (siehe Abschnitt 3.6, Seite 70) zu lösen:

```
\setkomafont{footnote}{\sffamily}
```

```
\setfootnoterule[Höhe]{Länge}
```

Üblicherweise wird zwischen dem Textbereich und dem Fußnotenapparat eine Trennlinie gesetzt, die jedoch normalerweise nicht über die gesamte Breite des Satzspiegels geht. Mit Hilfe dieser Anweisung kann die genaue Länge und die Höhe oder Dicke der Linie bestimmt werden. Dabei werden *Höhe* und *Länge* erst beim Setzen der Linie selbst abhängig von `\normalsize` ausgewertet. Der optionale Parameter *Höhe* kann komplett entfallen und wird dann nicht geändert. Ist das Argument *Höhe* oder *Länge* leer, so wird die jeweilige Größe ebenfalls nicht geändert. Es gibt sowohl beim Setzen als auch bei Verwendung der Größen für unplausible Werte eine Warnung.

Die Farbe der Linie kann über das Element `footnoterule` mit Hilfe der Anweisungen `\setkomafont` und `\addtokomafont` (siehe Abschnitt 10.6, Seite 312) eingestellt werden. Voreingestellt ist hierbei keinerlei Änderung von Schrift oder Farbe. Um die Farbe ändern zu können, muss außerdem ein Farbpaket wie xcolor geladen sein.

`footnoterule`

xcolor

10.12. Schlauer Spruch

Ein häufiger anzutreffendes Element ist ein Zitat oder eine Redewendung, die rechtsbündig unter oder über einer Überschrift gesetzt wird. Dabei werden der Spruch selbst und der Quellennachweis in der Regel speziell formatiert.

```
\dictum[Urheber]{Spruch}
\dictumwidth
\dictumauthorformat{Urheber}
\dictumrule
\raggeddictum
\raggeddictumtext
\raggeddictumauthor
```

Ein solcher Spruch kann mit Hilfe der Anweisung `\dictum` gesetzt werden. Der Spruch wird hierzu zusammen mit einem optional anzugebenden *Urheber* in einer `\parbox` (siehe [Tea05b]) der Breite `\dictumwidth` gesetzt. Dabei ist `\dictumwidth` keine Länge, die mit `\setlength` gesetzt wird. Es handelt sich um ein Makro, das mit `\renewcommand` umdefiniert werden kann. Vordefiniert ist `0.3333\textwidth`, also ein Drittel der jeweiligen Textbreite. Die Box selbst wird mit der Anweisung `\raggeddictum` ausgerichtet. Voreingestellt ist dabei `\raggedleft`, also rechtsbündig. `\raggeddictum` kann mit Hilfe von `\renewcommand` umdefiniert werden.

Innerhalb der Box wird der *Spruch* mit \raggeddictumtext angeordnet. Voreingestellt ist hier \raggedright, also linksbündig. Eine Umdefinierung ist auch hier mit \renewcommand möglich. Die Ausgabe erfolgt in der für Element dictumtext eingestellten Schriftart, die mit den Anweisungen \setkomafont und \addtokomafont (siehe Abschnitt 10.6, Seite 312) geändert werden kann. Die Voreinstellung entnehmen Sie bitte Tabelle 3.16, Seite 132.

dictumtext

Ist ein *Urheber* angegeben, so wird dieser mit einer Linie über die gesamte Breite der \parbox vom *Spruch* abgetrennt. Diese Linie ist in \dictumrule definiert. Es handelt sich dabei um ein vertikales Objekt, das mit

```
\newcommand*{\dictumrule}{\vskip-1ex\hrulefill\par}
```

vordefiniert ist.

Mit \raggeddictumauthor wird die Ausrichtung für die Linie und den Urheber vorgenommen. Voreingestellt ist \raggedleft. Auch diese Anweisung kann mit \renewcommand umdefiniert werden. Die Ausgabe erfolgt in der Form, die mit \dictumauthorformat festgelegt ist. Das Makro erwartet schlicht den \Urheber als Argument. In der Voreinstellung ist \dictumauthorformat als

```
\newcommand*{\dictumauthorformat}[1]{(#1)}
```

definiert. Der *Urheber* wird also in runde Klammern gesetzt. Für das Element dictumauthor kann dabei eine Abweichung der Schrift von der des Elementes dictumtext definiert werden. Die Voreinstellung entnehmen Sie bitte Tabelle 3.16. Eine Änderung ist mit Hilfe der Anweisungen \setkomafont und \addtokomafont (siehe Abschnitt 10.6, Seite 312) möglich.

dictumauthor
dictumtext

10.13. Listen

LaTeX und die Standardklassen bieten verschiedene Umgebungen für Listen. All diese Umgebungen bietet KOMA-Script selbstverständlich auch, teilweise jedoch mit leichten Abwandlungen oder Erweiterungen. Grundsätzlich gilt, dass Listen – auch unterschiedlicher Art – bis zu einer Tiefe von vier Listen geschachtelt werden können. Eine tiefere Schachtelung wäre auch aus typografischen Gründen kaum sinnvoll, da genau genommen schon mehr als drei Ebenen nicht mehr überblickt werden können. Ich empfehle in solchen Fällen, die eine große Liste in mehrere kleinere Listen aufzuteilen.

Tipp!

```
\begin{labeling}[Trennzeichen]{längstes Muster}
  \item[Schlüsselwort]
  ...
\end{labeling}
```

Eine andere Form der in vielen Klassen als `description`-Umgebung vorhandenen Stichwortliste ist nur bei den KOMA-Script-Klassen und scrextend vorhanden: die `labeling`-Umgebung. Im Unterschied zur zuvor vorgestellten Umgebung `description` kann bei `labeling` ein Muster angegeben werden, dessen Länge die Einrücktiefe bei allen Stichpunkten ergibt. Darüber hinaus kann zwischen Stichpunkt und Beschreibungstext ein optionales *Trennzeichen* festgelegt werden. Die Schriftart, die für die Hervorhebung des Schlüsselworts verwendet wird, kann mit Hilfe der Anweisungen `\setkomafont` und `\addtokomafont` (siehe Abschnitt 10.6, Seite 312) für das Element `labelinglabel` (siehe Tabelle 3.2, Seite 71) geändert werden. Für die davon abweichende Schriftart der Trennzeichen ist das Element `labelingseparator` (siehe ebenfalls Tabelle 3.2, Seite 71) zuständig.

Beispiel: Eine einfache Liste könnte beispielsweise wie folgt definiert werden:

```
\setkomafont{labelinglabel}{\ttfamily}
\setkomafont{labelingseparator}{\normalfont}
\begin{labeling}[~--]{myheadings}
  \item[empty]
    Seitenstil für leere Seiten ohne Kopf und Fuß
  \item[plain]
    Seitenstil für Kapitelanfänge ganz ohne
    Kolumnentitel
  \item[headings]
    Seitenstil für automatische Kolumnentitel
  \item[myheadings]
    Seitenstil für manuelle Kolumnentitel
\end{labeling}
```

Als Ergebnis erhalten wir dann:

`empty`	– Seitenstil für leere Seiten ohne Kopf und Fuß
`plain`	– Seitenstil für Kapitelanfänge ganz ohne Kolumnentitel
`headings`	– Seitenstil für automatische Kolumnentitel
`myheadings`	– Seitenstil für manuelle Kolumnentitel

Wie in diesem Beispiel zu sehen ist, kann eine eventuell geforderte Schriftumschaltung in bei KOMA-Script gewohnter Weise erreicht werden. Da sich die Schriftumschaltung für das Schlüsselwort aber auch auf die Trennzeichen auswirkt, kann es eventuell erforderlich sein, die Schriftumschaltung dafür explizit aufzuheben.

Gedacht war die Umgebung ursprünglich für Strukturen wie »Voraussetzung, Aussage, Beweis« oder »Gegeben, Gesucht, Lösung«, wie man sie in Vorlesungsskripten häufiger findet. Inzwischen findet die Umgebung aber ganz unterschiedliche Anwendungen. So wurde die Umgebung für Beispiele in dieser Anleitung mit Hilfe der `labeling`-Umgebung definiert.

```
\begin{addmargin}[linker Einzug]{Einzug}
  ...
\end{addmargin}
\begin{addmargin*}[innerer Einzug]{Einzug}
  ...
\end{addmargin*}
```

Wie bei den in den Standardklassen und den KOMA-Script-Klassen vorhandenen Umgebungen `quote` und `quotation` handelt es sich bei `addmargin` um eine Umgebung, die den Rand verändert. Im Unterschied zu den beiden erstgenannten Umgebungen kann der Anwender jedoch bei `addmargin` wählen, um welchen Wert der Rand verändert werden kann. Des Weiteren verändert die Umgebung den Absatzeinzug und den Absatzabstand nicht. Es wird auch kein zusätzlicher vertikaler Abstand vor und nach der Umgebung eingefügt.

Ist nur das obligatorische Argument *Einzug* angegeben, so wird der Inhalt der Umgebung rechts und links um diesen Wert eingezogen. Ist das optionale Argument *linker Einzug* hingegen angegeben, so wird links abweichend von *Einzug* der Wert *linker Einzug* zum Rand addiert.

Die Sternvariante `addmargin*` unterscheidet sich nur im doppelseitigen Satz von der Variante ohne Stern, wobei der Unterschied auch nur dann auftritt, wenn das optionale Argument *innerer Einzug* verwendet wird. Dabei wird dann der Wert von *innerer Einzug* zum inneren Randanteil der Seite addiert. Dies ist bei rechten Seiten der linke Rand der Seite, bei linken Seiten jedoch der rechte Rand der Seite. *Einzug* gilt dann für den jeweils anderen Rand.

Bei beiden Varianten der Umgebung sind für alle Parameter auch negative Werte erlaubt. Die Umgebung ragt dann entsprechend in den Rand hinein.

Beispiel: Angenommen, Sie schreiben eine Anleitung mit kurzen Quellcode-Beispielen. Um diese sehr stark hervorzuheben, sollen sie mit horizontalen Linien vom Text abgesetzt und leicht in den äußeren Rand verschoben werden. Sie definieren sich dafür zunächst eine Umgebung:

```
\newenvironment{QuellcodeRahmen}{%
  \begin{addmargin*}[1em]{-1em}%
    \begin{minipage}{\linewidth}%
      \rule{\linewidth}{2pt}%
}{%
    \rule[.25\baselineskip]{\linewidth}{2pt}%
    \end{minipage}%
  \end{addmargin*}%
}
```

Ein Beispiel für die Verwendung könnte nun so aussehen:

Es wird die Verwendung von scrextend zusammen mit book gezeigt:

```
\documentclass{book}
\usepackage[extendedfeature=title]{scrextend}
```

Man beachte, dass hier auch die Titelerweiterung aktiviert wurde.

Das optionale Argument der `addmargin*`-Umgebung sorgt dafür, dass der innere Rand um den Wert 1 em vergrößert wird. Dafür wird der äußere Rand um den negativen Wert vergrößert, also in Wirklichkeit um 1 em verkleinert. Dies resultiert in einer Verschiebung um 1 em nach außen. Selbstverständlich kann statt `1em` auch eine Länge, beispielsweise `2\parindent`, verwendet werden.

Ob eine Seite eine linke oder eine rechte Seite ist, kann übrigens beim ersten LaTeX-Durchlauf nicht zuverlässig festgestellt werden. Siehe dazu die Erklärungen zu den Anweisungen `\ifthispageodd` (Abschnitt 10.8, Seite 322) und `\ifthispagewasodd` (Abschnitt 21.1, Seite 517).

Im Zusammenspiel von Umgebungen wie Listen mit Absätzen ergeben sich für Laien häufiger Fragen. Daher widmet sich die weiterführende Erklärung zu Option `parskip` in Abschnitt 21.1, Seite 513 auch diesem Thema. Ebenfalls im Expertenteil in Abschnitt 21.1, Seite 520 wird die Problematik von mehrseitigen `addmargin*`-Umgebungen behandelt.

10.14. Randnotizen

Außer dem eigentlichen Textbereich, der normalerweise den Satzspiegel ausfüllt, existiert in Dokumenten noch die so genannte Marginalienspalte. In dieser können Randnotizen gesetzt werden. In diesem Buch wird davon ebenfalls Gebrauch gemacht.

```
\marginpar[Randnotiz links]{Randnotiz}
\marginline{Randnotiz}
```

Für Randnotizen ist bei LaTeX normalerweise Anweisung \marginpar vorgesehen. Die *Randnotiz* wird dabei im äußeren Rand gesetzt. Bei einseitigen Dokumenten wird der rechte Rand verwendet. Zwar kann bei \marginpar optional eine abweichende Randnotiz angegeben werden, falls die Randnotiz im linken Rand landet, jedoch werden Randnotizen immer im Blocksatz ausgegeben. Die Erfahrung zeigt, dass bei Randnotizen statt des Blocksatzes oft je nach Rand linksbündiger oder rechtsbündiger Flattersatz zu bevorzugen ist. KOMA-Script bietet hierfür die Anweisung \marginline.

Beispiel: In diesem Kapitel ist an einigen Stellen die Paketangabe scrextend im Rand zu finden. Diese kann mit:

```
\marginline{\texttt{scrextend}}
```

erreicht werden.

Statt der Anweisung \marginline wäre auch die Verwendung von \marginpar möglich gewesen. Tatsächlich wird bei obiger Verwendung von \marginline intern nichts anders gemacht als:

```
\marginpar[\raggedleft\texttt{scrextend}]
  {\raggedright\texttt{scrextend}}
```

Damit ist \marginline also nur eine abkürzende Schreibweise.

Achtung! Für Experten sind in Abschnitt 21.1, Seite 517 Probleme bei der Verwendung von \marginpar dokumentiert. Diese gelten ebenso für \marginline. Darüber hinaus wird in Kapitel 19 ein Paket vorgestellt, mit dem sich auch Notizspalten mit eigenem Seitenumbruch realisieren lassen.

11. Unterstützung für die Anwaltspraxis durch scrjura

Will man einen Vertrag, die Satzung einer Gesellschaft oder eines Vereins, ein Gesetz oder gleich einen Gesetzeskommentar schreiben, so übernimmt das Paket scrjura den typografischen Teil der Unterstützung für diese Tätigkeit. Obwohl scrjura als allgemeine Hilfe für anwaltliche Schriftstücke angedacht ist, hat sich gezeigt, dass der Vertrag dabei ein ganz zentrales Element ist. Besonderes Augenmerk gilt hier dem Paragraphen mit Nummer, Titel, nummerierten Absätzen – falls es mehrere davon in einem Paragraphen gibt –, bedarfsweise nummerierten Sätzen, Einträgen in das Inhaltsverzeichnis und Querverweisen in den deutschen Gepflogenheiten entsprechenden Formen.

Das Paket ist in Zusammenarbeit mit Rechtsanwalt Dr. Alexander Willand, Karlsruhe, entstanden. Die folgenden Ausführungen erklären das Paket aus einem etwas anderen Blickwinkel als die dem Paket beiliegenden Anleitung.

Achtung! Es ist zu beachten, dass das Paket mit hyperref zusammenarbeitet, aber wie üblich hyperref nach scrjura geladen werden muss!

11.1. Frühe oder späte Optionenwahl

In diesem Abschnitt wird eine Besonderheit von KOMA-Script vorgestellt, die neben scrjura auch andere KOMA-Script-Pakete und -Klassen betrifft. Damit die Anwender alle Informationen zu einem Paket oder einer Klasse im jeweiligen Kapitel finden, ist dieser Abschnitt nahezu gleichlautend in mehreren Kapiteln zu finden. Anwender, die nicht nur an der Anleitung zu einem Paket oder einer Klasse interessiert sind, sondern sich einen Gesamtüberblick über KOMA-Script verschaffen wollen, brauchen diesen Abschnitt nur in einem der Kapitel zu lesen und können ihn beim weiteren Studium der Anleitung dann überspringen.

```
\documentclass[Optionenliste]{KOMA-Script-Klasse}
\usepackage[Optionenliste]{Paket-Liste}
```

Bei LaTeX ist vorgesehen, dass Anwender Klassenoptionen in Form einer durch Komma getrennten Liste einfacher Schlüsselwörter als optionales Argument von `\documentclass` angeben. Außer an die Klasse werden diese Optionen auch an alle Pakete weitergereicht, die diese Optionen verstehen. Ebenso ist vorgesehen, dass Anwender Paketoptionen in Form einer durch Komma getrennten Liste einfacher Schlüsselwörter als optionales Argument von `\usepackage` angeben. KOMA-Script erweitert den Mechanismus der Optionen für die KOMA-Script-Klassen und einige Pakete um weitere Möglichkeiten. So haben die meisten Optionen bei KOMA-Script zusätzlich einen Wert. Eine Option hat also nicht unbedingt nur die Form *Option*, sondern kann auch die Form *Option*=*Wert* haben. Bis auf diesen Unterschied arbeiten `\documentclass` und `\usepackage` bei KOMA-Script wie in [Tea05b] oder jeder LaTeX-Einführung, beispielsweise [DGS+12], beschrieben.

Achtung! Gegenüber der nachfolgend vorgestellten Schnittstelle zu Einstellungen von Optionen haben `\documentclass` und `\usepackage` einen Nachteil, der unbedingt zu beachten ist: Anweisungen, Längen, Zähler und ähnliches können darin leicht zerbrechen. So führt die Verwendung einer LaTeX-Länge im Wert einer Option bei diesen Anweisungen zu einer Fehlermeldung, noch bevor der Wert an KOMA-Script übergeben wird, es also die Kontrolle darüber übernehmen könnte. Wertzuweisungen mit LaTeX-Längen oder LaTeX-Zählern sollten daher nie per `\documentclass` oder `\usepackage`, sondern immer mit den nachfolgend dokumentierten Anweisungen `\KOMAoptions` oder `\KOMAoption` vorgenommen werden.

```
\KOMAoptions{Optionenliste}
\KOMAoption{Option}{Werteliste}
```

KOMA-Script bietet bei den meisten Klassen- und Paketoptionen auch die Möglichkeit, den Wert der Optionen noch nach dem Laden der Klasse beziehungsweise des Pakets zu ändern. Man kann dann wahlweise mit der Anweisung `\KOMAoptions` die Werte einer Reihe von Optionen ändern. Jede Option der *Optionenliste* hat dabei die Form *Option*=*Wert*.

Einige Optionen besitzen auch einen Säumniswert (engl. *default value*). Versäumt man die Angabe eines Wertes, verwendet man die Option also einfach in der Form *Option*, so wird automatisch dieser Säumniswert angenommen.

Manche Optionen können gleichzeitig mehrere Werte besitzen. Für solche Optionen besteht die Möglichkeit, mit `\KOMAoption` der einen *Option* nacheinander eine Reihe von Werten zuzuweisen. Die einzelnen Werte sind dabei in der *Werteliste* durch Komma voneinander getrennt.

Soll ein *Wert* ein Gleichheitszeichen oder ein Komma enthalten, so ist der *Wert* in geschweifte Klammern zu setzen. *Achtung!*

KOMA-Script bedient sich für die Realisierung dieser Möglichkeit der Anweisungen `\FamilyOptions` und `\FamilyOption` mit der Familie »KOMA«. Siehe dazu Teil II, Abschnitt 12.2, Seite 367.

11.2. Verzeichnisse

Das Paket scrjura sieht auch Einträge in das Inhaltsverzeichnis vor.

```
juratotoc=Ein-Aus-Wert
juratotoc=Ebenennummer
```

Im Inhaltsverzeichnis angezeigt werden Paragraphen nur, wenn ihre *Ebenennummer* kleiner oder gleich dem Zähler `tocdepth` ist (siehe Abschnitt 3.9, Seite 88). Voreingestellt ist für *Ebenennummer* der Wert 10000, der auch verwendet wird, wenn die Option über einen *Ein-Aus-Wert* (siehe Tabelle 2.5, Seite 46) ausgeschaltet wird. Da der Zähler `tocdepth` üblicherweise einen kleinen, einstelligen Wert besitzt, werden die Paragraphen-Einträge im Inhaltsverzeichnis daher normalerweise nicht angezeigt. `tocdepth` `juratotoc=false`

Wird die Option hingegen über einen *Ein-Aus-Wert* eingeschaltet, so wird als *Ebenennummer* 2 voreingestellt. Damit werden sie in Inhaltsverzeichnissen bei allen KOMA-Script-Klassen auf derselben Ebene wie `\subsection` eingeordnet. In der Voreinstellung von `tocdepth` werden sie dann auch bei allen KOMA-Script-Klassen im Inhaltsverzeichnis angezeigt. `juratotoc=true`

```
juratocindent=Einzug
juratocnumberwidth=Nummernbreite
```

Mit diesen beiden Optionen kann für die Einträge der Paragraphen ins Inhaltsverzeichnis sowohl der Einzug als auch die Breite, die für Nummern reserviert wird, festgelegt werden. Voreingestellt sind dieselben Werte wie für `\subsection`-Einträge bei scrartcl.

11.3. Umgebung für Verträge

Die wesentlichen Mechanismen von scrjura stehen ausschließlich innerhalb von Verträgen der zugehörigen Umgebung zur Verfügung.

```
\begin{contract}
...
\end{contract}
```

Dies ist die erste und bisher einzige Umgebung für Juristen, die scrjura bereit stellt. Durch ihre Verwendung wird die automatische Absatznummerierung aktiviert und die Anweisungen \Paragraph und \SubParagraph mit einer konkreten Form versehen, die später näher dokumentiert wird.

Achtung! Die Umgebung contract darf nicht in sich selbst geschachtelt werden. Innerhalb eines Dokuments dürfen jedoch mehrere dieser Umgebungen verwendet werden. Dabei werden die Paragraphen innerhalb dieser Umgebungen so behandelt, als stünden sie innerhalb einer einzigen Umgebung. Durch das Beenden der Umgebung wird diese also quasi lediglich unterbrochen und durch den Beginn einer neuen Umgebung wird sozusagen die alte Umgebung fortgesetzt. Dabei sind allerdings keine Unterbrechungen innerhalb eines Paragraphen möglich.

```
contract
```

\usepackage
\documentclass

Bei Angabe dieser Option beim Laden des Pakets beispielsweise mit \usepackage oder als globale Option bei \documentclass wird das gesamte Dokument zu einem Vertrag. Das Dokument verhält sich dann also genauso, als würde es genau eine contract-Umgebung enthalten.

Achtung! Es wird darauf hingewiesen, dass Option contract weder mit \KOMAoption oder \KOMAoptions gesetzt werden kann! Damit ist es auch nicht möglich die Option wieder abzuschalten. Verwenden Sie in einem solchen Fall stattdessen direkt eine contract-Umgebung.

11.3.1. Juristische Paragraphen

Paragraphen im juristischen Sinn, sind bei scrjura nur innerhalb von Verträgen, also innerhalb der Umgebung contract definiert.

```
\Paragraph[Einstellungen]
\SubParagraph[Einstellungen]
```

Dies sind die wichtigsten Anweisungen innerhalb eines Vertrags. Ohne zusätzliche *Einstellungen* erzeugt \Paragraph eine Paragraphenüberschrift, die nur aus dem Paragraphenzeichen gefolgt von einer fortlaufenden Nummer besteht. Dagegen erzeugt \SubParagraph eine Paragraphenüberschrift, bei der an die zuletzt mit \Paragraph gesetzte Nummer noch ein fortlaufender Kleinbuchstabe angehängt

Tabelle 11.1.: Mögliche Eigenschaften für die optionalen Argumente der Anweisungen `\Paragraph` und `\SubParagraph`

`dummy`
: Die Überschrift wird nicht gesetzt aber gezählt.

`head=`*`Kolumnentitel`*
: Sind Kolumnentitel aktiviert wird unabhängig von einem Titel für den Paragraphen dieser Kolumnentitel verwendet.

`nohead`
: Es wird kein neuer Kolumnentitel gesetzt.

`notocentry`
: Es wird kein Eintrag ins Inhaltsverzeichnis vorgenommen.

`number=`*`Nummer`*
: Die Nummer für den Paragraphen wird direkt angegeben.

`preskip=`*`Abstand`*
: Neuer Abstand vor den Überschriften der Paragraphen.

`postskip=`*`Abstand`*
: Neuer Abstand nach den Überschrift der Paragraphen.

`title=`*`Überschrift`*
: Der Paragraph wird zusätzlich zur Nummer mit einem Titel versehen. Dies ist gleichzeitig die Grundeinstellung für die Einträge in den Kolumnentitel und das Inhaltsverzeichnis.

`tocentry=`*`Inhaltsverzeichniseintrag`*
: Unabhängig von einem Titel für den Paragraphen wird dieser Eintrag ins Inhaltsverzeichnis vorgenommen.

wird. Gedacht ist `\SubParagraph` vor allem für den Fall, dass bei der Novellierung von Gesetzen oder Verträgen nicht nur Paragraphen umformuliert oder gestrichen werden, sondern zwischen existierenden Paragraphen neue eingefügt werden, ohne dass eine komplett neue Nummerierung erfolgt.

Als *`Einstellungen`* kann bei beiden Anweisungen eine durch Komma separierte Liste von Eigenschaften angegeben werden. Eine Übersicht über die möglichen Eigenschaften bietet Tabelle 11.1. Auf die wichtigsten soll noch näher eingegangen werden.

In der Voreinstellung wird vor der Überschrift ein Abstand von zwei Zeilen und danach ein Abstand von einer Zeile eingefügt. Über die Eigenschaften `preskip` und `postskip` kann dieser Abstand ver- `preskip, postskip` ändert werden. Diese neue Einstellung gilt dann aber nicht nur für den aktuellen Paragraphen, sondern ab dem aktuellen Paragraphen bis zum Ende der aktuellen Umgebung. Es ist auch möglich, die entsprechende Einstellung bereits vorab mit Hilfe von

```
\setkeys{contract}{preskip=Abstand,
                   postskip=Abstand}
```

unabhängig von einem konkreten Paragraphen und auch außerhalb einer `contract`-Umgebung vorzunehmen. Auch das Setzen innerhalb der Präambel nach dem Laden von scrjura ist so möglich. Dagegen ist es nicht möglich, diese beiden Optionen bereits beim Laden des Pakets anzugeben oder sie per `\KOMAoptions` oder `\KOMAoption` zu setzen.

In der Voreinstellung wird für die Überschrift des Paragraphen als Schrift `\sffamily\bfseries\large` verwendet. Über das Element

`contract.Paragraph`
`\setkomafont`, `\addtokomafont`
`Paragraph`

`contract.Paragraph` kann diese Schrift jederzeit mit Hilfe der Anweisungen `\setkomafont` und `\addtokomafont` (siehe Abschnitt 3.6, Seite 70) geändert werden. Innerhalb der `contract`-Umgebung kann statt `contract.Paragraph` auch `Paragraph` verwendet werden.

`title`, `head`, `tocentry`
Achtung!

Mit Hilfe der Einstellungen `title`, `head` und `tocentry` können Paragraphen zusätzlich zur Nummer mit einem Titel versehen werden. Dabei wird empfohlen, den Wert der jeweiligen Eigenschaft in geschweifte Klammern zu setzen. Anderenfalls führen beispielsweise Kommata zu Verwechslungen mit den Trennzeichen zwischen unterschiedlichen Eigenschaften. Leere Werte für `head` und `tocentry` führen zu leeren Einträgen. Will man hingegen keine Einträge vornehmen, so sind `nohead` und `notocentry` zu verwenden.

`nohead`, `notocentry`

`number`
Achtung!

Statt der fortlaufenden Nummer, kann mit Hilfe der Eigenschaft `number` auch manuell eine Nummer vergeben werden. Dies hat jedoch keinen Einfluss auf die Nummern der nachfolgenden Paragraphen. Die Angabe einer leeren Nummer ist nicht vorgesehen. Zerbrechliche Anweisungen in *`Nummer`* sollten mit `\protect` geschützt werden. Es wird empfohlen als *`Nummer`* nur Ziffern und Buchstaben anzugeben.

`dummy`
Beispiel

Mit der Eigenschaft `dummy` kann man die Ausgabe der kompletten Überschrift des Paragraphen unterdrücken. In der automatischen Zählung wird der Paragraph aber dennoch berücksichtigt. Auf diese Weise kann man beispielsweise mit

```
\Paragraph{dummy}
```

einen Paragraphen in der automatischen Zählung überspringen, falls der entsprechende Paragraph in einer späteren Fassung eines Vertrags gestrichen wurde.

Es ist zu beachten, dass Eigenschaft dummy als Wert allenfalls true und false versteht. Alle anderen Werte werden normalerweise ignoriert, können im ungünstigsten Fall aber auch zu einer Fehlermeldung führen. *Achtung!*

`\Paragraphformat{Nummer}`

Wie bereits in der vorausgehenden Erklärung erwähnt, werden juristische Paragraphen und Unterparagraphen normalerweise nummeriert. Die Formatierung der Nummer erfolgt dabei mit Hilfe der Anweisung `\Paragraphformat`, die als einziges Argument die Nummer erwartet. Bei der Vordefinierung als

```
\newcommand*{\Paragraphformat}[1]{\S~#1}
```

wird der Nummer mit \S lediglich das Paragraphensymbol gefolgt von einem nicht trennbaren Leerzeichen vorangestellt. Bei Umdefinierungen ist auf die Expandierbarkeit zu achten!

`juratitlepagebreak=Ein-Aus-Wert`

Normalerweise sind Seitenumbrüche innerhalb von Überschriften aller Art verboten. Einige Juristen benötigen jedoch Seitenumbrüche innerhalb von Paragraphentiteln. Daher kann ein solcher Umbruch mit `juratitlepagebreak` erlaubt werden. Die möglichen Einstellungen für *Ein-Aus-Wert* sind Tabelle 2.5, Seite 46 zu entnehmen. juratitlepagebreak

`paragraphmark=Einstellung`

Da Paragraphen eine untergeordnete Gliederung mit unabhängiger Nummerierung sind, erzeugen sie in der Voreinstellung keine Kolumnentitel. Über alternative Einstellungen können jedoch auch Kolumnentitel erzeugt werden. Die möglichen Werte und ihre Bedeutung sind Tabelle 11.2 zu entnehmen.

11.3.2. Absätze

Innerhalb von Paragraphen werden Absätze von scrjura normalerweise automatisch nummeriert. Sie sind damit ein stark gliederndes Element, ähnlich `\paragraph` oder `\subparagraph` in normalen Texten. Innerhalb von Verträgen wird deshalb häufig auch gerne mit Abstand zwischen den Absätzen gearbeitet. Das Paket scrjura bietet keinen eigenen Mechanismus hierfür. Stattdessen sei auf die Option `parskip` der KOMA-Script-Klassen verwiesen (siehe Abschnitt 3.10, Seite 90). parskip

Tabelle 11.2.: Mögliche Werte für Option `paragraphmark` zur Erzeugung von Kolumnentiteln durch Paragraphen

`both`
: Paragraphen erzeugen linke und rechte Marken für Kolumnentitel, wenn das Dokument die Verwendung von lebenden Kolumnentiteln vorsieht.

`false`, `off`, `no`
: Paragraphen erzeugen keine Kolumnentitel.

`forceboth`
: Paragraphen erzeugen mit `\markboth` linke und rechte Marken für Kolumnentitel unabhängig davon, ob das Dokument beispielsweise über den Seitenstil überhaupt lebende Kolumnentitel verwendet.

`forceright`
: Paragraphen erzeugen mit `\markright` rechte Marken für Kolumnentitel unabhängig davon, ob das Dokument beispielsweise über den Seitenstil überhaupt lebende Kolumnentitel verwendet.

`right`
: Paragraphen erzeugen rechte Marken für Kolumnentitel, wenn das Dokument die Verwendung von lebenden Kolumnentiteln vorsieht.

`parnumber=`*`Einstellung`*

Die automatische Nummerierung der Absätze entspricht den beiden Einstellungen `parnumber=auto` und `parnumber=true`. Manchmal ist es notwendig, die automatische Nummerierung abzuschalten. Das ist mit `parnumber=false` möglich. In diesem Fall wird nur die Satznummer automatisch zurück gesetzt. `parnumber=false`

Zur Realisierung dieser Option war es notwendig, in den Absatzmechanismus von LaTeX einzugreifen. In einigen seltenen Fällen kann sich das negativ auswirken. Dann bleibt nur, diese Änderung mit `parnumber=manual` zurück zu nehmen. Umgekehrt hebt LaTeX selbst den Eingriff manchmal auf. In diesem Fällen kann er mit `parnumber=auto` erneut aktiviert werden. `parnumber=manual` `parnumber=auto`

Paragraphen, die nur aus einem einzigen Absatz bestehen, werden normalerweise nicht automatisch nummeriert. Damit dies funktioniert, dürfen sich keine zwei Paragraphen mit identischer Nummer in einem Dokument befinden. Da die Information erst am Ende eines Paragraphen zur Verfügung steht, werden in der Regel zwei LaTeX-Läufe benötigt, bis die automatische Absatznummerierung korrekt erfolgt. *Achtung!*

```
par
\thepar
\parformat
```

Für die Nummerierung der Absätze wird der Zähler `par` verwendet. Seine Darstellung, `\thepar` ist mit `\arabic{par}` als arabische Zahl voreingestellt. Die Ausgabe als automatische Absatznummer erfolgt mit `\parformat`. Dabei wird `\thepar` in runde Klammern gesetzt. Will man einem Absatz manuell eine Absatznummer voranstellen, so sollte das ebenfalls mit `\parformat` geschehen. Dabei ist es sinnvoll, auf `\parformat` noch ein nicht trennbares Leerzeichen mit `\nobreakspace` oder der Tilde folgen zu lassen.

Es wird darauf hingewiesen, dass scrjura intern davon ausgeht, dass `\thepar` eine arabische Zahl ist. Daher sollte diese Anweisung keinesfalls umdefiniert werden! *Achtung!*

```
\ellipsispar[Anzahl]
\parellipsis
```

Manchmal – insbesondere in vergleichenden Kommentaren – ist es wünschenswert, wenn man Absätze in Gesetzen auslassen, aber gleichzeitig die Auslassung markieren kann. Die Absätze sollen dann auch in der Zählung der übrigen Absätze berücksichtigt werden. Das Paket scrjura stellt dafür die Anweisung `\ellipsispar` bereit.

In der Voreinstellung lässt `\ellipsispar` genau einen Absatz aus. Über das optionale Argument *`Anzahl`* können jedoch auch mehrere Absätze ausgelassen werden. In jedem Fall erscheint in der Ausgabe stattdessen genau ein nicht nummerierter Absatz, der nur die Auslassungszeichen `\parellipsis` enthält. Bei der Entscheidung für eine automatische Nummerierung der übrigen Absätze eines juristischen Paragraphen werden die ausgelassenen Absätze jedoch mit gezählt. Dies gilt ebenso für die Nummern etwaiger nachfolgender Absätze.

Beispiel: Angenommen, Sie kommentieren das Strafgesetzbuch, wollen aber in § 2 nur Absatz 3 kommentieren. Dennoch soll auf die übrigen Absätze indirekt hingewiesen werden. Sie erreichen das beispielsweise mit:

```
\documentclass[parskip=half]{scrartcl}
\usepackage{scrjura}
\usepackage{selinput}
\SelectInputMappings{
  adieresis={ä},germandbls={ß},
}
\begin{document}
\begin{contract}
  \Paragraph{title={Zeitliche Geltung},number=2}
```

```
    \ellipsispar[2]

    Wird das Gesetz, das bei Beendigung der Tat
    gilt, vor der Entscheidung geändert, so ist
    das mildeste Gesetz anzuwenden.

    \ellipsispar[3]
  \end{contract}
  \end{document}
```

Um das Ergebnis zu sehen, sollten Sie das einfach einmal ausprobieren.

Die Auslassungszeichen sind so vordefiniert, dass \textellipsis verwendet wird, falls eine solche Anweisung definiert ist. Anderenfalls wird \dots verwendet. Eine Umdefinierung von \parellipsis ist mit \renewcommand jederzeit möglich.

11.3.3. Sätze

Absätze in Verträge bestehen aus einem oder mehreren Sätzen, die teilweise ebenfalls nummeriert werden. Da eine automatische Nummerierung jedoch problematisch und fehleranfällig ist, wurde eine solche bisher nicht implementiert.

```
sentence
\thesentence
\Sentence
```

Die Nummerierung von Sätzen erfolgt manuell mit der Anweisung \Sentence. Dabei wird der Zähler sentence automatisch erhöht und in der Voreinstellung von \thesentence als arabische Zahl ausgegeben.

Tipp! Bei Verwendung von babel ist es einfach möglich, eine Abkürzung für \Sentence zu definieren:

```
\useshorthands{'}
\defineshorthand{'S}{\Sentence\ignorespaces}
```

Bei dieser Definition wurde dafür gesorgt, dass Leerzeichen nach 'S ignoriert werden. Es ist sogar möglich zusätzlich eine Abkürzung für einen Punkt gefolgt von einer neuen Satznummer zu definieren:

```
\defineshorthand{'.}{. \Sentence\ignorespaces}
```

Diese beiden Abkürzungen haben sich in der Praxis sehr bewährt. Näheres zur Verwendung von \useshorthands und \defineshorthand ist der Anleitung zum Paket babel zu entnehmen (siehe [BB13]).

11.4. Querverweise

Für Paragraphen, Absätze und Sätze reicht der normale Mechanismus für Querverweise mit `\label`, `\ref` und `\pageref` nicht mehr aus. Daher wird dieser von scrjura um weitere Anweisungen ergänzt. `\label`

```
\ref{Label}
\refL{Label}
\refS{Label}
\refN{Label}
```

Die Anweisungen `\refL`, `\refS` und `\refN` referenzieren Paragraph, Absatz und Satz immer vollständig. `\refL` verwendet dabei eine textuelle Langform, während `\refS` eine textuelle Kurzform bietet. `\refN` ist eine rein nummerische Kurzform. `\ref` entspricht in der Voreinstellung `\refL`.

```
\refParagraph{Label}
\refParagraphN{Label}
```

Für die Referenzierung von Paragraphen ohne Absatz und Satz, unterscheiden sich `\refParagraph` und `\refParagraphN` nur darin, dass ersteres automatisch ein Paragraphenzeichen voran stellt.

```
\refPar{Label}
\refParL{Label}
\refParS{Label}
\refParN[Zahlenformat]{Label}
```

Nur den Absatz kann man mit `\refParL`, `\refParS` und `\refParN` referenzieren. Die Formen unterscheiden sich dabei wie bereits für `\refL`, `\refN` und `\refS` angegeben. Eine Besonderheit stellt das optionale Argument von `\refParN` dar. Normalerweise werden Absätze in rein nummerischer Form als römische Zahlen referenziert. Über das optionale Argument kann jedoch auch ein anderes Format vorgegeben werden. Sinnvoll ist hier in erster Linie das `Zahlenformat` `arabic` für eine arabische Absatznummer. `\refPar` entspricht in der Voreinstellung `\refParL`.

```
\refSentence{Label}
\refSentenceL{Label}
\refSentenceS{Label}
\refSentenceN{Label}
```

Der Satz ohne Paragraph und Absatz kann mit `\refSentenceL`, `\refSentenceS` oder `\refSentenceN` referenziert werden. Auch hier gibt es wieder eine textuelle Langform, eine textuelle Kurzform und eine rein nummerische Form. \refSentence entspricht in der Voreinstellung \refSentenceL.

`ref=Einstellung`

Die Ergebnisse von \ref, \refPar und \refSentence sind von der *Einstellung* für Option ref abhängig. In der Voreinstellung entsprechen diese \refL, \refParL und \refSentenceL. Mögliche Werte und ihre Bedeutung sind Tabelle 11.3 zu entnehmen.

Beispiel: Angenommen Sie wollen, dass auf Absätze immer in der Form »Absatz 1 in Paragraph 1« verwiesen wird. Da es hierfür keine vordefinierte Anweisung gibt, müssen Sie sich Ihre eigene Definition aus den vorhanden Möglichkeiten zusammen bauen. Dies können Sie mit

```
\newcommand*{\refParM}[1]{%
  Absatz~\refParN[arabic]{#1}
  in Paragraph~\refParagraphN{#1}%
}
```

sehr einfach erreichen. Die so neu definierte Anweisung ist genau wie \refParL zu verwenden.

Beispiele für die Ergebnisse der nicht konfigurierbaren, grundlegenden Anweisungen finden sich in Tabelle 11.4.

11.5. Unterstützung verschiedener Sprachen

Das Paket scrjura wurde in Zusammenarbeit mit einem Anwalt für Deutsches Recht entwickelt. Daher unterstützt es derzeit auch nur die Sprachen german, ngerman, austrian und naustrian. Das Paket wurde aber so entworfen, dass es mit üblichen Sprachpaketen wie
babel babel zusammen arbeitet. Anwender können solche Anpassungen einfach mit \providecaptionname (siehe Abschnitt 12.4, Seite 381) vornehmen. Sollten Sie über gesicherte Informationen zu den im juristischen Umfeld gebräuchlichen Begriffen in anderen Sprachen verfügen, würde sich der Autor über entsprechende Rückmeldungen freuen.

```
\parname
\parshortname
\sentencename
\sentenceshortname
```

Dies sind die sprachabhängigen Bezeichnungen, die von scrjura verwendet werden. Die Bedeutung und die vordefinierten Werte sind

Tabelle 11.3.: Mögliche Werte für Option `ref` zur Einstellung des Formats von `\ref`, `\refPar` und `\refSentence`

`long`
: Die Einstellungen `parlong` und `sentencelong` werden kombiniert.

`numeric`
: Die Einstellungen `parnumeric` und `sentencenumeric` werden kombiniert.

`paragraphonly`, `onlyparagraph`, `ParagraphOnly`, `OnlyParagraph`
: Die Einstellungen `paroff` und `sentenceoff` werden kombiniert. Es ist zu beachten, dass dadurch sowohl `\refPar` als auch `\refSentence` ein leeres Ergebnis erzeugen!

`parlong`, `longpar`, `ParL`
: Der Absatz wird in der textuellen Langform referenziert.

`parnumeric`, `numericpar`, `ParN`
: Der Absatz wird in der rein nummerischen Form referenziert.

`paroff`, `nopar`
: Der Absatz wird nicht mit referenziert. Es ist zu beachten, dass dadurch `\refPar` ein leeres Ergebnis erzeugt!

`parshort`, `shortpar`, `ParS`
: Der Absatz wird in der textuellen Kurzform referenziert.

`sentencelong`, `longsentence`, `SentenceL`
: Der Satz wird in der textuellen Langform referenziert.

`sentencenumeric`, `numericsentence`, `SentenceN`
: Der Satz wird in der rein nummerischen Form referenziert.

`sentenceoff`, `nosentence`
: Der Satz wird nicht mit referenziert. Es ist zu beachten, dass dadurch von `\refSentence` ein leeres Ergebnis erzeugt wird!

`sentenceshort`, `shortsentence`, `SentenceS`
: Der Satz wird in der textuellen Kurzform referenziert.

`short`
: Die Einstellungen `parshort` und `sentenceshort` werden kombiniert.

Tabelle 11.4.: Beispielausgaben der von Option `ref` unabhängigen Anweisungen für Querverweise

Anweisung	Beispielausgabe
`\refL{`*Label*`}`	§ 1 Absatz 1 Satz 1
`\refS{`*Label*`}`	§ 1 Abs. 1 S. 1
`\refN{`*Label*`}`	§ 1 I 1.
`\refParagraph{`*Label*`}`	§ 1
`\refParagraphN{`*Label*`}`	1
`\refParL{`*Label*`}`	Absatz 1
`\refParS{`*Label*`}`	Abs. 1
`\refParN{`*Label*`}`	I
`\refParN[arabic]{`*Label*`}`	1
`\refParN[roman]{`*Label*`}`	i
`\refSentenceL{`*Label*`}`	Satz 1
`\refSentenceS{`*Label*`}`	S. 1
`\refSentenceN{`*Label*`}`	1.

Tabelle 11.5 zu entnehmen. Dabei nimmt scrjura die entsprechenden Definitionen innerhalb von `\begin{document}` nur vor, wenn nicht bereits andere Vorgaben getroffen wurden. Wird scrjura mit einer nicht unterstützten Sprache verwendet, so wird eine entsprechende Fehlermeldung ausgegeben.

11.6. Ein ausführliches Beispiel

Erinnern wir uns an den Brief aus Kapitel 4, in dem ein Vereinsmitglied die überfällige Mitgliederversammlung in Erinnerung bringen wollte. Damit so etwas möglich ist, muss es auch einen Verein mit einer Satzung geben, die das vorschreibt. Eine Vereinssatzung ist letztlich eine Art Vertrag und kann mit scrjura gesetzt werden.

```
\documentclass[fontsize=12pt,pagesize,parskip=half]
             {scrartcl}
```

Als Klasse wird scrartcl verwendet. Da es bei Satzungen eher üblich ist, die Absätze mit einem Abstand zu setzen, wird Option

Tabelle 11.5.: Bedeutungen und Voreinstellungen für die sprachabhängigen Begriffe soweit nicht bereits definiert

Anweisung	Bedeutung	Voreinstellung
`\parname`	Langform »Absatz«	Absatz
`\parshortname`	Kurzform »Absatz«	Abs.
`\sentencename`	Langform »Satz«	Satz
`\sentenceshortname`	Kurzform »Satz«	S.

parskip=half verwendet (siehe Abschnitt 3.10, Seite 90).

```
\usepackage[ngerman]{babel}
```

Die Satzung soll in Deutsch verfasst werden. Daher wird das Paket babel mit Option ngerman geladen.

```
\usepackage[T1]{fontenc}
\usepackage{lmodern}
\usepackage{textcomp}
```

Es werden einige Standardeinstellungen für die Schrift vorgenommen. Dazu kommt das Paket textcomp, das neben einem brauchbaren Euro-Zeichen für einige Schriften auch ein verbessertes Paragraphenzeichen bereit stellt.

```
\usepackage{selinput}
\SelectInputMappings{
  adieresis={ä},
  germandbls={ß},
}
```

Damit Sonderzeichen und Umlaute direkt eingegeben werden können, wird die Eingabecodierung ermittelt. Alternativ könnte hier auch das Paket inputenc zum Einsatz kommen.

```
\usepackage{enumerate}
```

Später sollen Listen nicht mit arabischen Zahlen, sondern mit Kleinbuchstaben nummeriert werden. Dies ist beispielsweise mit dem Paket enumerate möglich.

```
\usepackage[paragraphmark=forceboth,
            juratotoc,
            juratocnumberwidth=2.5em]
           {scrjura}
\useshorthands{'}
\defineshorthand{'S}{\Sentence\ignorespaces}
\defineshorthand{'.}{. \Sentence\ignorespaces}

\pagestyle{myheadings}
```

Nun ist es Zeit für scrjura. Mit Option paragraphmark=forceboth wird für Paragraphen das Setzen von linken und rechten Marken für Kolumnentitel erzwungen. Da andererseits nicht erwünscht ist, dass \section Kolumnentitel erzeugen, wird Seitenstil myheadings verwendet, der normalerweise keine lebenden Kolumnentitel aktiviert.

Es soll später auch ein Inhaltsverzeichnis erstellt werden, in das die Paragraphen ebenfalls aufgenommen werden. Das wird mit juratotoc erreicht. Später werden wir feststellen, dass die voreingestellte Breite für die Paragraphennummern im Inhaltsverzeichnis nicht genügt. Daher wird mit `juraticnumberwidth=2.5em` für etwas mehr Platz gesorgt.

Die Definition der Abkürzungen wurde bereits in Abschnitt 11.3.3 erklärt. Im Beispiel wurde sie übernommen, um später die Eingabe zu vereinfachen.

```
\begin{document}
```

Es ist Zeit, das eigentliche Dokument zu beginnen.

```
\subject{Satzung}
\title{VfVmai}
\subtitle{Verein für Vereinsmaierei mit ai n.e.V.}
\date{11.\,11.\,2011}
\maketitle
```

Wie jedes Dokument hat auch eine Satzung einen Titel. Dieser wird mit den gewohnten KOMA-Script-Mitteln (siehe Abschnitt 3.7, ab Seite 76) erstellt.

```
\tableofcontents
```

Wie bereits erwähnt, soll ein Inhaltsverzeichnis erstellt werden.

```
\addsec{Präambel}

Die Vereinslandschaft in Deutschland ist vielfältig.
Doch leider mussten wir feststellen, dass es dabei oft
am ernsthaften Umgang mit der Ernsthaftigkeit krankt.
```

Präambeln sind in Satzungen nicht ungewöhnlich. Hier wird sie mit `\addsec` gesetzt, damit sie auch einen Eintrag ins Inhaltsverzeichnis erhält.

```
\appendix
```

Hier wird ein kleiner Trick angewendet. Die einzelnen Artikel der Satzung sollen nicht mit arabischen Zahlen, sondern mit Großbuchstaben nummeriert werden – genau wie dies auch im Anhang eines Artikels mit scrartcl der Fall ist.

```
\section{Allgemeines}

\begin{contract}
```

Mit dem ersten Artikel beginnt auch der Vertrag.

```
\Paragraph{title={Name, Rechtsform, Sitz des Vereins}}

Der Verein führt den Namen »Verein für Vereinsmaierei mit
ai n.e.V.« und ist in keinem Vereinsregister eingetragen.

Der Verein ist ein nichtwirtschaftlicher, unnützer
```

```
Verein'. Er hat keinen Sitz und muss daher stehen.

Geschäftsjahr ist vom 31.~März bis zum 1.~April.
```

Der erste Paragraph erhält neben der Nummer auch einen Titel. Dies wird auch bei den nachfolgenden Paragraphen so sein.

Der erste Absatz des Vertrags enthält nichts ungewöhnliches. Da es nicht der einzige Absatz ist, werden bei der Ausgabe jedem Absatz automatisch Absatznummern voran gestellt werden. Damit dies auch beim ersten Absatz geschieht, sind allerdings zwei LaTeX-Läufe notwendig. Da dies für das Inhaltsverzeichnis ohnehin der Fall sein wird, stört das aber auch nicht weiter.

Im zweiten Absatz stehen zwei Sätze. Hier findet zum ersten Mal die Abkürzung `'.` Anwendung. Mit ihr wird nicht nur ein Punkt, sondern nachfolgend auch eine Satznummer erzeugt. Der zweite Satz erhält damit eine Nummer, während der erste Satz nicht nummeriert bleibt.

```
\Paragraph{title={Zweck des Vereins}}

Der Verein ist zwar sinnlos, aber nicht zwecklos'.
Vielmehr soll er den ernsthaften Umgang mit der
Ernsthaftigkeit auf eine gesunde Basis stellen.

Zu diesem Zweck kann der Verein
\begin{enumerate}[\qquad a)]
\item in der Nase bohren,
\item Nüsse knacken,
\item am Daumen lutschen.
\end{enumerate}

Der Verein ist selbstsüchtig und steht dazu.

Der Verein verfügt über keinerlei Mittel.\label{a:mittel}
```

Der zweite Paragraph: Auch dieser enthält wieder mehrere Absätze, die teilweise auch mehrere Sätze umfassen. Im zweiten Absatz ist darüber hinaus eine Aufzählung zu finden. Beim letzten Absatz wurde ein Label gesetzt, da auf diesen später noch verwiesen werden soll.

```
\Paragraph{title={Vereinsämter}}

Die Vereinsämter sind Ehrenämter.

Würde der Verein über Mittel verfügen
(siehe \ref{a:mittel}), so könnte er einen
```

```
hauptamtlichen Geschäftsführer bestellen'. Ohne
die notwendigen Mittel ist dies nicht möglich.
```

Der dritte Paragraph enthält als Besonderheit einen Querverweis. In diesem Fall wird in der Langform mit Paragraph, Absatz und Satz referenziert. Soll der Satz später doch entfallen, so kann dies global durch Setzen der Option `ref=nosentence` erreicht werden.

```
\Paragraph{title={Vereinsmaier},dummy}
\label{p.maier}
```

Hier gibt es nun einen ersten Spezialfall eines Paragraphen. Dieser Paragraph war in einer früheren Fassung der Satzung noch enthalten, wurde dann aber entfernt. Dabei sollen jedoch die nachfolgenden Paragraphen nicht neu nummeriert werden, sondern ihre alte Nummer behalten. Deshalb wurde die `\Paragraph`-Anweisung nicht entfernt, sondern lediglich um die Eigenschaft `dummy` erweitert. Außerdem kann so auch weiterhin ein Label für diesen Paragraphen gesetzt werden, obwohl der Paragraph selbst nicht angezeigt wird.

```
\end{contract}

\section{Mitgliedschaft}

\begin{contract}
```

Es wird ein weiterer Artikel begonnen. Damit Probleme mit der Absatznummerierung ausgeschlossen sind, wird dazu kurzzeitig die `contract`-Umgebung unterbrochen.

```
\Paragraph{title={Mitgliedsarten},dummy}
```

Auch der erste Paragraph im nächsten Artikel wurde gestrichen.

```
\Paragraph{title={Erwerb der Mitgliedschaft}}

Die Mitgliedschaft kann jeder zu einem angemessenen
Preis von einem der in \refParagraph{p.maier}
genannten Vereinsmaier erwerben.\label{a.preis}

Zum Erwerb der Mitgliedschaft ist ein formloser
Antrag erforderlich'. Dieser Antrag ist in grüner
Tinte auf rosa Papier einzureichen.
```

Hier haben wir wieder einen echten Paragraphen. Darin wird zum einen auf einen der gestrichenen Paragraphen verwiesen. Zum anderen wird auch wieder ein Label gesetzt.

```
\SubParagraph{title={Ergänzung zu vorstehendem
    Paragraphen}}
```

```
Mit Abschaffung von \refParagraph{p.maier} verliert
\ref{a.preis} seine Umsetzbarkeit'. Mitgliedschaften
können ersatzweise vererbt werden.
```

Hier haben wir den zweiten Spezialfall eines Paragraphen. In diesem Fall wurde kein Paragraph gestrichen, sondern ein neuer Paragraph eingefügt, ohne dass nachfolgend Paragraphen neu nummeriert werden. Dazu wurde `\SubParagraph` verwendet. Somit erhält dieser Paragraph die Nummer des vorherigen Paragraphen, die zur Unterscheidung um ein kleines »a« erweitert wurde.

```
\Paragraph{title={Ende der Mitgliedschaft}}

Die Mitgliedschaft endet mit dem Leben'. Bei nicht
lebenden Mitgliedern endet die Mitgliedschaft nicht.

\Paragraph{title={Mitgliederversammlung}}

Zweimal jährlich findet eine Mitgliederversammlung statt.

Der Abstand zwischen zwei Mitgliederversammlungen
beträgt höchstens 6~Monate, 1~Woche und 2~Tage.

Frühestens 6~Monate nach der letzten Mitgliederversammlung
hat die Einladung zur nächsten Mitgliederversammlung zu
erfolgen.

\SubParagraph{title={Ergänzung zur Mitgliederversammlung}}

Die Mitgliederversammlung darf frühstens 2~Wochen nach
letztem Eingang der Einladung abgehalten werden.
\end{contract}
```

Die übrigen Paragraphen dieses Artikels enthalten nur bereits bekannte Anweisungen und keine neuen Besonderheiten.

```
\section{Gültigkeit}

\begin{contract}
\Paragraph{title={In Kraft treten}}

Diese Satzung tritt am 11.\,11.\,2011 um 11:11~Uhr
in Kraft.

Sollten irgendwelche Bestimmungen dieser Satzung im
Widerspruch zu einander stehen, tritt die Satzung am
11.\,11.\,2011 um 11:11~Uhr und 11~Sekunden wieder
außer Kraft'. Der Verein ist in diesem Fall als
```

```
aufgelöst zu betrachten.

\end{contract}
```

Es folgt noch ein weiterer Artikel ohne Besonderheiten.

```
\end{document}
```

Danach endet das LaTeX-Dokument, dessen vordere drei Seiten Abbildung 11.1 zeigt.

11.7. Entwicklungsstand

Obwohl das Paket bereits seit Jahren Teil von KOMA-Script und noch länger im Einsatz bei diversen Juristen ist, hat es noch immer eine Versionsnummer kleiner 1. Deshalb ist es eigentlich als unfertig zu betrachten. Dafür gibt es im Wesentlichen zwei Ursachen.

Zum einen ist das Paket wesentlich allgemeiner entworfen als es derzeit genutzt wird. So war beispielsweise ursprünglich geplant, neben `contract` weitere, ähnliche Umgebungen zu erstellen. Erst später stellte sich heraus, dass diese eine Umgebung alle wesentlichen Anwendungen bereits abdeckt.

Zum anderen ist weder das Zusammenspiel mit vielen anderen Paketen noch die Funktion der `contract`-Umgebung mit allen möglichen LaTeX-Umgebungen und Einstellungen verschiedener Klassen und Pakete getestet. Dies liegt nicht zuletzt daran, dass es sich bei scrjura um ein sehr spezielles Paket handelt, das weit außerhalb der täglichen Praxis des Autors liegt. Damit ist der Autor diesbezüglich in hohem Maße auf ausführliche Rückmeldungen durch die Anwender angewiesen.

Aus der kleinen Versionsnummer darf und soll auch abgeleitet werden, dass sich Dinge in scrjura noch ändern können. Zwar ist der Autor bemüht, dabei die Kompatibilität zu früheren Versionen zu erhalten. Garantiert kann diese jedoch nicht werden.

Satzung

VfVmai

Verein für Vereinsmaierei mit ai n.e.V.

11. 11. 2011

Inhaltsverzeichnis

Präambel

Die Vereinslandschaft in Deutschland ist vielfältig. Doch leider mussten wir feststellen, dass es dabei oft am ernsthaften Umgang mit der Ernsthaftigkeit krankt.

1

§ 1 Name, Rechtsform, Sitz des Vereins

A. Allgemeines

§ 1 Name, Rechtsform, Sitz des Vereins

(1) Der Verein führt den Namen »Verein für Vereinsmaierei mit ai n.e.V.« und ist in keinem Vereinsregister eingetragen.

(2) Der Verein ist ein nichtwirtschaftlicher, unnützer Verein. [2]Er hat keinen Sitz und muss daher stehen.

(3) Geschäftsjahr ist vom 31. März bis zum 1. April.

§ 2 Zweck des Vereins

(1) Der Verein ist zwar sinnlos, aber nicht zwecklos. [2]Vielmehr soll er den ernsthaften Umgang mit der Ernsthaftigkeit auf eine gesunde Basis stellen.

(2) Zu diesem Zweck kann der Verein

a) in der Nase bohren,

b) Nüsse knacken,

c) am Daumen lutschen.

(3) Der Verein ist selbstsüchtig und steht dazu.

(4) Der Verein verfügt über keinerlei Mittel.

§ 3 Vereinsämter

(1) Die Vereinsämter sind Ehrenämter.

(2) Würde der Verein über Mittel verfügen (siehe § 2 Absatz 4 Satz 1), so könnte er einen hauptamtlichen Geschäftsführer bestellen. [2]Ohne die notwendigen Mittel ist dies nicht möglich.

2

§ 6 Erwerb der Mitgliedschaft

B. Mitgliedschaft

§ 6 Erwerb der Mitgliedschaft

(1) Die Mitgliedschaft kann jeder zu einem angemessenen Preis von einem der in § 4 genannten Vereinsmaier erwerben.

(2) Zum Erwerb der Mitgliedschaft ist ein formloser Antrag erforderlich. [2]Dieser Antrag ist in grüner Tinte auf rosa Papier einzureichen.

(3) Die Mitgliedschaft kann nicht abgelehnt werden.

§ 6a Ergänzung zu vorstehendem Paragraphen

Mit Abschaffung von § 4 verliert § 6 Absatz 1 Satz 1 seine Umsetzbarkeit. [2]Mitgliedschaften können ersatzweise vererbt werden.

§ 7 Ende der Mitgliedschaft

Die Mitgliedschaft endet mit dem Leben. [2]Bei nicht lebenden Mitgliedern endet die Mitgliedschaft nicht.

§ 8 Mitgliederversammlung

(1) Zweimal jährlich findet eine Mitgliederversammlung statt.

(2) Der Abstand zwischen zwei Mitgliederversammlungen beträgt höchstens 6 Monate, 1 Woche und 2 Tage.

(3) Frühestens 6 Monate nach der letzten Mitgliederversammlung hat die Einladung zur nächsten Mitgliederversammlung zu erfolgen.

3

Abbildung 11.1.: Die ersten drei Seiten der Beispielsatzung aus Abschnitt 11.6

Teil II

KOMA-Script für fortgeschrittene Anwender und Experten

In diesem Teil sind die Informationen für die Autoren von LaTeX-Paketen und -Klassen zu finden. Dies betrifft nicht nur Anweisungen, die bei der Implementierung neuer Pakete und Klassen nützlich sind, sondern auch Schnittstellen, die weitere Eingriffe in KOMA-Script erlauben. Darüber hinaus sind in diesem Teil auch obsolete Optionen und Anweisungen ebenso wie Hintergründe zur Implementierung von KOMA-Script zu finden.

Dieser Teil ist als Ergänzung zu den Informationen für Autoren von Artikeln, Berichten, Büchern und Briefen in Teil I gedacht. Nähere Informationen und Beispiele für diese Anwender sind jenem Teil zu entnehmen.

12. Grundlegende Funktionen im Paket scrbase

Das Paket scrbase stellt einige grundlegende Funktionen bereit, die sich an Autoren von Paketen und Klassen richten. Dabei kann es nicht nur für Wrapper-Klassen genutzt werden, die ihrerseits eine KOMA-Script-Klasse laden. Auch Autoren von Klassen, die ansonsten nichts mit KOMA-Script zu tun haben, können von der Funktionalität von scrbase profitieren.

12.1. Laden des Pakets

Während Anwender ein Paket mit Hilfe von `\usepackage` laden, verwenden Paket- und Klassenautoren `\RequirePackage`. Autoren von Wrapper-Paketen nutzen auch `\RequirePackageWithOptions`. Bei Verwendung von `\RequirePackage` können wie bei `\usepackage` Optionen angegeben werden. Demgegenüber erhält das Paket bei `\RequirePackageWithOptions` alle Optionen, mit denen zuvor das Wrapper-Paket geladen wurde. Näheres zu diesen Anweisungen ist [Tea06] zu entnehmen.

Das Paket scrbase benötigt intern die Funktionalität des Pakets keyval. Diese kann auch vom Paket xkeyval zur Verfügung gestellt werden. Bei Bedarf lädt scrbase selbst keyval.

Das Paket keyval erlaubt es, Schlüssel zu definieren und diesen Werten zuzuweisen. Auch die Optionen, die scrbase bereitstellt, verwenden die keyval-Syntax: `Schlüssel=Wert`.

`internalonly=Wert`

Von scrbase werden einige Verzweigungsanweisungen bereitgestellt. Dabei verwendet es primär die Bezeichnungen `\scr@Name`. Es handelt sich somit um interne Anweisungen. Diese werden auch intern von KOMA-Script verwendet. Paket- und Klassenautoren können diese Anweisungen ebenfalls verwenden, sollten sie aber nicht umdefinieren. Da einige dieser Anweisungen auch für Benutzer nützlich sein können, werden die gleichen Anweisungen normalerweise auch als `\Name` bereitgestellt. Da eventuell andere Pakete gleichnamige Anweisungen mit anderer Syntax bereitstellen könnten und es so zu Konflikten kommen könnte, kann der Anwender die Definition von `\Name` verhindern. Dazu gibt er entweder die Option ohne Wertangabe an. In diesem Fall werden nur die internen Verzweigungsanweisungen definiert. Oder er gibt genau die Anweisungen, die nicht definiert werden sollen, als Wert an, wobei er »\« durch »/« ersetzt.

Paket- und Klassenautoren sollten diese Option normalerweise nicht verwenden. Anwender können sie mit oder ohne Wertangabe entweder als globale Option bei `\documentclass` oder per `\PassOptionsToPackage` angeben.

Beispiel: Der Anwender will nicht, dass die Anweisungen `\ifVTeX` und `\ifundefinedorrelax` von scrbase definiert werden. Also verwendet er beim Laden der Klasse:

```
\documentclass%
  [internalonly=/ifVTeX/ifundefinedorrelax]%
  {foo}
```

Der Klassenname foo wird hier als Platzhalter für irgendeine Klasse verwendet. Die Bedeutungen der Anweisungen `\ifVTeX` und `\ifundefinedorrelax` sowie weitere Verzweigungsanweisungen sind Abschnitt 12.3, ab Seite 376 zu entnehmen.

12.2. Schlüssel als Eigenschaften von Familien und deren Mitgliedern

Wie bereits in Abschnitt 12.1 erwähnt, setzt scrbase bei Schlüsseln und deren Werten auf das Paket keyval. Allerdings erweitert es dessen Funktionalität. Während bei keyval ein Schlüssel einer Familie gehört, kennt scrbase zu jeder Familie auch noch Familienmitglieder. Ein Schlüssel kann dann sowohl einer Familie als auch einem oder mehreren Familienmitgliedern gehören. Außerdem kann ein Wert einem Schlüssel eines Familienmitglieds, einem Schlüssel einer Familie oder einem Schlüssel aller Familienmitglieder zugewiesen werden.

```
\DefineFamily{Familienname}
\DefineFamilyMember[Mitglied]{Familienname}
```

scrbase muss aus verschiedenen Gründen die Mitglieder einer Familie kennen. Daher ist es notwendig, eine neue Familie zunächst mit `\DefineFamily` zu definieren und so eine leere Mitgliederliste zu erzeugen. Ist die Familie bereits definiert, so geschieht schlicht nichts. Es wird also auch nicht eine bereits existierende Mitgliederliste überschrieben.

Ein neues Mitglied wird der Familie dann mit der Anweisung `\DefineFamilyMember` bekannt gegeben. Existiert die Familie nicht, so führt dies zu einer Fehlermeldung. Existiert das Mitglied bereits, so geschieht nichts. Wird kein Mitglied angegeben, so bleibt das Mitglied nicht etwa leer, sondern es wird ».`\@currname`.`\@currext`« angenommen. Während des Ladens einer Klasse oder eines Pakets sind `\@currname` und `\@currext` zusammen der Dateiname.

Theoretisch wäre es möglich, mit einem leeren optionalen Argument *Mitglied* auch ein Mitglied ohne Name zu definieren. Dies würde jedoch der Familie selbst entsprechen. Es wird empfohlen als *Familienname* nur Buchstaben und Ziffern zu verwenden und das *Mitglied* immer mit einem anderen Zeichen, vorzugsweise einem Punkt, zu beginnen. Anderenfalls könnte es passieren, dass sich Mitglieder einer Familie mit Mitgliedern anderer Familien überdecken.

scrbase definiert selbst bereits die Familie »KOMA« und fügt ihr das Mitglied »`.scrbase.sty`« hinzu. Grundsätzlich ist die Familie »KOMA« KOMA-Script vorbehalten. Es wird empfohlen für eigene Pakete den Namen des Gesamtpakets als Familie und den Namen einzelner Pakete im Gesamtpaket als Mitglied zu verwenden.

Beispiel: Angenommen Sie schreiben ein neues Gesamtpaket »Fleischermeister«. Darin befinden sich die Pakete `Salami.sty`, `Mettwurst.sty` und `Krakauer.sty`. Daher entscheiden Sie sich für den Familienname »`Fleischermeister`« und fügen in jedem der Pakete die Zeilen

```
\DefineFamily{Fleischermeister}
\DefineFamilyMember{Fleischermeister}
```

ein. Dadurch wird beim Laden der drei genannten Pakete der Familie »`Fleischermeister`« je nach Paket eines der drei Mitglieder »`.Salami.sty`«, »`.Mettwurst.sty`« und »`.Krakauer.sty`« zugefügt. Am Ende sind dann alle drei Mitglieder definiert.

```
\DefineFamilyKey[Mitglied]{Familie}{Schlüssel}[Säumniswert]
                {Aktion}
\FamilyKeyState
\FamilyKeyStateUnknown
\FamilyKeyStateProcessed
\FamilyKeyStateUnknownValue
\FamilyKeyStateNeedValue
```

Mit dieser Anweisung wird ein *Schlüssel* definiert. Ist ein *Mitglied* angegeben, so ist der *Schlüssel* eine Eigenschaft dieses Mitglieds der angegebenen *Familie*. Ist kein Mitglied angegeben, so wird wieder das Mitglied ».\@currname.\@currext« angenommen. Wird später dem *Schlüssel* ein Wert zugewiesen, so wird *Aktion* ausgeführt, wobei der Wert als Parameter übergeben wird. Innerhalb von *Aktion* steht also »#1« für den übergebenen Wert. Wurde kein Wert übergeben, so wird stattdessen der *Säumniswert* eingesetzt. Falls kein *Säumniswert* angegeben wird, kann später der *Schlüssel* nur mit Wertübergabe verwendet werden.

Letztlich führt

```
\DefineFamilyKey[Mitglied]{Familie}{Schlüssel}
                [Säumniswert]{Aktion}
```

zu dem Aufruf

```
\define@key{FamilieMitglied}{Schlüssel}
           [Säumniswert]{erweiterte Aktion}
```

wobei \define@key im keyval-Paket definiert ist (siehe [Car99a]). Allerdings kommen zu dem Aufruf von \define@key noch einige zusätzliche Vorkehrungen und auch die *Aktion* wird um zusätzliche Vorkehrungen erweitert.

Erfolg oder Misserfolg der Ausführung der *Aktion* werden über \FamilyKeyState an scrbase zurück gemeldet, damit dieses je nach Bedarf und Verwendung des Schlüssels weitere Maßnahmen ergreifen kann. In der Voreinstellung ist \FamilyKeyState identisch mit \FamilyKeyStateUnknown. Das bedeutet, dass es nicht sicher ist, ob der Schlüssel korrekt verarbeitet werden konnte. Findet scrbase nach Ausführung der *Aktion* noch immer diesen Zustand vor, so wird ein Hinweis in die log-Datei geschrieben und im weiteren der Zustand \FamilyKeyStateProcessed angenommen.

Der Zustand \FamilyKeyStateProcessed signalisiert, dass der Schlüssel und die Wertzuweisung an den Schlüssel vollständig abgeschlossen wurde und alles in Ordnung ist. Auf den Zustand kann einfach durch Aufruf von \FamilyKeyStateProcessed selbst umgeschaltet werden.

Der Zustand \FamilyKeyStateUnknownValue signalisiert, dass

der Schlüssel zwar verarbeitet wurde, ihm jedoch ein Wert zugewiesen werden sollte, der nicht erlaubt ist. Diesen Zustand meldet beispielsweise typearea, wenn versucht wird, an Option `twoside` den Wert `unbekannt` zuzuweisen. Die Umschaltung auf den Zustand erfolgt einfach durch Aufruf von `\FamilyKeyStateUnknownValue` selbst.

Der Zustand `\FamilyKeyStateNeedValue` signalisiert, dass der Schlüssel nicht verarbeitet werden konnte, weil er zwingend einen Wert erwartet, er aber ohne Wertzuweisung aufgerufen wurde. Dieser Zustand wird automatisch gesetzt, wenn ein Schlüssel, der keinen *Säumniswert* besitzt, ohne Wertzuweisung verwendet wird. Theoretisch wäre aber auch eine explizite Umschaltung darauf durch Aufruf von `\FamilyKeyStateNeedValue` selbst möglich.

Desweiteren können zusätzliche Fehlerzustände definiert werden, indem man `\FamilyKeyState` auf eine kurze Meldung umdefiniert. In der Regel sollten jedoch die vier vordefinierten Zustände verwendet werden.

Beispiel: Nehmen wir an, jedes der drei Pakete aus dem letzten Beispiel soll einen Schlüssel `Aufschnitt` erhalten. Wird dieser aufgerufen, so soll in jedem der Pakete entsprechend dem Aufrufwert ein Schalter gesetzt werden. Für das Paket Salami könnte das beispielsweise so aussehen:

```
\newif\if@Salami@Aufschnitt
\DefineFamilyKey{Fleischermeister}%
                {Aufschnitt}[true]{%
  \expandafter\let\expandafter\if@Salami@Aufschnitt
  \csname if#1\endcsname
  \FamilyKeyStateProcessed
}
```

Als Wert ist daher beim Aufruf `true` oder `false` erlaubt. Ein Test auf unerlaubte Werte existiert in diesem Beispiel nicht. Stattdessen wird immer zurückgemeldet, dass der Schlüssel vollständig und korrekt verarbeitet wurde. Wird der Schlüssel später verwendet, so muss entweder einer der erlaubten Werte zugewiesen oder ein Aufruf ohne Wertzuweisung verwendet werden. In letzterem Fall wird der Säumniswert *`true`* zugewiesen.

Für die anderen beiden Pakete kann das fast identisch definiert werden. Lediglich die Zeichenfolge »`Salami`« ist jeweils zu ersetzen.

`\FamilyProcessOptions[`*`Mitglied`*`]{`*`Familie`*`}`

Grundsätzlich ist die Erweiterung der Schlüssel von Familien auf Familien und Familienmitglieder dazu gedacht, dass Schlüssel beziehungsweise die Wertzuweisung an Schlüssel als ganz normale Klassen- oder Paketoptionen verwendet werden können. Diese Anweisung stellt daher eine Erweiterung von `\ProcessOptions*` aus dem LaTeX-Kern dar (siehe [Tea06]). Dabei verarbeitet die Anweisung nicht nur Optionen, die mit `\DeclareOption` definiert wurden. Es werden auch alle Schlüssel eines angegebenen Familienmitglieds abgearbeitet. Wird das optionale Argument *`Mitglied`* nicht angegeben, so wird wieder das Mitglied »`.\@currname.\@currext`« verwendet.

Eine Besonderheit sind Schlüssel, die nicht einem Familienmitglied, sondern der Familie selbst zugeordnet sind, bei der also das Mitglied leer geblieben ist. Diese werden ebenfalls gesetzt und zwar noch bevor der Schlüssel des Mitglieds gesetzt wird.

Beispiel: Wenn in den Paketen aus den zurückliegenden Beispielen die Zeile

```
\FamilyProcessOptions{Fleischermeister}
```

ergänzt wird, so kann der Anwender bereits beim Laden der Pakete, die Eigenschaft `Aufschnitt` wählen. Wird die Option global, also bei `\documentclass` angegeben, so wird die Eigenschaft automatisch bei allen drei Paketen gesetzt, wenn alle drei Pakete geladen werden.

Achtung! Es wird darauf hingewiesen, dass bei Paketen globale Optionen vor den lokal dem Paket zugewiesenen Optionen ausgeführt werden. Während bei der Abarbeitung der globalen Optionen unbekannte Werte für Optionen dazu führen, dass darüber lediglich in der `log`-Datei informiert und die Option ansonsten ignoriert wird, führt dies bei lokalen Optionen zu einer Fehlermeldung.

Man kann `\FamilyProcessOptions` wahlweise als Erweiterung von `\ProcessOption*` oder als Erweiterung des *`Schlüssel=Wert`*-Mechanismus von keyval verstehen. Letztlich werden mit Hilfe von `\FamilyProcessOptions` aus *`Schlüssel=Wert`*-Paaren Optionen.

Achtung! Wie auch `\ProcessOptions` darf `\FamilyProcessOptions` nicht während der Ausführung von Optionen verwendet werden. Es ist also insbesondere auch nicht erlaubt, innerhalb der Ausführung von Optionen Pakete zu laden.

`\FamilyExecuteOptions[`*`Mitglied`*`]{`*`Familie`*`}{`*`Optionenliste`*`}`

Diese Anweisung stellt eine Erweiterung von `\ExecuteOptions` aus dem LaTeX-Kern dar (siehe [Tea06]). Dabei verarbeitet die Anweisung nicht nur Optionen, die mit `\DeclareOption` definiert wurden. Es werden auch alle Schlüssel eines angegebenen Familienmitglieds abgearbeitet. Wird das optionale Argument *`Mitglied`* nicht angegeben, so wird wieder das Mitglied ».`\@currname`.`\@currext`« verwendet.

Eine Besonderheit sind Schlüssel, die nicht einem Familienmitglied, sondern der Familie selbst zugeordnet sind, bei der also das Mitglied leer geblieben ist. Diese werden ebenfalls gesetzt und zwar noch bevor der Schlüssel des Mitglieds gesetzt wird.

Beispiel: Angenommen, die Option `Aufschnitt` soll in den zurückliegenden Beispielen bereits als Voreinstellung gesetzt werden, so müssen die Pakete nur um die Zeile

```
\FamilyExecuteOptions{Fleischermeister}{Aufschnitt}
```

ergänzt werden.

Diese Anweisung darf auch innerhalb der Ausführung von Optionen verwendet werden.

`\FamilyOptions{`*`Familie`*`}{`*`Optionenliste`*`}`

Die *`Optionenliste`* hat dabei die Form:

`Schlüssel``=`*`Wert`*`,`*`Schlüssel`*`=`*`Wert`* ...

wobei für *`Schlüssel`*, für die ein Säumniswert definiert ist, die Wertzuweisung natürlich auch entfallen kann.

Im Gegensatz zu normalen Optionen, die mit `\DeclareOption` definiert wurden, können die *`Schlüssel`* auch noch nach dem Laden der Klasse oder des Pakets gesetzt werden. Dazu verwendet der Anwender `\FamilyOptions`. Dabei werden die *`Schlüssel`* aller Mitglieder der angegebenen *`Familie`* gesetzt. Existiert ein *`Schlüssel`* auch als Eigenschaft der Familie selbst, so wird dieser Familien-Schlüssel zuerst gesetzt. Danach folgen die Mitglieder-Schlüssel in der Reihenfolge, in der die Mitglieder definiert wurden. Existiert ein angegebener *`Schlüssel`* weder für die Familie noch für ein Mitglied der Familie, so wird von `\FamilyOptions` ein Fehler ausgegeben. Dies geschieht ebenfalls, wenn zwar für einige Mitglieder ein Schlüssel existiert, jedoch jedes dieser Mitglieder über `\FamilyKeyState` einen Fehler zurückmeldet.

Beispiel: Sie ergänzen das Fleischermeister-Projekt um ein weiteres Paket Wurstsalat. Wird dieses Paket verwendet, so sollen alle Wurstpakete zunächst einmal Aufschnitt produzieren:

```
\ProvidesPackage{Wurstsalat}%
                    [2008/05/06 nonsense package]
```

```
\RequirePackage{scrbase}
\DefineFamily{Fleischermeister}
\DefineFamilyMember{Fleischermeister}
\FamilyProcessOptions{Fleischermeister}\relax
\FamilyOptions{Fleischermeister}{Aufschnitt}
```

Sollte noch kein Wurstpaket geladen sein, so würde nun eine Fehlermeldung wegen der nicht definierten Option »Aufschnitt« ausgegeben. Das kann vermieden werden, indem vor der letzten Zeile für das Paket selbst ebenfalls ein entsprechender Schlüssel definiert wird:

```
\DefineFamilyKey{Fleischermeister}%
                {Aufschnitt}[true]{}%
```

Allerdings produzieren so Wurstpakete, die nach Wurstsalat geladen werden, keinen Aufschnitt. Dies kann man ebenfalls ändern:

```
\AtBeginDocument{%
  \DefineFamilyKey[.Wurstsalat.sty]%
                  {Fleischermeister}%
                  {Aufschnitt}[true]{}%
}
\DefineFamilyKey{Fleischermeister}%
                {Aufschnitt}[true]{%
  \AtBeginDocument{\FamilyOptions{Aufschnitt=#1}}%
}%
```

Somit wird zunächst während `\begin{document}` die Option so definiert, dass sie für das Paket Wurstsalat keine Funktion mehr ausübt. Da zu diesem Zeitpunkt `\@currname` und `\@currext` nicht mehr gültig sind, muss dabei das optionale Argument von `\DefineFamilyKey` verwendet werden. Bis zu dieser Umdefinierung der Option wird jedoch eine Definition verwendet, die während `\begin{document}` die Option erneut für die gesamte Familie ausführt und damit auch für andere Wurstpakete setzt.

`\FamilyOption{`*`Familie`*`}{`*`Option`*`}{`*`Werteliste`*`}`

Neben Optionen, die sich gegenseitig ausschließende Werte besitzen, kann es auch Optionen geben, die gleichzeitig mehrere Werte annehmen können. Für diese wäre es bei Verwendung von `\FamilyOptions` notwendig, der Option mehrfach einen Wert zuzuweisen und dabei die Option selbst mehrfach anzugeben. Stattdessen kann man einfach mit `\FamilyOption` einer einzigen *`Option`* eine ganze `Werteliste` zuweisen. Die `Werteliste` ist dabei eine durch Komma separierte Liste von Werten:

`Wert,Wert...`

In diesem Zusammenhang sei darauf hingewiesen, dass die Verwendung eines Kommas in einem Wert möglich ist, wenn man den Wert in geschweifte Klammern setzt. Die weitere Funktionsweise ist der vorhergehenden Erklärung zu `\FamilyOptions` zu entnehmen.

Beispiel: Das Paket Wurstsalat soll eine Option bekommen, über die man weitere Zutaten bestimmen kann. Für jede Zutat wird dabei wieder ein Schalter gesetzt.

```
\newif\if@salatmit@Zwiebeln
\newif\if@salatmit@Gurken
\newif\if@salatmit@Peperoni
\DefineFamilyKey{Fleischermeister}{SalatZusatz}{%
  \csname @salatmit@#1true\endcsname
}
```

Es wurden hier die drei Zutaten »Zwiebeln«, »Gurken« und »Peperoni« definiert. Eine Fehlerbehandlung für den Fall, dass der Anwender unbekannte Zutaten fordert, existiert nicht.

Für einen Salat mit Zwiebeln und Gurken, kann der Anwender

```
\FamilyOptions{Fleischermeister}{%
  SalatZusatz=Zwiebeln,SalatZusatz=Gurken}
```

oder einfach

```
\FamilyOption{Fleischermeister}%
             {SalatZusatz}{Zwiebeln,Gurken}
```

verwenden.

`\AtEndOfFamilyOptions{Aktion}`

Manchmal ist es vorteilhafter, wenn nicht jede Wertzuweisung an eine Option unmittelbar eine `Aktion` auslöst, sondern dies erst geschieht, wenn alle Wertzuweisungen innerhalb eines Aufrufs von `\FamilyProcessOptions` oder `\FamilyExecuteOptions` beziehungsweise `\FamilyOptions` oder `\FamilyOption` abgeschlossen sind. Genau das ist mit Hilfe von `\AtEndOfFamilyOptions` möglich. Die Rückmeldung von Fehlerzuständen ist über diese Anweisung jedoch ebenso wenig möglich, wie die Verwendung dieser Anweisung außerhalb der Ausführung von Optionen.

```
\FamilyBoolKey[Mitglied]{Familie}{Schlüssel}{Schaltername}
\FamilySetBool{Familie}{Schlüssel}{Schaltername}{Wert}
```

In den vorherigen Beispielen wurden schon mehrfach Schalter gesetzt. Im Beispiel der Option `Aufschnitt` war es dabei notwendig, dass der Anwender als Wert `true` oder `false` angibt. Es existierte keine Fehlerbehandlung, falls der Anwender einen falschen Wert verwendet. Da solche booleschen Schalter ein häufiger Anwendungsfall sind, kann man sie bei scrbase einfach mit `\FamilyBoolKey` definieren. Dabei sind die Argumente *`Mitglied`*, *`Familie`* und *`Schlüssel`* die gleichen wie bei `\DefineFamilyKey` (siehe Seite 363). Das Argument *`Schaltername`* ist der Name eines Schalter ohne den Präfix `\if`. Existiert dieser Schalter noch nicht, so wird er automatisch definiert und mit *`false`* voreingestellt. Intern verwendet `\FamilyBoolKey` dann `\FamilySetBool` als *`Aktion`* für `\DefineFamilyKey`. Der Säumniswert für eine solche Option ist immer `true`.

`\FamilySetBool` wiederum versteht als *`Wert`* neben `true` auch die Werte `on` und `yes` zum Einschalten und neben `false` auch die Werte `off` und `no` zum Ausschalten. Wird ein unbekannter Wert übergeben, so wird die Anweisung `\FamilyUnknownKeyValue` mit den Argumenten *`Familie`*, *`Schlüssel`* und *`Wert`* aufgerufen und so `\FamilyKeyState` entsprechend gesetzt. Dadurch wird dann gegebenenfalls eine Meldung über eine unbekannte Wertzuweisung ausgegeben (siehe auch Seite 375 und Seite 363).

Beispiel: Der Schlüssel `Aufschnitt` soll in den Wurstpaketen etwas robuster definiert werden. Außerdem sollen alle Wurstpakete denselben Schalter verwenden, so dass entweder alle Wurstpakete Aufschnitt produzieren oder keines.

```
\FamilyBoolKey{Fleischermeister}{Aufschnitt}%
                                {@Aufschnitt}
```

Ein Test, ob Aufschnitt produziert wird, sähe dann so aus:

```
\if@Aufschnitt
  ...
\else
  ...
\fi
```

Dies wäre dann in allen drei Wurstpaketen identisch. Damit könnte man prinzipiell die Eigenschaft »Aufschnitt« auch als Eigenschaft der Familie definieren:

```
\@ifundefined{if@Aufschnitt}{%
  \expandafter\newif\csname if@Aufschnitt\endcsname
}{}%
```

```
\DefineFamilyKey[]{Fleischermeister}
                  {Aufschnitt}[true]{%
  \FamilySetBool{Fleischermeister}{Aufschnitt}%
                                  {@Aufschnitt}%
                                  {#1}%
}
```

oder einfacher

```
\FamilyBoolKey[]{Fleischermeister}{Aufschnitt}%
                                  {@Aufschnitt}
```

unter Ausnutzung des weiterführenden Hinweises auf Seite 364, der nicht nur für `\DefineFamilyKey`, sondern entsprechend auch für `\FamilyBoolKey` gilt.

Da `\FamilyKeyState` bereits von `\FamilySetBool` gesetzt wird, kann innerhalb der Definition der Option mit Hilfe von `\DefineFamilyKey` der Status gegebenenfalls auch abgefragt werden. So könnte man im ersten Fall beispielsweise nach `\FamilySetBool` einen Test der Art:

```
\ifx\FamilyKeyState\FamilyKeyStateProcessed
    ...
\else
    ...
\fi
```

ergänzen, um zusätzliche Aktionen in Abhängigkeit davon, ob `\FamilySetBool` erfolgreich war oder nicht, auszuführen. Es ist zu beachten, dass an dieser Stelle unbedingt ein Test mit Hilfe von `\ifx` vorzunehmen ist. Expandierende Tests wie `\ifstr` sind hier zu vermeiden.

```
\FamilyNumericalKey[Mitglied]{Familie}{Schlüssel}
                  [Säumniswert]{Makroname}{Werteliste}
\FamilySetNumerical{Familie}{Schlüssel}
                  {Makroname}{Werteliste}{Wert}
```

Während Schalter nur zwei Werte annehmen können, gibt es auch Schlüssel, die mehrere Werte kennen. So kann beispielsweise eine Ausrichtung nicht nur links oder nicht links, sondern beispielsweise links, mittig oder rechts sein. Intern unterscheidet man solche Einstellungen dann gerne mit Hilfe von `\ifcase`. Diese TeX-Anweisung erwartet wiederum einen nummerischen Wert. Daher heißt bei scrbase die Anweisung, mit der man via *`Schlüssel`* einem Makro eine Definition zuweisen kann, entsprechend `\FamilyNumericalKey`. Die *`Werteliste`* hat dabei die Form

{*Wert*}{*Definition*},{*Wert*}{*Definition*} ...

Über diese *Werteliste* werden so nicht nur die erlaubten Werte für den *Schlüssels* angegeben. Für jeden erlaubten *Wert* wird auch gleich angegeben, wie bei Verwendung desselben das Makro *Makroname* definiert werden soll. Üblicherweise werden als *Definition* schlicht Zahlenwerte angegeben. Es sind aber auch andere Angaben möglich. Derzeit gibt es aber die Einschränkung, dass *Definition* voll expandierbar sein muss und bei der Zuweisung auch expandiert wird.

Beispiel: Die Wurst für den Wurstsalat kann unterschiedlich geschnitten werden. So wäre es denkbar, dass der Aufschnitt einfach ungeschnitten bleibt oder in grobe oder feine Streifen geschnitten werden soll. Diese Information soll in der Anweisung \Schnitt gespeichert werden.

```
\FamilyNumericalKey{Fleischermeister}%
                   {SalatSchnitt}{Schnitt}{%
                     {Kein}{Kein},{Nein}{Kein},%
                     {Grob}{Grob},%
                     {Fein}{Fein}%
                   }
```

Dass nicht geschnitten werden soll, kann in diesem Fall vom Anwender sowohl mit

```
\FamilyOptions{Fleischermeister}{SalatSchnitt=Kein}
```

als auch mit

```
\FamilyOptions{Fleischermeister}{SalatSchnitt=Nein}
```

angegeben werden. In beiden Fällen würde \Schnitt mit dem Inhalt Kein definiert. Es kann durchaus sinnvoll sein, dem Anwender wie in diesem Beispiel mehrere Werte für denselben Zweck anzubieten.

Nun ist es sehr wahrscheinlich, dass die Schnittart nicht ausgegeben, sondern später ausgewertet werden soll. In diesem Fall sind die textuellen Definitionen aber eher unpraktisch. Definiert man den Schlüssel hingegen als

```
\FamilyNumericalKey{Fleischermeister}%
                   {SalatSchnitt}{Schnitt}{%
                     {Kein}{0},{Nein}{0},%
                     {Grob}{1},%
                     {Fein}{2}%
                   }
```

so kann später einfach in der Form

```
\ifcase\Schnitt
  % ungeschnitten
\or
  % grob geschnitten
\else
  % fein geschnitten
\fi
```

unterschieden werden.

Intern wird von \FamilyNumericalKey dann \DefineFamilyKey mit der Anweisung \FamilySetNumerical verwendet. Wird an einen solchen Schlüssel ein unbekannter Wert übergeben, so wird von \FamilySetNumerical Anweisung \FamilyUnknownKeyValue mit den Argumenten *Familie*, *Schlüssel* und *Wert* aufgerufen. Dies führt zu einer Fehlersignalisierung in \FamilyKeyState mit Hilfe des Status \FamilyKeyStateUnknownValue und beispielsweise bei der Verwendung als lokale Option zu einer Fehlermeldung. Ebenso wird beim Aufruf von \FamilySetNumerical auch der Erfolg via \FamilyKeyStateProcessed in \FamilyKeyState signalisiert.

```
\FamilyCounterKey[Mitglied]{Familie}{Schlüssel}{LaTeX-Zähler}
\FamilySetCounter{Familie}{Schlüssel}{LaTeX-Zähler}{Wert}
```

Während bei \FamilyNumericalKey ein Makro aufgrund eines symbolischen *Wert*s auf einen korrespondierenden nummerischen Wert gesetzt wurde, gibt es natürlich auch Fälle, in denen ein *Schlüssel* direkt einen *LaTeX-Zähler* rerpäsentiert, dem unmittelbar ein nummerischer *Wert* zugewiesen werden soll. Dazu dient die Anweisung \FamilyCounterKey, von der intern dann \FamilySetCounter aufgerufen wird. Dabei finden einige grundlegende Prüfungen des *Wert*-Arguments statt um festzustellen, ob dieses Argument für eine Zuweisung an einen Zähler in Frage kommt. Die Zuweisung findet nur statt, wenn diese Prüfungen gelingen. Allerdings können hier nicht alle Fehler erkannt werden, so dass eine falsche Zuweisung auch zu einer Fehlermeldung von TeX selbst führen kann. Erkannte Fehler werden hingegen über \FamilyKeyStateUnknownValue signalisiert.

Bitte beachten Sie, dass diese Anweisungen keinen Säumniswert unterstützen. *Achtung!*

```
\FamilyCounterMacroKey[Mitglied]{Familie}{Schlüssel}{Makro}
\FamilySetCounterMacro{Familie}{Schlüssel}{Makro}{Wert}
```

Diese beiden Anweisungen unterscheiden sich durch die zuvor erklärten \FamilyCounterKey und \FamilySetCounter nur dadurch, dass nicht ein LaTeX-Zähler auf einen Wert gesetzt wird, sondern

Achtung! ein *Makro* mit diesem Wert definiert wird. Auch dabei wird kein Säumniswert unterstützt.

```
\FamilyLengthKey[Mitglied]{Familie}{Schlüssel}{Länge}
\FamilySetLength{Familie}{Schlüssel}{Länge}{Wert}
\FamilyLengthMacroKey[Mitglied]{Familie}{Schlüssel}{Makro}
\FamilySetLengthMacro{Familie}{Schlüssel}{Makro}{Wert}
```

Über `\FamilyLengthKey` kann ein *Schlüssel* definiert werden, der eine *Länge* repräsentiert. Dabei spielt es keine Rolle, ob eine LaTeX-Länge, ein TeX-Abstand oder eine TeX-Ausdehnung als *Länge* verwendet wird. Intern wird die *Länge* über `\FamilySetLength` gesetzt. Dabei finden einige grundlegende Prüfungen des *Wert*-Arguments statt um festzustellen, ob dieses Argument für eine Zuweisung an eine *Länge* in Frage kommt. Die Zuweisung findet nur statt, wenn diese Prüfungen gelingen. Allerdings können hier nicht alle Fehler erkannt werden, so dass eine falsche Zuweisung auch zu einer Fehlermeldung von TeX selbst führen kann. Erkannte Fehler werden hingegen über `\FamilyKeyStateUnknownValue` signalisiert.

Bei Verwendung der Anweisungen `\FamilyLengthMacroKey` und `\FamilySetLengthMacro` findet die Speicherung des Werts nicht in einer `\Länge`, sondern in einem `\Makro` statt.

Achtung! Bitte beachten Sie, dass auch diese Anweisungen keinen Säumniswert unterstützen.

```
\FamilyStringKey[Mitglied]{Familie}{Schlüssel}
                [Säumniswert]{Makro}
```

Hier wird nun ein Schlüssel definiert, der jeden beliebigen Wert annehmen kann. Der Wert wird in dem angegebenen *Makro* gespeichert. Wird das optionales Argument für den *Säumniswert* weggelassen, so entspricht die Anweisung:

```
\DefineFamilyKey[Mitglied]{Familie}{Schlüssel}
                {\defMakro{#1}}
```

Existiert das optionale Argument für den *Säumniswert* so entspricht die Anweisung:

```
\DefineFamilyKey[Mitglied]{Familie}{Schlüssel}
                [Säumniswert]
                {\defMakro{#1}\FamilyKeyStateProcessed}
```

Ist *Makro* noch nicht definiert, so wird es als leeres Makro definiert.

Beispiel: In der Voreinstellung sollen 250 g Wurstsalat erzeugt werden. Die Menge soll jedoch einfach per Option geändert werden können. Dazu wird die zu erstellende Menge im Makro `\Salatgewicht` gespeichert. Die Option, über die das Gewicht geändert werden kann, soll ebenfalls `Salatgewicht` heißen:

```
\newcommand*{\Salatgewicht}{250g}
\FamilyStringKey{Fleischermeister}%
                {Salatgewicht}[250g]{\Salatgewicht}
```

Soll nach einer vorherigen Änderung wieder die Standardmenge hergestellt werden, so kann der Anwender die Option einfach ohne Gewichtsangabe aufrufen:

```
\FamilyOptions{Fleischermeister}{Salatgewicht}
```

Das ist möglich, weil die Standardmenge bei der Definition auch als Säumniswert angegeben wurde.

In diesem Fall existieren keine unbekannten Werte, da alle Werte schlicht für eine Makrodefinition verwendet werden. Es ist jedoch zu beachten, dass in der Wertzuweisung an den Schlüssel keine Absätze enthalten sein dürfen.

`\FamilyUnknownKeyValue{`*`Familie`*`}{`*`Schlüssel`*`}{`*`Wert`*`}{`*`Werteliste`*`}`

Diese Anweisung signalisiert über `\FamilyKeyState` einen Fehler aufgrund eines unbekannten oder unerlaubten Werts. Dabei wird als *`Werteliste`* eine durch Komma separierte Liste von erlaubten Werten der Form

‘*`Wert`*’, ‘*`Wert`*’ ...

erwartet. Allerdings wird die *`Werteliste`* derzeit nicht ausgewertet.

Beispiel: Für den Aufschnitt soll nun zusätzlich wählbar sein, ob er grob oder fein geschnitten werden soll. Dabei ist grob die Voreinstellung, die auch dann verwendet werden soll, wenn nicht angegeben wird, wie der Aufschnitt zu schneiden ist.

```
\@ifundefined{if@Feinschnitt}{%
  \expandafter
  \newif\csname if@Feinschnitt\endcsname}{}%
\@ifundefined{if@Aufschnitt}{%
  \expandafter
  \newif\csname if@Aufschnitt\endcsname}{}
\DefineFamilyKey{Fleischermeister}%
                {Aufschnitt}[true]{%
  \FamilySetBool{Fleischermeister}{Aufschnitt}%
                                  {@Aufschnitt}%
```

```
                                         {#1}%
    \ifx\FamilyKeyState\FamilyKeyStateProcessed
      \@Feinschnittfalse
    \else
      \ifstr{#1}{fein}{%
        \@Aufschnitttrue
        \@Feinschnitttrue
        \FamilyKeyStateProcessed
      }{}%
    \fi
  }%
```

Zunächst wird versucht, den booleschen Schalter für Aufschnitt über `\FamilySetBool` zu setzen. Gelingt dies, wurde also `\FamilyKeyState` zu `\FamilyKeyStateProcessed` definiert, wird der Feinschnitt abgeschaltet. Anderenfalls wird überprüft, ob an Stelle eines gültigen Werts für einen booleschen Schalter `fein` übergeben wurde. In diesem Fall wird sowohl der Feinschnitt, als auch Aufschnitt aktiviert und mit Hilfe von `\FamilyKeyStateProcessed` der Erfolgs-Status gesetzt. Ist auch das nicht der Fall, bleibt der von `\FamilySetBool` signalisierte Fehler-Zustand bestehen.

Die bei den Tests verwendete Anweisung `\ifstr` ist auf Seite 378 in Abschnitt 12.3 erklärt.

`\FamilyElseValues`

In früheren Versionen von scrbase konnte man über die Anweisung `\FamilyElseValues` weitere erlaubte Werte für die Bearbeitung durch `\FamilyUnknownValue` in der Form

, ‘*Wert*’, ‘*Wert*’ ...

ablegen, die dann ebenfalls in einer Fehlermeldung mit ausgegeben wurden. Seit Version 3.12 gibt `\FamilyUnknownValue` keine Fehlermeldungen mehr aus, sondern setzt nur noch `\FamilyKeyState` entsprechend. Damit ist die Verwendung von `\FamilyElseValue` ebenfalls überholt. Ihre Verwendung wird jedoch erkannt und führt dann zu einer Aufforderung, den Code entsprechend anzupassen.

12.3. Verzweigungen

Das Paket scrbase stellt eine ganze Reihe von Verzweigungsanweisungen zur Verfügung. Dabei wird nicht auf die TeX-Syntax von Verzweigungen, wie beispielsweise

```
\iftrue
  ...
\else
  ...
\fi
```

gebaut, sondern es wird die LaTeX-Syntax mit Argumenten eingesetzt, wie man sie auch von LaTeX-Anweisungen wie `\IfFileExists`, `\@ifundefined`, `\@ifpackageloaded` und vielen weiteren kennt. Einige Paketautoren ziehen es allerdings vor, die TeX-Syntax auch für Anwender in die LaTeX-Ebene zu bringen. Da es sich bei den Verzweigungen von scrbase um recht grundlegende Möglichkeiten handelt, ist die Wahrscheinlichkeit gegeben, dass dabei gleichnamige Anwenderanweisungen verwendet würden. Dies würde selbst bei eigentlich gleicher Semantik zwangsläufig zu einem Problem aufgrund der unterschiedlichen Syntax führen. Deshalb definiert scrbase einige dieser Anweisungen zunächst als interne Anweisungen mit dem Präfix `\scr@`. Für den Anwender werden dann gleichbedeutende Anweisungen ohne diesen Präfix bereit gestellt. Letzteres kann jedoch mit Hilfe der Option `internalonly` (siehe Abschnitt 12.1, Seite 361) verhindert werden.

Paket- und Klassenautoren sollten wie KOMA-Script selbst auch die internen Namen verwenden. Zur Vollständigkeit sind aber auch die Anwenderanweisungen angegeben.

```
\scr@ifundefinedorrelax{Name}{Dann-Teil}{Sonst-Teil}
\ifundefinedorrelax{Name}{Dann-Teil}{Sonst-Teil}
```

Diese Anweisung funktioniert prinzipiell wie `\@ifundefined` aus dem LaTeX-Kern (siehe [BCJ+05]). Es wird also der *Dann-Teil* ausgeführt, wenn *Name* der Name einer undefinierten Anweisung oder *Name* derzeit `\relax` ist. Im Unterschied zu `\@ifundefined` wird allerdings *Name* nicht als `\relax` definiert, wenn es zuvor undefiniert war. Unter Verwendung von ε-TeX wird in diesem Fall noch nicht einmal Hash-Speicher belegt.

```
\scr@ifpdftex{Dann-Teil}{Sonst-Teil}
\ifpdftex{Dann-Teil}{Sonst-Teil}
```

Wird mit pdfTeX gearbeitet, so wird der *Dann-Teil* ausgeführt, anderenfalls der *Sonst-Teil*. Dabei ist es unerheblich, ob tatsächlich eine PDF-Datei ausgegeben werden soll, oder nicht. Diese Unterscheidung ist nur sehr selten wirklich von Nutzen. In der Regel sollte man eher auf die gewünschte Anweisung testen.

```
\scr@ifVTeX{Dann-Teil}{Sonst-Teil}
\ifVTeX{Dann-Teil}{Sonst-Teil}
```

Wird mit VTEX gearbeitet, so wird der *Dann-Teil* ausgeführt, anderenfalls der *Sonst-Teil*. Diese Unterscheidung ist nur sehr selten wirklich von Nutzen. In der Regel sollte man eher auf die gewünschte Anweisung testen.

```
\scr@ifpdfoutput{Dann-Teil}{Sonst-Teil}
\ifpdfoutput{Dann-Teil}{Sonst-Teil}
```

Wird eine PDF-Datei erzeugt, so wird der *Dann-Teil* ausgeführt, anderenfalls der *Sonst-Teil*. Dabei ist es unerheblich, ob die PDF-Datei mit Hilfe von pdfTEX oder mit Hilfe von VTEX erzeugt wird.

```
\scr@ifpsoutput{Dann-Teil}{Sonst-Teil}
\ifpsoutput{Dann-Teil}{Sonst-Teil}
```

Wird eine PostScript-Datei erzeugt, so wird der *Dann-Teil* ausgeführt, anderenfalls der *Sonst-Teil*. VTEX kann PostScript direkt erzeugen, was hier auch erkannt wird. Wird hingegen kein VTEX verwendet, ist aber ein Schalter `\if@dvips` definiert, so wird die Entscheidung darüber getroffen. KOMA-Script stellt `\if@dvips` in typearea bereit.

```
\scr@ifdvioutput{Dann-Teil}{Sonst-Teil}
\ifdvioutput{Dann-Teil}{Sonst-Teil}
```

Wird eine DVI-Datei erzeugt, so wird der *Dann-Teil* ausgeführt, anderenfalls der *Sonst-Teil*. Es wird immer dann davon ausgegangen, dass eine DVI-Datei erzeugt wird, wenn keine direkte Ausgabe einer PDF- oder Postscript-Datei erkannt werden kann.

```
\ifnotundefined{Name}{Dann-Teil}{Sonst-Teil}
```

Unter Verwendung von ε-TEX wird hier tatsächlich getestet, ob die Anweisung mit dem angegebenen *Name* noch undefiniert ist. Von dieser Anweisung gibt es keine interne Variante.

```
\ifstr{Zeichenfolge}{Zeichenfolge}{Dann-Teil}{Sonst-Teil}
```

Die beiden Argumente *Zeichenfolge* werden expandiert und dann verglichen. Sind sie dabei gleich, so wird der *Dann-Teil* ausgeführt, anderenfalls der *Sonst-Teil*. Von dieser Anweisung gibt es keine interne Variante.

```
\ifstrstart{Zeichenfolge}{Zeichenfolge}
           {Dann-Teil}{Sonst-Teil}
```

Die beiden Argumente *Zeichenfolge* werden expandiert und dann verglichen. Beginnt die erste Zeichenfolge von Leerzeichen abgesehen mit der zweiten Zeichenfolge, so wird der *Dann-Teil* ausgeführt, anderenfalls der *Sonst-Teil*. Von dieser Anweisung gibt es keine interne Variante.

```
\ifisdimen{Code}{Dann-Teil}{Sonst-Teil}
```

Wenn die Expansion von *Code* in einem `\dimen`, also einem TeX-Längenregister, resultiert, wird der *Dann-Teil* ausgeführt, anderenfalls der *Sonst-Teil*. Die Anweisung ist nicht voll expandierbar. Von dieser Anweisung gibt es keine interne Variante.

```
\ifisdimension{Code}{Dann-Teil}{Sonst-Teil}
```

Wenn die Expansion von *Code* in etwas resultiert, das syntaktisch dem Wert einer Länge entspricht, wird der *Dann-Teil* ausgeführt, anderenfalls der *Sonst-Teil*. Es ist zu beachten, dass derzeit unbekannte Einheiten zu einer Fehlermeldung führen. Die Anweisung ist nicht voll expandierbar. Von dieser Anweisung gibt es keine interne Variante. *Achtung!*

```
\ifisdimexpr{Code}{Dann-Teil}{Sonst-Teil}
```

Wenn die Expansion von *Code* in einer `\dimexpr`, also einem TeX-Längenausdruck resultiert, wird der *Dann-Teil* ausgeführt, anderenfalls der *Sonst-Teil*. Es ist zu beachten, dass fehlerhafte Ausdrücke zu Fehlermeldungen führen! Die Anweisung ist nicht voll expandierbar. Von dieser Anweisung gibt es keine interne Variante. *Achtung!*

```
\ifisskip{Code}{Dann-Teil}{Sonst-Teil}
```

Wenn die Expansion von *Code* in einem `\skip`, also einem TeX-Abstand, resultiert, wird der *Dann-Teil* ausgeführt, anderenfalls der *Sonst-Teil*. Die Anweisung ist nicht voll expandierbar. Von dieser Anweisung gibt es keine interne Variante.

```
\ifisglue{Code}{Dann-Teil}{Sonst-Teil}
```

Wenn die Expansion von *Code* in etwas resultiert, das syntaktisch dem Wert eines Abstandes entspricht, wird der *Dann-Teil* ausgeführt, anderenfalls der *Sonst-Teil*. Es ist zu beachten, dass derzeit unbekannte Einheiten zu einer Fehlermeldung führen. Die Anweisung ist nicht voll expandierbar. Von dieser Anweisung gibt es keine interne Variante. *Achtung!*

`\ifisglueexpr{Code}{Dann-Teil}{Sonst-Teil}`

Wenn die Expansion von *Code* in einer `\glueexpr`, also einem TeX-Abstandsausdruck resultiert, wird der *Dann-Teil* ausgeführt, anderenfalls der *Sonst-Teil*. Es ist zu beachten, dass fehlerhafte Ausdrücke zu Fehlermeldungen führen! Die Anweisung ist nicht voll expandierbar. Von dieser Anweisung gibt es keine interne Variante.

Achtung!

`\ifiscount{Code}{Dann-Teil}{Sonst-Teil}`

Wenn die Expansion von *Code* in einem `\count`, also einem TeX-Zähler, resultiert, wird der *Dann-Teil* ausgeführt, anderenfalls der *Sonst-Teil*. Die Anweisung ist nicht voll expandierbar. Für einen Test auf einen LaTeX-Zähler siehe `\ifiscounter`. Von dieser Anweisung gibt es keine interne Variante.

`\ifisnumber{Code}{Dann-Teil}{Sonst-Teil}`

Wenn die Expansion von *Code* in etwas resultiert, das syntaktisch dem Wert eines Zählers entspricht, also eine negative oder positive ganze Zahl ist, wird der *Dann-Teil* ausgeführt, anderenfalls der *Sonst-Teil*. Die Anweisung ist nicht voll expandierbar. Von dieser Anweisung gibt es keine interne Variante.

`\ifisnumexpr{Code}{Dann-Teil}{Sonst-Teil}`

Wenn die Expansion von *Code* in einer `\numexpr`, also einem TeX-Zahlenausdruck resultiert, wird der *Dann-Teil* ausgeführt, anderenfalls der *Sonst-Teil*. Es ist zu beachten, dass fehlerhafte Ausdrücke zu Fehlermeldungen führen! Die Anweisung ist nicht voll expandierbar. Von dieser Anweisung gibt es keine interne Variante.

Achtung!

`\ifiscounter{Zähler}{Dann-Teil}{Sonst-Teil}`

Wenn *Zähler* ein definierter LaTeX-Zähler ist, wird der *Dann-Teil* ausgeführt, anderenfalls der *Sonst-Teil*. Die Anweisung ist nicht voll expandierbar. Von dieser Anweisung gibt es keine interne Variante.

`\ifnumber{Zeichenfolge}{Dann-Teil}{Sonst-Teil}`

Hier werden keine Zahlen verglichen. Der *Dann-Teil* wird vielmehr ausgeführt, wenn die einfache Expansion der *Zeichenfolge* nur aus Ziffern besteht. Anderenfalls wird der *Sonst-Teil* verwendet. Von dieser Anweisung gibt es keine interne Variante.

`\ifdimen{Zeichenfolge}{Dann-Teil}{Sonst-Teil}`

Hier werden keine Längen verglichen. Der *Dann-Teil* wird vielmehr ausgeführt, wenn die einfache Expansion der *Zeichenfolge* eine gültige Länge mit einer gültigen Längeneinheit ist. Anderenfalls wird der *Sonst-Teil* verwendet. Von dieser Anweisung gibt es keine interne Variante.

`\if@atdocument Dann-Teil \else Sonst-Teil \fi`

Diese Verzweigung existiert ganz bewusst nur als interne Anweisung. Dabei entspricht `\if@atdocument` in der Dokumentpräambel `\iffalse`, nach `\begin{document}` entspricht `\if@document` hingegen `\iftrue`. Klassen und Paketautoren können dieses Anweisung manchmal sinnvoll nutzen, wenn sich Anweisungen in der Dokumentpräambel anders verhalten sollen als innerhalb des Dokuments. Es ist zu beachten, dass es sich bei dieser Anweisung um eine Verzweigung in TeX-Syntax und nicht in LaTeX-Syntax handelt!

Achtung!

12.4. Definition sprachabhängiger Bezeichner

Normalerweise muss man zur Definition oder zur Änderung sprachabhängiger Begriffe Anweisungen wie `\captionsngerman` so umdefinieren, dass zusätzlich zu den bisherigen Begriffen auch die neuen oder geänderten definiert werden. Erschwert wird dieses Vorhaben dadurch, dass beim Laden eines Paketes wie german oder ngerman diese Anweisungen von den Paketen erneut definiert werden. Bei den genannten Paketen geschieht dies leider in einer Form, die alle zuvor gemachten Änderungen zunichte macht. Aus diesem Grund ist es sinnvoll die Änderungen mit Hilfe von `\AtBeginDocument` bis `\begin{document}`, also bis nach dem Laden aller Pakete, zu verzögern. Auch der Anwender muss entweder von `\AtBeginDocument` Gebrauch machen oder aber seine Änderungen nicht in die Dokumentpräambel, sondern hinter `\begin{document}` einfügen.

Darüber hinaus kommt erschwerend hinzu, dass einige Pakete zusätzliche, sprachabhängige Begriffe in `\captions`*Sprache* definieren, während andere dafür `\extras`*Sprache* verwenden. So muss der Anwender sich schon sehr genau auskennen, um die richtige Anweisung auf die richtige Weise zu ergänzen.

Das Paket scrbase bietet dem Anwender daher für die Definition selbst einige zusätzliche Anweisungen, die ihn von vielen dieser Überlegungen entlasten.

```
\defcaptionname{Sprachliste}{Begriff}{Inhalt}
\providecaptionname{Sprachliste}{Begriff}{Inhalt}
\newcaptionname{Sprachliste}{Begriff}{Inhalt}
\renewcaptionname{Sprachliste}{Begriff}{Inhalt}
\defcaptionname*{Sprachliste}{Begriff}{Inhalt}
\providecaptionname*{Sprachliste}{Begriff}{Inhalt}
\newcaptionname*{Sprachliste}{Begriff}{Inhalt}
\renewcaptionname*{Sprachliste}{Begriff}{Inhalt}
```

Mit Hilfe dieser drei Anweisungen ist es möglich, einem *Begriff* in Abhängigkeit der Sprache einen *Inhalt* zuzuweisen. Mehrere Sprachen können durch Komma voneinander getrennt als *Sprachliste* angegeben werden.

Der *Begriff* ist immer ein Makro. Die Arbeitsweise der drei Anweisungen unterscheidet sich je nachdem, ob eine Sprache und ein *Begriff* innerhalb dieser Sprache zum Zeitpunkt des Aufrufs bereits definiert ist.

Ist eine Sprache nicht definiert, so tut `\providecaptionname` nichts weiter, als dies in der `log`-Datei zu vermerken. Dabei wird für jede Sprache nur einmal eine entsprechende Information in die `log`-Datei geschrieben. Ist die Sprache definiert, enthält aber bisher keinen entsprechenden *Begriff*, so wird er mit dem angegebenen *Inhalt* definiert. Ist der *Begriff* hingegen in der Sprache bereits definiert, so wird er nicht umdefiniert, sondern ein entsprechender Hinweis in die `log`-Datei geschrieben.

Die Anweisung `\newcaptionname` verhält sich etwas anders. Ist bei ihr eine Sprache nicht definiert, dann wird diese neu definiert, indem eine entsprechende Anweisung definiert wird. Für die Sprache ngerman wäre das beispielsweise `\captionsngerman`. Außerdem wird darüber auch in der `log`-Datei informiert. Ist die Sprache definiert, der *Begriff* in dieser Sprache aber noch nicht vorhanden, so wird er mit dem gewünschten *Inhalt* definiert. Ist der *Begriff* in der Sprache bereits vorhanden, so wird eine Fehlermeldung ausgegeben.

Die Anweisung `\renewcaptionname` verhält sich noch einmal anders. Ist eine Sprache nicht definiert, so wird eine Fehlermeldung ausgegeben. Ist die Sprache definiert, der *Begriff* in dieser Sprache jedoch nicht, so wird ebenfalls eine Fehlermeldung ausgegeben. Ist der *Begriff* in der Sprache definiert, so wird er auf den gewünschten *Inhalt* umdefiniert.

KOMA-Script selbst verwendet `\providecaptionname` um die Begriffe aus Abschnitt 22.4, Seite 565 zu definieren.

Beispiel: Möchten Sie »Abb.« statt »Abbildung« in den Abbildungsunterschriften, so erreichen Sie dies mit:

```
\renewcaptionname{ngerman}{\figurename}{Abb.}
```

Soll dieselbe Änderung nicht nur für ngerman, sondern auch für die Sprachen naustrian und nswissgerman, also für Österreichisch und Schweizer Deutsch gelten, so ist es nicht notwendig zwei weitere Anweisungen:

```
\renewcaptionname{naustrian}{\figurename}{Abb.}
\renewcaptionname{nswissgerman}{\figurename}{Abb.}
```

hinzuzufügen. Stattdessen kann einfach, die *Sprachliste* erweitert werden:

```
\renewcaptionname{ngerman,naustrian,nswissgerman}%
                 {\figurename}{Abb.}
```

In gleicher Weise können auch german, austrian und swissgerman, also Deutsch, Österreichisch und Schweizer Deutsch nach der veralteten Rechtschreibung, hinzugefügt werden.

Die Sprachen swissgerman und nswissgerman werden übrigens von älteren Versionen von babel noch nicht unterstützt. Sie sind erst seit Dezember 2013 Bestandteil des deutschen Sprachpakets für babel. Für die Anweisungen \defcaptionname, \newcaptionname und \providecaptionname spielt dies kaum eine Rolle, da diese auch Begriffe für nicht existierende Sprachen definieren können. Da mit \renewcaptionname jedoch nur existierende Begriffe von existierenden Sprachen umdefiniert werden können, resultiert die Umdefinierung für nswissgerman und swissgerman bei Verwendung einer älteren Version von babel in einer entsprechenden Fehlermeldung.

Seit KOMA-Script 3.12 ist es auch nicht mehr erforderlich, die Definierung oder Umdefinierung mit Hilfe von \AtBeginDocument bis \begin{document} zu verzögern. Stattdessen erledigt scrbase dies selbst, falls die Anweisungen in der Dokumentpräambel aufgerufen werden. Außerdem prüft scrbase nun auch, ob ein umzudefinierender Begriff statt in \captions*Sprache* in \extras*Sprache* zu definieren ist. Die neuen Sternvarianten der Befehle verwenden grundsätzlich \extras*Sprache*, da dessen Definitionen in der Regel nach \captions*Sprache* Anwendung finden. Damit funktioniert nun in der Regel auch das Umdefinieren von sprachabhängigen Bezeichnern von Paketen wie hyperref, die dafür \extras*Sprache* verwenden.

In Tabelle 12.1 ist ein Überblick über die üblicherweise von Klassen und Sprachpaketen definierten Begriffe und deren Verwendung zu finden.

Tabelle 12.1.: Überblick über sprachabhängige Begriffe in den üblichen Sprachpaketen

`\abstractname`
: Überschrift für die Zusammenfassung

`\alsoname`
: »Siehe auch« bei ergänzenden Verweisen im Stichwortverzeichnis

`\appendixname`
: »Anhang« in der Kapitelüberschrift eines Anhangs

`\bibname`
: Überschrift für das Literaturverzeichnis

`\ccname`
: Spitzmarke für den Verteiler in Briefen

`\chaptername`
: »Kapitel« in der Kapitelüberschrift

`\contentsname`
: Überschrift für das Inhaltsverzeichnis

`\enclname`
: Spitzmarke für die Anlagen bei Briefen

`\figurename`
: Spitzmarke in der Abbildungsunterschrift

`\glossaryname`
: Überschrift für das Glossar

`\headtoname`
: »An« im Briefkopf

`\indexname`
: Überschrift für das Stichwortverzeichnis

`\listfigurename`
: Überschrift für das Abbildungsverzeichnis

`\listtablename`
: Überschrift für das Tabellenverzeichnis

`\pagename`
: »Seite« in der Seitennummer von Briefen

...

Tabelle 12.1.: Überblick über übliche sprachabhängige Begriffe (*Fortsetzung*)

`\partname`
: »Teil« in der Teileüberschrift

`\prefacename`
: Überschrift für das Vorwort

`\proofname`
: Spitzmarke bei Beweisen

`\refname`
: Überschrift für das Quellenverzeichnis

`\seename`
: »Siehe« bei Verweisen im Stichwortverzeichnis

`\tablename`
: Spitzmarke in der Tabellenunter- bzw. -überschrift

12.5. Identifikation von KOMA-Script

Obwohl scrbase unabhängig von KOMA-Script auch für andere Pakete und Klassen verwendet werden kann, so ist es dennoch ein KOMA-Script-Paket. Als solches enthält es auch Anweisungen, die es als KOMA-Script-Paket identifizieren.

`\KOMAScript`

Diese Anweisung setzt schlicht die Wortmarke »KOMA-Script« in serifenloser Schrift und mit leichter Sperrung des in Versalien gesetzten Teils. `\KOMAScript` wird übrigens bei Bedarf von allen KOMA-Script-Klassen und -Paketen definiert. Die Definition erfolgt mit `\DeclareRobustCommand`.

`\KOMAScriptVersion`

Bei KOMA-Script ist in dieser Anweisung die Hauptversion von KOMA-Script in der Form »*`Datum Version`* `KOMA-Script`« abgelegt. Diese Hauptversion ist für alle KOMA-Script-Klassen und alle KOMA-Script-Pakete, die von den Klassen verwendet werden, gleich. Daher kann sie auch nach dem Laden von scrbase abgefragt werden. Diese Anleitung wurde beispielsweise mit der KOMA-Script-Version »2013/12/19 v3.12a BETA KOMA-Script« erstellt.

12.6. Erweiterungen des LaTeX-Kerns

In einigen Fällen stellt der LaTeX-Kern selbst Anweisungen zur Verfügung, lässt aber ganz ähnliche Anweisungen, die ebenfalls häufiger benötigt werden oder eigentlich nahe liegen, vermissen. Einige wenige solcher Anweisungen für Klassen- und Paketautoren stellt scrbase zur Verfügung.

```
\ClassInfoNoLine{Klassenname}{Information}
\PackageInfoNoLine{Paketname}{Information}
```

Der LaTeX-Kern bietet dem Klassen- und Paketautor zwar Anweisungen wie `\PackageInfo` und `\ClassInfo`, um Informationen mit aktueller Zeilennummer in die Log-Datei zu schreiben. Er bietet neben `\PackageWarning` und `\ClassWarning`, die Warnungen mit aktueller Zeilennummer ausgeben, auch die beiden Anweisungen `\PackageWarningNoLine` und `\ClassWarningNoLine`, um Warnungen ohne Zeilennummer auszugeben. Die nahe liegenden Anweisungen `\ClassInfoNoLine` und `\PackageInfoNoLine`, um auch Informationen ohne Zeilennummer in die Log-Datei zu schreiben, fehlen jedoch. Diese werden von scrbase bereit gestellt.

```
\l@addto@macro{Anweisung}{Erweiterung}
```

Der LaTeX-Kern bietet mit `\g@addto@macro` eine interne Anweisung, um die Definition eines Makro *Anweisung* global um den Code *Erweiterung* zu erweitern. Das funktioniert in dieser Form nur für Makros ohne Argumente. Dennoch könnte man diese Anweisung in einigen Fällen auch in einer Form benötigen, die lokal zur aktuellen Gruppe arbeitet. Diese wird mit `\l@addto@macro` von scrbase bereit gestellt. Eine Alternative stellt hier die Verwendung des Pakets etoolbox dar, das eine ganze Reihe solcher Anweisungen für unterschiedliche Zwecke bietet (siehe [Leh11]).

12.7. Erweiterungen der mathematischen Fähigkeiten von ε-TeX

Das für LaTeX inzwischen verwendete und von KOMA-Script vorausgesetzte ε-TeX besitzt mit `\numexpr` erweiterte Möglichkeiten zur Berechnung einfacher Ausdrücke mit TeX-Zählern und ganzen Zahlen. Als Operationen werden dabei die vier Grundrechenarten und Klammern unterstützt. Bei der Division wird korrekt gerundet. Manchmal sind weitere Operationen nützlich.

```
\XdivY{Dividend}{Divisor}
\XmodY{Dividend}{Divisor}
```

Die Anweisung `\XdivY` liefert den Wert des ganzzahligen Quotienten, die Anweisung `\XmodY` den Wert des Rests der Division mit Rest. Diese Art der Division ist nach der Gleichung

$$\mathit{Dividend} = \mathit{Divisor} \cdot \mathit{Quotient} + \mathit{Rest}$$

definiert, wobei *Dividend, Divisor* und *Rest* ganze Zahlen und *Rest* außerdem größer oder gleich 0 und kleiner als *Divisor* ist. Der *Divisor* ist eine natürliche Zahl (ohne die 0).

Der Wert kann jeweils zur Zuweisung an einen Zähler oder direkt innerhalb eines Ausdrucks mit `\numexpr` verwendet werden. Zur Ausgabe als arabische Zahl ist `\the` voran zu stellen.

13. Paketabhängigkeiten mit scrlfile beherrschen

Die Einführung von LaTeX 2_ε brachte 1994 eine Menge Neuerungen im Umgang mit LaTeX-Erweiterungen. So stehen dem Paketautor heute eine ganze Reihe von Befehlen zur Verfügung, um festzustellen, ob ein anderes Paket oder eine bestimmte Klasse verwendet wird und ob dabei bestimmte Optionen zur Anwendung kommen. Der Paketautor kann selbst andere Pakete laden oder diesen Optionen mit auf den Weg geben für den Fall, dass sie später noch geladen werden. Es bestand daher die Hoffnung, dass es künftig unerheblich wäre, in welcher Reihenfolge Pakete geladen werden. Diese Hoffnung hat sich leider nicht erfüllt.

13.1. Die Sache mit den Paketabhängigkeiten

Immer häufiger definieren unterschiedliche Pakete den gleichen Befehl neu oder um. Dabei ist es dann sehr entscheidend, in welcher Reihenfolge die Pakete geladen werden. Manchmal ist das für den Anwender kaum zu überschauen. In manchen Fällen ist es auch notwendig, einfach nur in irgendeiner Form auf das Laden eines anderen Paketes zu reagieren. Auch das ist nicht immer ganz einfach.

Nehmen wir als einfaches Beispiel das Laden des longtable-Paketes bei Verwendung von KOMA-Script. Das longtable-Paket definiert seine eigene Form von Tabellenüberschriften. Diese passen perfekt zu den Standardklassen. Sie passen aber überhaupt nicht zu den Voreinstellungen für die Tabellenüberschriften von KOMA-Script und reagieren auch nicht auf die entsprechenden Möglichkeiten der Konfiguration. Um dieses Problem zu lösen, müssen die Befehle von longtable, die für die Tabellenüberschriften zuständig sind, von KOMA-Script umdefiniert werden. Allerdings sind die KOMA-Script-Klassen bereits abgearbeitet, wenn das Paket geladen wird.

Bisher bestand die einzige Möglichkeit, dieses Problem zu lösen darin, die Umdefinierung mit Hilfe von `\AtBeginDocument` auf einen späteren Zeitpunkt zu verschieben. Will der Anwender die entsprechende Anweisung jedoch selbst umdefinieren, so sollte er dies eigentlich ebenfalls in der Präambel tun. Das kann er jedoch nicht, weil KOMA-Script ihm dabei in die Quere kommt. Er müsste die Umdefinierung also ebenfalls mit Hilfe von `\AtBeginDocument` durchführen.

Aber eigentlich müsste KOMA-Script die Abarbeitung gar nicht auf den Zeitpunkt von `\begin{document}` verschieben. Es würde genügen, wenn sie bis unmittelbar nach dem Laden von longtable verzögert werden könnte. Leider fehlen entsprechende Anweisungen im LaTeX-Kern. Das Paket scrlfile bringt hier Abhilfe.

Ebenso wäre es denkbar, dass man vor dem Laden eines bestimmten Paketes gerne die Bedeutung eines Makros in einem Hilfsmakro retten und nach dem Laden des Paketes wieder restaurieren will. Auch das geht mit scrlfile.

Die Anwendung von scrlfile ist nicht auf die Abhängigkeit von Paketen beschränkt. Auch Abhängigkeiten von anderen Dateien können berücksichtigt werden. So kann beispielsweise dafür gesorgt werden, dass das nicht unkritische Laden einer Datei wie `french.ldf` automatisch zu einer Warnung führt.

Obwohl das Paket in erster Linie für andere Paketautoren interessant sein dürfte, gibt es durchaus auch Anwendungen für normale LaTeX-Benutzer. Deshalb sind in diesem Kapitel auch für beide Gruppen Beispiele aufgeführt.

13.2. Aktionen vor und nach dem Laden

Mit scrlfile können vor und nach dem Laden von Dateien Aktionen ausgelöst werden. Bei den dazu verwendeten Befehlen wird zwischen allgemeinen Dateien, Klassen und Paketen unterschieden.

```
\BeforeFile{Datei}{Anweisungen}
\AfterFile{Datei}{Anweisungen}
```

Mit Hilfe von `\BeforeFile` kann dafür gesorgt werden, dass die *Anweisungen* vor dem nächsten Laden einer bestimmten *Datei* ausgeführt werden. Vergleichbar arbeitet `\AfterFile`. Nur werden die *Anweisungen* hier erst nach dem Laden der *Datei* ausgeführt. Wird die Datei nie geladen, so werden die *Anweisungen* in beiden Fällen natürlich auch nie ausgeführt. Bei *Datei* sind etwaige Dateiendungen wie bei `\input` als Teil des Dateinamens anzugeben.

Um die Funktionalität bereitstellen zu können, bedient sich scrlfile der bekannten LaTeX-Anweisung \InputIfFileExists. Diese wird hierzu umdefiniert. Falls die Anweisung nicht die erwartete Definition hat, gibt scrlfile eine Warnung aus. Dies geschieht für den Fall, dass die Anweisung in späteren LaTeX-Versionen geändert wird oder bereits von einem anderen Paket umdefiniert wurde. *Achtung!*

Die Anweisung \InputIfFileExists wird von LaTeX immer verwendet, wenn eine Datei geladen werden soll. Dies geschieht unabhängig davon, ob die Datei mit \LoadClass, \documentclass, \usepackage, \RequirePackage, \include oder vergleichbaren Anweisungen geladen wird. Lediglich

```
\input foo
```

lädt die Datei foo ohne Verwendung von \InputIfFileExists. Sie sollten daher stattdessen immer

```
\input{foo}
```

verwenden. Beachten Sie die Klammern um den Dateinamen!

```
\BeforeClass{Klasse}{Anweisungen}
\BeforePackage{Paket}{Anweisungen}
```

Diese beiden Befehle arbeiten vergleichbar zu \BeforeFile mit dem einen Unterschied, dass die *Klasse* beziehungsweise das *Paket* mit seinem Namen und nicht mit seinem Dateinamen angegeben wird. Die Endungen ».cls« und ».sty« entfallen hier also.

```
\AfterClass{Klasse}{Anweisungen}
\AfterClass*{Klasse}{Anweisungen}
\AfterClass+{Klasse}{Anweisungen}
\AfterClass!{Klasse}{Anweisungen}
\AfterAtEndOfClass{Klasse}{Anweisungen}
\AfterPackage{Paket}{Anweisungen}
\AfterPackage*{Paket}{Anweisungen}
\AfterPackage+{Paket}{Anweisungen}
\AfterPackage!{Paket}{Anweisungen}
\AfterAtEndOfPackage{Paket}{Anweisungen}
```

Die Anweisungen \AfterClass und \AfterPackage arbeiten weitgehend wie \AfterFile mit dem winzigen Unterschied, dass die *Klasse* beziehungsweise das *Paket* mit seinem Namen und nicht mit seinem Dateinamen angegeben wird. Die Endungen ».cls« und ».sty« entfallen hier also.

Bei den Sternvarianten gibt es eine zusätzliche Funktionalität. Wurde oder wird die entsprechende Klasse oder das entsprechende \AfterClass* \AfterPackage*

Paket bereits geladen, so werden die *Anweisungen* nicht nach dem nächsten Laden, sondern unmittelbar ausgeführt.

\AfterClass+
\AfterPackage+

Bei der Plusvariante werden die *Anweisungen* sicher erst dann ausgeführt, wenn die Klasse oder das Paket vollständig geladen wurde. Der Unterschied zwischen der Stern- und der Plusvariante kommt nur zum Tragen, falls die Anweisung verwendet wird, während das Laden der Klassen bzw. des Pakets zwar bereits begonnen hat, aber noch nicht beendet wurde. Wenn das Laden der Klasse bzw. des Pakets noch nicht abgeschlossen wurde, werden die *Anweisungen* in allen Fällen vor den in der Klasse bzw. dem Paket mit `\AtEndOfClass` oder `\AtEndOfPackage` verzögerten Anweisungen ausgeführt.

\AfterClass!
\AfterPackage!

Um eine Ausführung nach den in der Klasse oder dem Paket selbst mit `\AtEndOfClass` oder `\AtEndOfPackage` verzögerten Anweisungen sicher zu stellen, ist die Variante mit Ausrufezeichen zu verwenden. In diesem Fall werden die *Anweisungen* nicht mehr im Kontext der angegebenen Klasse bzw. des angegebenen Pakets ausgeführt.

\AfterAtEndOfClass
\AfterAtEndOfPackage

Will man nur für den Fall, dass die Klasse bzw. das Paket noch nicht geladen wurde, erreichen, dass *Anweisungen* nach der Klasse bzw. dem Paket und außerhalb des Kontextes der angegebenen Klasse bzw. des angegebenen Pakets ausgeführt werden, so verwendet man für Klassen die Anweisung `\AfterAtEndOfClass` und für Pakete `\AfterAtEndOfPackage`.

Beispiel: Als Beispiel für Paket- oder Klassenautoren will ich zunächst erklären, wie KOMA-Script selbst Gebrauch von den neuen Anweisungen macht. Dazu findet sich in scrbook beispielsweise Folgendes:

```
\AfterPackage{hyperref}{%
  \@ifpackagelater{hyperref}{2001/02/19}{}{%
    \ClassWarningNoLine{scrbook}{%
      You are using an old version of hyperref
      package!\MessageBreak%
      This version has a buggy hack at many
      drivers\MessageBreak%
      causing \string\addchap\space to behave
      strange.\MessageBreak%
      Please update hyperref to at least version
      6.71b}%
  }%
}
```

Alte Versionen von hyperref definierten ein Makro von scrbook in einer Weise um, die mit neueren Versionen von KOMA-Script nicht mehr funktioniert. Neuere Versionen von hyperref unterlassen dies, wenn sie eine neuere Version von KOMA-Script erkennen. Für den Fall, dass hyperref zu einem späteren Zeitpunkt geladen wird, sorgt also scrbook dafür, dass unmittelbar nach dem Laden des Paketes überprüft wird, ob es sich um eine verträgliche Version handelt. Falls dies nicht der Fall ist, wird eine Warnung ausgegeben.

An anderer Stelle findet sich in drei der KOMA-Script-Klassen Folgendes:

```
\AfterPackage{caption2}{%
  \renewcommand*{\setcapindent}{%
```

Nach dem Laden von caption2 und nur falls das Paket geladen wird, wird hier die KOMA-Script eigene Anweisung `\setcapindent` umdefiniert. Der Inhalt der Umdefinierung ist für dieses Beispiel unerheblich. Es sei nur erwähnt, dass caption2 die Kontrolle über die `\caption`-Anweisung übernimmt und daher die normale Definition von `\setcapindent` keinerlei Wirkung mehr hätte. Die Umdefinierung verbessert dann die Zusammenarbeit mit caption2.

Es gibt aber auch Beispiele für den sinnvollen Einsatz der neuen Anweisungen durch normale Anwender. Angenommen, Sie erstellen ein Dokument, aus dem sowohl eine PS-Datei mit LaTeX und dvips als auch eine PDF-Datei mit pdfLaTeX erstellt werden soll. Das Dokument soll außerdem Hyperlinks aufweisen. Im Tabellenverzeichnis haben Sie Einträge, die über mehrere Zeilen gehen. Nun gibt es zwar mit pdfLaTeX bei der PDF-Ausgabe keine Probleme, da dort Links umbrochen werden können. Bei Verwendung des hyperref-Treibers für dvips oder hyperTeX ist dies jedoch nicht möglich. In diesem Fall hätten Sie gerne, dass bei hyperref die Einstellung `linktocpage` verwendet wird. Die Entscheidung, welcher Treiber geladen wird, wird bei Ihnen automatisch von `hyperref.cfg` erledigt. Dazu sieht die Datei beispielsweise wie folgt aus:

```
\ProvidesFile{hyperref.cfg}
\@ifundefined{pdfoutput}{\ExecuteOptions{dvips}}
                        {\ExecuteOptions{pdftex}}
\endinput
```

Alles weitere kann nun `\AfterFile` überlassen werden:

```
\documentclass{article}
```

```
\usepackage{scrlfile,ngerman}
\AfterFile{hdvips.def}{\hypersetup{linktocpage}}
\AfterFile{hypertex.def}{\hypersetup{linktocpage}}
\usepackage{hyperref}
\begin{document}
\listoffigures
\clearpage
\begin{figure}
  \caption{Dies ist ein Beispiel mit einer
    Abbildungsunterschrift, die etwas länglich ist
    und bei der trotzdem auf die Verwendung des
    optionalen Arguments verzichtet wurde.}
\end{figure}
\end{document}
```

Egal, ob nun der hyperref-Treiber hypertex oder dvips zu Anwendung kommt, wird die dann nützliche Einstellung linktocpage verwendet. Wenn Sie jedoch mit pdfLaTeX eine PDF-Datei erstellen, wird darauf verzichtet, da dann der hyperref-Treiber hpdftex.def verwendet wird. Das bedeutet, dass weder die Treiberdatei hdvips.def noch hypertex.def geladen wird.

Tipp! Übrigens können Sie das Laden von scrlfile und die obigen Anweisungen \AfterFile auch in Ihre private hyperref.cfg (siehe oben) einfügen. Verwenden Sie dabei jedoch zum Laden des Paketes besser \RequirePackage an Stelle von \usepackage (siehe [Tea06]). Die neuen Zeilen müssen in obigem Beispiel unmittelbar nach der \ProvidesFile-Zeile, also unbedingt vor der Ausführung der Optionen dvips oder pdftex, eingefügt werden.

\BeforeClosingMainAux{*Anweisungen*}
\AfterReadingMainAux{*Anweisungen*}

Diese Anweisungen unterscheiden sich in einem Detail von den zuvor erklärten Anweisungen. Jene ermöglichen Aktionen vor und nach dem Laden von Dateien. Das ist hier nicht der Fall. Paketautoren haben des Öfteren das Problem, dass sie Anweisungen in die aux-Datei schreiben wollen, nachdem die letzte Seite des Dokuments ausgegeben wurde. Dazu wird – in Unkenntnis der dadurch verursachten Probleme – häufig Code wie der folgende eingesetzt:

```
\AtEndDocument{%
  \if@filesw
    \write\@auxout{%
      \protect\writethistoaux%
    }%
```

```
  \fi
}
```

Dies ist jedoch keine wirkliche Lösung. Wurde die letzte Seite vor \end{document} bereits ausgegeben, so führt obiges zu keiner Ausgabe in die aux-Datei. Würde man zur Lösung dieses Problems nun ein \immediate vor \write setzen, so hätte man das umgekehrte Problem: wurde die letzte Seite bei \end{document} noch nicht ausgegeben, so wird \writethistoaux zu früh in die aux-Datei geschrieben. Man sieht daher häufig auch Lösungsversuche wie:

```
\AtEndDocument{%
  \if@filesw
    \clearpage
    \immediate\write\@auxout{%
      \protect\writethistoaux%
    }%
  \fi
}
```

Diese Lösung hat jedoch den Nachteil, dass damit die Ausgabe der letzten Seite erzwungen wird. Eine Anweisung wie:

```
\AtEndDocument{%
  \par\vspace*{\fill}%
  Hinweis am Ende des Dokuments.\par
}
```

führt dann nicht mehr dazu, dass der Hinweis am Ende der letzten Seite des Dokuments ausgegeben wird, sie würde stattdessen am Ende der nächsten Seite ausgegeben. Gleichzeitig würde \writethistoaux wieder eine Seite zu früh in die aux-Datei geschrieben.

Die beste Lösung des Problems wäre nun, wenn man unmittelbar in die aux-Datei schreiben könnte, nachdem das finale \clearpage innerhalb von \end{document} ausgeführt, aber bevor die aux-Datei geschlossen wird. Dies ist das Ziel von \BeforeClosingMainAux:

```
\BeforeClosingMainAux{%
  \if@filesw
    \immediate\write\@auxout{%
      \protect\writethistoaux%
    }%
  \fi
}
```

Das ist auch dann erfolgreich, wenn das finale \clearpage innerhalb von \end{document} tatsächlich zu keiner Ausgabe einer Seite mehr führt oder wenn – sei es korrekt verwendet oder in Unkenntnis der oben erläuterten Probleme – `\clearpage` innerhalb einer `\AtEndDocument`-Anweisung zum Einsatz kam.

Es gibt jedoch für `\BeforeClosingMainAux` eine Einschränkung: Im Argument `\Anweisungen` sollte keine Satzanweisung verwendet werden. Es darf also mit `\BeforeClosingMainAux` kein zusätzliches Material gesetzt werden! Wird diese Einschränkung nicht beachtet, so ist das Ergebnis ebenso unvorhersehbarer wie bei den gezeigten Problemen mit `\AtEndDocument`.

Die Anweisung `\AfterReadingMainAux` führt sogar *Anweisungen* nach dem Schließen und Einlesen der aux-Datei innerhalb von `\end{document}` aus. Dies ist nur in einigen wenigen, sehr seltenen Fällen sinnvoll, beispielsweise, wenn man statistische Informationen in die log-Datei schreiben will, die erst nach dem Einlesen der aux-Datei gültig sind oder zur Implementierung zusätzlicher *Rerun*-Aufforderungen. Satzanweisungen sind an dieser Stelle noch kritischer zu betrachten als bei `\BeforeClosingMainAux`.

13.3. Dateien beim Einlesen ersetzen

In den bisherigen Abschnitten wurden Anweisungen erklärt, mit denen es möglich ist, vor oder nach dem Einlesen einer bestimmten Datei, eines bestimmten Pakets oder einer Klasse Aktionen auszuführen. Es ist mit scrlfile aber auch möglich, eine ganz andere Datei als die angeforderte einzulesen.

`\ReplaceInput{`*Dateiname*`}{`*Ersatzdatei*`}`

Mit dieser Anweisung wird eine Ersetzung der Datei mit dem als erstes angegebenen *Dateiname* definiert. Wenn LaTeX anschließend angewiesen wird, diese Datei zu laden, wird stattdessen *Ersatzdatei* geladen. Die Definition der Ersatzdatei wirkt sich auf alle Dateien aus, die vom Anwender oder intern von LaTeX mit Hilfe von `\InputIfFileExists` geladen werden. Dazu ist es allerdings erforderlich, dass scrlfile diese Anweisung umdefiniert.

Beispiel: Sie wollen, dass an Stelle der Datei `\jobname.aux`, die Datei `\jobname.xua` geladen wird. Dazu verwenden Sie:

```
\ReplaceInput{\jobname.aux}{\jobname.xua}
```

Wenn Sie nun zusätzlich `\jobname.xua` auch noch durch `\jobname.uxa` ersetzen:

```
\ReplaceInput{\jobname.xua}{\jobname.uxa}
```

dann wird `\jobname.aux` am Ende durch `\jobname.uxa` ersetzt. Es wird also die komplette Ersetzungskette abgearbeitet.

Einer Ersetzung im Kreis:

```
\ReplaceInput{\jobname.aux}{\jobname.xua}
\ReplaceInput{\jobname.xua}{\jobname.aux}
```

würde jedoch zu einem *stack size error* führen. Es ist also nicht möglich, eine einmal ersetzte Datei wieder durch ihren Ursprung zu ersetzen.

Theoretisch wäre es auch möglich, auf diesem Wege ein Paket durch ein anderes oder eine Klasse durch eine andere zu ersetzen. Dabei würde LaTeX aber erkennen, dass die angeforderten Dateinamen nicht zum Namen des Pakets oder der Klasse passen. Eine Lösung dieses Problems finden Sie nachfolgend.

`\ReplaceClass{`*`Klasse`*`}{`*`Ersatzklasse`*`}`
`\ReplacePackage{`*`Paket`*`}{`*`Ersatzpaket`*`}`

Achtung!

Eine Klasse oder ein Paket sollte niemals mit Hilfe der oben erklärten Anweisung `\ReplaceInput` ersetzt werden. In diesem Fall würde LaTeX eine Warnung über nicht übereinstimmende Klassen- oder Paketnamen melden.

Beispiel: Sie ersetzen das Paket fancyhdr leichtfertig durch das nicht kompatible Paket scrpage2, indem Sie

```
\ReplaceInput{fancyhdr.sty}{scrpage2.sty}
```

verwenden. Dies wird beim Laden von fancyhdr zu der Warnung

```
LaTeX warning: You have requested ‘scrpage2’,
               but the package provides ‘fancyhdr’.
```

führen. Für den Anwender wäre diese Warnung mehr als verwirrend, hat er doch gar nicht scrpage2, sondern tatsächlich fancyhdr angefordert, das jedoch durch scrpage2 ersetzt wurde.

Eine Lösung dieses Problems besteht nun darin, statt `\ReplaceInput` eine der Anweisungen `\ReplaceClass` oder `\ReplacePackage` zu verwenden. Es ist zu beachten, dass wie bei `\documentclass` und `\usepackage` der Name der Klasse oder des Pakets und nicht deren kompletter Dateiname anzugeben ist.

Die Ersetzung funktioniert für Klassen, die mit `\documentclass`, `\LoadClassWithOptions` oder `\LoadClass` geladen werden. Für

Pakete funktioniert die Ersetzung beim Laden mit `\usepackage`, `\RequirePackageWithOptions` und `\RequirePackage`.

Achtung! Es ist zu beachten, dass die *`Ersatzklasse`* oder das *`Ersatzpaket`* mit denselben Optionen geladen wird, mit denen die ursprünglich geforderte Klasse oder das ursprünglich geforderte Paket geladen würden. Wird ein Paket oder eine Klasse durch ein Paket oder eine Klasse ersetzt, das eine geforderte Option nicht unterstützt, würde dies zu den üblichen Warnungen und Fehlern führen. Es ist jedoch möglich, solche in der *`Ersatzklasse`* oder dem *`Ersatzpaket`* fehlenden Optionen per `\BeforeClass` oder `\BeforePackage` neu zu definieren.

Beispiel: Angenommen, das Paket oldfoo soll beim Laden durch das Paket newfoo ersetzt werden. Dies wird mit:

```
\ReplacePackage{oldfoo}{newfoo}
```

erreicht. Das alte Paket hat eine Option `oldopt`, die das neue Paket jedoch nicht hat. Mit

```
\BeforePackage{newfoo}{%
  \DeclareOption{oldopt}{%
    \PackageInfo{newfoo}%
                {option ‘oldopt’ not supported}%
  }}%
```

wird diese Option nun für das Paket newfoo nachdefiniert. Dadurch wird vermieden, dass beim Laden des Pakets oldfoo ein Fehler über die im Paket newfoo nicht unterstützte Option gemeldet wird.

Existiert hingegen eine Option `newopt`, die an Stelle der Option `oldopt` verwendet werden soll, so kann dies ebenfalls erreicht werden:

```
\BeforePackage{newfoo}{%
  \DeclareOption{oldopt}{%
    \ExecuteOptions{newopt}%
  }}%
```

Es ist sogar möglich, festzulegen, dass beim Laden des neuen Pakets andere Voreinstellung gelten sollen:

```
\BeforePackage{newfoo}{%
  \DeclareOption{oldopt}{%
    \ExecuteOptions{newopt}%
  }%
  \PassOptionsToPackage{newdefoptA,newdefoptB}%
                       {newfoo}%
}
```

oder auch direkt:

```
\BeforePackage{newfoo}{%
  \DeclareOption{oldopt}{%
    \ExecuteOptions{newopt}%
  }%
}%
\PassOptionsToPackage{newdefoptA,newdefoptB}%
                    {newfoo}%
```

Damit Klassen ersetzt werden können, ist es erforderlich scrlfile mit Hilfe von \RequirePackage vor der Klasse zu laden.

```
\UnReplaceInput{Dateinamen}
\UnReplacePackage{Paket}
\UnReplaceClass{Klasse}
```

Eine Ersetzung kann auch wieder aufgehoben werden. Dabei sollten Ersetzungen von Dateien immer mit \UnReplaceInput, Ersetzungen von Paketen mit \UnReplacePackage und Ersetzungen von Klassen mit \UnReplaceClass aufgehoben werden. Nach der Aufhebung der Ersetzung führen Ladebefehle für den entsprechenden *Dateiname*, das entsprechende *Paket* oder die entsprechende *Klasse* dann wieder dazu, dass die Datei, das Paket oder die Klasse selbst an Stelle der Ersatzdatei, des Ersatzpakets oder der Ersatzklasse geladen wird.

13.4. Dateien gar nicht erst einlesen

Gerade in Klassen und Paketen, die innerhalb von Firmen oder Instituten verwendet werden, findet man häufig, dass sehr viele Pakete nur deshalb geladen werden, weil die Anwender diese Pakete oft verwenden. Wenn es dann mit einem dieser automatisch geladenen Paketen zu einem Problem kommt, muss man irgendwie das Laden des problematischen Paketes verhindern. Auch hier bietet scrlfile eine einfache Lösung.

```
\PreventPackageFromLoading[Stattdessencode]{Paketliste}
\PreventPackageFromLoading*[Stattdessencode]{Paketliste}
```

Wird diese Anweisung vor dem Laden eines Paket mit \usepackage, \RequirePackage oder \RequirePackageWithOptions aufgerufen, so wird das Laden des Pakets effektiv verhindert, falls es in der *Paketliste* zu finden ist.

Beispiel: Angenommen Sie arbeiten in einer Firma, in der alle Dokumente mit Latin Modern erzeugt werden. In der Firmenklasse, firmenci, befinden sich daher die Zeilen:

```
\RequirePackage[T1]{fontenc}
\RequirePackage{lmodern}
```

Nun wollen Sie zum ersten Mal ein Dokument mit XeLaTeX oder LuaLaTeX setzen. Da beim hierbei empfohlenen Paket fontspec ohnehin Latin-Modern voreingestellt ist und das Laden von fontenc eher störend wäre, wollen Sie das Laden beider Pakete verhindern. Sie laden die Klasse deshalb nun in Ihrem eigenen Dokument wie folgt:

```
\RequirePackage{scrlfile}
\PreventPackageFromLoading{fontenc,lmodern}
\documentclass{firmenci}
```

Wie im Beispiel zu sehen ist, kann man das Paket scrlfile auch bereits vor der Klasse laden. In diesem Fall muss das Laden dann aber mit Hilfe von `\RequirePackage` erfolgen, da `\usepackage` vor `\documentclass` verboten ist.

Wird eine leere *Paketliste* angegeben, oder wird ein Paket angegeben, das bereits geladen ist, so gibt `\PreventPackageFromLoading` eine Warnung aus, während `\PreventPackageFromLoading*` lediglich einen entsprechenden Hinweis in die Log-Datei schreibt.

Das optionale Argument kann verwendet werden, wenn an Stelle des Ladens des Pakets etwas anderes getan werden soll. Innerhalb des *Stattdessencode*s dürfen jedoch keine anderen Pakete und keine Dateien geladen werden. Zum Laden eines anderen Pakets siehe `\ReplacePackage` in Abschnitt 13.3 auf Seite 397. Beachten Sie bitte auch, dass der *Stattdessencode* mehrfach ausgeführt wird, falls Sie versuchen, das Paket mehrfach zu laden!

```
\StorePreventPackageFromLoading{\Anweisung}
\ResetPreventPackageFromLoading
```

`\Anweisung` wird mit `\StorePreventPackageFromLoading` als die aktuelle Liste der Pakete definiert, für die das Laden verhindert werden soll. Dagegen setzt `\ResetPreventPackageFromLoading` die Liste der Pakete, für die das Laden verhindert werden soll, zurück. Danach können wieder alle Pakete geladen werden.

Beispiel: Angenommen, Sie sind innerhalb eines Pakets unbedingt auf das Laden eines anderen Pakets angewiesen und wollen nicht, dass der Anwender das Laden dieses Pakets mit `\PreventPackageFromLoading` verhindern kann. Also setzen Sie die Paketliste für die Ausnahmen zuvor zurück:

```
\ResetPreventPackageFromLoading
\RequirePackage{foo}
```

Allerdings hat dies den Nachteil, dass ab diesem Zeitpunkt die komplette Ausnahmeliste des Anwenders verloren ist. Also speichern Sie die Liste zunächst zwischen und reaktivieren Sie später wieder:

```
\newcommand*{\Users@PreventList}{}%
\StorePreventPackageFromLoading\Users@PreventList
\ResetPreventPackageFromLoading
\RequirePackage{foo}
\PreventPackageFromLoading{\Users@PreventList}
```

Achtung! Es ist zu beachten, dass `\Users@PreventList` durch die Anweisung `\StorePreventPackageFromLoading` auch definiert werden würde, wenn diese bereits anderweitig definiert wäre. Eine vorhandene Definition würde also ohne Rücksicht überschrieben werden. In diesem Beispiel wurde deshalb mit einem vorherigen `\newcommand*` sichergestellt, dass in dem Fall zur Sicherheit eine Fehlermeldung ausgegeben wird.

An dieser Stelle sei darauf hingewiesen, dass Sie bei Manipulationen an der mit `\StorePreventPackageFromLoading` zwischengespeicherten Liste selbst die Verantwortung für eine korrekte Wiederherstellbarkeit tragen. So muss die Liste unbedingt mit Komma separiert sein, sollte keine Leerzeichen oder Gruppenklammern enthalten und muss voll expandierbar sein.

Achtung! Beachten Sie bitte auch, dass `\ResetPreventPackageFromLoading` den *`Stattdessencode`* für ein Paket nicht löscht, sondern nur vorübergehend dessen Ausführung nicht mehr erfolgt.

```
\UnPreventPackageFromLoading{Paketliste}
\UnPreventPackageFromLoading*{Paketliste}
```

Statt die Liste der Pakete, für die das Laden verhindert werden soll, komplett zurück zu setzen, kann man auch einzelne oder mehrere Pakete gezielt von dieser Liste entfernen. Die Sternvariante des Befehls löscht außerdem den *`Stattdessencode`*, der für das Paket gespeichert ist. Falls die Verhinderungsliste beispielsweise aus einer gespeicherten Liste wiederhergestellt wird, wird dann der *`Stattdessencode`* trotzdem nicht mehr ausgeführt.

Beispiel: Angenommen, Sie wollen zwar verhindern, dass ein Paket `foo` geladen wird, wollen aber nicht, dass ein eventuell bereits gespeicherter *`Stattdessencode`* ausgeführt wird. Stattdessen soll nur Ihr neuer *`Stattdessencode`* ausgeführt werden. Dies ist wie folgt möglich:

```
\UnPreventPackageFromLoading*{foo}
\PreventPackageFromLoading[%
  \typeout{Stattdessencode}%
]{foo}
```

Für die Anweisung `\UnPreventPackageFromLoading*` ist es unerheblich, ob das Paket zuvor überhaupt vom Laden ausgenommen war.

Natürlich können Sie die Anweisung indirekt auch nutzen, um den *Stattdessencode* aller Pakete zu löschen:

```
\StorePreventPackageFromLoading\TheWholePreventList
\UnPreventPackageFromLoading*{\TheWholePreventList}
\PreventPackageFromLoading{\TheWholePreventList}
```

Die Pakete werden dann zwar noch immer nicht geladen, ihr *Stattdessencode* existiert aber nicht mehr und wird nicht mehr ausgeführt.

14. Dateien mit scrwfile sparen und ersetzen

Eines der Probleme, die auch durch die Einführung von ε-TEX nicht gelöst wurden, ist die Tatsache, dass TEX nur 18 Dateien gleichzeitig zum Schreiben geöffnet haben kann. Diese Zahl erscheint zunächst recht groß. Allerdings ist zu berücksichtigen, dass bereits LATEX selbst einige dieser Dateien belegt. Inhaltsverzeichnis, Tabellenverzeichnis, Abbildungsverzeichnis, Index, Glossar und jedes weitere Verzeichnis, das von LATEX aus erzeugt wird, belegt in der Regel eine weitere Datei. Dazu kommen Hilfsdateien von Paketen wie hyperref oder minitoc.

Im Endeffekt kann es daher geschehen, dass irgendwann die Meldung

```
! No room for a new \write .
\ch@ck ...\else \errmessage {No room for a new #3}
                                                \fi
```

erscheint.

Dass LATEX bei Verzeichnissen wie dem Inhaltsverzeichnis, dem Tabellenverzeichnis und dem Abbildungsverzeichnis immer sofort eine neue Datei zum Schreiben öffnet, hat aber auch noch einen weiteren Nachteil. Solche Verzeichnisse werden durch deren Befehle nicht nur direkt gesetzt, sie können auch kein weiteres Mal gesetzt werden, da die zugehörige Hilfsdatei nach dem jeweiligen Befehl bis zum Ende des Dokuments leer ist.

Das Paket scrwfile bietet hier eine grundsätzliche Änderung im LATEX-Kern, durch die beide Probleme gelöst werden können.

14.1. Grundsätzliche Änderungen am LATEX-Kern

LATEX-Klassen verwenden zum Öffnen eines Verzeichnisses beispielsweise mit `\tableofcontents` oder `\listoffigure` die LATEX-Kern-Anweisung `\@starttoc`. LATEX selbst lädt bei dieser Anweisung nicht nur die zugehörige Hilfsdatei, sondern öffnet diese Hilfsdatei auch neu zum Schreiben. Werden anschließend mit `\addtocontents` oder `\addcontentsline` Einträge in dieses Verzeichnis vorgenommen, so wird jedoch nicht direkt in die geöffnete Hilfsdatei geschrieben. Stattdessen schreibt LaTeX `\@writefile`-Anweisungen in die aux-Datei. Erst beim Einlesen der aux-Dateien am Ende des Dokuments wird dann über diese `\@writefile`-Anweisungen in die tatsächlichen Hilfsdateien geschrieben. Die Hilfsdateien werden von LaTeX auch nicht explizit geschlossen. Stattdessen verlässt sich LaTeX hier darauf, dass TeX die Dateien am Ende ohnehin schließt.

Dieses Vorgehen sorgt dafür, dass die Hilfsdateien zwar erst innerhalb von `\end{document}` tatsächlich beschrieben werden, aber trotzdem während des gesamten LaTeX-Laufs gleichzeitig offen sind. scrwfile hat nun genau hier einen Ansatzpunkt: die Umdefinierung von `\@starttoc` und `\@writefile`.

Achtung! Natürlich besitzen Änderungen am LaTeX-Kern immer das Potential, dass es zu Unverträglichkeiten mit anderen Paketen kommen kann. Betroffen können in erster Linie Pakete sein, die ebenfalls `\@starttoc` oder `\@writefile` umdefinieren. In einigen Fällen kann es helfen, die Reihenfolge der Pakete zu ändern.

Tatsächlich sind bisher keine solchen Probleme im Zusammenhang mit scrwfile bekannt, obwohl das Paket vor der Veröffentlichung von verschiedenen Anwendern über ein Jahr lang getestet wurde. Wenn Sie jedoch auf ein solches Problem stoßen, sollten Sie sich an den KOMA-Script-Autor wenden.

14.2. Das Eindateiensystem

Bereits beim Laden des Pakets mit

```
\usepackage{scrwfile}
```

wird `\@starttoc` von scrwfile so umdefiniert, dass davon selbst keine Datei mehr zum Schreiben angefordert und geöffnet wird. Unmittelbar vor dem Schließen der aux-Datei in `\end{document}` wird dann `\@writefile` so umdefiniert, dass diese Anweisung statt in die eigentlichen Hilfsdateien in eine neue Hilfsdatei mit der Endung `wrt` schreibt. Nach dem Einlesen der aux-Dateien wird dann noch die `wrt`-Datei abgearbeitet und zwar ein Mal für jede der Hilfsdateien, in die mit `\@writefile` geschrieben wird. Dabei muss dann aber nicht jede dieser Hilfsdateien gleichzeitig geöffnet sein. Stattdessen ist immer nur eine zum Schreiben geöffnet und wird auch wieder explizit geschlossen. Da dabei eine interne Schreibdatei von

LaTeX wiederverwendet wird, benötigt scrwfile keine einzige eigene Schreibdatei für diese Art von Verzeichnissen.

Selbst, wenn bisher nur mit einem Inhaltsverzeichnis gearbeitet wird, steht nach dem Laden des Pakets bereits eine Schreibdatei mehr für Literaturverzeichnisse, Stichwortverzeichnisse, Glossare und ähnliche Verzeichnisse, die nicht mit `\@starttoc` arbeiten, zur Verfügung. Darüber hinaus können beliebig viele Verzeichnisse, die mit `\@starttoc` arbeiten, angelegt werden.

14.3. Das Klonen von Dateieinträgen

Nachdem `\@writefile` für das Eindateiensystem aus dem vorherigen Abschnitt bereits so geändert wurde, dass es nicht direkt in die entsprechende Hilfsdatei schreibt, lag eine weitere Idee nahe. Beim Kopieren der `\@writefile`-Anweisungen in die `wrt`-Datei können diese auch für andere Zielendungen übernommen werden.

```
\TOCclone[Verzeichnisüberschrift]{Quellendung}{Zielendung}
\listofZielendung
```

Durch dieses Klonen von Dateieinträgen werden so ganze Verzeichnisse geklont. Dazu muss man nur die Endung der Hilfsdatei des Verzeichnisses kennen, dessen Einträge kopiert werden sollen. Zusätzlich muss man die Endung einer Zieldatei angeben. In diese werden die Einträge dann kopiert. Natürlich kann man in dieses geklonte Verzeichnis auch zusätzliche Einträge schreiben.

Die *Zielendung* der Zieldatei wird mit Hilfe von tocbasic (siehe Kapitel 15) verwaltet. Steht eine solche Datei bereits unter Kontrolle von tocbasic wird eine Warnung ausgegeben. Anderenfalls wird mit Hilfe von tocbasic ein neues Verzeichnis für diese Endung angelegt. Die Überschrift dieses Verzeichnisses kann man über das optionale Argument *Verzeichnisüberschrift* bestimmen. tocbasic

Ausgeben kann man dieses neue Verzeichnis dann beispielsweise über die Anweisung `\listof`*Zielendung*. Die Verzeichniseigenschaften `leveldown`, `numbered`, `onecolumn` und `totoc` (siehe Anweisung `\setuptoc` in Abschnitt 15.2, Seite 420) werden automatisch in das Zielverzeichnis übernommen, falls sie für das Quellverzeichnis bereits gesetzt waren. Die Eigenschaft `nobabel` wird für geklonte Verzeichnisse immer gesetzt, da die entsprechenden babel-Einträge in das Quellverzeichnis ohnehin bereits kopiert werden. tocbasic

Beispiel: Angenommen, Sie wollen zusätzlich zum normalen Inhaltsverzeichnis eine Gliederungsübersicht, in der nur die Kapitel angezeigt werden.

```
\usepackage{scrwfile}
\TOCclone[Gliederungsübersicht]{toc}{stoc}
```

Hierdurch wird zunächst ein neues Verzeichnis mit der Überschrift »Gliederungsübersicht« angelegt. Das neue Verzeichnis verwendet die Dateiendung stoc. Alle Einträge in die Datei mit der Endung toc werden auch in dieses Verzeichnis kopiert.

Damit dieses neue Verzeichnis nun nur die Kapitelebene ausgibt, verwenden wir:

```
\addtocontents{stoc}{\protect\value{tocdepth}=0}
```

Achtung!

Während normalerweise erst ab \begin{document} Einträge in ein Verzeichnis vorgenommen werden können, funktioniert dies nach Laden von scrwfile bereits in der Dokumentpräambel. Durch die hier gezeigte unkonventionelle Art, den Zähler tocdepth innerhalb der Verzeichnisdatei zu ändern, bleibt diese Änderung nur für dieses Verzeichnis wirksam.

Später im Dokument wird das Verzeichnis mit der Endung stoc dann durch

```
\listofstoc
```

ausgegeben und zeigt nur die Teile und Kapitel des Dokuments.

Etwas schwieriger wird es, wenn das Inhaltsverzeichnis in der Gliederungsübersicht angezeigt werden soll. Dies wäre zwar mit

```
\addtocontents{toc}{%
  \protect\addcontentsline
    {stoc}{chapter}{\protect\contentsname}%
}
```

möglich. Da jedoch alle Einträge in toc auch nach stoc kopiert werden, würde so von der Gliederungsübersicht dieser Eintrag ebenfalls übernommen. Also darf der Eintrag nicht aus der Verzeichnisdatei heraus erzeugt werden.

tocbasic

Da das Paket tocbasic zum Einsatz kommt, kann aber

```
\AfterStartingTOC[toc]{%
  \addcontentsline{stoc}{chapter}
                  {\protect\contentsname}}
```

Achtung!

verwendet werden. Natürlich setzt dies voraus, dass die Datei mit Endung toc auch unter der Kontrolle von tocbasic steht. Dies ist bei allen KOMA-Script-Klassen der Fall.

Näheres zur Anweisung `\AfterStartingTOC` ist in Abschnitt 15.2 auf Seite 418 zu finden.

14.4. Hinweis zum Entwicklungsstand

Obwohl das Paket bereits von mehreren Anwendern getestet wurde und vielfach im Einsatz ist, ist seine Entwicklung noch nicht abgeschlossen. Deshalb ist es theoretisch möglich, dass insbesondere an der internen Funktionsweise des Pakets noch Änderungen vorgenommen werden. Sehr wahrscheinlich sind auch künftige Erweiterungen. Teilweise befindet sich bereits Code für solche Erweiterungen im Paket. Da jedoch noch keine Benutzeranweisungen existieren, mit denen diese Möglichkeiten genutzt werden könnten, wurde hier auf eine Dokumentation derselben verzichtet.

14.5. Bekannte Paketunverträglichkeiten

Wie in Abschnitt 14.1 bereits erwähnt, muss scrwfile einige wenige Anweisungen des LaTeX-Kerns umdefinieren. Dies geschieht nicht allein während des Ladens des Pakets, sondern vielmehr zu verschiedenen Zeitpunkten während der Abarbeitung eines Dokuments, beispielsweise vor dem Einlesen der aux-Datei. Dies führt dazu, dass scrwfile sich nicht mit anderen Paketen verträgt, die diese Anweisungen ebenfalls zur Laufzeit umdefinieren. *Achtung!*

Ein Beispiel für eine solche Unverträglichkeit ist titletoc. Das Paket definiert unter gewissen Umständen `\@writefile` zur Laufzeit um. Werden scrwfile und titletoc zusammen verwendet, ist die Funktion beider Paket nicht mehr gewährleistet. Dies ist weder ein Fehler in titletoc noch in scrwfile. titletoc

15. Verzeichnisse verwalten mit Hilfe von tocbasic

Der Hauptzweck des Pakets tocbasic besteht darin, Paket- und Klassenautoren die Möglichkeit zu geben, eigene Verzeichnisse vergleichbar mit dem Abbildungs- und Tabellenverzeichnis zu erstellen und dabei Klassen und anderen Paketen einen Teil der Kontrolle über diese Verzeichnisse zu erlauben. Dabei sorgt das Paket tocbasic auch dafür, dass diese Verzeichnisse von babel (siehe [BB13]) bei der Sprachumschaltung mit berücksichtigt werden. Durch Verwendung von tocbasic soll dem Paketautor die Mühe genommen werden, selbst solche Anpassungen an andere Pakete oder an Klassen vornehmen zu müssen.

Als kleiner Nebeneffekt kann das Paket auch verwendet werden, um neue Gleitumgebungen oder den Gleitumgebungen ähnliche nicht gleitende Umgebungen für Konsultationsobjekte zu definieren. Näheres dazu wird nach der Erklärung der grundlegenden Anweisungen in Abschnitt 15.2 durch ein Beispiel in Abschnitt 15.4 verdeutlicht, das in kompakter Form noch einmal in Abschnitt 15.5 aufgegriffen wird.

KOMA-Script verwendet tocbasic sowohl für das Inhaltsverzeichnis als auch für die bereits erwähnten Verzeichnisse für Abbildungen und Tabellen.

15.1. Grundlegende Anweisungen

Dateierweiterung, Verzeichnis

`\addtocontents`, `\addxcontentsline`

Die grundlegenden Anweisungen dienen in erster Linie dazu, eine Liste aller bekannten Dateierweiterungen, die für Verzeichnisse stehen, zu verwalten. Einträge in Dateien mit solchen Dateierweiterungen werden typischerweise mit `\addtocontents` oder `\addxcontentsline` vorgenommen. Darüber hinaus gibt es Anweisungen, mit denen Aktionen für all diese Dateierweiterungen durchgeführt werden können. Außerdem gibt es Anweisungen, um Einstellungen für die Datei vorzunehmen, die zu einer gegebenen Dateierweiterung gehört. Typischerweise hat so eine Dateierweiterung auch einen Besitzer. Dieser Besitzer kann eine Klasse oder ein Paket oder ein Bezeichner sein, den der Autor der Klasse oder des Pakets, das tocbasic verwendet, frei gewählt hat. KOMA-Script selbst verwendet beispielsweise den Besitzer `float` für die Dateierweiterungen `lof` und `lot`, die für das Abbildungs- und das Tabellenverzeichnis stehen. Für das Inhaltsverzeichnis verwendet KOMA-Script als Besitzer den Dateiname der Klasse.

Dateibesitzer

`\ifattoclist{`*`Dateierweiterung`*`}{`*`Dann-Teil`*`}{`*`Sonst-Teil`*`}`

Mit dieser Anweisung wird überprüft, ob die *`Dateierweiterung`* bereits in der Liste der bekannten Dateierweiterungen vorhanden ist oder nicht. Ist die *`Dateierweiterung`* bereits über diese Liste bekannt, so wird der *`Dann-Teil`* ausgeführt. Anderenfalls wird der *`Sonst-Teil`* ausgeführt.

Beispiel: Angenommen, Sie wollen wissen, ob die Dateierweiterung »foo« bereits verwendet wird, um in diesem Fall einen Fehlermeldung auszugeben, weil diese damit nicht mehr verwendet werden kann:

```
\ifattoclist{foo}{%
  \PackageError{bar}{%
    extension 'foo' already in use%
  }{%
    Each extension may be used only
    once.\MessageBreak
    The class or another package already
    uses extension 'foo'.\MessageBreak
    This error is fatal!\MessageBreak
    You should not continue!}%
}{%
  \PackageInfo{bar}{using extension 'foo'}%
}
```

`\addtotoclist[`*`Besitzer`*`]{`*`Dateierweiterung`*`}`

Diese Anweisung fügt die *`Dateierweiterung`* der Liste der bekannten Dateierweiterungen hinzu. Ist die *`Dateierweiterung`* bereits bekannt, so wird hingegen ein Fehler gemeldet, um die doppelte Verwendung derselben *`Dateierweiterung`* zu verhindern.

Wenn das optionale Argument `[`*`Besitzer`*`]` angegeben wurde, wird der angegebene *`Besitzer`* für diese Dateierweiterung mit gespeichert. Wurde das optionale Argument weggelassen, dann versucht tocbasic den Dateinamen der aktuell abgearbeiteten Klasse oder des Pakets herauszufinden und als *Besitzer* zu speichern. Dies funktioniert nur, wenn \addtotoclist während des Ladens der Klasse oder des Pakets aufgerufen wird. Es funktioniert nicht, wenn \addtotoclist erst später aufgrund der Verwendung einer Anweisung durch den Benutzer aufgerufen wird. In diesem Fall wird als *Besitzer* ».« eingetragen. *Achtung!*

Beachten Sie, dass ein leeres Argument *Besitzer* nicht das gleiche ist, wie das Weglassen des kompletten optionalen Arguments einschließlich der eckigen Klammern. Ein leeres Argument würde auch einen leeren *Besitzer* ergeben. *Achtung!*

Beispiel: Angenommen, Sie wollen die Dateierweiterung »foo« der Liste der bekannten Dateierweiterungen hinzufügen, während Ihr Paket mit dem Dateinamen »bar.sty« geladen wird:

```
\addtotoclist{foo}
```

Dies fügt die Dateierweiterung »foo« mit dem Besitzer »bar.sty« der Liste der bekannten Dateierweiterung hinzu, wenn diese Erweiterung nicht bereits in der Liste ist. Wenn die verwendete Klasse oder ein anderes Paket diese Dateierweiterung schon angemeldet hat, erhalten Sie den Fehler:

```
Package tocbasic Error: file extension 'foo' ↩
  cannot be used twice

See the tocbasic package documentation for ↩
  explanation.
Type H <return> for immediate help.
```

Wenn Sie dann tatsächlich die Taste »H« gefolgt von der Return-Taste drücken, erhalten Sie als Hilfe:

```
File extension 'foo' is already used by a toc-↩
  file, while bar.sty
tried to use it again for a toc-file.
This may be either an incompatibility of ↩
  packages, an error at a package,
or a mistake by the user.
```

Vielleicht stellt Ihr Paket auch eine Anweisung bereit, die ein Verzeichnis dynamisch erzeugt. In diesem Fall sollten Sie das optionale Argument von \addtotoclist verwenden, um den *Besitzer* anzugeben:

```
\newcommand*{\createnewlistofsomething}[1]{%
  \addtotoclist[bar.sty]{#1}%
```

```
    % Weitere Aktionen, um dieses Verzeichnis
    % verfügbar zu machen
  }
```

Wenn jetzt der Anwender diese Anweisung aufruft, beispielsweise mit

```
\createnewlistofsomething{foo}
```

dann wird die Dateierweiterung »foo« ebenfalls mit dem Besitzer »bar.sty« zur Liste der bekannten Dateierweiterungen hinzugefügt oder aber ein Fehler gemeldet, wenn diese Dateierweiterung bereits verwendet wird.

Sie können als *Besitzer* angeben, was immer Sie wollen, aber es sollte eindeutig sein! Wenn Sie beispielsweise der Autor des Pakets float wären, könnten Sie als *Besitzer* auch »float« an Stelle von »float.sty« angeben. In diesem Fall würden die KOMA-Script-Optionen für das Verzeichnis der Abbildungen und das Verzeichnis der Tabellen auch Ihre Verzeichnisse betreffen, die zum Zeitpunkt der Verwendung der jeweiligen Option bereits zur Liste der bekannten Dateierweiterungen hinzugefügt sind. Das liegt daran, dass KOMA-Script die Dateierweiterungen »lof« für das Abbildungsverzeichnis und »lot« für das Tabellenverzeichnis mit dem Besitzer »*float*« anmeldet und die Optionen für diese Besitzer setzt.

`\AtAddToTocList[Besitzer]{Anweisungen}`

Auf diese Weise können die {*Anweisungen*} zu einer internen Liste von Anweisungen hinzugefügt werden, die immer dann auszuführen sind, wenn eine Dateierweiterung mit dem angegebenen *Besitzer* zur Liste der bekannten Dateierweiterungen hinzugefügt wird. Bezüglich des optionalen Arguments wird wie in der Erklärung von \addtotoclist beschrieben verfahren. Wird das optionale Argument leer gelassen, werden in diesem Fall die Aktionen unabhängig vom Besitzer immer ausgeführt, wenn die Dateierweiterung zu der Liste der bekannten Dateierweiterungen hinzugefügt wird. Während der Ausführung der *Anweisungen* ist außerdem \@currext die Dateierweiterung, die gerade hinzugefügt wird.

\@currext

Beispiel: tocbasic selbst verwendet

```
\AtAddToTocList[]{%
  \expandafter\tocbasic@extend@babel
  \expandafter{\@currext}}
```

um jede Dateierweiterung zu der in tocbasic vorhandenen Erweiterung für das Paket babel hinzuzufügen.

Die zweimalige Verwendung von `\expandafter` ist im Beispiel erforderlich, weil das Argument von `\tocbasic@extend@babel` zwingend bereits expandiert sein muss. Siehe dazu auch die Erklärung zu `\tocbasic@extend@babel` in Abschnitt 15.3, Seite 423. *Achtung!*

`\removefromtoclist[`*`Besitzer`*`]{`*`Dateierweiterung`*`}`

Man kann eine *Dateierweiterung* auch wieder aus der Liste der bekannten Dateierweiterungen entfernen. Ist das optionale Argument [*Besitzer*] angegeben, so wird die Dateierweiterung nur entfernt, wenn sie für den angegebenen *Besitzer* angemeldet wurde. Wie der Besitzer beim Weglassen des optionalen Argument bestimmt wird, ist der Erklärung zu `\addtotoclist` zu entnehmen. Wird ein leerer *Besitzer* angegeben, findet kein Besitzertest statt, sondern die *Dateierweiterung* wird unabhängig vom Besitzer entfernt.

`\doforeachtocfile[`*`Besitzer`*`]{`*`Anweisungen`*`}`

Bisher haben Sie nur Anweisungen kennen gelernt, die für Klassen- und Paketautoren zwar zusätzliche Sicherheit, aber auch eher zusätzlichen Aufwand bedeuten. Mit `\doforeachtocfile` kann man die erste Ernte dafür einfahren. Diese Anweisung erlaubt es die angegebenen *Anweisungen* für jede von dem *Besitzer* angemeldete Dateierweiterung auszuführen. Während der Ausführung der *Anweisungen* ist `\@currext` die aktuell verarbeitete Dateierweiterung. Wird das optionale Argument [*Besitzer*] weggelassen, so werden alle Dateierweiterungen unabhängig vom Besitzer abgearbeitet. Ein leeres optionales Argument würde hingegen nur die Dateierweiterungen mit leerem Besitzer verarbeiten.

Beispiel: Wenn Sie die Liste aller bekannten Dateierweiterungen auf das Terminal und in die `log`-Datei ausgeben wollen, ist dies einfach mit

```
\doforeachtocfile{\typeout{\@currext}}
```

möglich. Wollen Sie hingegen nur die Dateierweiterungen des Besitzer »`foo`«, dann geht das einfach mit:

```
\doforeachtocfile[foo]{\typeout{\@currext}}
```

Die KOMA-Script-Klassen scrbook und scrreprt verwenden diese Anweisung übrigens, um für jedes Verzeichnis, für das die Eigenschaft `chapteratlist` gesetzt ist, optional einen vertikalen Abstand oder die Kapitelüberschrift in dieses Verzeichnis einzutragen. Wie Sie diese Eigenschaft setzen können, ist in Abschnitt 15.2, Seite 420 zu finden.

`\tocbasicautomode`

Diese Anweisung definiert die Anweisung `\@starttoc`, die der LaTeX-Kern bereit stellt, so um, dass bei jedem Aufruf von `\@starttoc` die dabei angegebene Dateierweiterung in die Liste der bekannten Dateierweiterungen eingefügt wird, soweit sie dort noch nicht vorhanden ist. Außerdem wird dann `\tocbasic@starttoc` an Stelle von `\@starttoc` verwendet. Näheres zu `\tocbasic@starttoc` und `\@starttoc` ist Abschnitt 15.3, Seite 424 zu entnehmen.

Mit Hilfe von `\tocbasicautomode` wird also sozusagen jedes Verzeichnis, das mit Hilfe von `\@starttoc` erstellt wird, automatisch zumindest teilweise unter die Kontrolle von tocbasic gestellt. Ob das zum gewünschten Ergebnis führt, hängt jedoch sehr von den jeweiligen Verzeichnissen ab. Immerhin funktioniert damit schon einmal die Erweiterung für das babel-Paket für alle Verzeichnisse. Es ist jedoch vorzuziehen, wenn der Paketautor selbst tocbasic explizit verwendet. Er kann dann auch die weiteren Vorteile nutzen, die ihm das Paket bietet und die in den nachfolgenden Abschnitten beschrieben werden.

15.2. Erzeugen eines Verzeichnisses

Im vorherigen Abschnitt haben Sie erfahren, wie eine Liste bekannter Dateierweiterungen geführt werden kann und wie automatisch Anweisungen beim Hinzufügen von Dateierweiterungen zu dieser Liste ausgeführt werden können. Des Weiteren haben Sie eine Anweisung kennen gelernt, mit der man für jede einzelne bekannte Dateierweiterung oder einen spezifischen Teil davon Anweisungen ausführen kann. In diesem Abschnitt werden Sie Anweisungen kennen lernen, die sich auf die Datei beziehen, die mit dieser Dateierweiterung verbunden ist.

`\addtoeachtocfile[`*`Besitzer`*`]{`*`Inhalt`*`}`

Die Anweisung `\addtoeachtocfile` schreibt *`Inhalt`* mit Hilfe von `\addtocontents` aus dem LaTeX-Kern in jede Datei, die für den angegebenen *`Besitzer`* in der Liste der bekannten Dateierweiterungen zu finden ist. Wird das optionale Argument weggelassen, wird in jede Datei aus der Liste der bekannten Dateierweiterungen geschrieben. Der konkrete Dateiname setzt sich dabei übrigens aus `\jobname` und der Dateierweiterung zusammen. Während des Schreibens von
`\@currext` *`Inhalt`* ist `\@currext` die Dateierweiterung der Datei, in die aktuell geschrieben wird.

Beispiel: Sie wollen einen vertikalen Abstand von einer Zeile in alle Dateien aus der Liste der bekannten Dateierweiterungen schreiben.

```
\addtoeachtocfile{%
  \protect\addvspace{\protect\baselineskip}%
}%
```

Wenn Sie das hingegen nur für die Dateien mit dem definierten Besitzer »foo« machen wollen, verwenden Sie:

```
\addtoeachtocfile[foo]{%
  \protect\addvspace{\protect\baselineskip}%
}
```

Anweisungen, die nicht bereits beim Schreiben expandiert werden sollen, sind wie bei \addtocontents mit \protect zu schützen.

```
\addxcontentsline{Dateierweiterung}{Ebene}
                 [Gliederungsnummer]{Inhalt}
```

Diese Anweisung ähnelt sehr der Anweisung \addcontentsline aus dem LaTeX-Kern. Allerdings besitzt sie ein zusätzliches optionales Argument für die *Gliederungsnummer* des Eintrags, während diese bei \addcontentsline im Argument *Inhalt* mit angegeben wird.

Die Anweisung wird verwendet, um nummerierte oder nicht nummerierte Einträge in das über die *Dateierweiterung* spezifierte Verzeichnis aufzunehmen. Dabei ist *Ebene* der symbolische Name der Gliederungsebene und *Inhalt* der entsprechende Eintrag. Die Seitenzahl wird automatisch bestimmt.

Im Unterschied zu \addcontentsline testet \addxcontentsline zunächst, ob Anweisung \add*EbeneDateierweiterung*entry definiert ist. In diesem Fall wird sie für den Eintrag verwendet, wobei *Gliederungsnummer* als optionales Argument und *Inhalt* als obligatorisches Argument übergeben wird. Ein Beispiel für eine solche Anweisung, die von den KOMA-Script-Klassen bereitgestellt wird, wäre \addparttocentry (siehe Abschnitt 21.3, Seite 526). Ist die entsprechend Anweisung nicht definiert, wird stattdessen die interne Anweisung \tocbasic@addxcontentsline verwendet. Diese erhält alle vier Argumente als obligatorische Argumente und verwendet dann seinerseits \addcontentsline, um den gewünschten Eintrag vorzunehmen. Näheres zu \tocbasic@addxcontentsline ist Abschnitt 15.3, Seite 426 zu entnehmen.

Ein Vorteil der Verwendung von \addxcontentsline gegenüber \addcontentsline ist zum einen, dass die Eigenschaft numberline (siehe Seite 420) beachtet wird. Zum anderen kann die Form der

Einträge über die Definition entsprechender, für die *Ebene* und *Dateierweiterung* spezifischer Anweisungen konfiguriert werden.

```
\addxcontentslinetoeachtocfile[Besitzer]{Ebene0}
                              [Gliederungsnummer]{Inhalt}
\addcontentslinetoeachtocfile[Besitzer]{Ebene}{Inhalt}
```

Diese beiden Anweisungen stehen in direkter Beziehung zu dem oben erklärten `\addxcontentsline` beziehungsweise zum im LaTeX-Kern definierten `\addcontentsline`. Der Unterschied besteht darin, dass diese Anweisungen *Inhalt* nicht nur in eine einzelne Datei, sondern in alle Dateien eines angegebenen *Besitzers* und bei Verzicht auf das erste optionale Argument in alle Dateien aus der Liste der bekannten Dateierweiterungen schreibt.

Beispiel: Angenommen, Sie sind Klassen-Autor und wollen den Kapiteleintrag nicht nur in das Inhaltsverzeichnis, sondern in alle Verzeichnisdateien schreiben. Nehmen wir weiter an, dass aktuell *#1* den Titel enthält, der geschrieben werden soll.

```
\addxcontentslinetoeachtocfile{chapter}%
                              [\thechapter]{#1}
```

In diesem Fall soll natürlich die aktuelle Kapitelnummer direkt beim Schreiben in die Verzeichnisdatei expandiert werden, weshalb sie nicht mit `\protect` vor der Expansion geschützt wurde.

`\@currext` Während des Schreibens von *Inhalt* ist auch hier, wie schon bei `\addtoeachtocfile`, `\@currext` die Dateierweiterung der Datei, in die aktuell geschrieben wird.

Die Anweisung `\addxcontentslinetoeachtocfile` ist wann immer möglich gegenüber `\addcontentslinetoeachtocfile` vorzuziehen, da die Erweiterungen von `\addxcontentsline` nur damit Anwendung finden. Näheres zu diesen Erweiterungen und Vorteilen ist in der vorausgehenden Erklärung von `\addxcontentsline` zu finden.

```
\listoftoc[Titel]{Dateierweiterung}
\listoftoc*{Dateierweiterung}
\listofeachtoc[Besitzer]
\listofDateierweiterungname
```

Mit diesen Anweisungen werden die Verzeichnisse ausgegeben.
`\listoftoc*` Die Sternvariante `\listoftoc*` benötigt als einziges Argument die *Dateierweiterung* der Datei mit den Daten zu dem Verzeichnis. Die

Anweisung setzt zunächst die vertikalen und horizontalen Abstände, die innerhalb von Verzeichnissen gelten sollen, führt die Anweisungen aus, die vor dem Einlesen der Datei ausgeführt werden sollen, liest dann die Datei und führt zum Schluss die Anweisungen aus, die nach dem Einlesen der Datei ausgeführt werden sollen. Damit kann `\listoftoc*` als direkter Ersatz der LaTeX-Kern-Anweisung `\@starttoc` verstanden werden.

`\@starttoc`

`\listoftoc`

Die Version von `\listoftoc` ohne Stern setzt das komplette Verzeichnis und veranlasst auch einen optionalen Eintrag in das Inhaltsverzeichnis und den Kolumnentitel. Ist das optionale Argument `[`*`Titel`*`]` gegeben, so wird diese Angabe sowohl als Überschrift als auch als optionaler Eintrag in das Inhaltsverzeichnis und den Kolumnentitel verwendet. Ist das Argument *`Titel`* lediglich leer, so wird auch eine leere Angabe verwendet. Wird hingegen das komplette Argument einschließlich der eckigen Klammern weggelassen, so wird die Anweisung `\listof`*`Dateierweiterung`*`name` verwendet, wenn diese definiert ist. Ist sie nicht definiert, wird ein Standard-Ersatzname verwendet und eine Warnung ausgegeben.

Achtung!

`\listofeachtoc`

Die Anweisung `\listofeachtoc` gibt alle Verzeichnisse des angegebenen Besitzers oder alle Verzeichnisse aller bekannten Dateinamenerweiterungen aus. Dabei sollte `\listof`*`Dateierweiterung`*`name` definiert sein, damit der korrekte Titel ausgegeben werden kann.

Achtung!

Tipp!

Da eventuell auch der Anwender selbst `\listoftoc` ohne optionales Argument oder `\listofeachtoc` verwenden könnte, wird empfohlen `\listof`*`Dateierweiterung`*`name` immer passend zu definieren.

Beispiel: Angenommen, Sie haben ein neues »Verzeichnis der Algorithmen« mit der Dateierweiterung »`loa`« und wollen dieses anzeigen lassen:

```
\listoftoc[Verzeichnis der Algorithmen]{loa}
```

erledigt das für Sie. Wollen Sie das Verzeichnis hingegen ohne Überschrift ausgegeben haben, dann genügt:

```
\listoftoc*{loa}
```

Im zweiten Fall würde natürlich auch ein optional aktivierter Eintrag in das Inhaltsverzeichnis nicht gesetzt. Näheres zur Eigenschaft des Eintrags in das Inhaltsverzeichnis ist bei der Anweisung `\setuptoc`, Seite 420 zu finden.

Wenn Sie zuvor

```
\newcommand*{\listofloaname}{%
  Verzeichnis der Algorithmen%
}
```

definiert haben, genügt auch:

```
\listoftoc{loa}
```

um ein Verzeichnis mit der gewünschten Überschrift zu erzeugen. Für den Anwender ist es eventuell einprägsamer, wenn Sie dann außerdem noch

```
\newcommand*{\listofalgorithms}{\listoftoc{loa}}
```

als einfache Verzeichnisanweisung definieren.

Achtung! Da LaTeX bei der Ausgabe eines Verzeichnisses auch gleich eine neue Verzeichnisdatei zum Schreiben öffnet, kann der Aufruf jeder dieser Anweisungen zu einer Fehlermeldung der Art

```
! No room for a new \write .
\ch@ck ...\else \errmessage {No room for a new #3}
                                                \fi
```

führen, wenn keine Schreibdateien mehr zur Verfügung stehen. Abhilfe kann in diesem Fall das Laden des in Kapitel 14 beschriebenen Pakets scrwfile bieten.

scrwfile

```
\BeforeStartingTOC[Dateierweiterung]{Anweisungen}
\AfterStartingTOC[Dateierweiterung]{Anweisungen}
```

Manchmal ist es nützlich, wenn unmittelbar vor dem Einlesen der Datei mit den Verzeichnisdaten *Anweisungen* ausgeführt werden können. Mit Hilfe von `\BeforeStartingTOC` können Sie genau solche *Anweisungen* wahlweise für eine einzelne *Dateierweiterung* oder alle Dateien, die mit Hilfe von `\listoftoc*`, `\listoftoc` oder `\listofeachtoc` eingelesen werden, erreichen. Ebenso können Sie *Anweisungen* nach dem Einlesen der Datei ausführen, wenn Sie diese mit `\AfterStartingTOC` definieren. Während der Ausführung der *Anweisungen* ist `\@currext` die Dateierweiterung der Datei, die eingelesen wird bzw. gerade eingelesen wurde.

`\@currext`

Beispiel Ein Beispiel zur Verwendung von `\AfterStartingTOC` ist in Abschnitt 14.3 auf Seite 406 zu finden.

```
\BeforeTOCHead[Dateierweiterung]{Anweisungen}
\AfterTOCHead[Dateierweiterung]{Anweisungen}
```

Es können auch *Anweisungen* definiert werden, die unmittelbar vor oder nach dem Setzen der Überschrift bei Verwendung von `\listoftoc` oder `\listofeachtoc` ausgeführt werden. Bezüglich des optionalen Arguments und der Bedeutung von `\@currext` gilt, was bereits bei `\BeforeStartingTOC` und `\AfterStartingTOC` oben erklärt wurde.

`\@currext`

`\MakeMarkcase`

Wann immer tocbasic eine Marke für einen Kolumnentitel setzt, erfolgt dies als Argument der Anweisung `\MakeMarkcase`. Diese Anweisung ist dazu gedacht, bei Bedarf die Groß-/Kleinschreibung des Kolumnentitels zu ändern. In der Voreinstellung ist diese Anweisung bei Verwendung einer KOMA-Script-Klasse `\@firstofone`, also das unveränderte Argument selbst. Bei Verwendung einer anderen Klasse ist `\MakeMarkcase` im Gegensatz dazu `\MakeUppercase`. Die Anweisung wird von tocbasic jedoch nur definiert, wenn sie nicht bereits definiert ist. Sie kann also in einer Klasse in der gewünschten Weise vorbelegt werden und wird dann von tocbasic nicht umdefiniert, sondern verwendet wie vorgefunden. `\@firstofone` `\MakeUppercase`

Beispiel: Sie wollen aus unerfindlichen Gründen, dass die Kolumnentitel in Ihrer Klasse in Kleinbuchstaben ausgegeben werden. Damit dies auch für die Kolumnentitel gilt, die von tocbasic gesetzt werden, definieren Sie:

```
\let\MakeMarkcase\MakeLowercase
```

Tipp! Erlauben Sie mir einen Hinweis zu `\MakeUppercase`. Diese Anweisung ist zum einen nicht voll expandierbar. Das bedeutet, dass sie im Zusammenspiel mit anderen Anweisungen zu Problemen führen kann. Darüber hinaus sind sich alle Typografen einig, dass beim Versalsatz, also beim Satz kompletter Wörter oder Passagen in Großbuchstaben, Sperrung unbedingt notwendig ist. Dabei darf jedoch kein fester Abstand zwischen den Buchstaben verwendet werden. Vielmehr muss zwischen unterschiedlichen Buchstaben auch ein unterschiedlicher Abstand gesetzt werden, weil sich unterschiedliche Buchstabenkombinationen unterschiedlich verhalten. Gleichzeitig bilden einige Buchstaben von sich aus bereits Löcher, was bei der Sperrung ebenfalls zu berücksichtigen ist. Pakete wie ulem oder soul können das ebenso wenig leisten wie der Befehl `\MakeUppercase` selbst. Auch die automatische Sperrung mit Hilfe des microtype-Pakets ist diesbezüglich nur eine näherungsweise Notlösung, da die von der konkreten Schrift abhängige Form der Buchstaben auch hier nicht näher betrachtet wird. Da Versalsatz also eher etwas für die absoluten Experten ist und fast immer Handarbeit bedeutet, wird Laien empfohlen, darauf eher zu verzichten oder ihn nur vorsichtig und nicht an so exponierter Stelle wie im Kolumnentitel zu verwenden. *Empfehlung*

`\deftocheading{`*`Dateierweiterung`*`}{`*`Definition`*`}`

Das Paket tocbasic enthält eine Standarddefinition für das Setzen von Überschriften von Verzeichnissen. Diese Standarddefinition ist durch verschiedene Eigenschaften, die bei der Anweisung `\setuptoc` erläutert werden, konfigurierbar. Sollte diese Möglichkeit einmal nicht ausreichen, so besteht die Möglichkeit, mit `\deftocheading` eine alternative Überschriftenanweisung für ein Verzeichnis mit einer bestimmten *Dateierweiterung* zu definieren. Die Definition kann als einzigen Parameter *#1* enthalten. Beim Aufruf der Anweisung innerhalb von `\listoftoc` oder `\listofeachtoc` wird als dieses Argument dann der Titel für das Verzeichnis übergeben.

```
\setuptoc{Dateierweiterung}{Liste von Eigenschaften}
\unsettoc{Dateierweiterung}{Liste von Eigenschaften}
```

Mit diesen beiden Anweisungen können *Eigenschaften* für eine *Dateierweiterung* bzw. das Verzeichnis, das dazu gehört, gesetzt werden. Die *Liste von Eigenschaften* ist dabei eine durch Komma getrennte Aneinanderreihung von *Eigenschaften*. Das Paket tocbasic wertet folgende Eigenschaften aus:

leveldown bedeutet, dass das Verzeichnis nicht mit der obersten Gliederungsebene unterhalb von `\part` – wenn vorhanden `\chapter`, sonst `\section` – erstellt wird, sondern mit einer Überschrift der nächst tieferen Gliederungsebene. Diese Eigenschaft wird von der internen Überschriftenanweisung ausgewertet. *Achtung!* Wird hingegen eine eigene Überschriftenanweisung mit `\deftocheading` definiert, liegt die Auswertung der Eigenschaft in der Verantwortung dessen, der die Definition vornimmt. Die KOMA-Script-Klassen setzen diese Eigenschaft `listof=leveldown` bei Verwendung der Option `listof=leveldown` für alle Dateierweiterungen des Besitzers `float`.

numberline bedeutet, dass auch all diejenigen Einträge, die mit Hilfe der Anweisung `\addxcontentsline` oder der Anweisung `\addxcontentslinetoceachtocfile` in das Verzeichnis geschrieben werden und bei denen das optionale Argument für die Nummer fehlt oder leer ist, mit einer (leeren) `\numberline`-Anweisung versehen werden. Das führt in der Regel dazu, dass diese Einträge nicht linksbündig mit der Nummer, sondern mit dem Text der nummerierten Einträge gleicher Ebene gesetzt werden. Die KOMA-Script-Klassen setzen diese Eigenschaft bei Verwendung der Opti- `listof=numberline` on `listof=numberline` für die Dateierweiterungen des Besit- `toc=numberline` zers `float` und bei Verwendung der Option `toc=numberline` für die Dateierweiterung `toc`. Entsprechend wird die Eigen- `listof=nonumberline` schaft bei Verwendung von Option `listof=nonumberline` `toc=nonumberline` oder `toc=nonumberline` wieder zurückgesetzt.

nobabel bedeutet, dass die normalerweise automatisch verwendete Erweiterung für die Sprachumschaltung mit babel für diese Dateierweiterung nicht verwendet wird. Diese Eigenschaft sollte nur für Verzeichnisse verwendet werden, die nur in einer festen Sprache erstellt werden, in denen also Sprachumschaltungen im Dokument nicht zu berücksichtigen sind. Sie wird außerdem vom Paket scrwfile für Klonziele verwendet, da die Erweiterungen dort bereits durch das Klonen selbst aus der Klonquelle übernommen werden. scrwfile

noprotrusion verhindert das Abschalten des optischen Randausgleichs in den Verzeichnissen. Optischer Randausgleich wird standardmäßig abgeschaltet, wenn das Paket microtype oder ein anderes Paket, das die Anweisung `\microtypesetup` bereit stellt, geladen ist. Wenn also optischer Randausgleich in den Verzeichnissen gewünscht wird, dann muss diese Eigenschaft aktiviert werden. *Achtung!* Es ist jedoch zu beachten, dass der optische Randausgleich in Verzeichnissen häufig zu einem falschen Ergebnis führt. Dies ist ein bekanntes Problem des optischen Randausgleichs.

numbered bedeutet, dass das Verzeichnis nummeriert und damit ebenfalls in das Inhaltsverzeichnis aufgenommen werden soll. Diese Eigenschaft wird von der internen Überschriftenanweisung ausgewertet. Wird hingegen eine eigene Überschriftenanweisung mit `\deftocheading` definiert, liegt die Auswertung der Eigenschaft in der Verantwortung dessen, der die Definition vornimmt. Die KOMA-Script-Klassen setzen diese Eigenschaft bei Verwendung der Option `listof=numbered` für alle Dateierweiterungen des Besitzers float. `listof=numbered`

onecolumn bedeutet, dass für dieses Verzeichnis automatisch der LaTeX-interne Einspaltenmodus mit `\onecolumn` verwendet wird. *Achtung!* Dies gilt jedoch nur, falls dieses Verzeichnis nicht mit der oben beschriebenen Eigenschaft `leveldown` um eine Gliederungsebene nach unten verschoben wurde. `leveldown` Die KOMA-Script-Klassen scrbook und scrreprt setzen diese Eigenschaft per `\AtAddToTocList` (siehe Seite 412) für alle Verzeichnisse mit dem Besitzer `float` oder mit sich selbst als Besitzer. Damit werden beispielsweise das Inhaltsverzeichnis, das Abbildungsverzeichnis und das Tabellenverzeichnis bei diesen beiden Klassen automatisch einspaltig gesetzt. Der Mehrspaltenmodus des multicol-Pakets ist von der Eigenschaft ausdrücklich nicht betroffen.

totoc bedeutet, dass der Titel des Verzeichnisses in das Inhaltsverzeichnis aufgenommen werden soll. Diese Eigenschaft wird *Achtung!* von der internen Überschriftenanweisung ausgewertet. Wird `\deftocheading` mit `\deftocheading` hingegen eine eigene Überschriftenanweisung definiert, liegt die Auswertung der Eigenschaft in der Verantwortung dessen, der die Definition vornimmt. Die KOMA-Script-Klassen setzen diese Eigenschaft bei Verwen- `listof=totoc` dung der Option `listof=totoc` für alle Dateierweiterungen des Besitzers float.

Die KOMA-Script-Klassen kennen eine weitere Eigenschaft:

chapteratlist sorgt dafür, dass in dieses Verzeichnis bei jedem neuen Kapitel eine optionale Gliederung eingefügt wird. In der Voreinstellung ist diese Untergliederung dann ein vertikaler `listof` Abstand. Näheres zu den Möglichkeiten ist Option `listof` in Abschnitt 3.20, Seite 161 zu entnehmen.

Beispiel: Da KOMA-Script für das Abbildungs- und das Tabellenverzeichnis auf tocbasic aufbaut, gibt es nun eine weitere Möglichkeit, jegliche Kapiteluntergliederung dieser Verzeichnisse zu verhindern:

```
\unsettoc{lof}{chapteratlist}
\unsettoc{lot}{chapteratlist}
```

Wollen Sie hingegen, dass das von Ihnen definierte Verzeichnis mit der Dateierweiterung »`loa`« ebenfalls von der Kapiteluntergliederung der KOMA-Script-Klassen betroffen ist, so verwenden Sie

```
\setuptoc{loa}{chapteratlist}
```

Wollen Sie außerdem, dass bei Klassen, die `\chapter` als oberste Gliederungsebene verwenden, das Verzeichnis automatisch einspaltig gesetzt wird, so verwenden Sie zusätzlich

```
\ifundefinedorrelax{chapter}{}{%
  \setuptoc{loa}{onecolumn}%
}
```

Die Verwendung von `\ifundefinedorrelax` setzt das Paket scrbase voraus (siehe Abschnitt 12.3, Seite 377).

Tipp! Sollte Ihr Paket mit einer anderen Klasse verwendet werden, so schadet es trotzdem nicht, dass Sie diese Eigenschaften setzen, im Gegenteil: Wertet eine andere Klasse diese Eigenschaften ebenfalls aus, so nutzt Ihr Paket automatisch die Möglichkeiten jener Klasse.

Wie Sie hier sehen, unterstützt ein Paket, das tocbasic verwendet, bereits ohne nennenswerten Aufwand diverse Möglichkeiten für die dadurch realisierten Verzeichnisse, die sonst einigen Implementierungsaufwand bedeuteten und deshalb in vielen Paketen leider fehlen.

```
\iftocfeature{Dateierweiterung}{Eigenschaft}{Dann-Teil}
             {Sonst-Teil}
```

Hiermit kann man für jede *Eigenschaft* feststellen, ob sie für eine *Dateierweiterung* gesetzt ist. Ist dies der Fall, wird der *Dann-Teil* ausgeführt, anderenfalls der *Sonst-Teil*. Das kann beispielsweise nützlich sein, wenn Sie eigene Überschriftenanweisungen mit \deftocheading definieren, aber die oben beschriebenen Eigenschaften totoc, numbered oder leveldown unterstützen wollen.

15.3. Interne Anweisungen für Klassen- und Paketautoren

Das Paket tocbasic bietet einige interne Anweisungen, deren Benutzung durch Klassen- und Paketautoren freigegeben ist. Diese Anweisungen beginnen alle mit \tocbasic@. Aber auch Klassen- und Paketautoren sollten diese Anweisungen nur verwenden und nicht etwa umdefinieren! Ihre interne Funktion kann jederzeit geändert oder erweitert werden, so dass Umdefinierung der Anweisungen die Funktion von tocbasic erheblich beschädigen könnte! *Achtung!*

```
\tocbasic@extend@babel{Dateierweiterung}
```

Das Paket babel (siehe [BB13]) bzw. ein LaTeX-Kern, der um die Sprachverwaltung von babel erweitert wurde, schreibt bei jeder Sprachumschaltung am Anfang oder innerhalb eines Dokuments in die Dateien mit den Dateierweiterungen toc, lof und lot Anweisungen, um diese Sprachumschaltung in diesen Dateien mit zu führen. tocbasic erweitert diesen Mechanismus so, dass mit Hilfe von \tocbasic@extend@babel auch andere *Dateierweiterungen* davon profitieren. Das Argument *Dateierweiterung* sollte dabei vollständig expandiert sein! Anderenfalls besteht die Gefahr, dass etwa die Bedeutung eines Makros zum Zeitpunkt der tatsächlichen Auswertung bereits geändert wurde.

In der Voreinstellung wird diese Anweisung normalerweise für alle *Dateierweiterungen*, die mit \addtotoclist zur Liste der bekannten Dateierweiterungen hinzugefügt werden, aufgerufen. Über die nobabel Eigenschaft nobabel (siehe \setuptoc, Abschnitt 15.2, Seite 420) kann dies unterdrückt werden. Für die Dateinamenerweiterungen toc, lof und lot unterdrückt tocbasic dies bereits selbst, damit die Umschaltung nicht mehrfach in die zugehörigen Dateien eingetragen wird.

Normalerweise gibt es keinen Grund, diese Anweisung selbst aufzurufen. Es sind allerdings Verzeichnisse denkbar, die nicht unter der Kontrolle von tocbasic stehen, also nicht in der Liste der bekannten Dateierweiterungen geführt werden, aber trotzdem die Spracherweiterung für babel nutzen sollen. Für diese ist die Anweisung explizit aufzurufen. Bitte achten Sie jedoch darauf, dass dies für jede Dateierweiterung nur einmal geschieht!

\tocbasic@starttoc{*Dateierweiterung*}

\@starttoc Diese Anweisung ist der eigentlich Ersatz der Anweisung \@starttoc aus dem LaTeX-Kern. Es ist die Anweisung, die sich hinter \listoftoc* (siehe Abschnitt 15.2, Seite 416) verbirgt. Klassen- oder Paketautoren, die Vorteile von tocbasic nutzen wollen, sollten zumindest diese Anweisung, besser jedoch \listoftoc verwenden. Die Anweisung

\parskip \parindent \parfillskip \@currext baut selbst auf \@starttoc auf, setzt allerdings zuvor \parskip und \parindent auf 0 und \parfillskip auf 0 bis unendlich. Außerdem wird \@currext auf die aktuelle Dateierweiterung gesetzt, damit diese in den nachfolgend ausgeführten Haken ausgewertet werden kann.

Achtung! Da LaTeX bei der Ausgabe eines Verzeichnisses auch gleich eine neue Verzeichnisdatei zum Schreiben öffnet, kann der Aufruf dieser Anweisung zu einer Fehlermeldung der Art

```
! No room for a new \write .
\ch@ck ...\else \errmessage {No room for a new #3}
                                                  \fi
```

führen, wenn keine Schreibdateien mehr zur Verfügung stehen. Abhilfe kann in diesem Fall das Laden des in Kapitel 14 beschriebenen

scrwfile Pakets scrwfile bieten.

\tocbasic@@before@hook
\tocbasic@@after@hook

Der Haken \tocbasic@@before@hook wird unmittelbar vor dem Einlesen der Verzeichnisdatei, noch vor den mit \BeforeStartingTOC definierten Anweisungen ausgeführt. Es ist erlaubt, diesen Haken mit Hilfe von \g@addto@macro zu erweitern.

Ebenso wird \tocbasic@@after@hook unmittelbar nach der Verzeichnisdatei, aber noch vor den mit \AfterStartingTOC definierten Anweisungen ausgeführt. Es ist erlaubt, diesen Haken mit Hilfe von `\g@addto@macro` zu erweitern.

KOMA-Script nutzt diese Haken, um Verzeichnisse mit dynamischer Anpassung an die Breite der Gliederungsnummern zu ermöglichen. Ihre Verwendung ist Klassen und Paketen vorbehalten. Anwender sollten sich auf `\BeforeStartingTOC` und `\AfterStartingTOC` beschränken. Paketautoren sollten ebenfalls vorzugsweise diese beiden Anwenderanweisungen verwenden! Ausgaben innerhalb der beiden Haken sind nicht gestattet! *Achtung!*

Wird keine der Anweisungen `\listofeachtoc`, `\listoftoc` und `\listoftoc*` für die Ausgabe der Verzeichnisse verwendet, sollten die beiden Anweisungen für die Haken trotzdem aufgerufen werden. *Achtung!*

```
\tb@Dateierweiterung@before@hook
\tb@Dateierweiterung@after@hook
```

Diese Anweisungen werden direkt nach `\tocbasic@@before@hook` bzw. vor `\tocbasic@@after@hook` für das jeweilige Verzeichnis mit der entsprechenden *Dateierweiterung* ausgeführt. Sie dürfen keinesfalls von Klassen- und Paketautoren verändert werden. Werden für die Ausgabe der Verzeichnisse die Anweisungen `\listoftoc`, `\listoftoc*` und `\listofeachtoc` nicht verwendet, sollten die beiden Anweisungen für die Haken trotzdem aufgerufen werden, soweit sie definiert sind. Die Anweisungen können auch undefiniert sein. Für einen entsprechenden Test siehe `\scr@ifundefinedorrelax` in Abschnitt 12.3, Seite 377. *Achtung!*

```
\tocbasic@listhead{Titel}
```

Diese Anweisung wird von `\listoftoc` und `\listofeachtoc` verwendet, um die Anweisung zum Setzen der Überschrift eines Verzeichnisses aufzurufen. Das kann entweder die vordefinierte Anweisung des Pakets tocbasic oder eine individuelle Anweisung sein. Wenn Sie Ihre eigene Anweisung für die Überschrift definieren, können Sie ebenfalls `\tocbasic@listhead` verwenden. In diesem Fall sollte vor dem Aufruf von `\tocbasic@listhead` die Anweisung `\@currext` auf die Dateinamenerweiterung, die zu diesem Verzeichnis gehört, gesetzt werden. `\@currext`

```
\tocbasic@listhead@Dateierweiterung{Titel}
```

Ist diese individuelle Anweisung für das Setzen einer Verzeichnisüberschrift definiert, so verwendet `\tocbasic@listhead` diese. Anderenfalls definiert `\tocbasic@listhead` diese und ruft sie dann auf.

```
\tocbasic@addxcontentsline{Dateierweiterung}{Ebene}
                          {Gliederungsnummer}{Eintrag}
\nonumberline
```

Anweisung `\tocbasic@addxcontentsline` nimmt einen *`Eintrag`* der angegebenen *`Ebene`* in das über die *`Dateierweiterung`* spezifizierte Verzeichnis vor. Ob der Eintrag nummeriert wird oder nicht, hängt davon ab, ob das Argument *`Gliederungsnummer`* leer ist oder nicht. Im Falle eines leeren Argument wird dem *`Eintrag`* ein `\nonumberline` ohne Argument vorangestellt. Anderenfalls wird wie gewohnt `\numberline` mit *`Gliederungsnummer`* als Argument verwendet.

Die Anweisung *`nonumberline`* wird innerhalb `\listoftoc` (siehe Abschnitt 15.2, Seite 416) entsprechend der Eigenschaft `numberline` (siehe Abschnitt 15.2, Seite 420) umdefiniert. Dadurch wirkt sich das Setzen oder Löschen dieser Eigenschaft bereits beim nächsten LaTeX-Lauf aus.

15.4. Ein komplettes Beispiel

In diesem Abschnitt finden Sie ein komplettes Beispiel, wie eine eigene Gleitumgebung einschließlich Verzeichnis und KOMA-Script-Integration mit Hilfe von tocbasic definiert werden kann. In diesem Beispiel werden interne Anweisungen, also solche mit »@« im Namen verwendet. Das bedeutet, dass die Anweisungen entweder in einem eigenen Paket, einer Klasse oder zwischen `\makeatletter` und `\makeatother` verwendet werden müssen.

Achtung! `\makeatletter` `\makeatother`

Umgebung

Als erstes wird eine Umgebung benötigt, die diese neue Gleitumgebung bereitstellt. Das geht ganz einfach mit:

```
\newenvironment{remarkbox}{%
  \@float{remarkbox}%
}{%
  \end@float
}
```

Die neue Umgebung heißt also `remarkbox`.

Platzierung

Jede Gleitumgebung hat eine Standardplatzierung. Diese setzt sich aus den bekannten Platzierungsoptionen zusammen:

```
\newcommand*{\fps@remarkbox}{tbp}
```

Die neue Gleitumgebung soll also in der Voreinstellung nur oben, unten oder auf einer eigenen Seite platziert werden dürfen.

Gleittyp

Gleitumgebungen haben außerdem einen nummerischen Gleittyp. Umgebungen, bei denen das gleiche Bit im Gleittyp gesetzt ist, dürfen sich nicht gegenseitig überholen. Abbildungen und Tabellen haben normalerweise den Typ 1 und 2. Sie dürfen sich also gegenseitig überholen.

```
\newcommand*{\ftype@remarkbox}{4}
```

Die neue Umgebung hat den Typ 4, darf also Tabellen und Abbildungen überholen und von diesen überholt werden.

Gleitumgebungen haben außerdem eine Nummer. *Nummer*

```
\newcounter{remarkbox}
\newcommand*{\remarkboxformat}{%
  Merksatz~\theremarkbox\csname autodot\endcsname}
\newcommand*{\fnum@remarkbox}{\remarkboxformat}
```

Hier wird zunächst ein neuer Zähler definiert, der unabhängig von Kapiteln oder sonstigen Gliederungszählern ist. Dabei definiert LaTeX auch gleich `\theremarkbox` mit der Standardausgabe als arabische Zahl. Diese wird dann in der Definition der formatierten Ausgabe verwendet. Die formatierte Ausgabe wird wiederum als Gleitumgebungsnummer für die Verwendung in `\caption` definiert.

Gleitumgebungen haben Verzeichnisse und diese haben eine Datei mit dem Namen `\jobname` und einer Dateierweiterung. *Dateierweiterung*

```
\newcommand*{\ext@remarkbox}{lor}
```

Als Dateierweiterung verwenden wir also »`lor`«.

Die Umgebung selbst steht damit. Es fehlt allerdings das Verzeichnis. Damit wir dabei möglichst wenig selbst machen müssen, verwenden wir das Paket tocbasic. Dieses wird in Dokumenten mit tocbasic

```
\usepackage{tocbasic}
```

geladen. Ein Klassen- oder Paketautor würde hingegen

```
\RequirePackage{tocbasic}
```

verwenden.

Nun machen wir die neue Dateierweiterung dem Paket tocbasic bekannt. *Dateierweiterung*

```
\addtotoclist[float]{lor}
```

Dabei verwenden wir als Besitzer `float`, damit sich alle anschließend aufgerufenen Optionen von KOMA-Script, die sich auf Verzeichnisse von Gleitumgebungen beziehen, auch auf das neue Verzeichnis beziehen.

Jetzt definieren wir noch einen Titel für dieses Verzeichnis: *Verzeichnistitel*

```
\newcommand*{\listoflorname}{Verzeichnis der Merksätze}
```

Normalerweise würde man in einem Paket übrigens zunächst einen englischen Titel definieren und dann beispielsweise mit Hilfe des

Pakets scrbase Titel für alle weiteren Sprachen, die man unterstützen will. Siehe dazu Abschnitt 12.4, ab Seite 381.

Verzeichniseintrag Jetzt müssen wir nur noch definieren, wie ein einzelner Eintrag in dem Verzeichnis aussehen soll:

```
\newcommand*{\l@remarkbox}{\l@figure}
```

Weil das die einfachste Lösung ist, wurde hier festgelegt, dass Einträge in das Verzeichnis der Merksätze genau wie Einträge in das Abbildungsverzeichnis aussehen sollen. Man hätte auch eine explizite Festlegung wie

```
\newcommand*{\l@remarkbox}{\@dottedtocline{1}{1em}{1.5em}}
```

verwenden können.

Kapiteleintrag Außerdem wollen Sie, das Kapiteleinträge sich auf das Verzeichnis auswirken.

```
\setuptoc{lor}{chapteratlist}
```

Das Setzen dieser Eigenschaft ermöglicht dies bei Verwendung einer KOMA-Script-Klasse und jeder anderen Klasse, die diese Eigenschaft unterstützt. Leider gehören die Standardklassen nicht dazu.

Verzeichnis Das genügt schon. Der Anwender kann nun bereits wahlweise mit Hilfe der Optionen einer KOMA-Script-Klasse oder `\setuptoc` verschiedene Formen der Überschrift (ohne Inhaltsverzeichniseintrag, mit Inhaltsverzeichniseintrag, mit Nummerierung) wählen und das Verzeichnis mit `\listoftoc{lor}` ausgeben. Mit einem schlichten

```
\newcommand*{\listofremarkboxes}{\listoftoc{lor}}
```

kann man die Anwendung noch etwas vereinfachen.

Wie Sie gesehen haben, beziehen sich gerade einmal fünf einzeilige Anweisungen, von denen nur drei bis vier wirklich notwendig sind, auf das Verzeichnis selbst. Trotzdem bietet dieses Verzeichnis bereits die Möglichkeit, es zu nummerieren oder auch nicht nummeriert in das Inhaltsverzeichnis aufzunehmen. Es kann sogar per Eigenschaft bereits eine tiefere Gliederungsebene gewählt werden. Kolumnentitel werden für KOMA-Script, die Standardklassen und alle Klassen, die tocbasic explizit unterstützen, angepasst gesetzt. Unterstützende Klassen beachten das neue Verzeichnis sogar beim Wechsel zu einem neuen Kapitel. Sprachumschaltungen durch babel werden in dem Verzeichnis ebenfalls berücksichtigt.

Verzeichniseigenschaften Natürlich kann ein Paketautor weiteres hinzufügen. So könnte er explizit Optionen anbieten, um die Verwendung von `\setuptoc` vor dem Anwender zu verbergen. Andererseits kann er auch auf diese Anleitung zu tocbasic verweisen, wenn es darum geht, die entsprechenden Möglichkeiten zu erklären. Vorteil ist dann, dass der

Anwender automatisch von etwaigen zukünftigen Erweiterungen von tocbasic profitiert. Soll der Anwender aber nicht mit der Tatsache belastet werden, dass für die Merksätze die Dateierweiterung `lor` verwendet wird, so genügt

```
\newcommand*{\setupremarkboxes}{\setuptoc{lor}}
```

um eine als Argument an `\setupremarkboxes` übergebene Liste von Eigenschaften direkt als Liste von Eigenschaften für `lor` zu setzen.

15.5. Alles mit einer Anweisung

Das Beispiel aus dem vorherigen Abschnitt hat gezeigt, dass es mit mit tocbasic recht einfach ist, eigene Gleitumgebungen mit eigenen Verzeichnissen zu definieren. In diesem Beispiel wird gezeigt, dass es sogar noch einfacher gehen kann.

`\DeclareNewTOC[Optionenliste]{Dateierweiterung}`

Mit dieser Anweisung wird in einem einzigen Schritt ein neues Verzeichnis, dessen Überschrift und die Bezeichnung für die Einträge unter Kontrolle von tocbasic definiert. Optional können dabei gleichzeitig gleitende oder nicht gleitende Umgebungen definiert werden, innerhalb derer `\caption` Einträge für dieses neue Verzeichnis erzeugt. Auch die Erweiterungen `\captionabove`, `\captionbelow` und `captionbeside` aus den KOMA-Script-Klassen (siehe Abschnitt 3.20, ab Seite 149) können dann verwendet werden. `\caption` `\captionabove` `\captionbelow`

Dateierweiterung definiert dabei die Dateiendung der Hilfsdatei, die das Verzeichnis repräsentiert, wie dies in Abschnitt 15.1, ab Seite 409 bereits erläutert wurde. Dieser Parameter muss angegeben werden und darf nicht leer sein!

Optionenliste ist eine durch Komma getrennte Liste, wie dies auch von `\KOMAoptions` (siehe Abschnitt 2.4, Seite 36) bekannt ist. Diese Optionen können jedoch *nicht* mit `\KOMAoptions` gesetzt werden! Eine Übersicht über die möglichen Optionen bietet Tabelle 15.2 ab Seite 432. *Achtung!*

Beispiel: Das Beispiel aus Abschnitt 15.4 kann mit Hilfe der neuen Anweisung deutlich verkürzt werden:

```
\DeclareNewTOC[%
  type=remarkbox,%
  types=remarkboxes,%
  float,% Gleitumgebungen sollen definiert werden.
  floattype=4,%
  name=Merksatz,%
```

```
  listname={Verzeichnis der Merks\"atze}%
]{lor}
\setuptoc{lor}{chapteratlist}
```

Neben den Umgebungen remarkbox und remarkbox* sind damit auch der Zähler remarkbox, die zur Ausgabe gehörenden Anweisungen \theremarkbox, \remarkboxname und \remarkboxformat, die für das Verzeichnis benötigten \listremarkboxname und \listofremarkboxes sowie einige intern verwendete Anweisungen mit Bezug auf die Dateiendung lor definiert. Soll der Gleitumgebungstyp dem Paket überlassen werden, so kann Option floattype im Beispiel entfallen. Wird zusätzlich die Option nonfloat angegeben, wird außerdem eine nicht gleitende Umgebung remarkbox- definiert, in der ebenfalls \caption verwendet werden kann.

Zum besseren Verständnis zeigt Tabelle 15.1 eine Gegenüberstellung der Anweisungen und Umgebungen für die neu erstellte Beispielumgebung remarkbox mit den entsprechenden Befehlen und Umgebungen für Abbildungen.

Und hier nun eine mögliche Verwendung der Umgebung:

```
\begin{remarkbox}
  \centering
  Gleiches sollte immer auf gleiche Weise und
  mit gleichem Aussehen gesetzt werden.
  \caption{Erster Hauptsatz der Typografie}
  \label{rem:typo1}
\end{remarkbox}
```

Ein Ausschitt aus einer Beispielseite mit dieser Umgebung könnte dann so aussehen:

Gleiches sollte immer auf gleiche Weise und mit gleichem Aussehen gesetzt werden.

Merksatz 1: Erster Hauptsatz der Typografie

Tabelle 15.1.: Gegenüberstellung von Beispielumgebung remarkbox und Umgebung figure

Umgebung remarkbox	Umgebung figure	Optionen von \DeclareNewTOC	Kurzbeschreibung
remarkbox	figure	type, float	Gleitumgebung des jeweiligen Typs.
remarkbox*	figure*	type, float	spaltenübergreifende Gleitumgebung des jeweiligen Typs
remarkbox	figure	type, float	Zähler, der von \caption verwendet wird
\theremarkbox	\thefigure	type, float	Anweisung zur Ausgabe des jeweiligen Zählers
\remarkboxformat	\figureformat	type, float	Anweisung zur Formatierung des jeweiligen Zählers in der Ausgabe von \caption
\remarkboxname	\figurename	type, float, name	Name, der im Label von \caption verwendet wird
\listofremarkboxes	\listoffigures	types, float	Anweisung zur Ausgabe des jeweiligen Verzeichnisses
\listremarkboxname	\listfigurename	type, float, listname	Überschrift des jeweiligen Verzeichnisses
\fps@remarkbox	\fps@figure	type, float, floattype	nummerischer Gleitumgebungstyp zwecks Reihenfolgenerhalts
lor	lof		Dateiendung der Hilfsdatei für das jeweilige Verzeichnis

Tabelle 15.2.: Optionen für die Anweisung `\DeclareNewTOC`

`counterwithin=`*LaTeX-Zähler*

Falls eine neue Gleitumgebung oder eine nicht gleitende Umgebung definiert wird, so wird für diese auch ein neuer Zähler *Eintragstyp* (siehe Option `type`) angelegt. Dieser Zähler kann in gleicher Weise wie beispielsweise der Zähler `figure` bei book-Klassen von Zähler `chapter` abhängt von einem LaTeX-Zähler ahängig gemacht werden.

`float`

Es wird nicht nur ein neuer Verzeichnistyp definiert, sondern auch Gleitumgebungen *Eintragstyp* (siehe Option `type`) und *Eintragstyp** (vgl. `figure` und `figure*`).

`floatpos=`*Gleitverhalten*

Jede Gleitumgebung hat ein voreingestelltes *Gleitverhalten*, das über das optionale Argument der Gleitumgebung geändert werden kann. Mit dieser Option wird das *Gleitverhalten* für die optional erstellbare Gleitumgebung (siehe Option `float`) festgelegt. Die Syntax und Semantik ist dabei mit der des optionalen Arguments für die Gleitumgebung identisch. Wird die Option nicht verwendet, so ist das voreingestellte Gleitverhalten `tbp`, also *top*, *bottom*, *page*.

`floattype=`*Gleittyp*

Jede Gleitumgebung hat einen nummerischen Typ. Gleitumgebungen, bei denen in diesem *Gleittyp* nur unterschiedliche Bits gesetzt sind, können sich gegenseitig überholen. Die Gleitumgebungen `figure` und `table` haben normalerweise die Typen 1 und 2, können sich also gegenseitig überholen. Es sind Typen von 1 bis 31 (alle Bits gesetzt, kann also keinen anderen Typ überholen und von keinem anderen Typen überholt werden) zulässig. Wird kein Typ angegeben, so wird mit 16 der höchst mögliche Ein-Bit-Typ verwendet.

`forcenames`

Siehe Option `name` und `listname`.

`hang=`*Einzug*

Mehrzeilige Verzeichniseinträge in hierarchisch angeordneten Verzeichnissen besitzen ab der zweiten Zeile einen Einzug von links. Dieser Einzug wird auch für die Position des Textes in der ersten Zeile eines nummerierten Eintrags verwendet. Der Wert des Einzugs kann über diese Option bestimmt werden. Ohne diese Option wird als *Einzug* 1,5 em verwendet.

...

Tabelle 15.2.: Optionen für die Anweisung `\DeclareNewTOC` (*Fortsetzung*)

`indent=`*`Einzug`*
: In der hierarchischen Form besitzt jeder Verzeichniseintrag einen Einzug von links. Der Wert des Einzugs kann über diese Option bestimmt werden. Ohne diese Option wird als *`Einzug`* 1 em verwendet.

`level=`*`Gliederungsebene`*
: Jeder Eintrag in ein Verzeichnis hat eine nummerische *`Gliederungsebene`*, die über diese Option gesetzt werden kann. Ist diese Option nicht angegeben, so wird der Standardwert 1 verwendet.

`listname=`*`Verzeichnistitel`*
: Jedes Verzeichnis hat eine Überschrift, die durch diese Option bestimmt werden kann. Ist die Option nicht angegeben, so wir als Verzeichnistitel »`List of` *`Mehrzahl des Eintragstyps`*« (siehe Option *`types`*) verwendet, wobei das erste Zeichen der *`Mehrzahl des Eintragstyps`* in einen Großbuchstaben gewandelt wird. Es wird auch ein Makro `\list`*`Eintragstyp`*`name` mit diesem Wert definiert, der jederzeit geändert werden kann. Dieses Makro wird jedoch nur definiert, wenn es nicht bereits definiert ist oder zusätzlich Option `forcenames` gesetzt ist.

`name=`*`Eintragsname`*
: Sowohl als optionaler Präfix für die Einträge im Verzeichnis als auch für die Beschriftung in einer Gleitumgebung (siehe Option `float`) oder einer nicht gleitenden Umgebung (siehe Option `nonfloat`) wird ein Name für einen Eintrag in das Verzeichnis benötigt. Ohne diese Option wird als *`Eintragsname`* der *`Eintragstyp`* (siehe Option `type`) verwendet, bei dem das erste Zeichen in einen Großbuchstaben gewandelt wird. Es wird auch ein Makro `\`*`Eintragstyp`*`name` mit diesem Wert definiert, der jederzeit geändert werden kann. Dieses Makro wird jedoch nur definiert, wenn es nicht bereits definiert ist oder zusätzlich Option `forcenames` gesetzt ist.

`nonfloat`
: Es wird nicht nur ein neuer Verzeichnistyp definiert, sondern auch eine nicht gleitende Umgebungen *`Eintragstyp`*`-` (siehe Option `type`), die ähnlich wie eine Gleitumgebung verwendet werden kann, jedoch nicht gleitet und auch nicht die Grenzen der aktuell gültigen Umgebung durchbricht.

`owner=`*`Besitzer`*
: Jedes neue Verzeichnis hat bei tocbasic einen Besitzer (siehe Abschnitt 15.1). Dieser kann hier angegeben werden. Ist kein Besitzer angegeben, so wird der Besitzer »`float`« verwendet, den auch die KOMA-Script-Klassen für das Abbildungs- und das Tabellenverzeichnis verwenden.

...

Tabelle 15.2.: Optionen für die Anweisung `\DeclareNewTOC` (*Fortsetzung*)

`type=`*`Eintragstyp`*
: *`Eintragstyp`* gibt den Typ der Einträge in das entsprechende Verzeichnis an. Der Typ wird auch als Basisname für verschiedene Makros und gegebenenfalls Umgebungen und Zähler verwendet. Er sollte daher nur aus Buchstaben bestehen. Wird diese Option nicht verwendet, so wird für *`Eintragstyp`* die *`Dateierweiterung`* aus dem obligatorischen Argument verwendet.

`types=`*`Mehrzahl des Eintragstyps`*
: An verschiedenen Stellen wird auch die Mehrzahlform des Eintragstyps verwendet, beispielsweise um eine Anweisung `\listof`*`Mehrzahl des Eintragstyps`* zu definieren. Wird diese Option nicht verwendet, so wird als *`Mehrzahl des Eintragstyps`* einfach »*`Eintragstyp`*s« verwendet.

16. Fremdpakete verbessern mit scrhack

Einige Pakete außerhalb von KOMA-Script arbeiten nicht sehr gut mit KOMA-Script zusammen. Für den KOMA-Script-Autor ist es dabei oftmals sehr mühsam, die Autoren der jeweiligen Pakete von einer Verbesserung zu überzeugen. Das betrifft auch Pakete, deren Entwicklung eingestellt wurde. Deshalb wurde das Paket scrhack begonnen. Dieses Paket ändert Anweisungen und Definitionen anderer Pakete, damit sie besser mit KOMA-Script zusammenarbeiten.

16.1. Entwicklungsstand

Obwohl das Paket bereits seit längerer Zeit Teil von KOMA-Script ist und auch bereits von vielen Anwendern genutzt wird, hat es auch ein Problem. Bei der Umdefinierung von Makros fremder Pakete ist es von der genauen Definition und Verwendung dieser Makros abhängig. Damit ist es gleichzeitig auch von bestimmten Versionen dieser Pakete abhängig. Wird eine unbekannte Version eines der entsprechenden Pakete verwendet, kann scrhack den notwendigen Patch eventuell nicht ausführen. Im Extremfall kann aber umgekehrt der Patch einer unbekannten Version auch zu einem Fehler führen.

Da also scrhack immer wieder an neue Versionen fremder Pakete angepasst werden muss, kann es niemals als fertig angesehen werden. Daher existiert von scrhack dauerhaft nur eine Beta-Version. Obwohl die Benutzung in der Regel einige Vorteile mit sich bringt, kann die Funktion nicht dauerhaft garantiert werden.

16.2. Frühe oder späte Optionenwahl

In diesem Abschnitt wird eine Besonderheit von KOMA-Script vorgestellt, die neben scrhack auch andere KOMA-Script-Pakete und -Klassen betrifft. Damit die Anwender alle Informationen zu einem Paket oder einer Klasse im jeweiligen Kapitel finden, ist dieser Abschnitt nahezu gleichlautend in mehreren Kapiteln zu finden. Anwender, die nicht nur an der Anleitung zu einem Paket oder einer Klasse interessiert sind, sondern sich einen Gesamtüberblick über KOMA-Script verschaffen wollen, brauchen diesen Abschnitt nur in einem der Kapitel zu lesen und können ihn beim weiteren Studium der Anleitung dann überspringen.

```
\documentclass[Optionenliste]{KOMA-Script-Klasse}
\usepackage[Optionenliste]{Paket-Liste}
```

Bei LaTeX ist vorgesehen, dass Anwender Klassenoptionen in Form einer durch Komma getrennten Liste einfacher Schlüsselwörter als optionales Argument von `\documentclass` angeben. Außer an die Klasse werden diese Optionen auch an alle Pakete weitergereicht, die diese Optionen verstehen. Ebenso ist vorgesehen, dass Anwender Paketoptionen in Form einer durch Komma getrennten Liste einfacher Schlüsselwörter als optionales Argument von `\usepackage` angeben. KOMA-Script erweitert den Mechanismus der Optionen für die KOMA-Script-Klassen und einige Pakete um weitere Möglichkeiten. So haben die meisten Optionen bei KOMA-Script zusätzlich einen Wert. Eine Option hat also nicht unbedingt nur die Form *Option*, sondern kann auch die Form *Option*=*Wert* haben. Bis auf diesen Unterschied arbeiten `\documentclass` und `\usepackage` bei KOMA-Script wie in [Tea05b] oder jeder LaTeX-Einführung, beispielsweise [DGS+12], beschrieben.

Gegenüber der nachfolgend vorgestellten Schnittstelle zu Einstellungen von Optionen haben `\documentclass` und `\usepackage` einen Nachteil, der unbedingt zu beachten ist: Anweisungen, Längen, Zähler und ähnliches können darin leicht zerbrechen. So führt die Verwendung einer LaTeX-Länge im Wert einer Option bei diesen Anweisungen zu einer Fehlermeldung, noch bevor der Wert an KOMA-Script übergeben wird, es also die Kontrolle darüber übernehmen könnte. Wertzuweisungen mit LaTeX-Längen oder LaTeX-Zählern sollten daher nie per `\documentclass` oder `\usepackage`, sondern immer mit den nachfolgend dokumentierten Anweisungen `\KOMAoptions` oder `\KOMAoption` vorgenommen werden.

Achtung!

```
\KOMAoptions{Optionenliste}
\KOMAoption{Option}{Werteliste}
```

KOMA-Script bietet bei den meisten Klassen- und Paketoptionen auch die Möglichkeit, den Wert der Optionen noch nach dem Laden der Klasse beziehungsweise des Pakets zu ändern. Man kann dann wahlweise mit der Anweisung `\KOMAoptions` die Werte einer Reihe von Optionen ändern. Jede Option der *Optionenliste* hat dabei die Form `Option=Wert`.

Einige Optionen besitzen auch einen Säumniswert (engl. *default value*). Versäumt man die Angabe eines Wertes, verwendet man die Option also einfach in der Form *Option*, so wird automatisch dieser Säumniswert angenommen.

Manche Optionen können gleichzeitig mehrere Werte besitzen. Für solche Optionen besteht die Möglichkeit, mit `\KOMAoption` der einen *Option* nacheinander eine Reihe von Werten zuzuweisen. Die einzelnen Werte sind dabei in der *Werteliste* durch Komma voneinander getrennt.

Soll ein *Wert* ein Gleichheitszeichen oder ein Komma enthalten, so ist der *Wert* in geschweifte Klammern zu setzen. *Achtung!*

KOMA-Script bedient sich für die Realisierung dieser Möglichkeit der Anweisungen `\FamilyOptions` und `\FamilyOption` mit der Familie »KOMA«. Siehe dazu Teil II, Abschnitt 12.2, Seite 367.

16.3. Verwendung von tocbasic

In den Anfängen von KOMA-Script gab es von Anwenderseite den Wunsch, dass Verzeichnisse von Gleitumgebungen, die mit dem Paket float erzeugt werden, genauso behandelt werden, wie das Abbildungsverzeichnis oder das Tabellenverzeichnis, das von den KOMA-Script-Klassen selbst angelegt wird. Damals setzte sich der KOMA-Script-Autor mit dem Autor von float in Verbindung, um diesem eine Schnittstelle für entsprechende Erweiterungen zu unterbreiten. In etwas abgewandelter Form wurde diese in Gestalt der beiden Anweisungen `\float@listhead` und `\float@addtolists` realisiert. float

Später zeigte sich, dass diese beiden Anweisungen nicht genug Flexibilität für eine umfangreiche Unterstützung aller KOMA-Script-Möglichkeiten boten. Leider hatte der Autor von float die Entwicklung aber bereits eingestellt, so dass hier keine Änderungen mehr zu erwarten sind.

Andere Paketautoren haben die beiden Anweisungen ebenfalls übernommen. Dabei zeigte sich, dass die Implementierung in einigen Paketen, darunter auch float, dazu führt, dass all diese Pakete nur in einer bestimmten Reihenfolge geladen werden können, obwohl sie ansonsten in keinerlei Beziehung zu einander stehen.

Um all diese Nachteile und Probleme zu beseitigen, unterstützt KOMA-Script diese alte Schnittstelle offiziell nicht mehr. Stattdessen wird bei Verwendung dieser Schnittstelle von KOMA-Script tocbasic gewarnt. Gleichzeitig wurde in KOMA-Script das Paket tocbasic (siehe Kapitel 15) als zentrale Schnittstelle für die Verwaltung von Verzeichnissen entworfen und realisiert. Die Verwendung dieses Pakets bietet weit mehr Vorteile und Möglichkeiten als die beiden alten Anweisungen.

Obwohl der Aufwand zur Verwendung dieses Pakets sehr gering ist, haben bisher die Autoren der Pakete, die auf die beiden alten Anweisungen gesetzt haben, keine Anpassung vorgenommen. Daher enthält scrhack selbst entsprechende Anpassungen für die Pakete float, floatrow und listings. float, floatrow, listings Allein durch das Laden von scrhack reagieren diese Pakete dann nicht nur auf die Einstellungen von Option `listof`, sondern beachten auch Sprachumschaltungen durch das babel-Paket. Näheres zu den Möglichkeiten, die durch die Umstellung der Pakete auf tocbasic nun zur Verfügung stehen, ist Abschnitt 15.2 zu entnehmen.

Sollte diese Änderung für eines der Pakete nicht erwünscht sein oder zu Problemen führen, so kann sie selektiv mit den Einstellungen `float=false`, `floatrow=false` und `listings=false` abgeschaltet werden. *Achtung!* Wichtig dabei ist, dass eine Änderung der Optionen nach dem Laden des zugehörigen Pakets keinen Einfluss mehr hat!

16.4. Sonderfall hyperref

hyperref Ältere Versionen von hyperref vor 6.79h haben bei den Sternformen der Gliederungsbefehle hinter statt vor oder auf die Gliederungsüberschriften verlinkt. Inzwischen ist dieses Problem auf Vorschlag des KOMA-Script-Autors beseitigt. Da die entsprechende Änderung aber über ein Jahr auf sich warten lies, wurde in scrhack ein entsprechender Patch aufgenommen. Zwar kann dieser ebenfalls durch `hyperref=false` deaktiviert werden, empfohlen wird jedoch stattdessen die aktuelle Version von hyperref zu verwenden. In diesem Fall wird die Änderung durch scrhack automatisch verhindert.

17. Definition von Ebenen und Seitenstilen mit scrlayer

Anwender von Grafikprogrammen sind mit dem Modell der Ebenen für eine Seite bereits vertraut. LaTeX selbst ist ein solches Modell jedoch eher fremd. Dennoch gibt es bereits einige Pakete wie eso-pic oder textpos, mit denen bereits eine Art Hintergrund- oder Vordergrundebene in LaTeX verfügbar gemacht wurden. Das Paket scrlayer ist ein weiteres Paket, das solche Hintergrund- und Vordergrundebenen zur Verfügung stellt. Im Unterschied zu den anderen genannten Paketen sind die Ebenen bei scrlayer jedoch Teil des Seitenstils. Dadurch ist eine einfache Umschaltung zwischen der Verwendung unterschiedlicher Ebenen durch die Umschaltung des Seitenstils möglich.

Um dies zu erreichen, stellt das Paket auf unterer Stufe zusätzlich eine Schnittstelle zur Definition von Seitenstilen, die auf einem Stapel oder einer Liste von Ebenen beruhen, zum Hinzufügen von Ebenen wahlweise am Anfang oder Ende einer solchen Liste von Ebenen oder unmittelbar vor oder hinter einer anderen Ebene in einer solchen Liste, zum Löschen einer Ebene aus einer solchen Liste und zum Löschen aller Dubletten einer Ebene aus einer solchen Liste bereit. Oder kurz und verständlich gesagt: Die Seitenstil-Schnittstelle von scrlayer stellt Befehle bereit, um einen Seitenstil, der auf einer Liste von Ebenen basiert, zu definieren und diese Ebenenliste zu verwalten.

Nichtsdestoweniger wird die direkte Verwendung der Ebenen nur erfahrenen Anwendern empfohlen. Schnittstellen für Anfänger und durchschnittliche Anwender werden als zusätzliche Pakete angeboten, die dann ihrerseits scrlayer laden. Siehe hierzu Kapitel 5 in Teil I dieses Buches.

17.1. Hinweis zum Entwicklungsstand

Die Entwicklung dieses Pakets ist noch nicht abgeschlossen. Teile des Pakets sind auch noch als experimentell einzustufen. Daher können sich in Zukunft insbesondere die internen Funktionalitäten und Funktionsweisen noch ändern. Es ist auch noch mit Erweiterungen zu rechnen. Wegen dieses noch nicht abgeschlossenen Entwicklungsstandes sollte der Leser auch keine abgeschlossene Anleitung erwarten. Dennoch gibt diese Anleitung, die sich vor allem an erfahrene Anwender und Entwickler richtet, den aktuellen Entwicklungsstand der Teile von scrlayer wieder, die als zur Verwendung freigegeben eingestuft sind. Dinge, die hier nicht dokumentiert sind, sollten allenfalls zu Testzwecken Verwendung finden.

17.2. Frühe oder späte Optionenwahl

In diesem Abschnitt wird eine Besonderheit von KOMA-Script vorgestellt, die neben scrlayer auch andere KOMA-Script-Pakete und Klassen betrifft. Damit die Anwender alle Informationen zu einem Paket oder einer Klasse im jeweiligen Kapitel finden, ist dieser Abschnitt nahezu gleichlautend in mehreren Kapiteln zu finden. Anwender, die nicht nur an der Anleitung zu einem Paket oder einer Klasse interessiert sind, sondern sich einen Gesamtüberblick über KOMA-Script verschaffen wollen, brauchen diesen Abschnitt nur in einem der Kapitel zu lesen und können ihn beim weiteren Studium der Anleitung dann überspringen.

```
\documentclass[Optionenliste]{KOMA-Script-Klasse}
\usepackage[Optionenliste]{Paket-Liste}
```

Bei LaTeX ist vorgesehen, dass Anwender Klassenoptionen in Form einer durch Komma getrennten Liste einfacher Schlüsselwörter als optionales Argument von `\documentclass` angeben. Außer an die Klasse werden diese Optionen auch an alle Pakete weitergereicht, die diese Optionen verstehen. Ebenso ist vorgesehen, dass Anwender Paketoptionen in Form einer durch Komma getrennten Liste einfacher Schlüsselwörter als optionales Argument von `\usepackage` angeben. KOMA-Script erweitert den Mechanismus der Optionen für die KOMA-Script-Klassen und einige Pakete um weitere Möglichkeiten. So haben die meisten Optionen bei KOMA-Script zusätzlich einen Wert. Eine Option hat also nicht unbedingt nur die Form *`Option`*, sondern kann auch die Form *`Option=Wert`* haben. Bis auf diesen Unterschied arbeiten `\documentclass` und `\usepackage` bei

KOMA-Script wie in [Tea05b] oder jeder LaTeX-Einführung, beispielsweise [DGS+12], beschrieben.

Gegenüber der nachfolgend vorgestellten Schnittstelle zu Einstellungen von Optionen haben \documentclass und \usepackage einen Nachteil, der unbedingt zu beachten ist: Anweisungen, Längen, Zähler und ähnliches können darin leicht zerbrechen. So führt die Verwendung einer LaTeX-Länge im Wert einer Option bei diesen Anweisungen zu einer Fehlermeldung, noch bevor der Wert an KOMA-Script übergeben wird, es also die Kontrolle darüber übernehmen könnte. Wertzuweisungen mit LaTeX-Längen oder LaTeX-Zählern sollten daher nie per \documentclass oder \usepackage, sondern immer mit den nachfolgend dokumentierten Anweisungen \KOMAoptions oder \KOMAoption vorgenommen werden. *Achtung!*

```
\KOMAoptions{Optionenliste}
\KOMAoption{Option}{Werteliste}
```

KOMA-Script bietet bei den meisten Klassen- und Paketoptionen auch die Möglichkeit, den Wert der Optionen noch nach dem Laden der Klasse beziehungsweise des Pakets zu ändern. Man kann dann wahlweise mit der Anweisung \KOMAoptions die Werte einer Reihe von Optionen ändern. Jede Option der *Optionenliste* hat dabei die Form *Option=Wert*.

Einige Optionen besitzen auch einen Säumniswert (engl. *default value*). Versäumt man die Angabe eines Wertes, verwendet man die Option also einfach in der Form *Option*, so wird automatisch dieser Säumniswert angenommen.

Manche Optionen können gleichzeitig mehrere Werte besitzen. Für solche Optionen besteht die Möglichkeit, mit \KOMAoption der einen *Option* nacheinander eine Reihe von Werten zuzuweisen. Die einzelnen Werte sind dabei in der *Werteliste* durch Komma voneinander getrennt.

Soll ein *Wert* ein Gleichheitszeichen oder ein Komma enthalten, so ist der *Wert* in geschweifte Klammern zu setzen. *Achtung!*

KOMA-Script bedient sich für die Realisierung dieser Möglichkeit der Anweisungen \FamilyOptions und \FamilyOption mit der Familie »KOMA«. Siehe dazu Teil II, Abschnitt 12.2, Seite 367.

17.3. Einige grundlegende Informationen

Das Paket benötigt einige grundlegende Informationen über die verwendete Klasse. Autoren von Klassen können scrlayer helfen, indem sie entsprechende Angaben machen. Anderenfalls versucht das Paket diese Informationen selbst zu ermitteln. Das funktioniert beispielsweise für die Standardklassen oder für die KOMA-Script-Klassen. Mit anderen Klassen kann es funktionieren oder auch ganz oder teilweise fehlschlagen.

Dieser Abschnitt beschreibt einige der Informationen, die Autoren von Klassen bereitstellen können. Anwender sollten sich im Normalfall nicht darum zu kümmern brauchen.

`\if@chapter` *Dann-Code* `\else` *Sonst-Code* `\fi`

Wenn `\if@chapter` definiert ist und `\iftrue` entspricht, berücksichtigt scrlayer bei seiner Arbeit die Kapitel-Ebene beispielsweise bei Verwendung von Option `automark`. Wenn es definiert ist, aber nicht `\iftrue` entspricht, behandelt scrlayer nur die Ebenen der Befehle `\part`, `\section`, `\subsection`, `\sub...subsection`, `\paragraph`, `\subparagraph`, `\sub...subparagraph`. Wenn das Makro nicht definiert ist, macht scrlayer die Frage, ob auch die Kapitel-Ebene zu behandeln ist, an der Anweisung `\chapter` fest. Ist diese Anweisung definiert und entspricht sie nicht `\relax`, dann definiert scrlayer das Makro `\if@chapter` selbst als Synonym für `\iftrue`. Anderenfalls definiert es `\if@chapter` als Synonym für `\iffalse`.

`\if@mainmatter` *Dann-Code* `\else` *Sonst-Code* `\fi`

Klassen wie book oder scrbook bieten `\frontmatter`, `\mainmatter` und `\backmatter`, um zwischen Vorderteil, Hauptteil und Endteil eines Buches umschalten zu können. In der Regel verwenden diese Klassen intern `\if@mainmatter`, um entscheiden zu können, ob gerade im Hauptteil des Dokuments gearbeitet wird oder nicht. Klassen wie report oder article haben kein `\frontmatter`, `\mainmatter` oder `\backmatter` und deshalb auch kein `\if@mainmatter`. Stattdessen gehen sie davon aus, dass es nur einen Hauptteil gibt.

Für scrlayer ist es aber einfacher, nicht ständig erneut die Existenz und Verwendung der Umschaltanweisungen zu erkennen und damit zu entscheiden, ob nun gerade im Hauptteil gearbeitet wird oder nicht, sondern stattdessen auch bei Klassen wie report oder article mit `\if@mainmatter` zu arbeiten. Das sollte bei den genannten Klassen dann schlicht `\iftrue` entsprechen. Wenn also `\if@mainmatter` nicht definiert ist, dann definiert scrlayer es als Synonym für `\iftrue`.

Einige Klassen definieren jedoch `\frontmatter`, `\mainmatter` oder `\backmatter` und trotzdem kein `\if@mainmatter`. In diesem Fall definiert scrlayer `\if@mainmatter` ebenfalls als Synonym für `\iftrue` und erweitert darüber hinaus die gefundenen Definitionen von `\frontmatter`, `\mainmatter` und `\backmatter` so, dass diese

`\if@mainmatter` passend umdefinieren. Falls es jedoch weitere, vergleichbare Befehle zur Umschaltung zwischen unterschiedlichen Dokumentteilen gibt, so kennt scrlayer diese nicht, testet nicht auf diese und erweitert sie daher auch nicht passend. In diesem Fall ist scrlayer also auf die Mitarbeit des Klassenautors angewiesen.

```
\DeclareSectionNumberDepth{Name der Gliederungsebene}
                          {Tiefe der Gliederungsebene}
```

Jeder Gliederungsebene ist normalerweise eine nummerische Tiefe zugeordnet. Das ist notwendig, damit LaTeX die Hierarchie der Gliederungsebenen verwalten kann. Allerdings sind die Werte normalerweise nur der jeweiligen Klasse bekannt, in der die Gliederungsbefehle definiert sind. Diese setzt dann in den entsprechenden LaTeX-Befehlen selbst die zugehörigen Nummern ein.

Das Paket scrlayer benötigt ebenfalls Informationen über die Hierarchie. Mit Hilfe von `\DeclareSectionNumberDepth` kann scrlayer zum Namen einer Gliederungsebene die zugehörige nummerische Tiefe bekannt gemacht werden. Für die Standardklassen wäre *`Name der Gliederungsebene`* beispielsweise `part`, `chapter`, `section`, `subsection`, `subsubsection`, `paragraph` oder `subparagraph` und die jeweils zugehörige *`Tiefe der Gliederungsebene`* wäre -1, 0, 1, 2, 3, 4 oder 5.

Das Paket scrlayer versucht diese nummerischen Werte zunächst beim Laden des Pakets und noch einmal während `\begin{document}` selbst zu ermitteln. Aber für den Fall, dass dies einmal nicht zu einem korrekten Ergebnis führt, beispielsweise falls es vollkommen andere Gliederungsbefehle gibt, kann man die Zuordnung eben mit `\DeclareSectionNumberDepth` auch explizit vornehmen.

17.4. Deklaration von Ebenen

Eine Ebene (engl. *layer*) ist ein Denkmodell für eine Seite. Im Gegensatz zu echtem, physischem Papier ist diese Seite vollständig transparent. Üblicherweise werden mehrere Ebenen übereinander gestapelt und undurchsichtiges Material auf einer Ebene überdeckt Material auf den Ebenen darunter. Ein solcher Stapel von Ebenen wird dann auf eine reale Seite Papier abgebildet. Das Paket scrlayer stellt zwei solche Stapel für jede Seite zur Verfügung: einen Hintergrundstapel und einen Vordergrundstapel. Der Hintergrundstapel befindet sich unter oder hinter dem normalen Seiteninhalt, während der Vordergrundstapel über oder vor dem normalen Seiteninhalt ausgegeben wird. Der normale Seiteninhalt ist daher eine Art von Trennebene zwischen den beiden Ebenenstapeln.

Vorder- oder Hintergrund

Eine Ebene hat mehrere Eigenschaften. Die erste Eigenschaft ist Antwort auf die Frage, ob die Ebene zum Hintergrund oder zum Vordergrund gehört. Hintergrundebenen werden ausgegeben, bevor der normale Inhalt der Seite gedruckt wird. Optisch erscheinen sie daher *hinter* oder *unter* dem normalen Inhalt der Seite. Vordergrundebenen werden an den normalen Inhalt anschließend ausgegeben. Optisch erscheinen sie daher *vor*, *auf* oder *über* dem normalen Inhalt der Seite. In der Voreinstellung ist eine Ebene sowohl eine Hintergrundebene als auch eine Vordergrundebene und wird daher zweimal ausgegeben.

horizontale Position
vertikale Position
horizontale Größe
vertikale Größe

Die zweite und dritte Eigenschaft sind die horizontale und vertikale Position der Ebene. Die vierte und fünfte Eigenschaft sind die horizontale und vertikale Größe der Ebene. Daraus ergibt sich, dass eine Ebene auch kleiner oder größer als das Papier sein kann.

Ausrichtung

Aber wie werden die horizontale und die vertikale Position gemessen? Aus der Antwort ergibt sich die sechste Eigenschaft, die Ausrichtung. Man kann von der linken Papierkante zur linken Kante der Ebene, zur Mitte der Ebene oder zur rechten Kante der Ebene messen. Entsprechend kann man von der oberen Kante des Papiers zur oberen Kante der Ebene, zur Mitte der Ebene oder zur unteren Kante der Ebene messen.

linke oder rechte Seite

Die siebte Eigenschaft ist, ob eine Ebene auf linken oder rechten Seiten eines Dokuments gedruckt werden soll. In der Voreinstellung wird eine Ebene auf allen Seiten gedruckt. Es ist zu beachten, dass LaTeX Seiten mit geraden Seitenzahlen als linke Seiten und Seiten mit ungeraden Seitenzahlen als rechte Seiten behandelt, dass es jedoch im einseitigen Modus unabhängig von der Nummer nur rechte Seiten gibt. LaTeX bezeichnet den Gepflogenheiten in der englischen Sprache entsprechend linke Seiten auch als gerade Seiten und rechte Seiten als ungerade Seiten.

ein- oder doppelseitig

Die achte Eigenschaft ist, ob eine Ebene auf den einseitigen oder den doppelseitigen Modus beschränkt sein soll. In der Voreinstellung ist die Ebene diesbezüglich unbeschränkt, wird also sowohl im einseitigen als auch im doppelseitigen Modus ausgegeben. Nichtsdestotrotz wird eine Ebene, die auf gerade Seiten beschränkt ist, im einseitigen Modus niemals ausgegeben werden und ist daher auch keine einseitige Ebene.

Gleit- oder Normalseiten

Die neunte Eigenschaft ist, ob eine Ebene auf Gleitseiten oder auf Normalseiten beschränkt ist. LaTeX erzeugt Gleitseiten für Objekte aus Umgebungen wie `table` oder `figure`, wenn diesen erlaubt wurde, auf eigenen Seiten ohne Teile des normalen Dokumentinhalts ausgegeben zu werden (siehe Option `p` für `table` oder `figure`). In gewisser Weise ist es so der gesamten Seite erlaubt, im Dokument zu gleiten. Normalseiten in diesem Sinne sind alle Seiten, die keine Gleitseiten sind. Normalseiten können ebenfalls Gleitumgebungen am Anfang, im Inneren oder am Ende enthalten. Sehr große Gleitumgebungen können auch den Eindruck einer Gleitseite erzeugen, obwohl es sich bei ihnen in Wirklichkeit um oben auf einer Normalseite platzierte Gleitumgebungen handelt.

Inhalt

Die zehnte und letzte Eigenschaft ist der Inhalt der Ebene. Das ist schlicht das, was gedruckt werden soll, wann immer die Ebene ausgegeben wird.

Damit haben wir also zehn Eigenschaften. Später in dieser Anleitung werden wir weitere Eigenschaften sehen, die jedoch auf diese zehn Eigenschaften abgebildet werden können. Daher nennen wir diese zehn Eigenschaften die primären Eigenschaften.

```
\DeclareLayer[Optionenliste]{Name der Ebene}
\DeclareNewLayer[Optionenliste]{Name der Ebene}
\ProvideLayer[Optionenliste]{Name der Ebene}
\RedeclareLayer[Optionenliste]{Name der Ebene}
\ModifyLayer[Optionenliste]{Name der Ebene}
```

Diese Anweisungen können verwendet werden, um Ebenen zu definieren. Der *`Name der Ebene`* muss voll expandierbar sein. Die Expansion sollte in ASCII-Buchstaben resultieren. Einige zusätzliche Zeichen werden ebenfalls akzeptiert, ihre Verwendung wird jedoch nicht empfohlen.

`\DeclareLayer`

Dabei spielt es bei Verwendung von `\DeclareLayer` keine Rolle, ob eine Ebene *`Name der Ebene`* bereits existiert oder nicht. Sie wird in jedem Fall mit den über die *`Optionenliste`* angegebenen Eigenschaften definiert. Einzelne Optionen bestehen entweder nur aus einem Schlüssel oder aus einem Schlüssel, gefolgt von einem Gleichheitszeichen und einem Wert. Die Optionen sind durch Komma voneinander getrennt. Um innerhalb der Werte einer Option ein Komma oder ein Leerzeichen verwenden zu können, muss der entsprechende Wert in geschweifte Klammern gesetzt werden. Eine Übersicht über die Optionen und die Eigenschaften, die sie repräsentieren, findet sich in Tabelle 17.1.

`\DeclareNewLayer`

Im Unterschied zu `\DeclareLayer` meldet `\DeclareNewLayer` einen Fehler, falls eine Ebene mit dem angegebenen Namen bereits existiert. Damit wird der Anwender davor bewahrt, versehentlich mehrmals denselben Namen zu verwenden. Dies ist insbesondere auch dann nützlich, wenn Klassen oder Pakete intern ebenfalls Ebenen definieren.

\ProvideLayer Dagegen definiert \ProvideLayer die Ebene nur, wenn nicht bereits eine Ebene mit dem angegebenen Namen existiert. Wird der Name hingegen bereits für eine andere Ebene verwendet, so wird die neuerliche Definition ignoriert. Die Anweisung hat also die Bedeutung: *Definiere die Ebene, falls sie noch nicht existiert.*

Soll eine bereits existierende Ebene umdefiniert werden, so kann wahlweise \RedeclareLayer oder \ModifyLayer verwendet werden. \RedeclareLayer Während mit \RedeclareLayer die Ebene zunächst auf die Grundeinstellungen zurückgesetzt und damit über die angegebene *Optionenliste* komplett neu definiert wird, unterbleibt bei \ModifyLayer \ModifyLayer das Zurücksetzen. Es werden dann nur die Eigenschaften geändert, für die in der *Optionenliste* auch Angaben vorhanden sind. Die Anwendung auf eine zuvor noch nicht definierte Ebene stellt bei beiden Anweisungen einen Fehler dar.

Tabelle 17.1.: Optionen für die Definition von Seiten-Ebenen mit ihrer jeweiligen Bedeutung als Ebenen-Eigenschaft

align=*Ausrichtungszeichen*

Über die *Ausrichtungszeichen* wird die gewünschte Ausrichtung der Ebene bestimmt. Dabei steht jedes einzelne *Ausrichtungszeichen* für eine mögliche Anwendung der Werte *Abstand* der Optionen hoffset oder voffset. Mehrere *Ausrichtungszeichen* können ohne Leerzeichen oder Komma direkt hintereinander geschrieben werden und werden in der Reihenfolge ihres Auftretens ausgewertet. Makros sind im Wert der Option jedoch nicht zulässig. Zulässige *Ausrichtungszeichen* sind:

b – der Wert der Option voffset ist der Abstand der Unterkante der Ebene von der Oberkante des Papiers.

c – die Werte der Optionen hoffset und voffset sind die Abstände des Zentrums der Ebene von der linken und der oberen Kante des Papiers.

l – der Wert der Option hoffset ist der Abstand der linken Kante der Ebene von der linken Kante des Papiers.

r – der Wert der Option hoffset ist der Abstand der rechten Kante der Ebene von der linken Kante des Papiers.

t – der Wert der Option voffset ist der Abstand der Oberkante der Ebene von der Oberkante des Papiers.

...

Tabelle 17.1.: Optionen für die Definition von Ebenen (*Fortsetzung*)

`area={`*`horizontaler Abstand`*`}{`*`vertikaler Abstand`*`}{`*`Breite`*`}{`*`Höhe`*`}`
Die zusammengesetzte Eigenschaft resultiert in den primären Eigenschaften `hoffset=`*`horizontaler Abstand`*, `voffset=`*`vertikaler Abstand`*, `width=`*`Breite`*, `height=`*`Höhe`*.

`background`
Mit dieser Option wird die Ebene zu einer reinen Hintergrundebene. Sie wird also im Gegensatz zur Grundeinstellung nicht mehr gleichzeitig im Hintergrund und im Vordergrund, sondern nur noch im Hintergrund ausgegeben. Diese Option erwartet und erlaubt keinen Wert.

`bottommargin`
Die zusammengesetzte Eigenschaft setzt die primären Eigenschaften `hoffset`, `voffset`, `width`, `height` und `align` so, dass die Ebene horizontal von der linken Kante bis zur rechten Kante des Papiers reicht und vertikal den gesamten Bereich unter dem Seitenfuß bis zur unteren Papierkante abdeckt. Diese Option erwartet und erlaubt keinen Wert.

`clone=`*`Name einer Ebene`*
Die zusammengesetzte Eigenschaft setzt alle primären Eigenschaften entsprechend der aktuellen, primären Eigenschaften der Ebene mit dem angegebenen *`Name einer Ebene`*. Es ist zu beachten, dass *`Name einer Ebene`* voll expandierbar sein muss und zu Buchstaben expandieren sollte. Einige weitere Zeichen werden toleriert, ihre Verwendung wird jedoch nicht empfohlen! Die Ebene mit dem angegebenen *`Name einer Ebene`* muss außerdem bereits existieren.

`contents=`*`Code`*
Der angegebene *`Code`* wird immer dann expandiert und ausgeführt, wenn die Ebene ausgegeben wird. Damit definiert *`Code`* das, was auf der Ebene zu sehen ist. Es werden keine Tests durchgeführt, ob *`Code`* gültig und korrekt ist. Fehler in *`Code`* können daher zu verschiedenen Fehlermeldungen auf jeder Seite führen, auf der die Ebene ausgegeben wird.

`evenpage`
Mit dieser Option wird die Ebene zu einer Ebene für linke Seiten. Sie wird also im Gegensatz zur Grundeinstellung nicht mehr sowohl auf linken als auch auf rechten Seiten ausgegeben. Da es linke Seiten nur im doppelseitigen Satz gibt, schließt diese Eigenschaft quasi `twoside` mit ein. Diese Option erwartet und erlaubt keinen Wert.

...

Tabelle 17.1.: Optionen für die Definition von Ebenen (*Fortsetzung*)

`floatpage`
: Mit dieser Option wird die Ebene zu einer Gleitseitenebene. Sie wird also im Gegensatz zur Grundeinstellung nicht mehr auf allen Seiten, sondern nur noch auf Gleitseiten ausgegeben. Näheres zu Gleitseiten ist der Einleitung zu diesem Abschnitt zu entnehmen. Diese Option erwartet und erlaubt keinen Wert.

`foot`
: Die zusammengesetzte Eigenschaft setzt die primären Eigenschaften `hoffset`, `voffset`, `width`, `height` und `align` so, dass die Ebene den Seitenfuß in der Breite des Textbereichs überdeckt. Diese Option erwartet und erlaubt keinen Wert.

`footskip`
: Die zusammengesetzte Eigenschaft setzt die primären Eigenschaften `hoffset`, `voffset`, `width`, `height` und `align` so, dass die Ebene vertikal den Bereich zwischen dem Textbereich und dem Seitenfuß in Breite des Textbereichs überdeckt. Es ist zu beachten, dass die Höhe dieses Bereichs zwar von der Länge `\footskip` abhängt, dieser jedoch nicht entspricht. Diese Option erwartet und erlaubt keinen Wert.

`foreground`
: Mit dieser Option wird die Ebene zu einer reinen Vordergrundebene. Sie wird also im Gegensatz zur Grundeinstellung nicht mehr gleichzeitig im Hintergrund und im Vordergrund, sondern nur noch im Vordergrund ausgegeben. Diese Option erwartet und erlaubt keinen Wert.

`head`
: Die zusammengesetzte Eigenschaft setzt die primären Eigenschaften `hoffset`, `voffset`, `width`, `height` und `align` so, dass die Ebene den Seitenkopf in der Breite des Textbereichs überdeckt. Diese Option erwartet und erlaubt keinen Wert.

`headsep`
: Die zusammengesetzte Eigenschaft setzt die primären Eigenschaften `hoffset`, `voffset`, `width`, `height` und `align` so, dass die Ebene den Abstand zwischen dem Seitenkopf und dem Textbereich in der Breite des Textbereichs überdeckt. Ihre Höhe entspricht damit der Länge `\headsep`. Diese Option erwartet und erlaubt keinen Wert.

...

Tabelle 17.1.: Optionen für die Definition von Ebenen (*Fortsetzung*)

`height=`*`Höhe`*

Setzt die *Höhe* der Ebene. Beachten Sie, dass *Höhe* wahlweise eine LaTeX-Länge sein kann, die mit `\newlength` definiert wurde, eine TeX-Länge, die mit `\newdimen` oder `\newskip` definiert wurde, ein Längenwert wie 10 pt oder ein Längenausdruck unter Verwendung von +, -, /, *, (, und). Die genaue Syntax eines Längenausdrucks ist [Tea98, Abschnitt 3.5] zu entnehmen.

`hoffset=`*`Abstand`*

Setzt den *Abstand* der Ebene von der linken Kante des Papiers. Wie der *Abstand* gemessen wird, hängt von Eigenschaft `align` ab. Beachten Sie, dass *Abstand* wahlweise eine LaTeX-Länge sein kann, die mit `\newlength` definiert wurde, eine TeX-Länge, die mit `\newdimen` oder `\newskip` definiert wurde, ein Längenwert wie 10 pt oder ein Längenausdruck unter Verwendung von +, -, /, *, (, und). Die genaue Syntax eines Längenausdrucks ist [Tea98, Abschnitt 3.5] zu entnehmen.

`innermargin`

Die zusammengesetzte Eigenschaft setzt die primären Eigenschaften `hoffset`, `voffset`, `width`, `height` und `align` so, dass die Ebene den inneren Rand der Seite von der Papieroberkante bis zur Papierunterkante überdeckt. Der innere Rand entspricht im einseitigen Satz dem linken Rand. Diese Option erwartet und erlaubt keinen Wert.

`leftmargin`

Die zusammengesetzte Eigenschaft setzt die primären Eigenschaften `hoffset`, `voffset`, `width`, `height` und `align` so, dass die Ebene den linken Rand der Seite von der Papieroberkante bis zur Papierunterkante überdeckt. Diese Option erwartet und erlaubt keinen Wert.

`nonfloatpage`

Mit dieser Option wird die Ebene auf Seiten beschränkt, die keine Gleitseiten sind. Sie wird also im Gegensatz zur Grundeinstellung nicht mehr auf allen Seiten, sondern nur noch auf Nichtgleitseiten ausgegeben. Näheres zu Gleitseiten und Nichtgleitseiten ist der Einleitung zu diesem Abschnitt zu entnehmen. Diese Option erwartet und erlaubt keinen Wert.

`oddpage`

Mit dieser Option wird die Ebene zu einer Ebene für rechte Seiten. Sie wird also im Gegensatz zur Grundeinstellung nicht mehr sowohl auf linken als auch auf rechten Seiten ausgegeben. Es ist zu beachten, dass im einseitigen Satz alle Seiten unabhängig von der Seitenzahl rechte Seiten sind. Diese Option erwartet und erlaubt keinen Wert.

...

Tabelle 17.1.: Optionen für die Definition von Ebenen (*Fortsetzung*)

`oneside`
: Mit dieser Option wird die Ebene zu einer Ebene für den einseitigen Satz. Sie wird also im Gegensatz zur Grundeinstellung nicht mehr sowohl im einseitigen als auch im doppelseitigen Satz ausgegeben. Diese Option erwartet und erlaubt keinen Wert.

`outermargin`
: Die zusammengesetzte Eigenschaft setzt die primären Eigenschaften `hoffset`, `voffset`, `width`, `height` und `align` so, dass die Ebene den äußeren Rand der Seite von der Papieroberkante bis zur Papierunterkante überdeckt. Der äußere Rand entspricht im einseitigen Satz dem rechten Rand. Diese Option erwartet und erlaubt keinen Wert.

`page`
: Die zusammengesetzte Eigenschaft setzt die primären Eigenschaften `hoffset`, `voffset`, `width`, `height` und `align` so, dass die Ebene die komplette Seite überdeckt. Diese Option erwartet und erlaubt keinen Wert.

`rightmargin`
: Die zusammengesetzte Eigenschaft setzt die primären Eigenschaften `hoffset`, `voffset`, `width`, `height` und `align` so, dass die Ebene den rechten Rand der Seite von der Papieroberkante bis zur Papierunterkante überdeckt. Diese Option erwartet und erlaubt keinen Wert.

`textarea`
: Die zusammengesetzte Eigenschaft setzt die primären Eigenschaften `hoffset`, `voffset`, `width`, `height` und `align` so, dass die Ebene den kompletten Textbereich überdeckt. Diese Option erwartet und erlaubt keinen Wert.

`topmargin`
: Die zusammengesetzte Eigenschaft setzt die primären Eigenschaften `hoffset`, `voffset`, `width`, `height` und `align` so, dass die Ebene den oberen Rand der Seite von der linken Kante des Papiers bis zu dessen rechter Kante überdeckt. Diese Option erwartet und erlaubt keinen Wert.

`twoside`
: Mit dieser Option wird die Ebene zu einer Ebene für den doppelseitigen Satz. Sie wird also im Gegensatz zur Grundeinstellung nicht mehr sowohl im einseitigen als auch im doppelseitigen Satz ausgegeben. Diese Option erwartet und erlaubt keinen Wert.

...

Tabelle 17.1.: Optionen für die Definition von Ebenen (*Fortsetzung*)

`voffset=`*`Abstand`*

Setzt den *`Abstand`* der Ebene von der Papieroberkante. Wie der *`Abstand`* gemessen wird, hängt von Eigenschaft `align` ab. Beachten Sie, dass *`Abstand`* wahlweise eine LaTeX-Länge sein kann, die mit `\newlength` definiert wurde, eine TeX-Länge, die mit `\newdimen` oder `\newskip` definiert wurde, ein Längenwert wie 10 pt oder ein Längenausdruck unter Verwendung von +, -, /, *, (, und). Die genaue Syntax eines Längenausdrucks ist [Tea98, Abschnitt 3.5] zu entnehmen.

`width=`*`Breite`*

Setzt die *`Breite`* der Ebene. Beachten Sie, dass *`Breite`* wahlweise eine LaTeX-Länge sein kann, die mit `\newlength` definiert wurde, eine TeX-Länge, die mit `\newdimen` oder `\newskip` definiert wurde, ein Längenwert wie 10 pt oder ein Längenausdruck unter Verwendung von +, -, /, *, (, und). Die genaue Syntax eines Längenausdrucks ist [Tea98, Abschnitt 3.5] zu entnehmen.

```
\layerxoffset
\layeryoffset
\layerwidth
\layerheight
```

Diese Anweisungen sind nur innerhalb der Ausgabe des mit `contents` angegebenen *Code* gültig. In diesem Fall enthalten sie die tatsächlich verwendete Position und Ausdehnung der Ebene, die für die Ausgabe verwendet werden. Dies ist jedoch nicht zwangsläufig auch die tatsächliche Ausdehnung des Inhalts, falls dieser beispielsweise überbreit oder überhoch ist oder die Ebene nicht komplett ausfüllt. Eine Umdefinierung der Anweisungen und damit Änderung der in ihnen gespeicherten Werte ist nicht gestattet und führt zu unvorhersehbaren Ergebnissen.

```
\IfLayerExists{Name}{Dann-Code}{Sonst-Code}
```

Diese Anweisung kann dazu verwendet werden, Code in Abhängigkeit davon, ob ein eine Ebene existiert oder nicht, auszuführen. Wenn die Ebene mit dem angegebenen *Name* existiert, so wird der *Dann-Code* ausgeführt, anderenfalls der *Sonst-Code*. Bitte beachten Sie, dass die Anweisung nicht wirklich testen kann, ob eine Ebene existiert. Sie verwendet stattdessen Heuristiken, die niemals falsch-negativ sein können, jedoch im Extremfall falsch-positiv sein könnten. Nichtsdestotrotz: Falls der Test falsch-positiv ist, läuft etwas schief. Beispielsweise könnte dies ein Indikator für die Verwendung eines inkompatiblen Pakets oder dafür sein, dass der Anwender etwas tut, was er besser nicht tun sollte.

`\DestroyLayer{Name der Ebene}`

Existiert eine Ebene mit dem angegebenen *Name der Ebene*, so werden alle zu dieser Ebene gehörenden Makros zu `\relax`. Anschließend kann die Ebene nicht länger verwendet werden. Allerdings ist es kein Problem, falls die Ebene Bestandteil eines mit scrlayer definierten Seitenstils ist, da derart zerstörte Ebenen schlicht ignoriert werden. Nichtsdestotrotz können zerstörte Ebenen anschließend mit `\DeclareNewLayer` oder `\ProvideLayer` neu definiert werden. Sie können jedoch vor einer neuerlichen Definition nicht länger mit `\RedeclareLayer` oder `\ModifyLayer` verändert werden.

Die Anweisung ist dazu bestimmt, innerhalb des Arguments *Code* von `\scrlayerOnAutoRemoveInterface` (siehe Abschnitt 17.8, Seite 473) verwendet zu werden. Damit können Ebenen, die unter Verwendung von entfernbaren Anweisungen einer entfernbaren Benutzerschnittstelle definiert wurden, zusammen mit dieser Benutzerschnittstelle entfernt werden.

`\layercontentsmeasure`

Mit Hilfe der KOMA-Script-Option `draft` kann für das Paket scrlayer ein Entwurfsmodus aktiviert werden. In diesem Entwurfsmodus wird hinter jeder Ebene zunächst eine Bemaßung der Ebene ausgegeben. Diese Bemaßung erfolgt mit `\layercontentsmeasure`. Diese Anweisung zeigt am oberen und linken Rand der Ebene ein Maßband in Zentimeter und am rechten und unteren Rand der Ebene ein Maßband in Zoll. Die Anweisung `\layercontentsmeasure` kann statt über die Option auch schlicht als alleiniger *Code* für die Eigenschaft `contents` einer Ebene verwendet werden.

17.5. Deklaration und Verwaltung von Seitenstilen

Wir kennen nun Ebenen und wissen, wie diese definiert und verwaltet werden. Aber bisher wissen wir noch nicht, wie sie verwendet werden. Die möglicherweise überraschende Antwort lautet: mit Hilfe von Seitenstilen. Üblicherweise werden Seitenstile in LaTeX zur Definition von Kopf und Fuß der Seite verwendet.

Kopf und Fuß für ungerade oder rechte Seiten werden im doppelseitigen Modus auf Seiten mit ungerader Seitenzahl ausgegeben. Im einseitigen Modus werden sie auf allen Seiten verwendet. Das ist unmittelbar mit den Optionen oddpage und evenpage für Ebenen vergleichbar.

Der Seitenkopf wird vor dem normalen Seiteninhalt ausgegeben. Der Seitenfuß wird entsprechend nach dem normalen Seiteninhalt ausgegeben. Dies korrespondiert also unmittelbar mit den Optionen `background` und `foreground` für Ebenen.

Daher liegt es nahe, Seitenstile als Listen von Ebenen zu definieren. Aber statt nur die genannten vier Optionen können dabei alle Eigenschaften verwendet werden, die in Abschnitt 17.4, Tabelle 17.1, ab Seite 446 erklärt wurden.

Als Ergebnis dieser Überlegungen ist eine Form von Seitenstilen, die scrlayer bietet, der Ebenen-Seitenstil. Ein solcher Ebenen-Seitenstil besteht aus Ebenen und zusätzlich aus mehreren Haken (engl. *hooks*). Die Ebenen wurden bereits in Abschnitt 17.4 beschrieben. Die Haken sind Punkte in der Expansion oder Anwendung von Seitenstilen, zu denen zusätzlicher Code hinzugefügt werden kann. Erfahrene Anwender kennen dieses Konzept bereits von beispielsweise `\AtBeginDocument` (siehe [Tea05b]) oder `\BeforeClosingMainAux` (siehe Seite 394).

Ebenen-Seitenstil

Eine zweite Form von Seitenstilen, die scrlayer bietet, ist der Alias-Seitenstil oder Seitenstil-Alias. Ein Seitenstil-Alias besteht in Wirklichkeit aus einem anderen Seitenstil. Anders ausgedrückt ist der Name eines Seitenstil-Alias ein Alias-Name für einen anderen Seitenstil-Alias oder einen primären Seitenstil. Daher führt die Manipulation an einem Seitenstil-Alias zu einer Manipulation am originären Seitenstil. Ist der originäre Seitenstil selbst ebenfalls ein Seitenstil-Alias, so führt dessen Manipulation wiederum zu einer Manipulation dessen originären Seitenstils und immer so weiter, bis schließlich ein realer Seitenstil verändert wird. Der Ausdruck *realer Seitenstil* wird zur Unterscheidung von einem Seitenstil-Alias verwendet. Alle Seitenstile, die kein Seitenstil-Alias sind, sind reale Seitenstile. Seitenstil-Aliase können nicht nur für Seitenstile definiert werden, die mit scrlayer definiert wurden, sondern für alle Seitenstile.

Alias-Seitenstil

`\currentpagestyle`

Das Paket scrlayer erweitert die LaTeX-Anweisung `\pagestyle` so, dass diese `\currentpagestyle` als den Namen des jeweils aktiven Seitenstils definiert. Es ist zu beachten, dass `\thispagestyle` selbst `\currentpagestyle` nicht verändert. Wird `\thispagestyle` verwendet, so kann sich `\currentpagestyle` aber innerhalb der LaTeX-Ausgabefunktion verändern. Dies hat jedoch nur dann Auswirkungen, wenn `\currentpagestyle` bis in die LaTeX-Ausgabefunktion geschützt verwendet wird.

Achtung!

Es sei darauf hingewiesen, dass die später in diesem Abschnitt dokumentierten Ebenen-Seitenstile nicht auf diese Erweiterung von

\pagestyle angewiesen sind, da sie selbst auch \currentpagestyle umdefinieren. Die Erweiterung wurde für die Verwendung von anderen Seitenstilen, die nicht auf scrlayer basieren, vorgenommen. Es ist außerdem zu beachten, dass \currentpagestyle vor der ersten Verwendung von \pagestyle nach dem Laden von scrlayer leer ist. Bei der Definition einer Endanwender-Schnittstelle dürfte es daher nützlich sein, mit einer impliziten \pagestyle-Anweisung den aktuellen Seitenstil auf eine Voreinstellung zu setzen.

Achtung!

```
\BeforeSelectAnyPageStyle{Code}
\AfterSelectAnyPageStyle{Code}
```

Die Anweisung \BeforeSelectAnyPageStyle fügt einem Haken (engl. *hook*) *Code* hinzu, der innerhalb der Ausführung von Anweisung \pagestyle, unmittelbar vor der Auswahl des Seitenstils ausgeführt wird. Innerhalb von *Code* kann #1 als Platzhalter für das Argument von \pagestyle verwendet werden.

\pagestyle

Die Anweisung \AfterSelectAnyPageStyle arbeitet ähnlich. Allerdings wird hier *Code* ausgeführt, nachdem der Seitenstil gewählt und \currentpagestyle auf den Namen des realen Seitenstils gesetzt wurde.

Achtung!

Es ist zu beachten, dass *Code* jeweils nur bei der Wahl eines Seitenstils mit Hilfe von \pagestyle ausgeführt wird. Wird ein Seitenstil auf andere Art, beispielsweise mit Hilfe von \thispagestyle, gewählt, so wird *Code* nicht ausgeführt. Es ist außerdem zu beachten, dass einmal hinzugefügter *Code* nicht mehr entfernt werden kann. Allerdings wird der *Code* lokal hinzugefügt. Sein Gültigkeitsbereich kann daher mit einer Gruppe beschränkt werden.

Achtung!

```
\DeclarePageStyleAlias{Seitenstil-Alias-Name}
                      {originärer Seitenstil-Name}
\DeclareNewPageStyleAlias{Seitenstil-Alias-Name}
                         {originärer Seitenstil-Name}
\ProvidePageStyleAlias{Seitenstil-Alias-Name}
                      {originärer Seitenstil-Name}
\RedeclarePageStyleAlias{Seitenstil-Alias-Name}
                        {originärer Seitenstil-Name}
```

Diese Anweisungen können verwendet werden, um einen Seitenstil mit dem Namen *Seitenstil-Alias-Name* zu definieren, der einfach nur ein Alias für einen bereits existierenden Seitenstil mit dem Namen *originärer Seitenstil-Name* ist. Falls bereits ein Seitenstil mit dem Namen *Seitenstil-Alias-Name* existiert, wird dieser vor der Erzeugung des Alias mit \DeclarePageStyleAlias oder \RedeclarePageStyleAlias zerstört.

Die Anweisung `\DeclareNewPageStyleAlias` erzeugt eine Fehlermeldung, falls zuvor bereits ein Seitenstil *`Seitenstil-Alias-Name`* definiert wurde. Dabei spielt es keine Rolle, ob der existierende Seitenstil selbst ein Alias-Seitenstil, ein Ebenen-Seitenstil oder eine andere Art von Seitenstil ist.

Die Anweisung `\ProvidePageStyleAlias` definiert den Seitenstil-Alias nur, falls nicht bereits ein Seitenstil *`Seitenstil-Alias-Name`* existiert. Falls ein solcher Seitenstil existiert, bleibt dieser erhalten und die Anweisung tut schlicht nichts.

Im Gegensatz zu den drei vorgenannten Anweisungen erwartet `\RedeclarePageStyleAlias`, dass bereits ein Seitenstil mit dem Namen *`Seitenstil-Alias-Name`* existiert. Anderenfalls erzeugt die Anweisung eine Fehlermeldung.

Beispiel: Angenommen, Sie schreiben eine Klasse und verwenden darin für Kapitelanfangsseiten den Seitenstil `chapter`. In der Voreinstellung soll dieser Seitenstil dem Seitenstil `plain` entsprechen. Daher verwenden Sie das Paket scrlayer und definieren mit

```
\DeclareNewPageStyleAlias{chapter}{plain}
```

den Seitenstil `chapter` als Alias für den Seitenstil `plain`. Will hingegen der Anwender später, dass der Seitenstil `chapter` dem Seitenstil `empty` entspricht, so erreicht er dies mit:

```
\RedeclarePageStyleAlias{chapter}{empty}
```

`\DestroyPageStyleAlias{`*`Seitenstil-Alias-Name`*`}`

Mit dieser Anweisung wird der Seitenstil-Alias mit dem angegebenen Namen *`Seitenstil-Alias-Name`* für LaTeX wieder undefiniert, wenn es tatsächlich einen Alias-Seitenstil dieses Namens gibt. Anschließend kann der Seitenstil auch mit `\DeclareNewAliasPageStyle` oder `\ProvideAliasPageStyle` wieder neu definiert werden.

Die Anweisung ist dazu bestimmt, innerhalb des Arguments *Code* von `\scrlayerOnAutoRemoveInterface` (siehe Abschnitt 17.8, Seite 473) verwendet zu werden, um Seitenstile, die als Teil eines Endanwender-Interfaces definiert wurden, beim automatischen Entfernen dieses Interfaces mit zu entfernen.

`\GetRealPageStyle{`*`Seitenstil-Name`*`}`

Diese Anweisung sucht rekursiv nach dem tatsächlichen Namen eines Seitenstils, wenn der angegebene *`Seitenstil-Name`* zu einem Alias-Seitenstil gehört. Ist *`Seitenstil-Name`* nicht der Name eines

Alias-Seitenstils, so ist das Ergebnis *Seitenstil-Name* selbst. Das gilt auch, falls ein Seitenstil namens *Seitenstil-Name* gar nicht existiert. Die Anweisung ist voll expandierbar und kann damit beispielsweise auch im zweiten Argument einer `\edef`-Anweisung verwendet werden.

```
\DeclarePageStyleByLayers[Optionenliste]
                          {Seitenstil-Name}{Ebenenliste}
\DeclareNewPageStyleByLayers[Optionenliste]
                             {Seitenstil-Name}{Ebenenliste}
\ProvidePageStyleByLayers[Optionenliste]
                          {Seitenstil-Name}{Ebenenliste}
\RedeclarePageStyleByLayers[Optionenliste]
                            {Seitenstil-Name}{Ebenenliste}
```

Diese Anweisungen deklarieren einen Seitenstil mit dem Namen {*Seitenstil-Name*}. Der Seitenstil besteht aus einer Anzahl von Ebenen, die in der mit Komma separierten *Ebenenliste* angegeben sind. Es ist zu beachten, dass sowohl *Seitenstil-Name* als auch *Ebenenliste* voll expandierbar sein müssen und die Expansion zu einer Reihe von Buchstaben führen sollte. Einige andere Zeichen werden zwar toleriert, ihre Verwendung wird jedoch nicht empfohlen.

Achtung!

Die *Optionenliste* ist eine mit Komma separierte Liste von Optionen der Form *Schlüssel*=*Code*. Diese Optionen können verwendet werden, um zusätzliche Eigenschaften zu setzen und zusätzliche Möglichkeiten zu nutzen. Derzeit werden sie verwendet, um Code an bestimmten Stellen der Aktivierung oder Verwendung eines Seitenstils über Haken (engl. *hooks*) auszuführen. Für allgemeine Informationen zu Haken sei auf die Einleitung zu diesem Abschnitt verwiesen. Details zu den Haken und ihrer Bedeutung sind Tabelle 17.2 zu entnehmen.

Tabelle 17.2.: Optionen und gleichnamige Haken für Ebenen-Seitenstile (in der Reihenfolge ihrer Abarbeitung)

`onselect=`*Code*

Der *Code* dieses Hakens wird immer dann ausgeführt, wenn der Seitenstil beispielsweise mit `\pagestyle` ausgewählt wird. Es ist zu beachten, dass `\thispagestyle` selbst keinen Seitenstil unmittelbar auswählt, sondern der Seitenstil in diesem Fall erst innerhalb der Ausgaberoutine von LaTeX aktiviert wird.

...

Tabelle 17.2.: Optionen für die Haken von Ebenen-Seitenstilen (*Fortsetzung*)

`oninit=`*Code*
: Der *Code* dieses Hakens wird immer dann ausgeführt, wenn die Ausgabe der Ebenen für den Seitenstil initialisiert wird. Beachten Sie, dass dies für jede Seite zweimal geschieht: einmal für Hintergrund-Ebenen und einmal für Vordergrund-Ebenen.

`ononeside=`*Code*
: Der *Code* dieses Hakens wird immer dann ausgeführt, wenn im einseitigen Modus die Ausgabe der Ebenen für den Seitenstil initialisiert wird. Beachten Sie, dass dies für jede Seite zweimal geschieht: einmal für Hintergrund-Ebenen und einmal für Vordergrund-Ebenen.

`ontwoside=`*Code*
: Der *Code* dieses Hakens wird immer dann ausgeführt, wenn im doppelseitigen Modus die Ausgabe der Ebenen für den Seitenstil initialisiert wird. Beachten Sie, dass dies für jede Seite zweimal geschieht: einmal für Hintergrund-Ebenen und einmal für Vordergrund-Ebenen.

`onoddpage=`*Code*
: Der *Code* dieses Hakens wird immer dann ausgeführt, wenn die Ausgabe der Ebenen für den Seitenstil auf einer rechten Seite initialisiert wird. Beachten Sie, dass dies für jede Seite zweimal geschieht: einmal für Hintergrund-Ebenen und einmal für Vordergrund-Ebenen. Beachten Sie außerdem, dass im einseitigen Modus alle Seiten rechte Seiten sind.

`onevenpage=`*Code*
: Der *Code* dieses Hakens wird immer dann ausgeführt, wenn die Ausgabe der Ebenen für den Seitenstil auf einer linken Seite initialisiert wird. Beachten Sie, dass dies für jede Seite zweimal geschieht: einmal für Hintergrund-Ebenen und einmal für Vordergrund-Ebenen. Beachten Sie außerdem, dass im einseitigen Modus keine linken Seiten existieren.

`onfloatpage=`*Code*
: Der *Code* dieses Hakens wird immer dann ausgeführt, wenn die Ausgabe der Ebenen für den Seitenstil auf einer Gleitumgebungsseite initialisiert wird. Beachten Sie, dass dies für jede Seite zweimal geschieht: einmal für Hintergrund-Ebenen und einmal für Vordergrund-Ebenen. Beachten Sie außerdem, dass Gleitumgebungsseiten nur diejenigen Seiten sind, auf denen eine oder mehrere p-platzierte Gleitumgebungen ausgegeben werden.

...

Tabelle 17.2.: Optionen für die Haken von Ebenen-Seitenstilen (*Fortsetzung*)

`onnonfloatpage=`*Code*
: Der *Code* dieses Hakens wird immer dann ausgeführt, wenn die Ausgabe der Ebenen für den Seitenstil auf einer Seite initialisiert wird, die keine Gleitumgebungsseite ist. Beachten Sie, dass dies für jede Seite zweimal geschieht: einmal für Hintergrund-Ebenen und einmal für Vordergrund-Ebenen. Beachten Sie außerdem, dass Gleitumgebungsseiten nur diejenigen Seiten sind, auf denen eine oder mehrere p-platzierte Gleitumgebungen ausgegeben werden, und auf anderen Seiten sehr wohl t-, b- oder h-platzierte Gleitumgebungen stehen können.

`onbackground=`*Code*
: Der *Code* dieses Hakens wird immer dann ausgeführt, wenn die Ausgabe der Ebenen für den Hintergrund einer Seite initialisiert wird. Beachten Sie, dass dies auf jeder Seite genau einmal der Fall ist.

`onforeground=`*Code*
: Der *Code* dieses Hakens wird immer dann ausgeführt, wenn die Ausgabe der Ebenen für den Vordergrund einer Seite initialisiert wird. Beachten Sie, dass dies auf jeder Seite genau einmal der Fall ist.

Während die Anweisung `\DeclarePageStyleByLayers` den Seitenstil immer definiert, erzeugt `\DeclareNewPageStyleByLayers` eine Fehlermeldung, falls bereits ein Seitenstil gleichen Namens existiert. *Achtung!* Beachten Sie, dass die Deklaration eines Seitenstils, der bereits ein Alias für einen anderen Seitenstil ist (siehe beispielsweise `\DeclareAliasPageStyle` zuvor in diesem Abschnitt) nicht zu der Umdefinierung des angegebenen Alias-Seitenstils, sondern des realen Seitenstils (siehe `\GetRealPageStyle` zuvor in diesem Abschnitt) führt.

Im Unterschied dazu wird bei `\ProvidePageStyleByLayers` der Seitenstil unverändert erhalten, wenn bereits ein Seitenstil des Namens *Seitenstil-Name* existiert. Existiert kein solcher Seitenstil, so wird er wie bei `\DeclarePageStyleByLayers` definiert.

Die Anweisung `\RedeclarePageStyleByLayers` wiederum erwartet, dass bereits ein Seitenstil des Namens *Seitenstil-Name* existiert und definiert dessen realen Seitenstil dann um. Existiert jedoch noch kein Seitenstil des angegebenen Namens, so resultiert daraus eine Fehlermeldung.

Beachten Sie auch die nachfolgenden Anmerkungen zum Pseudo-Seitenstil `@everystyle@`.

```
@everystyle@
empty
```

Das Paket scrlayer definiert von sich aus bereits zwei in gewisser Weise spezielle Seitenstile. Der erste davon ist `@everystyle@`. Dieser Seitenstil sollte niemals als normaler Seitenstil beispielsweise mit `\pagestyle` oder `\thispagestyle` oder als Ziel eines Alias-Seitenstils verwendet werden. Stattdessen werden die Ebenen und Haken dieses Seitenstils von allen anderen Ebenen-Seitenstilen mit verwendet. Dabei werden die Haken von `@everystyle@` jeweils vor den entsprechenden Haken und die Ebenen jeweils vor den entsprechenden Ebenen des aktiven Seitenstils ausgeführt. `@everystyle@`

Damit ist das Hinzufügen einer Ebene zum Pseudo-Seitenstil `@everystyle@` oder von Code zu einem Haken dieses Seitenstils vergleichbar mit dem Hinzufügen einer Ebene beziehungsweise von Haken-Code zu allen Ebenen-Seitenstile. Der eine entscheidende Unterschied ist: Befehle, die sich auf die Ebenen eines Seitenstils beziehen, das sind neben `\ForEachLayerOfPageStyle` beispielsweise auch die Anweisungen `\AddLayersToPageStyleBeforeLayer` oder `\AddLayersToPageStyleAfterLayer`, lassen die Ebenen des Seitenstils `@everystyle@` unberücksichtigt, wenn sie auf einen anderen Ebenen-Seitenstil angewendet werden.

Der zweite etwas andere Ebenen-Seitenstil ist `empty`. Bereits vom LaTeX-Kern wird ein Seitenstil dieses Namens definiert, der einen leeren Kopf und Fuß hat. Das Paket scrlayer definiert diesen Seitenstil als Ebenen-Seitenstil ohne Ebenen um. Nichtsdestotrotz kann er wie jeder andere Ebenen-Seitenstil verwendet werden. Der Hauptvorteil dieses Ebenen-Seitenstils gegenüber dem ursprünglichen Seitenstil aus dem LaTeX-Kern ist, dass er ebenfalls die Haken und Ebenen des Pseudo-Seitenstils `@everystyle@` ausführt. `empty`

```
onpsselect=Code
onpsinit=Code
onpsoneside=Code
onpstwoside=Code
onpsoddpage=Code
onpsevenpage=Code
onpsfloatpage=Code
onpsnonfloatpage=Code
onpsbackground=Code
onpsforeground=Code
```

Für jeden der Haken aus Tabelle 17.2 existiert außerdem eine KOMA-Script-Option. Die Namen der KOMA-Script-Optionen ähneln den Namen der Optionen für die Befehle zur Deklaration von

Ebenen-Seitenstilen. Es wird lediglich ein »ps« nach dem »on« am Anfang des Namens eingefügt. Die Werte dieser KOMA-Script-Optionen werden als Anfangswerte für die entsprechenden Haken verwendet. Dieser Anfangswert wird dann um alle Werte, die dem entsprechenden Haken in der *Optionenliste* der Deklarationsbefehle zugewiesen werden, erweitert. Der Anfangswert kann mit Hilfe der Anweisung \ModifyLayerPageStyleOptions, die später in diesem Abschnitt erklärt wird, entfernt werden.

```
deactivatepagestylelayers=Ein-Aus-Wert
\ForEachLayerOfPageStyle{Seitenstil-Name}{Code}
```

Solange KOMA-Script-Option deactivatepagestylelayers nicht aktiviert ist, kann mit \ForEachLayerOfPageStyle für jede Ebene des Seitenstils mit dem Namen *Seitenstil-Name* beliebiger *Code* ausgeführt werden. Innerhalb von *Code* dient dabei #1 als Platzhalter für den Namen der gerade abgearbeiteten Ebene.

Beispiel: Angenommen, Sie wollen die Namen aller Ebenen des Seitenstils scrheadings als Komma-separierte Liste, so können Sie dies mit

```
\newcommand*\commaatlist{}
\ForEachLayerOfPageStyle{scrheadings}{%
  \commaatlist#1\gdef\commaatlist{, }}
\let\commaatlist\relax
```

erreichen.

Die Verwendung von \gdef an Stelle von \def ist im Beispiel notwendig, weil *Code* innerhalb einer Gruppe ausgeführt wird, um unerwünschte Seiteneffekte zu minimieren. Die Anweisung \gdef definiert \commaatlist jedoch global um, so dass beim Aufruf des Codes für die nächste Ebene die Änderung Bestand hat.

Diverse Anweisungen von scrlayer setzen intern selbst ebenfalls \ForEachLayerOfPageStyle ein. Auch deren Funktion kann daher über die KOMA-Script-Option deactivatepagestylelayers verändert werden. Diese Option kann daher verwendet werden, um alle Ebenen aller Seitenstile temporär zu deaktivieren oder zu verstecken.

```
\AddLayersToPageStyle{Seitenstil-Name}{Ebenenliste}
\AddLayersAtBeginOfPageStyle{Seitenstil-Name}{Ebenenliste}
\AddLayersAtEndOfPageStyle{Seitenstil-Name}{Ebenenliste}
\RemoveLayersFromPageStyle{Seitenstil-Name}{Ebenenliste}
```

Diese Anweisungen können verwendet werden, um Ebenen zu einem Seitenstil hinzuzufügen oder davon zu entfernen. Der Seitenstil wird dabei über seinen *Seitenstil-Name* referenziert. Die Ebenen werden in einer durch Komma separierten *Ebenenliste* angegeben.

Sowohl die Anweisung `\AddLayersToPageStyle` als auch die Anweisung `\AddLayersAtEndOfPageStyle` fügt die Ebenen am Ende der Ebenenliste des Seitenstils ein. Logisch liegen die neu hinzugefügten Ebenen also über oder vor den bereits vorhandenen Ebenen, wobei Hintergrund-Ebenen natürlich weiterhin logisch hinter der Textebene und damit auch hinter allen Vordergrund-Ebenen liegen. *hinzufügen am Ende*

Die Anweisung `\AddLayersAtBeginOfPageStyle` fügt die Ebenen hingegen am Anfang der Ebenenliste des Seitenstils ein. Dabei werden die Ebenen in der Reihenfolge am Anfang eingefügt, in der sie auch in der *Ebenenliste* stehen. Damit wird die Ebene, die ganz am Ende von *Ebenenliste* steht, nach dem Einfügen die erste und damit die unterste oder hinterste Ebene (jeweils entweder der Vordergrund- oder der Hintergrundebenen) sein. *hinzufügen am Anfang*

Der Versuch, mit Hilfe von `\RemoveLayersFromPageStyle` Ebenen von einem Seitenstil zu entfernen, die gar nicht Teil des Seitenstils sind, wird ignoriert, führt also nicht zu einer Fehlermeldung. Dagegen ist der Versuch, Ebenen zu einem Seitenstil, der kein Ebenen-Seitenstil ist und auch kein Alias-Seitenstil, der zu einem Ebenen-Seitenstil führt, hinzuzufügen oder von einem solchen zu entfernen ein Fehler und wird als solcher gemeldet. *entfernen*

```
\AddLayersToPageStyleBeforeLayer{Seitenstil-Name}{Ebenenliste}
                                {Referenzebenen-Name}
\AddLayersToPageStyleAfterLayer{Seitenstil-Name}{Ebenenliste}
                               {Referenzebenen-Name}
```

Diese beiden Befehle ähneln den vorangegangenen. Allerdings wird hier zusätzlich ein *Referenzebenen-Name* angegeben. Die Ebenen des über den *Seitenstil-Name* angegebenen Seitenstils werden nach dieser Referenzebene durchsucht. Die Ebenen der *Ebenenliste* werden dann vor respektive nach jedem Auftreten der Referenzebene in die Ebenen des Seitenstils eingefügt. Dabei bleibt die Reihenfolge der Ebenen der *Ebenenliste* erhalten. *hinzufügen vor/nach Ebene*

Ist die Referenzebene nicht Bestandteil des Seitenstils, so wird auch nichts eingefügt. Ist der Seitenstil hingegen kein Ebenen-Seitenstil und auch kein Alias-Seitenstil, der zu einem Ebenen-Seitenstil führt, so wird ein Fehler gemeldet.

```
\UnifyLayersAtPageStyle{Seitenstil-Name}
```

Bei den Befehlen zur Definition eines Seitenstils oder zum Hinzufügen von Ebenen zu einem Seitenstil wird nicht darauf geachtet, ob eine Ebene mehrfach Bestandteil eines Seitenstils ist oder wird. Dies ist also durchaus zulässig. In den meisten Fällen hat es allerdings keinen Sinn, eine Ebene mehrfach als Bestandteil eines Seitenstils zu haben. Daher kann mit Hilfe von `\UnifyLayersAtPageStyle` dafür gesorgt werden, dass alle Ebenen-Dubletten vom Seitenstil mit dem angegebenen *Seitenstil-Name* entfernt werden.

Achtung! Es ist zu beachten, dass sich dabei die Reihenfolge der Ebenen ändern kann. Wird also eine spezielle Reihenfolge gewünscht, sollten stattdessen alle Ebenen entfernt und die gewünschten Ebenen in der erwarteten Reihenfolge neu hinzugefügt werden. In einem solchen Fall ist `\UnifyLayersAtPageStyle` also nicht geeignet.

```
\ModifyLayerPageStyleOptions{Seitenstil-Name}{Optionenliste}
\AddToLayerPageStyleOptions{Seitenstil-Name}{Optionenliste}
```

Mit diesen beiden Anweisungen können die Optionen und damit die Haken eines Ebenen-Seitenstils nachträglich verändert werden.

Seitenstil-Optionen ändern Bei `\ModifyLayerPageStyleOptions` werden dabei genau die Optionen, die in der durch Komma separierten *Optionenliste* angegeben sind, auf die dortigen neuen Werte gesetzt. Die bisherigen Werte gehen dabei verloren. Es sind alle Optionen aus Tabelle 17.2, Seite 456 erlaubt. Optionen beziehungsweise Haken, die nicht in der *Optionenliste* angegeben sind, bleiben hingegen unverändert. Diese Anweisung ist damit auch die einzige Möglichkeit, die globalen Voreinstellungen der KOMA-Script-Optionen von einem Seitenstil zu entfernen.

Seitenstil-Optionen erweitern Die Anweisung `\AddToLayerPageStyleOptions` dagegen überschreibt die bisher vorhandenen Werte nicht, sondern fügt die neuen zu den bisherigen hinzu oder – genauer gesagt – hängt die neuen Werte an die alten an.

```
\IfLayerPageStyleExists{Seitenstil-Name}
                       {Dann-Code}{Sonst-Code}
\IfRealLayerPageStyleExists{Seitenstil-Name}
                           {Dann-Code}{Sonst-Code}
```

Mit diesen Anweisungen kann Code in Abhängigkeit davon ausgeführt werden, ob ein Seitenstil ein Ebenen-Seitenstil ist oder nicht. Dabei führt `\IfLayerPageStyleExists` den *Dann-Code* nur dann aus, wenn *Seitenstil-Name* der Name eines Ebenen-Seitenstils oder der Name eines Alias-Seitenstils ist, der zu einem Ebenen-Seitenstil führt. Anderenfalls führt die Anweisung den *Sonst-Code* aus.

Die Anweisung `\IfRealLayerPageStyleExists` geht einen Schritt weiter und führt den *Dann-Code* nur dann aus, wenn der über *Seitenstil-Name* angegebene Seitenstil selbst ein Ebenen-Seitenstil ist. Im Falle eines Alias-Seitenstils führt diese Anweisung also selbst dann *Sonst-Code* aus, wenn dieser Alias-Seitenstil zu einem Ebenen-Seitenstil führt.

```
\IfLayerAtPageStyle{Seitenstil-Name}{Ebenen-Name}
                   {Dann-Code}{Sonst-Code}
\IfSomeLayersAtPageStyle{Seitenstil-Name}{Ebenenliste}
                        {Dann-Code}{Sonst-Code}
\IfLayersAtPageStyle{Seitenstil-Name}{Ebenenliste}
                    {Dann-Code}{Sonst-Code}
```

Mit diesen Anweisungen kann überprüft werden, ob ein oder mehrere Ebenen Bestandteil eines Seitenstils sind. `\IfLayerAtPageStyle` erwartet dabei nach dem *Seitenstil-Name* im ersten Argument im zweiten Argument genau einen *Ebenen-Name*. Ist die entsprechende Ebene Bestandteil des Seitenstils, so wird der *Dann-Code* ausgeführt, anderenfalls der *Sonst-Code*.

genau eine Ebene

Im Unterschied dazu erlauben `\IfSomeLayersAtPageStyle` und `\IfLayersAtPageStyle` im zweiten Argument eine durch Komma separierte *Ebenenliste*. Dabei führt `\IfSomeLayersAtPageStyle` den *Dann-Code* bereits aus, wenn *mindestens eine* der Ebenen Bestandteil des Seitenstils ist. Dagegen führt `\IfLayersAtPageStyle` den *Dann-Code* nur aus, wenn *alle* Ebenen Bestandteil des Seitenstils sind. Ist die Bedingung nicht erfüllt, so wird jeweils *Sonst-Code* ausgeführt.

mindestens eine Ebene

alle Ebenen

Durch geeignete Schachtelung sind auch komplexe Bedingungen abbildbar. Gibt man statt einer *Ebenenliste* jeweils nur einen *Ebenen-Name* an, so sind alle drei Anweisungen gleichbedeutend.

```
\DestroyRealLayerPageStyle{Ebenen-Seitenstil-Name}
```

Mit dieser Anweisung kann ein Ebenen-Seitenstil aus LaTeX-Sicht wieder undefiniert werden. Dies gilt jedoch nur, wenn es einen Ebenen-Seitenstil mit dem Namen *Ebenen-Seitenstil-Name* auch tatsächlich gibt. Handelt es sich stattdessen um einen Alias-Seitenstil – auch wenn dieser zu einem Ebenen-Seitenstil führt – oder um einen anderen Seitenstil oder ist gar kein Seitenstil mit dem Namen *Ebenen-Seitenstil-Name* bekannt, so geschieht nichts, die Anweisung wird ignoriert.

Falls *Ebenen-Seitenstil-Name* der Name des aktuellen Seitenstils ist, so wird der aktuelle Seitenstil auf eine Art leerer Seitenstil gesetzt. Falls der Spezial-Seitenstil, der durch `\thispagestyle` gesetzt wurde, auf *Ebenen-Seitenstil-Name* lautet, so wird dieser einfach nur zurückgesetzt. Die vorherige Anweisung `\thispagestyle` verliert damit ihre aktuelle Auswirkung.

Achtung! Es ist zu beachten, dass die Ebenen des Seitenstils nicht automatisch mit vernichtet werden. Falls Sie die Ebenen ebenfalls vernichten möchten, so können Sie dies beispielsweise mit:

```
\ForEachLayerOfPageStyle{...}{\DestroyLayer{#1}}
```

vor der Vernichtung des Seitenstils selbst erreichen.

Die Anweisung ist dazu bestimmt, innerhalb des Arguments *Code* von `\scrlayerOnAutoRemoveInterface` (siehe Abschnitt 17.8, Seite 473) verwendet zu werden, um Seitenstile, die als Teil eines Endanwender-Interfaces definiert wurden, beim automatischen Entfernen dieses Interfaces mit zu entfernen.

17.6. Höhe von Kopf und Fuß

Der Kopf und der Fuß einer Seite sind zentrale Elemente nicht nur des Seitenstils. Auch eine Ebene kann bei der Definition über entsprechende Optionen genau darauf beschränkt werden (siehe Tabelle 17.1 ab Seite 446). Deshalb muss die Höhe beider Elemente bekannt sein.

```
\footheight
\headheight
```

Das Paket scrlayer führt als neue Länge `\footheight` analog zur Höhe `\headheight` des LaTeX-Kerns ein. Gleichzeitig interpretiert scrlayer `\footskip` so, dass es den Abstand der letzten Grundlinie des Textbereichs von der ersten Standard-Grundlinie des Fußes darstellt. Das Paket typearea betrachtet dies in gleicher Weise, so dass die dortigen Optionen zum Setzen der Höhe des Fußes (siehe die Optionen `footheight` und `footlines` in Abschnitt 2.6, Seite 52) und zur Berücksichtigung des Fußes bei der Berechnung des Satzspiegels (siehe Option `footinclude` in demselben Abschnitt, Seite 47) sehr gut zum Setzen der Werte für scrlayer verwendet werden können und auch das gewünschte Ergebnis liefern.

Wird das Paket typearea nicht verwendet, so sollte man gegebenenfalls die Höhe von Kopf und Fuß über entsprechende Werte für die Längen einstellen. Zumindest für den Kopf bietet aber beispielsweise auch das Paket geometry entsprechende Einstellmöglichkeiten. Wurde der Kopf oder der Fuß für den tatsächlich verwendeten Inhalt zu klein gewählt, so versucht beispielsweise scrlayer-scrpage die Längen selbst entsprechend anzupassen. Gleichzeitig wird eine entsprechende Warnung ausgegeben, die auch Ratschläge für passende Einstellungen enthält. Die automatischen Änderungen haben dann ab dem Zeitpunkt, an dem ihre Notwendigkeit erkannt wurde, Gültigkeit und werden nicht automatisch aufgehoben, wenn beispielsweise der Inhalt von Kopf oder Fuß wieder kleiner wird.

17.7. Beeinflussung von definierten Seitenstilen

Obwohl scrlayer selbst keine konkreten Seitenstile mit Inhalt definiert – die erwähnten Seitenstile `@everystyle@` und `empty` werden ja zunächst ohne Ebenen, also leer definiert –, stellt es einige Optionen und Befehle zur Beeinflussung von Inhalten zur Verfügung.

```
\automark[Gliederungsebene der rechten Marke]
        {Gliederungsebene der linken Marke}
\automark*[Gliederungsebene der rechten Marke]
         {Gliederungsebene der linken Marke}
\manualmark
automark
autooneside=Ein-Aus-Wert
manualmark
```

Bei den meisten Klassen bestimmt die Wahl des Seitenstils, meist `headings` und `myheadings`, darüber, ob die Kolumnentitel automatisch oder manuell erzeugt werden. Genau diese Unterscheidung wurde bei scrpage2 und nun auch bei scrlayer aufgehoben. Statt die Unterscheidung zwischen automatischen und manuellen Kolumnentiteln über den Seitenstil vorzunehmen, gibt es die beiden Anweisungen `\automark` und `\manualmark`. *lebende und manuelle Kolumnentitel*

Mit `\manualmark` wird dabei auf manuelle Marken umgeschaltet. Es deaktiviert also das automatische Setzen der Marken. Demgegenüber kann mit `\automark` und `\automark*` festgelegt werden, welche Gliederungsebenen für das automatische Setzen der Marke verwendet werden sollen. Das optionale Argument gibt dabei die *`Gliederungsebene der rechten Marke`* an, während das obligatorische Argument die *`Gliederungsebene der linken Marke`* ist. Als Argument werden jeweils die Namen der Gliederungsebenen angegeben, also `part`, `chapter`, `section`, `subsection`, `subsubsection`, `paragraph` oder `subparagraph`. `\manualmark` `\automark`

Normalerweise sollte die höhere Ebene die linke Marke setzen, während die tiefere Ebene für die rechte Marke zu verwenden ist. Diese übliche Konvention ist jedoch keine Pflicht, sondern lediglich sinnvoll.

Der Unterschied zwischen `\automark` und `\automark*` liegt darin, dass `\automark` alle vorherigen Befehle zum automatischen Setzen `\automark*` der Marken aufhebt, während die Stern-Version \automark* lediglich die Aktionen für die angegebenen Gliederungsebenen ändert. Man kann so auch relativ komplexe Fälle abdecken.

manualmark
automark

Außer mit den Befehlen kann auch direkt mit den beiden Optionen manualmark und automark zwischen automatischen und manuellen Kolumnentiteln hin- und hergeschaltet werden. Dabei verwendet automark bei Klassen mit \chapter-Anweisung immer die Voreinstellung

```
\automark[section]{chapter}
```

und bei anderen Klassen

```
\automark[subsection]{section}
```

einseitiger Satz

Im einseitigen Modus will man in der Regel nicht, dass die untergeordnete Ebene die rechte Marke beeinflusst. Stattdessen soll auch mit der Voreinstellung nur die höhere Ebene, die beispielsweise im doppelseitigen Modus in der Voreinstellung alleine die linke Marke beeinflusst, den Kolumnentitel aller Seiten vorgeben. Diese Voreinstellung entspricht einer aktiven Option autooneside. Die Option versteht die Werte für einfache Schalter, die in Tabelle 2.5 auf Seite 46 angegeben sind. Wird die Option deaktiviert, so wirken sich im einseitigen Satz sowohl das optionale als auch das obligatorische Argument auf den Kolumnentitel aus.

autooneside

Achtung!

Das Laden des Pakets selbst hat übrigens noch keine Auswirkung darauf, ob mit automatischen Kolumnentiteln gearbeitet wird oder nicht. Erst die explizite Verwendung einer der Optionen automark oder manualmark oder einer der beiden Anweisungen \automark oder \manualmark schafft hier klare Verhältnisse.

Bei Bedarf finden Sie weitere Hintergründe und Beispiele zur Verwendung dieser Befehle und Optionen mit dem auf scrlayer basierenden Paket scrlayer-scrpage in Abschnitt 5.5, ab Seite 278.

draft=*Ein-Aus-Wert*

Die KOMA-Script-Option versteht die Standardwerte für einfache Schalter, die in Tabelle 2.5 auf Seite 46 angegeben sind. Ist die Option aktiviert, so werden alle Elemente der Seitenstile zusätzlich mit Maßlinien versehen. Dies kann während der Entwurfsphase manchmal nützlich sein.

\MakeMarkcase{*Text*}

Die automatischen, nicht jedoch die manuellen Kolumnentitel verwenden \MakeMarkcase für ihre Ausgabe. Ist die Anweisung beim Laden von scrlayer nicht definiert, so wird sie in der Voreinstellung derart definiert, dass sie ihr Argument *Text* unverändert ausgibt. Diese Voreinstellung kann jedoch entweder durch Umdefinierung von \MakeMarkcase oder durch die später in diesem Abschnitt dokumentierte Option markcase geändert werden. Je nach Einstellung wird das Argument dann beispielsweise in Groß- oder Kleinbuchstaben umgewandelt. markcase

markcase=*Wert*

Wie bereits früher erläutert, kann man bei scrlayer zwischen manuellen und automatischen Kolumnentiteln wählen. Bei den automatischen Kolumnentiteln werden dabei die entsprechenden Marken über die Gliederungsbefehle gesetzt. In manchen Kulturkreisen ist es im Gegensatz zur Typografie des deutschsprachigen Raums üblich, die Kolumnentitel in Großbuchstaben zu setzen. Die Standardklassen machen genau dies in der Voreinstellung. Das Paket scrlayer unterstützt das optional ebenfalls. Hierzu gibt man als Option markcase=upper an. Im Endeffekt führt das zu einer Umdefinierung von \MakeMarkcase, einer Anweisung, die von scrlayer beim Setzen von automatischen Kolumnentiteln verwendet wird. markcase=upper

Leider führt die von LaTeX für derartigen Versalsatz vorgesehene Anweisung \MakeUppercase zu einem sehr unzureichenden Satz, da weder gesperrt noch ausgeglichen wird. Dies liegt teilweise sicher daran, dass für typografisch korrekten Versalsatz eine Glyphenanalyse notwendig ist, um die konkrete Form der Buchstaben und ihrer Kombinationen in den Ausgleich der Sperrung einfließen zu lassen. Der KOMA-Script-Autor empfiehlt daher, auf Versalsatz für die Kolumnentitel zu verzichten. Dies ist normalerweise mit markcase=used möglich. Allerdings fügen einige Klassen selbst beispielsweise bei den Kolumnentitel für Verzeichnisse ein \MakeUppercase oder sogar die TeX-Anweisung \uppercase ein. Für diese Fälle gibt es auch noch die Einstellung markcase=noupper, mit deren Hilfe \MakeUppercase und \uppercase für die Kolumnentitel lokal deaktiviert werden können. markcase=used markcase=noupper

Alle für markcase möglichen Werte sind noch einmal in Tabelle 5.2, Seite 283 zusammengefasst.

\leftmark
\rightmark
\headmark
\pagemark

Will man von den vordefinierten Seitenstilen abweichen, so muss man in der Regel auch selbst entscheiden können, wo die Marken gesetzt werden sollen. Mit \leftmark platziert man die linke Marke. \leftmark

Diese wird dann bei der Ausgabe der Seite durch den entsprechenden Inhalt ersetzt.

\rightmark Dementsprechend kann man mit \rightmark die rechte Marke platzieren, die dann bei der Ausgabe der Seite durch den entsprechenden Inhalt ersetzt wird. Für einige Feinheiten dabei, sei auch auf die weiterführenden Erklärungen zu \rightmark in Abschnitt 21.1, Seite 519 verwiesen.

\headmark Mit \headmark kann man sich das Leben erleichtern. Diese Erweiterung von scrlayer entspricht je nachdem, ob die aktuelle Seite eine linke oder rechte ist, \leftmark oder \rightmark.

\pagemark Die Anweisung \pagemark hat genau genommen nichts mit den Marken von TeX zu tun. Sie dient dazu eine formatierte Seitenzahl zu platzieren. Bei ihrer Ausgabe wird dann auch die Schrifteinstellung

pagenumber für das Element pagenumber verwendet. Diese kann mit Hilfe der Anweisungen \setkomafont und \addtokomafont verändert werden (siehe auch Abschnitt 3.6, Seite 70).

Bei Bedarf finden Sie ein Beispiel zur Verwendung der Anweisungen \headmark und \pagemark mit dem auf scrlayer basierenden Paket scrlayer-scrpage in Abschnitt 5.5, ab Seite 284.

```
\partmarkformat
\chaptermarkformat
\sectionmarkformat
\subsectionmarkformat
\subsubsectionmarkformat
\paragraphmarkformat
\subparagraphmarkformat
```

Diese Anweisungen werden von den KOMA-Script-Klassen und auch von scrlayer intern üblicherweise verwendet, um die Gliederungsnummern der automatischen Kolumnentitel zu formatieren. Dabei wird auch der \autodot-Mechanismus der KOMA-Script-Klassen unterstützt. Bei Bedarf können diese Anweisungen umdefiniert werden, um eine andere Formatierung der Nummern zu erreichen. Siehe dazu gegebenenfalls das Beispiel in Abschnitt 5.5, auf Seite 285.

```
\partmark{Text}
\chaptermark{Text}
\sectionmark{Text}
\subsectionmark{Text}
\subsubsectionmark{Text}
\paragraphmark{Text}
\subparagraphmark{Text}
```

Diese Anweisungen werden intern von den meisten Klassen verwendet, um die Marken entsprechend der Gliederungsbefehle zu setzen. Dabei wird als Argument lediglich der Text, nicht jedoch die Nummer erwartet. Die Nummer wird stattdessen automatisch über den aktuellen Zählerstand ermittelt, falls mit nummerierten Überschriften gearbeitet wird.

Falls diese Anweisungen vom Anwender umdefiniert werden, sollte er unbedingt darauf achten, vor dem Setzen der Nummer ebenfalls über `secnumdepth` zu prüfen, ob die Nummern auszugeben sind. Dies gilt auch, wenn der Anwender `secnumdepth` selbst nicht verändert, weil Pakete und Klassen sich eventuell auf die Wirkung von `secnumdepth` verlassen! *Achtung!*

Das Paket scrlayer definiert diese Anweisungen außerdem bei jedem Aufruf von `\automark` oder `\manualmark` oder den entsprechenden Optionen teilweise neu, um so die gewünschten automatischen oder manuellen Kolumnentitel zu erreichen.

```
\markleft{linke Marke}
\markright{rechte Marke}
\markboth{linke Marke}{rechte Marke}
```

Unabhängig davon, ob gerade mit manuellen oder automatischen Kolumnentiteln gearbeitet wird, kann man jederzeit die *linke Marke* oder *rechte Marke* mit einer dieser Anweisungen setzen. Dabei ist zu beachten, dass die resultierende linke Marke in `\leftmark` die letzte auf der entsprechenden Seite gesetzte Marke ist, während die resultierende rechte Marke in `\rightmark` die erste auf der entsprechenden Seite gesetzte Marke ausgibt. Näheres dazu ist den weiterführenden Erklärungen zu `\rightmark` in Abschnitt 21.1, Seite 519 zu entnehmen. `\leftmark` `\rightmark`

Wird mit manuellen Kolumnentiteln gearbeitet, so bleiben die Marken gültig, bis sie durch erneute Verwendung der entsprechenden Anweisung explizit ersetzt werden. Bei automatischen Kolumnentiteln können Marken hingegen je nach Konfigurierung des Automatismus ihre Gültigkeit mit einer der nächsten Gliederungsüberschriften verlieren.

Auch im Zusammenhang mit den Sternvarianten der Gliederungsbefehle können diese Anweisungen nützlich sein. Ausführliche Beispiele für die Verwendung von `\markboth` mit dem von scrlayer abgeleiteten Paket scrlayer-scrpage sind in Abschnitt 5.5, ab Seite 286 zu finden.

```
\GenericMarkFormat{Gliederungsname}
```

Diese Anweisung wird in der Voreinstellung zur Formatierung aller Gliederungsnummern in automatischen Kolumnentiteln unterhalb der Unterabschnitte und bei Klassen ohne `\chapter` zusätzlich auch für die Ebene der Abschnitte und Unterabschnitte verwendet, soweit die entsprechenden Mark-Anweisungen nicht bereits anderweitig definiert sind. Dabei verwendet die Anweisung in der Voreinstellung `\@seccntmarkformat`, wenn eine solche interne Anweisung wie bei den KOMA-Script-Klassen definiert ist. Anderenfalls wird mit `\@seccntformat` eine Anweisung verwendet, die bereits vom LaTeX-Kern für Klassen und Pakete bereitgestellt wird. Als Argument erwartet `\GenericMarkFormat` den Namen der Gliederung, also beispielsweise `chapter` oder `section` *ohne* vorangestellten umgekehrten Schrägstrich (engl. *backslash*).

\@seccntmarkformat

\@seccntformat

Durch Umdefinierung dieser Anweisung kann damit die Standardformatierung aller Gliederungsnummern im Kolumnentitel geändert werden, die darauf zurückgreifen. Ebenso kann eine Klasse darüber eine andere Standardformatierung vorgeben, ohne alle Befehle einzeln ändern zu müssen.

Ein ausführliches Beispiel für das Zusammenspiel der Anweisung `\GenericMarkFormat` mit den auf Seite 468 erklärten Anweisungen `\sectionmarkformat` und `\subsectionmarkformat` beziehungsweise `\chaptermarkformat` bei Verwendung des von scrlayer abgeleiteten Pakets scrlayer-scrpage ist in Abschnitt 18.1, ab Seite 476 zu finden.

```
\@mkleft{linke Marke}
\@mkright{rechte Marke}
\@mkdouble{Marke}
\@mkboth{linke Marke}{rechte Marke}
```

Innerhalb der Klassen und Pakete kommt es vor, dass Kolumnentitel nur dann gesetzt werden sollen, wenn automatische Kolumnentitel (siehe Option `automark` und Anweisung `\automark` auf Seite 465) aktiviert sind. Bei den Standardklassen geht dies ausschließlich über `\@mkboth`. Diese Anweisung entspricht entweder `\@gobbletwo`, einer Anweisung, die ihre beiden Argumente vernichtet, oder `\markboth`, einer Anweisung, mit der sowohl eine *`linke Marke`* als auch eine *`rechte Marke`* gesetzt wird. Pakete wie babel hängen sich ebenfalls in `\@mkboth` ein, um beispielsweise noch eine Sprachumschaltung im Kolumnentitel vorzunehmen.

Will man nun jedoch nur eine *`linke Marke`* oder nur eine *`rechte Marke`* setzen, ohne die jeweils andere Marke zu verändern, so fehlen entsprechende Anweisungen. Das Paket scrlayer selbst benötigt entsprechende Anweisungen beispielsweise im Rahmen der automatischen Kolumnentitel. Sind `\@mkleft` zum Setzen nur der *`linken Marke`*, `\@mkright` zum Setzen nur der *`rechten Marke`* oder `\@mkdouble` zum Setzen sowohl der rechten als auch der linken

Marke mit demselben Inhalt beim Laden von scrlayer nicht definiert, so werden sie vom Paket selbst definiert. Dabei wird eine Definition gewählt, die am Zustand von `\@mkboth` erkennt, ob mit automatischen Kolumnentiteln gearbeitet wird. Nur in diesem Fall setzen die Befehle auch eine entsprechende Marke.

Klassen- und Paketautoren können ebenfalls auf diese Anweisungen zurückgreifen, wenn sie nur linke oder nur rechte Marken setzen wollen und auch diese nur, wenn mit automatischen Kolumnentiteln gearbeitet wird.

17.8. Definition und Verwaltung von Schnittstellen für Endanwender

Das Paket scrlayer stellt eine experimentelle Benutzerschnittstelle zur Verfügung um (konkurrierende) Schnittstellen für Endanwender definieren und verwalten zu können. Möglicherweise wird diese Schnittstelle langfristig wieder aus scrlayer verschwinden und dann stattdessen von scrbase übernommen werden. Derzeit ist die Schnittstelle aber noch hoch experimentell und wird daher von eigenen Befehlen innerhalb von scrlayer nur für Unterpakete von scrlayer bereit gestellt. Es empfiehlt sich beim aktuellen Entwicklungsstand nicht, sich darauf zu verlassen, dass die automatische Entfernung einer konkurrierenden Schnittstelle funktioniert. Stattdessen sollte die Verwendung konkurrierender Schnittstellen vermieden werden.

Dieser Abschnitt beschreibt lediglich die Schnittstellen-Anweisungen für die Definition einer Endanwender-Schnittstelle. Für Endanwender selbst ist es damit von geringem Interesse. Vielmehr richtet sich dieser Teil der Anleitung an Autoren von Paketen und Klassen, die auf scrlayer aufbauen. Endanwender finden Informationen zu konkreten Endanwender-Schnittstellen in Kapitel 5, Kapitel 18 und Kapitel 19.

`\scrlayerInitInterface[`*`Schnittstellen-Name`*`]`

Mit dieser Anweisung wird eine neue Schnittstelle mit dem Namen *Schnittstellen-Name* registriert. Der *Schnittstellen-Name* muss einzigartig sein. Das bedeutet, dass eine Schnittstelle gleichen Namens noch nicht registriert sein darf. Sollte dies doch der Fall sein, so wird ein Fehler ausgegeben.

Diese Anweisung sollte immer ganz am Anfang einer Endanwender-Schnittstelle stehen. Daher wird sie hier auch zuerst erklärt. Wird das optionale Argument – einschließlich der eckigen Klammern –

weggelassen, so wird dafür `\@currname.\@currext` verwendet. Für Klassen und Pakete ist dies der Dateiname der Klasse respektive des Pakets. Aber selbstverständlich kann jede andere Zeichenfolge der Kategorie *letter* oder *other* verwendet werden. Dies ist beispielsweise sinnvoll, wenn eine Klasse oder ein Paket mehrere Endanwender-Schnittstellen definiert.

```
forceoverwrite=Ein-Aus-Wert
autoremoveinterfaces=Ein-Aus-Wert
\scrlayerAddToInterface[Schnittstellen-Name]
                        {Befehl}{Code}
\scrlayerAddCsToInterface[Schnittstellen-Name]
                          {Befehlssequenz}{Code}
```

Eine der besonderen Eigenschaften der Endanwender-Schnittstellen von scrlayer ist es, dass die Schnittstelle verwendete Befehle (auch bekannt als *Makros* oder engl. *macros*) registrieren sollte. Dies kann mit `\scrlayerAddToInterface` erfolgen. Das optionale Argument *`Schnittstellen-Name`* entspricht hier dem Namen, der mit `\scrlayerInitInterface` zuvor registriert wurde.

Achtung! Werden Anweisungen nicht nur während des Ladens einer Klasse oder eines Pakets, sondern auch zur Laufzeit definiert, so ist das optionale Argument auch dann zu verwenden, wenn es dem Dateinamen der Klasse beziehungsweise des Pakets entspricht, da die Werte von `\@currname` und `\@currext` nur während des Ladens Gültigkeit besitzen.

Das erste obligatorische Argument ist der *`Befehl`*[1], der zu der Endanwender-Schnittstelle hinzugefügt werden soll. Falls der Befehl definiert werden kann, erfolgt dies. Außerdem wird dann der Befehl auf `\relax` gesetzt und *`Code`* wird ausgeführt. Innerhalb von *`Code`* kann der *`Befehl`* dann beispielsweise mit Hilfe von `\newcommand` definiert werden.

definierbare Befehle Wann aber kann ein *`Befehl`* definiert werden? Ist ein *`Befehl`* undefiniert oder `\relax`, so kann er immer definiert werden. Wurde ein *`Befehl`* bereits definiert *und* für eine andere Endanwender-Schnittstelle registriert *und* wurde auch die KOMA-Script-Option `autoremoveinterface` aktiviert, so wird diese andere Endanwender-Schnittstelle automatisch entfernt, der *`Befehl`* auf `\relax` gesetzt und für die angegebene neue Endanwender-Schnittstelle registriert.

---

[1] *`Befehl`* besteht aus einem umgekehrten Schrägstrich (engl. *backslash*) gefolgt von einer *`Befehlssequenz`*, die entweder aus Zeichen der Kategorie *letter* oder aus genau einem Zeichen der Kategorie *other* besteht, oder aus einem Zeichen der Kategorie `active` (ohne umgekehrten Schrägstrich davor).

Damit ist *Befehl* auch dann definierbar. Falls ein *Befehl* bereits definiert ist, *aber nicht* Teil einer anderen Endanwender-Schnittstelle ist, *und* falls die KOMA-Script-Option `forceoverwrite` aktiviert wurde, wird *Befehl* ebenfalls `\relax` und für die angegebene Endanwender-Schnittstelle registriert. Der *Befehl* ist also auch in diesem Fall definierbar. In allen anderen Fällen ist er jedoch nicht definierbar, also insbesondere, falls er bereits definiert ist und die KOMA-Script-Optionen `autoremoveinterface` und `forceoverwrite` deaktiviert sind.

Die Anweisung `\scrlayerAddCsToInterface` arbeitet ganz ähnlich der vorgenannten Anweisung `\scrlayerAddToInterface`. Allerdings erwartet sie als erstes Argument keinen *Befehl*, sondern eine *Befehlssequenz*[2].

`\scrlayerOnAutoRemoveInterface[`*Schnittstellen-Name*`]{`*Code*`}`

Für den Fall, dass die Endanwender-Schnittstelle mit dem angegebenen *Schnittstellen-Name* automatisch entfernt wird (siehe KOMA-Script-Option `autoremoveinterface` zuvor in diesem Abschnitt) kann zusätzlich *Code* ausgeführt werden. Dies kann beispielsweise verwendet werden, um Ebenen oder Seitenstile automatisch mit zu vernichten (siehe `\DestroyLayer`, `\DestroyAliasPageStyle`, and `\DestroyRealLayerPageStyle`), die auf Befehlen der Endanwender-Schnittstelle beruhen. Bezüglich der Voreinstellung für das optionale Argument sei auf die Erklärung zu `\scrlayerInitInterface` verwiesen.

[2] Eine *Befehlssequenz* muss voll expandierbar sein und ihre Expansion muss zu Zeichen der Kategorie *letter*, *other* oder *space* führen.

18. Zusätzliche Möglichkeiten des Pakets scrlayer-scrpage

Über die Erklärungen in Kapitel 5 von Teil I dieses Buches hinaus bietet das Paket scrlayer-scrpage viele weitere Möglichkeiten. Diese stellen jedoch entweder Erweiterungen dar, die der durchschnittliche Anwender nicht zwingend benötigt oder die nur aus Gründen der Kompatibilität zu scrpage2 existieren, so dass die meisten Anwender sie nicht zu wissen brauchen. All diese Dinge werden daher hier in Teil II dokumentiert.

18.1. Beeinflussung von definierten Seitenstilen

Dieser Abschnitt ist als Ergänzung zu Abschnitt 17.7 zu verstehen und beschreibt Dinge, die sich dem Anfänger nicht unbedingt sofort erschließen.

`\GenericMarkFormat{`*Gliederungsname*`}`

Diese Anweisung wird in der Voreinstellung zur Formatierung aller Gliederungsnummern in automatischen Kolumnentiteln unterhalb der Unterabschnitte und bei Klassen ohne `\chapter` zusätzlich auch für die Ebene der Abschnitte und Unterabschnitte verwendet, soweit die entsprechenden Mark-Anweisungen nicht bereits anderweitig definiert sind. Dabei verwendet die Anweisung in der Voreinstellung `\@seccntmarkformat`, wenn eine solche interne Anweisung wie bei den KOMA-Script-Klassen definiert ist. Anderenfalls wird mit `\@seccntformat` eine Anweisung verwendet, die bereits vom LaTeX-Kern für Klassen und Pakete bereitgestellt wird. Als Argument erwartet `\GenericMarkFormat` den Namen der Gliederung, also beispielsweise `chapter` oder `section` *ohne* vorangestellten umgekehrten Schrägstrich (engl. *backslash*).

`\@seccntmarkformat`

`\@seccntformat`

Durch Umdefinierung dieser Anweisung kann damit die Standardformatierung aller Gliederungsnummern im Kolumnentitel geändert werden, die darauf zurückgreifen. Ebenso kann eine Klasse darüber eine andere Standardformatierung vorgeben, ohne alle Befehle einzeln ändern zu müssen.

Beispiel: Angenommen, Sie wollen, dass bei allen Gliederungsnummern im Kolumnentitel eines Artikels die Nummer als weiße Schrift auf einem schwarzen Kasten ausgegeben wird. Da bei Artikeln mit article die Anweisungen \sectionmarkformat und \subsectionmarkformat von scrlayer mit Hilfe von \GenericMarkFormat definiert werden, genügt dafür die entsprechende Umdefinierung dieser einen Anweisung:

\sectionmarkformat
\subsectionmarkformat

```
\documentclass{article}
\usepackage{blindtext}
\usepackage[automark]{scrlayer-scrpage}
\pagestyle{scrheadings}
\usepackage{xcolor}
\newcommand*{\numberbox}[1]{%
  \colorbox{black}{%
    \strut~\textcolor{white}{#1}~}%
}
\renewcommand*{\GenericMarkFormat}[1]{%
  \protect\numberbox{\csname the#1\endcsname}%
  \enskip
}
\begin{document}
\blinddocument
\end{document}
```

Für die Farbumschaltungen werden Anweisungen des Pakets xcolor verwendet. Näheres dazu ist der Anleitung zum Paket zu entnehmen (siehe [Ker07]).

Außerdem wird eine unsichtbare Stütze mit \strut eingefügt. Diese Anweisung sollte in keiner ausführlichen LaTeX-Einführung fehlen.

Für den Kasten mit der Nummer wird eine eigene Hilfsanweisung \numberbox definiert. Diese wird in der Umdefinierung von \GenericMarkFormat mit \protect vor der Expansion geschützt. Dies ist notwendig, weil sonst durch das \MakeUppercase für den Versalsatz der Kolumnentitel nicht mehr die Farben »black« und »white«, sondern die Farben »BLACK« und »WHITE« verlangt werden, die gar

\protect
\MakeUppercase

nicht definiert sind. Alternativ könnte man \numberbox auch mit Hilfe von \DeclareRobustCommand* statt mit \newcommand* definieren (siehe [Tea06]).

Wollte man dasselbe mit einer KOMA-Script-Klasse oder mit den Standardklassen book oder report erreichen, so müsste man übrigens zusätzlich \sectionmarkformat und – je nach Klasse – \subsectionmarkformat beziehungsweise \chaptermarkformat umdefinieren, da diese bei Verwendung der genannten Klassen \GenericMarkFormat nicht verwenden:

\sectionmarkformat

\subsectionmarkformat

\chaptermarkformat

```
\documentclass{scrbook}
\usepackage{blindtext}
\usepackage[automark]{scrlayer-scrpage}
\pagestyle{scrheadings}
\usepackage{xcolor}
\newcommand*{\numberbox}[1]{%
  \colorbox{black}{%
    \strut~\textcolor{white}{#1}~}%
}
\renewcommand*{\GenericMarkFormat}[1]{%
  \protect\numberbox{\csname the#1\endcsname}%
  \enskip
}
\renewcommand*{\chaptermarkformat}{%
  \GenericMarkFormat{chapter}%
}
\renewcommand*{\sectionmarkformat}{%
  \GenericMarkFormat{section}%
}
\begin{document}
\blinddocument
\end{document}
```

```
\@mkleft{linke Marke}
\@mkright{rechte Marke}
\@mkdouble{Marke}
\@mkboth{linke Marke}{rechte Marke}
```

Innerhalb der Klassen und Pakete kommt es vor, dass Kolumnentitel nur dann gesetzt werden sollen, wenn automatische Kolumnentitel (siehe Option automark und Anweisung \automark auf Seite 278) aktiviert sind. Bei den Standardklassen geht dies ausschließlich über \@mkboth. Diese Anweisung entspricht entweder \@gobbletwo, einer Anweisung, die ihre beiden Argumente vernichtet, oder \markboth, einer Anweisung, mit der sowohl eine *linke Marke* als auch eine *rechte Marke* gesetzt wird. Pakete wie babel hängen sich ebenfalls in `\@mkboth` ein, um beispielsweise noch eine Sprachumschaltung im Kolumnentitel vorzunehmen.

Will man nun jedoch nur eine *linke Marke* oder nur eine *rechte Marke* setzen, ohne die jeweils andere Marke zu verändern, so fehlen entsprechende Anweisungen. Das Paket scrlayer selbst benötigt entsprechende Anweisungen beispielsweise im Rahmen der automatischen Kolumnentitel. Sind `\@mkleft` zum Setzen nur der *linken Marke*, `\@mkright` zum Setzen nur der *rechten Marke* oder `\@mkdouble` zum Setzen sowohl der rechten als auch der linken *Marke* mit demselben Inhalt beim Laden von scrlayer nicht definiert, so werden sie vom Paket selbst definiert. Dabei wird eine Definition gewählt, die am Zustand von `\@mkboth` erkennt, ob mit automatischen Kolumnentiteln gearbeitet wird. Nur in diesem Fall setzen die Befehle auch eine entsprechende Marke.

Klassen- und Paketautoren können ebenfalls auf diese Anweisungen zurückgreifen, wenn sie nur linke oder nur rechte Marken setzen wollen und auch diese nur, wenn mit automatischen Kolumnentiteln gearbeitet wird.

18.2. Definition eigener Seitenstil-Paare

In Abschnitt 5.4 wurden die beiden Seitenstile `scrheadings` und `plain.scrheadings` vorgestellt. Diese bilden quasi ein Paar, bei dem `scrheadings` als Haupt-Seitenstil mit Kolumnentitel vorgesehen ist, während `plain.scrheadings` ein dazu passender `plain`-Seitenstil ohne Kolumnentitel aber üblicherweise mit Paginierung, also mit Seitenzahl ist. Neben der Konfiguration dieses vordefinierten Paars bietet scrlayer-scrpage auch die Möglichkeit, zusätzliche Paare zu definieren. Der Name des Haupt-Seitenstils `scrheadings` dient dabei quasi auch als Name des Seitenstil-Paars.

Die allermeisten Anwender werden in der Regel mit dem einen vordefinierten Seitenstil-Paar `scrheadings` auskommen. Die in diesem Abschnitt dokumentierten Anweisungen sind daher eher Ergänzungen für besondere Fälle. Da mir während des Abfassens dieser Anleitung keine handlichen Anwendungsbeispiele eingefallen sind, gibt es auch keine ausführlichen Beispiele. Sollte mir im Support einmal eine besonders schöne Anwendung begegnen, werde ich solche aber in zukünftigen Fassungen gerne aufgreifen. Ich bin jedoch gleichzeitig sicher, dass sich all diese Fälle auch mit dem einen Paar `scrheadings` lösen lassen.

```
\defpairofpagestyles[Eltern-Paar]{Name}{Definition}
\newpairofpagestyles[Eltern-Paar]{Name}{Definition}
\renewpairofpagestyles[Eltern-Paar]{Name}{Definition}
\providepairofpagestyles[Eltern-Paar]{Name}{Definition}
```

Mit diesen Anweisungen können Paare von Seitenstilen vergleichbar zu scrheadings und plain.scrheadings definiert werden. Dabei ist *Name* der Name des zu scrheadings vergleichbaren Hauptseitenstils, der für die Verwendung mit Kolumnentiteln ausgelegt ist. Für den Namen des zugehörigen plain-Seitenstil wird *Name* automatisch plain. vorangestellt. *Name* ist also gleichzeitig der Name des Paares und des Hauptseitenstils dieses Paares, während plain.*Name* der Name des plain-Seitenstils dieses Paares ist.

Ist das optionale Argument *Eltern-Paar* angegeben, so ist dies der Name eines Seitenstil-Paars, mit dessen Einstellungen das neue Paar initialisiert werden soll. Das neue Paar erbt also quasi die Konfiguration des *Eltern-Paars*.

Während in Abschnitt 5.4 der Eindruck entstanden sein mag, dass sich die dort erläuterten Anweisungen nur auf scrheadings und plain.scrheadings beziehen, gilt das tatsächlich nur, solange diese beiden Seitenstile das einzige Seitenstil-Paar darstellen. Sobald es mehrere Seitenstil-Paare gibt, beziehen sich die Anweisungen auf das zuletzt aktive Paar. Dies gilt für \lehead, \cehead, \rehead, \lohead, \cohead, \rohead, \lefoot, \cefoot, \refoot, \lofoot, \cofoot, \rofoot, \ihead, \chead, \ohead, \ifoot, \cfoot, \ofoot aus Abschnitt 5.4.

Neben den achtzehn vorgenannten sind auch die drei nachfolgend dokumentierten Anweisungen \clearmainofpairofpagestyles, \clearplainofpairofpagestyles und \clearpairofpagestyles für die Verwendung im letzten Parameter, *Definition*, gedacht. In diesem Fall stellen sie eine Art Grundkonfiguration des Seitenstil-Paars dar, die immer dann ausgeführt wird, wenn das Seitenstil-Paar aktiviert wird. Ein Seitenstil-Paar wird aktiviert, indem einer der beiden Seitenstile des Paares aktiviert wird. Dies geschieht in der Regel mit Hilfe von \pagestyle.

Es sei darauf hingewiesen, dass die Anweisungen aus Abschnitt 5.5 ab Seite 278 ohnehin allgemeiner Natur sind und für alle mit scrlayer-scrpage definierten Seitenstile gelten.

Während \defpairofpagestyles das Seitenstil-Paar unabhängig davon, ob entsprechende Seitenstile bereits existieren, definiert, tun \newpairofpagestyles und \providepairofpagestyles dies nur, wenn die Seitenstile noch nicht definiert sind. Ist mindestens einer der beiden Seitenstile des Paares bereits definiert, so wird die neuerliche Definition bei \providepairofpagestyles ignoriert, wohingegen sie bei `\newpairofpagestyles` zu einem Fehler führt. Für die Umdefinierung bereits existierender Paare kann `\renewpairofpagestyles` verwendet werden. Hier wird ein Fehler gemeldet, wenn einer der beiden Seitenstile oder beide Seitenstile des Paares noch nicht existieren.

```
\clearmainofpairofpagestyles
\clearplainofpairofpagestyles
\clearpairofpagestyles
```

Mit `\clearmainofpairofpagestyles` wird der Hauptseitenstil des zuletzt aktivierten Seitenstil-Paares leer konfiguriert. Dagegen wird mit der Anweisung `\clearplainofpairofpagestyles` der `plain`-Seitenstil des entsprechenden Seitenstil-Paares leer konfiguriert. Anweisung `\clearpairofpagestyles` konfiguriert schließlich beide Seitenstile des entsprechenden Paares als leer.

Achtung! Es ist jedoch zu beachten, dass keine dieser Anweisungen die Definitionen aus dem Parameter *`Definition`*, der bei der Definition des Seitenstil-Paares angegeben wurde (siehe oben), entfernt. Bei der erneuten Auswahl eines Seitenstils des Paares werden jene Einstellungen also erneut ausgeführt!

Die Anweisungen können ebenfalls innerhalb von *`Definition`* bei der zuvor erklärten Definition eines Seitenstil-Paares verwendet werden. Sie können aber auch jederzeit außerhalb der Definition eines Seitenstil-Paares verwendet werden. In diesem Fall beziehen sie sich auf das zuletzt aktivierte Paar.

Die drei Anweisungen `\clearscrheadings`, `\clearscrplain` und `\clearscrheadfoot` sind Aliase für diese Anweisungen, die nur aus Gründen der Kompatibilität mit scrpage2 existieren. Sie sollten nicht mehr verwendet werden.

18.3. Definition einfacher Seitenstile mit dreigeteiltem Kopf und Fuß

Neben den vordefinierten Seitenstilen und der Definition eigener Seitenstil-Paare bietet scrlayer-scrpage auch noch die Möglichkeit der Definition von Seitenstilen, bei denen sowohl der Kopf als auch der Fuß fest in drei Elemente aufgeteilt ist. Diese Schnittstelle existiert jedoch nur aus Gründen der Kompatibilität mit scrpage2. Zum Zwecke eines konsistenteren Befehlssatzes wurde sie sogar noch erweitert. Dennoch wird empfohlen, für neue Dokumente nicht mehr auf diese Möglichkeit zurück zu greifen, sondern die deutlich überlegenen

Möglichkeiten der vorherigen Abschnitte oder des nachfolgenden Abschnitts zu nutzen.

```
\deftriplepagestyle{Name des Seitenstils}
                   [Dicke der äußeren Linie]
                   [Dicke der inneren Linie]
                   {inneres Kopfelement}
                   {mittleres Kopfelement}
                   {äußeres Kopfelement}
                   {inneres Fußelement}
                   {mittleres Fußelement}
                   {äußeres Fußelement}
\newtriplepagestyle{Name des Seitenstils}
                   [Dicke der äußeren Linien]
                   [Dicke der inneren Linien]
                   {inneres Kopfelement}
                   {mittleres Kopfelement}
                   {äußeres Kopfelement}
                   {inneres Fußelement}
                   {mittleres Fußelement}
                   {äußeres Fußelement}
\renewtriplepagestyle{Name des Seitenstils}
                     [Dicke der äußeren Linie]
                     [Dicke der inneren Linie]
                     {inneres Kopfelement}
                     {mittleres Kopfelement}
                     {äußeres Kopfelement}
                     {inneres Fußelement}
                     {mittleres Fußelement}
                     {äußeres Fußelement}
\providetriplepagestyle{Name des Seitenstils}
                       [Dicke der äußeren Linie]
                       [Dicke der inneren Linie]
                       {inneres Kopfelement}
                       {mittleres Kopfelement}
                       {äußeres Kopfelement}
                       {inneres Fußelement}
                       {mittleres Fußelement}
                       {äußeres Fußelement}
```

Mit diesen Anweisungen kann ein einzelner Seitenstil definiert werden, bei dem Kopf und Fuß in drei Elemente aufgeteilt sind: ein inneres Element, ein mittleres Element und ein äußeres Element. Diese werden über jeweils drei obligatorische Argumente angegeben.

Das jeweilige innere Element wird auf linken Seiten rechtsbündig im Kopf respektive im Fuß platziert. Auf rechten Seiten wird es hingegen linksbündig platziert. Entsprechend wird das mittlere Element sowohl auf linken als auch auf rechten Seiten im Kopf respektive Fuß zentriert. Das äußere Element wird schließlich auf linken Seiten linksbündig und auf rechten Seiten rechtsbündig im Kopf respektive Fuß platziert.

Achtung! An dieser Stelle sei noch einmal daran erinnert, dass im einseitigen Satz nur rechte Seiten existieren!

Mit den beiden optionalen Argumenten können Linien in Kopf und Fuß aktiviert werden. Dazu gibt man die gewünschte Dicke der Linien als Argument an. Das erste optionale Argument betrifft die *`Dicke der äußeren Linien`*. Diese Linien werden über dem Kopf und unter dem Fuß gezeichnet. Das zweite optionale Argument betrifft die *`Dicke der inneren Linien`*. Diese beiden Linien werden unterhalb des Kopfes und oberhalb des Fußes gezeichnet. Ist nur ein optionales Argument angegeben, so ist dies die *`Dicke der inneren Linien`*. Die *`Dicke der äußeren Linien`* ist dann Null, womit nur noch die beiden inneren Linien gezeichnet werden. Ist keines der optionalen Argumente angegeben, so entfallen alle Linien.

Achtung! Es ist zu beachten, dass leere optionale Argumente nicht gleichbedeutend mit dem Weglassen der optionalen Argumente sind! Leere optionale Argumente sind in diesem Fall nicht erlaubt. Dagegen sind einfache Längenausdrücke, wie sie bereits bei Option `headwidth` (siehe Abschnitt 5.5, Seite 288) erklärt wurden, erlaubt.

Die Bedeutung der einzelnen Argumente ist in Abbildung 18.1 noch einmal an einer schematischen Doppelseite veranschaulicht. Dabei dienen »*außen*«, »*innen*«, »*mittig*« als beispielhafte Inhalte. Die zugehörigen Pfeile verdeutlichen die Ausbreitung dieser Inhalte. Die Texte im Inneren der Seite sind die Namen der Argumente der Befehle. Die zugehörigen Pfeile weisen auf die entsprechenden Elemente der Seite.

Mit den hier dokumentierten Anweisungen ist es nicht möglich, einzelne Linien zu aktivieren, beispielsweise nur eine Linie unter dem Seitenkopf, aber keine Linie über dem Seitenfuß zu haben. Verwenden Sie dafür stattdessen die Anweisungen aus einem der vorherigen oder aus dem nachfolgenden Abschnitt.

Achtung! Die Länge der einzelnen Elemente ist nicht durch das Vorhandensein eines Nachbarelements beschränkt. Dadurch kann es bei ungünstiger Verwendung passieren, dass ein Element eines oder beide Nachbarelemente überschreibt. Der Anwender ist selbst für die Vermeidung dieses ungünstigen Falles verantwortlich. Bei lebenden Kolumnentiteln ist dies beispielsweise durch Verwendung des optionalen Arguments der Gliederungsbefehle möglich. Siehe dazu die Anleitung zu den Gliederungsbefehlen der jeweiligen Klasse.

Während `\deftriplepagestyle` einen Seitenstil unabhängig da-

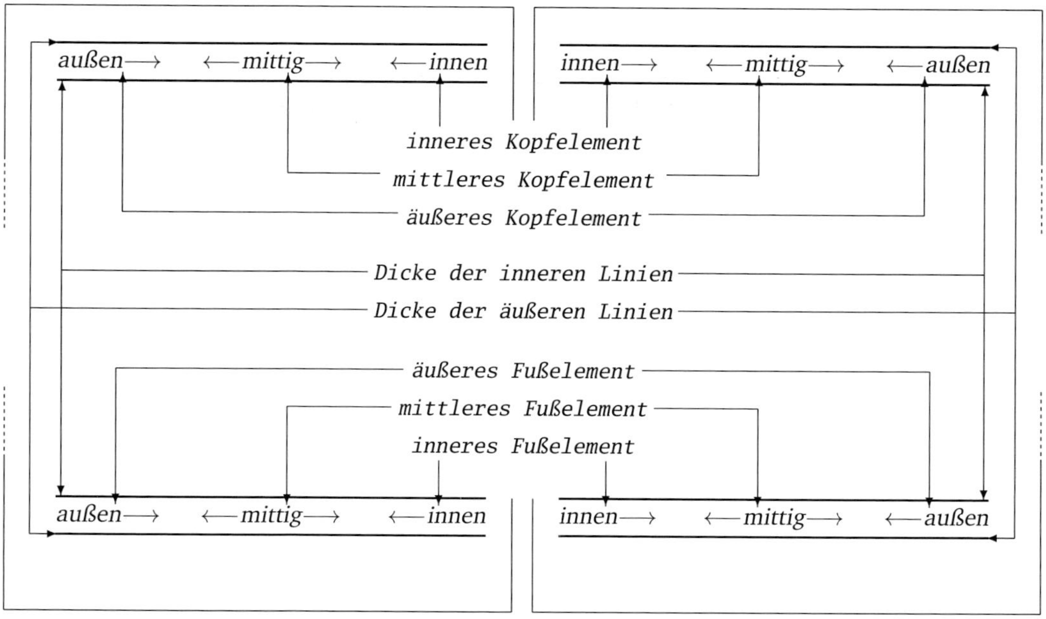

Abbildung 18.1.: Elemente einer Doppelseite der dreigeteilten Seitenstile mit den Anweisungen `\deftriplepagestyle`, `\newtriplepagestyle`, `\providetriplepagestyle` und `\renewtriplepagestyle`

von, ob er bereits früher definiert wurde, immer definiert, werden mit `\newtriplepagestyle` und `\providetriplepagestyle` nur Seitenstile definiert, die derzeit noch nicht definiert sind. Ist ein Seitenstil bereits definiert, so erhält man mit `\newtriplepagestyle` eine Fehlermeldung, während `\providetriplepagestyle` die neue Definition einfach verwirft. Ein vorhandener Seitenstil kann auch mit `\renewtriplepagestyle` umdefiniert werden. Diese Anweisung meldet einen Fehler, falls ein Seitenstil dieses Namens noch nicht definiert war.

Die vom Paket scrpage2 bekannte Anweisung `\deftripstyle` entspricht damit der neuen Anweisung `\deftriplepagestyle`. Sie wurde aus Gründen der Vereinheitlichung der Namen der Anweisungen jedoch umbenannt und sollte nicht mehr verwendet werden. Wird sie dennoch verwendet, resultiert daraus eine Warnung.

18.4. Definition komplexer Seitenstile

Neben den vordefinierten Seitenstilen und der Definition eigener Seitenstil-Paare, sowie der nicht mehr empfohlenen Möglichkeit der

Definition von Seitenstilen, bei denen sowohl der Kopf als auch der Fuß fest in drei Elemente aufgeteilt ist, bietet scrlayer-scrpage auch noch eine eher grundlegende Möglichkeit der Definition von Seitenstilen. Die in den vorherigen Abschnitten erläuterten Konzepte greifen bei der Implementierung alle auf diese Möglichkeit zurück. Aufgrund ihrer Komplexität wird diese Schnittstelle jedoch nur erfahrenen Anwendern empfohlen. Weniger erfahrene Anwender können mit den vorgenannten Möglichkeiten bereits nahezu alles erreichen, was auch mit dieser grundlegenden Schnittstelle möglich ist. Weniger erfahrene Anwender dürfen den Rest dieses Kapitels daher gerne überspringen.

```
\defpagestyle{Name}{Kopfdefinition}{Fußdefinition}
\newpagestyle{Name}{Kopfdefinition}{Fußdefinition}
\providepagestyle{Name}{Kopfdefinition}{Fußdefinition}
\renewpagestyle{Name}{Kopfdefinition}{Fußdefinition}
```

Diese Anweisungen dienen der Definition eines einzelnen Seitenstils mit maximaler Flexibilität. Dabei ist *Name* der Name des Seitenstils, der definiert werden soll.

Die beiden Parameter *Kopfdefinition* und *Fußdefinition* haben den identischen Aufbau:

```
(Länge der oberen Linie,Dicke der oberen Linie)%
{Definition für linke Seiten im doppelseitigen Layout}%
{Definition für rechte Seiten im doppelseitigen Layout}%
{Definition für Seiten im einseitigen Layout}%
(Länge der unteren Linie,Dicke der unteren Linie)
```

headtopline
headsepline
footsepline
footbotline

Dabei sind die Argumente in den runden Klammern optional, das heißt, sie können zusammen mit den Klammern weggelassen werden. In diesem Fall richten sich die Längen und Dicken je nach Linie nach den Angaben der Optionen `headtopline`, `headsepline`, `footsepline` und `footbotline` (siehe Abschnitt 5.5, Seite 288).

Die drei Argumente mit den Definitionen sind obligatorisch und werden je nach Seite und Layouteinstellung verwendet. Der Inhalt der Definitionen ist frei wählbar. Für Seitenstile mit Kolumnentitel wird jedoch die Verwendung von `\headmark`, `\leftmark` oder `\rightmark` innerhalb der Definitionen empfohlen. Keinesfalls sollte man hier direkt eine Gliederungsnummer oder einen Überschriftentext als Kolumnentitel angeben. Aufgrund des asynchronen Seitenaufbaus von LaTeX kann sonst die falsche Nummer oder der falsche Text im Seitenkopf erscheinen.

Bei `\defpagestyle` wird der Seitenstil unabhängig davon, ob er bereits existiert oder nicht, neu definiert. Demgegenüber mel-

Tabelle 18.1.: Die von scrlayer-scrpage zu einem Seitenstil *Name* definierten Ebenen

Name der Ebene	Bedeutung der Ebene
Name.head.above.line	die Linie über dem Kopf
Name.head.odd	der Kopf von rechten Seiten im doppelseitigen Layout
Name.head.even	der Kopf von linken Seiten im doppelseitigen Layout
Name.head.oneside	der Kopf von Seiten im einseitigen Layout
Name.head.below	die Linie unter dem Kopf
Name.foot.above.line	die Linie über dem Fuß
Name.foot.odd	der Fuß von rechten Seiten im doppelseitigen Layout
Name.foot.even	der Fuß von linken Seiten im doppelseitigen Layout
Name.foot.oneside	der Fuß von Seiten im einseitigen Layout
Name.foot.below	die Linie unter dem Fuß

det \newpagestyle einen Fehler, wenn bereits ein Seitenstil gleichen Namens existiert. Im Unterschied dazu wird die Definition bei \providepagestyle ignoriert, falls der *Name* bereits für einen Seitenstil verwendet wurde. Umgekehrt kann mit \renewpagestyle nur ein bereits vorhandener Seitenstil umdefiniert werden. Für einen neuen Namen meldet diese Anweisung dagegen einen Fehler.

Alle vier Anweisungen basieren auf \DeclareLayerPageStyle des Pakets scrlayer. Die dabei für einen Seitenstil *Name* definierten Ebenen sind in Tabelle 18.1 aufgeführt. Näheres zu Ebenen und Ebenen-Seitenstilen ist Kapitel 17 ab Seite 439 in Teil II zu entnehmen.

Beispiel: Angenommen, Sie wollen den gesamten Kopf des Seitenstil scrheadings mit einer Farbe hinterlegen. Aufgrund der Einleitung zu diesem Kapitel und Tabelle 18.1, wissen Sie, dass scrheadings ein Ebenen-Seitenstil ist, der unter anderem aus den Ebenen scrheadings.head.oneside, scrheadings.head.odd und scrheadings.head.even besteht. Sie definieren nun drei weitere Ebenen für deren Hintergrund und fügen diese am Anfang des Seitenstils ein:

```
\documentclass{scrartcl}
 \usepackage[automark]{scrlayer-scrpage}
 \usepackage{xcolor}
 \usepackage{blindtext}
 \DeclareLayer[clone=scrheadings.head.oneside,
   contents={%
     \color{yellow}%
```

```
      \rule[-\dp\strutbox]%
           {\layerwidth}{\layerheight}%
    }%
  ]{scrheadings.head.oneside.background}
  \DeclareLayer[clone=scrheadings.head.odd,
    contents={%
      \color{yellow}%
      \rule[-\dp\strutbox]%
           {\layerwidth}{\layerheight}%
    }%
  ]{scrheadings.head.odd.background}
  \DeclareLayer[clone=scrheadings.head.even,
    contents={%
      \color{yellow}%
      \rule[-\dp\strutbox]%
           {\layerwidth}{\layerheight}%
    }%
  ]{scrheadings.head.even.background}
  \AddLayersAtBeginOfPageStyle{scrheadings}{%
    scrheadings.head.oneside.background,%
    scrheadings.head.odd.background,%
    scrheadings.head.even.background%
  }
  \pagestyle{scrheadings}
  \begin{document}
  \blinddocument
  \end{document}
```

Wie Sie sehen, wurden in dem Beispiel drei Ebenen verwendet, damit Position und Größe der Hintergrund-Ebenen per Option clone einfach jeweils von der Ebene für den Kopf kopiert werden konnten. Das ist einfacher, als nur eine Hintergrundebene zu verwenden und für diese die Position umständlich dynamisch zu bestimmen.

clone

Der farbige Hintergrund selbst wurde in diesem Beispiel mit einer \rule-Anweisung gesetzt. Für die Größe wurde dabei mit \layerwidth und \layerheight die aktuelle Breite und Höhe der Ebene verwendet. Diese wurde per optionalem Argument um die Höhe der Unterlängen \dp\strutbox nach unten verschoben.

\layerwidth
\layerheight

Statt wie im Beispiel für die Hintergrundfarbe neue Ebenen hinzuzufügen, hätte man das Problem übrigens auch mit \colorbox und \chead lösen können. Es wird empfohlen, eine entsprechende Lösung als Übung zu erarbeiten. Ebenso hätte man die Hintergrund-ebenen auch einzeln und jeweils unmittelbar vor der entsprechenden Inhaltsebene einfügen können. Auch dies sei als Übung empfohlen.

`hmode=Ein-Aus-Wert`

Bei scrpage2 wurden die Köpfe und Füße der Seitenstile noch grundsätzlich im horizontalen Modus ausgegeben. Bei scrlayer-scrpage wird hingegen in der Voreinstellung erst durch entsprechende Ausgaben selbst in den horizontalen Modus geschaltet. Aktiviert man jedoch Option hmode verhält sich scrlayer-scrpage auch in dieser Hinsicht kompatibel mit scrpage2 und schaltet bereits vor der Ausgabe in den horizontalen Modus. Dies kann Auswirkungen sowohl auf die Verarbeitung von Leerzeichen am Anfang der Ausgabe als auch auf die vertikale Ausrichtung haben.

Die Option versteht die Standardwerte für einfache Schalter, die in Tabelle 2.5 auf Seite 46 angegeben sind. In der Voreinstellung ist der Schalter deaktiviert.

19. Notizspalten mit scrlayer-notecolumn

Bis einschließlich Version 3.11b unterstützte KOMA-Script Notizspalten nur in Form der Marginalienspalte, die mit \marginpar und \marginline (siehe Abschnitt 3.21, Seite 165) mit Inhalt versehen werden können. Jene Art der Randnotizen hat allerdings einige Nachteile:

- Randnotizen können nur vollständig auf einer einzelnen Seite gesetzt werden. Seitenumbrüche innerhalb von Randnotizen sind nicht möglich. Dies führt teilweise dazu, dass die Randnotizen bis in den unteren Rand hineinragen. *Seitenumbruch*
- Randnotizen in der Nähe des Seitenumbruchs können auf die nächste Seite rutschen und dort im Falle des doppelseitigen Layouts mit alternierenden Marginalienspalten im falschen Rand ausgegeben werden. Dieses Problem ist mit dem Zusatzpaket mparhack oder durch Verwendung von \marginnote aus dem Paket marginnote lösbar. *Zuordnung zum richtigen Rand*
- Randnotizen innerhalb von Gleitumgebungen oder Fußnoten sind nicht möglich. Auch dieses Problem ist mit marginnote lösbar. *Gleitumgebungen* *Fußnoten*
- Es gibt nur eine Marginalienspalte oder allenfalls zwei, wenn mit \reversemarginpar und \normalmarginpar gearbeitet wird, wobei \reversemarginpar bei doppelseitigen Dokumenten kaum zu gebrauchen ist. *mehrere Notizspalten*

Die Verwendung von marginnote führt zu einem weiteren Problem. Da das Paket keine Kollisionserkennung besitzt, können sich Randnotizen, die in unmittelbarer Nähe veranlasst wurden, gegenseitig ganz oder teilweise überdecken. Darüber hinaus führt \marginnote je nach den gewählten Einstellungen von marginnote manchmal zu Veränderungen beim Zeilenabstand des normalen Textes.

Das Paket scrlayer-notecolumn tritt an, all diese Probleme zu lösen. Dazu stützt es sich auf die Grundfunktionalität von scrlayer.

Achtung! Damit einher geht jedoch auch ein Nachteil: Notizen können nur auf den Seiten ausgegeben werden, die einen auf scrlayer basierenden Seitenstil besitzen. Dieser Nachteil lässt sich mit Hilfe von scrlayer-scrpage jedoch leicht auflösen oder sogar in einen Vorteil verwandeln.

19.1. Hinweise zum Entwicklungsstand

Proof of concept

Das Paket wurde ursprünglich zur Demonstration des Potentials von scrlayer als sogenannter *proof of concept* entwickelt. Obwohl es sich derzeit noch in einem recht frühen Entwicklungsstadium befindet, ist die Stabilität von weiten Teilen weniger eine Frage von scrlayer-notecolumn als von scrlayer. Dennoch ist davon auszugehen, dass sich auch in scrlayer-notecolumn noch Fehler befinden. Es wird darum gebeten, diese bei Auffinden zu melden. Einige *Unzulänglichkeiten* des Pakets sind jedoch auch der Minimierung des Aufwands geschuldet. So können Notizspalten zwar über Seiten hinweg umbrochen werden, allerdings findet dabei kein neuerlicher Absatzumbruch statt. Dies ist bei TeX schlicht nicht vorgesehen.

experimentell *für LaTeX-Experten*

Da das Paket eher als experimentell gilt, findet sich die Anleitung hier im zweiten Teil dieses Buches. Dementsprechend richtet sie sich auch in erster Linie an erfahrene Anwender. Für Anfänger oder Anwender, die sich bereits deutlich auf dem Weg zum LaTeX-Experten befinden, mag daher einiges in den nachfolgenden Erklärungen unklar oder gar unverständlich sein. Sie sollten jedoch genügen, um einfache Aufgaben mit scrlayer-notecolumn lösen zu können. Gleichzeitig finden Entwickler hoffentlich nützliche Anregungen für eigene Ideen.

19.2. Frühe oder späte Optionenwahl

In diesem Abschnitt wird eine Besonderheit von KOMA-Script vorgestellt, die neben scrlayer-notecolumn auch andere KOMA-Script-Pakete und Klassen betrifft. Damit die Anwender alle Informationen zu einem Paket oder einer Klasse im jeweiligen Kapitel finden, ist dieser Abschnitt nahezu gleichlautend in mehreren Kapiteln zu finden. Anwender, die nicht nur an der Anleitung zu einem Paket oder einer Klasse interessiert sind, sondern sich einen Gesamtüberblick über KOMA-Script verschaffen wollen, brauchen diesen Abschnitt nur in einem der Kapitel zu lesen und können ihn beim weiteren Studium der Anleitung dann überspringen.

```
\documentclass[Optionenliste]{KOMA-Script-Klasse}
\usepackage[Optionenliste]{Paket-Liste}
```

Bei LaTeX ist vorgesehen, dass Anwender Klassenoptionen in Form einer durch Komma getrennten Liste einfacher Schlüsselwörter als optionales Argument von `\documentclass` angeben. Außer an die Klasse werden diese Optionen auch an alle Pakete weitergereicht, die diese Optionen verstehen. Ebenso ist vorgesehen, dass Anwender Paketoptionen in Form einer durch Komma getrennten Liste einfacher Schlüsselwörter als optionales Argument von `\usepackage` angeben. KOMA-Script erweitert den Mechanismus der Optionen für die KOMA-Script-Klassen und einige Pakete um weitere Möglichkeiten. So haben die meisten Optionen bei KOMA-Script zusätzlich einen Wert. Eine Option hat also nicht unbedingt nur die Form *Option*, sondern kann auch die Form *Option*=*Wert* haben. Bis auf diesen Unterschied arbeiten `\documentclass` und `\usepackage` bei KOMA-Script wie in [Tea05b] oder jeder LaTeX-Einführung, beispielsweise [DGS+12], beschrieben.

Gegenüber der nachfolgend vorgestellten Schnittstelle zu Einstellungen von Optionen haben `\documentclass` und `\usepackage` einen Nachteil, der unbedingt zu beachten ist: Anweisungen, Längen, Zähler und ähnliches können darin leicht zerbrechen. So führt die Verwendung einer LaTeX-Länge im Wert einer Option bei diesen Anweisungen zu einer Fehlermeldung, noch bevor der Wert an KOMA-Script übergeben wird, es also die Kontrolle darüber übernehmen könnte. Wertzuweisungen mit LaTeX-Längen oder LaTeX-Zählern sollten daher nie per `\documentclass` oder `\usepackage`, sondern immer mit den nachfolgend dokumentierten Anweisungen `\KOMAoptions` oder `\KOMAoption` vorgenommen werden. *Achtung!*

```
\KOMAoptions{Optionenliste}
\KOMAoption{Option}{Werteliste}
```

KOMA-Script bietet bei den meisten Klassen- und Paketoptionen auch die Möglichkeit, den Wert der Optionen noch nach dem Laden der Klasse beziehungsweise des Pakets zu ändern. Man kann dann wahlweise mit der Anweisung `\KOMAoptions` die Werte einer Reihe von Optionen ändern. Jede Option der *Optionenliste* hat dabei die Form *Option*=*Wert*.

Einige Optionen besitzen auch einen Säumniswert (engl. *default value*). Versäumt man die Angabe eines Wertes, verwendet man die Option also einfach in der Form *Option*, so wird automatisch dieser Säumniswert angenommen.

Manche Optionen können gleichzeitig mehrere Werte besitzen. Für solche Optionen besteht die Möglichkeit, mit `\KOMAoption` der einen `Option` nacheinander eine Reihe von Werten zuzuweisen. Die einzelnen Werte sind dabei in der *`Werteliste`* durch Komma voneinander getrennt.

Achtung! Soll ein *`Wert`* ein Gleichheitszeichen oder ein Komma enthalten, so ist der *`Wert`* in geschweifte Klammern zu setzen.

KOMA-Script bedient sich für die Realisierung dieser Möglichkeit der Anweisungen `\FamilyOptions` und `\FamilyOption` mit der Familie »`KOMA`«. Siehe dazu Teil II, Abschnitt 12.2, Seite 367.

19.3. Deklaration neuer Notizspalten

Beim Laden des Pakets wird bereits automatisch eine Notizspalte namens `marginpar` deklariert. Wie der Name andeutet, liegt diese Notizspalte im Bereich der normalen Marginalienspalte von `\marginpar` und `\marginline`. Dabei werden auch die Einstellungen `\reversemarginpar` und `\normalmarginpar` beachtet, allerdings nicht für die einzelnen Notizen, sondern nur für die gesamten Notizen einer Seite. Maßgeblich ist dabei die Einstellung, die am Ende der Seite, nämlich bei der Ausgabe der Notizspalte, gilt. Will man hingegen innerhalb einer Seite sowohl Notizen links als auch rechts neben dem Haupttext haben, so sollte man sich eine zweite Notizspalte definieren.

Die Voreinstellungen für alle neu deklarierten Notizspalten entsprechen im Übrigen den erwähnten Einstellungen für die vordefinierte `marginpar`. Diese können bei der Deklaration jedoch leicht geändert werden.

Achtung! Es ist zu beachten, dass Notizspalten nur auf Seiten ausgegeben werden, deren Seitenstil auf dem Paket scrlayer basiert. Das Paket scrlayer wird von scrlayer-notecolumn automatisch geladen und stellt in der Voreinstellung lediglich den Seitenstil `empty` bereit. Werden weitere Seitenstile benötigt, wird zusätzlich das Paket scrlayer-scrpage empfohlen.

```
\DeclareNoteColumn[Liste der Einstellungen]
                  {Name der Notizspalte}
\DeclareNewNoteColumn[Liste der Einstellungen]
                     {Name der Notizspalte}
\ProvideNoteColumn[Liste der Einstellungen]
                  {Name der Notizspalte}
\RedeclareNoteColumn[Liste der Einstellungen]
                    {Name der Notizspalte}
```

Mit Hilfe dieser Anweisungen können Notizspalten angelegt werden. Dabei erzeugt `\DeclareNoteColumn` die Notizspalte ungeachtet der

Tatsache, ob sie bereits existiert, während \DeclareNewNoteColumn einen Fehler ausgibt, falls der *Name der Notizspalte* bereits für eine andere Notizspalte vergeben ist, und \ProvideNoteColumn in eben diesem Fall schlicht nichts tut. Mit \RedeclareNoteColumn wiederum kann nur eine bereits existierende Notiz-Spalte neu konfiguriert werden.

Bei der Neukonfigurierung bereits existierender Notizspalten mit \DeclareNoteColumn oder \RedeclareNoteColumn gehen im Übrigen die bereits erzeugten Notizen für diese Spalte nicht verloren, sondern bleiben erhalten.

Für neue Notizspalten wird immer ein Element zur Änderung der Schriftattribute mit \setkomafont und \addtokomafont angelegt, falls dieses noch nicht existiert. Als Name für das Element wird notecolumn.*Name der Notizspalte* verwendet. Dementsprechend existiert für die vordefinierte Notizspalte marginpar das Element notecolumn.marginpar. Die Voreinstellung kann bei der Deklaration einer Notizspalte direkt über die Option font innerhalb der optionalen *Liste der Einstellungen* angegeben werden.

Name des Elements

Die *Liste der Einstellungen* ist eine durch Komma separierte Liste von Einstellungen oder Optionen. Die verfügbaren Optionen sind in Tabelle 19.1 zu finden. Als Voreinstellung ist marginpar immer gesetzt, kann aber durch individuelle Einstellungen überschrieben werden.

Voreinstellung: Option marginpar

Da die Notizspalten mit Hilfe von scrlayer definiert werden, wird auch für jede Notizspalte eine Ebene angelegt. Als Name für diese Ebene wird ebenfalls notecolumn.*Name der Notizspalte* verwendet. Näheres zu Ebenen ist Abschnitt 17.4, ab Seite 443 zu entnehmen.

Name der Ebene

Beispiel: Angenommen Sie sind Professor für ulkiges Recht und wollen eine Abhandlung über das neue »Gesetz über die ausgelassene Verbreitung allgemeiner Späße«, kurz GüdaVaS, schreiben. Der Hauptaugenmerk soll dabei jeweils auf dem Kommentar zu einzelnen Paragraphen liegen. Sie entscheiden sich für ein zweispaltiges Layout, wobei der Kommentar in der Hauptspalte enthalten sein soll und die Paragraphen jeweils klein in einer schmaleren Notizspalte rechts daneben.

```
\documentclass{scrartcl}
\usepackage[ngerman]{babel}
\usepackage{selinput}
\SelectInputMappings{
  adieresis={ä},
```

Tabelle 19.1.: Mögliche Einstellungen für die Deklaration von Notizspalten

`font=`*`Schriftattribute`*
: Einstellung der *`Schriftattribute`* der Notizspalte mit Hilfe von `\setkomafont`. Für erlaubte Werte sei auf Abschnitt 3.6, Seite 70 verwiesen.
Voreinstellung: *leer*

`marginpar`
: Position und Breite der Notizspalte werden so eingestellt, dass sie der Marginalienspalte von `\marginpar` entsprechen. Eine Umschaltung zwischen `\reversemarginpar` und `\normalmarginpar` wird immer nur am Ende der Seite bei der Ausgabe der Notizspalte beachtet. Es wird darauf hingewiesen, dass diese Option kein Argument erwartet oder erlaubt.
Voreinstellung: *ja*

`normalmarginpar`
: Position und Breite der Notizspalte werden so eingestellt, dass sie der Marginalienspalte von `\marginpar` bei Einstellung `\normalmarginpar` entsprechen. Es wird darauf hingewiesen, dass diese Option kein Argument erwartet oder erlaubt.
Voreinstellung: *nein*

`position=`*`Abstand`*
: Die Notizspalte wird mit *`Abstand`* vom linken Rand des Papiers gesetzt. Dabei sind für *`Abstand`* auch komplexe Ausdrücke gestattet, solange diese voll expandierbar sind und zum Zeitpunkt der Ausgabe der Notizspalte zu einer Länge oder zu einem Längenwert oder einem Längenausdruck expandieren. Siehe [Tea98, Abschnitt 3.5] für weitere Informationen zu Längenausdrücken.
Voreinstellung: *durch Option `marginpar`*

`width=`*`Breite`*
: Die Notizspalte wird mit der angegebenen Breite gesetzt. Dabei sind für *`Breite`* auch komplexe Ausdrücke gestattet, solange diese voll expandierbar sind und zum Zeitpunkt der Ausgabe der Notizspalte zu einer Länge oder einem Längenwert oder einem Längenausdruck expandieren. Siehe [Tea98, Abschnitt 3.5] für weitere Informationen zu Längenausdrücken.
Voreinstellung: *durch Option `marginpar`*

`reversemarginpar`
: Position und Breite der Notizspalte werden so eingestellt, dass sie der Marginalienspalte von `\marginpar` bei Einstellung `\reversemarginpar` entsprechen. Es wird darauf hingewiesen, dass diese Option kein Argument erwartet oder erlaubt.
Voreinstellung: *nein*

```
  germandbls={ß},
}
\usepackage[T1]{fontenc}
\usepackage{lmodern}
\usepackage{xcolor}

\usepackage{scrjura}
\setkomafont{contract.Paragraph}{\bfseries}
\setkeys{contract}{preskip=-\dp\strutbox}

\usepackage{scrlayer-scrpage}
\usepackage{scrlayer-notecolumn}

\newlength{\paragraphscolwidth}
\AfterCalculatingTypearea{%
  \setlength{\paragraphscolwidth}{%
    .333\textwidth}%
  \addtolength{\paragraphscolwidth}{%
    -\marginparsep}%
}
\recalctypearea
\DeclareNewNoteColumn[%
  position=\oddsidemargin+1in
           +.667\textwidth
           +\marginparsep,
  width=\paragraphscolwidth,
  font=\raggedright\footnotesize
       \color{blue}
]{paragraphs}
```

Es wird ein einseitiger Artikel verfasst. Dazu wird die Sprache mit Hilfe des babel-Pakets auf Deutsch (neue Rechtschreibung) festgelegt. Die Eingabecodierung wird mit Hilfe von selinput automatisch bestimmt. Als Schrift wird Latin Modern in 8-Bit-Codierung verwendet.

Sprache mit babel

Bezüglich des Setzens von Gesetzestexten mit scrjura sei auf Kapitel 11 verwiesen.

Gesetz mit scrjura

Da ein Seitenstil mit Seitenzahl verwendet werden soll, wird das Paket scrlayer-scrpage geladen. Somit können Notizspalten auf allen Seiten ausgegeben werden.

Seitenstil mit scrlayer-scrpage

Dann wird das Paket scrlayer-notecolumn für die Notizspalten geladen. Die gewünschte Breite der Notizspalte wird über `\AfterCalculatingTypearea` nach jeder etwaigen Neuberechnung des Satzspiegels neu berechnet. Sie soll jeweils ein Drittel der Satzspiegelbreite betra-

Notizspalte mit scrlayer-notecolumn

Satzspiegel mit typearea

gen, wobei der Abstand zwischen Text und Notizspalte zu Lasten der Notizspalte geht. Diese ist also effektiv um \marginparsep schmaler.

Mit dieser Information kann dann die neue Notizspalte definiert werden. Bei der Festlegung der Position wird ein einfacher Längenausdruck genutzt. Dabei ist zu beachten, dass \oddsidemargin nicht der gesamte linke Rand ist, sondern aus historischen Gründen der linke Rand abzüglich 1 inch. Daher muss dieser Wert noch hinzugezählt werden.

Damit ist die Deklaration abgeschlossen. Es ist zu beachten, dass die Notizspalte bisher im Textbereich ausgegeben wird. Die Notizspalte würde also den Text überschreiben.

```
\begin{document}

\title{Kommentar zum GüdaVaS}
\author{Professor R. O. Tenase}
\date{11.\,11.~2011}
\maketitle
\tableofcontents

\section{Vormerkung}
Das GüdaVaS ist ohne jeden Zweifel das wichtigste
Gesetz, das in Spaßmanien in den letzten eintausend
Jahren verabschiedet wurde. Die erste Lesung fand
bereits am 11.\,11.~1111 im obersten spaßmanischen
Kongress statt, wurde aber vom damaligen Spaßvesier
abgelehnt. Erst nach Umwandlung der spaßmanischen,
aberwitzigen Monarchie in eine repräsentative,
witzige Monarchie durch W. Itzbold,
den Urkomischen, am 9.\,9.~1999 war der Weg für
dieses Gesetz endlich frei.
```

Achtung! Dadurch, dass der Textbereich nicht verkleinert wurde, wird hier der ganze Vorspann über die Gesamtbreite ausgegeben. Um das Beispiel zu testen, können Sie vorübergehend

```
\end{document}
```

ergänzen.

Offen blieb in dem Beispiel die Frage, wie der Text für den Kommentar schmaler gesetzt werden kann. Dies werden Sie bei der Fortsetzung des Beispiels erfahren.

19.4. Erstellen einer Notiz

Nachdem eine Notizspalte deklariert wurde, können Notizen für diese Spalte erstellt werden. Diese Notizen werden allerdings nicht unmittelbar ausgegeben, sondern zunächst nur in eine Hilfsdatei mit Endung ».slnc« geschrieben. Ganz genau werden die Notizen sogar zunächst in die aux-Datei geschrieben und erst beim Lesen der aux-Datei innerhalb von \end{document} in die slnc-Datei übertragen. Dabei wird gegebenenfalls auch die Einstellung \nofiles beachtet. Beim nächsten LaTeX-Lauf wird diese Hilfsdatei dann Stück für Stück je nach Fortschritt des Dokuments wieder eingelesen und am Ende der Seite werden die Notizen für die jeweilige Seite ausgegeben.

Achtung!

Es ist jedoch zu beachten, dass Notizspalten nur auf Seiten ausgegeben werden, deren Seitenstil auf dem Paket scrlayer basiert. Das Paket scrlayer wird von scrlayer-notecolumn automatisch geladen und stellt in der Voreinstellung lediglich den Seitenstil empty bereit. Werden weitere Seitenstile benötigt, wird zusätzlich das Paket scrlayer-scrpage empfohlen.

`\makenote[Name der Notizspalte]{Notiz}`

Mit Hilfe dieser Anweisung kann eine *Notiz* erstellt werden. Dabei wird die aktuelle vertikale Position als vertikale Position für den Anfang der *Notiz* verwendet. Die horizontale Position für die Notiz ergibt sich aus der definierten Position der Notizspalte. Für die korrekte Funktion ist das Paket dabei auf \pdfsavepos, \pdflastypos und \pdfpageheight angewiesen. Ohne diese Befehle funktioniert scrlayer-notecolumn nicht. Dabei wird außerdem davon ausgegangen, dass die genannten Primitiven exakt die Ergebnisse von PDFTeX liefern.

Kollisionsauflösung

Wird allerdings bei der Ausgabe der *Notiz* eine Kollision mit einer früheren Notiz in derselben Notizspalte erkannt, so wird die *Notiz* bis unter diese frühere Notiz verschoben. Passt die *Notiz* nicht mehr auf die Seite, so wird sie ganz oder teilweise auf die nächste Seite umbrochen.

Seitenumbruch

Für welche Notizspalte die *Notiz* erstellt werden soll, wird über das optionale Argument *Name der Notizspalte* bestimmt. Ist kein optionales Argument angegeben, so wird die vordefinierte Notizspalte marginpar verwendet.

Beispiel: Fügen wir nun dem Beispiel aus dem vorherigen Abschnitt einen kommentierten Paragraphen hinzu, wobei der Paragraph selbst in der neu definierten Notizspalte gesetzt werden soll.

```
\section{Analyse}
\begin{addmargin}[0pt]{.333\textwidth}
  \makenote[paragraphs]{%
    \protect\begin{contract}
      \protect\Paragraph{%
        title={Kein Witz ohne Publikum}%
      }
      Ein Witz kann nur dort witzig sein, wo er
      auf ein Publikum trifft.
    \protect\end{contract}%
  }
  Dies ist eine der zentralsten Aussagen des
  Gesetzes. Sie ist derart elementar, dass es
  durchaus angebracht ist, sich vor der Weisheit
  der Verfasser zu verbeugen.
```

Spaltenbreite mit `addmargin`

Die in Abschnitt 3.18, Seite 142 dokumentierte Umgebung `addmargin` wird genutzt, um den Haupttext in der Breite um die Spalte für die Paragraphen zu vermindern.

zerbrechliche Befehle

Hier ist auch eines der wenigen Probleme bei Verwendung von `\makenote` zu erkennen. Da das obligatorische Argument in Dateien geschrieben wird, können Befehle innerhalb des Arguments leider *zerbrechen*. Um das zu verhindern, wird empfohlen, vor alle Befehle ein `\protect` zu setzen. Anderenfalls kann die Verwendung von Befehlen innerhalb dieses Arguments zu Fehlermeldungen führen.

Prinzipiell könnten Sie das Beispiel nun bereits mit

```
\end{addmargin}
\end{document}
```

beenden, wenn Sie ein Ergebnis sehen wollen.

Achtung!

Beim Testen des Beispiels, werden Sie feststellen, dass die Gesetzesspalte tiefer hinunter reicht als der Kommentartext. Wenn Sie zwecks Übung einen weiteren Abschnitt mit einem weiteren Paragraphen hinzufügen, ergibt sich eventuell das Problem, dass der Kommentar nicht unterhalb des Gesetzestextes, sondern direkt im Anschluss an den bisherigen Kommentar fortgesetzt wird. Eine Lösung für dieses Problem, werden Sie gleich kennenlernen.

`\syncwithnotecolumn[`*`Name der Notizspalte`*`]`

Synchronisation

Mit Hilfe dieser Anweisung wird in einer Notizspalte und im Haupttext des Dokuments je ein Synchronisierungspunkt erstellt. Wann immer bei der Ausgabe einer Notizspalte oder des Haupttextes ein solcher Synchronisierungspunkt erreicht wird, wird eine Marke angelegt, deren Inhalt die aktuelle Seite und die aktuelle vertikale Position ist.

Parallel zum Erstellen der Synchronisierungspunkte wird ermittelt, ob in der Notizspalte und im Haupttext beim letzten LaTeX-Lauf eine Marke angelegt wurde. Falls das der Fall ist, werden deren Werte miteinander verglichen. Liegt die Marke der Notizspalte tiefer auf der Seite oder auf einer späteren Seite, so wird im Haupttext bis zu der Stelle der Notizspalte vorgerückt.

Hinweis!

In der Regel sollten Synchronisierungspunkte nicht innerhalb eines Absatzes des Haupttextes, sondern nur zwischen diesen gesetzt werden. Wird `\syncwithnotecolumn` dennoch innerhalb eines Absatzes verwendet, so wird der Synchronisierungspunkt im Haupttext tatsächlich erst nach der aktuellen Zeile eingefügt. In dieser Hinsicht ähnelt `\syncwithnotecolumn` also beispielsweise `\vspace`.

mehrere LaTeX-Läufe

Dadurch, dass Synchronisierungspunkte in den Notizspalten erst beim nächsten LaTeX-Lauf erkannt werden, benötigt der Mechanismus mindestens drei LaTeX-Läufe. Aus jeder neuen Synchronisierung können sich außerdem Verschiebungen für spätere Synchronisierungspunkte ergeben, was wiederum die Notwendigkeit weiterer LaTeX-Läufe nach sich zieht. Zu erkennen sind solche Verschiebungen in der Regel an der Meldung: »LaTeX Warning: Label(s) may have changed. Rerun to get cross-references right.« Aber auch Meldungen über undefinierte *Labels* können auf die Notwendigkeit eines weiteren LaTeX-Laufs hinweisen.

Wird das optionale Argument nicht angegeben, so wird an seiner Stelle `marginpar`, also die vordefinierte Notizspalte verwendet. Es sei an dieser Stelle darauf hingewiesen, dass ein leeres optionales Argument nicht gleichbedeutend mit dem Weglassen eines optionalen Arguments ist!

Achtung!

Es ist nicht erlaubt, `\syncwithnotecolumn` innerhalb einer Notiz selbst, also im obligatorischen Argument von `\makenote` zu verwenden! Dieser Fehler kann derzeit nicht abgefangen werden und führt dazu, dass mit jedem LaTeX-Lauf neue Verschiebungen auftreten, so dass nie ein endgültiger Zustand erreicht wird. Um zwei oder mehrere Notizspalten miteinander zu synchronisieren, sind diese stattdessen mit dem Haupttext zu synchronisieren, da dabei auch die Spalten miteinander synchronisiert werden. Die hierzu empfohlene Anweisung wird nachfolgend beschrieben.

Beispiel: Führen wir nun das obige Beispiel fort, indem wir zunächst einen Synchronisationspunkt und dann einen weiteren Paragraphen mit Kommentar hinzufügen:

```
\syncwithnotecolumn[paragraphs]\bigskip
\makenote[paragraphs]{%
  \protect\begin{contract}
    \protect\Paragraph{title={Komik der Kultur}}
    \setcounter{par}{0}%
    Die Komik eines Witzes kann durch das
    kulturelle Umfeld, in dem er erzählt wird,
    bestimmt sein.

    Die Komik eines Witzes kann durch das
    kulturelle Umfeld, in dem er spielt,
    bestimmt sein.
  \protect\end{contract}
}
Die kulturelle Komponente eines Witzes ist
tatsächlich nicht zu vernachlässigen. Über die
politische Korrektheit der Nutzung des
kulturellen Umfeldes kann zwar trefflich
gestritten werden, nichtsdestotrotz ist die
Treffsicherheit einer solchen Komik im
entsprechenden Umfeld frappierend. Auf der
anderen Seite kann ein vermeintlicher Witz im
falschen kulturellen Umfeld auch zu einer
echten Gefahr für den Witzeerzähler werden.
```

Außer dem Synchronisationspunkt wurde hier auch noch ein vertikaler Abstand mit `\bigskip` eingefügt, um die einzelnen Paragraphen und ihre Kommentare besser voneinander abzusetzen.

Achtung!

Zähler in Notizspalten

Außerdem wird hier ein weiterer Punkt, der zu einem Problem werden kann, sichtbar. Da die Notizspalten mit Boxen arbeiten, die zusammengebaut und zerlegt werden, kann es bei Zählern innerhalb der Notizspalten teilweise zu Verschiebungen kommen. Im Beispiel würde daher der erste Absatz nicht mit 1, sondern mit 2 nummeriert. Dies kann jedoch mit einem beherzten Zurücksetzen des entsprechenden Zählers leicht korrigiert werden.

Das Beispiel ist damit fast fertig, was noch fehlt, ist das Ende der Umgebungen:

```
\end{addmargin}
\end{document}
```

Tatsächlich wären natürlich auch noch die restlichen Paragraphen des Gesetzes zu kommentieren. Dies sei mir hier jedoch erlassen.

Doch halt! Was wäre, wenn in diesem Beispiel der Paragraph nicht mehr auf die Seiten passen würde? Würde er dann auf der nächsten Seite ausgegeben? Diese Frage wird im nächsten Abschnitt beantwortet werden.

`\syncwithnotecolumns[`*`Liste von Notizspalte-Namen`*`]`

Diese Anweisung führt eine Synchronisierung des Haupttextes mit allen in der mit Komma separierten *`Liste von Notizspalten-Namen`* durch. Dabei wird der Haupttext mit der Notizspalte synchronisiert, deren Marke am weitesten hinten im Dokument steht. Somit werden als Nebeneffekt auch die Notizspalten untereinander synchronisiert.

Wird das optionale Argument nicht angegeben oder ist es leer (oder beginnt es mit `\relax`), so wird mit allen deklarierten Notizspalten synchronisiert.

19.5. Erzwungene Ausgabe von Notizspalten

Neben der normalen Ausgabe der Notizspalten, wie sie im vorherigen Abschnitt beschrieben ist, ist es manchmal auch erforderlich alle aufgesammelten Notizen, die noch nicht ausgegeben wurden, auszugeben. Das ist insbesondere dann sinnvoll, wenn längere Notizen dazu führen, dass immer mehr Notizen nach unten und auf neue Seiten verschoben werden. Ein guter Zeitpunkt für eine solche erzwungene Ausgabe ist beispielsweise das Ende eines Kapitels oder das Ende des Dokuments.

`\clearnotecolumn[`*`Name der Notizspalte`*`]`

anhängige Notizen

Mit dieser Anweisung werden alle Notizen einer bestimmen Notizspalte ausgegeben, die bis zum Ende der aktuellen Seite noch nicht ausgegeben sind, aber auf dieser oder einer vorherigen Seite erstellt wurden. Zur Ausgabe dieser noch anhängigen Notizen werden nach Bedarf Leerseiten erstellt. Während der Ausgabe der anhängigen Notizen dieser Notizspalte werden gegebenenfalls auch anhängige Notizen anderer Notizspalten ausgegeben, jedoch nur so lange, wie dies zur Ausgabe der anhängigen Notizen der angegebenen Notizspalte notwendig ist.

irrtümliche Notizen

Während der Ausgabe der anhängigen Notizen kann es auch geschehen, dass irrtümlich Notizen ausgegeben werden, die im vorherigen LaTeX-Lauf auf den Seiten erstellt wurden, die nun durch die eingefügten Leerseiten ersetzt werden. Dies normalisiert sich in einem der nächsten LaTeX-Läufe. Zu erkennen sind solche Verschiebungen in der Regel an der Meldung: »LaTeX Warning: Label(s) may have changed. Rerun to get cross-references right.«

Die Notizspalte, deren anhängige Notizen ausgegeben werden soll, ist über das optionale Argument, *Name der Notizspalte*, angegeben. Ist kein solches Argument angegeben, so wird die vordefinierte Notizspalte `marginpar` verwendet.

erzwungene Ausgabe vs. Synchronisation

Dem aufmerksamen Leser wird nicht entgangen sein, dass die erzwungene Ausgabe einer Notizspalte der Synchronisierung nicht unähnlich ist. Allerdings befindet man sich nach der erzwungenen Ausgabe im Fall, dass tatsächlich eine Ausgabe stattfindet, am Anfang der Seite nach der letzten Ausgabe und nicht unmittelbar unterhalb der letzten Ausgabe. Dafür terminiert die erzwungene Ausgabe in der Regel mit weniger LaTeX-Läufen.

`\clearnotecolumns[`*Liste von Notizspalten-Namen*`]`

Diese Anweisung arbeitet vergleichbar mit `\clearnotecolumn`. Allerdings kann hier als optionales Argument nicht nur eine Notizspalte angegeben werden, sondern es ist eine durch Komma getrennte Liste mehrerer Namen von Notizspalten erlaubt. Es werden dann die anhängigen Notizen all dieser Spalten ausgegeben.

Wurde das optionale Argument nicht angegeben oder ist es leer, so werden die anhängigen Notizen aller Notizspalten ausgegeben.

`autoclearnotecolumns=`*Ein-Aus-Schalter*

In der Regel wird man anhängige Notizen immer dann ausgeben lassen, wenn im Dokument explizit oder implizit – beispielsweise in Folge von `\chapter` – die Anweisung `\clearpage` ausgeführt wird. Dies ist auch am Ende eines Dokuments innerhalb von `\end{document}` der Fall. Über die Option `autoclearnotecolumns` kann daher gesteuert werden, ob bei Ausführung von `\clearpage` automatisch auch `\clearnotecolumns` ohne Argument ausgeführt werden soll.

Da davon ausgegangen wird, dass dies in der Regel erwünscht ist, ist die Option in der Voreinstellung aktiv. Man kann sie jedoch über die entsprechenden Werte für einfache Schalter (siehe Tabelle 2.5 auf Seite 46) jederzeit aus- und auch wieder einschalten.

Es ist zu beachten, dass im Falle der Deaktivierung der automatischen Ausgabe anhängiger Notizen am Ende des Dokument Notizen ganz oder teilweise verloren gehen können. Daher sollte man in diesem Fall vor `\end{document}` sicherheitshalber ein `\clearnotecolumns` einfügen.

Damit ist nun auch die Frage nach dem Beispiel im letzten Abschnitt beantwortet, ob der Paragraph auch komplett ausgegeben

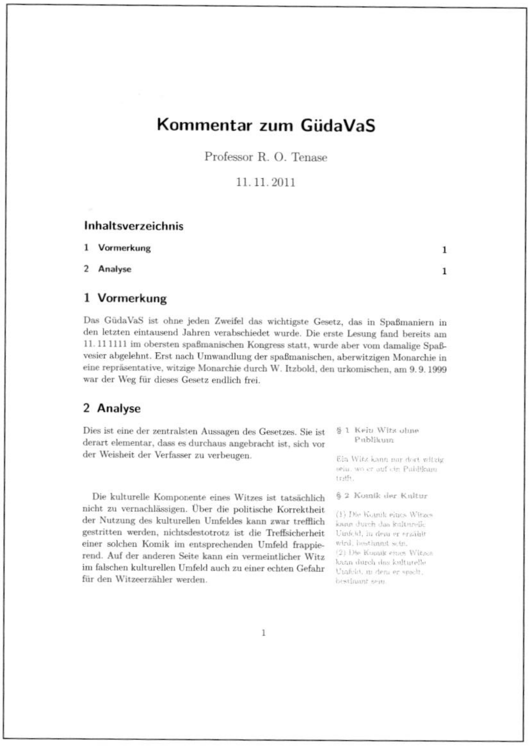

Kommentar zum GüdaVaS

Professor R. O. Tenase

11. 11. 2011

Inhaltsverzeichnis

1 Vormerkung

Das GüdaVaS ist ohne jeden Zweifel das wichtigste Gesetz, das in Spaßmaniern in den letzten eintausend Jahren verabschiedet wurde. Die erste Lesung fand bereits am 11. 11 1111 im obersten spaßmanischen Kongress statt, wurde aber vom damalige Spaßvesier abgelehnt. Erst nach Umwandlung der spaßmanischen, aberwitzigen Monarchie in eine repräsentative, witzige Monarchie durch W. Itzbold, den urkomischen, am 9. 9. 1999 war der Weg für dieses Gesetz endlich frei.

2 Analyse

Dies ist eine der zentralsten Aussagen des Gesetzes. Sie ist derart elementar, dass es durchaus angebracht ist, sich vor der Weisheit der Verfasser zu verbeugen.

§ 1 Kein Witz ohne Publikum

Ein Witz kann nur dort witzig sein, wo er auf ein Publikum trifft.

Die kulturelle Komponente eines Witzes ist tatsächlich nicht zu vernachlässigen. Über die politische Korrektheit der Nutzung des kulturellen Umfeldes kann zwar trefflich gestritten werden, nichtsdestotrotz ist die Treffsicherheit einer solchen Komik im entsprechenden Umfeld frappierend. Auf der anderen Seite kann ein vermeintlicher Witz im falschen kulturellen Umfeld auch zu einer echten Gefahr für den Witzeerzähler werden.

§ 2 Komik der Kultur

(1) Die Komik eines Witzes kann durch das kulturelle Umfeld, in dem er erzählt wird, bestimmt sein.
(2) Die Komik eines Witzes kann durch das kulturelle Umfeld, in dem er spielt, bestimmt sein.

1

Abbildung 19.1.: Eine Ergebnisseite zu dem Beispiel aus diesem Kapitel

würde, wenn er auf die nächste Seite umbrochen werden müsste. Dies ist in der Voreinstellung selbstverständlich der Fall. Da es jedoch nach dem Ende der `addmargin`-Umgebung geschehen würde, könnte es eventuell noch zu Überlappungen durch nachfolgenden Text kommen. Daher wäre es im Beispiel durchaus sinnvoll, nach der `addmargin`-Umgebung einen weiteren Synchronisationspunkt einzufügen.

Das Ergebnis des Beispiels ist übrigens in Abbildung 19.1 zu sehen. Dabei wurde lediglich die Farbeinstellung für die `paragraphs`-Spalte von Blau in Grau geändert.

20. Zusätzliche Informationen zum Paket typearea.sty

In diesem Kapitel finden Sie zusätzliche Informationen zum Paket typearea. Der normale Anwender, der das Paket einfach nur verwenden will, wird diese Informationen normalerweise nicht benötigen. Ein Teil der Informationen richtet sich an Anwender, die ausgefallene Aufgaben lösen oder eigene Pakete schreiben wollen, die auf typearea basieren. Ein weiterer Teil der Informationen behandelt Möglichkeiten von typearea, die aus Gründen der Kompatibilität zu den Standardklassen oder früheren Versionen von KOMA-Script existieren. Die Teile, die nur aus Gründen der Kompatibilität zu früheren Versionen von KOMA-Script existieren, sind in serifenloser Schrift gesetzt und sollten nicht mehr verwendet werden.

20.1. Anweisungen für Experten

In diesem Abschnitt werden Anweisungen beschrieben, die für den normalen Anwender kaum oder gar nicht von Interesse sind. Experten bieten diese Anweisungen zusätzliche Möglichkeiten. Da die Beschreibungen für Experten gedacht sind, sind sie kürzer gefasst.

`\activateareas`

Diese Anweisung wird von typearea genutzt, um die Einstellungen für Satzspiegel und Ränder in die internen LaTeX-Längen zu übertragen, wenn der Satzspiegel innerhalb des Dokuments, also nach `\begin{document}` neu berechnet wurde. Wurde die Option `pagesize` verwendet, so wird diese anschließend mit demselben Wert neu aufgerufen. Damit kann beispielsweise innerhalb von PDF-Dokumenten die Seitengröße tatsächlich variieren.

Experten können diese Anweisung auch verwenden, wenn Sie aus irgendwelchen Gründen Längen wie `\textwidth` oder `\textheight` innerhalb des Dokuments manuell geändert haben. Der Experte ist dabei für eventuell notwendige Seitenumbrüche vor oder nach der Verwendung jedoch selbst verantwortlich! Darüber hinaus sind alle von \activateareas durchgeführten Änderungen lokal!

\storeareas{*Anweisung*}

Mit Hilfe von \storeareas wird eine *Anweisung* definiert, über die alle aktuellen Seitenspiegeleinstellungen wieder hergestellt werden können. So ist es möglich, die aktuellen Einstellungen zu speichern, anschließend die Einstellungen zu ändern und dann die gespeicherten Einstellungen wieder zu reaktivieren.

Beispiel: Sie wollen in einem Dokument im Hochformat eine Seite im Querformat unterbringen. Mit \storeareas kein Problem:

```
\documentclass[pagesize]{scrartcl}

\begin{document}
\noindent\rule{\textwidth}{\textheight}

\storeareas\meinegespeichertenWerte
\KOMAoptions{paper=landscape,DIV=current}
\noindent\rule{\textwidth}{\textheight}

\clearpage
\meinegespeichertenWerte
\noindent\rule{\textwidth}{\textheight}
\end{document}
```

Achtung! Wichtig ist dabei die Anweisung \clearpage vor dem Aufruf von \meinegespeichertenWerte, damit die Wiederherstellung erst auf der nächsten Seite erfolgt. Bei doppelseitigen Dokumenten sollte bei Änderungen am Papierformat stattdessen sogar \cleardoubleoddpage oder – wenn keine KOMA-Script-Klasse zum Einsatz kommt – \cleardoublepage verwendet werden.

Im Beispiel wird \noindent verwendet, um den normalen Absatzeinzug vor den schwarzen Kästen zu verhindern. Sie würden sonst kein korrektes Bilde des Seitenlayouts wiedergeben.

Achtung! Bei der Verwendung von \storeareas ist zu beachten, dass sowohl \storeareas als auch die damit definierte *Anweisung* nicht innerhalb einer Gruppe aufgerufen werden sollten. Die Definition

\newcommand* der *Anweisung* erfolgt intern mit \newcommand. Bei erneuter Verwendung einer bereits definierten *Anweisung* wird eine entsprechende Fehlermeldung ausgegeben.

```
\AfterCalculatingTypearea{Anweisungen}
\AfterCalculatingTypearea*{Anweisungen}
\AfterSettingArea{Anweisungen}
\AfterSettingArea*{Anweisungen}
```

Diese Anweisungen dienen der Verwaltung zweier Haken (engl. *hooks*). Die ersten beiden, `\AfterCalculatingTypearea` und deren Sternform, ermöglichen es dem Experten jedes Mal, nachdem typearea eine neue Aufteilung in Satzspiegel und Ränder berechnet hat, also nach jeder impliziten oder expliziten Ausführung von `\typearea`, *Anweisungen* ausführen zu lassen. Entsprechendes leisten `\AfterSettingArea` und dessen Stern-Form für die Ausführung von `\areaset`. Die Normalformen arbeiten dabei global, während die Änderungen durch die Sternformen nur lokal wirksam sind. Die *Anweisungen* werden jeweils unmittelbar vor `\activateareas` ausgeführt. In Anhang D wird für die *Letter-Class-Option* `asymTypB.lco` davon Gebrauch gemacht, um die Randverteilung zu ändern.

20.2. Lokale Einstellungen durch die Datei `typearea.cfg`

Noch vor der Abarbeitung der Paketoptionen prüft typearea, ob eine Datei `typearea.cfg` existiert und lädt diese gegebenenfalls. Es ist daher möglich, in dieser Konfigurationsdatei beispielsweise zusätzliche Optionen für weitere Papierformate zu definieren. Wirklich benötigt wird diese Möglichkeit eigentlich nicht mehr, da man Papierformate inzwischen auch mit ihrer Höhe und Breite angeben kann.

```
\SetDIVList{Liste}
```

Ebenfalls zur Verwendung in dieser Konfigurationsdatei war ursprünglich der Befehl `\SetDIVList` vorgesehen. Bevor die Option `DIV=calc` existierte, war dies die einzige Möglichkeit, für unterschiedliche Schriftgrößen und Papierformate unterschiedliche Voreinstellungen für den *DIV*-Wert zu definieren. Die Liste besteht dabei aus einer Reihe von Werten in geschweiften Klammern. Der Wert ganz links ist für die Schriftgröße 10 pt, der nächste für 11 pt, der dritte für 12 pt usw. vorgesehen. Wird keine Liste mit `\SetDIVList` gesetzt, so entspricht dies `\SetDIVList{{8}{10}{12}}`. Ist für eine Schriftgröße kein Standardwert gesetzt, so wird stattdessen 10 verwendet.

Dieser Befehl sollte nicht mehr verwendet werden. Stattdessen wird empfohlen, einen günstigen Satzspiegel automatisch berechnen zu lassen (siehe Option `DIV=calc`, Abschnitt 2.6, Seite 41).

Tabelle 20.1.: Optionen der Standardklassen, die typearea zwecks Kompatibilität als Paketoptionen ebenfalls unterstützt, und deren Abbildung auf KOMA-Script-Optionen

Standardoption	KOMA-Script	siehe
`a4paper`	`paper=a4`	Abschnitt 2.7, Seite 55
`a5paper`	`paper=a5`	Abschnitt 2.7, Seite 55
`b5paper`	`paper=b5`	Abschnitt 2.7, Seite 55
`executivepaper`	`paper=executive`	Abschnitt 2.7, Seite 55
`landscape`	`paper=landscape`	Abschnitt 2.7, Seite 55
`legalpaper`	`paper=legal`	Abschnitt 2.7, Seite 55
`letterpaper`	`paper=letter`	Abschnitt 2.7, Seite 55
`onecolumn`	`twocolumn=false`	Abschnitt 2.6, Seite 47
`oneside`	`twoside=false`	Abschnitt 2.6, Seite 46

20.3. Mehr oder weniger obsolete Optionen und Anweisungen

Optionen der Standardklassen

Tabelle 20.1 zeigt eine Gegenüberstellung von Optionen der Standardklassen mit den entsprechenden Optionen und Einstellungen von typearea. Aus Gründen der Kompatibilität mit den Standardklassen unterstützt typearea aber auch weiterhin die Optionen dieser Klassen. Wird also typearea zusammen mit einer der Standardklassen einschließlich der Angabe einer Standardoption bei `\documentclass` verwendet, so reagiert typearea darauf entsprechend. Eine Verwendung dieser Standardoptionen mit `\KOMAoptions` oder `\KOMAoption` ist jedoch nicht möglich. *Achtung!*

veraltete KOMA-Script-Optionen

Tabelle 20.2 zeigt eine Gegenüberstellung von Optionen sehr alter KOMA-Script-Versionen mit den korrespondierenden Optionen der aktuellen KOMA-Script-Version. Derzeit erlaubt KOMA-Script in optionalen Argumenten von `\documentclass` und `\usepackage` die veraltete Form noch immer. Für `\documentclass` wurde und wird dazu jedoch teilweise eine KOMA-Script-Klasse vorausgesetzt. Da diese Optionen nur aus Gründen der Kompatibilität mit früheren KOMA-Script-Versionen bereitgestellt werden, wird zur Verbesserung der Kompatibilität mit diesen recht alten Versionen zusätzlich automatisch Option `version=first` gesetzt. Dadurch werden verschiedene typografische Verbesserungen von KOMA-Script deaktiviert, die sich auf den Umbruch auswirken können. Außerdem wird eine entsprechende Warnung ausgegeben. Eine Verwendung der veralteten Optionen mit `\KOMAoptions` oder `\KOMAoption` ist nicht möglich. Es wird daher empfohlen, die veraltete Form der Optionenangabe grundsätzlich nicht mehr zu verwenden, sondern diese durch die korrespondierenden aktuellen Optionen und Werte zu ersetzen.

`version=first`

Achtung!

Tabelle 20.2.: Gegenüberstellung veralteter Paketoptionen mit aktuellen KOMA-Script-Optionen von typearea; die veralteten Paketoptionen setzen zusätzlich version=first

veraltet	aktuell	siehe
a*X*paper	paper=a*X*	Abschnitt 2.7, Seite 55
BCOR*Wert*	BCOR=*Wert*	Abschnitt 2.6, Seite 38
b*X*paper	paper=b*X*	Abschnitt 2.7, Seite 55
c*X*paper	paper=c*X*	Abschnitt 2.7, Seite 55
d*X*paper	paper=d*X*	Abschnitt 2.7, Seite 55
DIV*Wert*	DIV=*Wert*	Abschnitt 2.6, Seite 39
DIVcalc	DIV=calc	Abschnitt 2.6, Seite 41
DIVclassic	DIV=classic	Abschnitt 2.6, Seite 41
dvips	pagesize=dvips	Abschnitt 2.7, Seite 56
footexclude	footinclude=false	Abschnitt 2.6, Seite 47
headexclude	headinclude=false	Abschnitt 2.6, Seite 47
mpexclude	mpinclude=false	Abschnitt 2.6, Seite 49
pdftex	pagesize=pdftex	Abschnitt 2.7, Seite 56
*Zahl*headlines	headlines=*Zahl*	Abschnitt 2.6, Seite 51

\isopaper[*Reihe*]{*Formatnummer*}

Bei früheren Versionen von KOMA-Script war außerdem noch diese Anweisung zum Setzen des Papierformats dokumentiert. Von deren Verwendung wird aber schon seit langem abgeraten.

veraltete KOMA-Script-Anweisung

Achtung!

21. Zusätzliche Informationen zu den Hauptklassen scrbook, scrreprt und scrartcl sowie dem Paket scrextend

In diesem Kapitel finden Sie zusätzliche Informationen zu den KOMA-Script-Klassen scrbook, scrreprt und scrartcl und einigen Anweisungen, die auch in scrextend vorhanden sind. Der normale Anwender, der die Klassen einfach nur verwenden will, wird diese Informationen normalerweise nicht benötigen. Ein Teil der Informationen richtet sich an Anwender, die ausgefallene Aufgaben lösen oder eigene Klassen schreiben wollen, die auf einer der drei KOMA-Script-Klassen basieren. Ein weiterer Teil der Informationen behandelt Möglichkeiten der Klassen, die aus Gründen der Kompatibilität zu den Standardklassen oder früheren Versionen von KOMA-Script existieren. Die Teile, die nur aus Gründen der Kompatibilität zu früheren Versionen von KOMA-Script existieren, sind in serifenloser Schrift gesetzt und sollten nicht mehr verwendet werden.

Die Namen der KOMA-Script-Klassen sind übrigens aus dem Präfix »scr« und den gekürzten Namen der Standardklassen zusammengesetzt. Um die Länge des Namens auf acht Buchstaben zu beschränken, werden dabei notfalls von hinten her die Vokale weggelassen. Eine Gegenüberstellung der Standardklassen und der korrespondierenden KOMA-Script-Klassen zeigt Tabelle 3.1, Seite 63. Diese Art der Kürzung des Dateinamens auf acht Zeichen hat historische Gründe. Als KOMA-Script entstand, waren noch viele Betriebssysteme verbreitet, deren Dateisysteme mit längeren Dateinamen nicht umgehen konnten.

21.1. Ergänzende Hinweise zu Benutzeranweisungen

In diesem Abschnitt gibt es ergänzende Informationen zu Anweisungen aus Kapitel 3. Diese Informationen werden vom normalen Anwender nicht benötigt. Wer aber ein wenig hinter die Anweisungen schauen oder erfahren will, welche Probleme es mit der einen oder anderen Anweisung geben kann, sollte hier zumindest Ansätze finden.

`\tableofcontents`

Das Inhaltsverzeichnis wird abhängig von der Klasse als nicht nummeriertes Kapitel oder nicht nummerierter Abschnitt gesetzt und unterliegt damit den Seiteneffekten der Anweisung `\chapter*` oder `\section*`, die in Abschnitt 3.16, Seite 120 genannt sind. Allerdings werden bei Verwendung automatischer Kolumnentitel diese sowohl für linke als auch rechte Seiten korrekt mit der Überschrift des Inhaltsverzeichnisses belegt.

Normalerweise erscheinen andere Verzeichnisse wie Tabellen- und Abbildungsverzeichnis, Stichwortverzeichnis und Literaturverzeichnis nicht im Inhaltsverzeichnis. Im klassischen Buchdruck wird auf entsprechende Einträge bewusst verzichtet. Das ist auch deshalb so, weil stillschweigend von einer ganz bestimmten Verteilung dieser Verzeichnisse ausgegangen wird, wenn die entsprechenden Teile verwendet werden:

- Inhaltsverzeichnis nach der Titelei,
- Tabellen- und Abbildungsverzeichnis nach dem Inhaltsverzeichnis,
- Index ganz am Ende,
- Literaturverzeichnis vor dem Index.

Bücher, die all diese Verzeichnisse aufweisen, sind außerdem häufig mit diesen praktischen Bändern gebunden, die man an den entsprechenden Stellen ins Buch legen kann, so dass besagte Verzeichnisse höchstens einmal gesucht werden müssen.

Die Aufnahme des Inhaltsverzeichnisses in das Inhaltsverzeichnis, egal ob nummeriert oder nicht nummeriert, wäre absolut sinnlos. Wenn man den Eintrag gefunden hat, befindet man sich bereits im Inhaltsverzeichnis, muss also nicht mehr nach dem Inhaltsverzeichnis suchen. Daher existieren auch keine entsprechenden Einstellungen für Option `toc`. Da das Inhaltsverzeichnis über das Paket tocbasic realisiert wird, kann man einen solchen Eintrag mit Hilfe von \setuptoc (siehe Abschnitt 15.2, Seite 420) dennoch erreichen. tocbasic \setuptoc

KOMA-Script hat schon immer versucht, im Inhaltsverzeichnis Umbrüche unmittelbar zwischen einer Gliederungsebene und der zugehörigen Unterebene, also beispielsweise zwischen einer Kapitel- und der zugehörigen ersten Abschnittsüberschrift, zu vermeiden. Leider funktionierte dieser Mechanismus bis Version 2.96 sehr schlecht bis gar nicht. In Version 2.96a wurde er erheblich verbessert und sollte nun immer funktionieren. Allerdings kann dies zu Umbruchänderungen im Inhaltsverzeichnis führen. Daher ist der neue Mechanismus nur aktiv, wenn die Kompatibilität nicht auf Version 2.96 oder kleiner eingestellt ist (siehe Option `version`, Abschnitt 3.2, Seite 66). Der Mechanismus funktioniert auch nicht mehr, wenn die Befehle zur Erzeugung der Inhaltsverzeichniseinträge umdefiniert werden, etwa bei Verwendung des Pakets tocloft.

Achtung!

`version=2.96`

tocloft

`toc=flat`

Bei Einstellung `toc=flat` erfolgt die Ermittlung der für die Gliederungsnummern benötigten Breite während der Ausgabe des Inhaltsverzeichnisses. Nach einer Änderung, die sich auf das Inhaltsverzeichnis auswirkt, werden maximal drei LaTeX-Durchläufe benötigt, bis das Inhaltsverzeichnis mit korrektem Wert dargestellt wird.

`parskip=`*`Abstandsart`*

Absatzeinzug vs. Absatzabstand

Die Standardklassen setzen Absätze normalerweise mit Absatzeinzug und ohne Absatzabstand. Bei Verwendung eines normalen Satzspiegels, wie ihn typearea bietet, ist dies die vorteilhafteste Absatzauszeichnung. Würde man ohne Einzug und Abstand arbeiten, hätte der Leser als Anhaltspunkt nur die Länge der letzten Zeile. Im Extremfall kann es sehr schwer sein, zu erkennen, ob eine Zeile voll ist oder nicht. Des Weiteren stellt der Typograf fest, dass die Auszeichnung des Absatzendes am Anfang der nächsten Zeile leicht vergessen ist. Demgegenüber ist eine Auszeichnung am Absatzanfang einprägsamer. Der Absatzabstand hat den Nachteil, dass er in verschiedenem Zusammenhang leicht verloren geht. So wäre nach einer abgesetzten Formel nicht mehr festzustellen, ob der Absatz fortgesetzt wird oder ein neuer beginnt. Auch am Seitenanfang müsste zurückgeblättert werden, um feststellen zu können, ob mit der Seite auch ein neuer Absatz beginnt. All diese Probleme sind beim Absatzeinzug nicht gegeben. Eine Kombination von Absatzeinzug und Absatzabstand ist wegen der übertriebenen Redundanz abzulehnen. Der Einzug alleine ist deutlich genug. Der einzige Nachteil des Absatzeinzugs liegt in der Verkürzung der Zeile. Damit gewinnt der Absatzabstand bei ohnehin kurzen Zeilen, etwa im Zeitungssatz, seine Berechtigung.

Tipp!

Der Mindestfreiraum am Ende eines Absatzes gilt auch für Absätze, die aus LaTeX-Sicht nur aus einer Zeile bestehen. Daher kann beispielsweise eine Box, die sich über die gesamte Textbreite erstreckt und einen eigenen Absatz darstellt, eine Überfüllung der letzten Absatzzeile darstellen. TeX meldet solche Überfüllungen. Um eine entsprechende Meldung zu vermeiden, kann man vorübergehend auf Absatzeinzug umschalten, und den Einzug selbst mit `\noindent` verhindern.

`parskip=relativ`
`parskip=absolute`

Die KOMA-Script-Klassen bieten noch eine Besonderheit. Normalerweise passen sich Absatzeinzug, Absatzabstand und der Freiraum am Ende der letzten Zeile eines Absatzes nicht an die gewählte Schriftgröße an. Wird also beispielsweise ein kompletter Absatz in kleinerer Schrift gesetzt, so hat er denselben Einzug und denselben Abstand wie ein Absatz, der in normaler Schriftgröße gesetzt wird. Bei KOMA-Script kann man mit Hilfe von `parskip=relative` hingegen einstellen, dass diese Einstellungen relativ zur Schriftgröße vorgenommen werden. Damit dies funktioniert, muss KOMA-Script in die LaTeX-Kern-Anweisungen zur Umschaltung der Schriftgröße eingreifen. Damit kann nicht garantiert werden, dass die Option immer in gewünschter Weise funktioniert. Sie ist daher als experimentell zu verstehen. Mit `parskip=absolute` wird wieder die Voreinstellung aktiviert, also die Abhängigkeit von der Schriftgröße aufgegeben.

Eine abschließende Bemerkung zu Absätzen und Listenumgebungen: Im Internet und im Support wird häufig gefragt, warum nach einer Listenumgebung ein Einzug wie bei einem Absatz erfolge. Tatsächlich ist dies gar nicht der Fall, sondern der Effekt resultiert daraus, dass der Anwender einen Absatz verlangt. Bei LaTeX werden Leerzeilen als Absatz interpretiert. Dies gilt auch vor und nach Listenumgebungen. Soll eine Listenumgebung also innerhalb eines Absatzes gesetzt werden, ist weder davor noch danach eine Leerzeile zu setzen. Um die Umgebung trotzdem in der LaTeX-Datei besser vom Rest abzusetzen, kann man davor und dahinter eine leere Kommentarzeile setzen, also eine Zeile, die direkt mit einem Prozentzeichen beginnt und nichts weiter enthält.

Absatz durch Leerzeile

`fontsize=`*`Größe`*

Die Auswahl der Grundschriftgröße geschieht bei KOMA-Script nach einem mehrstufigen Verfahren. Für den Anwender ist dabei entscheidend, dass bei Auswahl einer *Größe* zunächst nach einer Datei `scrsize`*`Größe`*`.clo` gesucht wird. Existiert diese, so werden alle Einstellungen für die Schriftgrößen und die Listen dadurch gesetzt, dass diese Datei geladen wird. Satzspiegeleinstellungen befinden sich in diesen Dateien nicht, da der Satzspiegel bei den KOMA-Script-Klassen vom Paket typearea bestimmt wird. Existiert die Datei nicht, so wird nach der Datei `scrsize`*Größe*`pt.clo` gesucht und ggf. diese verwendet. Dadurch ist es möglich, bei der Angabe der *Größe* die Einheit »pt« wegzulassen.

Wurde bisher keine passende Datei für die *Größe* gefunden und wurde die Option bei `\documentclass` verwendet, so wird nach einer passenden `size`*XX*`.clo` bzw. bk*XX*`.clo` gesucht. Dabei ist *XX* die *Größe* in pt ohne Einheit. Diese Dateien können beispielsweise von den Standardklassen oder dem Paket extsizes (siehe [Kil99]) stammen. Dieser Schritt entfällt, wenn die Schriftgröße nach dem Laden der Klasse neu gesetzt wird, weil diese Dateien normalerweise nur einmal beim Laden der Klasse gelesen werden können.

`\documentclass`

Konnten bis hier keine Einstellungen gewählt werden, so existiert in den KOMA-Script-Klassen eine Rückversicherung (engl. *fallback solution*). Dabei werden alle Größen berechnet. Diese Berechnung kann natürlich mit manuell optimierten Einstellungen nicht mithalten. Sie entspricht mehr den Fähigkeiten einer normalen Textverarbeitung.

Ein Vorteil dieses mehrstufigen Verfahrens ist, dass man bei KOMA-Script nun theoretisch jede beliebige Grundschriftgröße einstellen kann. Dabei kann als Einheit statt pt auch direkt beispielsweise bp (*bigpoint*) verwendet werden. Das ist dann nützlich, wenn man Vorgaben, die aus der Textverarbeitungswelt stammen, exakt einhalten will. Es sei jedoch darauf hingewiesen, dass das Font-System von LaTeX nicht unbedingt jede beliebige Schriftgröße, sondern abhängig von der Schrifteinbindung nur einige diskrete Schriftgrößen zur Verfügung stellt, auf die Zwischengrößen dann abgebildet werden. Näheres zu dieser Abbildung ist [Tea05a] zu entnehmen.

1 pt=1/72,27 Inch

1 bp=1/72 Inch

Textverarbeitungen arbeiten mit bp

Achtung!

Wer eigene Schriftgrößendateien erstellen will, sollte sich dabei an einer der Dateien orientieren, die offizieller Bestandteil von KOMA-Script sind, beispielsweise `scrsize10pt.clo`. Keinesfalls sollten in der Datei Satzspiegel- oder Randeinstellungen vorgenommen werden. Die Datei muss auch unbedingt ggf. mehrfach innerhalb eines Dokuments geladen werden können!

```
\captionbelow[Verzeichniseintrag]{Titel}
\captionabove[Verzeichniseintrag]{Titel}
captions=tableabove
```

Es könnte eventuell eingewendet werden, dass man das Gleiche wie mit `\captionabove` oder `captions=tableabove` auch mit dem topcapt-Paket und der dort definierten Anweisung `\topcaption`

Achtung! erreichen könne (siehe [Fai04]). Dies ist jedoch nicht der Fall. Tatsächlich bleibt `\topcaption` von Paketen, die direkt das `\caption`-Makro umdefinieren, unberücksichtigt. Ein Beispiel dafür ist das hyperref-Paket (siehe [RO12]). Demgegenüber sind `\captionabove` und `\captionbelow` so implementiert, dass sich die Änderungen auch auf diese beiden Anweisungen auswirken.

```
\footnoterule
\raggedbottom
```

Mit der Anweisung `\raggedbottom` wird erreicht, dass der Textbereich einer Seite nach unten nicht mehr komplett gefüllt sein muss. Passt etwa eine Box nicht mehr auf die Seite und muss deshalb umbrochen werden, werden dann nicht die vertikalen Abstände der Seite gedehnt, sondern es wird Leerraum am Ende der Seite eingefügt. Es findet also kein vertikaler Ausgleich mehr statt. Allerdings betrachten es die meisten Anwender als Fehler, dass dabei auch die Fußnoten nach oben rutschen, der Leerraum also nicht zwischen dem normalen Text und den Fußnoten, sondern unter den Fußnoten eingefügt wird. Dieses Verhalten ist in der Ausgaberoutine von LaTeX verankert, die von den KOMA-Script-Klassen vorsichtshalber nicht angetastet wird. Stattdessen wird bei KOMA-Script versucht, das Problem indirekt über die Definition der Anweisung für die Linie über dem Fußnotenapparat, `\footnoterule`, zu lösen.

Normalerweise enthält die Definition von `\footnoterule` nur Anweisungen, um eine Linie ohne Höhe über den Fußnotenapparat zu setzen. Bei KOMA-Script wurde nun in die Definition dieser Linie zusätzlich dehnbarer vertikaler Abstand über der eigentlichen Linie eingefügt, falls erkannt wird, dass kein vertikaler Ausgleich erfolgen soll. Dieser Abstand ist mit `0pt plus 0.05fil` zwar prinzipiell unendlich, aber in TeX-Maßstäben wenig unendlich. Damit haben in der Regel andere unendlich dehnbare, vertikale Abstände auf der Seite, beispielsweise `\vfill`, Vorrang. Ein minimales Flattern der Fußnoten kann aber mit dieser Definition so wenig ausgeschlossen werden, wie ein minimaler Einfluss auf andere dehnbare, vertikale Abstände der Seite. Wollte man dies vermeiden, müsste in die Ausgaberoutine von LaTeX eingegriffen werden.

Achtung! Es sei hier auch noch darauf hingewiesen, dass die LaTeX-Schöpfer die Platzierung unten (engl. *bottom*) bei Gleitumgebungen als wirklich ganz unten interpretieren. Deshalb werden diese Gleitumgebungen auch unterhalb des Fußnotenapparats gesetzt. Dies lässt footmisc sich beispielsweise durch Verwendung von footmisc ändern (siehe [Fai11]).

```
\marginpar[Randnotiz links]{Randnotiz}
\marginline{Randnotiz}
```

Leider funktioniert \marginpar im doppelseitigen Layout nicht immer ganz korrekt. Die Entscheidung, ob eine Randnotiz links oder rechts landet, wird bereits bei der Auswertung von \marginpar getroffen. Verschiebt nun die Ausgaberoutine eine Randnotiz über einen Seitenumbruch auf die nächste Seite, so ist die Formatierung nicht mehr korrekt. Dieses Verhalten ist tief in LaTeX verankert und wurde vom LaTeX3-Team deshalb als Feature deklariert. \marginline ändert nichts an diesem unerwünschten Verhalten. Mit dem Paket mparhack (siehe [SU05]) existiert aber eine Standardlösung für dieses Problem, von der dann natürlich auch \marginline profitiert. *Achtung!* mparhack

Es sei darauf hingewiesen, dass \marginpar und \marginline innerhalb von Gleitumgebungen wie Tabellen und Abbildungen nicht verwendet werden können. Auch in abgesetzten Formeln funktionieren diese Anweisungen nicht. Darüber hinaus sind Randnotizen Gleitobjekte. Das bedeutet, sie können von LaTeX innerhalb eines Absatzes nach oben oder unten verschoben werden. Ein anderes Verhalten ist mit der Anweisung \marginnote des Pakets marginnote (siehe [Koh12]) möglich. Diese Anweisung funktioniert auch in vielen Fällen, in denen \marginpar und \marginline nicht verwendet werden können, und setzt die Randnotiz immer in den Rand der aktuellen Zeile.

```
\ifthispageodd{Dann-Teil}{Sonst-Teil}
\ifthispagewasodd Dann-Teil \else Sonst-Teil \fi
```

Eine Besonderheit von LaTeX besteht darin, dass es nicht einfach möglich ist, festzustellen, auf welcher Seite man sich gerade befindet. Der Grund dafür ist, dass der Seitenumbruch erst dann erfolgt, wenn der Absatz vollständig umbrochen wurde. Zu diesem Zeitpunkt wurden aber Anweisungen wie \thepage oder auch andere Zugriffe auf den Seitenzähler längst expandiert und ausgewertet. Man kann dies einfach testen, indem man mehrere Absätze mit Blindtext erzeugt, wobei jeder Absatz länger als eine Seite ist und mehrere \thepage-Anweisungen enthält. All diese Anweisungen innerhalb eines Absatzes werden dieselbe Seitenzahl ausgeben, egal ob sie auf derselben Seite stehen oder nicht. Damit ist auch schwer zu sagen, ob die aktuelle Seite eine gerade oder eine ungerade Seitenzahl besitzt.

Um zuverlässig festzustellen, ob ein Text auf einer geraden oder einer ungeraden Seite ausgegeben wird, muss man normalerweise mit einem Label und einer Seitenreferenz auf dieses Label arbeiten.

Diese Label werden nämlich erst beim Schreiben in die aux-Datei expandiert und dieses Schreiben erfolgt nicht während des Umbruchs des Absatzes, sondern während der Ausgabe der jeweiligen Stelle. Allerdings ist es nicht unbedingt einfach, aus einem Verweis auf ein Label eine Zahl zu erhalten und dabei muss man auch noch spezielle Vorkehrungen für den ersten LaTeX-Durchlauf treffen, bei dem das Label noch nicht bekannt ist.

Die Anweisung `\ifthispageodd` berücksichtigt all diese Probleme, wobei im ersten Durchlauf mehr oder weniger geraten wird, ob die Seite gerade oder ungerade ist. Es sind aber auch Fälle denkbar, in denen die Anweisung `\ifthispageodd` nie zum korrekten Ergebnis führt. Nehmen wir an, dass die Anweisung innerhalb einer Box verwendet wird. Eine Box wird von LaTeX immer im Ganzen gesetzt. In ihr findet kein Seitenumbruch statt. Nehmen wir weiter an, der *Dann-Teil* wäre sehr groß, der *Sonst-Teil* aber leer. Nehmen wir außerdem an, dass die Box mit dem *Sonst-Teil* noch auf die aktuelle gerade Seite passt, mit dem *Dann-Teil* jedoch nicht. Nehmen wir weiter an, KOMA-Script entscheidet beim ersten Durchlauf heuristisch, dass der *Dann-Teil* zutrifft. Die Entscheidung war damit falsch und wird im nächsten Durchlauf revidiert. Dadurch wird aber nicht mehr der *Dann-Teil* sondern der *Sonst-Teil* abgearbeitet. Die Entscheidung wird also im nächsten Durchlauf wieder revidiert und immer so weiter. So selten diese Fällen sein mögen, so wichtig ist, ihr mögliches Auftreten zu kennen!

Achtung!

Manchmal ist es auch notwendig, nochmals festzustellen, wie die letzte Entscheidung lautete. Dies ist mit der TeX-Anweisung `\ifthispagewasodd` möglich. Diese ist entweder mit `\iftrue` oder `\iffalse` identisch und entsprechend anzuwenden.

`\othersectionlevelsformat{`*Gliederungsname*`}{}{`*Zählerausgabe*`}`

Das zweite Argument wird intern benötigt, weil die Anweisung vor Version 2.97 nur ein Argument hatte. Ohne das dritte Argument kann es aber in einigen Fällen zu einer falschen Gliederungsnummer in Kolumnentiteln kommen. Damit alte Dokumente und Pakete, in denen die Anwender die Anweisung mit nur einem Argument umdefinieren, weiterhin funktionieren, wird das zweite Argument intern verwendet. Interessierten Experten sei die Verwendung von `\othersectionlevelsformat` in `\@seccntformat` in den dokumentierten Quellen von KOMA-Script empfohlen.

Tipp!

Im Resultat ergibt sich aus der Änderung ab Version 2.97 allerdings, dass Aufrufe von `\othersectionlevelsformat` mit nur einem Argument nicht mehr funktionieren. Sollten Sie also ältere Dokumente oder Pakete haben, bei denen `\othersectionlevelsformat` nicht umdefiniert, sondern direkt aufgerufen wird, so sollten Sie bei diesen Aufrufen ein leeres zweites Argument und das dritte Argument wie oben dokumentiert ergänzen. Dieser Fall wurde vom KOMA-Script-Autor als eher unwahrscheinlich angenommen.

```
\chapterpagestyle
\rightmark
```

Wer glaubt, er könne auf Kapitelanfangsseiten ebenfalls mit lebenden Kolumnentiteln arbeiten, indem er einfach eine Definition wie *Achtung!*

```
\renewcommand*{\chapterpagestyle}{headings}
```

verwendet, wird sich möglicherweise wundern. Zwar wird dadurch tatsächlich auch auf Kapitelanfangsseiten der Seitenstil headings verwendet, allerdings erscheint bei Kapitelüberschriften auf rechten Seiten, beispielsweise mit der Option open=right trotzdem kein Kolumnentitel. Die Ursache dafür ist im LaTeX-Kern zu finden. Dort ist \rightmark, die Marke für rechte Seiten, mit

```
\let\@rightmark\@secondoftwo
\def\rightmark{%
  \expandafter\@rightmark\firstmark\@empty\@empty
}
```

definiert. Es wird also die rechte Marke von \firstmark gesetzt. \firstmark beinhaltet die erste linke und rechte Marke, die auf einer Seite gesetzt wurde. Innerhalb von \chapter wird mit \markboth die linke Marke auf die Kapitelüberschrift und die rechte Marke auf einen leeren Inhalt gesetzt. Damit ist also die erste rechte Marke auf einer rechten Kapitelanfangsseite leer. Daher ist auf diesen Seiten auch der Kolumnentitel leer.

Nun könnte man natürlich in der Dokumentpräambel \rightmark so umdefinieren, dass statt der ersten die letzte rechte Marke einer Seite verwendet wird:

```
\renewcommand*{\rightmark}{%
  \expandafter\@rightmark\botmark\@empty\@empty
}
```

Damit würde man aber auf rechten Kapitelanfangsseiten als Kolumnentitel den Titel der letzten Abschnittsüberschrift (\section) dieser Seite erhalten. Das wäre ebenso verwirrend und ist grundsätzlich genauso abzulehnen, wie wenn auf rechten Kapitelanfangsseiten plötzlich als Kolumnentitel nicht die Abschnittsüberschrift, sondern die Kapitelüberschrift erscheinen würde. Das voreingestellte Verhalten ist also korrekt. Dennoch lässt es sich bei Bedarf auf obige Weise ändern.

```
\begin{addmargin*}[innerer Einzug]{Einzug}
  ...
\end{addmargin*}
```

Achtung! Ein Problem mit der addmargin*-Umgebung soll nicht verschwiegen werden. Tritt ein Seitenumbruch mitten in einer addmargin*-Umgebung auf, so findet der Einzug auf der zweiten Seite vertauscht statt. Das heißt, dass der *innere Einzug* plötzlich außen vorgenommen wird. Es empfiehlt sich daher, in dieser Umgebung den Seitenumbruch ganz zu verhindern. Das kann man erreichen, indem man zusätzlich eine \parbox oder eine minipage verwendet. Dabei wird von dem Umstand Gebrauch gemacht, dass weder das Argument einer \parbox noch der Inhalt einer minipage über eine Seitengrenze umbrochen wird. Leider handeln Sie sich damit einen anderen Nachteil ein: Seiten können unter Umständen nicht mehr korrekt gefüllt werden. Dies führt dann auch zu entsprechenden Warnungen.

21.2. Zusammenspiel von KOMA-Script und anderen Paketen

In diesem Abschnitt gibt es ergänzende Informationen zum Zusammenspiel zwischen KOMA-Script und einigen externen Paketen. Diese Informationen werden vom normalen Anwender nicht benötigt. Wenn es aber Probleme in diesem Zusammenspiel gibt, ist ein tieferer Blick in diesen Abschnitt angezeigt.

```
draft=Ein-Aus-Wert
```

Die beiden Einstellungen für die Option draft werden auch von anderen Paketen ausgewertet und beeinflussen deren Eigenschaften. Viele Pakete verstehen allerdings nur die Option draft ohne Wertangabe als globale Option bei \documentclass oder beim Laden des

final Pakets. Dafür verstehen diese Pakete dann oft auch die Option final (siehe Abschnitt 21.4, Seite 533).

```
toc=flat
toc=graduated
```

Damit der Platz, der für die Gliederungsnummern benötigt wird, bei der Einstellung toc=flat automatisch ermittelt werden kann, müssen einige Makros umdefiniert werden. Es ist zwar unwahrscheinlich, aber nicht ausgeschlossen, dass dies zu Problemen bei Verwendung anderer Pakete führt. Sollten Sie diesen Verdacht haben, probieren Sie alternativ die Einstellung toc=graduated, die ohne solche Umdefinierungen auskommt. Bei Verwendung von Paketen, die ebenfalls in die Formatierung des Inhaltsverzeichnisses eingreifen, beispielsweise tocstyle (siehe [Koh13]), ist außerdem damit zu rechnen, dass die Optionen `toc=flat` und `toc=graduated` nicht funktionieren. Sicherheitshalber sollte man bei Verwendung solcher Pakete keine der beiden Optionen verwenden. *Tipp!*

```
\raggedsection
\raggedchapterentry
\raggedpart
```

Dadurch, dass `\raggedsection` (siehe Abschnitt 3.16, Seite 124) mit Hilfe von `\let` als `\raggedright` definiert wird, erhält es die Definition von `\raggedright`, die bei Verwendung der `\let`-Anweisung gilt. Im Fall von KOMA-Script geschieht dies beim Laden der Klasse. Entsprechend erhält `\raggedpart` beim Laden der Klasse per `\let` die Definition von `\centering`.

Das ist deshalb wichtig, weil das Paket ragged2e je nach gewählten Optionen die Anweisungen `\raggedright`, `\raggedleft` und `\centering` so umdefiniert, dass automatische Trennungen erlaubt sind. Die Anweisungen für den trennungslosen Flattersatz werden also plötzlich zu Anweisungen für Rauhsatz mit automatischer Trennung in der definierten Flatterzone. Überschriften sollen jedoch nicht automatisch getrennt werden. Ist eine Trennung unvermeidlich, so gilt die allgemeine Regel, dass beim Rauhsatz Trennstellen sehr sorgfältig nach semantischen Gesichtspunkten zu wählen sind, für Überschriften erst recht. *Achtung!* ragged2e

Leider kann nicht an allen Stellen, an denen keine automatische Trennung erfolgen soll, auf diese Weise mit `\let` gearbeitet werden. KOMA-Script nimmt diesbezüglich auch keinen Einfluss auf Anweisungen und Umgebungen anderer Klassen und Pakete oder des LaTeX-Kerns. Man sollte die Entscheidung, ob man ragged2e die Umdefinierung der Standardanweisungen für den Flattersatz gestatten will, daher sorgfältig treffen. Definiert man eines der Makros zur Bestimmung der horizontalen Ausrichtung und Verhinderung von Trennung aus KOMA-Script nach dem Laden von ragged2e um, sollte man außerdem gegebenenfalls auf die Anweisungen `\LaTeXcentering`, `\LaTeXraggedleft` und `\LaTeXraggedright` zurückgreifen, soweit diese definiert sind. Siehe hierzu [Sch09]. *Tipp!* *Tipp!*

```
\setcapwidth[Ausrichtung]{Breite}
\setcapmargin*[Rand innen]{Rand}
```

Das Paket longtable (siehe [Car04]) packt Tabellenkopf und -fuß in eine Box, die auf Folgeseiten nach Bedarf erneut ausgegeben wird. longtable

Bei der Ausgabe einer Box werden Makros wie `\caption`, die bei der Erzeugung der Box durchlaufen wurden, nicht erneut ausgewertet. *Achtung!* Damit ist es KOMA-Script unmöglich, die Randeinstellung im doppelseitigen Satz auf geraden Seiten zu vertauschen. Dies wäre aber notwendig, um eine Ausrichtung, die nach außen oder innen verschoben ist, zu ermöglichen.

```
\caption[Verzeichniseintrag]{Titel}
```

longtable

Bei Verwendung des longtable-Pakets wird dafür gesorgt, dass auch die Tabellenüberschriften, die innerhalb einer `longtable`-Umgebung gesetzt werden, in Aussehen und Form denen einer normalen `table`-Umgebung entsprechen. *Achtung!* Dazu werden interne Anweisungen von longtable, beispielsweise `\LT@makecaption` umdefiniert. Diese Umdefinierung erfolgt mit Hilfe von `\AfterPackage` unmittelbar nach dem Laden von longtable.

Achtung! Bitte beachten Sie, dass beim longtable-Paket normalerweise die maximale Breite einer Tabellenüberschrift begrenzt werden kann und per Voreinstellung auf 4 inch begrenzt ist (siehe [Car04]). Bei Verwendung von KOMA-Script funktioniert der entsprechende Mechanismus aus longtable jedoch nur, wenn die Klassenoption `origlongtable` (siehe Abschnitt 3.20, Seite 161) gesetzt wird.

```
\captionbelow[Verzeichniseintrag]{Titel}
\captionabove[Verzeichniseintrag]{Titel}
captions=tableabove
```

Achtung! float floatrow

Bitte beachten Sie, dass sich `\captionabove` und `\captionbelow` innerhalb einer `float`-Umgebung, die mit Hilfe des Pakets float oder floatrow definiert wurde, genau wie in [Lin01] und [Lap08] für die `\caption`-Anweisung beschrieben verhalten. In diesem Fall kontrolliert allein der float-Stil, ob es sich um eine Überschrift oder um eine Unterschrift handelt.

```
toc=Einstellung
chapteratlists
chapteratlists=Wert
listof=Einstellung
\listoftables
\listoffigures
```

Das Abbildungs- und das Tabellenverzeichnis sind die bekanntesten Verzeichnisse von Gleitumgebungen. Beispielsweise mit Hilfe des Pakets tocbasic können jedoch eigene Gleitumgebungen erstellt werden, die ebenfalls in Verzeichnissen erfasst werden. *(tocbasic)* Siehe dazu Abschnitt 15.2 und insbesondere Abschnitt 15.4 und Abschnitt 15.5.

Ob sich KOMA-Script-Optionen auf Verzeichnisse auswirken, die mit Hilfe von anderen Paketen erstellt werden, hängt maßgeblich von diesen Paketen ab. Bei den Verzeichnissen des Pakets float (siehe [Lin01]) ist das normalerweise der Fall. Leider geschieht dies dort aber noch über eine wenig mächtige Schnittstelle, deren Verwendung inzwischen nicht mehr empfohlen wird. KOMA-Script gibt gegebenenfalls eine entsprechende Warnung aus. *Achtung!*

KOMA-Script stellt mit dem Paket tocbasic anderen Klassen und Paketen ein Hilfsmittel zur Verfügung, das die Verwaltung der Verzeichnisse einschließlich diverser Zusatzmöglichkeiten und der Unterstützung der KOMA-Script-Optionen für Verzeichnisse deutlich vereinfacht. KOMA-Script selbst verwendet dabei als *`Besitzer`* für das Abbildungs- und das Tabellenverzeichnis `float`, für das Inhaltsverzeichnis hingegen den Dateinamen der Klasse. Darüber hinaus unterstützt es mit `chapteratlist` eine eigene Einstellung für Verzeichnisse. Diese Einstellung ist für Abbildungs- und Tabellenverzeichnis voreingestellt und sorgt dafür, dass in diese Verzeichnisse bei neuen Kapiteln wahlweise ein Abstand oder die Kapitelüberschrift eingetragen wird.

Durch Verwendung des Pakets scrhack (siehe Kapitel 16) kann für einige Pakete wie das bereits genannte float nachträglich die Verwendung von tocbasic aktiviert werden. Dadurch verschwindet auch die oben genannte Warnung. Dabei wird jedoch in die Funktionsweise dieser Pakete eingegriffen. Daher kann nicht garantiert werden, dass die Verwendung von scrhack zum Ziel führt. Aus diesem Grund hat das Paket auch dauerhaft einen Beta-Status, womit ausgedrückt wird, dass dessen Benutzung auf eigenes Risiko erfolgt. *Tipp!* scrhack

`footnotes=multiple`

Diese Option ist darauf angewiesen, dass einige Anweisungen wie `\footnotetext` und `\footnotemark` nicht komplett neu definiert werden. Einige wenige Pakete tun genau dies jedoch. Die Neudefinierungen durch die Pakete footmisc und setspace werden von KOMA-Script jedoch berücksichtigt und schaden der Funktion der Option daher nicht. footmisc setspace

`\multfootsep`

Der Name der Anweisung `\multfootsep` wurde in Übereinstimmung mit dem Paket footmisc (siehe [Fai11]) gewählt. Damit ist die Umdefinierung von `\multfootsep` auch dann möglich, wenn dieses Paket verwendet wird. footmisc

```
\AfterBibliographyPreamble{Anweisungen}
\AtEndBibliography{Anweisungen}
\begin{thebibliography}
  ...
\end{thebibliography}
```

\bib@before@hook
\bib@after@hook

Die beiden Anweisungen wurden realisiert, indem in der Definition von thebibliography die beiden Makros \bib@before@hook und \bib@after@hook eingefügt wurden. Diese Makros werden außerdem nach dem Ausführen von \bib@after@hook wieder als leer definiert, so dass bei Verwendung mehrerer thebibliography-Umgebungen die *Anweisungen* für jede einzelne neu gesetzt werden können, aber gegebenenfalls auch müssen. Definiert nun ein Paket die Umgebung thebibliography um, so funktionieren die Haken nur noch, wenn die beiden Makros \bib@after@hook und \bib@after@hook auch entsprechend in der umdefinierten Umgebung enthalten sind.

Achtung!

21.3. Anweisungen für Experten

In diesem Abschnitt werden Anweisungen beschrieben, die für den normalen Anwender kaum oder gar nicht von Interesse sind. Experten bieten diese Anweisungen zusätzliche Möglichkeiten. Da die Beschreibungen für Experten gedacht sind, sind sie kürzer gefasst.

```
\KOMAClassName
\ClassName
```

In \KOMAClassName ist der Name der aktuell verwendeten KOMA-Script-Klasse abgelegt. Will man also wissen, ob eine oder welche KOMA-Script-Klasse verwendet wird, so kann man einfach auf diese Anweisung testen. Demgegenüber gibt \ClassName Auskunft, welche Standardklasse durch diese KOMA-Script-Klasse ersetzt wird.

Achtung!

Es sei in diesem Zusammenhang darauf hingewiesen, dass demgegenüber die Existenz von \KOMAScript nicht als Indiz für die Verwendung einer KOMA-Script-Klasse dienen kann. Zum einen definieren alle KOMA-Script-Pakete diese Anweisung, zum anderen können auch andere Pakete es für sinnvoll erachten, das KOMA-Script-Piktogramm unter diesem Namen zu definieren.

```
\addtocentrydefault{Ebene}{Nummer}{Überschrift}
```

\addcontentsline

Die KOMA-Script-Klassen verwenden \addcontentsline nicht direkt, um Einträge ins Inhaltsverzeichnis vorzunehmen. Stattdessen wird \addtocentrydefault mit ganz ähnlichen Argumenten aufgerufen. Die Anweisung kann sowohl für nummerierte als auch für nicht nummerierte Einträge verwendet werden. Dabei gibt *Ebene* die Gliederungsebene in Textform also part, chapter, section, subsection, subsubsection, paragraph oder subparagraph an. Die formatierte Gliederungsnummer wird über das zweite Argument *Nummer* übergeben. Dieses Argument darf auch leer sein. Der Text des Eintrags wird mit *Überschrift* angegeben. Es wird empfohlen zerbrechliche Befehle in diesem Argument mit \protect zu schützen.

\protect

Für das Argument *Nummer* gilt noch eine Besonderheit. Ist das Argument leer, so signalisiert dies, dass ein nicht nummerierter Eintrag erzeugt werden soll. In der Voreinstellung wird dies mit

```
\addcontentsline{toc}{Ebene}{%
  \protect\nonumberline Überschrift%
}
```

erreicht. Ist das Argument jedoch nicht leer, so soll ein nummerierter Eintrag erzeugt werden und *Nummer* ist die vorformatierte Gliederungsnummer. In der Voreinstellung verwendet KOMA-Script

```
\addcontentsline{toc}{Ebene}{%
  \protect\numberline{Nummer}Überschrift%
}
```

zur Erzeugung dieses Eintrags.

Paketautoren und Autoren von Wrapper-Klassen können diese Anweisung umdefinieren, um Einfluss auf die Einträge zu nehmen. So wäre beispielsweise denkbar mit

Beispiel

```
\renewcommand{\addtocentrydefault}[3]{%
  \ifstr{#3}{}{%
  }{%
    \ifstr{#2}{}{%
      \addcontentsline{toc}{#1}{\protect\nonumberline#3}%
    }{%
      \addcontentsline{toc}{#1}{\protect\numberline{#2}#3}%
    }%
  }%
}%
```

dafür zu sorgen, dass Einträge mit leerer *Überschrift* erst gar nicht vorgenommen werden. Eine solche Änderung ist in der Praxis jedoch nicht notwendig, da die Unterdrückung leerer Einträge bereits auf andere Weise in die KOMA-Script-Klassen eingebaut ist. Siehe hierzu auch die Erklärung zu den Gliederungsbefehlen in Abschnitt 3.16 ab Seite 114.

```
\addparttocentry{Nummer}{Überschrift}
\addchaptertocentry{Nummer}{Überschrift}
\addsectiontocentry{Nummer}{Überschrift}
\addsubsectiontocentry{Nummer}{Überschrift}
\addsubsubsectiontocentry{Nummer}{Überschrift}
\addparagraphtocentry{Nummer}{Überschrift}
\addsubparagraphtocentry{Nummer}{Überschrift}
```

\addtocentrydefault Auch die oben dokumentierte Anweisung \addtocentrydefault wird von den KOMA-Script-Klassen nur dann direkt aufgerufen, wenn für die angegebene *Ebene* keine direkte Anweisung definiert \relax oder diese \relax ist. In der Voreinstellung sind die angegebenen Anweisungen alle so definiert, dass sie ihre *Ebene* und die Argumente direkt an \addtocentrydefault weiter geben.

```
\@fontsizefilebase
```

Der auf Seite 514 für die Schriftgrößendateien angegebene Präfix scrsize, ist lediglich die Voreinstellung für das interne Makro \@fontsizefilebase, die verwendet wird, wenn das Makro beim Laden der Klasse oder des Pakets scrextend noch nicht definiert ist. Autoren von Wrapper-Klassen können dieses Makro abweichend *Tipp!* definieren, um andere Schriftgrößendateien zu verwenden. Ebenso können Autoren von Wrapper-Klassen die *fallback*-Lösung dadurch \changefontsizes ändern oder abschalten, dass sie das Macro \changefontsizes, das als Argument die gewünschte Größe erwartet, umdefinieren.

```
\newkomafont[Warnung]{Element}{Voreinstellung}
\aliaskomafont{Aliasname}{Element}
```

Experten können mit \newkomafont eine *Voreinstellung* für die Schrift eines *Element*s definieren. Anschließend kann diese Voreinstellung mit den Anweisungen \setkomafont und \addtokomafont (siehe Abschnitt 3.6, Seite 70) verändert werden. Natürlich wird diese Schrift damit noch lange nicht verwendet. Der Experte muss selbst Sorge dafür tragen, dass er an den entsprechenden Stellen \usekomafont die Anweisung \usekomafont (siehe Seite 70) für dieses Element in seinen Definitionen einbaut.

Das optionale Argument *Warnung* definiert eine Warnmeldung. Diese wird bei den KOMA-Script-Klassen per \ClassWarning oder beim Paket scrextend per \PackageWarning immer dann ausgegeben, wenn die Voreinstellung für das Element verändert wird. Dabei wird als Urheber der Warnung die verwendete KOMA-Script-Klasse oder das Paket scrextend ausgegeben.

Mit \aliaskomafont kann für ein bereits existierendes *Element* ein *Aliasname* definiert werden. KOMA-Script informiert den Benutzer automatisch über den Namen des tatsächlichen Elements, wenn dieser den *Aliasname* verwendet. *Aliasnamen* können beispielsweise dann eingesetzt werden, wenn der Entwickler sich später einen besseren Namen für ein Element überlegt und der alte Name aus Kompatibilitätsgründen weiter verwendbar bleiben soll. Außerdem kann damit die Benutzerfreundlichkeit erhöht werden, indem einem Element all die Namen als Alias zugeordnet werden, die unterschiedliche Benutzer intuitiv wählen würden. KOMA-Script selbst macht von dieser Möglichkeit reichen Gebrauch. *Tipp!*

`\setparsizes{Einzug}{Abstand}{Endzeilenleerraum}`

KOMA-Script bietet mit dieser Anweisung die Möglichkeit, sowohl den Absatzeinzug, als auch den Absatzabstand und den Freiraum am Ende der letzten Zeile des Absatzes einzustellen. Diese Anweisung ist immer dann zu verwenden, wenn die Änderungen auch bei Einstellung `parskip=relative` beachtet werden sollen. KOMA-Script selbst verwendet sie beispielsweise in der Form *Beispiel*

```
\setparsizes{0pt}{0pt}{0pt plus 1fil}
```

um sowohl den Einzug als auch den Abstand abzuschalten und am Ende des Absatzes beliebigen Freiraum zu erlauben. Eine solche Maßnahme ist sinnvoll, wenn ein Absatz nur aus einer Box besteht, die ohne Abstand nach oben oder unten gesetzt werden soll und die gesamte Spaltenbreite einnimmt. Soll demgegenüber die Box nur die gesamte Breite einnehmen, jedoch mit der aktuellen Einstellung bezüglich des Absatzabstandes gesetzt werden, so ist

```
\setlength{\parfillskip}{0pt plus 1fil}
```

vorzuziehen.

`\raggedchapterentry`

Diese Anweisung ist nicht mit Anweisungen wie `\raggedsection` zu vergleichen. Während jene Anweisungen es ermöglichen, bestimmte Elemente im Blocksatz oder im rechts- oder linksbündigen oder beidseitigen Flattersatz zu setzen, besteht mit Hilfe von `\raggedchapterentry` lediglich die Möglichkeit, Kapiteleinträge im Inhaltsverzeichnis statt im voreingestellten Blocksatz im linksbündigen Flattersatz zu setzen. Dazu ist die Anweisung als `\raggedright` zu definieren. Siehe hierzu auch die einschränkenden Hinweise in Abschnitt 21.2, Seite 521. `\raggedright`

`\theZähler`
`\p@Zähler`

Bekanntlich gibt es bei LaTeX zu jedem mit `\newcounter` definierten `\newcounter`

Zähler eine Anweisung \the*Zähler*, mit welcher der *Zähler* ausgegeben werden kann. Die Darstellung der Zähler für die einzelnen Gliederungsebenen setzt sich dabei beispielsweise je nach Klasse ab \section (book, scrbook, report, scrreprt) oder ab \subsection (article, scrartcl) aus der Darstellung des Zählers für die übergeordnete Ebene, gefolgt von einem Punkt und der arabischen Zahl des Zählers der jeweiligen Ebene zusammen.

Bei Referenzen auf einen Zähler wird \the*Zähler* jeweils noch \p@*Zähler* vorangestellt. Will man nun also beispielsweise, dass Abschnitte in der Überschrift, dem Kolumnentitel und dem Inhaltsverzeichnis ohne vorangestellten Kapitelzähler ausgegeben werden, bei Querverweisen der Kapitelzähler aber wieder vorangestellt wird, so kann man dies mit

```
\renewcommand*{\thesection}{\arabic{section}}
\renewcommand*{\p@section}{\thechapter.}
```

erreichen.

```
\chapterheadstartvskip
\chapterheadendvskip
\partheadstartvskip
\partheadmidvskip
\partheadendvskip
\partheademptypage
```

\chapter \part \addchap \addpart

Diese Anweisungen werden innerhalb der Definition der Überschriften \chapter, \part, \addchap, \addpart und deren Sternvarianten verwendet. Dabei ist \chapterheadstartvskip eine Anweisung, die dafür vorgesehen ist, vor der Kapitelüberschrift einen vertikalen Abstand einzufügen. Entsprechend ist \chapterheadendvskip eine Anweisung, die dafür vorgesehen ist, nach der Kapitelüberschrift einen vertikalen Abstand einzufügen.

Für das Einfügen der vertikalen Abstände über und unter Teile-Überschriften sind die Anweisungen \partheadstartvskip und \partheadendvskip vorgesehen. Dabei wird ein Seitenumbruch als

scrbook, scrreprt

Teil des vertikaler Abstandes interpretiert und ist bei scrbook und scrreprt in der Voreinstellung von \partheadendvskip enthalten. Die Anweisung \partheadmidvskip ist für den Abstand zwischen der Teile-Nummer und dem Text der Teile-Überschrift vorgesehen. Die Anweisung \partheademptypage wird bei scrbook und scrreprt gegebenenfalls für die leere Seite nach der Überschrift verwendet.

scrbook, scrreprt

Die Voreinstellungen für diese sechs Anweisungen von scrbook und scrreprt sind Tabelle 21.1 und Tabelle 21.2 zu entnehmen. Für

scrartcl

scrartcl sind die Voreinstellungen der dort definierten drei Anweisun-

Tabelle 21.1.: Voreinstellungen der Anweisungen für die vertikalen Abstände bei Kapitel-Überschriften von scrbook und scrreprt abhängig von Option headings

Mit headings=big:

Anweisung	Voreinstellung
`\chapterheadstartvskip`	`\vspace*{2.3\baselineskip}`
`\chapterheadendvskip`	`\vspace*{1.725\baselineskip plus .115\baselineskip minus .192\baselineskip}`

Mit headings=normal:

Anweisung	Voreinstellung
`\chapterheadstartvskip`	`\vspace*{2\baselineskip}`
`\chapterheadendvskip`	`\vspace*{1.5\baselineskip plus .1\baselineskip minus .167\baselineskip}`

Mit headings=small:

Anweisung	Voreinstellung
`\chapterheadstartvskip`	`\vspace*{1.8\baselineskip}`
`\chapterheadendvskip`	`\vspace*{1.35\baselineskip plus .09\baselineskip minus .15\baselineskip}`

gen in Tabelle 21.3 zu finden. Auf [KDP] gibt es außerdem ein Beispiel, bei dem durch Umdefinierung von `\chapterheadstartvskip` und `\chapterheadendvskip` Linien über und unter der Kapitelüberschrift gesetzt werden. *Beispiel!*

`\appendixmore`

Bei den KOMA-Script-Klassen gibt es innerhalb der Anweisung `\appendix` eine Besonderheit. Ist nämlich `\appendixmore` definiert, so wird diese Anweisung von `\appendix` ebenfalls ausgeführt. Intern wird dies von den KOMA-Script-Klassen scrbook und scrreprt für die Realisierung der Layoutoption `appendixprefix` genutzt (siehe Abschnitt 3.16, Seite 110). Dies sollten Sie unbedingt beachten, falls Sie selbst das Makro `\appendixmore` definieren oder umdefinieren wollen. Ist diese Option verwendet, so erhalten Sie bei `\newcommand{\appendixmore}{...}` eine Fehlermeldung. Dadurch soll verhindert werden, dass Sie die Optionen außer Kraft setzen, ohne es zu merken.

`\appendix`

scrbook, scrreprt

Achtung!

Tabelle 21.2.: Voreinstellungen der Anweisungen für die vertikalen Abstände bei Teile-Überschriften von scrbook und scrreprt

Anweisung	Voreinstellung
\partheadstartvskip	\null\vfil
\partheadmidvskip	\par\nobreak\vskip 20pt
\partheadendvskip	\vfil\newpage
\partheademptypage	\if@twoside\if@openright \null\thispagestyle{empty}% \newpage \fi\fi

Beispiel: Sie wollen nicht, dass bei Verwendung der Klasse scrbook oder scrreprt im Hauptteil die Kapitel mit einer Präfixzeile versehen werden (siehe Layoutoption chapterprefix in Abschnitt 3.16, Seite 110). Damit die Konsistenz gewahrt bleibt, wollen Sie auch nicht, dass eine solche Zeile im Anhang verwendet wird. Stattdessen soll in den Anhängen direkt vor dem Kapitelbuchstaben das Wort »Anhang« in der jeweiligen Sprache stehen. Dies soll auch für die Kolumnentitel gelten. Also verwenden Sie nicht die Layoutoption appendixprefix, sondern definieren in der Dokumentpräambel:

```
\newcommand*{\appendixmore}{%
  \renewcommand*{\chapterformat}{%
    \appendixname~\thechapter\autodot\enskip}%
  \renewcommand*{\chaptermarkformat}{%
    \appendixname~\thechapter\autodot\enskip}}
```

Sollten Sie später dann doch noch entscheiden, dass Sie die Option appendixprefix verwenden wollen, so erhalten Sie aufgrund der dann bereits definierten Anweisung \appendixmore eine Fehlermeldung. Damit wird verhindert, dass obige Definition unbemerkt die Einstellungen überschreibt, die Sie per Option getroffen haben.

Wenn Sie ein vergleichbares Verhalten des Anhangs für die Klasse scrartcl erreichen wollen, so ist dies ebenfalls möglich. Unter Verwendung des Pakets ifthen (siehe [Car01])

Tabelle 21.3.: Voreinstellungen der Anweisungen für die vertikalen Abstände bei Teile-Überschriften von scrartcl

Anweisung	Voreinstellung
\partheadstartvskip	\addvspace{4ex}
\partheadmidvskip	\par\nobreak
\partheadendvskip	\vskip 3ex

schreiben Sie dazu beispielsweise folgendes in die Präambel Ihres Dokuments:

```
\newcommand*{\appendixmore}{%
  \renewcommand*{\othersectionlevelsformat}[3]{%
    \ifthenelse{\equal{##1}{section}}{%
      \appendixname~}{}%
    ##3\autodot\enskip}
  \renewcommand*{\sectionmarkformat}{%
    \appendixname~\thesection\autodot\enskip}}
```

Eine alternative Implementierung wäre:

```
\newcommand*{\appendixmore}{%
  \renewcommand*{\othersectionlevelsformat}[3]{%
    \ifstr{##1}{section}{\appendixname~}{}%
    ##3\autodot\enskip}
  \renewcommand*{\sectionmarkformat}{%
    \appendixname~\thesection\autodot\enskip}}
```

Die dabei verwendete Anweisung \ifstr wird von KOMA-Script bereitgestellt. Siehe dazu Abschnitt 12.3, Seite 378.

Die Erklärungen zu den in diesem Beispiel umdefinierten Anweisungen finden Sie in Abschnitt 3.16, Seite 125 und Seite 127.

```
\newbibstyle[Elternstil]{Name}{Anweisungen}
\newblock
\@openbib@code
\bib@beginhook
\bib@endhook
```

Standardklassen

Schon die Standardklassen kennen zur Unterteilung der Einträge in das Literaturverzeichnis die Anweisung \newblock. Was diese Anweisung genau macht, hängt dabei von den Klassenoptionen ab. Wird die Option openbib verwendet, so werden am Ende der Standardklasse die Anweisungen \@openbib@code und \newblock selbst umdefiniert. Von den Standardklassen wird die Anweisung \@openbib@code beim Start der Liste für das Literaturverzeichnis – genauer: bei der Festlegung der Parameter für diese Liste – ausgeführt. Es darf davon ausgegangen werden, dass auch viele Pakete, die das Literaturverzeichnis umdefinieren, diese Anweisung entsprechend abarbeiten.

openbib

KOMA-Script

Bei den KOMA-Script-Klassen geschieht etwas ähnliches. Allerdings wird \@openbib@code nicht am Ende der Klasse umdefiniert. Stattdessen wird mit \newbibstyle der Stil openstyle für das Literaturverzeichnis definiert. Die *Anweisungen*, die dabei in der Implementierung angegeben wurden, beinhalten die gewünschten Umdefinierung von \@openbib@code und von \newblock. Wird nun mit Hilfe der Option bibliography=openstyle dieser Literaturverzeich-

bibliography=openstyle

nisstil gewählt, so werden die *Anweisungen* unmittelbar ausgeführt, also \@openbib@code und \newblock umdefiniert.

Neben \@openbib@code und \newblock können in *Anweisungen* auch noch \bib@beginhook und \bib@endhook umdefiniert werden. Die Anweisung \bib@beginhook wird unmittelbar nach der Überschrift und der Präambel des Literaturverzeichnisses, aber noch vor der Liste mit den Literatureinträgen ausgeführt. Die Anweisung \bib@endhook wird direkt nach dieser Liste am Ende des Literaturverzeichnisses ausgeführt. Im Falle eines mit \BreakBibliography (siehe Abschnitt 3.23, Seite 169) unterbrochenen Literaturverzeichnisses werden diese Anweisungen außerdem am Anfang und Ende jedes Teil, also unmittelbar vor und nach \BreakBibliography ausgeführt.

Die Anweisungen \newblock, \@openbib@code, \bib@beginhook und \bib@endhook werden bei der Verwendung eines neuen Literaturverzeichnisstils zunächst als leer definiert. Danach werden die *Anweisungen* des bei der Definition des Stils optional angegebenen Elternstils ausgeführt und dann erst die *Anweisungen*, die bei Definition des neuen Stils angegeben wurden. Daraus ergibt sich auch, dass jede der vier Anweisungen innerhalb von *Anweisung* bei Bedarf

\renewcommand

keinesfalls mit \newcommand, sondern mit \renewcommand definiert werden sollten.

Setzt der Anwender mit den Anweisungen \AtEndBibliography und \AfterBibliographyPreamble weitere *Anweisungen* für die Ausführung nach der Präambel und am Ende des Literaturverzeichnisses, so werden die mit \AfterBibliographyPreamble festgelegten *Anweisungen* einmalig am Anfang des Literaturverzeichnisses nach \bib@beginhook und die mit \AtEndBibliography festgelegten *Anweisungen* einmalig am Ende des Literaturverzeichnisses vor \bib@endhook ausgeführt.

Beispiel!

multicol

Mit Hilfe des Pakets multicol (siehe [Mit11]) könnte man beispielsweise einen Literaturstil für ein zweispaltiges Literaturverzeichnis definieren:

```
\newbibstyle{twocolumstyle}{%
  \renewcommand*{\bib@beginhook}{\begin{multicols}{2}}%
  \renewcommand*{\bib@endhook}{\end{multicols}}}%
```

Soll es außerdem eine *open*-Variante davon geben, kann man hier die Möglichkeiten der Vererbung verwenden und bei der Definition einen Elternstil mit angeben:

```
\newbibstyle{twocolumopenstyle}[openstyle]{%
  \renewcommand*{\bib@beginhook}{\begin{multicols}{2}}%
  \renewcommand*{\bib@endhook}{\end{multicols}}}%
```

Die Auswahl eines dieser neuen Stile erfolgt dann einfach wieder über die Option `bibliography`.

21.4. Mehr oder weniger obsolete Optionen und Anweisungen

In diesem Abschnitt sind Optionen und Anweisungen dokumentiert, die aus Gründen der Kompatibilität entweder zu den Standardklassen oder zu früheren Versionen von KOMA-Script existieren. Was nur aus Gründen der Kompatibilität zu früheren Versionen von KOMA-Script existiert, ist in serifenloser Schrift hervorgehoben und sollte nicht mehr verwendet werden.

veraltete KOMA-Script-Optionen

Die veralteten, nicht mehr empfohlenen Optionen, die nur zwecks Rückwärtskompatibilität existieren, können natürlich nicht mit den Anweisungen `\KOMAoption` und `\KOMAoptions` gesetzt werden. Sie sind in Tabelle 21.4 den Einstellungen gegenüber gestellt, durch die sie abgelöst wurden. Bei Verwendung einer dieser veralteten KOMA-Script-Optionen wird zur Sicherheit außerdem `version=first` aktiviert und eine Warnung ausgegeben. Es wird empfohlen, diese veralteten Optionen nicht mehr zu verwenden, sondern durch die neuen Formen zu ersetzen.

`version=first`

Optionen der Standardklassen

Bei Verwendung einer Option, die aus Gründen der Kompatibilität mit den Standardklassen implementiert wurde, wird keine Warnung ausgegeben, sondern nur eine Information über die Ersetzungsmöglichkeit in die `log`-Datei geschrieben.

```
draft
final
```

Optionen der Standardklassen

Die Standardklassen und frühere Versionen von KOMA-Script ebenso wie die meisten Pakete verstehen die Option `draft` nur ohne Wertübergabe, was dann `draft=true` entspricht. Dafür verstehen diese Klassen und Pakete meist noch die Option `final`, die dann `draft=false` entspricht. Zwecks Kompatibilität akzeptiert KOMA-Script `final` bei `\documentclass` auch weiterhin.

```
10pt
11pt
12pt
```

Optionen der Standardklassen

Die Standardklassen kennen genau drei Optionen, um die Größe der

Tabelle 21.4.: Gegenüberstellung von obsoleten Optionen und aktuellen Einstellungen

obsolete Option	aktuelle Einstellung
parskip-	parskip=full-
parskip+	parskip=full+
parskip*	parskip=full*
halfparskip	parskip=half
halfparskip-	parskip=half-
halfparskip+	parskip=half+
halfparskip*	parskip=half*
tocleft	toc=flat
tocindent	toc=graduated
listsleft	listof=flat
listsindent	listof=graduated
cleardoubleempty	cleardoublepage=empty
cleardoubleplain	cleardoublepage=plain
cleardoublestandard	cleardoublepage=current
pointednumber	numbers=enddot
pointlessnumber	numbers=noenddot
nochapterprefix	chapterprefix=false
noappendixprefix	appendixprefix=false
bigheadings	headings=big
normalheadings	headings=normal
smallheadings	headings=small
headnosepline	headsepline=false
footnosepline	footsepline=false
liststotoc	listof=totoc
liststotocnumbered	listof=numbered
bibtotoc	bibliography=totoc
bibtotocnumbered	bibliography=totocnumbered
idxtotoc	index=totoc
tablecaptionabove	captions=tableheading
tablecaptionbelow	captions=tablesignature
onelinecaption	captions=oneline
noonelinecaption	captions=nooneline

Grundschrift zu wählen. Wird eine dieser Optionen angegeben, so laden die Standardklassen eine der Dateien size10.clo, size11.clo oder size12.clo bzw. bk10.clo, bk11.clo oder bk12.clo. Diese Dateien bestimmen neben der Größe der Grundschrift, \normalsize, auch die davon abgeleiteten Größen, \large bis \Huge und \small bis \tiny. Dazu kommen alle Einstellungen, die von der Schriftgröße abhängig sind, wie in gewissem Umfang der Satzspiegel und die Maße für Listen.

KOMA-Script versteht diese Optionen aus Gründen der Kompatibilität für \documentclass ebenfalls. Allerdings bildet es sie auf die Optionen fontsize=10pt, fontsize=11pt und fontsize=12pt ab.

veraltete KOMA-Script-Optionen

Für frühere Versionen von KOMA-Script war außerdem dokumentiert, dass die Klassen auch weitere Optionen der Art *XX*pt verstehen. Dafür war es erforderlich, dass entsprechende Dateien size*XX*.clo bzw. bk*XX*.clo verfügbar sind. Aus Gründen der Kompatibilität verstehen die KOMA-Script-Klassen diese Optionen bei \documentclass noch immer, bilden sie jedoch auf Option fontsize ab. Es wird empfohlen, die veraltete Optionenwahl nicht mehr zu verwenden.

`notitlepage`

Optionen der Standardklassen

Für die Standardklassen und frühere Versionen von KOMA-Script ist diese Option dokumentiert. Zwecks Kompatibilität akzeptiert KOMA-Script die Option bei \documentclass auch weiterhin mit der Bedeutung von titlepage=false.

`openright`
`openany`

Optionen der Standardklassen

Für die Standardklassen und frühere Versionen von KOMA-Script sind diese Optionen dokumentiert. Zwecks Kompatibilität akzeptiert KOMA-Script die Optionen bei \documentclass auch weiterhin mit den Bedeutungen von open=right und open=any.

`openbib`

Optionen der Standardklassen

Für die Standardklassen und frühere Versionen von KOMA-Script ist diese Option dokumentiert. Zwecks Kompatibilität akzeptiert KOMA-Script die Option bei \documentclass auch weiterhin mit der Bedeutung von bibliography=openstyle.

`\sectfont`
`\capfont`
`\caplabelfont`
`\descfont`

veraltete KOMA-Script-Anweisungen

Das Makro \sectfont beinhaltet die Schriftart, die für alle Überschriften der Gliederung und der Zusammenfassung, den Hauptti-tel und die oberste Ebene unter \part im Inhaltsverzeichnis ver-wendet wird. Das Makro \capfont beinhaltet die Schriftart, die für Über- oder Unterschriften von Tabellen und Abbildungen ver-wendet wird. Die Abweichung davon, die für die Bezeichnung und Nummer verwendet wird, ist im Makro \caplabelfont definiert. Das Makro \descfont beinhaltet die Schriftart, die für die Stich-worte einer description-Umgebung und damit für die optionalen \item-Argumente verwendet wird. Nutzen Sie stattdessen die An-weisungen \setkomafont, \addtokomafont und \usekomafont (sie-he Abschnitt 3.6, Seite 70) für die Elemente disposition, caption, captionlabel und descriptionlabel.

22. Zusätzliche Informationen zur Briefklasse scrlttr2

In diesem Kapitel finden Sie zusätzliche Informationen zu der KOMA-Script-Klasse scrlttr2. Der Anwender, der die Klasse einfach nur verwenden will, wird diese Informationen normalerweise nicht benötigen. Ein Teil der Informationen richtet sich an Anwender, denen die vordefinierten Möglichkeiten nicht mehr genügen. So befasst sich beispielsweise der erste Abschnitt ausführlich mit den Pseudolängen, die den Briefbogen bestimmen und die für Anpassungen an eigene Briefbogenlayouts abweichend zu setzen sind. Darüber hinaus finden sich in diesem Kapitel auch Informationen über Möglichkeiten, die aus Gründen der Verbesserung der Kompatibilität zur obsoleten KOMA-Script-Klasse scrlettr geschaffen wurden. Es wird auch ausführlich erklärt, wie man einen Brief dieser veralteten Klasse auf die aktuelle Briefklasse übertragen kann.

22.1. Pseudolängen für fortgeschrittene Anwender

TeX arbeitet mit einem festen Satz an Registern. Es gibt Register für Token, für Boxen, für Zähler, für Abstände (englisch: *skip*) und für Größen (englisch: *dimension*). Von all diesen Registern gibt es jeweils 256 Stück. Für LaTeX-Längen, die mit `\newlength` angefordert werden, werden Abstandsregister belegt. Sind alle diese Register verbraucht, kann man keine weiteren Längen definieren. Die Briefklasse scrlttr2 würde normalerweise allein für die erste Seite mehr als 20 solche Register verbrauchen. LaTeX selbst belegt bereits 40 dieser Register. Das typearea-Paket benötigt ebenfalls einige, so dass ein Viertel der kostbaren Register verbraucht wäre. Aus diesem Grund werden briefspezifische Längen in scrlttr2 eben nicht in Längen, sondern in Makros abgelegt, den Pseudolängen. Der Nachteil dieses Vorgehens besteht darin, dass man mit diesen Makros nicht so einfach rechnen kann wie mit echten Längen.

Achtung! Bitte beachten Sie unbedingt, dass die Pseudolängen zwar intern als Makros implementiert sind, bei den Befehlen zur Nutzung der Pseudolängen jedoch nur die Namen anzugeben sind. Diese werden wie die Namen von LaTeX-Zählern und im Gegensatz zu Makros oder echten Längen ohne umgekehrten Schrägstrich geschrieben!

Wer nun einwenden will, dass LaTeX in der empfohlenen und für KOMA-Script benötigten Installation mit ε-TeX inzwischen das oben genannte Beschränkungsproblem nicht mehr besitzt, hat Recht. Allerdings kam diese Entscheidung für scrlttr2 ein wenig zu spät.

Eine Auflistung aller von scrlttr2 definierten und verwendeten Pseudolängen ist Tabelle 22.1 zu entnehmen. Dabei ist auch angegeben, wo in den nachfolgenden Unterabschnitten nähere Erklärungen zu der jeweiligen Pseudolänge zu finden sind.

Abbildung 22.1 auf Seite 542 zeigt eine schematische Darstellung der wichtigsten Abstände auf dem Briefbogen. Dabei sind neben den Pseudolängen für die veränderbaren Abständen zusätzlich in heller Schrift auch die Längen angegeben, die für einige, wenige fest programmierte Abstände verwendet werden. Aus Gründen der Übersichtlichkeit wurde in der Darstellung auf einige weniger häufig benötigten Pseudolängen jedoch auch verzichtet.

Tabelle 22.1.: Von der Klasse scrlttr2 verwendete Pseudolängen

`backaddrheight`
: Höhe der Rücksendeadresse am oberen Rand des Anschriftfeldes (Abschnitt 22.1.3, Seite 548)

`bfoldmarklength`
: Länge der unteren horizontalen Faltmarke (Abschnitt 22.1.1, Seite 544)

`bfoldmarkvpos`
: Abstand der unteren horizontalen Faltmarke von der oberen Kante des Papiers (Abschnitt 22.1.1, Seite 544)

`firstfoothpos`
: Abstand des Brieffußes von der linken Kante des Papiers; Werte größer der Breite oder kleiner der negativen Breite des Papiers werden gesondert behandelt (Abschnitt 22.1.8, Seite 554)

`firstfootvpos`
: Abstand des Brieffußes von der oberen Kante des Papiers (Abschnitt 22.1.8, Seite 553)

...

Tabelle 22.1.: Von der Klasse scrlttr2 verwendete Pseudolängen (*Fortsetzung*)

`firstfootwidth`
: Breite des Brieffußes (Abschnitt 22.1.8, Seite 554)

`firstheadhpos`
: Abstand des Briefkopfes von der linken Kante des Papiers; Werte größer der Breite oder kleiner der negativen Breite des Papiers werden gesondert behandelt (Abschnitt 22.1.2, Seite 546)

`firstheadvpos`
: Abstand des Briefkopfes von der oberen Kante des Papiers (Abschnitt 22.1.2, Seite 546)

`firstheadwidth`
: Breite des Briefkopfes (Abschnitt 22.1.2, Seite 546)

`foldmarkhpos`
: Abstand der horizontalen Faltmarken von der linken Kante des Papiers (Abschnitt 22.1.1, Seite 545)

`foldmarkvpos`
: Abstand der vertikalen Faltmarken von der oberen Kante des Papiers (Abschnitt 22.1.1, Seite 545)

`fromrulethickness`
: Dicke einer optionalen Linie im Briefkopf (Abschnitt 22.1.2, Seite 546)

`fromrulewidth`
: Länge einer optionalen Linie im Briefkopf (Abschnitt 22.1.2, Seite 546)

`lfoldmarkhpos`
: Abstand der vertikalen Faltmarke von der linken Kante des Papiers (Abschnitt 22.1.1, Seite 545)

`lfoldmarklength`
: Länge der vertikalen Faltmarke (Abschnitt 22.1.1, Seite 545)

`locheight`
: Höhe der Absenderergänzung, falls der Wert nicht 0 ist; bei 0 wird stattdessen `toaddrheight` verwendet (Abschnitt 22.1.4, Seite 550)

`lochpos`
: Abstand der Absenderergänzung von der rechten Papierkante, falls der Wert positiv ist, oder negativer Abstand der Absenderergänzung von der linken Papierkante, falls der Wert negativ ist; bei 0 wird stattdessen der negative Wert von `toaddrhpos` verwendet (Abschnitt 22.1.4, Seite 550)

. . .

Tabelle 22.1.: Von der Klasse scrlttr2 verwendete Pseudolängen (*Fortsetzung*)

`locvpos`
: Abstand der Absenderergänzung von der oberen Papierkante, falls der Wert nicht 0 ist; bei 0 wird stattdessen `toaddrvpos` verwendet (Abschnitt 22.1.4, Seite 550)

`locwidth`
: Breite des Feldes für die Absenderergänzung, wobei bei einem Wert von 0 die Breite automatisch aufgrund der in Abschnitt 4.10, Seite 220 beschriebenen Option `locfield` berechnet wird (Abschnitt 22.1.4, Seite 550)

`mfoldmarklength`
: Länge der mittleren horizontalen Faltmarke (Abschnitt 22.1.1, Seite 544)

`mfoldmarkvpos`
: Abstand der mittleren horizontalen Faltmarke von der oberen Kante des Papiers (Abschnitt 22.1.1, Seite 544)

`pfoldmarklength`
: Länge der Lochermarke (Abschnitt 22.1.1, Seite 544)

`PPdatamatrixvskip`
: vertikaler Abstand zwischen Port-Payé-Kopf und Data-Matrix bei `addrfield=PP` (Abschnitt 22.1.3, Seite 549)

`PPheadheight`
: Höhe für den Port-Payé-Kopf (Abschnitt 22.1.3, Seite 549)

`PPheadwidth`
: Breite des linken Port-Payé-Feldes bei `addrfield=PP` (Abschnitt 22.1.3, Seite 549)

`refaftervskip`
: vertikaler Abstand nach der Geschäftszeile (Abschnitt 22.1.5, Seite 551)

`refhpos`
: Abstand der Geschäftszeile von der linken Papierkante, wobei bei einem Wert von 0 automatisch relativ zur Papierbreite zentriert wird (Abschnitt 22.1.5, Seite 551)

`refvpos`
: Abstand der Geschäftszeile von der oberen Kante des Papiers (Abschnitt 22.1.5, Seite 550)

`refwidth`
: Breite der Geschäftszeile (Abschnitt 22.1.5, Seite 551)

`sigbeforevskip`
: vertikaler Abstand zwischen Gruß und Signatur (Abschnitt 22.1.7, Seite 553)

...

Tabelle 22.1.: Von der Klasse scrlttr2 verwendete Pseudolängen (*Fortsetzung*)

`sigindent`
: Einzug der Signatur gegenüber dem Textkörper (Abschnitt 22.1.7, Seite 553)

`specialmailindent`
: linker Einzug der Versandart innerhalb des Anschriftfeldes (Abschnitt 22.1.3, Seite 549)

`specialmailrightindent`
: rechter Einzug der Versandart innerhalb des Anschriftfeldes (Abschnitt 22.1.3, Seite 549)

`subjectaftervskip`
: vertikaler Abstand nach dem Betreff (Abschnitt 22.1.6, Seite 552)

`subjectbeforevskip`
: zusätzlicher vertikaler Abstand vor dem Betreff (Abschnitt 22.1.6, Seite 552)

`subjectvpos`
: Abstand des Betreffs von der oberen Kante des Papiers, wobei ein Wert von 0 stattdessen den Betreff gemäß Option `subject` setzt (Abschnitt 22.1.6, Seite 552)

`tfoldmarklength`
: Länge der oberen horizontalen Faltmarke (Abschnitt 22.1.1, Seite 544)

`tfoldmarkvpos`
: Abstand der oberen horizontalen Faltmarke von der oberen Kante des Papiers (Abschnitt 22.1.1, Seite 544)

`toaddrheight`
: Höhe des Anschriftfeldes (Abschnitt 22.1.3, Seite 547)

`toaddrhpos`
: Abstand des Anschriftfeldes von der linken Papierkante, falls der Wert positiv ist, oder negativer Abstand des Anschriftfeldes von der rechten Papierkante, falls der Wert negativ ist (Abschnitt 22.1.3, Seite 547)

`toaddrindent`
: linker und rechter Einzug der Anschrift innerhalb des Anschriftfeldes (Abschnitt 22.1.3, Seite 548)

`toaddrvpos`
: Abstand des Anschriftfeldes von der oberen Kante des Papiers (Abschnitt 22.1.3, Seite 547)

`toaddrwidth`
: Breite des Anschriftfeldes (Abschnitt 22.1.3, Seite 547)

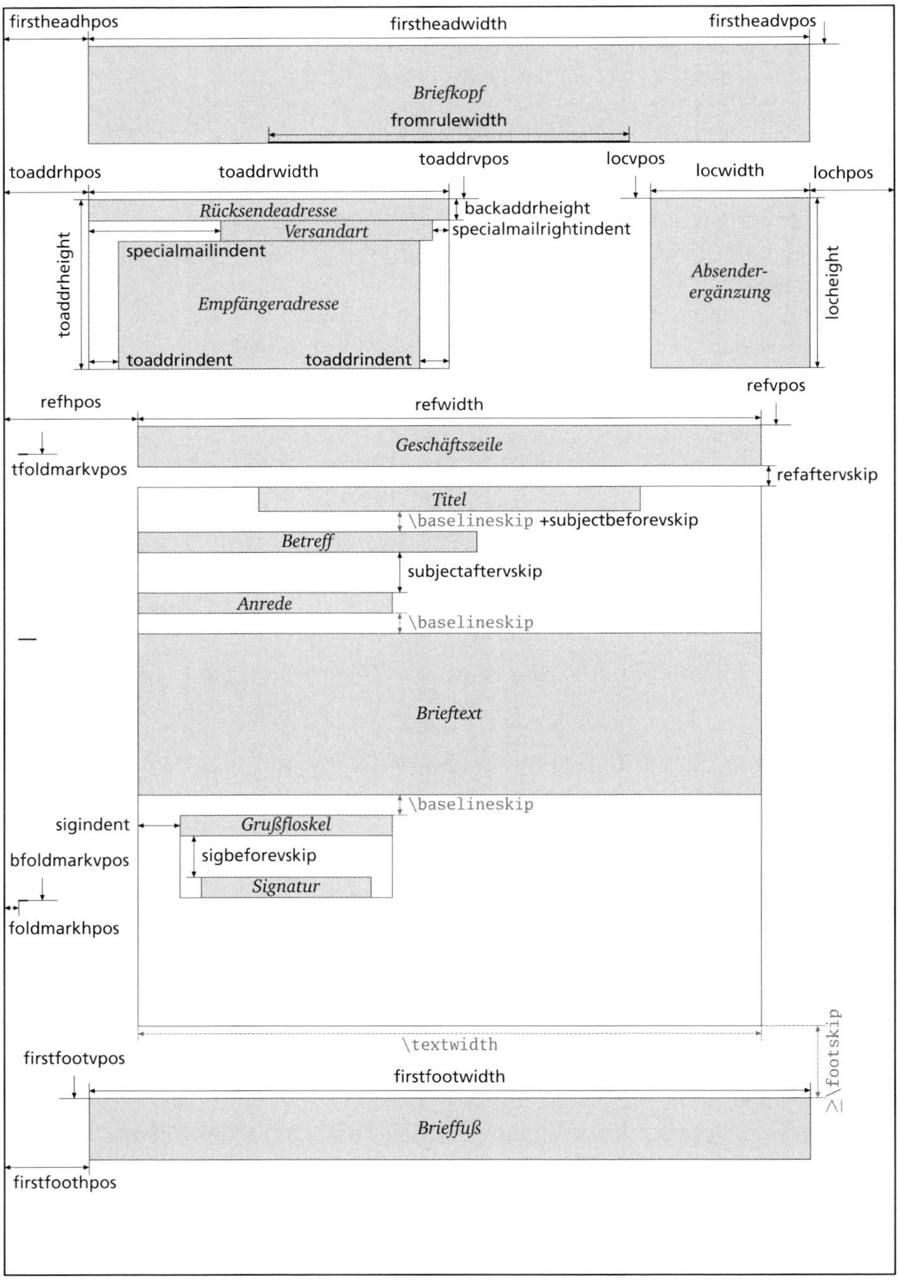

Abbildung 22.1.: Schematische Darstellung der wichtigsten Pseudolängen für den Briefbogen

```
\@newplength{Name}
```

Mit Hilfe dieser Anweisung wird eine neue Pseudolänge definiert. Die neue Pseudolänge ist dann über ihren *Namen* eindeutig identifiziert. Jeder Name kann also nur einmal vergeben werden.

Da der Anwender selbst normalerweise keine eigenen Pseudolängen definieren muss, handelt es sich bei diesem Befehl um keine Benutzeranweisung. Sie kann nicht innerhalb des Dokuments, wohl aber beispielsweise innerhalb einer `lco`-Datei verwendet werden. Will man eine Pseudolänge aber doch einmal innerhalb des Dokuments definieren, so kann man die Beschränkung mit Hilfe von `\makeatletter` und `\makeatother` aufheben (siehe [Wik]). Innerhalb einer `lco`-Datei sollten diese beiden Anweisungen jedoch niemals verwendet werden!

`\makeatletter`
`\makeatother`
Achtung!

```
\@setplength[Faktor]{Pseudolänge}{Wert}
\@addtoplength[Faktor]{Pseudolänge}{Wert}
```

Mit Hilfe von `\@setplength` kann einer *Pseudolänge* das Vielfache eines *Wertes* zugewiesen werden. Der *Faktor* wird dabei als optionales Argument übergeben (siehe auch `\setlengthtoplength`, Abschnitt 4.2, Seite 179).

Mit `\@addtoplength` kann man zu einer *Pseudolänge* das Vielfache von einem *Wert* addieren. Auch dabei wird der *Faktor* als optionales Argument übergeben.

Um einer *Pseudolänge* das Vielfache einer anderen Pseudolänge zuzuweisen oder zu ihr zu addieren, verwendet man innerhalb von *Wert* die Anweisung `\useplength` (siehe Abschnitt 4.2, Seite 179). Um von einer *Pseudolänge* den Wert einer anderen *Pseudolänge* zu subtrahieren, verwendet man gleichzeitig als *Faktor* ein Minuszeichen oder `-1` oder einen anderen negativen Faktor.

Da der Anwender selbst normalerweise keine Pseudolängen ändern muss, handelt es sich bei diesen Befehlen um keine Benutzeranweisungen. Zur Verwendung innerhalb eines Dokuments gilt dasselbe wie für `\@newplength` zuvor dargelegt.

22.1.1. Faltmarken

Falt- oder Falzmarken sind kleine horizontale Striche am linken und kleine vertikale Striche am oberen Rand. KOMA-Script unterstützt für den Briefbogen derzeit drei konfigurierbare horizontale und eine konfigurierbare vertikale Faltmarke. Dazu wird noch eine horizontale Loch- oder Seitenmittenmarke unterstützt, die nicht in der Vertikalen verschoben werden kann.

`tfoldmarkvpos`
`mfoldmarkvpos`
`bfoldmarkvpos`

Die Briefklasse scrlttr2 kennt insgesamt drei in der vertikalen Platzierung konfigurierbare Faltmarken. Die Position der oberen Faltmarke vom oberen Papierrand wird von der Pseudolänge `tfoldmarkvpos` bestimmt. Für die Position der mittleren Faltmarke ist Pseudolänge `mfoldmarkvpos`, für die unteren Faltmarke `bfoldmarkvpos` zuständig. Mit der Locher- oder Seitenmittenmarke kommt noch eine weitere horizontale Marke dazu. Diese wird jedoch immer in der vertikalen Seitenmitte platziert. Da ihre vertikale Position also nicht konfigurierbar ist, existiert auch keine Pseudolänge dafür.

Achtung! Die obere und untere Faltmarke dienen nicht der exakten Drittelung des Papiers beim Falten. Stattdessen soll das Papier mit ihrer Hilfe so geknickt werden können, dass das Feld für die Anschrift in einem Fensterbriefumschlag zu sehen ist. Die Einstellungen sind daher in den vordefinierten `lco`-Dateien unterschiedlich gewählt. Eine Besonderheit stellt `DINmtext` dar. Hier wird zwingend von einem Briefumschlag im Format C6/5 (auch »C6 lang« genannt) ausgegangen. Briefe, die mit dieser Option erstellt wurden, sind weder für Umschläge im Format C5 noch für Umschläge im Format C4 geeignet.

lco-Datei
Achtung!

Die mittlere Faltmarke wird für abendländische Briefe normalerweise nicht benötigt. Beispielsweise in Japan gibt es jedoch so unterschiedliche Briefumschläge, dass eine weitere Faltmarke benötigt wurde (siehe die japanischen `lco`-Dateien). An dieser Stelle sei darauf hingewiesen, dass die Bezeichnungen »obere«, »mittlere« und »untere« Faltmarke lediglich eine Sprachkonvention darstellen. Tatsächlich ist nicht festgelegt, dass `tfoldmarkvpos` kleiner als `mfoldmarkvpos` und dieses kleiner als `bfoldmarkvpos` sein muss. Ist eine der Pseudolängen hingegen Null, so wird die entsprechende Faltmarke auch dann nicht gesetzt, wenn sie per Option `foldmarks` (siehe Abschnitt 4.10, Seite 200) explizit aktiviert wurde.

Achtung!
`foldmarks`

`tfoldmarklength`
`mfoldmarklength`
`bfoldmarklength`
`pfoldmarklength`

Diese vier Pseudolängen bestimmen die Länge der vier horizontalen Marken. Dabei gilt eine Besonderheit. Ist die Länge nämlich mit Null angegeben, so werden bei den Pseudolängen `tfoldmarklength`, `mfoldmarklength` und `bfoldmarklength` für die drei in der vertikalen Position konfigurierbaren Faltmarken stattdessen 2 mm als

Achtung!

Länge verwendet. Die Länge der Lochermarke, `pfoldmarklength`, wird hingegen auf 4 mm gesetzt.

`foldmarkhpos`

Diese Pseudolänge gibt den Abstand aller horizontalen Faltmarken vom linken Papierrand an. Normalerweise sind das 3,5 mm. Sie können den Wert aber auch in Ihrer eigenen `lco`-Datei ändern, falls Sie einen Drucker verwenden, der einen breiteren unbedruckbaren linken Rand hat. Ob die Faltmarken überhaupt gesetzt werden, hängt außerdem von der Option `foldmarks` ab (siehe Abschnitt 4.10, Seite 200).

Tipp!

`foldmarks`

`lfoldmarkhpos`

Neben den horizontalen Faltmarken gibt es auch noch eine vertikale Faltmarke. Deren Abstand von der linken Papierkante wird über die Pseudolänge `lfoldmarkhpos` bestimmt. Diese Faltmarke wird beispielsweise bei Briefen für einige japanische Chou- oder You-Umschläge benötigt, wenn man diese für A4-Papier verwenden will. Auch für Umschläge im C6-Format kann sie nützlich sein.

`lfoldmarklength`

Die Pseudolänge `lfoldmarklength` bestimmt die Länge der vertikalen Faltmarke. Auch hier gibt es die Besonderheit, dass bei einer angegebenen Länge von Null stattdessen 4 mm verwendet werden.

Achtung!

`foldmarkvpos`

Diese Pseudolänge gibt den Abstand aller vertikalen Faltmarken vom oberen Papierrand an. Normalerweise sind das 3,5 mm. Sie können den Wert aber auch in Ihrer eigenen `lco`-Datei ändern, falls Sie einen Drucker verwenden, der einen breiteren unbedruckbaren oberen Rand hat. Ob die Faltmarken überhaupt gesetzt werden, hängt außerdem von der Option `foldmarks` ab (siehe Abschnitt 4.10, Seite 200). Derzeit gibt es nur eine einzige vertikale Faltmarke, die als linke vertikale Faltmarke bezeichnet wird.

Tipp!

`foldmarks`

`foldmarkthickness`

Diese Pseudolänge gibt die Dicke aller Faltmarken an. Voreingestellt sind 0,2 pt, also eine sehr dünne Haarlinie. Insbesondere, wenn die Farbe der Faltmarken geändert wird, kann dies zu wenig sein!

Tipp!

22.1.2. Briefkopf

Unter dem Briefkopf verstehen wir alle Angaben, die den Absender betreffen und die über der Anschrift stehen. Normalerweise würde man erwarten, dass diese über den Seitenstil gesetzt werden. Bei *Achtung!* der alten Briefklasse scrlettr war dies auch so. Bei scrlttr2 wird der Briefkopf jedoch unabhängig vom Seitenstil von der Anweisung `\opening` ausgegeben. Dabei wird der Briefkopf absolut positioniert, ist also vom Satzspiegel unabhängig. Die erste Seite eines Briefes, also die Seite mit dem Briefkopf, wird tatsächlich mit dem Seitenstil `empty` gesetzt.

`firstheadvpos`

Die Pseudolänge `firstheadvpos` gibt den Abstand des Briefkopfes von der oberen Papierkante an. Der Wert wird in den vordefinierten *lco-Datei* `lco`-Dateien unterschiedlich gesetzt. Ein typischer Wert ist 8 mm.

`firstheadhpos`

Die Pseudolänge `firstheadhpos` gibt bei einem positiven Wert den *Achtung!* Abstand des Briefkopfes von der linken Papierkante an. Ist der Wert `\paperwidth` sogar größer oder gleich der Breite des Papiers, `\paperwidth`, so wird der Briefkopf horizontal zentriert auf dem Briefbogen platziert. Ein negativer Wert gibt den Abstand des Briefkopfes von der rechten Papierkante an. Ist der Wert jedoch kleiner oder gleich der negativen Breite des Papiers, so wird der Briefkopf bündig zum linken Rand des Satzspiegels platziert.

Achtung! Voreingestellt ist typischerweise ein Wert von `\maxdimen`, also der größtmögliche Wert für eine Länge. Die Folge ist eine horizontale Zentrierung.

`firstheadwidth`

Die Pseudolänge `firstheadwidth` gibt die Breite des Briefkopfes an. *lco-Datei* Der Wert wird in den vordefinierten `lco`-Dateien unterschiedlich gesetzt. Während er normalerweise von der Papierbreite und dem horizontalen Abstand der Empfängeradresse vom linken Papierrand abhängt, entspricht er bei `KOMAold` der Breite des Satzspiegels und ist bei `NF` fest auf 170 mm eingestellt.

`fromrulethickness`
`fromrulewidth`

Wie bereits bei Option `fromrule` in Abschnitt 4.10, Seite 205 erwähnt wurde, kann in den vordefinierten Briefköpfen eine Linie im oder unter dem Absender gesetzt werden. Hat die Pseudolänge `fromrulewidth` die Länge 0, so wird dabei die Länge dieser Linie automatisch bestimmt. Dies ist die Voreinstellung bei den vordefinierten `lco`-Dateien. Der Wert kann mit `\@setplength` (siehe Seite 543) in eigenen `lco`-Dateien aber auch abweichend gesetzt werden. Die voreingestellte Dicke, `fromrulethickness`, der Linie beträgt 0,4 pt. *Achtung!*

22.1.3. Anschrift

Unter der Anschrift versteht man normalerweise nur den Namen und die Adresse des Empfängers. Als erste Erweiterung zur Anschrift kann die Versandart betrachtet werden, die etwa bei Einschreiben oder Infobriefen zur Anwendung kommt. Bei Fensterbriefumschlägen wird auch die so genannte Rücksendeadresse zur Anschrift gezählt, da sie im Anschriftfenster zu sehen sein wird. Die Anschrift folgt unmittelbar auf den Briefkopf.

```
toaddrvpos
toaddrhpos
```

Diese Pseudolängen geben den Abstand des Anschriftfensters eines Fensterbriefumschlags vom oberen und vom linken Rand des Papiers an. Sie werden in den vordefinierten `lco`-Dateien unterschiedlich eingestellt. Für `toaddrhpos` gilt außerdem eine Besonderheit. Ist der Wert negativ, so ist sein Betrag der Abstand des Anschriftfeldes vom rechten Rand des Papiers. Sie finden dies beispielsweise bei `SN` oder `NF`. Am kleinsten ist der Wert `toaddrvpos` bei `DINmtext`. Hier kann es schnell passieren, dass der Briefkopf in das Anschriftfenster ragt. Ob das Anschriftfenster überhaupt gesetzt wird, hängt von der Option `addrfield` ab (siehe Abschnitt 4.10, Seite 215). *lco-Datei* *Achtung!* *Beispiel!*

```
toaddrheight
```

Diese Pseudolänge gibt die Höhe des Anschriftfeldes einschließlich der Versandart an. Ist keine Versandart angegeben, so wird die Anschrift vertikal innerhalb dieses Feldes zentriert. Ist eine Versandart angegeben, so wird die Anschrift unterhalb der Versandart vertikal im Rest des Anschriftfeldes zentriert.

```
toaddrwidth
```

Diese Pseudolänge gibt die Breite des Anschriftfensters an. Diese wird in den vordefinierten `lco`-Dateien entsprechend der unterschiedlichen Normen unterschiedlich eingestellt. Typische Werte liegen zwischen 70 mm und 100 mm. *lco-Datei*

Beispiel: Angenommen, Sie haben das Problem, dass Ihr Drucker einen sehr breiten unbedruckbaren rechten oder linken Rand von 15 mm besitzt. Dadurch kann bei Option SN der Briefkopf, die Absenderergänzung und die Anschrift nicht komplett gedruckt werden. Sie erstellen daher eine neue lco-Datei mit folgendem Inhalt:

```
\ProvidesFile{SNmmarg.lco}
             [2002/06/04 v0.1 my own lco]
\LoadLetterOption{SN}
\@addtoplength{toaddrwidth}{%
  -\useplength{toaddrhpos}}
\@setplength{toaddrhpos}{-15mm}
\@addtoplength{toaddrwidth}{%
  \useplength{toaddrhpos}}
\endinput
```

Bis Sie sich einen Drucker mit kleineren Rändern zugelegt haben, verwenden Sie dann SNmmarg an Stelle von SN.

`toaddrindent`

Manchmal will man, dass die Anschrift nicht am linken Rand des Anschriftfensters beginnt und bis zum rechten Rand des Fensters reicht, sondern ein wenig eingezogen wird. Der Wert dieses Einzugs kann über die Pseudolänge toaddrindent festgelegt werden. Typischerweise ist dieser Wert jedoch 0 pt.

Achtung! addrfield=PP addrfield=image addrfield=backgroundimage

Bei jeder der Einstellungen addrfield=PP, addrfield=image und addrfield=backgroundimage (siehe Abschnitt 4.10, Seite 215) wird beim Wert 0 pt stattdessen ein Einzug von 8 mm verwendet. Soll hier tatsächlich kein Einzug verwendet werden, so kann mit 1 sp ein vernachlässigbar kleiner Einzug gesetzt werden. Desweiteren wird toaddrindent bei den genannten Einstellungen für addrfield auch für den Abstand zum rechten Rand des Anschriftfensters verwendet.

`backaddrheight`

Bei Fensterbriefumschlägen wird der Absender häufig in einer kleinen Schrift einzeilig über der Empfängeradresse ausgegeben. Diese Absenderangabe nennt man Rücksendeadresse, da sie im Anschriftfenster sichtbar ist und der Post bei unzustellbaren Briefen für die Rücksendung an den Absender dient. In dieser Adresse muss daher auch nur die Information enthalten sein, die zu diesem Zweck notwendig ist.

Rücksendeadresse

Die Höhe, die innerhalb des Anschriftfensters für die Rücksendeadresse zur Verfügung steht, ist in der Pseudolänge backaddrheight abgelegt. Der Wert wird in den vordefinierten `lco`-Dateien typischerweise auf 5 mm eingestellt. Ob die Rücksendeadresse überhaupt gesetzt wird, bestimmt der Anwender mit den Optionen `addrfield` (siehe Abschnitt 4.10, Seite 215) und `backaddress` (siehe Abschnitt 4.10, Seite 215).

```
specialmailindent
specialmailrightindent
```

Zwischen Rücksendeadresse und Empfängeradresse kann noch eine optionale Versandart gesetzt werden. Diese wird genau dann gesetzt, wenn die Variable `specialmail` einen Inhalt hat. Die Ausrichtung wird mit Hilfe der Pseudolängen `specialmailindent` und `specialmailrightindent` festgelegt. Diese geben den linken und rechten Einzug der Zeile an. In den vordefinierten `lco`-Dateien ist `specialmailindent` auf den dehnbaren Wert `\fill` gesetzt, während `specialmailrightindent` auf 1 em eingestellt ist. Damit wird die Versandart 1 em vom rechten Rand des Anschriftfensters gesetzt.

```
PPheadheight
PPheadwidth
```

Die Pseudolänge `PPheadheight` gibt bei den beiden Einstellungen `addrfield=PP` und `addrfield=backgroundimage` die Höhe an, die am Anfang des Adressfeldes für den Port-Payé-Kopf reserviert wird. Die Pseudolänge `PPheadwidth` wird nur bei `addrfield=PP` (siehe Abschnitt 4.10, Seite 215) verwendet und gibt die Breite des linken Feldes des Port-Payé-Kopf mit dem P. P.-Logo, der Postleitzahl und dem Ort an. Die Breite des rechten Feldes mit dem Code für den Absender und der Priorität ist durch die Restbreite bestimmt.

`addrfield=PP`
`addrfield=backgroundimage`

Den normalerweise voreingestellten Wert von 0 mm für Pseudolänge `PPheadheight` ändert scrlttr2 selbständig in 20,74 pt. Den normalerweise voreingestellten Wert von 0 mm für `PPheadwidth` ändert scrlttr2 selbständig in 42 mm.

Achtung!

```
PPdatamatrixvskip
```

Durch diese Pseudolänge wird der vertikale Abstand zwischen dem Port-Payé-Kopf und der Data-Matrix bei `addrfield=PP` (siehe Abschnitt 4.10, Seite 215) festgelegt. Den normalerweise voreingestellten Wert von 0 mm ändert scrlttr2 selbständig in 9 mm. Die Data-Matrix wird rechtsbündig zum Port-Payé-Kopf gesetzt.

`addrfield=PP`
Achtung!

22.1.4. Absenderergänzungen

Insbesondere bei Geschäftsbriefen reicht der Platz im Briefkopf und im Seitenfuß oftmals nicht aus, um alle Angaben des Absenders unterzubringen. Für die zusätzlichen Informationen wird oft der Platz neben der Anschrift genutzt. In dieser Anleitung wird dieses Feld *Absenderergänzung* genannt.

```
locheight
lochpos
locvpos
locwidth
```

Die Pseudolängen `locwidth` und `locheight` geben die Breite und Höhe der Absenderergänzung an. Die Pseudolängen `lochpos` und `locvpos` geben die Abstände von der rechten und der oberen Papierkante an. Diese Werte werden in den vordefinierten `lco`-Dateien

Achtung! typischerweise auf 0 pt gesetzt. Dieser Wert nimmt eine Sonderstellung ein. Er bedeutet, dass die Werte erst bei `\opening` an Hand der Breite des Papiers, der Breite des Anschriftfensters und des Abstandes des Anschriftfensters von der linken und oberen Papierkante gesetzt werden. Dabei findet auch die Option `locfield` (siehe Ab-

Achtung! schnitt 4.10, Seite 220) Berücksichtigung. Wie auch bei `toaddrhpos` nehmen negative Werte für `lochpos` eine Sonderstellung ein. Es wird dann statt des Abstandes vom rechten Papierrand der Betrag von `lochpos` als Abstand vom linken Papierrand verwendet. Die Bedeutung ist also genau umgekehrt zu der bei `toaddrhpos` (siehe Abschnitt 22.1.3, Seite 547).

22.1.5. Geschäftszeile

Die Geschäftszeile kann auch länger als eine Zeile sein und wird nur gesetzt, wenn mindestens eine der Variablen für die Geschäftszeile nicht leer ist. Es werden nur die Felder gesetzt, die nicht leer sind.

Tipp! Um ein scheinbar leeres Feld zu setzen, muss man der entsprechenden Variablen einen scheinbar leeren Inhalt, beispielsweise ein festes Leerzeichen oder `\null`, geben. Wird auf die Geschäftszeile verzichtet, so werden an ihrer Stelle Bezeichnung und Inhalt der Variablen `date` ausgegeben. Informationen, wie Variablen zur Geschäftszeile hinzugefügt oder entfernt werden, sind in Abschnitt 22.2, Seite 554 zu finden.

```
refvpos
```

Diese Pseudolänge gibt den Abstand der Geschäftszeile von der Oberkante des Papiers an. Ihr Wert wird in den vordefinierten `lco`-

Dateien unterschiedlich eingestellt. Typische Werte liegen zwischen 80,5 mm und 98,5 mm. *lco-Datei*

`refwidth`
`refhpos`

Die Pseudolänge `refwidth` gibt die Breite an, die für die Geschäftszeile zur Verfügung steht. Ihr Wert wird in den vordefinierten `lco`-Dateien typischerweise auf 0 pt gesetzt. Dieser Wert hat eine besondere Bedeutung. *Achtung!* Es wird damit keineswegs festgelegt, dass für die Geschäftszeile keine Breite zur Verfügung steht. Vielmehr bedeutet der Wert, dass die verfügbare Breite erst innerhalb von `\opening` ermittelt wird. Die dort ermittelte Breite richtet sich dann nach der Einstellung der Option `refline` (siehe Abschnitt 4.10, Seite 223). `refline` Gleichzeitig wird dann auch `refhpos` entsprechend der Option gesetzt. Bei `refline=wide` wird die Geschäftszeile zentriert, wohingegen sie bei `refline=narrow` am Satzspiegel links ausgerichtet wird.

Ist `refwidth` von Null verschieden, wird die Breite der Geschäftszeile also nicht von der Option `refline` bestimmt, so gibt `refhpos` den Abstand der Geschäftszeile von der linken Papierkante an. Ist *Achtung!* dieser Abstand Null, so wird die Geschäftszeile so ausgerichtet, dass das Verhältnis zwischen ihrem Abstand von der linken Papierkante zu ihrem Abstand von der rechten Papierkante dem Verhältnis zwischen dem Abstand des Satzspiegels von der linken Papierkante zu seinem Abstand von der rechten Papierkante entspricht. Bei auf dem Papier horizontal zentriertem Satzspiegel wird also auch die Geschäftszeile zentriert.

In der Regel werden diese Sonderfälle für die häufigsten Anwendungen von geringem Interesse sein. Die einfachste Regel lautet *Tipp!* hier: Entweder wird `refwidth` auf Null belassen und die Breite und Ausrichtung der Geschäftszeile über die Option `refline` bestimmt, oder sowohl `refwidth` als auch `refhpos` werden vom Anwender vorgegeben.

`refaftervskip`

Diese Pseudolänge gibt den vertikalen Abstand an, der nach der Geschäftszeile eingefügt werden soll. Der Wert wird in den vordefinierten `lco`-Dateien eingestellt. Er wirkt sich unmittelbar auf die *lco-Datei* Höhe des Textbereiches der ersten Seite aus. Der typische Wert liegt zwischen einer und zwei Zeilen.

22.1.6. Betreff

Der Betreff eine Briefes wird in unterschiedlichen Ländern unterschiedlich gesetzt. Die einen haben ihn gerne vor der Anrede, die anderen setzen ihn danach. Einige Berufsgruppen wollen ihn teilweise sogar vor der Geschäftszeile haben.

`subjectvpos`

Achtung! `subject`

Ist der Wert dieser Pseudolänge 0 pt, so bestimmt die Option `subject` (siehe Abschnitt 4.10, Seite 226) die Position des Betreffs. Dabei spielen dann auch die nachfolgend erklärten Pseudolängen `subjectbeforevskip` und `subjectaftervskip` ihre Rolle. Bei allen anderen Werten wird der Betreff mit dem entsprechenden Abstand von der oberen Papierkante platziert. *Tipp!* Es wird empfohlen in diesem Fall darauf zu achten, dass genügend Platz zur Verfügung steht, damit Überschneidungen mit anderen Elementen unwahrscheinlich sind.

Beispiel: Einige wenige Berufsgruppen ziehen es vor, wenn der Betreff noch vor der Geschäftszeile steht. Hierzu kann man die Position wie folgt wählen, wobei auch die Position der Geschäftszeile angepasst wird:

```
\ProvidesFile{lawsubj.lco}
             [2008/11/03 lawyers lco file]
\@setplength{subjectvpos}{\useplength{refvpos}}
\@addtoplength{refvpos}{3\baselineskip}
\endinput
```

Will man, dass zwischen Betreff und Geschäftszeile noch mindestens eine Zeile frei bleibt, hat man so Platz für maximal zwei Zeilen Betreff.

`subjectbeforevskip`
`subjectaftervskip`

Wird der Betreff nicht absolut platziert, sondern vor oder nach der Anrede, so kann vor und nach dem Betreff ein zusätzlicher Abstand eingefügt werden. Der Abstand vor dem Betreff trifft dabei ggf. mit anderen Abständen, etwa dem automatischen Abstand von einer Zeile nach dem Titel, zusammen. In der Voreinstellung wird daher in der Regel kein weiterer Abstand an dieser Stelle eingefügt. Der Abstand nach dem Betreff beträgt in der Voreinstellung der Klasse hingegen zwei Zeilen.

22.1.7. Schlussgruß

Der Schlussgruß eines Briefes besteht aus mehreren Teilen. Neben der Grußformel selbst gibt es noch die Unterschrift und die Signatur, eine Art Erläuterung zur Unterschrift.

```
sigindent
sigbeforevskip
```

Grußfloskel und Erläuterung der Unterschrift werden innerhalb einer Box gesetzt. Die Breite dieser Box wird durch die längste Zeile innerhalb von Grußfloskel und Erläuterung bestimmt.

Die Box wird mit dem durch die Pseudolänge `sigindent` bestimmten Einzug gesetzt. In den vordefinierten `lco`-Dateien ist der Einzug auf 0 mm gesetzt.

Zwischen Grußfloskel und Erläuterung wird ein vertikaler Abstand eingefügt, der mit der Pseudolänge `sigbeforevskip` festgelegt ist. In den vordefinierten `lco`-Dateien ist der Wert auf zwei Zeilen eingestellt. In diese Lücke setzen Sie dann Ihre Unterschrift.

22.1.8. Briefbogenfuß

Die erste Seite eines Briefes, der Briefbogen, enthält nicht nur einen eigenen Kopf, den Briefkopf. Diese Seite enthält auch einen eigenen Fuß. Auch dieser wird nicht über den Seitenstil, sondern direkt von `\opening` ausgegeben. `\opening`

```
firstfootvpos
```

Diese Pseudolänge gibt den Abstand des Fußes der ersten Briefseite von der Oberkante des Papiers an. Es wird außerdem dafür gesorgt, dass der Textbereich nicht in den Fuß hineinragt. Hierzu wird auf der ersten Seite gegebenenfalls die Höhe des Textbereiches mit Hilfe von `\enlargethispage` verkleinert. Mit Hilfe der Option `enlargefirstpage` (siehe Abschnitt 4.10, Seite 203) kann dafür gesorgt werden, dass die Höhe des Textbereiches umgekehrt gegebenenfalls auch vergrößert wird. Damit kann dann der Abstand zwischen Textbereich und Fuß der ersten Seite auf den Wert der Länge `\footskip` verringert werden. `\enlargethispage` `enlargefirstpage` `\footskip`

Bei Kompatibilitätseinstellungen bis Version 2.9t (siehe `version` in Abschnitt 4.4, Seite 182) wird außer bei `KOMAold` und `NF` in allen vordefinierten `lco`-Dateien (siehe Abschnitt 4.21) der Fuß abhängig vom Satzspiegel gesetzt. Damit hat dann auch `enlargefirstpage` keine Wirkung. Ab Version 2.9u bekommt der Fuß eine Position am unteren Ende des Papiers. Damit ist dann die Höhe des Satzspiegels *Achtung!* *`lco`-Datei* `enlargefirstpage` des Briefbogens eventuell auch von der Option `enlargefirstpage` abhängig.

`firstfoot=false` Sollte der Briefbogenfuß mittels Option `firstfoot=false` (siehe Abschnitt 4.10, Seite 229) abgeschaltet sein, so wird die Einstellung von `firstfootvpos` ignoriert und stattdessen `\paperheight` angenommen. Es bleibt damit dann ein minimaler unterer Rand von `\footskip`.

```
firstfoothpos
```

Achtung! Die Pseudolänge `firstfoothpos` gibt bei einem positiven Wert den Abstand des Briefbogenfußes von der linken Papierkante an. Ist der Wert sogar größer oder gleich der Breite des Papiers, `\paperwidth`, so wird der Fuß horizontal zentriert auf dem Briefbogen platziert. Ein negativer Wert gibt den Abstand des Fußes von der rechten Papierkante an. Ist der Wert jedoch kleiner oder gleich der negativen Breite des Papiers, so wird der Fuß bündig zum linken Rand des Satzspiegels platziert.

Voreingestellt ist typischerweise ein Wert von `\maxdimen`, also der größtmögliche Wert für eine Länge. Die Folge ist eine horizontale Zentrierung.

```
firstfootwidth
```

Diese Pseudolänge gibt die Breite des Fußes der ersten Briefseite, also des Briefbogens, an. Der Wert stimmt in den vordefinierten
`firstheadwidth` `lco`-Dateien mit `firstheadwidth` überein.

22.2. Variablen für fortgeschrittene Anwender

Neben der Möglichkeit, vordefinierte Variablen zu verwenden, bietet scrlttr2 auch Anweisungen, um neue Variablen zu definieren oder deren automatische Verwendung innerhalb der Geschäftszeile zu beeinflussen.

```
\newkomavar[Bezeichnung]{Name}
\newkomavar*[Bezeichnung]{Name}
\removereffields
\defaultreffields
\addtoreffields{Name}
```

Mit `\newkomavar` wird eine neue Variable definiert. Diese Variable wird über *Name* angesprochen. Optional kann eine *Bezeichnung* für die Variable *Name* angegeben werden. Eine *Bezeichnung* wird dabei im Unterschied zum *Name* nicht verwendet, um auf eine Variable zuzugreifen. Vielmehr ist die *Bezeichnung* eine Ergänzung zum Inhalt einer Variable, die ähnlich ihrem Inhalt ausgegeben werden kann.

Mit der Anweisung `\addtoreffields` kann die Variable *Name* der Geschäftszeile (siehe Abschnitt 4.10, Seite 223) hinzugefügt werden. Dabei wird die *Bezeichnung* und der Inhalt der Variablen an das Ende der Geschäftszeile angehängt, falls ihr Inhalt nicht leer ist. Die Sternvariante `\newkomavar*` entspricht der Variante ohne Stern mit anschließendem Aufruf der Anweisung `\addtoreffields`. Bei der Sternvariante wird die Variable also automatisch zur Geschäftszeile hinzugefügt.

Beispiel: Angenommen, Sie benötigen in der Geschäftszeile ein zusätzliches Feld für eine Durchwahl. Sie können das Feld dann wahlweise mit

```
\newkomavar[Durchwahl]{myphone}
\addtoreffields{myphone}
```

oder kürzer mit

```
\newkomavar*[Durchwahl]{myphone}
```

definieren.

Im Fall, dass eine Variable für die Geschäftszeile definiert wird, sollten Sie immer eine Bezeichnung dafür angeben. *Achtung!*

Mit der Anweisung `\removereffields` können alle Variablen aus der Geschäftszeile entfernt werden. Dies betrifft auch die in der Klasse vordefinierten Variablen. Die Geschäftszeile ist dann leer. Sie können dies beispielsweise nutzen, wenn Sie die Reihenfolge der Variablen in der Geschäftszeile ändern wollen.

Zur Wiederherstellung der Reihenfolge der vordefinierten Variablen in der Geschäftszeile dient `\defaultreffields`. Dabei werden auch alle selbst definierten Variablen aus der Geschäftszeile entfernt.

Das Datum sollte der Geschäftszeile nicht über die Anweisung `\addtoreffields` hinzugefügt werden. Stattdessen stellt man mit Option `date` ein, ob das Datum links, rechts oder gar nicht in der Geschäftszeile erscheinen soll. Diese Optionen haben darüber hinaus auch einen Einfluss auf die Position des Datums, wenn gar keine Geschäftszeile verwendet wird. *Achtung!* `refline=dateleft` `refline=dateright` `refline=nodate`

```
\usekomavar[Anweisung]{Name}
\usekomavar*[Anweisung]{Name}
```

Die Anweisungen `\usekomavar` und `\usekomavar*` sind wie alle Anweisungen, von denen es eine Sternvariante gibt oder die ein optionales Argument besitzen, nicht voll expandierbar. Bei Verwendung innerhalb von \markboth, \markright oder ähnlichen Anweisungen muss dennoch kein \protect vorangestellt werden. Selbstverständlich gilt dies bei Verwendung von scrlayer-scrpage auch für \markleft (siehe Abschnitt 5.5, Seite 286). Allerdings können die Anweisungen nicht innerhalb von \MakeUppercase und ähnlichen Anweisungen verwendet werden, die direkten Einfluss auf ihr Argument haben. Diese Anweisungen können jedoch als optionales Argument angegeben werden. So erhält man beispielsweise den Inhalt einer Variable in Großbuchstaben mit:

Achtung! \MakeUppercase

```
\usekomavar[\MakeUppercase]{Name}
```

```
\ifkomavarempty{Name}{Wahr}{Falsch}
\ifkomavarempty*{Name}{Wahr}{Falsch}
```

Für die exakte Funktion ist wichtig, dass der Inhalt der Variablen soweit expandiert wird, wie dies mit \edef möglich ist. Bleiben dabei Leerzeichen oder unexpandierbare Makros wie \relax übrig, so gilt der Inhalt auch dann als nicht leer, wenn die Verwendung der Variablen zu keiner Ausgabe führen würde.

Achtung!

Auch diese Anweisung kann nicht innerhalb von \MakeUppercase oder ähnlichen Anweisungen verwendet werden. Sie ist jedoch robust genug, um beispielsweise als Argument von \markboth oder \footnote zu funktionieren.

22.3. lco-Dateien für fortgeschrittene Anwender

Obwohl jedes von typearea einstellbare Format verwendbar ist, kann es bei der Ausgabe der ersten Briefseite mit manchen Formaten zu unerwünschten Ergebnissen kommen. Das liegt aber nicht am Konzept der Klasse, sondern daran, dass derzeit hauptsächlich Parametersätze für ISO A4 existieren. Leider gibt es keine allgemein gültigen Regeln, um die Position von Anschriftfeldern und Ähnlichem für beliebige Papierformate zu berechnen. Es ist jedoch möglich, auch für andere Papierformate Parametersätze zu erstellen.

22.3.1. Überwachung des Papierformats

Derzeit existieren Parametersätze und lco-Dateien für A4-Papier und letter-Papier. Die Klasse scrlttr2 versteht aber theoretisch sehr viel mehr Papierformate. Daher ist es notwendig zu überwachen, ob die korrekte Papiergröße eingestellt ist.

`\LetterOptionNeedsPapersize{Optionsname}{Papiergröße}`

Damit man bei Verwendung einer in der lco-Datei nicht vorgesehenen *Papiergröße* zumindest gewarnt wird, sind in den mit KOMA-Script ausgelieferten lco-Dateien \LetterOptionNeedsPapersize-Anweisungen zu finden. Als erstes Argument wird dabei der Name der lco-Datei ohne die Endung ».lco« übergeben. Als zweites Argument wird die Papiergröße übergeben, für die diese lco-Datei gedacht ist.

Werden nacheinander mehrere lco-Dateien geladen, so kann jede dieser lco-Dateien eine Anweisung \LetterOptionNeedsPapersize enthalten. Innerhalb von \opening wird jedoch nur auf die jeweils letzte angegebene *Papiergröße* geprüft. Wie das nachfolgende Beispiel zeigt, ist es daher für den versierten Anwender leicht möglich, lco-Dateien mit Parametersätzen für andere Papierformate zu schreiben.

Beispiel: Nehmen wir einmal an, dass Sie A5-Papier in normaler Ausrichtung, also hochkant oder portrait, für Ihre Briefe verwenden. Nehmen wir weiter an, dass Sie diese in normale Fensterbriefumschläge im Format C6 stecken. Damit wäre prinzipiell die Position des Adressfeldes die gleiche wie bei einem normalen Brief in A4 nach DIN. Der Unterschied besteht im Wesentlichen darin, dass das A5-Papier nur einmal gefaltet werden muss. Sie wollen deshalb verhindern, dass die obere und die untere Faltmarke gesetzt wird. Dies erreichen Sie beispielsweise, indem Sie die Marken außerhalb des Papiers platzieren.

```
\ProvidesFile{a5.lco}
             [2002/05/02 letter class option]
\LetterOptionNeedsPapersize{paper=a5}{a5}
\@setplength{tfoldmarkvpos}{\paperheight}
\@setplength{bfoldmarkvpos}{\paperheight}
\endinput
```

Eleganter wäre es natürlich, die Marken mit Hilfe der Option foldmarks abzuschalten. Außerdem muss auch noch die Position des Seitenfußes, also die Pseudolänge firstfootvpos, angepasst werden. Ich überlasse es dem Leser, dafür einen geeigneten Wert zu ermitteln. Mit einer solchen lco-Datei ist es lediglich wichtig, dass andere lco-Dateioptionen wie SN vor dem Laden von »a5.lco«, angegeben werden.

22.3.2. Positionen sichtbar machen

Wenn man selbst lco-Dateien entwickelt, beispielsweise um die Positionen von verschiedenen Feldern des Briefbogens an eigene Wünsche oder Notwendigkeiten anzupassen, ist es hilfreich, wenn zumindest einige Elemente direkt sichtbar gemacht werden können. Zu diesem Zweck existiert die lco-Datei visualize.lco. Diese kann wie jede lco-Datei geladen werden. Allerdings ist das Laden dieser *Letter Class Option* auf die Dokumentpräambel beschränkt und seine Auswirkungen können nicht wieder rückgängig gemacht werden.
eso-pic graphicx Die lco-Datei bedient sich der Pakete eso-pic und graphicx, die nicht zu KOMA-Script gehören.

`\showfields{Feldliste}`

Mit dieser Anweisung kann die Visualisierung von Feldern des Briefbogens aktiviert werden. Das Argument *Feldliste* ist dabei eine durch Komma separierte Liste der Feldern, die visualisiert werden sollen. Folgende Felder werden derzeit unterstützt:

test – ist ein Testfeld der Größe 10 cm auf 15 cm, das jeweils 1 cm vom oberen und linken Papierrand entfernt ist. Dieses Testfeld existiert zu Debuggingzwecken. Es dient als Vergleichsmaß für den Fall, dass im Dokumenterstellungsprozess die Maße verfälscht werden.

head – ist der Kopfbereich des Briefbogens. Es handelt sich hier um ein nach unten offenes Feld.

foot – ist der Fußbereich des Briefbogens. Es handelt sich hier um ein nach unten offenes Feld.

address – ist das Anschriftfenster.

location – ist das Feld der Absenderergänzung.

refline – ist die Geschäftszeile. Es handelt sich hier um ein nach unten offenes Feld.

Mit Hilfe der Anweisungen \setkomafont und \addtokomafont (siehe Abschnitt 4.9, Seite 196) für das Element field kann die Farbe der Visualisierung geändert werden. Voreingestellt ist \normalcolor.
field

`\setshowstyle{Visualisierungsstil}`
`\edgesize`

frame In der Voreinstellung werden die einzelnen Felder durch Begrenzungslinien markiert. Dies entspricht dem *Visualisierungsstil* `frame`. Nach unten offene Felder werden dabei nicht komplett umrahmt, sondern unten offen mit kleinen Pfeilen nach unten dargestellt. Als Alternative hierzu steht auch der *Visualisierungsstil* `rule` zur Verfügung. Dabei wird das Feld farbig hinterlegt. Hierbei kann nicht zwischen geschlossenen und nach unten offenen Feldern unterschieden werden. Stattdessen werden nach unten offene Felder mit einer Mindesthöhe dargestellt. Der dritte verfügbare *Visualisierungsstil* ist edges. Dabei werden die Ecken der Felder markiert. Bei nach unten offenen Feldern entfallen dabei die unteren Eckmarkierungen. Die Größe der Eckmarkierungen ist im Makro `\edgesize` abgelegt und mit 1 ex voreingestellt.

rule

edges

```
\showenvelope(Breite,Höhe)(HOffset,VOffset)[Zusatz]
\showISOenvelope{Format}[Zusatz]
\showUScommercial{Format}[Zusatz]
\showUScheck[Zusatz]
\unitfactor
```

Diese Anweisungen dienen dazu eine Seite mit einer Zeichnung eines Umschlags auszugeben. Der Umschlag wird dabei immer um 90° gedreht auf einer eigenen Seite im Maßstab 1:1 ausgegeben. Das Anschriftfenster wird automatisch aus den aktuellen Daten für die Anschriftposition auf dem Briefbogen: `toaddrvpos`, `toaddrheight`, `toaddrwidth` und `toaddrhpos`, erzeugt. Hierfür ist es notwendig zu wissen, um welchen Wert der gefaltete Briefbogen auf jeder Seite kleiner als die *Breite* und *Höhe* des Briefbogens ist. Sind diese beiden Werte, *HOffset* und *VOffset*, bei `\showenvelope` nicht angegeben, so wird versucht, sie aus den Faltmarken und der Papiergröße selbst zu berechnen.

Die Anweisungen `\showISOenvelope`, `\showUScommercial` und `\showUScheck` basieren auf `\showenvelope`. Mit `\showISOenvelope` kann ein ISO-Umschlag im *Format* C4, C5, C5/6, DL (auch bekannt als C5/6) oder C6 erzeugt werden. Mit `\showUScommercial` wird hingegen ein US-Commercial-Umschlag im *Format* 9 oder 10 ausgegeben. `\showUScheck` schließlich ist für Umschläge im US-Check-Format zuständig.

Innerhalb des Umschlags wird die Lage des Briefbogens gestrichelt angedeutet. Die dabei verwendete Farbe kann mit Hilfe der Anweisungen `\setkomafont` und `\addtokomafont` (siehe Abschnitt 4.9, Seite 196) für das Element `letter` verändert werden. Voreingestellt ist `\normalcolor`.

letter

Die Umschlagzeichnung wird automatisch bemaßt. Die Farbe der Bemaßung und die Größe deren Beschriftung kann mit Hilfe der Anweisungen `\setkomafont` und `\addtokomafont` (siehe Ab-

measure

schnitt 4.9, Seite 196) für das Element measure verändert werden. Voreingestellt ist hier \normalcolor. Die Bemaßung erfolgt in Vielfachen von \unitlength mit einer maximalen Genauigkeit von 1/\unitfactor, wobei die Genauigkeit der TeX-Arithmetik die tatsächliche Grenze darstellt. Voreingestellt ist 1. Eine Umdefinierung ist mit \renewcommand möglich.

Beispiel: Es wird ein Beispielbrief im Format ISO A4 erzeugt. Die unterstützten Felder sollen zwecks Überprüfung ihrer Position mit gelben Rahmenlinien markiert werden. Desweiteren soll die Position des Fensters in einem Umschlag der Größe DL mit Hilfe einer Zeichnung überprüft werden. Die Maßlinien in dieser Zeichnung sollen rot und die Maßzahlen in kleinerer Schrift ausgegeben werden, wobei die Maßzahlen in cm mit einer Genauigkeit von 1 mm ausgegeben werden sollen. Der gestrichelte Briefbogen im Umschlag soll hingegen grün eingefärbt werden.

```
\documentclass[visualize]{scrlttr2}
\usepackage{xcolor}
\setkomafont{field}{\color{yellow}}
\setkomafont{measure}{\color{red}\small}
\setkomafont{letter}{\color{green}}
\showfields{head,address,location,refline,foot}
\usepackage[ngerman]{babel}
\usepackage{lipsum}
\begin{document}
\setkomavar{fromname}{Peter Musterfrau}
\setkomavar{fromaddress}{Hinter dem Tal 2\\
                         54321 Musterheim}
\begin{letter}{%
    Petra Mustermann\\
    Vor dem Berg 1\\
    12345 Musterhausen%
  }
\opening{Hallo,}
\lipsum[1]
\closing{Bis dann}
\end{letter}
\setlength{\unitlength}{1cm}
\renewcommand*{\unitfactor}{10}
\showISOenvelope{DL}
\end{document}
```

Auf der ersten Seite findet sich nun der Briefbogen, auf der zweiten Seite wird die Zeichnung des Umschlags ausgegeben.

Bezüglich der Bemaßung ist zu beachten, dass ungünstige Kombinationen von \unitlength und \unitfactor sehr schnell einen TeX-Fehler der Art *arithmetic overflow* provozieren. Ebenso kann es geschehen, dass ausgegebene Maßzahlen geringfügig vom tatsächlichen Wert abweichen. Beides sind keine Fehler von visualize, sondern lediglich Implementierungsgrenzen.

22.4. Unterstützung verschiedener Sprachen

Die Klasse scrlttr2 unterstützt viele Sprachen. Dazu zählen Deutsch (german für alte deutsche Rechtschreibung, ngerman für neue deutsche Rechtschreibung, austrian für Österreichisch mit alter deutscher Rechtschreibung und naustrian für Österreichisch mit neuer deutscher Rechtschreibung), nswissgerman für Schweizer Deutsch mit neuer Rechtschreibung und swissgerman für Schweizer Deutsch mit alter Rechtschreibung, Englisch (unter anderem english ohne Angabe, ob amerikanisches oder britisches Englisch, american und USenglish für Amerikanisch, british und UKenglish für Britisch), Französisch, Italienisch, Spanisch, Niederländisch, Kroatisch, Finnisch, Norwegisch, Schwedisch, Polnisch, Tschechisch und Slowakisch.

Zwischen den Sprachen wird bei Verwendung des babel-Paketes (siehe [BB13]) mit der Anweisung \selectlanguage{*Sprache*} gewechselt. Andere Pakete wie german (siehe [Rai98a]) und ngerman (siehe [Rai98b]) besitzen diese Anweisung ebenfalls. In der Regel erfolgt eine Sprachumschaltung jedoch bereits aufgrund des Ladens eines solchen Paketes. Näheres entnehmen Sie bitte der jeweiligen Anleitung.

Achtung! french

Erlauben Sie mir noch einen Hinweis zu den Sprachumschaltpaketen. Das Paket french (siehe [Gau07]) nimmt neben der Umdefinierung der Begriffe aus Tabelle 22.3, Seite 566 weitere Änderungen vor. So definiert es etwa die Anweisung \opening um. Dabei geht es einfach davon aus, dass \opening immer wie in der Standardbriefklasse letter definiert ist. Dies ist bei scrlttr2 jedoch nicht der Fall. Das Paket french zerstört deshalb die Definition aus scrlttr2 und arbeitet nicht korrekt mir KOMA-Script zusammen. Ich betrachte dies als Fehler des Paketes french.

Wird das Paket babel für die Umschaltung auf die Sprache french verwendet und ist gleichzeitig das Paket french installiert, so ergeben sich eventuell genau dieselben Probleme, weil in diesem Fall Teile des Paketes french verwendet werden. Ist das Paket french nicht installiert, ergibt sich das Problem mit babel nicht. Ebenfalls existiert das Problem normalerweise nicht, wenn man bei babel an Stelle der Sprache french eine der Sprachen acadian, canadien oder francais verwendet.

Mit Babel ab Version 3.7j tritt dieses Problem jedoch nur noch auf, wenn per Option explizit angegeben wird, dass babel das french-Paket verwenden soll. Kann nicht sicher gestellt werden, dass nicht eine alte Version von babel verwendet wird, so empfehle ich, mit

```
\usepackage[...,francais,...]{babel}
```

französische Sprache auszuwählen.

Es ist nicht auszuschließen, dass mit anderen Sprachen und Paketen ähnliche Probleme auftreten.

```
\captionsacadian
\captionsamerican
\captionsaustralien
\captionsaustrian
\captionsbritish
\captionscanadian
\captionscanadien
\captionscroatian
\captionsczech
\captionsdutch
\captionsenglish
\captionsfinnish
\captionsfrancais
\captionsfrench
\captionsgerman
\captionsitalian
\captionsnaustrian
\captionsnewzealand
\captionsngerman
\captionsnorsk
\captionsnswissgerman
\captionspolish
\captionsslovak
\captionsspanish
\captionsswedish
\captionsswissgerman
\captionsUKenglish
\captionsUSenglish
```

Wird die Sprache eines Briefes gewechselt, so werden über diese Anweisungen die Begriffe aus Tabelle 22.3, Seite 566 umdefiniert. Sollte das verwendete Sprachumschaltpaket dies nicht unterstützen, so können obige Anweisungen notfalls auch direkt verwendet werden.

```
\dateacadian
\dateamerican
\dateaustralien
\dateaustrian
\datebritish
\datecanadian
\datecanadien
\datecroatian
\dateczech
\datedutch
\dateenglish
\datefinnish
\datefrancais
\datefrench
\dategerman
\dateitalian
\datenaustrian
\datenewzealand
\datengerman
\datenorsk
\datenswissgerman
\datepolish
\dateslovak
\datespanish
\dateswedish
\dateswissgerman
\dateUKenglish
\dateUSenglish
```

Je nach verwendeter Sprache werden auch die Datumsangaben des nummerischen Datums (siehe Option `numericaldate` in Abschnitt 4.10, Seite 222) in unterschiedlicher Form umgesetzt. Die genauen Angaben können der Tabelle 22.2 entnommen werden.

Tabelle 22.2.: Sprachabhängige Ausgabeformate für das Datum

Anweisung	Ausgabebeispiel
\dateacadian	24. 12. 1993
\dateamerican	12/24/1993
\dateaustralien	24/12/1993
\dateaustrian	24. 12. 1993
\datebritish	24/12/1993
\datecanadian	1993/12/24
\datecanadien	1993/12/24
\datecroatian	24. 12. 1993.
\dateczech	24. 12. 1993
\datedutch	24. 12. 1993
\dateenglish	24/12/1993
\datefinnish	24.12.1993.
\datefrancais	24. 12. 1993
\datefrench	24. 12. 1993
\dategerman	24. 12. 1993
\dateitalian	24. 12. 1993
\datenaustrian	24. 12. 1993
\datenewzealand	24/12/1993
\datengerman	24. 12. 1993
\datenorsk	24.12.1993
\datenswissgerman	24. 12. 1993
\datepolish	24. 12. 1993
\dateslovak	24. 12. 1993
\datespanish	24. 12. 1993
\dateswedish	24/12 1993
\dateswissgerman	24. 12. 1993
\dateUKenglish	24/12/1993
\dateUSenglish	12/24/1993

```
\yourrefname
\yourmailname
\myrefname
\customername
\invoicename
\subjectname
\ccname
\enclname
\headtoname
\headfromname
\datename
\pagename
\phonename
\faxname
\emailname
\wwwname
\bankname
```

Die aufgeführten Anweisungen enthalten die jeweiligen sprachtypischen Begriffe. Diese können für die Realisierung einer weiteren Sprache oder aber auch zur eigenen freien Gestaltung wie in Abschnitt 12.4 erklärt angepasst werden. Von scrlttr2 werden die Begriffe erst nach der Präambel, also bei \begin{document} gesetzt. Sie sind daher vorher nicht verfügbar und können vorher auch nicht geändert werden. In Tabelle 22.3 sind die Voreinstellungen für english und ngerman zu finden.

\newcaptionname
\renewcaptionname
\providecaptionname

22.5. Von der obsoleten scrlettr zur aktuellen scrlttr2

Achtung!

Die alte Briefklasse scrlettr wurde mit Einführung von scrlttr2 (siehe Kapitel 4) 2002 obsolet. scrlettr sollte für neue Briefe besser nicht mehr verwendet werden. Die Klasse wird nicht mehr weiterentwickelt und es findet daher auch kein Support mehr dafür statt. Wer dennoch unbedingt die Anleitung zur alten Briefklasse benötigt, kann diese in scrlettr.dtx finden. Am besten führt man dazu einige LaTeX-Läufe mit jener Datei durch, also beispielsweise:

```
latex scrlettr.dtx
mkindex scrlettr
latex scrlettr.dtx
mkindex scrlettr
latex scrlettr.dtx
```

Man erhält so die Datei scrlettr.dvi mit der Anleitung. Wer stattdessen scrlettr.pdf haben möchte, ersetzt latex durch pdflatex.

Tabelle 22.3.: Voreinstellungen für die sprachabhängigen Begriffe bei Verwendung der Sprachen `english` und `ngerman` soweit nicht durch die Pakete zur Sprachumschaltung bereits definiert

Anweisung	`english`	`ngerman`
`\bankname`	Bank account	Bankverbindung
`\ccname`[1]	cc	Kopien an
`\customername`	Customer no.	Kundennummer
`\datename`	Date	Datum
`\emailname`	Email	E-Mail
`\enclname`[1]	encl	Anlagen
`\faxname`	Fax	Fax
`\headfromname`	From	Von
`\headtoname`[1]	To	An
`\invoicename`	Invoice no.	Rechnungsnummer
`\myrefname`	Our ref.	Unser Zeichen
`\pagename`[1]	Page	Seite
`\phonename`	Phone	Telefon
`\subjectname`	Subject	Betrifft
`\wwwname`	Url	URL
`\yourmailname`	Your letter of	Ihr Schreiben vom
`\yourrefname`	Your ref.	Ihr Zeichen

1 Diese Begriffe werden normalerweise bereits von Sprachpaketen wie babel definiert und dann von scrlttr2 nicht überschrieben. Abweichungen im Wortlaut sind daher möglich und der Anleitung des verwendeten Sprachpakets zu entnehmen.

Um den Umstieg von der alten auf die neue Klasse zu erleichtern, existiert mit `KOMAold` eine Kompatibilitätseinstellung. Grundsätzlich ist in der neuen Klasse die gesamte alte Funktionalität enthalten. Ohne `KOMAold` ist jedoch die Benutzerschnittstelle eine andere und auch die Voreinstellungen stimmen nicht überein. Näheres dazu ist Abschnitt 4.21, Tabelle 4.18 zu entnehmen.

`KOMAold`

Bei der Umwandlung eines alten Briefes, der ursprünglich mit scrlettr gesetzt wurde, besteht der erste Schritt daher darin, die `lco`-Datei `KOMAold` als Option bei `\documentclass` anzugeben. Damit sollte die Mehrzahl der Anweisungen der alten Klasse bereits funktionieren. An einigen Stellen wird sich die Ausgabe mit der neuen Klasse trotzdem unterscheiden, weil nun einmal der Satzspiegel der alten Klasse nicht vollständig nachgebildet wird. Dies hat seine Ursache nicht zuletzt darin, dass in der Satzspiegelerstellung von scrlettr noch diverse Fehler enthalten waren. So war die Position der Faltmarken beispielsweise von der Höhe der Kopfzeile abhängig, die wiederum von der Größe der Grundschrift abhängig war. Eindeutig ein Designfehler der Klasse scrlettr.

Keine Kompatibilität wird bezüglich der von scrlettr verwendeten Längen erreicht. Wer also in seinem Dokument den Satzspiegel von scrlettr verändert hatte, der sollte diese Änderungen entfernen oder auskommentieren. In einigen Fällen führt die Änderung einer Länge oder einer internen Anweisung von scrlettr auch zu einer Fehlermeldung, da die entsprechenden Längen oder Anweisungen in scrlttr2 nicht mehr definiert sind. Versuchen Sie in dem Fall ebenfalls, diese Änderungen zu entfernen oder auszukommentieren. *Achtung!*

Nach dem Wechsel von scrlettr zu scrlttr2 wird der alte Beispielbrief allein schon durch Setzen der Option KOMAold verarbeitbar:

```
\documentclass[10pt,KOMAold]{scrlttr2}
\usepackage[ngerman]{babel}

\name{\KOMAScript-Gruppe}
\address{Klassengasse 1\\
  12345 \LaTeX{}hausen}
\signature{Euer \KOMAScript-Team}

\begin{document}
  \begin{letter}{Die \KOMAScript-Nutzer\\
                 Irgendwo\\
                 weltweit}
    \opening{Liebe \KOMAScript-Nutzer,}
    das \KOMAScript-Team m"ochte Euch mit ein paar
    Informationen ...
    \closing{Viel Spa"s}
  \end{letter}
\end{document}
```

Der nächste Schritt kann dann darin bestehen, dass man trotz Verwendung der alten Anweisungen nicht mehr das Layout der alten Klasse nachbilden will. Soll beispielsweise das Layout der Letter-Class-Option DIN verwendet werden, so gibt man einfach diese Option zusätzlich und *nach* der Option KOMAold an: DIN *nach* KOMAold

```
\documentclass[10pt,KOMAold,DIN]{scrlttr2}
\usepackage[ngerman]{babel}

\name{\KOMAScript-Gruppe}
\address{Klassengasse 1\\
  12345 \LaTeX{}hausen}
\signature{Euer \KOMAScript-Team}

\begin{document}
  \begin{letter}{Die \KOMAScript-Nutzer\\
                 Irgendwo\\
```

```
                 weltweit}
      \opening{Liebe \KOMAScript-Nutzer,}
      das \KOMAScript-Team m"ochte Euch mit ein paar
      Informationen ...
      \closing{Viel Spa"s}
    \end{letter}
  \end{document}
```

Durch weitere Optionen kann das Aussehen zusätzlich beeinflusst werden. Ich empfehle jedoch, gleich noch einen Schritt weiter zu gehen.

KOMAold *entfernen*

Der letzte Schritt besteht dann darin, alle alten Anweisungen durch die neuen Entsprechungen zu ersetzen und die Option KOMAold zu entfernen. Bei der Ersetzung kann es nützlich sein, einen Blick in die Datei KOMAold.lco zu werfen. In dieser sind die alten Befehle mit Hilfe der neuen Variablen und Anweisungen nachgebildet.

```
\documentclass{scrlttr2}
\usepackage[ngerman]{babel}

\setkomavar{fromname}{\KOMAScript-Gruppe}
\setkomavar{fromaddress}{Klassengasse 1\\
                         12345 \LaTeX hausen}
\setkomavar{signature}{Euer \KOMAScript-Team}
\let\raggedsignature=\raggedright

\begin{document}
  \begin{letter}{Die \KOMAScript-Nutzer\\
                 Irgendwo\\
                 weltweit}
    \opening{Liebe \KOMAScript-Nutzer,}
    das \KOMAScript-Team m"ochte Euch mit ein paar
    Informationen ...
    \closing{Viel Spa"s}
  \end{letter}
\end{document}
```

\raggedsignature

In diesem Beispiel wurde außerdem von der Möglichkeit Gebrauch gemacht, die Anordnung des Schlussgrußes und der Signatur durch Änderung der Anweisung \raggedsignature zu beeinflussen, da die Signatur im Beispiel breiter als die Grußfloskel ist.

23.

Unterstützung japanischer Briefe in scrlttr2

Dank der Mitwirkung von Gernot Hassenpflug enthält scrlttr2 auch Unterstützung für japanische Briefe in Form von `lco`-Dateien. Dieses Kapitel beschreibt die gebotene Unterstützung und einige Beispiele, wie diese `lco`-Dateien verwendet werden können, um A4-Briefe herzustellen, die für japanische Umschläge gedacht sind.

23.1. Japanische Standard-Papier- und -Umschlaggrößen

Der *Japan Industrial Standard* (JIS) definiert Papier- und Umschlaggrößen für den nationalen Gebrauch, welche sich zugleich mit den ISO und US Größen überschneiden, aber auch metrisierte traditionelle japanische Größen enthalten. Umschlagfenstergrößen und Fensterposition unterliegen noch nicht internationaler Einigung. Infolgedessen existiert eine große Zahl an verschiedenen Fenstergrößen und Fensterpositionen. Die folgenden Abschnitte sollen einen kurzen Hintergrund der japanischen Papiergrößen und Umschlagmuster bieten.

23.1.1. Japanische und ISO-Papiergrößen

Der JIS definiert zwei Hauptserien von Papiergrößen:

1. die JIS-A-Serie, welche bis auf die Toleranzen identisch ist mit der ISO-A-Serie,

2. die JIS-B-Serie, welche erheblich von der ISO-B-Serie abweicht; im Gegensatz zur ISO-Serie hat ein Papier der JIS-B-Serie die 1,5-fache Fläche des entsprechenden A-Serie-Papiers, so dass Länge und Breite ungefähr 1,22-mal die Länge beziehungsweise Breite des entsprechenden A-Serie-Papiers betragen; das Seitenverhältnis ist identisch dem der A-Serie.

Tabelle 23.1.: ISO und JIS Standardpapiergrößen in Millimeter

ISO/JIS A	W×H	ISO B	W×H	JIS B	W×H
A0	841×1189	B0	1000×1414	B0	1030×1456
A1	594×841	B1	707×1000	B1	728×1030
A2	420×594	B2	500×707	B2	515×728
A3	297×420	B3	353×500	B3	364×515
A4	210×297	B4	250×353	B4	257×364
A5	148×210	B5	176×250	B5	182×257
A6	105×148[1]	B6	125×176	B6	128×182
A7	74×105	B7	88×125	B7	91×128
A8	52×74	B8	62×88	B8	64×91
A9	37×52	B9	44×62	B9	45×64
A10	26×37	B10	31×44	B10	32×45
A11	18×26			B11	22×32
A12	13×18			B12	16×22

[1] Die offizielle japanische Postkartengröße ist mit 100×148 mm^2 schmaler als A6.

Sowohl Papier der JIS-A-Serie wie auch der B-Serie ist in Japan weit verbreitet und die meisten Fotokopiermaschinen und Drucker enthalten mindestens A4 und B4 Papier. Die ISO/JIS-A-Serie Größen und die Unterschiede zwischen ISO und JIS-B-Serie Größen sind Tabelle 23.1 zu entnehmen.

Es gibt eine Anzahl traditioneller Papiergrößen, welche gegenwärtig nur von Druckfirmen gebraucht werden. Die am weitesten verbreiteten dieser alter Serien sind Shiroku-ban und Kiku. Der Unterschied dieser im Vergleich zu der JIS-B-Serie ist Tabelle 23.2 zu entnehmen. Letztendlich gibt es auch ein paar gebräuchliche Schreibmaterialgrößen, die in Tabelle 23.3 zu finden sind. Auf diese stößt man beim Einkauf im Schreibwarenhandel. Die ISO-C-Serie ist keine Papiergröße an sich, sondern ein Standard für Briefumschläge, der für Papier der entsprechenden A-Serien gedacht ist.

Tabelle 23.2.: Papiergrößen einiger Japanischer B-Serien-Varianten in Millimeter

Format Größe	JIS B-Serie W×H	Shiroku-ban W×H	Kiku W×H
4	257×364	264×379	227×306
5	182×257	189×262	151×227
6	128×182	189×262	
7	91×128	127×188	

Tabelle 23.3.: Größen in Millimeter für gebräuchliches japanisches Schreibmaterial

Name	W×H	Gebrauch und Kommentar
Kokusai-ban	216×280	»Internationale Größe« (»*US letter size*«)
Semi B5 oder Hyoujun-gata	177×250	»Standardgröße« (»Hyoujun-gata« ist der alte Name), semi B5 ist fast identisch zu ISO-B5
Oo-gata	177×230	»Groß«
Chuu-gata	162×210	»Medium«
Ko-gata	148×210	»Klein«
Ippitsu sen	82×185	»Notizpapier«

23.1.2. Japanische und ISO-Briefumschlaggrößen

ISO-Briefumschlaggrößen sind die offiziellen internationalen metrischen Briefumschlaggrößen. In Japan werden jedoch die JIS-definierten, wie auch metrisierte traditionelle Umschlaggrößen gebraucht. Die Größen, die nicht nach internationalem Standard angegeben sind, entsprechen nicht den Bedingungen der UPO (*Univeral Postal Union*) für Korrespondenzbriefumschläge .

Die Briefumschlaggrößen der ISO-C-Serie, und möglicherweise der ISO-B-Serie, sind in Japan anzutreffen. Umschläge der C-Serie können das entsprechende Papier der A-Serie enthalten, während Umschläge der B-Serie entweder das entsprechende Papier der A-Serie oder aber einen Umschlag der entsprechenden C-Serie enthalten können. Die ISO-Briefumschläge, die typischerweise in Japan zu finden sind, können Tabelle 23.4 entnommen werden, wo auch die angemessene Papiergröße und die passende Faltart angegeben sind.

Der JIS klassifiziert Briefumschlaggrößen in drei Kategorien entsprechend der generellen Gestalt des Umschlags und der Position der Klappe oder Lasche.

Chou: Diese Briefumschläge sind vom *commercial* Typ: dieselbe Größe wie der entsprechende *You* Typ, aber die Klappe ist nun an der kurzen Seite angebracht (*open end*) im *wallet* Stil. *Chou-kei* bedeutet langer Stil.

Kaku: Diese Briefumschläge sind von mehr quadratischer Gestalt und haben besondere Anwendungen. Sie entsprechen den *announcement* Umschlägen. Die Klappe ist an der langen Seite angebracht, im *square* Stil. Sie fallen generell nicht unter die normalen Posttarife. *Kaku-kei* bedeutetet quadratischer Stil.

Tabelle 23.4.: ISO-Größen für Japanische Briefumschläge in Millimeter

Name	B×H	Gebrauch und Kommentar
C0	917×1297	A0 Blatt ungefaltet; kein Standard
C1	648×917	A1 Blatt ungefaltet; kein Standard
C2	458×648	A2 Blatt ungefaltet, A1 Blatt einmal gefaltet; kein Standard
C3	324×458	A3 Blatt ungefaltet, A2 Blatt einmal gefaltet; kein Standard
B4	250×353	C4 Briefumschlag
C4	229×324	A4 Blatt ungefaltet, A3 Blatt einmal gefaltet; sehr typisch; kein Standard
B5	176×250	C5 Briefumschlag
C5	162×229	A5 Blatt ungefaltet, A4 Blatt einmal gefaltet; sehr typisch; kein Standard
B6	125×176	C6 Briefumschlag, A4 auf ein Viertel gefaltet; sehr typisch
C6	114×162	A5 Blatt einmal gefaltet, A4 Blatt in Viertel gefaltet; sehr typisch
C6/C5	114×229	A4 Blatt in Drittel gefaltet; sehr typisch
C7/6	81×162	A5 Blatt in Drittel gefaltet; ungewöhnlich, kein Standard
C7	81×114	A5 Blatt in Viertel gefaltet; ungewöhnlich, kein Standard
C8	57×81	
C9	40×57	
C10	28×40	
DL[1]	110×220	A4 Blatt in Drittel gefaltet, A5 Blatt der Länge nach gefaltet; sehr typisch

[1] Obwohl das DL-Muster nicht Bestandteil der ISO-C-Serie ist, ist es eine sehr weit verbreitete Standardgröße. DL, möglicherweise einst die Abkürzung von DIN-lang, ist heutzutage als »*dimension lengthwise*« von ISO-269 definiert.

Tabelle 23.5.: Japanische Briefumschlaggrößen der Kategorie Chou in Millimeter

JIS	Name	B×H	Gebrauch und Kommentar
	Chou 1	142×332	A4 der Länge nach gefaltet; kein Standard
Ja	Chou 2	119×277	B5 der Länge nach gefaltet; kein Standard
Ja	Chou 3	120×235	A4 in Drittel gefaltet; sehr typisch
	Chou 31	105×235	A4 in Drittel gefaltet
	Chou 30	92×235	A4 in Viertel gefaltet[1]
	Chou 40	90×225	A4 in Viertel gefaltet[1]
Ja	Chou 4	90×205	JIS-B5 in Viertel gefaltet[1]; sehr typisch

[1] Zweimal in derselben Richtung.

You: Diese Briefumschläge sind vom *commercial* Typ: rechteckig und grob den abendländischen Briefumschlaggrößen entsprechend. Die Klappe ist auch an der langen Seite angebracht (*open side*) im *commercial* oder *square* Stil. *You-kei* bedeutet abendländischer Stil.

Die wesentlichen JIS- und traditionellen Briefumschlaggrößen sind mit ihren entsprechenden Papiergrößen und passenden Faltarten in Tabelle 23.5, 23.6 und 23.7 zu finden.

23.1.3. Fenster-Varianten

Es gibt eine Großzahl an Fenstervarianten innerhalb des oben erklärten Rahmens. Die wesentlichen Fenstergrößen und Positionen sind Tabelle 23.8 zu entnehmen.

23.2. Vorgesehene lco-Dateien

In scrlttr2 existiert die Unterstützung für japanische Briefumschläge und Fenstergrößen in Form einer Reihe von lco-Dateien, mit denen die Faltmarken für unterschiedliche Umschlaggrößen und Subtypen mit verschiedenen Fenstergrößen und Positionen eingestellt werden. Die vorhandenen lco-Dateien sind zusammen mit den Briefumschlagtypen, für die sie Unterstützung bieten, Tabelle 23.9 zu entnehmen. Für eine ausführliche Liste japanischer Briefumschläge und dazu passender Papiergrößen siehe Tabelle 23.4, für die wesentlichsten Fenstergrößen und Positionen Tabelle 23.8. Die letzte Spalte

Tabelle 23.6.: Japanische Umschlaggrößen der Kategorie Kaku in Millimeter

JIS	Name	B×H	Gebrauch und Kommentar
	Kaku A3	320×440	A3 ungefaltet, A2 einmal gefaltet; kein Standard
	Kaku 0	287×382	B4 ungefaltet, B3 einmal gefaltet; kein Standard
	Kaku 1	270×382	B4 ungefaltet, B3 einmal gefaltet; kein Standard
Ja	Kaku 2	240×332	A4 ungefaltet, A3 einmal gefaltet; kein Standard
	Kaku Kokusai A4	229×324	A4 ungefaltet, A3 einmal gefaltet; dieselbe Größe wie ISO-C4; kein Standard
Ja	Kaku 3	216×277	B5 ungefaltet, B4 einmal gefaltet; kein Standard
Ja	Kaku 4	197×267	B5 ungefaltet, B4 einmal gefaltet; kein Standard
Ja	Kaku 5	190×240	A5 ungefaltet, A4 einmal gefaltet; kein Standard
Ja	Kaku 6	162×229	A5 ungefaltet, A4 einmal gefaltet; dieselbe Größe wie ISO-C5; kein Standard
Ja	Kaku 7	142×205	B6 ungefaltet, B5 einmal gefaltet; kein Standard
Ja	Kaku 8	119×197	Gehaltsbriefumschlag; typisch für Wurfsendung

Tabelle 23.7.: Japanische Umschlaggrößen der Kategorie You in Millimeter

JIS	Name	B×H	Gebrauch und Kommentar
Ja	You 0 oder[1] Furusu 10	235×120	A4 in Drittel gefaltet; dieselbe Größe wie Chou 3, aber mit Klappe im Stil »*open side*«
	You 0[1]	197×136	für kyabine[1] (»*cabinet*«), Fotogröße (165 mm×120 mm); kein Standard
	You 1[2]	176×120	B5 in Viertel gefaltet
	You 1[2]	173×118	B5 in Viertel gefaltet
Ja	You 2	162×114	A5 einmal gefaltet, A4 in Viertel gefaltet; dieselbe Größe wie ISO-C6
Ja	You 3	148×98	B6 einmal gefaltet
Ja	You 4	235×105	A4 in Drittel gefaltet
Ja	You 5	217×95	A4 in Viertel gefaltet[3]
Ja	You 6	190×98	B5 in Drittel gefaltet
Ja	You 7	165×92	A4 in Viertel gefaltet, B4 in Viertel gefaltet

[1] Da zwei verschiedene Größen die Bezeichnung You 0 tragen, wird JIS-You 0 normalerweise Furusu 10 genannt; Furusu (*fools*) kommt von *foolscap*; Kyabine ist eine metrisierte traditionelle japanische Größe.
[2] Zwei etwas unterschiedliche Größen werden als You 1 verkauft; die kleinere Größe (173 mm×118 mm) ist die Standardgröße in der Papierindustrie.
[3] Zweimal in derselben Richtung.

gibt dabei an, welche lco-Datei die entsprechende Unterstützung bietet.

Die Toleranzen bei der Position betragen etwa 2 mm, womit es möglich ist, alle Briefumschlaggrößen und Fenstervarianten aus Tabelle 23.8 mit einer vergleichsweise geringen Zahl an lco-Dateien zu unterstützen. Der Unterschied zwischen Chou/You 3 und Chou/You 4 ist durch Wahl der Falttechnik auszugleichen.

Je nach Umschlaggröße ist ein A4-Blatt entweder horizontal an den beiden kurzen Faltmarken zu knicken oder aber man faltet den Bogen erst mittig an der langen Lochermarke und dann noch einmal an der langen oberen Marke. Das Resultat hat entweder ungefähr ein Drittel oder ein Viertel der Höhe eines A4-Blatts. Die vertikale Faltmarke hilft bei zu breiten Briefbögen.

Tabelle 23.8.: Von `lco`-Dateien unterstützte japanische Briefumschläge, Fenstergrößen und -positionen

Briefumschlagtyp	Fenstername[1]	-größe[2]	-position[3]	lco-Datei
Chou 3	A	90×45	l 23, t 13	NipponEL
Chou 3	F	90×55	l 23, t 13	NipponEH
Chou 3	Hisago	90×45	l 23, t 12	NipponEL
Chou 3	Mutoh 1	90×45	l 20, t 11	NipponEL
Chou 3	Mutoh 101	90×55	l 20, t 11	NipponEH
Chou 3	Mutoh 2	80×45	l 20, t 11	NipponEL
Chou 3	Mutoh 3	90×45	l 25, t 11	NipponLL
Chou 3	Mutoh 301	90×55	l 25, t 11	NipponLH
Chou 3	Mutoh 6	100×45	l 20, t 11	NipponEL
Chou 3	v.2[4]	90×45	l 24, t 12	NipponLL
Chou 40	A	90×45	l 23, t 13	NipponEL
Chou 4	A	90×45	l 23, t 13	NipponEL
Chou 4	B	80×45	l 98, t 28	NipponRL
Chou 4	C	80×45	l 21, t 13	NipponEL
Chou 4	K	80×45	l 22, t 13	NipponEL
Chou 4	Mutoh 1	80×45	l 40, b 11	—
Chou 4	Mutoh 2	80×45	l 20, t 11	NipponEL
Chou 4	Mutoh 3	90×45	l 20, t 11	NipponEL
Chou 4	Mutoh 6	100×45	l 20, t 11	NipponEL
Chou 4	v.2[4]	80×45	l 20, t 12	NipponEL
Chou 4	v.3[4]	90×45	l 20, t 12	NipponEL
Kaku A4	v.1[5]	95×45	l 20, t 24	KakuLL
You 0	Cruise 6	90×45	l 20, t 12	NipponEL
You 0	Cruise 601	90×55	l 20, t 12	NipponEH
You 0	Cruise 7	90×45	l 20, b 12	NipponEL
You 0	Cruise 8	90×45	l 24, t 12	NipponLL
You 0	v.2[4]	90×45	l 24, t 12	NipponEL
You 0	v.3[4]	90×45	l 23, t 13	NipponEL
You 4	A	90×45	l 23, t 13	NipponEL

[1] Namen (als Subtypinformation) sind dem Herstellerkatalog entnommen.
[2] Als Breite mal Höhe in Millimeter angegeben.
[3] Als Abstand von links (l) oder rechts (r) und unten (b) oder oben (t) in Millimeter angegeben.
[4] In Abwesenheit anderer Information ist eine nummerische Variationsnummer für den Subtypnamen angegeben.
[5] Die Größenangaben gelten für den hochkant gehaltenen Umschlag.

Tabelle 23.9.: `lco`-Dateien in KOMA-Script für japanische Fensterbriefe mit scrlttr2

lco-Datei	unterstützt	Fenstergröße[1]	-position[1]
NipponEL	Chou/You 3 und 4	90×45	l 22, t 12
NipponEH	Chou/You 3 und 4	90×55	l 22, t 12
NipponLL	Chou/You 3 und 4	90×45	l 25, t 12
NipponLH	Chou/You 3 und 4	90×55	l 25, t 12
NipponRL	Chou/You 3 und 4	90×45	l 98, t 28
KakuLL	Kaku A4	90×45	l 25, t 24

[1] Die Fenstergröße ist als Breite mal Höhe angegeben, die Position als Offset von links (l) oder rechts (r) und unten (b) oder oben (t). Alle Größen sind in Millimeter.

23.3. Beispiele für die Erstellung japanischer Briefe

Angenommen, Sie möchten einen Brief auf DIN-A4-Papier gestalten und in einem japanischen Briefumschlag versenden. Falls der Umschlag kein Fenster hat, genügt es festzustellen, ob die Umschlaggröße einem abendländischen Format entspricht – die Standard-Einstellung `DIN` kann hier in vielen Fälle ausreichen.

Falls Sie einen Fensterbriefumschlag verwenden wollen, sollte hier bemerkt werden, das in scrlttr2 nicht alle möglichen Subtypen Unterstützung finden. Wenn Ihr bestimmter Fensterbriefumschlag ein Fenster hat, welches erheblich, also mehr als ungefähr 2 mm, von den unterstützten Subvarianten abweicht, dann melden Sie dieses bitte dem Autor von KOMA-Script, damit möglichst schnell offizielle Unterstützung angeboten werden kann. In der Zwischenzeit erstellen Sie sich eine persönliche `lco`-Datei, indem Sie eine vorhandene als Vorlage verwenden und gemäß der Anleitung in Kapitel 22 die Pseudolängen anpassen.

Falls Ihre Variante eines Fensterbriefumschlags bereits unterstützt wird, nutzen Sie diese Unterstützung folgendermaßen: Wählen Sie die notwendige `lco`-Datei und aktivieren Sie die Faltmarken entsprechend. Eine weitere, unabhängige Faltmarke steht bereit, um das Blatt für die Lochung zu halbieren.

Beispiel: Angenommen, Ihr Lieblingsumschlag ist zufällig ein You 3 Umschlag mit Fenstersubvariante Mutoh 3. Infolge verwenden Sie `NipponLL.lco`. Sie können dazu die Option `NipponLL` beim Laden der Klasse mit angeben, oder einfach die Zeile

```
\LoadLetterOption{NipponLL}
```

Peter Musterfrau, Hinter dem Tal 2, 54321 Musterheim

Petra Mustermann
Vor dem Berg 1
12345 Musterhausen

M

Peter Musterfrau
Hinter dem Tal 2
54321 Musterheim

Musterheim, 29. Februar 2011

Betrifft: Mitgliederversammlung vermisst

Liebe Vereinsvorsitzende,

seit einem Jahr gab es keine Mitgliederversammlung mehr. Ich erinnere daran, dass unsere Satzung eine solche alle halbe Jahr vorsieht. Ich fordere den Vorstand daher auf, umgehend eine solche in Angriff zu nehmen.

In Erwartung einer Einladung

Peter Musterfrau
(ehemaliger Vorsitzender)

PS: Ich hoffe, Du nimmst mir das nicht krumm.

Anlage: Auszug aus der Satzung, in dem die Mitgliederversammlungen geregelt sind

Verteiler: Die Vereinsvorsitzende
Alle Mitglieder

Peter Musterfrau, Hinter dem Tal 2, 54321 Musterheim

Petra Mustermann
Vor dem Berg 1
12345 Musterhausen

M

Peter Musterfrau
Hinter dem Tal 2
54321 Musterheim

Musterheim, 29. Februar 2011

Betrifft: Mitgliederversammlung vermisst

Liebe Vereinsvorsitzende,

seit einem Jahr gab es keine Mitgliederversammlung mehr. Ich erinnere daran, dass unsere Satzung eine solche alle halbe Jahr vorsieht. Ich fordere den Vorstand daher auf, umgehend eine solche in Angriff zu nehmen.

In Erwartung einer Einladung

Peter Musterfrau
(ehemaliger Vorsitzender)

PS: Ich hoffe, Du nimmst mir das nicht krumm.

Anlage: Auszug aus der Satzung, in dem die Mitgliederversammlungen geregelt sind

Verteiler: Die Vereinsvorsitzende
Alle Mitglieder

Abbildung 23.1.: Gegenüberstellung von Briefen mit `NipponLL` (links) und `NipponEL` (rechts)

irgendwo vor `\begin{letter}` einfügen.

Oder aber: Ihre mühevoll entworfenen Briefe sind für You 3 Umschläge gedacht, aber plötzlich erhalten Sie einen gebrauchten Umschlag einer Elektrizitätsfirma, der tolle Manga-Figuren zeigt, und den Sie einfach verwenden müssen. Sie messen und stellen glücklich fest, dass der Umschlag und das Fenster beinahe dem Chou-4-Umschlag mit C-Fenstersubtyp entsprechen. Somit wissen Sie, dass Sie mit der folgenden Änderung Ihren Brief anpassen können:

```
\LoadLetterOption{NipponEL}
```

Damit passt scrlttr2 Ihren Brief automatisch an den angeforderten Briefumschlag an. Eine Gegenüberstellung der beiden Ergebnisse für den Beispielbrief aus Kapitel 4 zeigt Abbildung 23.1. Achten Sie besonders auf die vertikale Faltmarke, an der der Brief ebenfalls gefaltet werden muss, und auf die Position der Anschrift, in der sich die beiden Briefe unterscheiden.

Anhang

Die folgenden Kapitel enthalten Informationen, die nicht unmittelbar die Klassen und Pakete von KOMA-Script beschreiben. Sie enthalten teilweise Informationen, die sehr tief in die Grundlagen von KOMA-Script führen. Zum Teil sind es auch Informationen, die weit über die normale Anwenderdokumentation von KOMA-Script hinaus gehen. Diese Kapitel sind in erster Linie für diejenigen gedacht, die LaTeX und das bisher erworbene Wissen um KOMA-Script weitgehend beherrschen. Diesem erfahrenen KOMA-Script- und LaTeX-Anwender bieten sie zusätzliches Wissen.

A. Satzspiegelkonstruktionen im Vergleich

In Kapitel 2 wurden bereits einige Grundlagen der Satzspiegelkonstruktion erwähnt. Dabei wurden die Konstruktionen, die in KOMA-Script implementiert sind, grob erläutert. Um besser zu verstehen, warum bei KOMA-Script genau diese Konstruktionen implementiert wurden, muss sehr viel weiter ausgeholt werden. Tatsächlich ist die Konstruktion von Satzspiegeln, also die Bestimmung des Textbereichs auf der Seite, eine Kunst, die seit dem Mittelalter von Profis gepflegt wird. Im Laufe der Zeit wurden viele unterschiedliche Verfahren ersonnen, verworfen, vergessen, aber auch weiterentwickelt und dokumentiert. Einige dieser Verfahren sind mit Schlagworten belegt, die sie legendär machen. Obwohl angeblich an jeder Legende auch etwas Wahres ist, birgt die Legendenbildung auch Gefahren. Es gilt daher, Legende und Wirklichkeit miteinander zu vergleichen.

Satzspiegel

A.1. Einleitung

Der Satzspiegel ist wie der Rahmen eines Bildes. Ein echter Rembrandt in einem schiefen, bunten, neonfarbenen PVC-Rahmen wird immer wie eine billige Kopie wirken. Ebenso wird ein inhaltlich perfektes Dokument mit verkorkstem Satzspiegel nicht die Geltung erfahren, die es verdient. Obwohl diese Tatsache unstrittig sein sollte, wagen sich Laien immer wieder daran, eigene Satzspiegel zu entwerfen. In einigen Fällen werden dabei Einstellungen aus Textverarbeitungsprogrammen übernommen, die kaum die Bezeichnung »Satzspiegel« verdienen, geschweige denn als Konstruktion zu bezeichnen sind.

Bei einigen Laien haben sich auch Schlagworte und Teile der damit verbundenen Konstruktionen festgesetzt. Leider sind den Ergebnissen, die dieses Halbwissen zeitigt, oft die nicht beachteten Voraussetzungen der Satzspiegelkonstruktion deutlich anzusehen. Aber auch wenn sie anderen Laien nicht auf den ersten Blick unangenehm auffallen, so können sie unterschwellig einen unerwünschten

Eindruck erzeugen. Deshalb folgen nun zunächst einige grundsätzliche Überlegungen zu Satzspiegeln.

A.2. Harmonie als allen Satzspiegeln gemeinsamer Grundsatz

Jan Tschichold war unbestreitbar eine der schillerndsten Persönlichkeiten in der Typografie des 20. Jahrhunderts. Dies liegt sicher darin begründet, dass seine typografischen Aufsätze und Abhandlungen eine Sprache verwenden, die man eher in einem Roman als in einem wissenschaftlichen Werk vermuten würde. Einige behaupten, Tschichold sei der Begründer der modernen Typografie. Andere sehen in ihm im Gegenteil einen Verfechter überholten, konservativen Denkens. Das Eigenartige am Typografen Tschichold ist, dass er sich anscheinend häufig widerspricht. In Wahrheit jedoch lassen seine Aufsätze bei zeitlicher Einordnung einen lernenden und wachsenden Geist erkennen. Die scheinbaren Widersprüche sind dabei keine sich wandelnden Grundsätze, sondern Neubewertungen an Hand fester Grundsätze.

Grundsätze

Diese Grundsätze haben in der modernen Typografie noch immer ihre Berechtigung, wenn sie auch für den Profi kein zwingendes Korsett darstellen. Für den Laien jedoch haben diese Grundsätze den unschätzbaren Vorteil, dass sie ihm das Leben erleichtern. Wenn die Grundsätze eingehalten sind, ist die Wahrscheinlichkeit, dass das Ergebnis negativ bewertet werden muss, gering. Je mehr die

Profi vs. Laie

Grundsätze verletzt sind, desto dünner wird das Eis. Während also der Profi weiß, was er tut, und Verletzungen der Grundsätze bewusst einsetzen kann, sollte der Laie sie meiden wie der Teufel das Weihwasser.

Grundregel: Harmonie

Der wichtigste Grundsatz in der Typografie, von dem viele anderen Regeln abgeleitet werden, lautet: Harmonie! Das menschliche Auge oder besser gesagt, die Sinne des Menschen streben ständig in gleicher Weise nach Harmonie, wie das Universum nach Chaos strebt. Was Harmonie im Einzelnen bedeutet, ist auch Bestandteil der Kultur. Da es hier um Typografie des Westens geht, bestimmt die westliche Kultur den zugrunde liegenden Harmoniebegriff.

Es stellt sich damit die Frage, wann eine Seite harmonisch ist. Um diese Frage beantworten zu können, müssen zunächst die bestimmenden Größen einer Seite festgestellt werden. Der ungeübte Laie wird sagen: die Breite beziehungsweise Höhe der Ränder oder des Satzspiegels. Genau genommen hat er damit nicht Unrecht. Leider

Tabelle A.1.: Verhältnisse im Goldenen Schnitt

a :	b :	c
1 :	1,6 :	2,6
2 :	3,2 :	5,2
3 :	4,9 :	7,9
4 :	6,5 :	9,5

Tabelle A.2.: Gerundete ganzzahlige Verhältnisse im Goldenen Schnitt

a :	b :	c
1 :	2 :	3
2 :	3 :	5
3 :	5 :	8
4 :	6 :	10
5 :	8 :	13
6 :	10 :	16
7 :	11 :	18
8 :	13 :	21

bieten aber die absoluten Größen wenig Möglichkeit einer schematischen Betrachtung. So lässt sich eine Frage, ob ein äußerer Rand von 2 cm besser ist als ein äußerer Rand von 3 cm, kaum beantworten, wenn man nicht weiß, in welcher Beziehung oder welchem *Verhältnis* dieser Rand zu anderen Elementen der Seite steht. Schon allein, um eine Satzspiegelkonstruktion nicht nur für eine Papiergröße anwenden zu können, sind deshalb die Verhältnisse der Elemente und innerhalb der Elemente einer Seite die bestimmenden Größen.

Grundlage: Verhältnisse

Wir alle kennen aus dem Alltag Verhältnisse, die uns besonders harmonisch erscheinen. So gilt das Seitenverhältnis eines Fernsehgeräts oder Computermonitors mit 4 : 3 oder eines Breitformatbildes mit 16 : 9 als harmonisch. Auch andere Verhältnisse mit besonderen Eigenschaften gelten als sehr harmonisch. Der *Goldene Schnitt* spielt dabei eine wichtige Rolle. Der Goldene Schnitt ist die Lösung des folgenden Problems: Wie muss ein Ganzes geteilt werden, so dass zwei ungleiche Teile entstehen, bei denen das Verhältnis des kleineren Teils zum größeren Teil dem Verhältnis des größeren Teils zum Ganzen entspricht? Tabelle A.1 gibt zu einem gegebenen kleinen Teil a jeweils das errechnete größere Teil b und das Ganze c an. In der Typografie werden jedoch in der Regel die ganzzahligen Verhältnisse verwendet, die in Tabelle A.2 angegeben sind. Besonders interessant ist hier die fortlaufende Reihe 1 : 2 : 3 : 5 : 8 : 13 : 21 : 34 : 55 : 89. . . , die erstaunlich genau ist. Wir werden darauf noch zurückkommen. Diese Reihe entspricht übrigens – bis auf das erste fehlende Glied 1 – der Fibonacci-Reihe, bei der man ein Glied aus der Summe der beiden Vorgänger erhält. Dies ist eine starke Harmoniebeziehung.

Verhältnis: Goldener Schnitt

Verhältnis: Fibonacci-Zahlen

Ein anderes bekanntes, ganzzahliges Verhältnis ist der Villardsche Teilungskanon. Bei diesem wird ein Ganzes so in zwei Teile zerlegt, dass das kleinere Teil halb so groß ist wie das Größere. Es beschreibt also das Verhältnis 1 : 2. Dieses passt auch zum *ganzzahligen Goldenen Schnitt* der Fibonacci-Reihe.

Verhältnis: Villardscher Teilungskanon

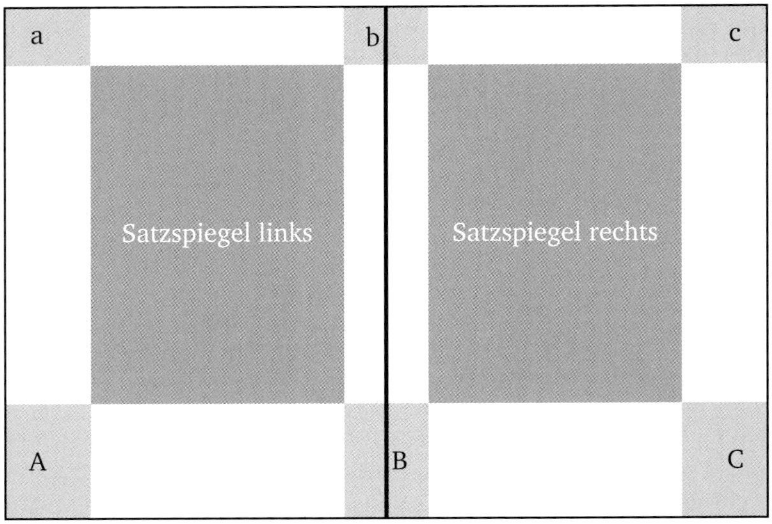

Abbildung A.1.: Harmonische Größen bei der Satzspiegelkonstruktion

Grundlage: optischer Eindruck

Neben besonderen Verhältnissen spielt aber auch ein anderer optischer Eindruck eine wichtige Rolle. Betrachten wir einmal Abbildung A.1. Der äußere Rahmen soll eine Doppelseite in einem Buch symbolisieren. Die beiden dunkelgrauen Kästen sind die Satzspiegel auf den beiden Seiten. Die hellgrauen Kästen sind Elemente, die in unserem Gehirn unwillkürlich entstehen, obwohl sie auf der Seite normalerweise weiß bleiben. Der Eindruck dieser Kästen entsteht dadurch, dass im Gehirn die Kanten der optischen Ränder des Satzspiegels nach außen verlängert werden. Abhängig von der Größe und Position des Satzspiegels kann dieser Eindruck für einzelne oder alle Kästen stärker oder schwächer sein. Ein besonders harmonischer Eindruck entsteht nun, wenn nicht nur der Satzspiegel dasselbe Seitenverhältnis wie die Seite hat, sondern auch die Kästen A, B und C sowie die quasi liegenden Kästen a, b und c und die ebenfalls liegende Doppelseite. Damit haben praktisch alle optischen Elemente der Seite das gleiche Seitenverhältnis. Ein stärkerer Eindruck von Harmonie ist kaum möglich. Kaum schwächer ist der Eindruck, wenn die Doppelseite und die Kästen a, b und c dasselbe Seitenverhältnis haben, aber dieses Seitenverhältnis vom gemeinsamen Seitenverhältnis der einzelnen Seite, des Satzspiegels und der Kästen A, B und C abweicht. Dies kann wiederum dadurch verstärkt werden, dass die beiden Seitenverhältnisse ihrerseits in einem günstigen Verhältnis zueinander stehen.

Eindruck: identische Verhältnisse

Eine interessante Frage ist nun, ob sich die Harmonie besonderer Verhältnisse und die Harmonie der Elemente mit gleichem Seitenverhältnis in Einklang bringen lassen. Ist dies der Fall, dann ist wirklich maximale Harmonie erreicht. Größtmögliche Harmonie lässt gleichzeitig auf eine günstige Satzspiegelkonstruktion schließen. Mindestvoraussetzung der Harmonie ist übrigens – und darüber sind sich alle Typografen einig – die Übereinstimmung des Seitenverhältnisses des Satzspiegels mit dem Seitenverhältnis der Buchseite [Rei99].

Grundlage: Seitenverhältnis

Bei der Analyse mittelalterlicher Handschriften erkannte Jan Tschichold übrigens noch eine weitere Harmonie. Er stellte fest, dass bei wertvollen Handschriften der Satzspiegel und – lässt man die kunstvollen Illustrationen weg – der weiße Anteil der Seite ungefähr gleich groß sind. Es ist wenig überraschend, dass Ästheten, Typografen und altgelernte Buchdrucker an einem Großteil der heutigen Büchern vor allem bemängeln, dass die Ränder viel zu schmal und die Satzspiegel viel zu groß sind.

Grundlage: Flächennutzung

Es gibt noch einen Punkt, über den sich alle Typografen einig sind. Der Fußsteg muss immer größer als der Kopfsteg sein. Der Grund dafür ist einfach: Unser Auge sieht die Mitte des Papiers nicht in der Mitte sondern darüber, jedenfalls dann, wenn darauf eine grau wirkende Fläche liegt. Ähnlich verhält es sich mit dem sichtbaren Bundsteg und dem Außensteg. Wie es scheint, ziehen sich die grauen Flächen gegenseitig an. Das mag auch daran liegen, dass benachbarte Ränder nicht einzeln, sondern gemeinsam wahrgenommen werden. Abbildung A.2 zeigt dieselbe Papierfläche und denselben Satzspiegel wie Abbildung A.1, allerdings vertikal und horizontal zentriert. In aller Regel werden Sie jedoch den Eindruck haben, dass der Bundsteg breiter ist als der Außensteg und der Kopfsteg breiter als der Fußsteg. Je dunkler die Fläche des Satzspiegels, desto stärker wird dieser Eindruck. Ich versichere jedoch, dass der Eindruck täuscht.

Fußsteg
Kopfsteg
optisches Paradoxon

Bundsteg
Außensteg

A.3. Vom Mittelalter bis zur Renaissance

Im Mittelalter wurden Bücher zwar entweder abgeschrieben oder in Reibetechnik gedruckt, aber Typografie gab es damals schon. Zwar war Typografie im Mittelalter weder Handwerk noch Wissenschaft, aber sie wurde von Schreibern und Druckern gepflegt. Dabei gingen im Idealfall die Fähigkeiten des Meisters auf den Lehrling über und wurden von diesem verbessert. Bekanntlich will die Jugend seit Urzeiten besser als die Alten sein. Doch was können wir von den alten Meistern lernen?

Typografie als Tradition

Wie bereits im vorigen Abschnitt erwähnt, war es im Mittelalter durchaus üblich, dass der Satzspiegel nur ungefähr die Hälfte einer

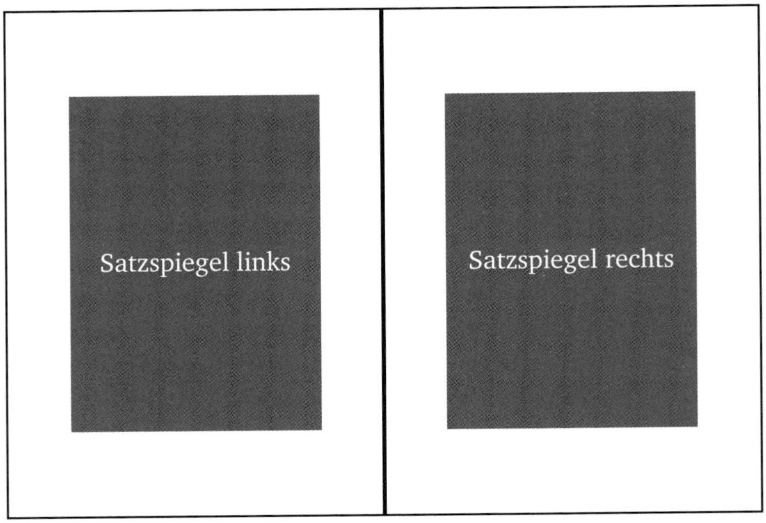

Abbildung A.2.: Negativbeispiel einer Satzspiegelkonstruktion

Abhängigkeit vom Papierformat

2 : 3 : 4 : 6

Seite ausmachte. Das wurde dadurch erreicht, dass als Höhe des Satzspiegels oft die Breite des Papiers verwendet wurde. Das verwendete Papier hatte häufig ein Seitenverhältnis von 2 : 3 oder 3 : 4. Die Ränder wurden im Verhältnis Bundsteg : Kopfsteg : Außensteg : Fußsteg von 2 : 3 : 4 : 6 gewählt [Rot]. Aus Tabelle A.2 wissen wir, dass dabei das Verhältnis 2 : 3 des Seitenformats und von Bundsteg : Kopfsteg ebenso im Goldenen Schnitt liegt, wie das Verhältnis 1 : 2 von Bundsteg : Außensteg beziehungsweise Kopfsteg : Fußsteg.

Nehmen wir das Beispiel aus Abbildung A.3. Es ergeben sich folgende Verhältnisse:

Papierbreite	: Papierhöhe	= 2 : 3
Satzspiegelbreite	: Satzspiegelhöhe	= 2 : 3
Bundsteg	: Kopfsteg	= 2 : 3
Außensteg	: Fußsteg	= 2 : 3
innerer Rand	: Fußsteg	= 2 : 3
Seitenhöhe	: Doppelseitenbreite	= 3 : 4
Kopfsteg	: Außensteg	= 3 : 4
Bundsteg	: Außensteg	= 1 : 2
Kopfsteg	: Fußsteg	= 1 : 2
Randhöhe	: Satzspiegelhöhe	= 1 : 2
Randbreite	: Satzspiegelbreite	= 1 : 2

Die letzten beiden Verhältnisse wurden bei der Konstruktion bewusst so gewählt. Ich komme später darauf zurück. Wie man sieht, genügen drei Verhältnisse, um die Konstruktion zu beschreiben.

Die dünnen, schwarzen Linien in der Abbildung sind diagonale Hilfslinien. Unabhängig von der Größe des Satzspiegels muss seine

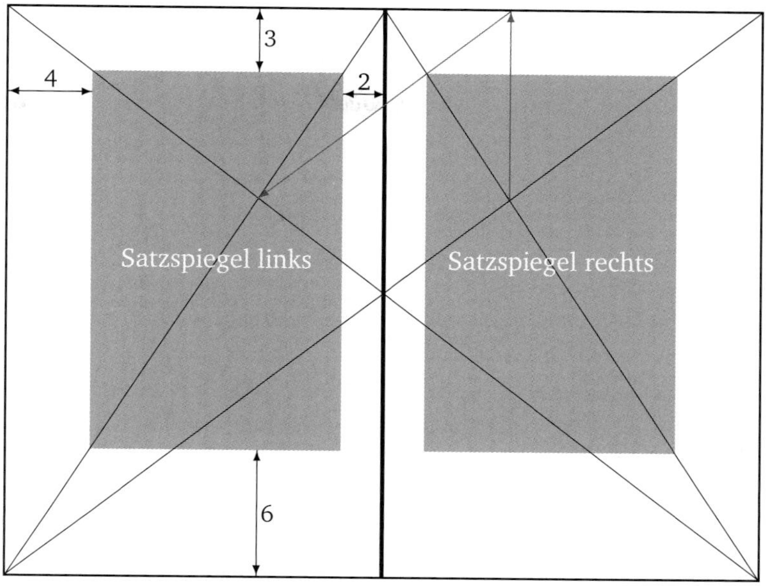

Abbildung A.3.: Mittelalterliche Satzspiegelkonstruktion für Octave-Papier mit dem Verhältnis Bundsteg : Kopfsteg : Außensteg : Fußsteg = 2 : 3 : 4 : 6

äußere obere Ecke immer auf der Diagonalen der Doppelseite und seine innere obere und äußere untere Ecke immer auf der Diagonalen der Einzelseite liegen. Wenn diese Bedingung erfüllt ist, dann ist auch das Verhältnis 2 : 3 : 4 : 6 sichergestellt. Die beiden dünnen Pfeile dienen einer Konstruktion, auf die ich noch zurückkomme.

Wie sieht das Ganze nun aus, wenn das Papier nicht das Seitenverhältnis 2 : 3, sondern 3 : 4 hat? Wie bereits erwähnt, erscheint uns dieses Seitenverhältnis ebenfalls harmonisch, auch wenn es im Gegensatz zu 2 : 3 nicht in den Goldenen Schnitt passt. Traditionell wird nun das Ränderverhältnis 3 : 4 : 6 : 8 gewählt. 3:4:6:8

Nehmen wir das Beispiel aus Abbildung A.4. Es ergeben sich folgende Verhältnisse:

Papierbreite	: Papierhöhe	= 3 : 4
Satzspiegelbreite	: Satzspiegelhöhe	= 3 : 4
Bundsteg	: Kopfsteg	= 3 : 4
Außensteg	: Fußsteg	= 3 : 4
innerer Rand	: Fußsteg	= 3 : 4
Seitenhöhe	: Doppelseitenbreite	= 2 : 3
Kopfsteg	: Außensteg	= 2 : 3
Bundsteg	: Außensteg	= 1 : 2
Kopfsteg	: Fußsteg	= 1 : 2
Randhöhe	: Satzspiegelhöhe	= 1 : 2
Randbreite	: Satzspiegelbreite	= 1 : 2

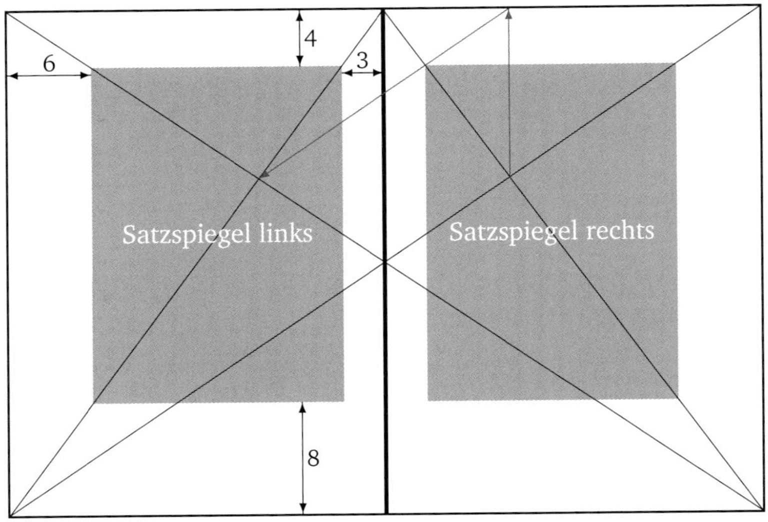

Abbildung A.4.: Mittelalterliche Satzspiegelkonstruktion für Quart-Papier mit dem Verhältnis Bundsteg : Kopfsteg : Außensteg : Fußsteg = 3 : 4 : 6 : 8

Auch dieses wirkt unbestreitbar sehr harmonisch. Und obwohl hier lediglich die Verhältnisse 2 : 3 mit 3 : 4 den Platz getauscht haben, muss man zugeben, dass das Schema von Abbildung A.4 noch etwas angenehmer wirkt als das von Abbildung A.3. Hier wirken nun nicht mehr allein die Verhältnisse, sondern auch die absoluten Größen. Dies gilt insbesondere für den unteren Rand. Aber auch insgesamt erscheint Octave-Papier gestreckter – ja geradezu härter – als Quart-Papier. Man erlaube mir die Anmerkung, dass ich mit Octave den Vater und mit Quart die Mutter des wohlgeratenen Layouts verbinde.

In der Renaissance erkannte man den langen, nackten Hals bei Octave offenbar ebenfalls. Als Lösung aus der Problematik griff man auf einen ebenso nahe liegenden wie einfachen Kunstgriff zurück. Durch Änderung des Ränderverhältnisses von 2 : 3 : 4 : 6 in 2 : 3 : 4 : 5 verkleinerte man den Fußsteg und verlängerte gleichzeitig den Satzspiegel nach unten. Abbildung A.5 zeigt die Auswirkungen.

2 : 3 : 4 : 5

Dem geübten Auge und dem aufmerksamen Leser wird sofort auffallen, dass dieses Verhältnis einige Nachteile mit sich bringt. Betrachten wir auch dazu die Verhältnisse wieder etwas genauer:

Papierbreite	: Papierhöhe	= 2 : 3
Satzspiegelbreite	: Satzspiegelhöhe	= 27 : 41
Bundsteg	: Kopfsteg	= 2 : 3
Außensteg	: Fußsteg	= 4 : 5
innerer Rand	: Fußsteg	= 4 : 5
Seitenhöhe	: Doppelseitenbreite	= 3 : 4
Kopfsteg	: Außensteg	= 3 : 4
Bundsteg	: Außensteg	= 1 : 2

Kopfsteg	: Fußsteg	=	3 : 5
Randhöhe	: Satzspiegelhöhe	=	8 : 19
Randbreite	: Satzspiegelbreite	=	1 : 2

Verstöße

Negativ fällt auf, dass das Seitenverhältnis des Satzspiegels nicht mehr mit dem Seitenverhältnis des Papiers übereinstimmt. In der Konstruktion ist das leicht daran zu erkennen, dass das linke untere Eck der linken Seite die Diagonale verlässt. Des Weiteren stehen Bundsteg und Außensteg mit 1 : 2 in einem anderen Verhältnis zueinander als Kopfsteg und Fußsteg mit 3 : 5. Vorteilhaft ist dabei nur, dass beide Verhältnisse dem ganzzahligen Goldenen Schnitt entsprechen. Aus dem verletzten Seitenverhältnis resultiert dann natürlich auch, dass die horizontalen Ränder in einem anderen Verhältnis zum Satzspiegel stehen als die vertikalen. Bei idealer Konstruktion, wie in den beiden Abbildungen gezeigt, wird dann aus 1 : 2 plötzlich 8 : 19. Dieses Verhältnis passt auch nicht so recht in eines der harmonischen Teilungsverhältnisse. Insgesamt ergibt sich nun ein Wirrwar vieler verschiedener Verhältnisse. Dies ist ein guter Hinweis auf eine gestörte Harmonie.

Verhältnisvielfalt

Harmonieverlust

Einige Typografen lehnen die Renaissance-Konstruktion schon allein wegen des Verstoßes beim Satzspiegelverhältnis ab. Allerdings liegt die Abweichung bei weniger als einem Prozent. Mit Feingefühl kann ein Typograf selbst damit arbeiten. Dem Laien werden jedoch die wenigsten Typografen diese Konstruktion empfehlen, denn in der Praxis können zu dieser konstruktionsbedingten Abweichung weitere Abweichungen kommen.

Profi vs. Laie

In der Literatur konnte ich keinen Hinweis darauf finden, dass in der Renaissance diese Abweichung auch auf Quart-Papier übertragen wurde. Ich verzichte hier deshalb ebenfalls darauf, dies zu behandeln. Erwähnt sei jedoch, dass eine ähnliche Abweichung bei Quart beispielsweise durch das Verhältnis 3 : 4 : 6 : 7 erreicht werden könnte.

A.4. Die Moderne

Bauhaus

In der Bauhauszeit wurde Ästhetik und die Suche danach zum Prinzip erklärt. Man möge zu dem, was diese Epoche als ästhetisch hervorgebracht hat, stehen wie man will, die Typografie erhielt in dieser Zeit neue und wieder entdeckte Impulse. Für die Satzspiegelkonstruktion von Bedeutung ist, dass zu dieser Zeit die Papiere der DIN-Reihen A, B, C und D bereits Verbreitung gefunden hatten. Es erschien wünschenswert, auf Konstruktionen zurückzugreifen, die unabhängig vom Papierformat funktionieren.

Unabhängigkeit vom Papierformat

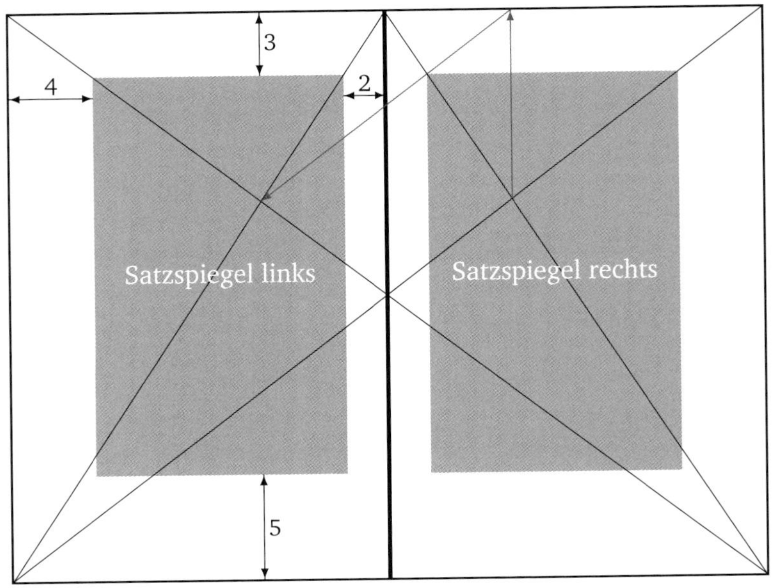

Abbildung A.5.: Satzspiegelkonstruktion der Renaissance für Octave-Papier mit dem Verhältnis Bundsteg : Kopfsteg : Außensteg : Fußsteg = 2 : 3 : 4 : 5

Konstruktion nach van de Graaf

Vermutlich vom holländischen Typografen van de Graaf stammt die Konstruktion, die bereits in den Abbildungen der vorherigen Abschnitte skizziert ist [Sch02]. Man legt dabei zunächst in jede Einzelseite die Diagonale von außen unten nach innen oben. Dann fügt man die Diagonalen der Doppelseite hinzu. Vom Schnittpunkt der ansteigenden Doppelseitendiagonalen mit der Diagonalen der rechten Seite geht man senkrecht nach oben. Von diesem Punkt aus zieht man eine Linie zum Schnittpunkt der abfallenden Doppelseitendiagonalen mit der Diagonalen der linken Seite. Der Schnittpunkt dieser Linie mit der Diagonalen der rechten Seite ist die linke obere Ecke des Satzspiegels der rechten Seite. Die rechte obere Ecke des Satzspiegels ergibt sich dann aus dem Schnittpunkt einer horizontalen Linie von der linken oberen Ecke des Satzspiegels mit der ansteigenden Doppelseitendiagonalen. Der Schnittpunkt einer senkrechten Linie von dieser Ecke mit der Seitendiagonalen bringt dann die rechte untere Ecke. Die vierte Ecke ergibt sich durch die rechten Winkel des Satzspiegels von allein.

Jan Tschichold erkannte, dass diese Konstruktion genau zu der klassischen Einteilung führt, die in Abbildung A.3, Seite 587 und Abbildung A.4, Seite 588 bereits zu sehen war [Tsc92]. Des Weiteren entspricht sie einer Teilung der Papiervertikalen und der Papierhorizontalen in jeweils neun Teile, wie sie in Abbildung A.6 zu sehen ist.

Neunerteilung

Sie ist deshalb auch als Neunerteilung oder klassische Neunerteilung in der Literatur zu finden.

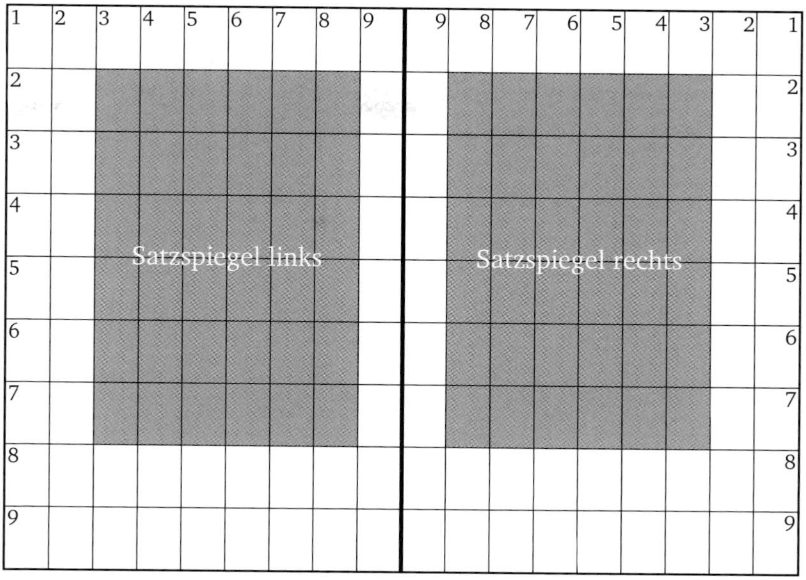

Abbildung A.6.: Neunerteilung am Beispiel von Papier der DIN-A-Reihe ohne Berücksichtigung von Bindekorrektur

Mittelalter bis Neuzeit

Diese Satzspiegelkonstruktion wurde vom Mittelalter bis in unser Jahrhundert für Literatur von Cicero bis zu Minnegesängen verwendet. Im Gegensatz zu festen Ränderverhältnissen funktioniert sie unabhängig vom Papierformat und führt dann zu den passenden Ränderverhältnissen. Unverwöhnten – ja: gequälten – Augen erscheinen die Ränder außerordentlich extravagant. Dem verwöhnten Auge erscheint die Seite überaus elegant. Kritische Leser nutzen die großzügigen Ränder für ihre Anmerkungen.

elegant bis extravagant

Konflikte

Einige moderne Typografen bezweifeln, dass diese Konstruktion für lebende Kolumnentitel wirklich geeignet ist [Sch02]. Seien wir ehrlich: Der Platz, der für Text nach Abzug der Kolumnentitel bleibt, schwindet dabei. Lebende Kolumnentitel sind darüber hinaus ein Merkmal von wissenschaftlichen Werken, in denen auch häufig Konsultationselemente wie Tabellen und Abbildungen zu finden sind. Auch für diese wird oft viel Platz in der Höhe und auch in der Breite benötigt. Es ist daher wenig verwunderlich, dass schon Jan Tschichold im letzten Jahrhundert erkannte, dass für technische oder allgemeiner für wissenschaftliche Bücher eine Erweiterung gefunden werden muss. Er fand sie einfach, indem er eine Abweichung von der Verwendung von neun Teilen erlaubte und zum n-mal-n-Raster überging. Daraus resultiert die Rasterkonstruktion, wie sie bereits in Abschnitt 2.2 skizziert wurde.

Rasterkonstruktion

Bei der Rasterkonstruktion wird die Seite wie bei der Neunerteilung vertikal und horizontal in ein Raster eingeteilt. Dabei werden vertikal und horizontal gleich viele Teile verwendet. Dadurch wird erreicht, dass jedes Kästchen des Rasters dasselbe Seitenverhältnis besitzt wie die Seite. Für den Bundsteg wird eine Spalte, für den Kopfsteg eine Zeile, für den Außensteg zwei Spalten und für den Fußsteg zwei Zeilen des Rasters verwendet. Der Rest ist dann der Satzspiegel. Der einzige Unterschied zur Neunerteilung besteht damit in der Anzahl der Zeilen und Spalten, die verwendet werden. Die Neunerteilung ist also lediglich ein Sonderfall der Rasterkonstruktion.

identische Seitenverhältnisse

Die Besonderheit der Rasterkonstruktion besteht darin, dass sie nicht mehr vom Papierformat abhängig ist. Das liegt daran, dass die Verhältnisse Bundsteg : Kopfsteg und Kopfsteg : Außensteg automatisch dem Seitenverhältnis von Satzspiegel und Seite folgen, also die Kästchen A, B, C und a, b, c aus Abbildung A.1 automatisch harmonisch sind.

Unabhängigkeit vom Papierformat

Bedeutet dies nun, dass die Rasterkonstruktion immer ein perfektes Layout liefert? Diese Frage kann mit einem klaren Jein beantwortet werden. Zunächst sollte das Verhältnis Rand : Satzspiegelhöhe beziehungsweise Rand : Satzspiegelbreite in aller Regel nicht größer als 1 : 2 werden. Sonst werden die Ränder eindeutig zu groß. Umgekehrt sollte der kleinste sichtbare Rand nie kleiner als 12,5 mm sein. Dieser Wert erscheint willkürlich und ist es teilweise auch. Dieser Vorwurf trifft allerdings mehr oder weniger für alle Erfahrungswerte zu. Er sollte jedoch nicht als Ausrede dafür dienen, Erfahrungswerte zu ignorieren. Der kleinste sichtbare Rand ist in der Regel der Kopfsteg, da der Bundsteg auf Doppelseiten ja doppelt zu sehen ist. Ein kleinster Rand von 19 mm gilt als nahezu optimal und 25 mm sind elegant. Vermutlich hat letzteres auch irgendwann ein Programmierer gelesen und dann in seine Textverarbeitung als Voreinstellung eingebaut – leider für alle Ränder und leider wurde nie ein Typograf gefragt, ob das so korrekt ist.

Grenzen der Rasterkonstruktion

Missverständnisse

Doch die Wahl minimaler oder maximaler Ränder ist nicht das einzige Kriterium. Ebenso wichtig wie ausreichende und nicht übermäßige Randbreiten ist die richtige Breite des Satzspiegels. Hier spielt jedoch der Wert in einem objektiven Maß zunächst eine untergeordnete Rolle. Zwar hat das menschliche Auge klar ein Problem, wenn es vom Ende einer 1 m langen Zeile an deren Anfang zurück soll. So lange man den Kopf beim Lesen aber nicht drehen muss – obwohl man das in der Regel trotzdem macht – ist das Problem der reinen Wegstrecke ein zweitrangiges. Wichtiger ist die Anzahl der Zeichen und die Anzahl der Wörter in einer Zeile. Geübte Leser haben bei gut gewählter Schrift mit ordentlichem, aber nicht übertriebenem Durchschuss kein Problem beim Verfolgen und Zurückspringen, wenn eine

Zeichenzahl
Wortzahl
geübte Leser

Zeile durchschnittlich nicht mehr als vierundsiebzig Zeichen hat. Angenehm und für ungeübte Leser wünschenswert sind jedoch 62–66 Zeichen. Da das Auge in Wirklichkeit nicht von Buchstabe zu Buchstabe, sondern von Wort zu Wort springt, sollten im allgemeinen nicht mehr als 10–12 Wörter in jeder Zeile stehen. Das begünstigt scheinbar Sprachen mit langen Wörtern oder Wortgefügen. Dem ist nicht so, da das Auge dann wieder nicht mehr von Wort zu Wort, sondern von Teilwort zu Teilwort springt. Dabei spielen Buchstaben mit durchgehenden vertikalen Kanten eine große Rolle. Aber das ist ein anderes Thema.

ungeübte Leser

Das Vorgehen sollte also so sein, dass man zunächst ausmisst, wie breit der Satzspiegel bei der gewählten Schrift maximal sein darf. Dann sucht man nach einem Raster, das zu dieser Breite passt. Als letztes überprüft man, ob die Bedingungen bezüglich minimaler und maximaler Ränder eingehalten sind. Wenn die Ränder zu schmal sind, wählt man ein groberes Raster, denn kürzere Zeilen im Satzspiegel sind unproblematisch. Das ist genau das Vorgehen des typearea-Pakets, wenn man die Option `DIV=calc` (siehe Abschnitt 2.6, Seite 41) oder die Anweisung `\typearea` mit dem Wert `calc` für den Parameter *`DIV`* (siehe Abschnitt 2.6, Seite 45) verwendet. Dabei werden aber als absolutes Minimum nicht die oben erwähnten 12,5 mm, sondern nur 5 mm verwendet.

Grundlage: Schriftbreite
Verfahren: Rasterkonstruktion
Grenzen: Ränder

`DIV=calc`

Was aber tun, wenn die Ränder zu breit sind? Als Notlösung kann man den Satzspiegel etwas breiter wählen und dafür den Durchschuss erhöhen. Dieses Vorgehen ist aber nur sehr beschränkt anwendbar, etwa bis zu Zeilenlängen von sechsundsiebzig Zeichen und einem Grundlinienabstand von Faktor 1,35 der Schriftgröße. Dabei darf die Schrift auch nicht zu leicht und nicht zu fett sein. Anderenfalls wird der Graueindruck der Seite zu streifig. Die beste Lösung besteht dann darin, entweder das Papierformat oder die Schrift zu wechseln. Dies ist auch die Maßnahme, die das typearea-Paket in solchen Fällen vorschlägt.

Problemlösungen

A.5. Seltene Alternativen

Wie wir bisher gesehen haben, findet man den Goldenen Schnitt in der einen oder anderen Form in vielen klassischen Satzspiegelkonstruktionen. Bei der Rasterkonstruktion ist das letztlich nur in Form des Verhältnisses 1 : 2 der Fall, das quasi die unterste Stufe des ganzzahligen Goldenen Schnitts bedeutet und gleichzeitig dem Villardschen Teilungskanon entspricht. Dieses Verhältnis findet sich bei der Rasterkonstruktion wie auch bei den anderen, vorgestellten

Goldener Schnitt

Konstruktionen als Verhältnis von Bundsteg : Außensteg und eingeschränkt Kopfsteg : Fußsteg. Bei der Neunerteilung findet es sich ebenfalls beim Verhältnis der Anzahl der Zeilen beziehungsweise Spalten, die für den Rand verwendet werden, zu denen, die für den Satzspiegel verwendet werden.

3 : 5 : 8 : 13

Manchmal liest man in der Literatur, dass der Goldene Schnitt noch einen Schritt weiter in die Satzspiegelkonstruktion Eingang findet. Dann wird als Verhältnis der Ränder 3 : 5 : 8 : 13 verwendet. Dies ist ein Vier-Zahlen-Ausschnitt aus der oben erwähnten Fibonacci-Reihe.

Problem: Bundsteg : Außensteg

Als erstes Problem stellt sich nun dar, dass das Verhältnis von Bundsteg : Außensteg nicht mehr 1 : 2, sondern 3 : 8 ist. Das bedeutet, dass der gesamte innere Rand kleiner als jeder äußere Rand ist. Dies ist eine Störung der Harmonie [Rei99]. Immerhin ist dabei der innere Rand 25 Prozent kleiner als jeder äußere. Dazu kommt, dass das Papier in der Mitte von Büchern häufig gewölbt ist und auch damit optisch eine zusätzliche Verkleinerung des Bundstegs eintreten kann, falls diese bei der Konstruktion nicht kompensiert wird (siehe hierzu Option `BCOR` in Abschnitt 2.6, Seite 38).

Problem: Bundsteg : Kopfsteg vs. Außensteg : Fußsteg

Ein weiteres Problem besteht darin, dass das Verhältnis Bundsteg : Kopfsteg nicht dem Verhältnis Außensteg : Fußsteg entspricht. Die Kästen A und a aus Abbildung A.1 haben also unterschiedliche Seitenverhältnisse.

Ursache

Die Abweichung fällt mit etwa 2,5 Prozent aber tolerabel gering aus und ist letztlich darin begründet, dass der ganzzahlige Goldene Schnitt eben nicht wirklich der Goldene Schnitt ist. Dies gilt dann auch für die Möglichkeit, dass der Satzspiegel das Seitenverhältnis der Seite selbst besitzt. Wie inzwischen häufig erwähnt wurde, ist letzteres für die Harmonie sehr wichtig.

Abhängigkeit vom Papierformat

Stellt sich also die Frage, wann dies beim Goldenen Schnitt der Fall ist. Analog zu den Ränderverhältnissen 2 : 3 : 4 : 6 für Octave- und 3 : 4 : 6 : 8 für Quart-Papier sollte beim Goldenen Schnitt mit dem Ränderverhältnis 3 : 5 : 8 : 13 das Seitenverhältnis des Papiers dem Goldenen Schnitt, also 3 : 5 oder 8 : 13, entsprechen. Abbildung A.7 zeigt ein Beispiel dafür. Abbildung A.8 zeigt hingegen, was passiert, wenn man diese Konstruktion auf Papier der DIN-A-Reihe anwendet. In beiden Abbildungen wirkt nach meiner persönlichen Auffassung der Satzspiegel zu weit nach innen gedrängt. Die vertikale Ausrichtung erscheint eher brauchbar. Dies gilt umso mehr, wenn mit Kolumnentiteln gearbeitet wird. In Abbildung A.8 fällt das nicht passende Seitenverhältnis des Satzspiegels allerdings bereits deutlich auf. Für das ungeübte Auge habe ich den Eindruck durch eine

Achtung!

Hilfslinie noch etwas verdeutlicht. Die Konstruktion ist für Papier

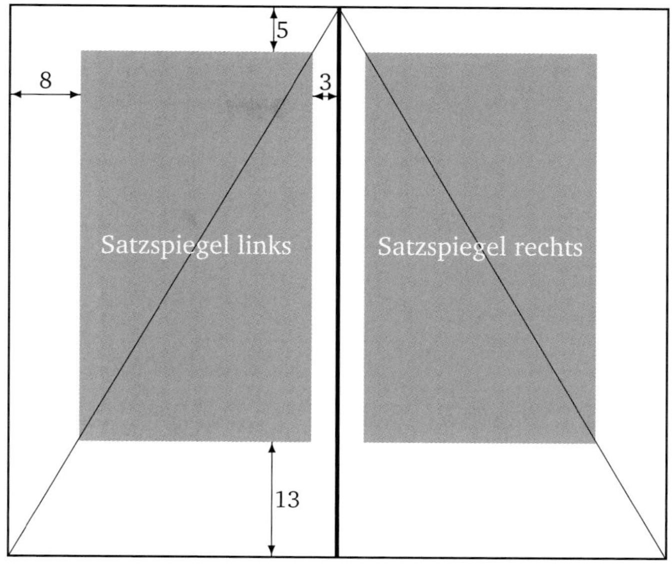

Abbildung A.7.: Goldener Schnitt für Papier und Satzspiegelkonstruktion

der DIN-A-Reihe schlicht ungeeignet. Ihr Nutzen ist meiner Meinung nach aber auch sonst eher fraglich. Dem Laien kann ich nur raten: Finger weg!

A.6. Zusammenfassung

Regeln für Laien:

Nach all den Zahlen schwirrt der Kopf und der Verstand steht still. Daher sei noch einmal zusammengefasst, worauf der Laie bei der Beurteilung einer Seite achten soll: Oberstes Kriterium ist Harmonie.

Harmonie

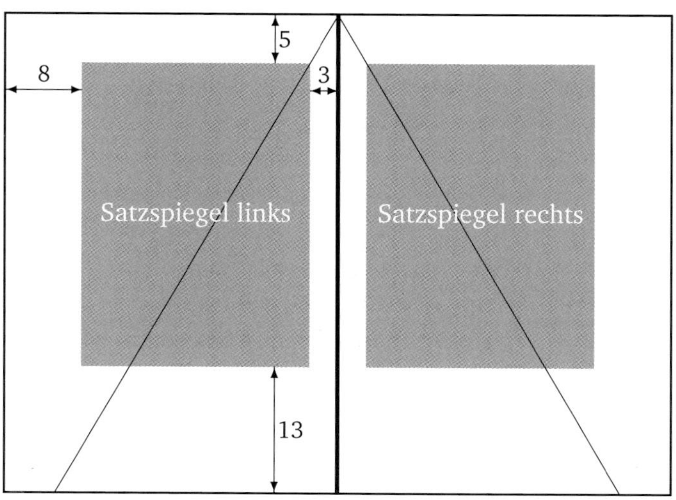

Abbildung A.8.: Goldener Schnitt für die Satzspiegelkonstruktion bei Verwendung von Papier der DIN-A-Reihe

identische Seitenverhältnisse

Grundvoraussetzung für Harmonie ist, dass das Seitenverhältnis von Satzspiegel und Seite möglichst gut übereinstimmen. Um dies zu überprüfen, zeichnet man eine Diagonale von der oberen inneren zur unteren äußeren Ecke in Seite und Satzspiegel. Sind die Diagonalen parallel, so stimmt das Seitenverhältnis überein.

innerer Rand = äußerer Rand

Außensteg = 2×Bundsteg

Fußsteg = 2×Kopfsteg

Günstig ist außerdem, wenn der innere Rand und der äußere Rand gleich groß sind, also der Bundsteg halb so groß wie der Außensteg. Dies ist gegeben, wenn die beiden oben erwähnten Diagonalen direkt aufeinander liegen. Gleichzeitig ist dann der Kopfsteg genau halb so groß wie der Fußsteg und die Kästen A, B, C und a, b, c haben ebenfalls das passende Seitenverhältnis. Überhaupt sollen möglichst wenig unterschiedliche Verhältnisse auftreten. Letztes Kriterium für den Laien ist dann, ob die Zeilenlänge günstig und der Graueindruck einheitlich ist. Geringe Abweichungen bei der Höhe des Satzspiegels und der Höhe des unteren Randes sollte der Laie tolerieren. Ebenso sollte er bei der Konstruktion die Höhe des unteren Randes eher ab- und die Höhe des Satzspiegels eher aufrunden, wenn es darum geht, Nebenbedingungen einzuhalten. Eine Nebenbedingung bei LaTeX ist, dass `\textheight` abzüglich `\topskip` ein ganzzahliges Vielfaches von `\baselineskip` sein sollte. Dadurch muss bei einer ganz mit einem Absatz gefüllten Seite der Zeilenabstand nicht gedehnt werden.

Zeilenlänge

Graueindruck

Toleranzen

Nebenbedingungen

Hilfe für Laien: typearea

Der Anwender kann sich das Leben auch erleichtern und das typearea-Paket aus Kapitel 2 verwenden. Bei Verwendung der Option `DIV=calc` (siehe Abschnitt 2.6, Seite 41) muss er dort in aller Regel auf gar nichts achten. Bei Vorgabe eines eigenen *DIV*-Wertes, also bei eigener Wahl des Teilungsfaktors für die Rasterkonstruktion, muss er lediglich die Zeilenlänge überprüfen, wobei typearea auch hier Unterstützung in Form einer Bewertung des Ergebnisses bietet.

Abschließend sei noch auf ein Zitat aus [Sch98] zurückgegriffen, wobei ich hoffe, das notwendige Rüstzeug vermittelt zu haben, damit auch Computerbenutzer ihre Bücher weniger willkürlich gestalten und auf Ränder mehr Wert legen:

Zitat

> *Heute sind Milchsack und Tschichold fast vergessen. Jeder Computerbenutzer kann willkürlich ein Buch gestalten. Daher sind die meisten neuen Bücher hässlich. Grundsätzlich haben unsere Bücher folgende Mängel: Der Satzspiegel ist zu groß, die Verlage nutzen das Papier soweit wie nur möglich aus [...] Die Ränderverhältnisse sind zufällig, oft stehen die Kolumnen zu tief.*

B. Farbige Kapitelmarkierungen am Papierrand

In einigen Büchern findet man am äußeren Rand schwarze oder bunte Felder mit der aktuellen Kapitelnummer. Diese Felder zeichnen sich auch bei geschlossenem Buch an den Papierkanten ab und erleichtern so das Auffinden eines bestimmten Kapitels. Bekannter sind solche Felder unter Namen wie »Daumenindex« oder »Kapitelindex«. Je nach Anwendung haben nur die Seiten mit dem Kapitelanfang oder alle Seiten des laufenden Kapitels einen Kapitelindex.

Bei LaTeX gibt es verschiedene Möglichkeiten, einen solchen Kapitelindex zu erzeugen. Eine Möglichkeit wäre die geschickte Verwendung von eso-pic (siehe [Nie13]). Eine andere Möglichkeit besteht darin, diese Felder über die Kopfzeile zu setzen. In früheren Auflagen dieses Buches wurde das am Beispiel von scrpage2 gezeigt. Seit KOMA-Script 3.12 bietet es sich aber geradezu an, das vom Paket scrlayer bereitgestellte Ebenen-Modell dafür zu verwenden.

scrpage2

scrlayer

B.1. Die Grundidee

Das in Kapitel 17 beschriebene Paket scrlayer bietet ein Ebenenmodell an. Dabei wird unter und über die normale Textebene jeweils ein ganzer Stapel an virtuellen Ebenen gelegt. In jeder dieser Ebenen kann eine Ausgabe erfolgen. Diese Ebenen sind sehr stark an eine spezielle Form von Seitenstilen gebunden, die Ebenen-Seitenstile genannt werden. Die einfachste Möglichkeit, solche Ebenen-Seitenstile zu verwenden, stellt derzeit das Paket scrlayer-scrpage dar. Die davon bereitgestellten oder damit definierten neuen Seitenstile besitzen bereits eine Reihe von Ebenen. Darüber hinaus bietet das Paket scrlayer die Möglichkeit, weitere Ebenen entweder für alle Ebenen-Seitenstile mitzuverwenden oder einzelnen Ebenen-Seitenstilen hinzuzufügen.

scrlayer-scrpage

Damit erschöpft sich die Definition von Kapitelmarkierungen also darin, zum einen eine Ebene mit dem gewünschten Inhalt zu definieren und zum anderen diese Ebene dem oder den Seitenstilen hinzuzufügen, bei deren Verwendung die Kapitelmarkierungen ausgegeben werden sollen.

Anforderungen: Bevor mit der Implementierung begonnen wird, sind jedoch die Anforderungen an die Lösung zu formulieren:

- *Kapitelnummer* Am äußeren – also rechten – Rand von ungeraden Seiten soll die aktuelle Kapitelnummer ausgegeben werden.
- *Textfarbe* Die Ausgabe soll in einer konfigurierbaren Farbe erfolgen.
- *Hintergrundfarbe* Die Ausgabe soll in einem mit einer konfigurierbaren Farbe hinterlegten Kasten erfolgen.
- *90°-Drehung* Die Ausgabe soll um 90° gegen den Uhrzeigersinn gedreht erfolgen.
- *Schrift* Schrift und Schriftgröße der Ausgabe soll konfigurierbar sein.
- *Größe* Die Größe des Kastens soll konfigurierbar sein.
- *automatische Position* Die vertikale Position des Kastens soll von der Kapitelnummer abhängen und konfigurierbar sein.
- Die Ausgabe des Kastens soll jederzeit ein- und ausgeschaltet werden können.

B.2. Die Umsetzung

LaTeX-Paket Es bietet sich an, für die Realisierung ein LaTeX-Paket zu schreiben. Was auf den ersten Blick abschreckend erscheinen mag, ist in Wirklichkeit gar nicht so kompliziert. Wichtige Informationen finden sich in [Tea06].

`\ProvidesPackage` Von einleitenden Kommentaren abgesehen, sollte ein Paket immer damit beginnen, dass es sich selbst identifiziert. Dazu dient die Anweisung `\ProvidesPackage`. Als erstes Argument wird dabei der Paketname übergeben. Das zweite, optionale Argument besteht aus dem Versionsdatum und weiteren optionalen Informationen.

```
\ProvidesPackage{chapterthumb}%
  [2014/01/15 v0.3 unsupported LaTeX package]
```

Achtung! Das Datum muss unbedingt in der Form »*`Jahr/Monat/Tag`*« angegeben werden. Anderenfalls können Versionsüberprüfungen, die der LaTeX-Kern anbietet, nicht korrekt ausgeführt werden.

Optionen Als nächstes kämen nun alle Definitionen, die für die Ausführung von Optionen benötigt werden. Obwohl das Paket bisher keine Optionen hat, wird die letzte Anweisung aus diesem Bereich eingefügt.

```
\ProcessOptions\relax
```

Diese Anweisung führt Optionen aus, die beim Laden des Pakets als optionales Argument von \usepackage übergeben wurden. Dabei werden auch unbekannte Optionen gemeldet. Die Anweisung wird hier also benötigt, um alle fälschlicherweise geforderten Optionen als unbekannt zu melden. Die Anweisung führt auch globale Optionen aus, die bei \documentclass angegeben wurden. Dies gilt aber nur, wenn das Paket die entsprechenden Optionen auch kennt. Wenn, wie im vorliegenden Fall, keine Paket-Optionen definiert sind, ist das kein Problem. \ProcessOptions

Wichtig ist die Anweisung \relax nach \ProcessOptions. Näheres dazu ist [Tea06, Abschnitt 4.7] zu entnehmen. *Achtung!* \relax

In den Anforderungen wurde Farbe und Rotation vermerkt. Farbe bietet das Paket color. Rotation ist mit graphicx möglich. Es wird nun also erklärt, dass diese beiden Pakete benötigt werden. *Farbe:* color *Rotation:* graphicx

```
\RequirePackage{graphicx,color}
```

Die Entscheidung für color hindert den Anwender nicht, auch das Paket xcolor zu verwenden, da xcolor selbst ebenfalls color voraussetzt. In der Regel kommen diese Pakete auch ohne Optionen aus, da sie normalerweise über ihre Konfigurationsdateien (siehe [Tea04]) konfiguriert werden. xcolor

Zwar ist es beim ebenfalls benötigten Paket scrlayer so, dass der Anwender eventuell durchaus Optionen dafür einstellen möchte. Da diese Einstellungen aber auch noch nachträglich per \KOMAoptions oder \KOMAoption vorgenommen werden können und der Anwender das Paket natürlich auch einfach vor chapterthumb laden kann, stellt es keine Einschränkung dar, wenn wir für dieses Paket genauso verfahren: scrlayer

```
\RequirePackage{scrlayer}
```

Der Anwender hat aber noch eine weitere Möglichkeit, die Optionen für scrlayer einzustellen. Wie bereits erwähnt, werden globale Optionen an alle Pakete weitergereicht, die diese Optionen verstehen. Damit können Optionen für scrlayer auch direkt als optionale Argumente von \documentclass angegeben werden. *globale Optionen*

Bevor wir uns dem Setzen der Randmarkierungen widmen, nehmen wir bereits die Grundeinstellungen vor, die oben als Forderungen definiert wurden.

```
\newcommand*{\firstchapterthumbskip}{.05\paperheight}
\newcommand*{\lastchapterthumbskip}{\firstchapterthumbskip}
```

Zunächst wird festgelegt, dass über der obersten Randmarkierung und unter der untersten Randmarkierung jeweils ein Abstand von *Abstand oben* *Abstand unten* einem Zwanzigstel der Papierhöhe eingehalten werden soll. Wir arbeiten an dieser Stelle nicht mit zwei Längen, sondern mit zwei Anweisungen. Damit passen sich die Einstellungen automatisch an, falls nach dem Laden des Pakets das Papierformat noch einmal geändert wird. Aus demselben Grund wird als Wert nicht `10.5mm`, sondern `.05\paperheight` verwendet.

```
\newcommand*{\chapterthumbheight}{2em}
\newcommand*{\chapterthumbwidth}{.2\paperheight}
```

Höhe und Breite

Auch die Höhe und die Breite der Markierungen wird in ähnlicher Weise angegeben. Dabei ist zu beachten, dass die Breite in Schreibrichtung des Inhalts der Markierungen zu verstehen ist, relativ zum Papier also vertikal. Entsprechend ist die Höhe der Markierung horizontal zum Papier zu verstehen. Man hätte dies auch umgekehrt definieren können. Wichtig ist, eine klare Festlegung.

```
\newcommand*{\chapterthumbskip}{.1\paperheight}
```

Abstand

Als letzte in einer Anweisung gespeicherte Länge definieren wir noch den Abstand zwischen zwei Randmarkierungen in gleicher Weise. Man kann diesen Abstand auch als vertikalen Versatz zweier Randmarkierungen für aufeinander folgende Kapitel verstehen.

Aus all diesen Längen werden wir später berechnen, wie viele Randmarkierungen untereinander platziert werden können, bevor wieder neu von oben begonnen werden muss.

Hintergrundfarbe
Textfarbe

Ebenfalls in den Anforderungen wurden Hintergrundfarbe und Textfarbe genannt.

```
\newcommand*{\chapterthumbboxcolor}{black}
\newcommand*{\chapterthumbcolor}{white}
```

Wir verwenden wir hier weiße Schrift auf schwarzem Hintergrund. Es sind alle Farbangaben möglich, die das Paket color versteht.

Das Ausgabeformat der Markierung, also der Text oder Zähler, der darin ausgegeben werden soll, wird ebenfalls vordefiniert.

```
\newcommand*{\chapterthumbformat}{\@chapapp~\thechapter}
```

Diese setzt sich hier aus dem in `\@chapapp` gespeicherten Text gefolgt von einem festen Wortabstand und der aktuellen Kapitelnummer zusammen. In `\@chapapp` speichern viele Klassen die Bezeichnung der Kapitel wie »Kapitel« oder »Anhang«.

Schriftattribute

Als letzte Grundeinstellung haben wir die Schrift, in der die Ausgabe erfolgen soll.

```
\newkomafont{chapterthumb}{\normalfont\Large\sffamily}
```

scrkbase

Da mit dem Paket scrlayer auch das Paket scrkbase geladen wurde, können wir dazu ein neues Element mit änderbarer Schrift definieren, wie dies in Abschnitt 21.3, Seite 526 erklärt ist. Wir greifen dabei auf das Expertenwissen zurück, dass den Klassen diese Möglichkeit tatsächlich vom KOMA-Script-Kernpaket scrkbase bereitgestellt wird. Als Voreinstellung verwenden wir ausgehend von der normalen Schrift eine größere Version der normalen Grotesk.

Anweisung: Markierung setzen

Nachdem nun alle Optionen abgearbeitet, alle benötigten Pakete geladen und alle Voreinstellungen vorgenommen sind, wird es Zeit, die Randmarkierungen in Angriff zu nehmen. Damit später die Definition der Ebene übersichtlich bleibt, wird eine neue Anweisung für das Setzen der Markierungen definiert.

```
\newcommand*{\chapterthumbbox}{%
  \if@mainmatter
    \ifnum\value{chapter}>\z@
```

nur im Hauptteil

nur wenn Kapitelnummer > 0

Wir gehen davon aus, dass die Markierungen nur im Hauptteil des Dokuments gesetzt werden sollen und auch nur, wenn die Kapitelnummer größer als 0 ist. Dabei spielt es keine Rolle, ob die Kapitel arabisch, römisch oder mit Buchstaben nummeriert werden.

`\z@`

`\if@mainmatter`

Das Makro `\z@` steht für die Null und kann sowohl für Vergleiche mit den Werten von Zählern als auch für Vergleiche mit Längen verwendet werden. Auch für Zuweisungen an Zähler oder Längen ist `\z@` verwendbar. Übrigens sorgt scrlayer dafür, dass `\if@mainmatter` auch bei Verwendung einer Berichtklasse wie scrreprt oder report definiert ist. Siehe dazu Abschnitt 17.3, Seite 442.

`chapterthumb`

Als nächstes müssen wir die gewünschte vertikale Position erreichen. Dazu müssen wir wissen, die wievielte Markierung relativ zum oberen Papierrand wir setzen wollen. Diese Information speichern wir in einem LaTeX-Zähler. Noch bevor wir mit diesem Zähler etwas anderes machen, nützen wir ihn außerdem, um die Anforderung zu erfüllen, dass die Markierungen jederzeit abschaltbar sein sollen.

```
      \ifnum \value{chapterthumb}<\z@
      \else
```

Zum Abschalten der Randmarkierungen muss der Zähler so nur auf einen negativen Wert gesetzt werden. Anders gesagt: Alle weiteren Operationen finden nur statt, wenn der Wert des Zählers `chapterthumb` nicht kleiner als Null ist.

Nun wollen wir natürlich wissen, ob die aktuelle Markierung erneut oder vielleicht doch bereits eine neue Markierung ausgegeben werden soll.

```
        \begingroup
          \edef\reserved@a{\chapterthumbformat}%
```

```
\ifx\reserved@a\lastthechapter\else
  \stepcounter{chapterthumb}%
  \global\let\lastthechapter\reserved@a
\fi
```

Gruppe: lokale Änderungen

Die Gruppe wird hier geöffnet, weil einige Berechnungen mit internen Längen und Zählern des LaTeX-Kerns durchgeführt werden. Diese sollten grundsätzlich nur lokal verändert werden. Außerdem sollte man immer damit rechnen, dass sie beim Aufruf von LaTeX-Anweisungen vom Kern selbst verwendet werden und damit Änderungen unterworfen sind.

neue Markierung

vorherige Markierung

Nummer der Markierungsposition

Um zu erkennen, ob eine neue Markierung gesetzt werden soll, wird der Inhalt der Markierung, `\chapterthumbformat`, zunächst mit `\edef` komplett expandiert und dann mit dem expandierten Inhalt der letzten Markierung, `\lastthechapter`, verglichen. Stimmen diese nicht überein, so wird der Markierungszähler um eins erhöht, also die nächste Markierungsposition verwendet. Desweiteren wird dann die letzte Markierung für zukünftige Verwendungen auf den expandierten Inhalt der neuen Markierung gesetzt. Dies erfolgt global, damit die Information mit dem Ende der Gruppe nicht verloren geht.

Anzahl der Markierungspositionen

Um sicher zu stellen, dass wir im Zähler `chapterthumb` nicht bereits eine Markierungspositionsnummer erreicht haben, bei der die Markierung nicht mehr auf die Seite passt, benötigen wir jetzt die Anzahl der vertikale Positionen, die überhaupt zur Verfügung stehen.

```
\@tempcnta=\numexpr
  \dimexpr
    \paperheight
    -\firstchapterthumbskip
    -\chapterthumbwidth
    -\lastchapterthumbskip
  \relax / \dimexpr
             \chapterthumbskip
           \relax
  +1
\relax
```

Für diese Anzahl müssen wir den Bereich zwischen dem oberen Abstand und der untersten möglichen Markierung durch die Abstände der Markierungen teilen und dann die unterste mögliche Markierung wieder hinzuzählen. Diese Berechnungen führen wir mir Hilfe von `\numexpr` und `\dimexpr` aus. Nähere zu diesen ist [Tea98, Abschnitt 3.5] zu entnehmen. Daraus ergibt sich dann eine ganze Zahl, die in `\@tempcnta` gespeichert wird. Es handelt sich bei

\@tempcnta um einen TEX-Zähler, der vom LATEX-Kern für interne Berechnungen verwendet wird und mit gewissen Einschränkungen lokal benutzt werden kann. *\@tempcnta*

Jetzt müssen wir die gewünschte Nummer der Markierungspositionen mit der Anzahl der Positionen vergleichen.

```
\ifnum \value{chapterthumb}<\@tempcnta
\else
  \setcounter{chapterthumb}{0}%
\fi
```

Da wir zur Vereinfachung späterer Berechnungen die Nummer ab Null zählen wollen, muss sie kleiner als die Anzahl sein. Anderenfalls wird sie wieder auf Null gesetzt, wir beginnen dann also wieder von oben.

Aus der berechneten Nummer ergibt sich der Abstand von der oberen Papierkante durch eine einfache Berechnung. *vertikale Position*

```
\vspace*{%
  \dimexpr
    \firstchapterthumbskip
    + ( \chapterthumbskip )
      * \value{chapterthumb}%
    - \baselineskip
  \relax
}\par
```

Dass hier zusätzlich \baselineskip abgezogen werden muss, liegt an der Verwendung der Sternvariante von \vspace und dem nachfolgenden Code. Man kann ein solches zusätzlich benötigtes Offset zum einen durch genaue Kenntnis von LATEX erfahren. Häufig wird man aber auch ein wenig davon überrascht und muss dann mit sinnvoll erscheinenden Werten experimentieren.

Damit haben wir die vertikale Position erreicht. An dieser wollen wir ganz rechts unseren Kasten setzen. *horizontale Position*

```
\hfill
\makebox[0pt][r]{%
```

Ganz nach rechts gelangen wir mit \hfill. An dieser Stelle setzen wir mit \makebox eine Box, deren Breite auf Null gesetzt wird. Der Inhalt soll allerdings rechtsbündig in dieser Box ausgegeben werden. Damit erscheint er links von der aktuellen Position. Er ragt also nach links aus der Box. *Box ohne Breite*

Als nächstes ist eine um 90° nach links gedrehte Box auszugeben. Dazu dient die Anweisung \rotatebox aus dem geladenen graphicx-Paket. *90°-Drehung*

```
\rotatebox[origin=tl]{90}{%
```

Eine Drehung nach links, wie sie gewünscht wird, wird dabei als positive Zahl angegeben. Es wird das Gradmaß verwendet.

Hintergrundfarbe

Gedreht werden soll ein farbig hinterlegter Kasten. Boxen mit farbigem Hintergrund werden durch die Anweisung \colorbox des color-Pakets ermöglicht.

```
\setlength{\fboxsep}{0pt}%
\colorbox{\chapterthumbboxcolor}{%
```

Damit wir die Größe des Kastens genau bestimmen können, wird hier der Abstand zwischen Inhalt und Rand der Box auf Null gesetzt. Anderenfalls müssten wir ihn bei den weiteren Größenangaben mit einbeziehen.

Größe

Eine mit \colorbox gesetzte Box hat so, genau wie eine \mbox, die Größe ihres Inhalts. Laut Anforderungen soll jedoch sowohl die Breite als auch die Höhe definierbar sein. Höhe und Breite sind bei einer \parbox einstellbar.

```
\parbox[c][\chapterthumbheight][c]%
{\chapterthumbwidth}{%
  \centering
```

Durch Verwendung aller drei optionalen Argumente kann außerdem erreicht werden, dass der Inhalt vertikal in der Box der angegebenen Höhe zentriert wird. Die horizontale Zentrierung muss explizit aktiviert werden. Hierzu wird \centering und nicht die center-Umgebung verwendet, weil die Umgebung zusätzliche vertikale Abstände verursachen würde.

Tipp! \centering

Schrift, Farbe

Nun muss noch die gewünschte Farbe und die gewünschte Schrift für den Text eingestellt und dieser ausgegeben werden.

```
\color{\chapterthumbcolor}%
\usekomafont{chapterthumb}{%
  \chapterthumbformat
}}}}}%
```

Für die Farbe wird kein Farbname, sondern die oben definierte Anweisung \chapterthumbcolor verwendet. Man hätte aber auch eigene Farben mit den Anweisungen des Farbpakets definieren und hier verwenden können. Für die Schrift wird die Anweisung \usekomafont verwendet. Man hätte die Farbe natürlich auch einfach als Teil der Schriftdefinition auffassen und bei der Definition des Elements mit angeben können.

\usekomafont

Die Zählerausgabe \thechapter wird ebenfalls nicht direkt verwendet. So wie die KOMA-Script-Klassen Formate für die Kapitelnummer in der Gliederungsüberschrift und im Kolumnentitel definieren (siehe Abschnitt 3.16, Seite 125 und Seite 127), so wird mit \chapterthumbformat ein umdefinierbares Format für den Kapitelindex verwendet.

Gruppe schließen Zum Abschluss der Anweisung wird die lokale Gruppe wieder geschlossen und Verzweigungen beendet.

```
          \endgroup
        \fi
      \fi
    \fi
  }
```

Damit ist die zentrale Anweisung fertig.

Positions-Zähler Es fehlt noch die Definition und die Voreinstellung des Zählers chapterthumb.

```
\newcounter{chapterthumb}
\setcounter{chapterthumb}{10000}
```

Dieser wird mit einer so großen Position voreingestellt, dass bei der ersten Ausgabe garantiert der Test in \chapterthumbbox zu einem Zurücksetzen des Zählers und damit zur obersten Markierungsposition führt.

vorherige Markierung Jetzt fehlt noch die Initialisierung der gespeicherten letzten Randmarkierung.

```
\newcommand*{\lastthechapter}{\relax}
```

Hier wird ein Wert verwendet, der normalerweise nicht vorkommen wird. Es wäre aber auch nicht schlimm, wenn dieser Wert tatsächlich der erste Inhalt wäre. Spielen Sie ruhig einmal in obiger Definition durch, was dann passieren würde.

Ebene definieren Der beinahe letzte Schritt besteht nun darin, dass eine neue Ebene definiert wird.

```
\DeclareNewLayer[%
  background,%
  oddpage,%
  rightmargin,%
  contents=\chapterthumbbox
]{chapterthumb}
```

Hier wird eine Hintergrundebene verwendet, die nur im rechten Rand von ungeraden Seiten ausgegeben wird. Der auszugebende Inhalt oder die Inhalte bestehen nur aus \chapterthumbbox.

Wir hätten auch eine Vordergrundebene verwenden können. Die Unterschiede wären gering. Probieren Sie es aus.

Ganz zum Schluss sollte das Einlesen der Paketdatei noch beendet werden. Damit weiß dann jeder – und auch LaTeX –, dass die

Paketdefinitionen hier ihr Ende gefunden haben.

```
\endinput
```

Diese Anweisung ist nicht zwingend. Bei LaTeX3 ist es sogar eher unüblich, Pakete auf diese Weise zu beenden.

Das Laden des Pakets alleine führt allerdings noch nicht dazu, dass die Ebene auch verwendet wird. Dazu komme ich im nächsten Abschnitt.

B.3. Das Ergebnis

Nehmen wir als Beispiel eine Datei mit zehn Kapiteln und beliebigem Text:

```
\documentclass{scrbook}
\usepackage[ngerman]{babel}
\usepackage{chapterthumb}
\usepackage{scrlayer-scrpage}
\pagestyle{scrheadings}
\AddLayersToPageStyle{@everystyle@}{chapterthumb}
\addtokomafont{chapterthumb}{\bfseries}
\begin{document}
\chapter{Am Anfang beginnt es}\dots
\chapter{weiter}\dots
\chapter{und weiter}\dots
\chapter{und noch weiter}\dots
\chapter{Und immer weiter}\dots
\chapter{Geht die Reise}\dots
\chapter{Hinaus}\dots
\chapter{Und weiter hinaus}\dots
\chapter{Immer weiter hinaus}\dots
\chapter{Bis zum Ende}
\end{document}
```

Abbildung B.1 zeigt die zehn Kapitelanfangsseiten leicht versetzt hintereinander gelegt.

Wie Sie sehen, wurde mit dem Paket scrlayer-scrpage zunächst der Seitenstil `scrheadings` aktiviert. Da es sich hierbei um einen Ebenen-Seitenstil handelt, werden bei diesem Seitenstil auch die Ebenen von `@everystyle@` ausgegeben. Genau diesem Pseudo-Seitenstil wird die im Paket chapterthumb definierte gleichnamige Ebene hinzugefügt. Damit wird die Ebene auf allen rechten Seiten aller Ebenen-Seitenstile ausgegeben.

Probieren Sie alternativ einmal aus, was passiert, wenn Sie die Ebene nur dem Seitenstil `plain.scrheadings` oder nur dem Seitenstil `scrheadings` hinzufügen. Verwenden Sie dazu ein Testdokument mit etwas mehr Inhalt. Sie können dazu beispielsweise das Paket blindtext verwenden. blindtext

Selbstverständlich können Sie auch die Voreinstellungen einfach ändern. Da diese in Makros abgelegt sind, kann man diese auch nach dem Laden des Pakets in der Dokumentpräambel umdefinieren. Alternativ können Sie für die Einstellungen mit Hilfe von scrbase auch Optionen definieren. Siehe dazu Kapitel 12.

Tipp! Selbstverständlich ist es nicht erforderlich, das Paket chapterthumb aus dem Buch abzutippen. Es steht zusammen mit vielen anderen Beispielen aus diesem Buch auf [KDP] zum Download bereit.

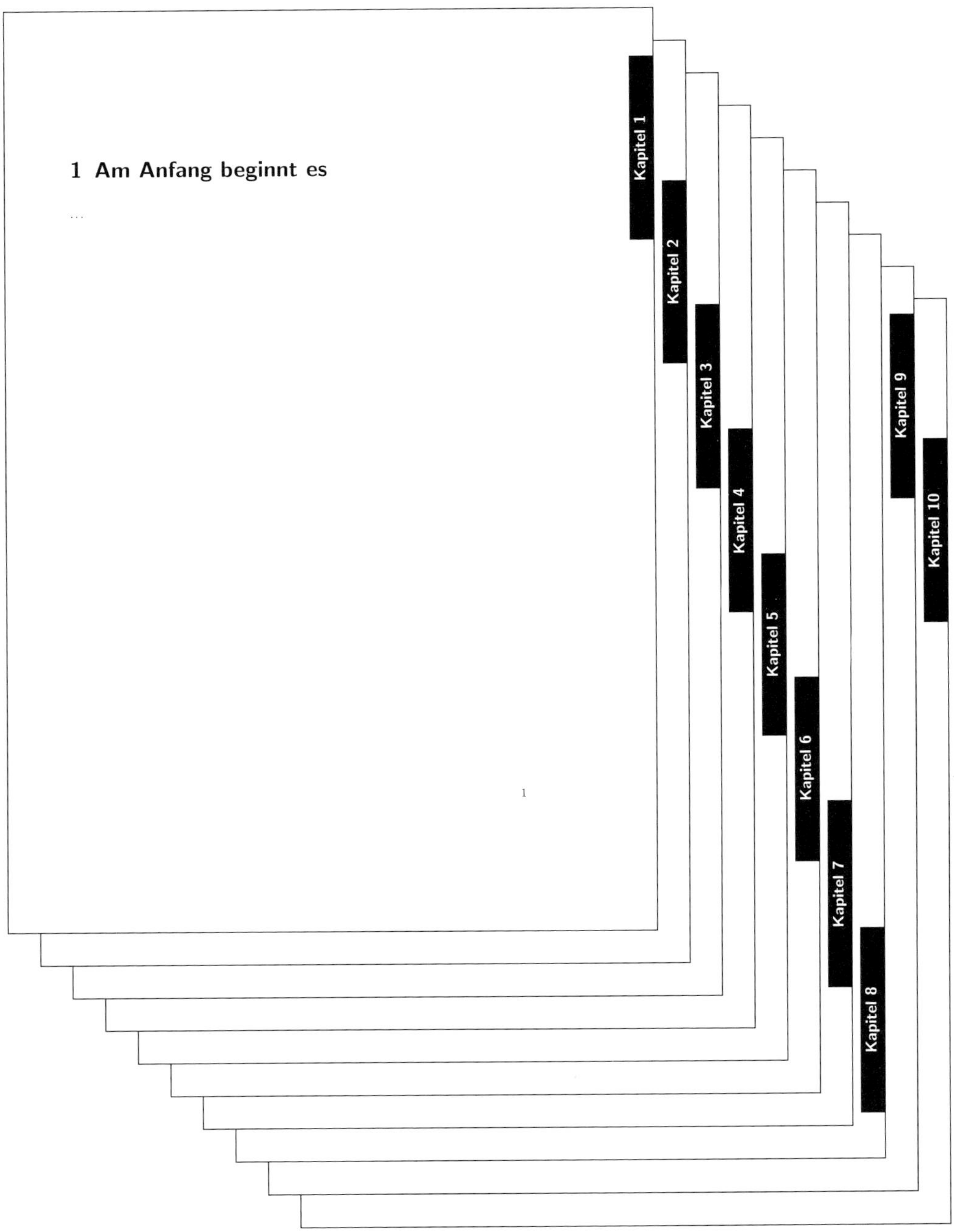

Abbildung B.1.: Zehn Beispielseiten mit Kapitelindex

C. Tipps und Tricks mit Gleitumgebungen

Die Standardgleitumgebungen sind für einfache Anwendungen sehr gut brauchbar. Häufig wird jedoch etwas mehr Kreativität im Umgang mit denselben verlangt. Dabei bleibt es in der Regel nicht aus, dass man sich zusätzliche Informationen über den Inhalt der Gleitumgebung, etwa deren Höhe oder Breite, verschaffen muss. In diesem Kapitel wird beispielhaft ein solcher Fall durchgespielt. Der Leser sollte dabei besonders die Verwendung von Boxen und der wenig bekannten `lrbox`-Umgebung beachten. Diese ist sehr hilfreich, um an die genannten Informationen zu gelangen, und damit über das gezeigte Beispiel hinaus von Bedeutung.

Verwendung von Boxen
`lrbox`

C.1. Problemstellung

Ein etwas ausgefallenes Problem ist, wenn die Bildunterschrift zentriert unter einer Abbildung stehen und dabei genauso breit wie die Abbildung selbst sein soll. Ist die Breite der Abbildung bekannt, ist die Lösung mit KOMA-Script sehr einfach. Angenommen, die Abbildung ist 8 cm breit, so genügt:

```
\setcapwidth[c]{8cm}
```

unmittelbar vor `\caption` oder `\captionbelow`. Schöner wäre allerdings eine allgemeine Lösung, bei der Anwender die Breite der Abbildung nicht kennen oder nicht explizit angeben müssen.

unbekannte Breite

C.2. Lösungsweg

Ist die Breite der Abbildung nicht bekannt, so muss diese in irgendeiner Form bestimmt und gespeichert werden. Dazu muss zunächst in der Präambel des Dokuments eine Länge definiert werden:

```
\newlength{\Abbildungsbreite}
```

Nun kann in vielen Fällen die Breite direkt mit Hilfe der LaTeX-

explizite Breitenbestimmung

Anweisung \settowidth (siehe [Tea05b]) ermittelt werden. Eine Lösung kann dann wie folgt aussehen:

```
\begin{figure}
  \centering%
  \settowidth{\Abbildungsbreite}{%
    \fbox{\hspace{4em}\KOMAScript\hspace{4em}}%
  }%
  \fbox{\hspace{4em}\KOMAScript\hspace{4em}}%
  \setcapwidth[c]{\Abbildungsbreite}
  \caption{Beispiel einer unter der Abbildung
    zentrierten Bildunterschrift}
\end{figure}
```

automatische Breitenbestimmung

Allerdings ist es unpraktisch den Inhalt zweimal zu schreiben. Ebenso ist es unpraktisch, \setcapwidth jedesmal neu aufzurufen. Aber nichts ist einfacher, als in der Präambel einen Befehl zu definieren, der die drei Schritte:

1. Bestimmung der Breite des Arguments
2. Festlegung der Breite der Bildunterschrift
3. Ausgabe des Arguments

verbirgt:

```
\newcommand{\Abbildung}[1]{%
  \settowidth{\Abbildungsbreite}{#1}%
  \setcapwidth[c]{\Abbildungsbreite}%
  #1%
}
```

Mit diesem Befehl verkürzt sich das Beispiel zu:

```
\begin{figure}
  \centering%
  \Abbildung{\fbox{\hspace{4em}\KOMAScript\hspace{4em}}}%
  \caption{Beispiel einer unter der Abbildung
    zentrierten Bildunterschrift}
\end{figure}
```

Umgebung statt Befehl

Nun hat ein Befehl jedoch den Nachteil, dass Fehler in den Makros des Arguments bei mehrzeiligen Argumenten von LaTeX nicht mit einer sehr genauen Zeilenzahl gemeldet werden. Deshalb ist in manchen Fällen eine Umgebung praktischer. Es stellt sich dann aber die Frage, wie die Breite des Inhalts der Umgebung bestimmt werden kann. Die Lösung besteht in der lrbox-Umgebung, die in [Tea05b] beschrieben ist:

lrbox

```
\newsavebox{\Abbildungsbox}
\newenvironment{AbbildungSetztCaptionBreite}{%
  \begin{lrbox}{\Abbildungsbox}%
}{%
  \end{lrbox}%
  \global\setbox\Abbildungsbox=\box\Abbildungsbox%
  \aftergroup\SetzeAbbildungsbox%
}
\newcommand{\SetzeAbbildungsbox}{%
  \Abbildung{\usebox{\Abbildungsbox}}}
```

Dabei wird der oben definierte Befehl `\Abbildung` eingesetzt. In der Anwendung ergibt sich dann:

```
\begin{figure}
  \centering%
  \begin{AbbildungSetztCaptionBreite}
    \fbox{\hspace{4em}\KOMAScript\hspace{4em}}
  \end{AbbildungSetztCaptionBreite}
  \caption{Beispiel einer unter der Abbildung
    zentrierten Bildunterschrift}
\end{figure}
```

Zugegeben, in diesem Beispiel ist die Umgebung überflüssig. Aber ihre Definition mit Verwendung von `\global` ist gleichzeitig recht trickreich. Es ist deshalb davon auszugehen, dass viele Anwender mit der Forderung, die Umgebung selbst zu erstellen, überfordert wären. Da sie aber sehr nützlich sein kann, wurde sie hier als Beispiel vorgestellt.

C.3. Abwandlungen für weitere Verwendungsmöglichkeiten

Potential

Gäbe es die `captionbeside`-Umgebung (siehe Abschnitt 3.20, Seite 153) nicht, so könnte man die Bildunterschrift trotzdem rechts neben der Abbildung setzen. Dazu müsste `\SetzeAbbildungsbox` aus obigem Beispiel zunächst umdefiniert werden:

```
\renewcommand{\SetzeAbbildungsbox}{%
  \settowidth{\Abbildungsbreite}{%
    \usebox{\Abbildungsbox}%
  }%
  \parbox[b]{\Abbildungsbreite}{%
    \usebox{\Abbildungsbox}%
  }%
  \hfill%
```

```
  \addtolength{\Abbildungsbreite}{1em}%
  \addtolength{\Abbildungsbreite}{-\hsize}%
  \setlength{\Abbildungsbreite}{-\Abbildungsbreite}%
  \setcapwidth[c]{\Abbildungsbreite}%
  }
```

Anschließend müsste lediglich noch die Verwendung von \caption in eine \parbox gepackt werden:

```
\begin{figure}
  \centering%
  \begin{AbbildungSetztCaptionBreite}
    \fbox{\rule{0pt}{5\baselineskip}%
      \hspace{1em}\KOMAScript\hspace{1em}}
  \end{AbbildungSetztCaptionBreite}
  \parbox[b]{\Abbildungsbreite}{%
    \caption{Beispiel einer neben die Abbildung
      gesetzten mehrzeiligen Bildinformation}
  }
\end{figure}
```

Die \rule-Anweisung in diesem Beispiel dient lediglich als unsichtbare Stütze, um eine Beispielabbildung mit größerer vertikaler Ausdehnung zu erreichen.

D. Umsetzung moderner Briefe mit KOMA-Script[1]

Einige KOMA-Script-Anwender haben den falschen Eindruck gewonnen, der Satzspiegel wäre bei Briefen gegenüber der Anschrift und dem übrigen Briefkopf eingerückt. Dieser Eindruck entsteht manchmal, obwohl in Abschnitt 4.3, Seite 203 deutlich erklärt ist, dass in Wirklichkeit Satzspiegel und Briefbogen voneinander losgelöst sind. Der Briefkopf ist Bestandteil des Briefbogens.

In diesem Anhang wird nun nicht nur gezeigt, wie man diese wieder aneinander koppeln kann. Es soll dabei auch ein sinnvoller Satzspiegel und ein modernes Layout entstehen. Gleichzeitig wird die Trennung zwischen Form und Inhalt mit der Unterscheidung zwischen Briefbogen, Personalisierung des Briefbogens und Brieftext konsequent ausgeführt.

D.1. Einleitung

Technik vs. Typografie

Eines der größten Probleme bei Briefen ist, dass an ihren Satzspiegel genau genommen die gleichen Anforderungen zu stellen sind wie an andere Dokumente auch (siehe hierzu Kapitel 2 und Anhang A). Insbesondere sollten auch bei Briefen die Zeilen nicht übermäßig lang sein. Andererseits muss die Anschrift an einer bestimmten Stelle stehen. Diese ist sowohl durch verschiedene Vorschriften, etwa nach DIN, als auch durch technische Umstände, etwa Durchsichtfenster in Briefumschlägen, vorgegeben.

Satzspiegel typografisch

Anschrift technisch

Bei KOMA-Script besteht der Lösungsansatz darin, dass der Satzspiegel aller Briefseiten einheitlich nach typografischen Regeln festgelegt wird. Hierzu dient – wie bei KOMA-Script üblich – das Paket typearea. Die Anschrift darf jedoch den Satzspiegel verlassen und wird stattdessen mit Hilfe einiger Längenangaben absolut positio-

[1] Dieses Kapitel basiert auf dem Artikel [Koh03]

Kapitän Hook
Bucht der Totenkopfinsel
Nimmerland

HOOK

Kapitän Hook, Bucht der Totenkopfinsel, Nimmerland

Peter Pan
Lager der wilden Jungs
Nimmerland

16. April 2013

Bester Feind,

nachdem es mir gelungen ist, das Krokodil an die Kette zu legen, warte ich sehnsüchtig darauf, ihm nicht nur deine Hände, sondern den ganzen verteufelten Kerl zum Fraß vorzuwerfen. Es wäre daher von dir besonders freundlich, wenn du deinen grünen Hintern umgehend zu einem Zweikampf auf die Totenkopfinsel bewegen könntest. Da es schade wäre, wenn du statt durch meinen neuen Liebling durch eine Blutvergiftung dahingerafft würdest, werde ich bei unserem Kampf meinen silbernen Sonntagshaken tragen. Ich hoffe, du wirst diese Ehre zu schätzen wissen!

In freundlichster Feindschaft

Kapitän Hook

Abbildung D.1.: Brief mit `SNslhead.lco` nach Schweizer Norm

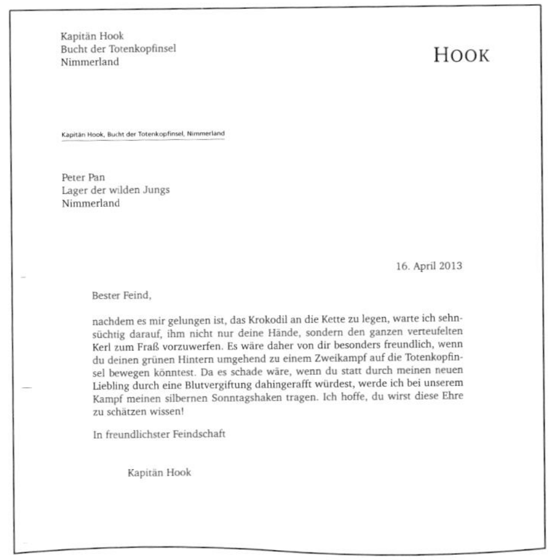

Kapitän Hook
Bucht der Totenkopfinsel
Nimmerland

HOOK

Kapitän Hook, Bucht der Totenkopfinsel, Nimmerland

Peter Pan
Lager der wilden Jungs
Nimmerland

16. April 2013

Bester Feind,

nachdem es mir gelungen ist, das Krokodil an die Kette zu legen, warte ich sehnsüchtig darauf, ihm nicht nur deine Hände, sondern den ganzen verteufelten Kerl zum Fraß vorzuwerfen. Es wäre daher von dir besonders freundlich, wenn du deinen grünen Hintern umgehend zu einem Zweikampf auf die Totenkopfinsel bewegen könntest. Da es schade wäre, wenn du statt durch meinen neuen Liebling durch eine Blutvergiftung dahingerafft würdest, werde ich bei unserem Kampf meinen silbernen Sonntagshaken tragen. Ich hoffe, du wirst diese Ehre zu schätzen wissen!

In freundlichster Feindschaft

Kapitän Hook

Abbildung D.2.: Brief mit `DIN.lco` nach Deutscher Norm

Briefkopf wahlweise

Absenderergänzung wahlweise

Geschäftszeile wahlweise

niert (siehe Abschnitt 22.1.3, ab Seite 547). Da der Briefkopf als Bestandteil des Briefbogens ebenfalls weniger vom Satzspiegel abhängt als von der Position der Anschrift, kann man auch die Breite und vertikale Position des Kopfes unabhängig vom Satzspiegel einstellen (siehe Abschnitt 22.1.2, ab Seite 546). Die Absenderergänzung, die im Freiraum neben der Anschrift gesetzt wird, richtet sich in der Voreinstellung nach der Platzierung der Anschrift. Für die Geschäftszeile, das sind die bei Geschäftsbriefen häufig zu findenden Angaben wie »Ihr Zeichen«, »Unser Zeichen« und ähnliche sowie das Datum, kann gewählt werden, ob sie nach dem Satzspiegel oder nach der Anschrift ausgerichtet werden soll (siehe Abschnitt 4.10, Seite 223).

Bei Briefen nach Schweizer Norm (siehe Abschnitt 4.21, Tabelle 4.18, Seite 253) fällt erst richtig auf, dass Anschrift und Satzspiegel nicht die gleichen Ränder besitzen, wenn die Absenderergänzung verwendet wird. Ansonsten fällt allenfalls auf, dass der Briefkopf selbst überraschend breit ist. In der Anleitung ist jedoch angegeben, wie man die Breite des Briefkopfs ändern kann (siehe Abschnitt 22.1.2, Seite 546). Dies ist also kein Problem. Abbildung D.1 zeigt einen Schweizer Brief, der unter Verwendung der folgenden Letter-Class-Option-Datei, `SNslhead.lco`, erstellt wurde:

```
\ProvidesFile{SNslhead.lco}%
  [2003/01/24 v0.1 unsupported letter-class-option]
\LoadLetterOption{SN}
\@setplength{firstheadwidth}{\textwidth}
\endinput
```

Wie zu sehen ist, werden die Einstellungen von `SN.lco` geladen und lediglich die Breite des Briefkopfs (Pseudo-Länge `firstheadwidth`) auf die Breite des Satzspiegels (Länge `\textwidth`) beschränkt.

Briefkopf gemäß Satzspiegel

Bei Briefen, die `DINmtext.lco` oder wie in Abbildung D.2 veranschaulicht `DIN.lco` verwenden, fallen die unterschiedlichen Randeinstellungen von Kopf und Anschrift gegenüber dem Brieftext jedoch häufig auf. Anzumerken ist, dass der Kopf und die Anschrift ebenso wie die Absenderergänzung und gegebenenfalls die Geschäftszeile konsultiert werden. Der Brieftext wird hingegen fortlaufend gelesen. Da es sich also um zwei gänzlich unterschiedliche Textarten handelt, sollten die unterschiedlichen Ränder eigentlich auch kein Problem sein. Es ist zumindest gerechtfertigt und typografisch vertretbar. So ist es beispielsweise auch legitim, Abbildungen oder Tabellen wie in diesem Buch in den breiten Rand ragen zu lassen. Es geht aber auch anders. Wie genau unterschiedliche Alternativen aussehen können, wird in den nachfolgenden Abschnitten diskutiert.

D.2. Satzspiegeländerungen zwischen zwei Seiten

Verzicht auf typografische Anforderungen

Ein trivialer Ansatz wäre zu sagen, pfeifen wir bei der ersten Seite auf einen guten Satzspiegel und ordentliche Zeilenlängen und wählen den Satzspiegel einfach so breit, dass er als Ganzes horizontal zentriert ist und gleichzeitig linksbündig mit der Anschrift abschließt. Den richtigen Satzspiegel setzen wir dann erst ab der zweiten Seite.

Bei LaTeX ergibt sich das Problem, dass man den Satzspiegel zwischen zwei Seiten nicht so einfach ändern kann. Wird ein Absatz umbrochen, so ist seine Breite fixiert und kann nur noch mit erheblichem Aufwand geändert werden. Der Anteil des Absatzes, der auf der Folgeseite ausgegeben wird, wird also mit der gleichen Breite ausgegeben wie der Anteil, der noch auf die aktuelle Seite passt. Ein Wechsel der Breite des Satzspiegels für die Folgeseite bleibt so für Absatzreste unbeachtet. Der Absatzrest ragt damit in den Rand oder füllt umgekehrt die Breite des Satzspiegels nicht aus, je nachdem, ob der Satzspiegel schmaler oder breiter wird.

Achtung!

Davon abgesehen: Briefe sind ein Aushängeschild. Wenn man es dem Leser schwer macht, das Aushängeschild zu lesen, ist das besonders nachteilig. Daher wollen wir diesen Versuch schnell wieder vergessen und stattdessen nach einer Lösung suchen, bei der der Text der ersten Briefseite eine angenehme Zeilenlänge besitzt.

D.3. Verzicht auf Fensterbriefumschläge

Verzicht auf technische Anforderungen

Ein anderer einfacher Ansatz besteht darin, auf Fensterbriefumschläge zu verzichten. Sicher, diese erleichtern uns das Leben, weil wir keine Umschläge mehr beschriften und keine Adressaufkleber mehr drucken müssen. Andererseits entsteht das ganze Problem doch erst damit, dass die Anschrift im Fenster sichtbar sein muss. Ohne Fenster entfällt der Zwang und die Anschrift kann zumindest horizontal beliebig angeordnet werden.

Bei KOMA-Script wird mit `KOMAold.lco` bereits eine Letter-Class-Option-Datei mit entsprechenden Einstellungen mitgeliefert. Allerdings dient diese Datei in erster Linie dazu, die Kompatibilität mit der obsoleten Briefklasse scrlettr zu erhöhen. Daher ist sie in ihren Einstellungen sehr konservativ und geht weit über das hinaus, was tatsächlich gefragt ist.

Anschrift anpassen

Zunächst soll die Anschrift rechts oder links bündig mit dem Satzspiegel gesetzt werden. Dazu muss lediglich die Pseudolänge `toaddrhpos` (siehe Abschnitt 22.1.3, Seite 547) angepasst werden. Dabei ist wichtig, dass die Pseudolänge von der linken Papierkante aus gemessen wird. Der linke Rand der ersten Seite eines LaTeX-Dokuments, `\oddsidemargin`, ist jedoch um einen Inch kleiner.

Der rechte Rand neben der Absenderergänzung (siehe Variable `location` in Abschnitt 4.10, Seite 220) ist in der Voreinstellung automatisch mit dem linken Rand neben der Anschrift identisch (siehe Abbildung 22.1, Seite 542). Steht die Anschrift rechts, gilt das Entsprechende nur jeweils für den anderen Rand.

Briefkopf anpassen

Der eigentliche Briefkopf sollte in diesem Fall wohl ebenfalls genau wie der Satzspiegel angeordnet werden. So lange der Satzspiegel horizontal auf dem Papier zentriert ist, kann das einfach dadurch erreicht werden, dass der Briefkopf wie im Beispiel mit `SNslhead.lco` dieselbe Breite wie der Satzspiegel erhält. Gemäß Tabelle 22.1, Seite 538 wird der Kopf ja automatisch horizontal zentriert.

Daraus folgt dann die Letter-Class-Option-Datei `nowindow.lco`:

```
\ProvidesFile{nowindow.lco}%
  [2003/01/24 v0.1 unsupported letter-class-option]
\@setplength{firstheadwidth}{\textwidth}
\@setplength{toaddrhpos}{\oddsidemargin}
\@addtoplength{toaddrhpos}{1in}
\KOMAoptions{backaddress=false}
\endinput
```

`backaddress=false`

Eine Rücksendeadresse (siehe Variable backaddress, Abschnitt 4.10, Seite 215) ist sinnlos, wenn kein Fensterbriefumschlag verwendet wird. Daher wurde sie abgeschaltet (siehe Option backaddress eben-

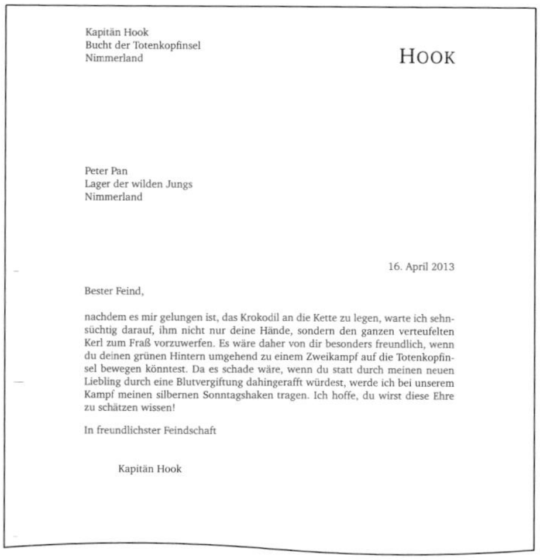

Kapitän Hook
Bucht der Totenkopfinsel
Nimmerland

HOOK

Peter Pan
Lager der wilden Jungs
Nimmerland

16. April 2013

Bester Feind,

nachdem es mir gelungen ist, das Krokodil an die Kette zu legen, warte ich sehnsüchtig darauf, ihm nicht nur deine Hände, sondern den ganzen verteufelten Kerl zum Fraß vorzuwerfen. Es wäre daher von dir besonders freundlich, wenn du deinen grünen Hintern umgehend zu einem Zweikampf auf die Totenkopfinsel bewegen könntest. Da es schade wäre, wenn du statt durch meinen neuen Liebling durch eine Blutvergiftung dahingerafft würdest, werde ich bei unserem Kampf meinen silbernen Sonntagshaken tragen. Ich hoffe, du wirst diese Ehre zu schätzen wissen!

In freundlichster Feindschaft

Kapitän Hook

Abbildung D.3.: Brief unter Verzicht auf Fensterumschläge mit `nowindow.lco`

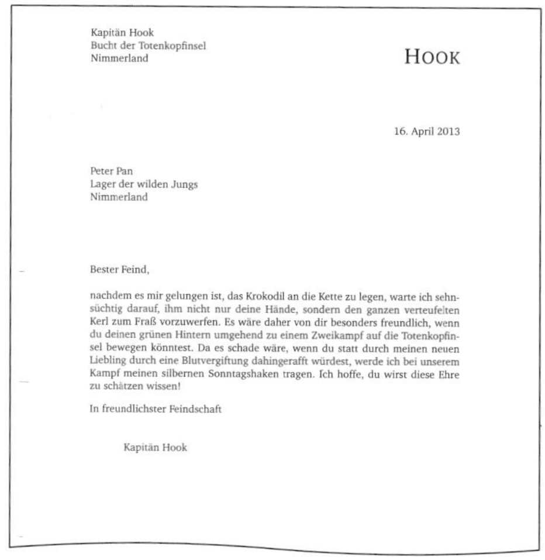

Kapitän Hook
Bucht der Totenkopfinsel
Nimmerland

HOOK

16. April 2013

Peter Pan
Lager der wilden Jungs
Nimmerland

Bester Feind,

nachdem es mir gelungen ist, das Krokodil an die Kette zu legen, warte ich sehnsüchtig darauf, ihm nicht nur deine Hände, sondern den ganzen verteufelten Kerl zum Fraß vorzuwerfen. Es wäre daher von dir besonders freundlich, wenn du deinen grünen Hintern umgehend zu einem Zweikampf auf die Totenkopfinsel bewegen könntest. Da es schade wäre, wenn du statt durch meinen neuen Liebling durch eine Blutvergiftung dahingerafft würdest, werde ich bei unserem Kampf meinen silbernen Sonntagshaken tragen. Ich hoffe, du wirst diese Ehre zu schätzen wissen!

In freundlichster Feindschaft

Kapitän Hook

Abbildung D.4.: Brief unter Verzicht auf Fensterumschläge mit `nowindow.lco` und `dateup.lco`

falls in Abschnitt 4.10, Seite 215). Abbildung D.3 zeigt das Ergebnis.

Die Einstellungen von `nowindow.lco` sind zwar nur für Anschriften links korrekt, für Anschriften rechts genügt aber die bereits vorgestellte Datei `SNslhead.lco`. Sollte dennoch jemand mit einem rechtsbündig gesetzten Anschriftenfeld experimentieren wollen, so sei darauf hingewiesen, dass in Abschnitt 22.1.3 die notwendigen Informationen zu finden sind. Insbesondere kann auf Seite 547 nachgelesen werden, dass mit negativer `toaddrhpos` der Abstand der Anschrift von der rechten statt der linken Kante des Papiers eingestellt wird. *Tipp!*

Wie gesagt, diese Lösungen setzen voraus, dass auf den Einsatz von Fensterbriefumschlägen verzichtet wird. Es gibt aber auch Lösungen, die ohne dieses Zugeständnis auskommen. Eine solche wird ab Abschnitt D.5 hergeleitet werden. *Alternative*

D.4. Datum neben Anschrift

Einige Anwender sind zusätzlich mit der Position des Datums nicht einverstanden. Zwar ist es relativ unstrittig, dass das Datum so richtig platziert ist, wenn eine vollständige Geschäftszeile verwendet wird. Gibt es aber keine Angaben wie »Ihr Zeichen« und »Unser Zeichen«, so soll das Datum nach dieser Ansicht ungefähr auf Höhe der Anschrift gesetzt werden. Bei KOMA-Script kann man die Position der Geschäftszeile einstellen (siehe Abschnitt 22.1.5, Seite 550). Setzt man diese nach oben, wird allerdings auch der Briefanfang nach oben verschoben. Doch auch das ist kein Problem, denn der Abstand zwischen Geschäftszeile und Briefanfang ist ebenfalls einstellbar (siehe Seite 551). Abbildung D.4 auf Seite 617 zeigt das Ergebnis unter Verwendung sowohl von nowindow.lco als auch der folgenden Letter-Class-Option-Datei dateup.lco:

```
\ProvidesFile{dateup.lco}%
  [2003/01/24 v0.1 unsupported letter-class-option]
\@setplength{refvpos}{\useplength{toaddrvpos}}
\@addtoplength{refaftervskip}{\useplength{toaddrheight}}
\endinput
```

Achtung! Leider ist diese Änderung nicht ganz unproblematisch, da die Absenderergänzung ebenfalls neben der Anschrift gesetzt wird. Es muss also gegebenenfalls beim Setzen der Variablen location am Anfang mit Hilfe von \vspace* Platz für das Datum gelassen werden. Andererseits sollte man bei Verwendung einer Absenderergänzung ohnehin besser auf dateup.lco verzichten. Seit KOMA-Script 3 gibt es außerdem die Möglichkeit, die vertikale Position der Absenderergänzung unabhängig von der Position der Anschrift einzustellen (siehe Pseudolänge locvpos in Abschnitt 22.1.4, Seite 550). [Randnotiz: locvpos]

Tipp! Alternativ könnte man dann auch das Datum mit refline=nodate abschalten und selbst in die Absenderergänzung einbauen. Diese Alternative kann auch dann verwendet werden, wenn trotz Geschäftszeile das Datum neben der Anschrift stehen soll.

D.5. Verzicht auf Randsymmetrie

Kompromiss zwischen Typografie und Technik

Während die Lösungen aus dem vorherigen Abschnitt laut [WF00, Seite 80] eher zur ästhetisch anspruchsvollen und individuellen Kategorie zählen, kommen wir nun zu etwas Bewusstem, Entschiedenem. Ohne Wechsel zu einer sehr breiten Schrift und ohne Missachtung günstiger Zeilenlängen gibt es mit fester Anschriftenposition links nur noch eine Lösung für eine durchgehende linke optische Kante: Der Satzspiegel rückt aus der Mitte. Diese Lösung wird sowohl in [WF00] als auch in [Kup00] skizziert.

Moment, werden nun einige rufen. In Anhang A war zu lesen, dass Symmetrie wichtig ist. Durch Verschiebung des Satzspiegels geht die Symmetrie aber verloren. Das ist vollkommen richtig, aber wie heißt es so schön: Wer die Regeln kennt, darf sie verletzen.

Um den Satzspiegel nach links zu verschieben, muss lediglich das Vorgehen von nowindow.lco umgekehrt werden:

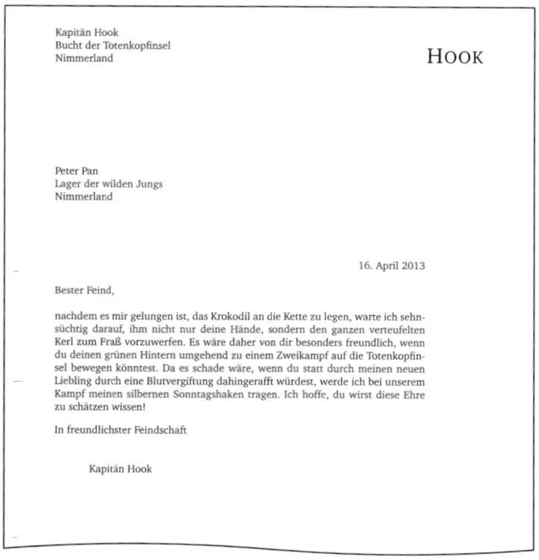

Kapitän Hook
Bucht der Totenkopfinsel
Nimmerland

HOOK

Peter Pan
Lager der wilden Jungs
Nimmerland

16. April 2013

Bester Feind,

nachdem es mir gelungen ist, das Krokodil an die Kette zu legen, warte ich sehnsüchtig darauf, ihm nicht nur deine Hände, sondern den ganzen verteufelten Kerl zum Fraß vorzuwerfen. Es wäre daher von dir besonders freundlich, wenn du deinen grünen Hintern umgehend zu einem Zweikampf auf die Totenkopfinsel bewegen könntest. Da es schade wäre, wenn du statt durch meinen neuen Liebling durch eine Blutvergiftung dahingerafft würdest, werde ich bei unserem Kampf meinen silbernen Sonntagshaken tragen. Ich hoffe, du wirst diese Ehre zu schätzen wissen!

In freundlichster Feindschaft

Kapitän Hook

Abbildung D.5.: Verschiebung des Satzspiegels

Kapitän Hook
Bucht der Totenkopfinsel
Nimmerland

HOOK

Peter Pan
Lager der wilden Jungs
Nimmerland

Bester Feind, 16. April 2013

nachdem es mir gelungen ist, das Krokodil an die Kette zu legen, warte ich sehnsüchtig darauf, ihm nicht nur deine Hände, sondern den ganzen verteufelten Kerl zum Fraß vorzuwerfen. Es wäre daher von dir besonders freundlich, wenn du deinen grünen Hintern umgehend zu einem Zweikampf auf die Totenkopfinsel bewegen könntest. Da es schade wäre, wenn du statt durch meinen neuen Liebling durch eine Blutvergiftung dahingerafft würdest, werde ich bei unserem Kampf meinen silbernen Sonntagshaken tragen. Ich hoffe, du wirst diese Ehre zu schätzen wissen!

In freundlichster Feindschaft

Kapitän Hook

Abbildung D.6.: Verschiebung des Satzspiegels sowie Datum im Rand

```
\setlength{\oddsidemargin}{\useplength{toaddrhpos}}
\addtolength{\oddsidemargin}{-1in}
```

Abbildung D.5 veranschaulicht das Ergebnis dieses Lösungsansatzes.

Doch wohin mit diesen Zeilen? Eine Letter-Class-Option-Datei (siehe Abschnitt 4.21) wäre dafür wieder ideal. Doch solche Dateien können an beliebiger Stelle zwischen zwei Briefen beziehungsweise vor `\opening` geladen werden. Nun steht in Abschnitt D.2, dass man den Satzspiegel nicht so einfach an beliebiger Stelle ändern kann. In Kapitel 2 wird erklärt, dass entsprechende Änderungen eigentlich nur in der Dokumentpräambel vor `\begin{document}` erlaubt sind. Tatsächlich kann aber `\oddsidemargin` jederzeit geändert werden. Der neue Wert gilt dann ab der nächsten rechten Seite, die noch ausgeben wird. Verändert man `\oddsidemargin` also vor einem neuen Brief, so gilt der neue Wert ab der ersten Seite desselben.

Problem

Ganz ideal erscheint der optische Eindruck dieser Art Brief aber noch nicht. Irgendwie stört der breite leere rechte Rand. Abbildung D.6 zeigt deshalb eine Erweiterung, bei der das Datum rechts neben der Anrede im Rand steht. Bei dieser Version ist nun zwar das Problem mit dem weißen Balken nicht mehr so stark, aber so richtig gut sieht das noch immer nicht aus. Dass der Satzspiegel zu dicht am Datum steht, ist noch relativ einfach zu beheben. Dazu sei verraten, dass alle bisherigen Beispielbriefe mit *DIV*-Wert 10 gesetzt wurden. Mit einem *DIV*-Wert von 9 erscheint der Abstand bereits größer.

Potential Noch besser wäre es allerdings, wenn das Datum in einer kleineren Schriftart gesetzt würde. Natürlich kann man den Rand dann auch gleich noch für andere Informationen nutzen. Ich nenne diesen Teil des Randes daher im folgenden Abschnitt *Infospalte*.

D.6. Briefbogen mit Infospalte

Durch mehr Text in der Infospalte wird der Spaltencharakter verstärkt und das Gleichgewicht der Seite verbessert. In [Kup00] wird empfohlen, als Schriftgröße dieser Spalte 7 bis 9 pt zu wählen. Als Text bieten sich sämtliche Absenderangaben an. Da der eigentliche Kopf dadurch leer wird, kann man die Anschrift und die Falzmarken `DINmtext` sehr schön entsprechend DIN 676 B (siehe `DINmtext`, Tabelle 4.18, Seite 253) setzen. Dadurch erhält man dann automatisch mehr Platz für den Brieftext.

Nun kann man die einzelnen Elemente natürlich nicht einfach aus dem Sack auf das Papier streuen, um ein ordentliches Layout zu *Plan* erhalten. Ein Plan in Form festgelegter Eigenschaften für die erste Briefseite, den Briefbogen, muss her. Ein solcher kann beispielsweise wie folgt aussehen:

- *DIN 676 B* Die vertikale Einteilung soll an DIN 676 B angelehnt sein.
- *Satzspiegel links* Der Satzspiegel wird links bündig mit der Anschrift gesetzt.
- *kein Kopf* Der Kopf des Briefes bleibt leer.
- *keine Absenderergänzung* Die Absenderergänzung wird nicht verwendet.
- *Anrede nach oben* Die Anrede erfolgt oberhalb der obersten Faltmarke (siehe [WF00]).
- *Infospalte rechts* Die Infospalte wird rechts neben dem Satzspiegel gesetzt.
- *Höhe der Infospalte* Die Infospalte erstreckt sich über die gesamte Höhe des Briefes.
- *Schrift der Infospalte* In der Infospalte wird eine serifenlose Schrift von 7 pt verwendet.
- *Logo* Ein Logo wird in der Infospalte neben der Anschrift gesetzt.
- *Ort und Datum* Ort und Datum werden in der Infospalte zweizeilig auf Höhe der Anrede gesetzt.

- Firma, Name, Anschrift, Telefon-, Faxnummer, E-Mail-Adresse und Adresse der Homepage werden mit sechs bis zehn Zeilen Abstand unter das Datum gesetzt. Diese Angaben werden mit Leerzeilen sinnvoll gruppiert. *Firma, Name, Anschrift, Telefon, Fax, E-Mail, Homepage*

- Die Bankverbindung wird auf Fußhöhe in die Infospalte gesetzt. *Bankverbindung*

- Der Fuß des Briefes bleibt unter dem Satzspiegel leer. *kein Fuß*

Mit diesen Vorgaben kann nun die Letter-Class-Option-Datei in Angriff genommen werden.

Begonnen wird mit generellen Informationen über die Datei: asymTypB.lco

```
\ProvidesFile{asymTypB.lco}%
             [2005/03/09 v0.2 unsupported LCO-file]%
```

Dann wird als Basis DINmtext.lco verwendet. Diese Datei liegt KOMA-Script bei und ist für die Grundeinteilung nach DIN 676 B zuständig: *DIN 676 B*

```
\LoadLetterOption{DINmtext}%
```

Danach wird der Satzspiegel nach links verschoben. Die dafür notwendige Berechnung wurde bereits für die Datei nowindow.lco in Abschnitt D.3, Seite 616 erläutert. *Satzspiegel links*

```
\setlength{\oddsidemargin}{\useplength{toaddrhpos}}%
\addtolength{\oddsidemargin}{-1in}%
```

Gleichzeitig wird Sorge dafür getragen, dass diese Verschiebung bei jeder Neuberechnung des Satzspiegels erneut ausgeführt wird.

```
\AfterCalculatingTypearea{%
  \setlength{\oddsidemargin}{\useplength{toaddrhpos}}%
  \addtolength{\oddsidemargin}{-1in}%
}%
```

Da hier Längen für den Seitenspiegel manuell geändert wurden, wird sichergestellt, dass diese auch verwendet werden.

```
\activateareas
```

Im konkreten Fall wäre dieser Aufruf nicht notwendig, aber es schadet auch nichts, ihn zur Sicherheit einzufügen.

Obwohl der Kopf des Briefes leer bleibt, wird er an den oberen Papierrand verschoben und auf die gesamte Papierbreite ausgedehnt. Dies wird bei der Definition der Infospalte von Nutzen sein. *kein Kopf*

```
\@setplength{firstheadvpos}{0pt}%
\@setplength{firstheadwidth}{\paperwidth}%
```

Der leere Briefkopf erstreckt sich nun also vom oberen Papierrand bis zur Anschrift.

kein Fuß Für den Fuß wird in gleicher Weise verfahren. Der Abstand des Satzspiegels vom unteren Rand ist damit automatisch größer als vom oberen Rand, da zwischen Satzspiegel und unterem Rand auf der ersten Seite zusätzlich ein Abstand von \footskip eingehalten wird (siehe Abschnitt 22.1.8, Seite 553). Dennoch ist dieses Vorgehen nicht zwingend, sondern eher grob über den Daumen gepeilt. Das Ergebnis wird die Entscheidung aber bestätigen.

```
\@setplength{firstfootvpos}{\paperheight}%
\@addtoplength[-]{firstfootvpos}{\useplength{toaddrvpos}}%
```

Eine denkbare Alternativ hier wäre beispielsweise die Verwendung der Option firstfoot=false.

Anrede nach oben Um die Anrede über die erste, oberste Faltmarke zu heben, muss die Geschäftszeile ungefähr 5 mm nach oben verschoben werden. Da der Wert jedoch bei gesetzter Geschäftszeile auch größer ausfallen kann, habe ich beschlossen, stattdessen eineinhalb Zeilen anzusetzen.

```
\@addtoplength{refvpos}{-1.5\baselineskip}%
```

Bevor nun die Infospalte kommt, wird noch eine neue Variable definiert. Hintergrund dieser Variablen ist, dass scrlttr2 ein Problem bekommen kann, wenn die Variable fromname (siehe Abschnitt 4.10, Seite 205) mehrzeilig ist. Beim Setzen der Signatur (siehe Abschnitt 4.20) wird dieser Umstand nämlich nicht erkannt. Eine Lösung besteht nun darin, den Inhalt der Variablen signature (siehe Seite 247) ebenfalls zu setzen – auch mehrzeilig. Besser ist jedoch, keinen mehrzeiligen Eintrag in fromname zu verwenden. Daher wird

Firma hier für einen Firmennamen eine eigene Variable definiert.

```
\newkomavar{company}%
```

Auf eine Bezeichnung für die Variable wird an dieser Stelle verzichtet. Wie eine solche bei Bedarf definiert werden kann, ist Abschnitt 22.2 ab Seite 554 zu entnehmen.

Nun sollte überlegt werden, wie die Infospalte gesetzt wird. Alle vertikalen Abstände in der Infospalte sind entweder relativ zu vorherigen Einträgen oder beziehen sich auf solche Elemente, deren absoluter Abstand vom oberen Papierrand bei scrlttr2 bekannt ist. Also ist es vorteilhaft, wenn die Infospalte ebenfalls mit einem bekannten Abstand vom oberen Papierrand gesetzt wird. Dies erreicht man am Einfachsten, indem man die Infospalte im Briefkopf setzt. Das geht

Infospalte rechts bei scrlttr2 sehr einfach mit \setkomavar{firsthead}{...}. Doch welchen Platz am rechten Rand soll die Spalte einnehmen? Rein aus dem Bauch heraus erscheint ein Sechstel der Papierbreite als angemessen. Das Ergebnis wird zeigen, ob diese Entscheidung gut war. Um dies im Nachhinein leicht ändern zu können, wird dafür jedoch eine Pseudolänge definiert (siehe dazu Abschnitt 4.2).

```
\@newplength{infocolwidth}%
\@setplength{infocolwidth}{0.1667\paperwidth}%
```

Weiter oben wurde der Kopf an den oberen Papierrand verschoben und auf die Papierbreite ausgedehnt. Die Infospalte muss also jetzt nur an den rechten Rand verschoben werden. Davor wird aber im Kopf noch die gewünschte Schrift eingestellt.

Schrift der Infospalte

```
\setkomavar{firsthead}{%
  \fontsize{7}{8}\sffamily
  \hspace*{\fill}%
```

Die hierzu verwendete Anweisung `\fontsize` ist in [Tea05a] erklärt. Die Aktivierung der ausgewählten Schriftgröße geschieht automatisch mit Wahl und Aktivierung der gewünschten Schriftfamilie `\sffamily`.

Man könnte jetzt einfach mit einer `\parbox` und darin mit `\vspace` ans Werk gehen. Doch leider haben wir mehrere Elemente, die absolut vom oberen Rand aus gesetzt werden sollen. LaTeX bietet eine einfache Möglichkeit, um Elemente absolut zu platzieren, nämlich die `picture`-Umgebung. Diese bietet gleichzeitig die Möglichkeit, »`overfull \vbox`«-Meldungen zu vermeiden. Ein solches Problem würde normalerweise entstehen, da die Infospalte so hoch ist wie das Papier, der Kopf jedoch nicht so hoch werden darf. Eine `picture`-Umgebung ist für LaTeX jedoch immer nur so hoch, wie per Parameter angegeben. Trotzdem darf der Inhalt darüber hinausragen und wird dennoch ausgegeben. Da der Ursprung einer `picture`-Umgebung immer unten links liegt, wird hier für die Höhe 0 gewählt. Der Ursprung liegt also auf der oberen Papierkante.

Höhe der Infospalte

Die Frage nach der Breite der `picture`-Umgebung ist ebenso einfach zu beantworten. Zwar wäre es trickreich möglich, aus der Pseudolänge `infocolwidth` eine von `\unitlength` abhängende Breitenangabe für die `picture`-Umgebung zu gewinnen. Es geht aber auch einfacher. Als Breite wird ebenfalls 0 gewählt und der Abstand vom rechten Rand wird mit einem Leerraum der gewünschten Größe nach dem Ende der `picture`-Umgebung geschaffen.

```
  \begin{picture}(0,0)%
```

Logo

Es folgt das Logo. Hier könnte man zwar wieder aus `toaddrvpos` eine von `\unitlength` abhängige Koordinate berechnen. Es geht aber einfacher, indem man eine oben ausgerichtete `\parbox` verwendet und den Abstand dann erst innerhalb dieser \parbox setzt.

```
\put(0,0){%
  \parbox[t]{\useplength{infocolwidth}}{%
    \vspace{\useplength{toaddrvpos}}%
    \usekomavar{fromlogo}%
  }%
}%
```

Ort und Datum
Firma, Name, Anschrift, Telefon, Fax, E-Mail, Homepage

In gleicher Weise werden Ort, Datum und Absenderinformationen gesetzt. Einzige Ausnahme ist der Firmenname, der nur dann gesetzt werden soll, wenn die entsprechende Variable einen Inhalt hat (siehe Abschnitt 4.1, Seite 178).

```
\put(0,0){%
  \parbox[t]{\useplength{infocolwidth}}{%
    \raggedright
    \vspace{\useplength{refvpos}}%
    \vspace{\useplength{refaftervskip}}%
    \usekomavar{place}\usekomavar{placeseparator}\\
    \usekomavar{date}\\[10\baselineskip]
    \usekomavar{fromname}
    \ifkomavarempty{company}{}{%
      \\
      \usekomavar{company}%
    }\\[\baselineskip]
    \usekomavar{fromaddress}\\
    \usekomavar*{fromphone}\usekomavar{fromphone}\\
    \usekomavar*{fromfax}\usekomavar{fromfax}%
    \\[\baselineskip]
    \usekomavar{fromemail}\\
    \usekomavar{fromurl}\\
  }%
}%
```

Während in diesem Beispiel für company mit \ifkomavarempty dafür gesorgt wurde, dass die Definition auch dann noch funktioniert, wenn der Inhalt dieser Variablen leer bleibt, wurde eine solche Vorsorge für fromname, fromaddress, fromphone, fromfax, fromemail und fromurl nicht getroffen. Die Variablen müssen also immer mit Inhalten belegt werden, da es sonst aufgrund von \\ zu einer Fehlermeldung: »there's no line to end here«, kommen kann.

Bankverbindung

Zum Schluss wird noch die Bankverbindung in den Fuß gesetzt. Statt dafür jedoch \setkomavar{firstfoot} mit einer weiteren Infospalte zu verwenden, wird dieser Teil ebenfalls über den Kopf definiert. Damit der eigentliche Fuß leer bleibt, wird der Fuß der Infospalte um \footskip nach oben versetzt.

```
    \put(0,0){%
      \parbox[t]{\useplength{infocolwidth}}{%
        \raggedright
        \vspace{\useplength{firstfootvpos}}%
        \vspace{-\footskip}%
        \usekomavar{frombank}\\%
      }%
    }%
  \end{picture}%
```

Jetzt nur nicht vergessen, wie oben erwähnt, den Leerraum, der für die horizontale Anordnung der Infospalte verantwortlich ist, zu setzen. Da Leerraum mit \hspace am Absatzende normalerweise ignoriert wird, muss hier \hspace* verwendet werden.

```
  \hspace*{\useplength{infocolwidth}}%
}%
```

Nach all diesen Bemühungen bleibt ein Problem: Wie soll das automatisch von scrlttr2 gesetzte Datum unterdrückt werden? In früheren Versionen von asymTypB.lco war hierzu ein schmutziger Trick notwendig. Seit Version 3.09 bietet scrlttr2 jedoch eine Option hierfür, die uns das Leben deutlich erleichtert (siehe Abschnitt 4.10, Seite 223 sowie Tabelle 4.12, Seite 223):

Datum

```
\KOMAoption{refline}{nodate}
```

Abbildung D.7, Seite 626 zeigt einen Brief, der mit diesen Einstellungen gesetzt ist. Das Ganze kann so sicher bereits genutzt werden. Offen bleibt jedoch, wie man weitere Briefseiten setzt.

D.7. Zweitbogen und Rückseiten

Schreibt man einen mehrseitigen Brief, gilt es zunächst zu entscheiden, ob man die Rückseite des Briefbogens bedruckt oder nicht. Bei weißem Papier unter 100 g/m^2 rate ich dringend davon ab. Der Text der Rückseite wird dann nämlich in aller Regel sehr stark durch das Papier zu sehen sein. Das sieht inbesondere hinter dem Kopf einfach nicht gut aus. Bei Geschäftsbriefen ist es häufig auch besser, wenn der Leser die Bogen gegebenenfalls nebeneinander legen kann. Doppelseitige Geschäftsbriefe tragen daher immer den Makel an sich, dass das Papiersparen als Selbstzweck über den Gebrauchsnutzen gestellt wurde.

Tipp!

Entscheidet man sich dennoch für die Briefrückseite, stellt sich die Frage, wie man diese passend zur Vorderseite des Briefbogens setzt. Grundsätzlich ist es möglich, auch die Rückseite mit dem verscho-

Kapitän Hook, Bucht der Totenkopfinsel, Nimmerland

Peter Pan
Lager der wilden Jungs
Nimmerland

Hooks Flaggschiff,
16. April 2013

Bester Feind,

nachdem es mir gelungen ist, das Krokodil an die Kette zu legen, warte ich sehnsüchtig darauf, ihm nicht nur deine Hände, sondern den ganzen verteufelten Kerl zum Fraß vorzuwerfen. Es wäre daher von dir besonders freundlich, wenn du deinen grünen Hintern umgehend zu einem Zweikampf auf die Totenkopfinsel bewegen könntest. Da es schade wäre, wenn du statt durch meinen neuen Liebling durch eine Blutvergiftung dahingerafft würdest, werde ich bei unserem Kampf meinen silbernen Sonntagshaken tragen. Ich hoffe, du wirst diese Ehre zu schätzen wissen!

Es wäre daher von dir besonders freundlich, wenn du deinen grünen Hintern umgehend zu einem Zweikampf auf die Totenkopfinsel bewegen könntest. Da es schade wäre, wenn du statt durch meinen neuen Liebling durch eine Blutvergiftung dahingerafft würdest, werde ich bei unserem Kampf meinen silbernen Sonntagshaken tragen. Ich hoffe, du wirst diese Ehre zu schätzen wissen!

Es wäre daher von dir besonders freundlich, wenn du deinen grünen Hintern umgehend zu einem Zweikampf auf die Totenkopfinsel bewegen könntest. Da es schade wäre, wenn du statt durch meinen neuen Liebling durch eine Blutvergiftung dahingerafft würdest, werde ich bei unserem Kampf meinen silbernen Sonntagshaken tragen. Ich hoffe, du wirst diese Ehre zu schätzen wissen!

Es wäre daher von dir besonders freundlich, wenn du deinen grünen Hintern umgehend zu einem Zweikampf auf die Totenkopfinsel bewegen könntest. Da es schade wäre, wenn du statt durch meinen neuen Liebling durch eine Blutvergiftung dahingerafft würdest, werde ich bei unserem Kampf meinen silbernen Sonntagshaken tragen. Ich hoffe, du wirst diese Ehre zu schätzen wissen!

In freundlichster Feindschaft

Kapitän Hook

Kapitän Hook
Piraten GmbH

Bucht der Totenkopfinsel
Nimmerland
Telefon: 222
Fax: 444

hook@piraten.nim
www.hook.nim

Bank für Piraten
BLZ: 222 222 00
Konto: 222 222 222

Abbildung D.7.: An [Kup00] angelehnter, moderner Brief

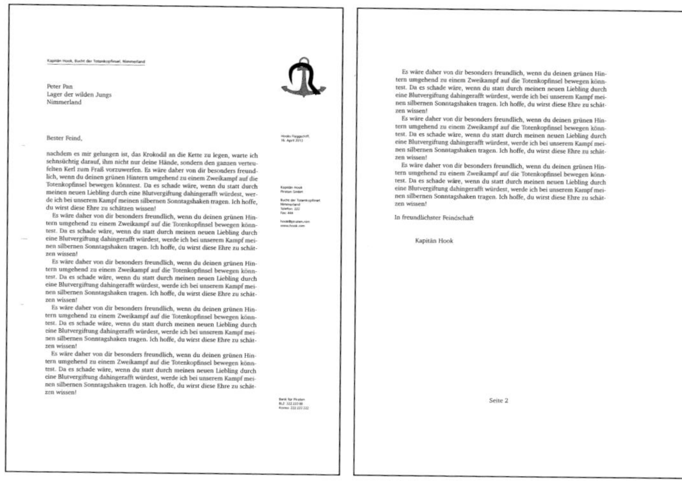

Kapitän Hook, Bucht der Totenkopfinsel, Nimmerland

Peter Pan
Lager der wilden Jungs
Nimmerland

Hooks Flaggschiff,
16. April 2013

Bester Feind,

nachdem es mir gelungen ist, das Krokodil an die Kette zu legen, warte ich sehnsüchtig darauf, ihm nicht nur deine Hände, sondern den ganzen verteufelten Kerl zum Fraß vorzuwerfen. Es wäre daher von dir besonders freundlich, wenn du deinen grünen Hintern umgehend zu einem Zweikampf auf die Totenkopfinsel bewegen könntest. Da es schade wäre, wenn du statt durch meinen neuen Liebling durch eine Blutvergiftung dahingerafft würdest, werde ich bei unserem Kampf meinen silbernen Sonntagshaken tragen. Ich hoffe, du wirst diese Ehre zu schätzen wissen!

Es wäre daher von dir besonders freundlich, wenn du deinen grünen Hintern umgehend zu einem Zweikampf auf die Totenkopfinsel bewegen könntest. Da es schade wäre, wenn du statt durch meinen neuen Liebling durch eine Blutvergiftung dahingerafft würdest, werde ich bei unserem Kampf meinen silbernen Sonntagshaken tragen. Ich hoffe, du wirst diese Ehre zu schätzen wissen!

Es wäre daher von dir besonders freundlich, wenn du deinen grünen Hintern umgehend zu einem Zweikampf auf die Totenkopfinsel bewegen könntest. Da es schade wäre, wenn du statt durch meinen neuen Liebling durch eine Blutvergiftung dahingerafft würdest, werde ich bei unserem Kampf meinen silbernen Sonntagshaken tragen. Ich hoffe, du wirst diese Ehre zu schätzen wissen!

Es wäre daher von dir besonders freundlich, wenn du deinen grünen Hintern umgehend zu einem Zweikampf auf die Totenkopfinsel bewegen könntest. Da es schade wäre, wenn du statt durch meinen neuen Liebling durch eine Blutvergiftung dahingerafft würdest, werde ich bei unserem Kampf meinen silbernen Sonntagshaken tragen. Ich hoffe, du wirst diese Ehre zu schätzen wissen!

Es wäre daher von dir besonders freundlich, wenn du deinen grünen Hintern umgehend zu einem Zweikampf auf die Totenkopfinsel bewegen könntest. Da es schade wäre, wenn du statt durch meinen neuen Liebling durch eine Blutvergiftung dahingerafft würdest, werde ich bei unserem Kampf meinen silbernen Sonntagshaken tragen. Ich hoffe, du wirst diese Ehre zu schätzen wissen!

Kapitän Hook
Piraten GmbH

Bucht der Totenkopfinsel
Nimmerland
Telefon: 222
Fax: 444

hook@piraten.com
www.hook.com

Bank für Piraten
BLZ: 222 222 00
Konto: 222 222 222

Es wäre daher von dir besonders freundlich, wenn du deinen grünen Hintern umgehend zu einem Zweikampf auf die Totenkopfinsel bewegen könntest. Da es schade wäre, wenn du statt durch meinen neuen Liebling durch eine Blutvergiftung dahingerafft würdest, werde ich bei unserem Kampf meinen silbernen Sonntagshaken tragen. Ich hoffe, du wirst diese Ehre zu schätzen wissen!

Es wäre daher von dir besonders freundlich, wenn du deinen grünen Hintern umgehend zu einem Zweikampf auf die Totenkopfinsel bewegen könntest. Da es schade wäre, wenn du statt durch meinen neuen Liebling durch eine Blutvergiftung dahingerafft würdest, werde ich bei unserem Kampf meinen silbernen Sonntagshaken tragen. Ich hoffe, du wirst diese Ehre zu schätzen wissen!

Es wäre daher von dir besonders freundlich, wenn du deinen grünen Hintern umgehend zu einem Zweikampf auf die Totenkopfinsel bewegen könntest. Da es schade wäre, wenn du statt durch meinen neuen Liebling durch eine Blutvergiftung dahingerafft würdest, werde ich bei unserem Kampf meinen silbernen Sonntagshaken tragen. Ich hoffe, du wirst diese Ehre zu schätzen wissen!

In freundlichster Feindschaft

Kapitän Hook

Seite 2

Abbildung D.8.: Vorderseite und Rückseite ohne Änderung des Satzspiegels

benen Satzspiegel zu bedrucken. Das sieht dann beispielsweise wie in Abbildung D.8 aus. Alternativ dazu kann man aber auch mit der Option `twoside=semi` arbeiten und `\evensidemargin` unverändert lassen. Der Satzspiegel der Rückseite wird dann wieder horizontal zentriert, wie in Abbildung D.9 zu sehen ist. Ich bevorzuge aufgrund der angenehmen Symmetrie diese Lösung.

spezieller Zweitbogen

Als Zweitbogen verwendet man üblicherweise Papier, das nur noch ein Erkennungszeichen, beispielsweise das Logo trägt. In der Regel ist das Logo dann auch an der gleichen Position zu finden wie beim Briefbogen selbst. Dies ist allerdings nicht zwingend. Aber auch, wenn das Logo beispielsweise kleiner oder etwas weiter oben platziert wird, so wird es doch in der Regel möglich sein, mit der

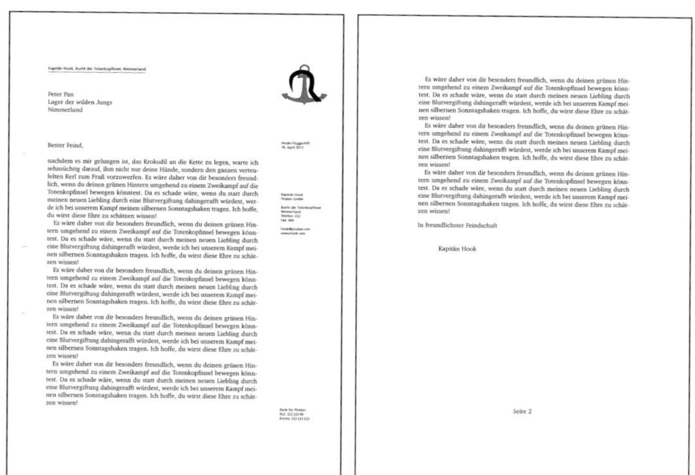

Kapitän Hook, Bucht der Totenkopfinsel, Nimmerland

Peter Pan
Lager der wilden Jungs
Nimmerland

Hooks Flaggschiff,
16. April 2013

Bester Feind,

nachdem es mir gelungen ist, das Krokodil an die Kette zu legen, warte ich sehnsüchtig darauf, ihm nicht nur deine Hände, sondern den ganzen verteufelten Kerl zum Fraß vorzuwerfen. Es wäre daher von dir besonders freundlich, wenn du deinen grünen Hintern umgehend zu einem Zweikampf auf die Totenkopfinsel bewegen könntest. Da es schade wäre, wenn du statt durch meinen neuen Liebling durch eine Blutvergiftung dahingerafft würdest, werde ich bei unserem Kampf meinen silbernen Sonntagshaken tragen. Ich hoffe, du wirst diese Ehre zu schätzen wissen!

Es wäre daher von dir besonders freundlich, wenn du deinen grünen Hintern umgehend zu einem Zweikampf auf die Totenkopfinsel bewegen könntest. Da es schade wäre, wenn du statt durch meinen neuen Liebling durch eine Blutvergiftung dahingerafft würdest, werde ich bei unserem Kampf meinen silbernen Sonntagshaken tragen. Ich hoffe, du wirst diese Ehre zu schätzen wissen!

Es wäre daher von dir besonders freundlich, wenn du deinen grünen Hintern umgehend zu einem Zweikampf auf die Totenkopfinsel bewegen könntest. Da es schade wäre, wenn du statt durch meinen neuen Liebling durch eine Blutvergiftung dahingerafft würdest, werde ich bei unserem Kampf meinen silbernen Sonntagshaken tragen. Ich hoffe, du wirst diese Ehre zu schätzen wissen!

Es wäre daher von dir besonders freundlich, wenn du deinen grünen Hintern umgehend zu einem Zweikampf auf die Totenkopfinsel bewegen könntest. Da es schade wäre, wenn du statt durch meinen neuen Liebling durch eine Blutvergiftung dahingerafft würdest, werde ich bei unserem Kampf meinen silbernen Sonntagshaken tragen. Ich hoffe, du wirst diese Ehre zu schätzen wissen!

Es wäre daher von dir besonders freundlich, wenn du deinen grünen Hintern umgehend zu einem Zweikampf auf die Totenkopfinsel bewegen könntest. Da es schade wäre, wenn du statt durch meinen neuen Liebling durch eine Blutvergiftung dahingerafft würdest, werde ich bei unserem Kampf meinen silbernen Sonntagshaken tragen. Ich hoffe, du wirst diese Ehre zu schätzen wissen!

Kapitän Hook
Piraten GmbH

Bucht der Totenkopfinsel
Nimmerland
Telefon: 222
Fax: 444

hook@piraten.com
www.hook.com

Bank für Piraten
BLZ: 222 222 00
Konto: 222 222 222

Es wäre daher von dir besonders freundlich, wenn du deinen grünen Hintern umgehend zu einem Zweikampf auf die Totenkopfinsel bewegen könntest. Da es schade wäre, wenn du statt durch meinen neuen Liebling durch eine Blutvergiftung dahingerafft würdest, werde ich bei unserem Kampf meinen silbernen Sonntagshaken tragen. Ich hoffe, du wirst diese Ehre zu schätzen wissen!

Es wäre daher von dir besonders freundlich, wenn du deinen grünen Hintern umgehend zu einem Zweikampf auf die Totenkopfinsel bewegen könntest. Da es schade wäre, wenn du statt durch meinen neuen Liebling durch eine Blutvergiftung dahingerafft würdest, werde ich bei unserem Kampf meinen silbernen Sonntagshaken tragen. Ich hoffe, du wirst diese Ehre zu schätzen wissen!

Es wäre daher von dir besonders freundlich, wenn du deinen grünen Hintern umgehend zu einem Zweikampf auf die Totenkopfinsel bewegen könntest. Da es schade wäre, wenn du statt durch meinen neuen Liebling durch eine Blutvergiftung dahingerafft würdest, werde ich bei unserem Kampf meinen silbernen Sonntagshaken tragen. Ich hoffe, du wirst diese Ehre zu schätzen wissen!

In freundlichster Feindschaft

Kapitän Hook

Seite 2

Abbildung D.9.: Vorderseite und Rückseite mit Änderung des Satzspiegels

Satzspiegelposition der ersten Seite zurechtzukommen. Auch hier kann die Platzierung über die Kopfzeile erfolgen. Allerdings kann diese nicht einfach an den oberen Papierrand verschoben werden. Es muss also gegebenenfalls berücksichtigt werden, dass sich über dem Kopf noch der obere Rand befindet.

Eine zusätzliche Erschwernis besteht darin, dass eine Kopfdefinition mit \setkomavar{nexthead} im doppelseitigen Satz für rechte und linke Seiten gilt. Das Logo soll aber dann natürlich nur auf der Vorderseite der Zweitbögen gesetzt werden. Es muss daher abgefragt werden, ob doppelseitig gesetzt wird und die Seitenzahl nicht ungerade ist. In allen anderen Fällen wird die Logospalte gesetzt.

```
\setkomavar{nexthead}{%
  \@tempswatrue
  \if@twoside\ifodd\value{page}
    \else\@tempswafalse
  \fi\fi
  \if@tempswa
```

Tipp! Hier wird das Wissen verwendet, dass LaTeX mit \if@tempswa einen internen Schalter besitzt, der mit \@tempswatrue auf *wahr* und mit \@tempswafalse auf *falsch* gesetzt werden kann. Darüber hinaus sollte man wissen, dass mit dem internen Schalter \if@twoside abgefragt werden kann, ob doppelseitig gesetzt wird. \ifodd schließlich ist ein TeX-Primitiv, das prüft, ob eine Zahl gerade oder ungerade ist. Da wir uns im Kopf einer Seite befinden, gibt \value{page}, also der Wert des Zählers page, tatsächlich die aktuelle Seitenzahl an. Es muss hier daher nicht mit \ifthispageodd (siehe Abschnitt 3.12, Seite 92) gearbeitet werden. Ebenfalls weil wir uns im Kopf befinden, wird hier keine zusätzliche Gruppe benötigt, um die Verwendung des internen Schalters von LaTeX abzusichern, wie das normalerweise der Fall wäre.

keine Breite Das Setzen der Spalte soll die Position nicht verändern. Dazu ist es vorteilhaft, wenn die Spalte für TeX keine horizontale Ausdehnung hat. So wird verhindert, dass eine »overfull \hbox«-Meldung ausgegeben wird. Dies würde normalerweise geschehen, weil die Spalte rechts über den Satzspiegel hinausragt.

```
    \makebox[0pt][l]{%
```

Wird jedoch wie hier eine Box der Breite Null gesetzt, innerhalb der der Text linksbündig ausgerichtet wird, so stört sich LaTeX nicht daran, dass der Text die Box in Wirklichkeit nach rechts verlässt.

Logospalte rechts Jetzt soll die Logospalte wieder am rechten Papierrand platziert werden. In diesem Fall geht das nicht ganz so einfach wie bei der Infospalte, da sich der Kopf des Zweitbogens nicht über die gesamte Papierbreite erstreckt. Also wird die aktuelle Position zunächst an den linken Papierrand, dann davon ausgehend an den rechten Papierrand und schließlich relativ dazu wieder nach links an die endgültige Position verlegt.

```
\hspace*{-\oddsidemargin}\hspace{-1in}%
\hspace{\paperwidth}%
\hspace{-\useplength{infocolwidth}}%
```

Schrift der Logospalte

Es darf nicht vergessen werden, die gewünschte Schriftart für die Logospalte zu setzen. Dabei muss zunächst die Schriftart zurückgesetzt werden, um von der Einstellung headfont unabhängig zu sein. Da die Infospalte Bestandteil des Briefbogens ist, soll die Schriftgröße nicht von der gewählten Grundschriftgröße des Briefes abhängen.

```
\normalfont\fontsize{7}{8}\sffamily
\begin{picture}(0,0)
```

Nach der Fontauswahl ist alles bereit für die picture-Umgebung.

Innerhalb der picture-Umgebung wird wiederum eine \parbox verwendet. Allerdings ist die korrekte vertikale Position noch nicht erreicht. Also wird die aktuelle Position zunächst an den oberen Papierrand verlegt. Erst dann kann die vertikale Ausrichtung relativ dazu erfolgen.

```
\put(0,0){\parbox[t]{\useplength{infocolwidth}}{%
    \vspace*{-\topmargin}\vspace{-1in}%
    \vspace{-\headheight}%
    \vspace{\useplength{toaddrvpos}}%
```

Firma

Häufig wird gewünscht, dass zentriert unter dem Logo der Firmenname gesetzt wird. Vorausgesetzt, dass der Firmenname hierbei nicht in irgend einer Weise automatisch umbrochen werden soll, kann das einfach mit einer einspaltigen Tabelle erreicht werden.

```
          \begin{tabular}{@{}c@{}}
            \usekomavar{fromlogo}\\
            \usekomavar{company}\\
          \end{tabular}%
        }%
      }%
    \end{picture}%
  }%
 \fi
}%
```

Seitenstil

Da Variable nexthead nur beim Seitenstil *headings* zum Einsatz kommt, wird dieser nun noch aktiviert.

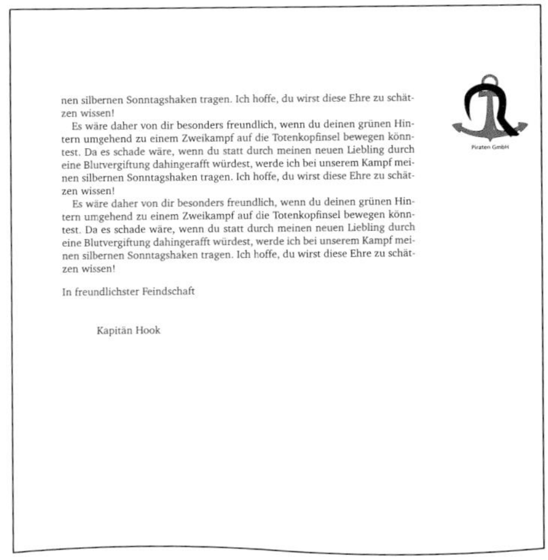
nen silbernen Sonntagshaken tragen. Ich hoffe, du wirst diese Ehre zu schätzen wissen!

Es wäre daher von dir besonders freundlich, wenn du deinen grünen Hintern umgehend zu einem Zweikampf auf die Totenkopfinsel bewegen könntest. Da es schade wäre, wenn du statt durch meinen neuen Liebling durch eine Blutvergiftung dahingerafft würdest, werde ich bei unserem Kampf meinen silbernen Sonntagshaken tragen. Ich hoffe, du wirst diese Ehre zu schätzen wissen!

Es wäre daher von dir besonders freundlich, wenn du deinen grünen Hintern umgehend zu einem Zweikampf auf die Totenkopfinsel bewegen könntest. Da es schade wäre, wenn du statt durch meinen neuen Liebling durch eine Blutvergiftung dahingerafft würdest, werde ich bei unserem Kampf meinen silbernen Sonntagshaken tragen. Ich hoffe, du wirst diese Ehre zu schätzen wissen!

In freundlichster Feindschaft

Kapitän Hook

Abbildung D.10.: Vorderseite eines Zweitbogens, passend zum Briefbogen aus Abbildung D.8 und Abbildung D.9

```
\pagestyle{headings}%
```

Damit ist die Letter-Class-Option-Datei an ihrem Ende angelangt. Das wird ebenfalls dokumentiert.

```
\endinput
```

Abbildung D.10 zeigt den Zweitbogen. Mit Option `twoside=semi` entspricht die Rückseite des Zweitbogens der des Briefbogens. Ohne die Option oder mit `twoside=false` gibt es keine Rückseiten.

Alternative scrlayer-scrpage

Es soll hier nicht verschweigen werden, dass man statt Variable `nexthead` auch das scrlayer-scrpage-Paket verwenden könnte. Dabei könnte man dann die Entscheidung, ob es sich um die Vorderseite des Zweitbogens oder um eine Rückseite handelt, dem Paket überlassen werden. Darüber hinaus kann man bei scrlayer-scrpage die Kopfbreite ebenfalls auf die Seitenbreite ausdehnen. Dadurch würde die horizontale Positionierung genau wie bei der Infospalte auf dem Briefbogen funktionieren. Man könnte mit scrlayer sogar mit einer eigenen Ebene für den Brief- und den Zweitbogen arbeiten. Näheres zur Verwendung dieser Pakete ist Kapitel 5, Kapitel 17 und Kapitel 18 zu entnehmen. Wie man oben sieht, geht es aber auch ohne fremde Hilfe.

scrlayer

D.8. Modifikationen

Breite der Infospalte

Mir selbst ist der Textblock in den gezeigten Beispielen zu breit. In der Regel genügt mir eine Briefseite auch vollkommen. Ich bevorzuge daher die Einstellung `DIV=8` mit `fontsize=11pt` und einer Infospaltenbreite von `0.22222\paperwidth`. Die Entscheidung, wel-

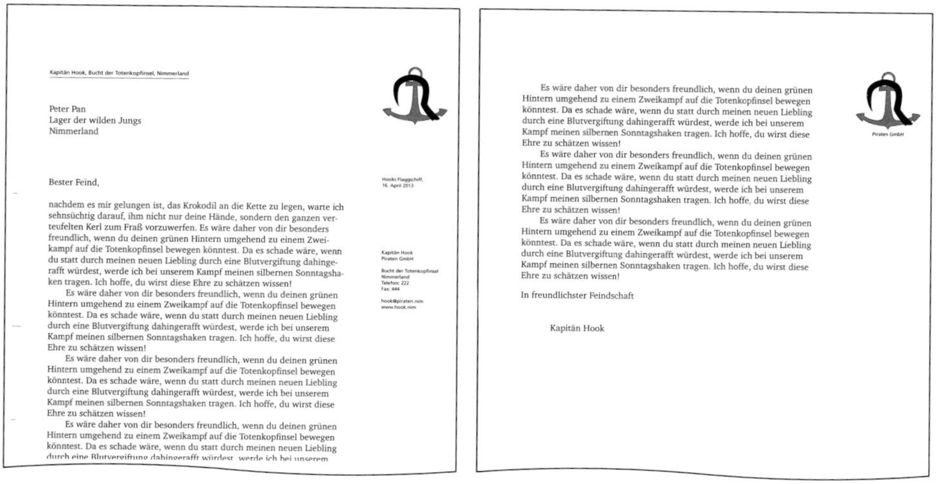

Kapitän Hook, Bucht der Totenkopfinsel, Nimmerland

Peter Pan
Lager der wilden Jungs
Nimmerland

Hooks Flaggschiff,
16. April 2013

Bester Feind,

nachdem es mir gelungen ist, das Krokodil an die Kette zu legen, warte ich sehnsüchtig darauf, ihm nicht nur deine Hände, sondern den ganzen verteufelten Kerl zum Fraß vorzuwerfen. Es wäre daher von dir besonders freundlich, wenn du deinen grünen Hintern umgehend zu einem Zweikampf auf die Totenkopfinsel bewegen könntest. Da es schade wäre, wenn du statt durch meinen neuen Liebling durch eine Blutvergiftung dahingerafft würdest, werde ich bei unserem Kampf meinen silbernen Sonntagshaken tragen. Ich hoffe, du wirst diese Ehre zu schätzen wissen!

Es wäre daher von dir besonders freundlich, wenn du deinen grünen Hintern umgehend zu einem Zweikampf auf die Totenkopfinsel bewegen könntest. Da es schade wäre, wenn du statt durch meinen neuen Liebling durch eine Blutvergiftung dahingerafft würdest, werde ich bei unserem Kampf meinen silbernen Sonntagshaken tragen. Ich hoffe, du wirst diese Ehre zu schätzen wissen!

Es wäre daher von dir besonders freundlich, wenn du deinen grünen Hintern umgehend zu einem Zweikampf auf die Totenkopfinsel bewegen könntest. Da es schade wäre, wenn du statt durch meinen neuen Liebling durch eine Blutvergiftung dahingerafft würdest, werde ich bei unserem Kampf meinen silbernen Sonntagshaken tragen. Ich hoffe, du wirst diese Ehre zu schätzen wissen!

Es wäre daher von dir besonders freundlich, wenn du deinen grünen Hintern umgehend zu einem Zweikampf auf die Totenkopfinsel bewegen könntest. Da es schade wäre, wenn du statt durch meinen neuen Liebling durch eine Blutvergiftung dahingerafft würdest, werde ich bei unserem

Kapitän Hook
Piraten GmbH

Bucht der Totenkopfinsel
Nimmerland
Telefon: 222
Fax: 444

hook@piraten.nim
www.hook.nim

Piraten GmbH

Es wäre daher von dir besonders freundlich, wenn du deinen grünen Hintern umgehend zu einem Zweikampf auf die Totenkopfinsel bewegen könntest. Da es schade wäre, wenn du statt durch meinen neuen Liebling durch eine Blutvergiftung dahingerafft würdest, werde ich bei unserem Kampf meinen silbernen Sonntagshaken tragen. Ich hoffe, du wirst diese Ehre zu schätzen wissen!

Es wäre daher von dir besonders freundlich, wenn du deinen grünen Hintern umgehend zu einem Zweikampf auf die Totenkopfinsel bewegen könntest. Da es schade wäre, wenn du statt durch meinen neuen Liebling durch eine Blutvergiftung dahingerafft würdest, werde ich bei unserem Kampf meinen silbernen Sonntagshaken tragen. Ich hoffe, du wirst diese Ehre zu schätzen wissen!

Es wäre daher von dir besonders freundlich, wenn du deinen grünen Hintern umgehend zu einem Zweikampf auf die Totenkopfinsel bewegen könntest. Da es schade wäre, wenn du statt durch meinen neuen Liebling durch eine Blutvergiftung dahingerafft würdest, werde ich bei unserem Kampf meinen silbernen Sonntagshaken tragen. Ich hoffe, du wirst diese Ehre zu schätzen wissen!

In freundlichster Feindschaft

Kapitän Hook

Abbildung D.11.: Briefbogen und Zweitbogen mit Flattersatz

che Infospaltenbreite verwendet wird, treffe ich dabei an Hand der Breite des Satzspiegels, `\textwidth`, relativ zur Breite des Papiers, `\paperwidth`:

```
\ifdim \textwidth<0.666\paperwidth
  \@setplength{infocolwidth}{.22222\paperwidth}%
\else
  \@setplength{infocolwidth}{0.1667\paperwidth}%
\fi
```

Verwendet man einen Zweitbogen, lässt aber die Rückseiten frei, so kann man ebenfalls mit dem schmaleren Satzspiegel arbeiten. Hat man diese Möglichkeit jedoch nicht, will aber dem Satzspiegel etwas an Wucht nehmen, so kann man alternativ auch den Blocksatz durch Rauhsatz ersetzen. Dabei sollte man nicht ganz auf Trennung verzichten. Man wird also ein Paket wie ragged2e (siehe [Sch09]) zum Einsatz bringen. Während Martin Schröder in der Anleitung dieses Pakets von Absatzeinzug bei Verwendung von `\RaggedRight` abrät, bezeichnen Hans Peter Willberg und Friedrich Forssman den Eindruck mit Trennung als »ruhiger und geschlossener, damit wohl auch sympathischer« und skizzieren solche Briefe in [WF00, Seite 80, Beispiel 2]. Allerdings scheint mir notwendig, dabei den Einzug mindestens doppelt so groß wie bei Blocksatz üblich anzusetzen. Abbildung D.11 zeigt einen solchen Brief.

Rauhsatz statt Blocksatz

Absatzeinzug bei Rauhsatz

Die vorgestellte Letter-Class-Option-Datei `asymTypB.lco` berücksichtigt in dieser Form nicht die in Abschnitt 4.10 beschriebenen Klassenoptionen zur Auswahl der Elemente des Briefkopfs wie bei-

Potential

spielsweise `fromphone` und `fromfax`. Stattdessen werden die entsprechenden Felder immer gesetzt. Natürlich kann man die zugehörigen Fallunterscheidungen aus scrlttr2 übernehmen, so dass die Optionen auch von der Letter-Class-Option-Datei ausgewertet werden. Ebenso kann man das Setzen leerer Variablen mit Hilfe von `\ifkomavarempty` vermeiden, wenn dies gewünscht ist.

All diese Modifikationen sind für das hier vorgestellte Grundprinzip jedoch unerheblich. Zu Gunsten der Verständlichkeit wurde daher darauf verzichtet, dies im Detail vorzuführen. Der fortgeschrittene Anwender kann die dafür notwendigen Informationen Datei `scrkernel-notepaper.dtx` in den KOMA-Script-Quellen entnehmen.

D.9. Zusammenfassung und Verallgemeinerung

Briefbogen entwerfen

Briefbogen nachbilden

In diesem Anhang wurde gezeigt, wie man mit LaTeX und KOMA-Script moderne Briefbogen und Zweitbogen entwerfen und setzen kann. In vielen Fällen werden stattdessen aber vorhandene Bogen nachzubilden sein. Die Mittel dazu sind jedoch exakt die gleichen. Der Unterschied besteht lediglich darin, dass man die Positionen der einzelnen Elemente zunächst ausmessen muss. Danach erfolgt eine Platzierung entsprechend der gemessenen Vorgaben. Das Prinzip dafür bleibt dabei das gleiche, das auch in diesem Artikel vorgestellt wurde.

Briefbogen ausfüllen

Briefbogen>ausfüllen

In anderen Fällen soll lediglich ein vorhandener Brief- und Zweitbogen verwendet werden. Auch dann ist das Prinzip das hier vorgestellte. Der einzige Unterschied besteht in diesem Fall darin, dass die vorgedruckten Elemente nicht gesetzt werden.

Briefbogen als Hintergrund

Manchmal existieren Brief- und Zweitbogen selbst als Grafik und sollen hinter die Seite gelegt werden. Dies kann nach dem vorgestellten Prinzip in der Kopfzeile erledigt werden. Alternativ kann auch ein Paket wie eso-pic (siehe [Nie13]) zusätzlich verwendet werden. Wie dem auch sei, der Rest entspricht dem Satz auf vorgedruckte Bogen.

Tipp!

Alle hier vorgestellten `lco`-Dateien sind auf [KDP] zu finden. Sie stehen dort im Dateien-Bereich zur Verfügung, müssen also für eigene Experimente nicht erst mühsam abgetippt werden.

E. Adressaufkleber, Briefumschläge und Co.

Einige, zumeist ältere LaTeX-Anwender werden sich möglicherweise erinnern, dass mit der Standard-Briefklasse, letter, auch Adressaufkleber zum jeweiligen Brief erzeugt werden können. Zwar ist auch diese Möglichkeit bei der Standard-Briefklasse hauptsächlich dadurch gekennzeichnet, dass sie absolut unflexibel ist, aber immerhin ist sie vorhanden. Bei scrlttr2 scheint es diese Möglichkeit jedoch gar nicht erst zu geben.

Standardklasse vs. KOMA-Script-Klasse

Dieses Kapitel wird zeigen, dass diese Möglichkeit tatsächlich doch vorhanden ist. Es wird sich auch zeigen, dass die für KOMA-Script typische Flexibilität auch hier vielfältige Alternativlösungen erlaubt.

E.1. Die Grundlage

Bei der Standard-Briefklasse, letter, wird der Adressaufkleber dadurch realisiert, dass der Anwender die Anweisung `\makelabels` setzt. Damit werden dann in die aux-Datei für jeden Brief weitere Anweisungen geschrieben, die am Ende des Dokuments ausgeführt werden und einfach die Anschriften aller Briefe des Dokuments auf einer Seite ausgeben.

`\makelabels`

Tatsächlich verfügt die KOMA-Script-Briefklasse, scrlttr2, nicht über die Anweisung `\makelabels`. Es scheint also zunächst, als wäre es damit nicht möglich, Adressaufkleber in irgendeiner Form zu erstellen. Allerdings verfügt scrlttr2 über zwei sehr mächtige Werkzeuge, die man vor einem Urteil genauer betrachten sollte. Gemeint sind die Pseudolängen und diverse Optionen, über die der Briefbogen in nahezu allen Aspekten beeinflusst werden kann.

Pseudolängen und Optionen

Es stellt sich also die Frage, was zu tun ist, um den Briefbogen auf einen Adressaufkleber zu reduzieren. Zunächst darf natürlich kein Brieftext mehr auf der Seite stehen. Das ist einfach zu erreichen, indem man auf den Text verzichtet. Dann darf natürlich auch kein Briefkopf und kein Fuß auf dem Briefbogen sein. Beide Elemente sind bei scrlttr2 frei konfigurierbar. Die Geschäftszeile einschließlich

Briefbogen wird Adressaufkleber

dem Datum müssen weg. Dafür gibt es verschiedene Wege. Die Absenderergänzung muss ungenutzt bleiben. Faltmarken dürfen auch nicht gesetzt werden. Das geht per Option. Schließlich muss die Anschrift genau dort ausgegeben werden, wo sich der Aufkleber auf dem Bogen befindet. Die Position der Anschrift ist über Pseudolängen definiert, kann also geändert werden.

Die Grundidee ist also: Optionen so setzen, dass unerwünschte Elemente nicht gesetzt werden. Variablen, die zu Elementen gehören, die nicht per Option ausgeschaltet werden können, leeren. Auf diesem Weg einen Brief auf die Anschrift reduzieren. Zum Schluss die Anschrift an die gewünschte Stelle schieben.

Ein *Brief*, der nur die Adresse setzt, könnte im einfachsten Fall so aussehen:

```
\documentclass{scrlttr2}

\begin{document}

\begin{letter}[foldmarks=false,refline=nodate]{%
    Markus Kohm\\
    Freiherr-Von-Drais-Str. 66\\
    68535 Edingen-Neckarhausen}
\opening{}
\end{letter}

\end{document}
```

Da in diesem Brief weder Text noch Elemente für den Kopf oder Fuß gegeben sind und die Faltmarken explizit ausgeschaltet wurden, wird auch tatsächlich nur die Anschrift ausgegeben. Allerdings ist diese noch nicht unbedingt an der optimalen Stelle zu finden. Dazu müssten erst noch die Pseudolängen für das Anschriftfenster entsprechend gesetzt werden. Der beste Ort dafür ist eine `lco`-Datei. In einer solchen könnte man beispielsweise:

```
\@setplength{toaddrhpos}{1cm}
\@setplength{toaddrvpos}{1cm}
```

eintragen, um das Adressfeld 1 cm nach rechts und nach unten von der oberen linken Papierkante entfernt auszugeben.

Um nun in einem Dokument sowohl den Aufkleber als auch den Brief zu haben, würde man wie folgt vorgehen:

- `lco`-Datei für den Adressaufkleber laden.
- Minimalen Brief wie oben angegeben in das Dokument einfügen.

- lco-Dateien für den eigentlich Brief laden.
- Eigentlichen Brief wie oben angegeben in das Dokument einfügen.

Der Nachteil dieses Vorgehens ist klar: Zum einen müsste man die Anschrift zweimal angeben, zum anderen könnte man nicht mehr einfach die lco-Dateien mit Absenderangaben und für die Form des Briefes einfach bei \documentclass als Option angeben. Auch können sich Aufkleber und Briefe nicht beliebig abwechseln, sondern es müssten zunächst alle Aufkleber und dann alle Briefe im einem Dokument stehen. Anderenfalls würden beispielsweise Kopfinformationen von früheren Briefen dazu führen, dass mit späteren Adressaufklebern auch diese Kopfinformationen ausgegeben würden.

Darüber hinaus legt man üblicherweise nicht einen einzelnen Aufkleber in den Drucker ein, sondern einen Bogen, auf dem sich mehrere Aufkleber befinden und andere bereits benutzt und deshalb entfernt sind. Es wäre deshalb notwendig, einen bestimmten Aufkleber eines solchen Bogens ansteuern zu können.

E.2. Adressaufkleber auf einem Aufkleberbogen

Wie sich am Ende des letzten Abschnittes herausgestellt hat, ist die Grundidee zwar in einigen Fällen direkt als Lösung verwendbar. Allgemein müsste die Idee – und damit die lco-Datei – aber erheblich erweitert werden.

Bei systematischem Vorgehen sollte eine entsprechende lco-Datei damit beginnen, dass sie sich selbst identifiziert: *lco-Datei*

```
\ProvidesFile{labelbasic.lco}
             [2014/02/06 v0.3 unsupported LCO-file]
```

Des Weiteren ist es sicher wünschenswert, wenn die Ausgabe eines Aufklebers über eine Anweisung gesteuert wird.

```
\newcommand*{\printlabel}[4][]{%
```

Hier wird eine Anweisung \printlabel mit einem zunächst leeren optionalen und drei obligatorischen Argumenten definiert. \printlabel

Das obligatorische zweite Argument ist die Adresse, für die nun ein Minimalbrief begonnen werden soll: *Adresse*

```
  \begin{letter}{#2}%
```

Einstellungen: Bevor nun aber der *Briefbogen* über \opening ausgegeben wird, müssen für diesen *Brief* lokale Einstellungen vorgenommen werden.

```
\KOMAoptions{%
```

Hier wird dies zunächst mit einigen Angaben per \KOMAoptions erledigt. Man hätte stattdessen auch das optionale Argument der letter-Umgebung verwenden können.

An Optionen wird eingestellt:

```
addrfield=true,%
```

kein Adressfeld Ein Adressfeld ist zu setzen. Das ist notwendig, falls das Adressfeld global abgeschaltet wurde. Das Adressfeld ist aber der Dreh- und Angelpunkt aus der verwendeten Grundidee.

```
backaddress=false,%
```

keine Rücksendeadresse Eine Rücksendeadresse soll in der Grundeinstellung nicht gesetzt werden. Wie das ohne Eingriffe in die lco-Datei geändert werden kann, wird sich noch zeigen.

```
fromlogo=false,%
```

kein Absenderlogo Das Absenderlogo wird abgeschaltet. Dies ist notwendig, falls global mit fromalign=middle und fromlogo=true gearbeitet wird, weil sonst das Logo automatisch am Anfang der Absenderergänzung ausgegeben würde.

```
foldmarks=false%
```

keine Faltmarken Wie bereits im vorherigen Abschnitt angegeben, sollen die Faltmarken natürlich nicht gesetzt werden.

```
}%
```

So weit die Optionen.

Einige Einstellungen können nicht über Optionen vorgenommen werden. Für sie sind weitere Anweisungen notwendig.

```
\setkomavar{firsthead}{}
\setkomavar{firstfoot}{}
```

kein Kopf, kein Fuß Wie erwähnt, sollen Kopf und Fuß leer bleiben.

```
\setkomavar{location}{}
```

keine Absenderergänzung Entsprechendes gilt für die Absenderergänzung.

```
\removereffields
\KOMAoption{refline}{nodate}
```

keine Geschäftszeile Ebenso soll die Geschäftszeile und auch das Datum leer bleiben.

```
\setkomavar{signature}{}
```

Am Ende darf dann auch keine Signatur ausgegeben werden.

keine Signatur

Damit sind die Grundeinstellungen abgeschlossen. Es ist nun Zeit, sich des optionalen Arguments der Anweisung anzunehmen:

```
#1
```

Dieses optionale Argument wird hier einfach ausgeführt. Damit ist es möglich, weitere Anweisungen noch vor der Ausgabe des neu gestalteten *Briefbogens* auszuführen. Man kann also beispielsweise die Rücksendeadresse per `\KOMAoptions{backaddress=true}` im optionalen Argument der Anweisung wieder einschalten.

optionale Anweisungen

Es geht weiter mit dem dritten und vierten Argument. Diese beiden geben die Zeile und Spalte auf dem Aufkleberbogen an. Man kann damit also beispielsweise in der dritten Aufkleberzeile den zweiten Aufkleber auswählen. Zunächst wird aus dem dritten Argument, der Zeilennummer, die vertikale Position berechnet.

Position:

```
\setlengthtoplength{\@tempdima}{labelsheettopmargin}
\addtolengthplength[#3]{\@tempdima}{labelheight}
\addtolengthplength[-]{\@tempdima}{labelheight}
\addtolengthplength[#3]{\@tempdima}{labelvoffset}
\addtolengthplength[-]{\@tempdima}{labelvoffset}
\@setplength{toaddrvpos}{\@tempdima}
```

Die Berechnung ist einfach. Zu beachten ist nur, dass die erste Zeile die Nummer 1 hat. Die Pseudolängen für den Aufkleberbogen und die einzelnen Aufkleber müssen später noch definiert werden. Ihre Bedeutung ist Tabelle E.1 zu entnehmen.

abhängig vom Bogen

Aus dem vierten Argument, der Spaltennummer, wird die horizontale Position berechnet.

```
\setlengthtoplength{\@tempdima}{labelsheetleftmargin}
\addtolengthplength[#4]{\@tempdima}{labelwidth}
\addtolengthplength[-]{\@tempdima}{labelwidth}
\addtolengthplength[#4]{\@tempdima}{labelhoffset}
\addtolengthplength[-]{\@tempdima}{labelhoffset}
\@setplength{toaddrhpos}{\@tempdima}
```

Die Berechnung der horizontalen Position der Adresse ist vergleichbar zur Berechnung der vertikalen Position.

Einige Angaben für den einzelnen Aufkleber fehlen noch:

Rand, Breite, Höhe

```
\@setplength{toaddrindent}{\useplength{labelmargin}}
\@setplength{toaddrwidth}{\useplength{labelwidth}}
\@addtoplength[-]{toaddrwidth}{\useplength{labelmargin}}
\@setplength{toaddrheight}{\useplength{labelheight}}
```

Da `toaddrindent` nur den linken Einzug angibt, wurde der gewünschte Rand auch noch von der Adressbreite abgezogen. Damit ergibt sich dann quasi wieder ein rechter Rand auf dem Aufkleber.

Tabelle E.1.: Die in `labelbasic.lco` neu definierten und verwendeten Pseudolängen für Adressaufkleber und Aufkleberbogen

`labelheight`	Höhe eines einzelnen Aufklebers
`labelhoffset`	Abstand zwischen den Aufkleberspalten auf dem Aufkleberbogen
`labelmargin`	linker und rechter Rand innerhalb eines Aufklebers
`labelsheetleftmargin`	linker Rand des Aufkleberbogens bis zur linken Aufkleberspalte
`labelsheettopmargin`	oberer Rand des Aufkleberbogens bis zur obersten Aufkleberreihe
`labelvoffset`	Abstand zwischen den Aufkleberreihen auf dem Aufkleberbogen
`labelwidth`	Breite eines einzelnen Aufklebers

```
      \@setplength{refvpos}{0pt}
      \@setplength{refaftervskip}{-5\baselineskip}
      \@setplength{sigbeforevskip}{-5\baselineskip}
```

Setzen leerer Elemente

Diese Angaben sorgen letztlich dafür, dass die leere Geschäftszeile, die leere Anrede, der leere Schlussgruß und die leere Signatur nicht zu einem Seitenumbruch führen. Die negativen Werte dürfen wahlweise im Betrag auch größer gewählt werden.

```
      \opening{}
      \closing{}

    \end{letter}%
  }
```

Ausgabe

Am Ende der Anweisung `\printlabel` muss dann über `\opening` der als *Briefbogen* getarnte Adressaufkleber ausgeben und der leere *Brief* mit der Anweisung `\closing` und `\end{letter}` ordnungsgemäß beendet werden.

Die Anweisung zur Ausgabe eines Adressaufklebers ist damit definiert. Es fehlen jedoch die dabei verwendeten neuen Pseudolängen. Diese können einfach per `\@newplength` definiert werden.

```
\@newplength{labelheight}
\@newplength{labelhoffset}
```

```
\@newplength{labelmargin}
\@newplength{labelsheetleftmargin}
\@newplength{labelsheettopmargin}
\@newplength{labelvoffset}
\@newplength{labelwidth}
```

Anpassung an Aufkleberbogen

Diese Pseudolängen sollten in einer eigenen lco-Datei entsprechend des vorhandenen Aufkleberbogens vorbelegt werden. Dazu sollte jene lco-Datei zunächst labelbasic.lco laden und dann mit \@setplength die sechs Pseudolängen entsprechend einstellen. Vom Anwender wird dann nicht direkt labelbasic.lco, sondern diese weitere lco-Datei mit den Einstellungen für den verwendeten Aufkleberbogen geladen. Ein Beispiel folgt im nächsten Abschnitt.

manueller Aufkleber

Man könnte nun nach Laden der lco-Datei für einen bestimmten Aufkleberbogen bereits einen Aufkleber erstellen:

```
\printlabel{%
  Markus Kohm\\
  Freiherr-Von-Drais-Straße 66\\
  68535 Edingen-Neckarhausen
}{3}{2}
```

Diese Anweisung würde den zweiten Aufkleber in der dritten Reihe des definierten Aufkleberbogens mit meiner Adresse bedrucken.

```
\printlabel[\KOMAoptions{backaddress=true}]{%
  Markus Kohm\\
  Freiherr-Von-Drais-Straße 66\\
  68535 Edingen-Neckarhausen
}{3}{2}
```

Hier würde zusätzlich noch die Rücksendeadresse mit den aktuell gültigen Absenderangaben gesetzt.

Aufkleberautomatik

Was fehlt, ist eine Anweisung, die dafür sorgt, dass ein Aufkleber mit der aktuellen Anschrift erzeugt wird, ohne dass die Anschrift erneut angegeben werden muss. Es wird also eine weitere Anweisung definiert:

```
\newcommand*{\savelabel}[3][]{%
```

\savelabel

Die Anweisung \savelabel kann innerhalb der Briefumgebung verwendet werden. Sie hat wiederum ein optionales Argument, aber dieses Mal nur zwei obligatorische Argumente. Das bei \printlabel notwendige erste, obligatorische Argument, die Adresse, entfällt. Diese Anweisung soll nämlich innerhalb einer letter-Umgebung verwendet werden und dann eine Anweisung zur Ausgabe eines Aufklebers mit der aktuellen Adresse in die aux-Datei schreiben.

```
\AtEndDocument{\let\@printlabel\printlabel}%
```

Achtung! Da die aux-Datei zum ersten Mal bereits während \begin{document} eingelesen wird, kann nicht direkt die Anweisung \printlabel in diese Datei geschrieben werden. Schließlich würde sonst bereits innerhalb von \begin{document} versucht, den Aufkleber auszugeben. Ausgaben während \begin{document} sind aber nicht erlaubt. Also wird eine interne Anweisung \@printlabel in die aux-Datei geschrieben, die normalerweise ohne Ausgabe definiert ist und erst am Ende des Dokuments auf \printlabel gesetzt wird.

```
    \if@filesw
```

Achtung! In die aux-Datei soll auch nur geschrieben werden, wenn dies nicht mit \nofiles verboten wurde.

```
      \begingroup
        \let\\\@undefined
        \DeclareRobustCommand*{\\}{\string\\}%
        \usekomavar[\edef\toname]{toname}%
        \usekomavar[\edef\toaddress]{toaddress}%
```

Hier werden einige lokale Definitionen vorgenommen. Diese sorgen dafür, dass in die aux-Datei anschließend wirklich das geschrieben wird, was dort hinein soll und nicht irgendwelche Anweisungen, deren Ergebnis sich bis zum Einlesen der aux-Datei noch ändern können.

```
        \protected@write\@auxout{%
          \let\@printlabel\relax
        }{%
          \@printlabel[{#1}]{\toname\string\\\toaddress}%
                            {#2}{#3}%
        }%
      \endgroup
    \fi
  }
```

Dann wird die Druck-Anweisung tatsächlich in die aux-Datei geschrieben.

Damit haben wir alle Anweisungen, die wir brauchen. Es fehlt mit

```
\newcommand*{\@printlabel}[4][]{}
```

nur noch die leere Definition von \@printlabel und mit

```
\endinput
```

das Ende der Datei.

E.3. Ein konkretes Beispiel

Anpassung an Aufkleberbogen

Für die Anwendung von labelbasic aus dem vorherigen Abschnitt wird zunächst die dort bereits erwähnte Parameterdatei benötigt.

```
\ProvidesFile{settleford600label.lco}
             [2008/07/09 v0.1 unsupported LCO-file]

\LoadLetterOption{labelbasic}
```

Neben der Identifizierung der Datei selbst, wird hier auch gleich die lco-Datei mit den Grunddefinitionen für die Aufkleber geladen.

```
\@setplength{labelwidth}{70mm}
\@setplength{labelheight}{36mm}
```

Gehen wir davon aus, dass Sie über Aufkleberbögen mit 3 mal 8 Aufklebern im Format 70 mm mal 36 mm auf einem A4-Bogen verfügen.

```
\@setplength{labelhoffset}{0pt}
\@setplength{labelvoffset}{0pt}
```

Diese Aufkleber sind ohne Abstand zueinander neben und untereinander angeordnet.

```
\@setplength{labelsheettopmargin}{1mm}
\@setplength{labelsheetleftmargin}{0pt}
```

Während links und rechts neben den Aufklebern kein Rand ist, sind über der oberste Reihe der Aufkleber 1 mm Rand. Die 8 mm Rand unter der untersten Reihe der Aufkleber ergibt sich automatisch und muss nirgendwo angegeben werden.

```
\@setplength{labelmargin}{3mm}
```

Die Aufkleber sollen nicht bis zu ihrem jeweiligen Rand bedruckt werden.

```
\endinput
```

Damit ist der Parametersatz vollständig.

Nehmen wir nun den Beispielbrief aus Kapitel 4 und gehen davon aus, dass Herr Musterfrau einen Aufkleber drucken will. Dabei hat er bereits die ersten sieben Aufkleber auf dem Bogen verbraucht.

```
\documentclass[version=last,ich,settleford600label]{scrlttr2}
\usepackage[ngerman]{babel}
\usepackage{graphics}
\begin{document}
\setkomavar{date}{29. Februar 2011}
\setkomavar{subject}{Mitgliederversammlung vermisst}
\begin{letter}{%
    Petra Mustermann\\
    Vor dem Berg 1\\
```

```
    12345 Musterhausen%
  }
\savelabel{3}{2}
\opening{Liebe Vereinsvorsitzende,}
seit einem Jahr gab es keine Mitgliederversammlung
mehr. Ich erinnere daran, dass unsere Satzung eine
solche alle halbe Jahr vorsieht. Ich fordere den
Vorstand daher auf, umgehend eine solche in
Angriff zu nehmen.
\closing{In Erwartung einer Einladung}
\ps PS: Ich hoffe, Du nimmst mir das nicht krumm.
\setkomavar*{enclseparator}{Anlage}
\encl{Auszug aus der Satzung, in dem die
  Mitgliederversammlungen geregelt sind}
\cc{Die Vereinsvorsitzende\\Alle Mitglieder}
\end{letter}
\end{document}
```

Also verwendet er den zweiten Aufkleber in der dritten Reihe, wie in Abbildung E.1 zu sehen.

E.4. Schlussbemerkung

Ein Nachteil des ganzen Verfahrens sei nicht verschwiegen. Lässt man in einem Dokument mehrere Aufkleber ausgeben, so wird jeweils eine eigene Seite je Aufkleber erzeugt. Das bedeutet, dass man den Aufkleberbogen für den Druck aller Aufkleber mehrfach einlegen müsste. Es gibt allerdings auch Pakete, mit denen man Aufkleber drucken kann. Mit dem Wissen aus diesem Kapitel sollte dem Leser auch möglich sein, eine Anweisung zu definieren, mit der Labelanweisungen für ein solches Paket beispielsweise in die aux-Datei in geschrieben werden können.

Alternative

`\makelabels`

envlab

Als Beispiel hierfür sei der Beitrag »`\makelabels` mit scrlttr2« auf [KDP] genannt. Darin wird die `lco`-Datei `mlabel.lco` definiert, die eine einfache Anweisung `\makelabels` bereitstellt. Gedacht ist die dortige Lösung vor allem, um die Verwendung des Pakets envlab zu ermöglichen, mit dem auch Umschläge bedruckt werden können (siehe [Vey97]).

Die in diesem Anhang gezeigte Lösung mit `labelbasic.lco` und `settleford600label.lco` steht zusammen mit vielen anderen Beispielen aus diesem Buch ebenfalls auf [KDP] als Archiv zum Herunterladen bereit. Natürlich ist darin dann auch der Beispielbrief mit Aufkleberausgabe zu finden.

Abbildung E.1.: Aufkleberseite aus dem Beispielbrief mit einem bedruckten Aufkleber

Glossar

In diesem Glossar werden die wichtigsten typografischen Begriffe erklärt, die in diesem Buch Verwendung finden. Ich habe mir dabei die Freiheit genommen, nicht die Erklärungen aus irgendwelchen Lexika abzuschreiben, sondern meine eigenen Erklärungen und Kommentare abzugeben. Wenn in den Erklärungen ein *logischer Ort* erwähnt wird, so ist damit ein Ort gemeint, der zum einen mit einem einzigen Begriff bezeichnet werden kann, zum anderen auf linken und rechten Seiten symmetrisch zum Satzspiegel ausgerichtet ist. Beispiele für logische Orte sind: »oben, innen«, »unten, außen«, »mittig, außen« usw.

Außensteg: Der Außensteg ist der Bereich zwischen der rechten oder linken, äußeren Kante der Seite und dem *Satzspiegel*. Er wird auch als *äußerer Rand* bezeichnet.

Bindeanteil: Der Bindeanteil ist der Teil des Papiers, der durch die Bindung verloren geht. Er muss als *Bindekorrektur* von der verfügbaren Seitenbreite abgezogen und dem *Bundsteg* hinzugefügt werden.

Bindekorrektur: siehe *Bindeanteil*.

Bundsteg: Der Bundsteg ist der innere Rand einer Seite. Der Bundsteg der linken Seite bildet mit dem Bundsteg der rechten Seite den inneren Rand. Ob ein Teil des Bundstegs bei der Bindung, also durch den Bund, verloren geht, oder ob dieser Verlust durch den übergroßen Papierbogen zu kompensieren ist, ist strittig. Unstrittig ist jedoch, dass optische und harmonische Eigenschaften des Bundstegs nur für den sichtbaren Bundsteg angegeben werden können.

Durchschuss: Der Durchschuss ist der Abstand zwischen zwei Textzeilen. Gemessen wird der Durchschuss normalerweise von der Unterkante der *Unterlängen* der einen zur Oberkante der *Oberlängen* der nächsten Zeile. In einigen Lexika wird der Durchschuss auch mit dem *Grundlinienabstand* gleich gesetzt. Historisch dürfte dies aber nicht korrekt sein, da man im Bleisatz das Einfügen zusätzlicher Bleistücke, den so genannten Regletten, zwischen den Zeilen als Durchschuss bezeichnet. Wie dem auch sei, bedingt eine Veränderung des Durchschusses natürlich auch eine Veränderung des Grundlinienabstandes und umgekehrt.

Fußsteg: Der Fußsteg ist der Bereich zwischen der unteren Kante der Seite und dem *Satzspiegel*. Er wird auch als *unterer Rand* bezeichnet.

Grundlinie: Die Grundlinie ist die gedachte Linie, auf der Buchstaben ohne Unterlänge, beispielsweise »x«, »m« und in der Regel alle lateinischen Versalien, stehen.

Grundlinienabstand: Der Grundlinienabstand ist die Entfernung zwischen den Grundlinien zweier aufeinander folgender Textzeilen.

Kolumnentitel: Man unterscheidet zwischen *lebendem* und *totem* Kolumnentitel. Der *tote Kolumnentitel* ist normalerweise identisch auf jeder Seite am gleichen logischen Ort zu finden. Er ist nicht Teil des *Satzspiegels*. In der Regel ist der tote Kolumnentitel im oberen oder unteren Rand positioniert, wird klein gesetzt und sollte kurz sein. In jedem Fall sollte ein toter Kolumnentitel optisch unauffällig bleiben und so die Harmonie von Satzspiegel und Ränder nicht stören.

Der *lebende Kolumnentitel* wiederholt Elemente der Gliederung des Dokuments. Er ist Teil des Satzspiegels. In der Regel werden Kapitel- und Abschnittsüberschriften für den lebenden Kolumnentitel verwendet. Er ist auf jeder normalen Textseite am gleichen logischen Ort zu finden. Auf besonderen Seiten, beispielsweise wenn Kolumnentitel und Überschrift mit identischem Text untereinander stehen würden, entfällt der lebende Kolumnentitel. Üblich ist, dass der lebende Kolumnentitel in der ersten Zeile des Satzspiegels positioniert wird.

Kopfsteg: Der Kopfsteg ist der Bereich zwischen der oberen Kante der Seite und dem *Satzspiegel*. Er wird auch als *oberer Rand* bezeichnet.

Marginalien: Die Marginalien sind Hinweise, Symbole, Ergänzungen und ähnliche Elemente, die neben dem eigentlichen Text angebracht sind und diesen in der Regel unterstützen. Dünn besetzte Marginalien sind solche, die nur vereinzelt auftreten und optisch nur wenig Platz beanspruchen. Sie befinden sich in der Regel im *Außensteg*, selten im *Bundsteg*. Der *Bundsteg* wird zum einen aufgrund seiner Wölbung ausgespart, zum anderen weil er beim Blättern im Buch nicht ins Auge fällt. Damit können Marginalien im *Bundsteg* nur eine geringere Wirkung hervorrufen.

Dicht besetzte Marginalien sind solche, die gehäuft auftreten oder optisch sehr viel Platz beanspruchen. Sie würden den optischen Eindruck des Randes und damit die Harmonie der Seite stören. Deshalb sind sie ganz oder teilweise Bestandteil des *Satzspiegels*.

Mittellänge: Die Mittellänge ist die Oberkante von Kleinbuchstaben wie »a«, »x«, »m«.

Oberlänge: Die Oberlänge ist derjenige Teil eines Buchstabens oder Zeichens oder einer Textzeile, der über die *Mittellänge* hinausragt. Beispiele für Buchstaben mit Oberlänge sind »b«, »t«, »l« und »f«.

Octave: Octave ist ein Papierformat mit dem Seitenverhältnis 2 : 3.

Paginierung: Die Paginierung ist die Ausgabe und Positionierung der Seitennummer auf der Seite. Es ist durchaus möglich und statthaft, ein Layout zu entwerfen, bei dem auf einer Seite die Seitennummer mehrfach ausgegeben wird. Allerdings sollte die Seitennummer innerhalb eines Dokuments nicht ihren logischen Ort wechseln. Nur so findet der Leser die Seitennummer leicht. Eine Seitennummer, die der Leser nicht leicht findet, ist nutzlos. Die Paginierung ist nicht Teil des *Satzspiegels*. Es ist jedoch möglich, die Paginierung als Teil des *lebenden Kolumnentitels* innerhalb des Satzspiegels zu positionieren.

Punkt: Ein Punkt ist das typografische Grundmaß. Die Größe eines Punktes ist dabei vom verwendeten Maßsystem abhängig. So hat ein Inch beispielsweise 72 BigPoints (in TeX sind das 72 bp), aber 72,27 pt im Maßsystem von TeX. Während also ein BigPoint 0,353 mm entspricht, hat ein TeX-Punkt 0,351 mm. Ein Pica sind bei TeX 12 pt also 4,218 mm, während in der Literatur 6 Pica häufig als 1 Inch definiert sind, also ein Pica 4,233 mm entspricht. Im nach dem französischen Typografen Didot benannten System entspricht ein Didot-Punkt 0,376 mm. Ein Cicero wiederum sind 12 Didot-Punkt, also 4,512 mm. Textverarbeitungen bedienen sich häufig der BigPoints. Sie sind auch das PostScript-Grundmaß.

Quart: Quart ist ein Papierformat mit dem Seitenverhältnis 3 : 4.

Satzspiegel: Unter dem Satzspiegel versteht man die gedachte graue Fläche, die sich ergibt, wenn man um den bedruckten Textbereich einen Rahmen zieht. Paginierung, tote Kolumnentitel und dünn besetzte Marginalien gehören nicht zum Satzspiegel.

Der Laie denkt oft, dass diese Erklärung den Satzspiegel von den Rändern loslöst, so dass er einen einmal gewählten Satzspiegel frei auf der Seite positionieren kann. Das ist falsch, denn ein Satzspiegel sollte immer Ergebnis einer schematischen Konstruktion sein. Nur so sind wiederholbare und für Laien bewertbare Ergebnisse möglich. Damit ist aber auch die Position des Satzspiegels festgelegt.

Schriftlinie: Die Schriftlinie ist eine andere, in der typografischen Literatur weit häufiger anzutreffende Bezeichnung für die *Grundlinie*.

Seitenspiegel: Der Seitenspiegel unterscheidet sich vom *Satzspiegel* dadurch, dass er nicht nur den Textbereich, sondern auch *Kopfsteg*, *Fußsteg*, *Bundsteg* und *Außensteg* umfasst. In Teilen der typografischen Literatur wird auch das Konstruktionsraster, das die Aufteilung in Spalten und die erlaubten Positionen für Abbildungen und Tabellen festlegt, als Bestandteil des Seitenspiegels betrachtet.

Unterlänge: Die Unterlänge ist der Teil eines Buchstabens oder Zeichens, der unter die Grundlinie der Zeile ragt. Beispiele für Buchstaben mit Unterlängen sind »p« und »g«.

Versalhöhe: Die Versalhöhe ist die Höhe der *Oberlänge* über der Grundlinie. Bei einigen Schriften unterscheidet sich diese von der tatsächlichen Höhe der Versalien. Deshalb wird in manchen Lexika die Versalhöhe als die Oberkante der Versalien definiert.

Vorschub: Der Vorschub ist eine andere Bezeichnung für den *Grundlinienabstand*. Er ist hingegen nicht mit dem *Durchschuss* identisch.

Zeilenabstand: Der Zeilenabstand ist eine der am wahllosesten verwendeten Begriffe in der Typografie. In typografischer Literatur wird darunter häufig *Durchschuss* verstanden. Demgegenüber wird in Computerliteratur häufig der Zeilenabstand mit dem *Grundlinienabstand* gleichgesetzt. In diesem Buch wird der Ausdruck deshalb nur verwendet, wenn diese Unterscheidung keine Rolle spielt.

Literaturverzeichnis

Sie finden im Folgenden eine ganze Reihe von Literaturangaben. Auf all diese wird im Text verwiesen. In vielen Fällen handelt es sich um Dokumente oder ganze Verzeichnisse, die im Internet verfügbar sind. In diesen Fällen ist statt eines Verlages eine URL angegeben. Wird auf ein LaTeX-Paket verwiesen, so findet der Verweis in der Regel in der Form „`CTAN://`*Verweis*" statt. Der Präfix „`CTAN://`" steht dabei für das TeX-Archiv eines jeden CTAN-Servers oder -Spiegels. Sie können den Präfix beispielsweise durch `http://mirror.ctan.org/tex-archive/` ersetzen. Bei LaTeX-Paketen ist außerdem zu beachten, dass versucht wurde, die Version anzugeben, auf die im Text Bezug genommen wurde. Bei einigen Paketen war es mehr ein Ratespiel, eine einheitliche Versionsnummer und ein Erscheinungsdatum zu finden. Auch muss die angegebene Version nicht immer die neueste verfügbare Version sein. Wenn Sie sich ein Paket neu besorgen und installieren, sollten Sie jedoch zunächst immer die aktuelle Version ausprobieren. Bevor Sie ein Dokument oder Paket von einem Server herunterladen, sollten Sie außerdem überprüfen, ob es sich nicht bereits auf Ihrem Rechner befindet.

[Ame02] American Mathematical Society:
User's guide for the amsmath package, Februar 2002.
`CTAN://macros/latex/required/amslatex/math/`.

[BB13] Johannes Braams und Javier Bezos:
Babel, Dezember 2013.
`CTAN://macros/latex/required/babel/`.

[BCJ+05] Johannes Braams, David Carlisle, Alan Jeffrey, Leslie Lamport, Frank Mittelbach, Chris Rowley und Rainer Schöpf:
The LaTeX2e Source, Dezember 2005.

[Car99a] David Carlisle:
The keyval package, März 1999.
`CTAN://macros/latex/required/graphics/`.

[Car99b] David Carlisle:
The tabularx package, Januar 1999.
`CTAN://macros/latex/required/tools/`.

[Car01] David Carlisle:
The ifthen package, Mai 2001.
`CTAN://macros/latex/base/`.

[Car04] David Carlisle:
The longtable package, Februar 2004.
CTAN://macros/latex/required/tools/.

[Car05] David P. Carlisle:
Packages in the 'graphics' bundle, November 2005.
CTAN://macros/latex/required/graphics/.

[Che11] Florent Chervet:
tabu and longtabu, Februar 2011.
CTAN://macros/latex/contrib/tabu/.

[Dal10] Patrick W. Daly:
Natural sciences citations and references, September 2010.
CTAN://macros/latex/contrib/natbib/.

[DGS+12] Marco Daniel, Patrick Gundlach, Walter Schmidt, Jörg Knappen, Hubert Partl und Irene Hyna:
LaTeX 2ε-Kurzbeschreibung, Juli 2012.
CTAN://info/lshort/german/.

[DUD96] DUDEN:
Die deutsche Rechtschreibung. DUDENVERLAG, Mannheim, 21. Auflage, 1996.

[Fai04] Robin Fairbairns:
topcapt.sty, Dezember 2004.
CTAN://macros/latex/contrib/misc/topcapt.sty.

[Fai11] Robin Fairbairns:
footmisc — a portmanteau package for customising footnotes in LaTeX, Juni 2011.
CTAN://macros/latex/contrib/footmisc/.

[Gau07] Bernard Gaulle:
Les distributions de fichiers de francisation pour latex, Mai 2007.
CTAN://language/french/.

[KDP] *KOMA-Script Homepage*.
http://www.komascript.de.

[Keh97] Roger Kehr:
XINDY, A Flexible Indexing System, 1997.

[Ker07] Dr. Uwe Kern:
Extending LaTeX's color facilities: the xcolor package, Januar 2007.
CTAN://macros/latex/contrib/xcolor/.

[Kie10] Axel Kielhorn:
adrconv, April 2010.
CTAN://macros/latex/contrib/adrconv/.

[Kil99] James Kilfiger:
extsizes, a non standard LaTeX-package, November 1999.
CTAN://macros/latex/contrib/extsizes/.

[Koh03] Markus Kohm:
Moderne Briefe mit KOMA-Script. Die TeXnische Komödie, 2:32–51, 2003. DANTE e. V.

[Koh12] Markus Kohm:
Non-floating margin notes with marginnote, März 2012.
CTAN://macros/latex/contrib/marginnote/.

[Koh13] Markus Kohm:
The KOMA-Script package tocstyle, August 2013. KOMA-Script.

[Koh14] Markus Kohm:
Creating more than one index using splitidx and splitindex, April 2014.
CTAN://macros/latex/contrib/splitindex/.

[Kup00] Indra Kupferschmid:
Buchstaben kommen selten allein: Ein typografisches Werkstattbuch. Universitätsverlag Weimar, 2000. ISBN 3-86068-140-0.

[Lam87] Leslie Lamport:
MakeIndex: An Index Processor For LaTeX, Februar 1987.
CTAN://indexing/makeindex/doc/makeindex.pdf.

[Lap08] Olga Lapko:
The floatrow package, August 2008.
CTAN://macros/latex/contrib/floatrow/.

[Leh11] Philipp Lehman:
The etoolbox package, Januar 2011.
CTAN://macros/latex/contrib/etoolbox/.

[Lem12] Werner Lemberg:
CJK, Mai 2012.
CTAN://languages/chinese/CJK/.

[Lin01] Anselm Lingnau:
An improved environment for floats, November 2001.
CTAN://macros/latex/contrib/float/.

[Mit11] Frank Mittelbach:
An environment for multicolumn output, Juni 2011.
CTAN://macros/latex/required/tools/.

[Nie13] Rolf Niepraschk:
The eso-pic package, Oktober 2013.
CTAN://macros/latex/contrib/eso-pic/.

[Obe07] Heiko Oberdiek:
The selinput package, September 2007.
CTAN://macros/latex/contrib/oberdiek/.

[Pac] Jean Marie Pacquet:
KomaLetter2; Example by Jean-Marie Pacquet (French style). Wiki.
http://wiki.lyx.org/Examples/KomaLetter2#toc6.

[Rai98a] Bernd Raichle:
german package, Juli 1998.
CTAN://language/german/.

[Rai98b] Bernd Raichle:
ngerman package, Juli 1998.
CTAN://language/german/.

[Rei99] Axel Reichert:
Typografie – Gestaltung einer Beispielklasse. Tutorium auf der Tagung DANTE'99, Februar 1999.
CTAN://info/german/typografie/.

[RO12] Sebastian Rahtz und Heiko Oberdiek:
Hypertext marks in LaTeX: the hyperref package, November 2012.
CTAN://macros/latex/contrib/hyperref/.

[Rot] Hermann Rotermund:
Gute Typographie auf Papier und im Web.
http://www.weisses-rauschen.de/hero/Typographie.htm.

[Sch98] Martin Z. Schröder:
Die Anmut des Unscheinbaren. Berliner Zeitung, 10. Oktober 1998.
http://www.berliner-zeitung.de/archiv.

[Sch02] Jürgen F. Schopp:
Blätter (und Tipps) zur Typografie, September 2002.
http://www.uta.fi/~trjusc/typoblatt.htm.

[Sch09] Martin Schröder:
The ragged2e package, Juni 2009.
CTAN://macros/latex/contrib/ms/.

[Sch13] R Schlicht:
The microtype package: An interface to the micro-typographic extensions of pdfTeX, Mai 2013.
CTAN://macros/latex/contrib/microtype/.

[SU05] Tom Sgouros und Stefan Ulrich:
The mparhack package, April 2005.
CTAN://macros/latex/contrib/mparhack/.

[Tea98] The $\mathcal{N_T S}$ Team:
The ε-TEX manual, Februar 1998.
CTAN://systems/e-tex/v2/doc/etex_man.pdf.

[Tea04] LATEX3 Project Team:
Configuration options for LATEX 2ε, Februar 2004.
CTAN://macros/latex/doc/cfgguide.pdf.

[Tea05a] LATEX3 Project Team:
LATEX 2ε font selection, November 2005.
CTAN://macros/latex/doc/fntguide.pdf.

[Tea05b] LATEX3 Project Team:
LATEX 2ε for authors, November 2005.
CTAN://macros/latex/doc/usrguide.pdf.

[Tea06] LATEX3 Project Team:
LATEX 2ε for class and package writers, Februar 2006.
CTAN://macros/latex/doc/clsguide.pdf.

[TF11] Geoffrey Tobin und Robin Fairbairns:
setspace LATEX package, Dezember 2011.
CTAN://macros/latex/contrib/setspace/.

[Tsc60] Jan Tschichold:
Erfreuliche Drucksachen durch gute Typographie. Ravensburger Buchverlag Otto Maier GmbH, 1960, ISBN 3-87512-413-8. Nachdruck bei: MaroVerlag, Augsburg, 2001.

[Tsc87] Jan Tschichold:
Ausgewählte Aufsätze über Fragen der Gestalt des Buches und der Typographie. Birkhäuser Verlag, Basel, 2. Auflage, 1987.

[Tsc92] Jan Tschichold:
Willkürfreie Maßverhältnisse der Buchseite und des Satzspiegels. In: *Schriften 1925-1974*. Brinkmann & Bose, Berlin, 1992.

[Ume10] Hideo Umeki:
The geometry package, September 2010.
CTAN://macros/latex/contrib/geometry/.

[Vey97] Boris Veytsman:
Printing envelopes and labels in LATEX 2ε: EnvLab package, Juli 1997.
CTAN://macros/latex/contrib/envlab/.

[vO04] Piet van Oostrum:
Page layout in LATEX, März 2004.
CTAN://macros/latex/contrib/fancyhdr/.

[WF00] Hans Peter Willberg und Friedrich Forssman:
Erste Hilfe in Typografie. Verlag Hermann Schmidt, Mainz, 2000.

[Wik] Wiki:
Deutsche TeX-FAQ.
http://projekte.dante.de/DanteFAQ/WebHome.

Index

Fett hervorgehobene Zahlen geben die Seiten der Erklärung zu einem Stichwort wieder. Normal gedruckte Zahlen verweisen hingegen auf Seiten mit zusätzlichen Informationen zum jeweiligen Stichwort.

Allgemeiner Index

Befehle, Umgebungen und Variablen

D

E

F

G

H

I

Längen und Zähler

Elemente mit der Möglichkeit zur Schriftumschaltung

Dateien, Klassen und Pakete

Klassen- und Paketoptionen